Sprachliches Lehngut
im *world wide web*

Tübinger Beiträge zur Linguistik

herausgegeben von Gunter Narr

484

Silke Jansen

Sprachliches Lehngut im *world wide web*

Neologismen in der französischen und spanischen Internetterminologie

gnV Gunter Narr Verlag Tübingen

Bibliografische Information der Deutschen Bibliothek

Die Deutsche Bibliothek verzeichnet diese Publikation in der Deutschen Nationalbibliografie; detaillierte bibliografische Daten sind im Internet über <http://dnb.ddb.de> abrufbar.

Gedruckt mit Unterstützung des Förderungs- und Beihilfefonds der VG Wort.

D 6

Gedruckt auf säurefreiem und alterungsbeständigem Werkdruckpapier.

Internet: http://www.narr.de
E-Mail: info@narr.de

Printed in Germany

ISSN 0564-7959
ISBN 3-8233-6120-1

Inhaltsverzeichnis

Anhang

Abkürzungsverzeichnis

aeng.	altenglisch
am.-span.	amerikanisch-spanisch
austr.-dt.	australisch-deutsch
bras.-dt.	brasilianisch-deutsch
dän.	dänisch
dt.	deutsch
engl.	englisch
europ.-span.	europäisch-spanisch
fär.	färöisch
floridaspan.	floridaspanisch
fränk.	fränkisch
frz.	französisch
got.	gotisch
ital.	italienisch
kol.-span.	kolumbianisch-spanisch
lat.	lateinisch
mhd.	mittelhochdeutsch
mex.-span.	mexikanisch-spanisch
port.	portugiesisch
span.	spanisch

Abbildungsverzeichnis

Vorwort

> Die Gewalt einer Sprache ist nicht,
> daß sie das Fremde abweist,
> sondern daß sie es verschlingt.
>
> *J.W. von Goethe*

Die menschlichen Kulturgemeinschaften stehen seit jeher in regem kulturellen, ökonomischen und sozialen Austausch. Auch ihre Sprachen werden deshalb immer wieder aufs Neue mit dem Fremden konfrontiert. Die Möglichkeiten, mit dieser Herausforderung umzugehen, sind dabei fast so vielfältig wie die Sprachgemeinschaften selbst. Während sich einige das Fremde so bereitwillig zu Eigen machen, dass man geneigt ist, von Sprachmischung zu sprechen, unternehmen andere – darunter u.a. die französische – große Anstrengungen, um ihre sprachliche Eigenheit zu bewahren.

Die Frage nach den Vorzügen der Abwehr oder Assimilation fremden Wortschatzes gewinnt dabei in der heutigen Zeit nicht zuletzt durch die neuen Medien und Informationstechnologien zunehmend an Bedeutung. Ein isoliertes Dasein einzelner Sprachen – sofern es so etwas jemals gegeben hat – ist im Zuge der Globalisierung in Kultur, Wissenschaft und Technik kaum mehr möglich. Selbst große europäische Kultursprachen wie das Französische, Deutsche oder Russische, die ihre Rolle in der internationalen Verständigung über Jahrhunderte hinweg behaupten konnten, sehen sich in ihren angestammten Diskursdomänen zunehmend durch das Englische an den Rand gedrängt und teilen damit das Schicksal kleinerer Sprachen. Gleichzeitig bedingt die Verwendung des Englischen in internationalen Kontexten eine massive Anglisierung des Fach- und auch Allgemeinwortschatzes anderer Sprachen.

Entscheidet man sich angesichts dieser Situation für den französischen Weg, so ist es jedoch mit der bloßen Ablehnung englischer Lehnwörter nicht getan. Damit die Sprache ihrer Kommunikationsfunktion weiterhin Rechnung tragen kann, müssen vielmehr zur Bezeichnung der importierten Realitäten eigene Lexeme bereitgestellt werden. Wollen Sprecher oder – wie in Frankreich – puristisch ausgerichtete Sprachpolitiker fremdes Wortgut nicht eingliedern, sondern durch heimische Bildungen ersetzen, so stehen ihnen unterschiedliche Möglichkeiten der lexikalischen Innovation zur Verfügung. In der Sprachwissenschaft werden solche Neuerungen im Wortschatz, die auf den Einfluss fremder Idiome zurückgehen, traditionell als *lexikalisches Lehngut* bezeichnet und mit allseits vertrauten Kategorien wie *Lehnwort, Fremdwort, Lehnübersetzung, Lehnbedeutung, Lehnübertragung, Lehnschöpfung* etc. beschrieben. Trotz ihres detaillierten Beschreibungsapparates ist es der Lehngutforschung jedoch bisher nicht gelungen, Richtung und Ergebnisse lexikalischer Sprachwandelprozesse in Kontaktsituationen im Nachhinein zu erklären oder sogar vorherzusagen. Die Frage, weshalb die Sprecher in einigen Fällen ein Lehnwort bereitwillig übernehmen, in anderen dagegen Übersetzungen oder Neuschöpfungen vorziehen, gehört daher zu den bislang ungelösten Problemen der Sprachkontaktforschung.

An diesem Punkt möchte die vorliegende Untersuchung ansetzen. In den folgenden Kapiteln wird der Frage nachgegangen, in welchen Situationen bzw. bei der Versprachlichung welcher Sachverhalte die Sprecher lieber zum so genannten Lehnwort, zur Lehnübersetzung, Lehnbedeutung oder Lehnschöpfung greifen. Dieses wird anhand des französischen und spanischen Internetwortschatzes geschehen, der sich im Hinblick auf unser Forschungsinteresse besonders anbietet: Zum einen muss die Sprache in diesem Wortschatzgebiet ständig auf neue Bezeichnungsbedürfnisse reagieren; zum anderen führen die weltweite Verbreitung des Internets und die Spitzenposition der angloamerikanischen Technologie gerade hier zu einer gehäuften Konfrontation der europäischen Kultursprachen mit englischen Bezeichnungen, so dass fremder Einfluss im Wortschatz mit relativ großer Sicherheit nachgewiesen werden kann.

Zu Beginn der Untersuchung soll zunächst das Handwerkszeug der Sprachkontaktforschung – die Modelle zur Gliederung des Lehngutes – in Bezug auf seine theoretischen Grundlagen kritisch hinterfragt und durch ein neues, den sprachlichen Realitäten angemesseneres Modell ersetzt werden. Eine verhältnismäßig umfangreiche Auseinandersetzung mit theoretischen Fragen des Sprachkontakts und der Systematik sprachlicher Entlehnungserscheinungen ist schon deswegen notwendig, weil jede empirische Untersuchung zwingend mit gewissen theoretischen Vorgaben arbeiten muss. Darüber hinaus wird sich im Laufe der Untersuchung herausstellen, dass einige zentrale Fragestellungen der Kontaktlinguistik gerade wegen der Unzulänglichkeiten der verwendeten Klassifikationsmodelle bisher nicht gelöst werden konnten. Theorie und Empirie gehen dabei jedoch insofern Hand in Hand, als die sich in den Untersuchungsergebnissen widerspiegelnden sprachlichen Realitäten wiederum auf die theoretischen Grundannahmen zurückwirken. Sollte sich herausstellen, dass das vorgeschlagene Modell die sprachlichen Realitäten nicht adäquat abbildet, muss es modifiziert werden.

In der empirischen Untersuchung eines französischen und spanischen Textkorpus wird anschließend geprüft werden, wie sich zwei große romanische Sprachen der Herausforderung durch den englischen Einfluss stellen. Um möglichst viele der Faktoren erfassen zu können, die u.U. auf die Auswahl eines bestimmten Verfahrens einwirken, wird sich die Analyse in fünf Teile gliedern. Den Ausgangspunkt bilden die bisher von der französischen Terminologiekommission veröffentlichten *arrêtés de terminologie* zum Thema Internet und Informatik. Mithilfe der im theoretischen Teil entwickelten Lehngutklassifikation wird aufgezeigt, von welchen Prinzipien sich die Kommissionen bei der Bildung von offiziellen Ersatzwörtern leiten lassen. Anschließend soll die vergleichende Analyse eines französischen Zeitungskorpus zeigen, ob in der spontanen Sprache dieselben Mechanismen Anwendung finden, oder ob die Sprecher andere Formen der Neologismenbildung vorziehen. Um zu prüfen, ob sich die für das Französische ermittelten Tendenzen auch auf andere romanische Sprachen verallgemeinern lassen, wird im Anschluss eine entsprechende Untersuchung für das Spanische stattfinden. Da anzunehmen ist, dass soziokulturelle Faktoren wie Art und Intensität des Sprachkontaktes den Umgang mit fremdsprachlichem Wortmaterial in mehr oder minder hohem Maße beeinflussen, werden innerhalb des Spanischen die europäische und mexikanische Varietät gegenübergestellt.

Danken möchte ich allen, die durch ihre Unterstützung den Erkenntnisfortgang und die Fertigstellung dieser Arbeit ermöglicht haben. Mein besonderer Dank für die wissenschaftliche Betreuung gilt meinem Doktorvater, Herrn Prof. Dr. Wolf Dietrich aus Münster, sowie meinen Betreuern Herrn Prof. Dr. Horst Geckeler (†) und Herrn Prof. Dr. Volker Noll. Meinen Eltern danke ich für den familiären Rückhalt und geduldiges Korrekturlesen. Für die finanzielle Unterstützung danke ich der Studienstiftung des Deutschen Volkes sowie dem Förderungs- und Beihilfefonds der VG Wort.

Münster, im Oktober 2004 Silke Jansen

Probleme der Klassifikation lexikalischer Sprachkontaktphänomene

KAPITEL I

Die Lehngutforschung seit 1949

Ce n'est point chose vicieuse, mais
grandement louable, emprunter
d'une langue étrangère les sentences
et les mots, et les approprier à la sienne.

(J. Du Bellay)

1. Lehngutforschung in Germanistik, Romanistik und Anglistik

Die Beschäftigung mit den Resultaten zwischensprachlicher Beeinflussung kann in der Sprachwissenschaft auf eine lange Tradition zurückblicken. Entstanden aus der historischen Sprachwissenschaft des 19. Jahrhunderts, konzentriert sich die Sprachkontaktforschung in ihren Anfängen hauptsächlich auf das Lehnwort. Dagegen ist das Interesse an subtileren Spielarten zwischensprachlicher Beeinflussung relativ neu: Forschungsarbeiten zum so genannten inneren Lehngut und seinen unterschiedlichen Erscheinungsformen reichen nur etwa hundert Jahre zurück. Der Grund für die Vernachlässigung dieses Bereiches der Sprachkontaktforschung ist wohl nicht – wie von einigen Sprachwissenschaftlern behauptet – darin zu suchen, dass innere Beeinflussungen zwischen Sprachen seltener seien als die Entlehnung kompletter Wortschatzeinheiten. So genannte Lehnbedeutungen, Lehnübersetzungen und Lehnschöpfungen entgehen jedoch meistens auch den wachsamen Augen der Sprachforscher, da sie sich im Gegensatz zu den Lehnwörtern nicht durch einen fremdartigen Lautkörper verraten.

Diese Schwierigkeit mag dazu geführt haben, dass lange Zeit keine wissenschaftliche Terminologie zur Klassifizierung innerer Lehnerscheinungen vorlag. In der Regel verwendete man die Bezeichnung *Lehnübersetzung* immer dann, wenn ein fremdes Vorbild in irgendeiner Form mit eigensprachlichen Mitteln wiedergegeben wurde. Eine ernsthafte wissenschaftliche Diskussion um die Systematik der Entlehnungen hat sich erst in den 50er Jahren des 20. Jahrhunderts herausgebildet, im Rahmen derer insbesondere die theoretischen Arbeiten von Betz (1949), Haugen (1950) und Weinreich (1953) hervorzuheben sind.[1] Sie alle schlagen Modelle vor, nach denen die verschiedenen Erscheinungsformen zwischensprachlichen Einflusses klassifiziert werden können.

In der Folgezeit wurden diese grundlegenden Arbeiten zwar vielfach kritisiert, modifiziert oder ausgebaut; im Kern sind sie jedoch erhalten geblieben und bilden auch heute noch die Grundlage zahlreicher empirischer Untersuchungen zum Sprachkontakt. Dabei hat sich Haugens Modell vor allem in der Anglistik durchgesetzt,[2] während sich die Germanistik und die deutschsprachige Romanistik vorwiegend an Betz orientieren (vgl. Oksaar 1984: 846). Auch in der Slawistik hat das Betz'sche Gliederungsmodell Verbreitung gefunden, allerdings in der weiterentwickelten Form von Schumann (vgl. u.a. Hinze 1967; Doberstein 1968; Fleckenstein 1968; Vasilev 1975). Die frankophone Romanistik arbeitet dagegen ohne eine besondere Systematik.[3] Während der europäische Ansatz den kulturellen Kontakt zwischen mehr oder weniger standardisierten Sprachen behandelt – häufig mit dem Ziel, den konvergierenden abendländischen Sprachenausgleich und die Entstehung der einzelnen Standardsprachen herauszuarbeiten (vgl. Schottmann 1977: 14) – zielt die angloamerikanische Forschung eher auf die Untersuchung spontaner Interferenzerscheinungen im bilingualen Sprecherkontakt ab.

Die Welle der Publikationen, die sich mit den Arbeiten von Betz, Weinreich und Haugen auseinandersetzen, hält noch bis in die 70er Jahre an. In jüngerer Zeit sind Veröffentlichungen zu theoretischen Fragen der lexikalischen Entlehnung seltener geworden, wohl, weil die Problematik als ausgeschöpft gilt. Empirische Untersuchungen zum Sprachkontakt ent-

1 Aufgrund der Fülle an einschlägigen Veröffentlichungen wurden nur Arbeiten berücksichtigt, die nach 1949 erschienen sind. Eine umfassende Darstellung der früheren Ansätze findet man bei Betz 1949: 12–20, Bäcker 1975: 10–87 und Scherner 1974: 263–70.

2 Z.B. Viereck 1980: 14–15. Seine Unterscheidung zwischen *Nullsubstitution, Vollsubstitution* und *Teilsubstitution* entspricht Haugens Unterscheidung zwischen *loanwords, loanblends* und *loanshifts*.

3 In der Regel wird nur zwischen *emprunt, emprunt sémantique* und *calque* unterschieden. Bei Bedarf nach weiteren Differenzierungen prägen die Autoren neue Termini, ohne diese in eine hierarchische Ordnung zu bringen (vgl. z.B. *calque-traduction, influence sémantique* bei Ullman 1957: 176).

scheiden sich meist für eines der traditionellen Modelle, ohne sich auf eine Diskussion einzulassen. Dennoch lohnt eine theoretische Auseinandersetzung mit dem Problem der sprachlichen Entlehnung nicht zuletzt deshalb, weil sich an ihrem Beispiel fundamentale Fragen der Funktionsweise menschlicher Sprache veranschaulichen lassen.

2. Die Gliederung des Lehnguts nach Werner Betz

Bereits 1936 entwickelt Werner Betz in seiner Dissertation *Der Einfluß des Lateinischen auf den deutschen Sprachschatz* erste Ansätze zu einer Klassifikation des Lehnguts, die er in seiner Habilitationsschrift *Deutsch und Lateinisch* (1949) weiter ausbaut und systematisiert. In dem Aufsatz "Lehnwörter und Lehnprägungen im Vor- und Frühdeutschen" von 1974 liegt seine Terminologie schließlich in ihrer endgültigen Form vor.

Zunächst nimmt Betz eine grundsätzliche Unterscheidung zwischen Lehnwort und Lehnprägung bzw. zwischen innerem und äußerem Lehngut vor. Kriterium ist dabei die "ursprüngliche Herkunft des Wortmaterials" (Betz 1949: 22–23):

> Entweder wird das fremde Wort als ganzes übernommen, dabei in seiner fremden Lautgestalt bewahrt (Palais, Episkopat) bzw. lautlich der eigenen Sprache angepasst (Kirche, Pfalz, mhd. Palast, Bischof), oder es wird mit dem Material der eigenen Sprache nach- bzw. neugebildet. (Betz 1974: 136)

Entsprechend dem Grad der lautlichen Anpassung unterscheidet Betz beim Lehnwort weiterhin zwischen *Fremdwort* und *assimiliertem Lehnwort*. Daneben erscheint noch in der Fassung von 1949 das *Teillehnwort* als eine Subkategorie des Lehnwortes, bei der die Bestandteile eines polymorphematischen Vorbildes teilweise übernommen, teilweise dagegen durch Morpheme der Replikasprache[4] ersetzt werden. Als Beispiel dient ihm hier dän. *veldaedig* nach dt. *wohltätig*, bei dem *vel-* auf die wörtliche Übersetzung von *wohl* zurückgeht, während *daedig* eine direkte Übernahme des

4 An Stelle der traditionellen Bezeichnungen *Nehmersprache* und *Gebersprache* sollen hier die Termini *Modellsprache* und *Replikasprache* verwendet werden, da bei der Entlehnung nicht wirklich Einheiten von einer Sprache "gegeben" und von der anderen "entgegengenommen" werden, sondern vielmehr eine Nachbildung in der so genannten Nehmersprache erfolgt.

deutschen Lexems *tätig* darstellt (Betz 1949: 22–23). In der endgültigen Fassung von 1974 ist diese Lehngutkategorie allerdings nicht mehr vorgesehen.

Für den gesamten Bereich des inneren Lehngutes wählt Betz den Oberbegriff *Lehnprägungen*. Im Unterschied zum Lehnwort wird hier die Ausdrucksseite des fremden Vorbildes nicht in die Replikasprache übernommen, sondern der modellsprachliche Einfluss beschränkt sich auf die Inhaltsseite und/oder die formale Bildungsweise replikasprachlicher Zeichen:

> Alle Einflüsse einer Sprache auf eine andere, die sich nicht auf das Lautliche, das Wortmaterial an sich, sondern auf Bildung und Bedeutung, auf Form und Inhalt des Wortmaterials erstrecken, nenne ich Lehnprägung. (Betz 1949: 27)

Innerhalb der Lehnprägungen unterscheidet Betz weiterhin danach, ob das fremde Vorbild lediglich ein bestehendes Zeichen in seiner Bedeutung modifiziert oder die Bildung neuer Wortschatzeinheiten mit eigensprachlichem Material anregt. Im ersten Fall spricht er von *Lehnbedeutung*, im zweiten dagegen von *Lehnbildung*. Die Lehnbildung ist folgendermaßen charakterisiert:

> Mit L e h n b i l d u n g bezeichne ich die Neubildung eines Wortes aus dem Stoff der eigenen Sprache, aber durch den Anstoß eines fremden Vorbildes. (Betz 1949: 27)

Die Lehnbildungen lassen sich weiterhin klassifizieren in *Lehnformungen*, bei denen die Bildung in formaler Anlehnung an das Vorbild erfolgt, und in *Lehnschöpfungen*, die formal unabhängig gebildet werden, allerdings zum Zweck der Substitution eines Lehnworts (vgl. Betz 1949: 27). Als Beispiele werden hier u.a. die Lexeme *Weinbrand* und *Umwelt* angeführt, die laut Betz im Deutschen entstanden sind, um die französischen Lehnwörter *Kognak* und *Milieu* zu ersetzen.

Im Gegensatz zur Lehnschöpfung kann bei der Lehnformung sehr wohl eine formale Anlehnung an das fremdsprachliche Vorbild festgestellt werden. Je nachdem, wie treu die Vorlage reproduziert wird, unterscheidet Betz hier zwischen *Lehnübersetzung* und *Lehnübertragung*:

> Bei der Lehnformung ist weiter noch die genaue Glied-für-Glied-Übersetzung, die Lehnübersetzung, […] von der freieren Teilübersetzung zu unterscheiden, der Lehnübertragung […]. (Betz 1974: 136)

Dementsprechend liegt bei dt. *Jungfernrede* nach engl. *maiden speech* eine Lehnübersetzung vor, während es sich bei dt. *Halbinsel* nach lat. *paeninsula* um eine Lehnübertragung handelt (vgl. Betz 1974: 136).

Bei den Lehnformungen unterscheidet Betz überdies einen *entwickelnden* und einen *bereichernden* Typ. Bereichernd sind solche Lehnübersetzungen und Lehnübertragungen, deren Bildung in der Replikasprache ohne fremdes Vorbild nicht möglich gewesen wäre, während er diejenigen als entwickelnd ansieht, die "auch allein aus der eigenen Sprache heraus ohne fremdes Vorbild hätten entstehen können" (Betz 1949: 24).

Das Betz'sche Gliederungsmodell in der Fassung von 1974 lässt sich schematisch wie folgt darstellen:

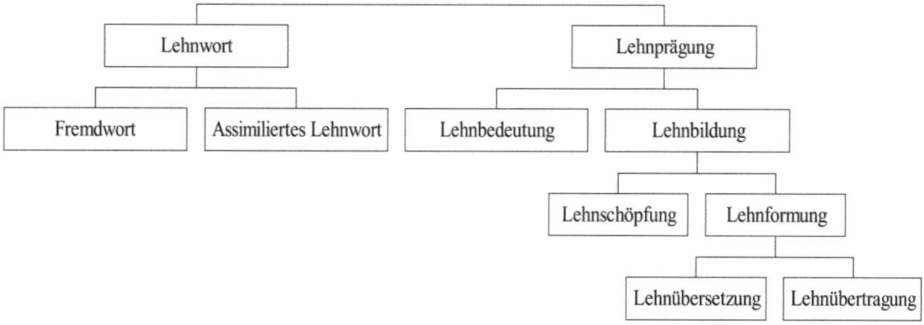

Abb. 1: Gliederung des Lehnguts nach Betz

Obwohl die Betz'sche Systematik bis heute zahlreichen empirischen Untersuchungen zum lexikalischen Sprachkontakt als Grundlage dient, hat sie doch verschiedentlich Anlass zur Kritik gegeben. Häufig wurde gegen Betz der Vorwurf erhoben, bei seiner Gliederung nicht konsequent vorzugehen, da er auf jeder Ebene seines Modells unterschiedliche Analysekriterien verwendet (vgl. Coleman 1965: 73; Lüllwitz 1970: 666–67; Hernández 1980: 98): Während er bei der grundsätzlichen Differenzierung zwischen innerem und äußerem Lehngut nach der etymologischen Herkunft des Wortmaterials unterscheidet, werden bei der Klassifikation des inneren Lehnguts Vor- und Nachbild auf formaler Ebene verglichen. In die Unterscheidung zwischen Lehn- und Fremdwort fließen außerdem diachrone Aspekte ein.

Heftige Kritik hat vor allem die Unterscheidung in bereichernde und entwickelnde Lehnformungen hervorgerufen, die von späteren Autoren fast einstimmig zurückgewiesen wird.[5] Zu Recht merkt Bäcker an, dass hier wohl eher kulturgeschichtliche als sprachliche Gesichtspunkte zu Grunde gelegt werden (vgl. Bäcker 1975: 36). Schwerer wiegt jedoch die Tatsache, dass Betz' Unterscheidung auf den inneren Entwicklungsmöglichkeiten beruht, die einer Sprache zu einem gegebenen Zeitpunkt innewohnen und daher leicht ins Spekulative abgleiten kann. Allerdings sieht auch Betz diese Problematik und räumt ein, dass die "Entscheidung oft zweifelhaft sein [wird]" (Betz 1945: 292).

Obwohl er seine Analyse nach eigenen Angaben im Augenblick der "Wortentstehung" situiert (vgl. Betz 1945: 291, 295), steht bei Betz durch den formalen Vergleich zwischen Vor- und Nachbild weniger der eigentliche Entlehnungsprozess als vielmehr sein Resultat in der Replikasprache im Zentrum der Analyse. Diesen Widerspruch kritisiert Haugen, wenn auch nicht ausdrücklich an Betz, so doch insgesamt an der traditionellen Lehngutterminologie:

> We are here concerned with the fact that the classifications of borrowed patterns implied in such terms as 'loanword', 'hybrid', 'loan translation', or 'semantic loan' are not organically related to the borrowing process itself. They are merely tags which various writers have applied to the observed results of borrowing. (Haugen 1950: 213)

In der Tat eignet sich Betz' Klassifikation nicht dazu, die sprachlichen Prozesse im Augenblick der Entlehnung zu beschreiben, so dass Tesch irrt, wenn er behauptet, sie könne zugleich als "eine Methodologie zur Erfassung des Interferenzmechanismus" dienen (Tesch 1978: 113).[6] Allerdings ist die Betz'sche Analysemethode im Zusammenhang mit dem von ihm angestrebten Forschungsinteresse durchaus legitim. Im Gegensatz zu Haugen und Weinreich, die Sprachkontakte bei zweisprachigen europäischen Einwanderern in den USA bzw. den rätoromanisch-deutschen Sprachkontakt in der Schweiz untersuchen, befasst sich Betz mit althochdeutschen Quellen. Sein Ziel ist es, den Umfang des lateinischen Einflusses auf die älteren Sprachstufen des Deutschen zu bestimmen, wozu er zunächst einmal solche althochdeutschen Wörter aufspüren muss, die einer lateinischen Beeinflussung ausgesetzt waren. Zu diesem Zweck kann er gar nicht

---

5 Lediglich Schottmann verteidigt sie. Er ist der Ansicht, dass "sie in das Modell eine neue Fragestellung hineinbringt, indem sie die Folgen des sprachlichen Kontakts als Akkulturationsphänomen zu werten sucht und dabei natürlich mit extralinguistischen Argumenten arbeiten muß." (Schottmann 1977: 23)

6 Diese Fehleinschätzung findet sich auch bei Juhász 1980: 650.

anders vorgehen, als das Resultat mit möglichen Vorlagen zu vergleichen, da der eigentliche Entlehnungsvorgang für ihn nicht mehr greifbar und zudem im Hinblick auf sein Erkenntnisinteresse zweitrangig ist (vgl. Glauch 1993: 124). Dass die Betz'sche Klassifikation bis in jüngerer Zeit immer wieder als Grundlage für sprachhistorische Forschungen gedient hat,[7] beweist, dass sie – zumindest in diesem Bereich – durchaus einen praktischen Nutzen besitzt.

3. Die Gliederung des Lehnguts nach Einar Haugen

In seinem Aufsatz "The analysis of linguistic borrowing" stellt Einar Haugen 1950 eine erste Klassifizierung des Lehnguts vor. Unter *borrowing* versteht er dabei "the attempted reproduction in one language of patterns previously found in another" (Haugen 1950: 81). Im Gegensatz zu Betz gilt sein Hauptinteresse nicht den langfristigen Auswirkungen von Sprachkontakt, sondern den sprachlichen Prozessen im Augenblick der Entlehnung. Hier kann seiner Ansicht nach mit fremden Morphemen auf zweifache Weise verfahren werden: Entweder werden sie direkt in die Replikasprache übernommen (*importation*), oder aber durch heimische Morpheme ersetzt (*substitution*). Findet bei einem mehrgliedrigen Ausdruck ein Ersatz statt, können die Bestandteile der fremden Vorlage entweder vollständig oder nur teilweise durch eigene ausgetauscht werden.

Vor diesem Hintergrund kommt Haugen zu drei Kategorien in Abhängigkeit davon, ob die morphematische Ersetzung fehlt, partiell bleibt oder vollständig durchgeführt wird:

(1) LOANWORDS show morphemic importation without substitution. Any morphemic importation can be further classified according to the degree of its morphemic substitution: none, partial, or complete.
(2) LOANBLENDS show morphemic substitution as well as importation. All substitution involves a certain degree of analysis by the speaker of the model that he is imitating; only such 'hybrids' as involve a discoverable foreign model are included here.

7 Vgl. u.a. Gneuss 1955; Schumann 1958; Coleman 1967; Moeller-Schina 1969; Siebert 1971; Glauch 1993; für das Französische Gebhardt 1974. Alle diese Arbeiten wollen das Ausmaß des Einflusses einer Sprache auf eine andere ergründen und kommen mit dem Betz'schen Gliederungsmodell zu durchaus brauchbaren Ergebnissen.

> (3) LOANSHIFTS show morphemic substitution without importation. These include what are usually called 'loan translations' and 'semantic loans'; the term 'shift' is suggested because they appear in the borrowing language only as functional shifts of native morphemes. (Haugen 1950: 215)

Über diese Dreiteilung hinaus nimmt Haugen innerhalb der Kategorien *loanblends* und *loanshifts* weitere Differenzierungen vor. Bei den *loanblends,* die *per definitionem* polymorphematisch sind, unterscheidet er nach der formalen Struktur der Vorbilder und der Art der Wiedergabe der einzelnen Morpheme:

> In cases [...] where the suffix is itself meaningless [...], we are dealing with a BLENDED STEM. Nearest to this is the BLENDED DERIVATIVE, in which native suffixes are substituted for the foreign. [...] BLENDED COMPOUNDS constitute the largest class of blends in the AmN [American Norwegian]. Compounds may be borrowed about as freely as simple stems, since the two languages have parallel structures in compounding. But about the half of compounds show substitution of one or both parts. (Haugen 1950: 215)[8]

Im Gegensatz zu den *loanblends* entstehen bei den *loanshifts* in der Replikasprache keine neuen Wortschatzeinheiten. Sie äußern sich lediglich als "changes in the usage of native words" (Haugen 1950: 215) und sind damit offensichtlich den Betz'schen Lehnbedeutungen und Lehnprägungen gleichzusetzen, wobei Haugen die Verwendung von Lexemen in bisher nicht realisierten Kombinationen ebenfalls als eine Veränderung des *usage* interpretiert.

Um den eigentlichen Entlehnungsvorgang zu ergründen, untersucht Haugen die Umstände, unter denen *loanshifts* stattfinden können. Indem er die fremdsprachliche Vorlage und das von ihr beeinflusste Zeichen vergleicht, kommt er zu dem Schluss, dass *loanshifts* durch bereits bestehende Gemeinsamkeiten zwischen zwei Zeichen unterschiedlicher Sprachen hervorgerufen werden, die entweder auf der semantischen, der phonetischen oder auf beiden Ebenen gleichzeitig bestehen können. Entsprechend unterscheidet er drei Kategorien:

> Loanshifts occur most readily when there is both phonetic and semantic resemblance between foreign and native terms. Terms that are inter-

8 Wie aus dieser Aussage hervorgeht, sind Haugens Unterscheidungen an die strukturellen Eigenschaften des betrachteten Sprachenpaares (in diesem Fall Englisch/Norwegisch) gebunden und wären z.B. auf Erscheinungen des englisch-französischen Sprachkontaktes nicht ohne weiteres übertragbar.

> lingually similar will be called ANALOGUES; if the similarity is purely phonetic, they will be called HOMOPHONES, and if it is purely semantic, HOMOLOGUES. (Haugen 1950: 220)

Zu einer weiteren möglichen Unterscheidung innerhalb der *loanshifts* gelangt Haugen durch den Vergleich zwischen der ursprünglichen und der entlehnten Bedeutung des fraglichen Zeichens. Sind beide grundsätzlich verschieden, entsteht durch den Lehnvorgang ein neues Homonymenpaar in der Replikasprache (*loan homonymy*), wie es bei ital. *grosseria* 'Grobheit, Taktlosigkeit' der Fall ist, das durch den Einfluss von engl. *grocery* die zusätzliche Bedeutung 'Lebensmittelgeschäft' erhalten hat. Tritt dagegen durch die Lehnbedeutung lediglich eine neue Bedeutungsnuance hinzu, werden die beteiligten Zeichen in Modell- und Replikasprache zu Synonymen (*loan synonymy*; vgl. Haugen 1950: 219).

Neben *loanword, loanblend* und *loanshift* sieht Haugen eine Kategorie der so genannten *creations* vor. Sie erinnert an Betz' Lehnschöpfung; allerdings betont Haugen, dass hier gerade keine Form der sprachlichen Entlehnung vorliegt:

> Loanword lists are often made to include a number of terms whose existence may ultimately be due to contact with a second culture and its language, but which are no strictly loans at all. These did not come into being as direct imitations of a foreign model, but were secondarily created within the borrowing language. (Haugen 1950: 220)

Eine Untergruppe der *creations* bilden die *hybrid creations*. Es handelt sich dabei um Verbindungen aus entlehnten und eigensprachlichen Morphemen, die jedoch nicht zu den *loanblends* gezählt werden können, da ein gebersprachliches Modell fehlt. Als Beispiel dient ihm hier das Yaqui-Wort *liósnóoka* 'Gebet', das sich aus einer spanischen Komponente *liós* (< span. *Dios* 'Gott') und dem heimischen Lexem *nóoka* mit der Bedeutung 'Gespräch' zusammensetzt. Da im Spanischen kein Kompositum der Form *Gottesgespräch* existiert, muss es sich um eine unabhängige innersprachliche Weiterbildung des Lehnwortes handeln (vgl. Haugen 1950: 220).

Haugens Lehngutklassifikation in der Fassung von 1950 ist in Abbildung 2 graphisch dargestellt. Die *creations* und *hybrid creations* erscheinen nicht in der Graphik, da sie laut Haugen keine Entlehnungen sind:

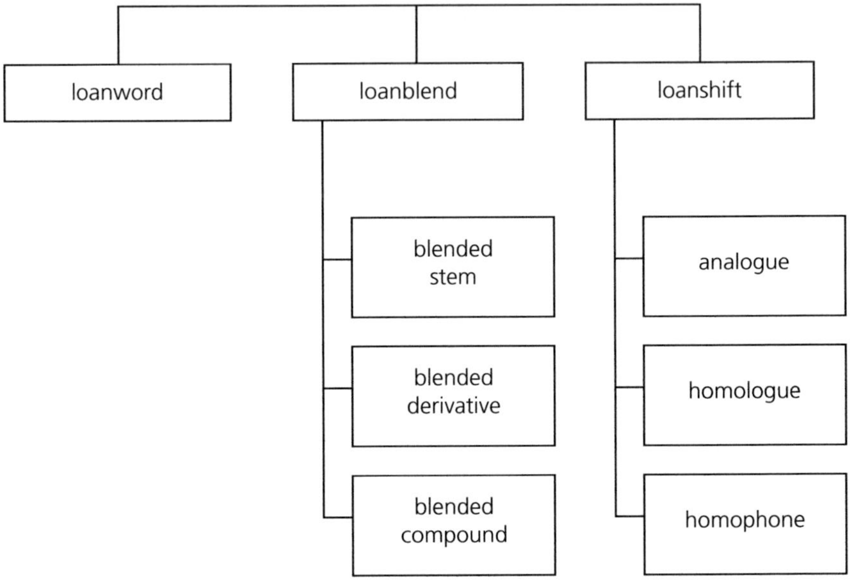

Abb. 2: Gliederung des Lehnguts nach Haugen (1950)

Unter dem Einfluss von Betz wandelt Haugen seine Terminologie in den Folgejahren weiter ab. Schon in seinem zweibändigen Werk *The Norwegian Language in America* von 1953 nähert er sich deutlich Betz an. In seiner Rezension zu Gneuss' *Lehnbildungen und Lehnbedeutungen im Altenglischen* aus dem Jahre 1956 schließlich liegt seine Systematik in ihrer endgültigen, streng binären Fassung vor.

Haugen betrachtet die Entlehnung nun im Gesamtkontext der sprachlichen Innovation (*linguistic innovation*). Diese kann entweder unter fremdem Einfluss (*borrowed*) oder als unabhängige innersprachliche Entwicklung (*native*) auftreten. Bei den *borrowed innovations* fehlen nun die *loanblends*; dafür ist bei den *loanwords* mit dem Begriffspaar *unassimilated* und *assimilated* eine weitere Unterscheidung hinzugekommen, die der Betz'schen Dichotomie *Fremdwort/Lehnwort* entspricht.

Wie Betz unterscheidet nun auch Haugen innerhalb der *loanshifts* zwischen der Bildung neuer Wortschatzeinheiten (*creations*) und der Bedeutungserweiterung bei bereits bestehenden Lexemen (*extensions*). In Anlehnung an die Unterscheidung zwischen Lehnübersetzung und Lehnübertragung werden die *creations* weiter in *exact* und *approximate* gegliedert.

Die ursprüngliche Dreiteilung der *loanshifts* nach dem Entlehnungsanlass wird nicht aufrechterhalten, da Haugen feststellt, dass *loanshifts* mit ausschließlich lautlicher Ähnlichkeit zum Vorbild als Lehnwörter gewertet werden müssen. Damit kommt er nur noch zu einer Zweiteilung in *homonymous* (mit semantischer und lautlicher Ähnlichkeit) und *synonymous* (mit rein semantischer Ähnlichkeit).

In Bezug auf die *natives,* hinter der sich seine alte Kategorie der *creations* verbirgt, bleibt er grundsätzlich bei seiner Aussage, dass diese aus dem Bereich des inneren Lehnguts ausgenommen seien. Trotzdem macht er auch hier Zugeständnisse an Betz, indem er nun zwischen *induced* (angeregt durch ein fremdes Vorbild) und *spontaneous* (eigenständig entstanden) unterscheidet. Im Übrigen deckt sich seine Systematik nun weitgehend mit dem Betz'schen Modell; lediglich bei den *extensions* weist sie eine zusätzliche Feingliederung auf.

Haugens endgültige Systematik der sprachlichen Innovation lässt sich schematisch folgendermaßen darstellen:

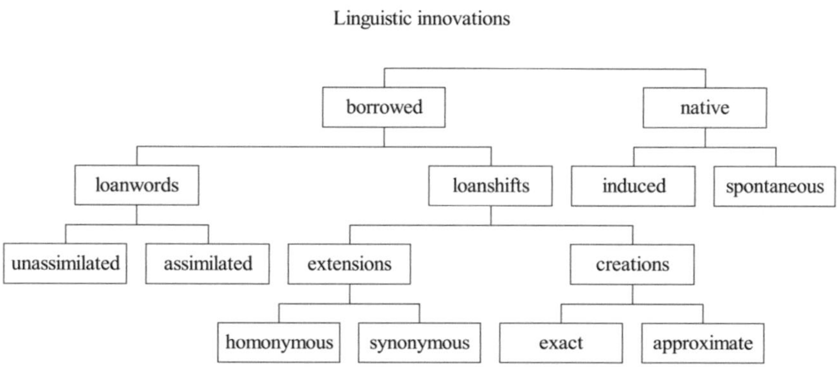

Abb. 3: Gliederung des Lehnguts nach Haugen (1956)

In der Forschungsliteratur hat Haugens Terminologie vor allem in ihrer früheren Fassung Widerhall gefunden, wohingegen die neuere Version – wohl wegen der Nähe zu Betz – kaum beachtet wurde.

Auch Haugens Kritiker setzen sich ausschließlich mit der Fassung von 1950 auseinander. In diesem Zusammenhang wird die grundlegende Unterscheidung zwischen *importation* und *substitution* von Humbley als zu starr zurückgewiesen:

> L'importation suppose que, formellement, un élément se retrouve tel quel dans la langue I; cette supposition repose sur une distinction de degré plutôt que d'espèce, car il est rare qu'aucune substitution n'intervienne, surtout au niveau phonétique. (Humbley 1974: 56)

Allerdings vermischt Humbley in seiner Kritik unterschiedliche linguistische Analyseebenen: Selbst wenn auf phonetisch-phonologischer Ebene Ersetzungen vorgenommen werden, kann man aus lexikalischer Sicht durchaus von einer Übernahme sprechen, zumal eine lautlich getreue Wiedergabe fremder Lexeme in der Regel nicht erwartet werden kann.

Ähnlich wie bei Betz werden bei Haugen auf verschiedenen Ebenen des Modells unterschiedliche Klassifikationskriterien angesetzt. Während Haugen zunächst nach der Behandlung fremder Morpheme unterscheidet (*importation* oder *substitution*), beruft er sich bei den *loanblends* auf formale Kriterien, um schließlich bei den *loanshifts* nach dem Anlass für die Bedeutungsentlehnung zu klassifizieren.

Haugens Klassifizierung bleibt an einigen Stellen unklar, zumal er es häufig versäumt, sie mit Beispielen zu illustrieren. So wird letztlich nicht ganz deutlich, ob sich die Unterscheidung in *homologues, analogues* und *homophones* auf den gesamten Bereich der *loanshifts* bezieht oder lediglich für die *simple stems,* d.h. die so genannten *Lehnbedeutungen,* gelten soll. Ein Blick auf spätere Veröffentlichungen zeigt, dass Haugen in seiner Feindifferenzierung nur bei der Lehnbedeutung gefolgt wird. Wollte man die Unterscheidung dagegen auch auf die *loanshifts* anwenden, wären weitere Präzisierungen notwendig.

Mit der Dichotomie *loan synonymy* und *loan homonymy* setzt sich Hope kritisch auseinander. Er stellt nicht die Unterscheidung an sich in Frage, sondern spricht sich lediglich gegen den Terminus *loan synonymy* aus, den er durch *loan polysemy* ersetzt wissen will. Da Hopes Unterscheidung streng beim Blickwinkel der Replikasprache bleibt, lässt sich so die bei Haugen vorhandene Vermischung der modell- und replikasprachlichen Perspektive vermeiden:

> If in loan synonymy we ingeniously take the word 'synonym' at its face we have to envisage the possibility of a borrowing which ideally would be identical both in sound and sense – reductio ad absurdum. [...] It would make for better understanding if those lexicologists who seek to apply this particular taxonomy to the analysis of semantic loans would discard the term 'synonymy' and call the opposite poles of their scale of semantic affinity 'loan homonymy' and 'loan polysemy' respectively. (Hope 1960: 130–31; vgl. Nicolas 1994: 86)

Anhand von konkretem Untersuchungsmaterial kritisiert Humbley weiterhin Haugens Kategorie der *loanblends*. Eine von ihm durchgeführte Untersuchung zur Verteilung des Lehnguts auf die unterschiedlichen Kategorien habe ergeben, dass hybride Formen marginal seien. Dies sei als Hinweis darauf zu werten, dass Haugens Klassifikation die tatsächlichen sprachlichen Verhältnisse nicht adäquat abbildet (vgl. Humbley 1974: 50; Schumann 1958: 2), weshalb eine eigene Kategorie der *loanshifts* durch die empirischen Befunde nicht gerechtfertigt sei.

Goddard weist darauf hin, dass der Großteil der Lehnwörter in den europäischen Sprachen auf schriftlichem Wege übernommen worden sei. Während Haugens Klassifikation sich gut für die Charakterisierung mündlich entlehnter Wortschatzeinheiten eigne, könne sie zahlreiche typische Erscheinungen bei schriftlichen Entlehnungen nicht erklären (vgl. Goddard 1969: 340). Hier darf wiederum das jeweilige Forschungsinteresse nicht aus den Augen verloren werden: Da Haugen sich auf Interferenzphänomene im alltäglichen Sprachverhalten von Einwanderern konzentriert, fallen schriftliche Entlehnungen nicht in seinen Untersuchungsgegenstand.

4. Die Gliederung des Lehnguts nach Uriel Weinreich

In seiner Monographie *Languages in Contact* von 1953[9] betrachtet Uriel Weinreich Sprachkontakt vor allem aus der Perspektive des bilingualen Sprechers. In der spontanen sprachlichen Interferenz beim zweisprachigen Individuum – also in der *parole* – ist seiner Meinung nach die Keimzelle jeglicher zwischensprachlichen Beeinflussung zu suchen:

> Diejenigen Fälle der Abweichung von den Normen der einen wie der anderen Sprache, die in der Rede von Zweisprachigen als Ergebnis ihrer Vertrautheit mit mehr als einer Sprache, d.h. als Ergebnis des Sprachkontaktes vorkommen, werden als I n t e r f e r e n z erscheinungen verzeichnet. (Weinreich 1976: 15)[10]

Dagegen sind die historischen Resultate des Entlehnungsvorgangs – das, was gemeinhin als *Lehnwort, Lehnübersetzung* etc. bezeichnet und im Zusammenhang mit sprachlicher Entlehnung untersucht wird – als Erscheinungen der *langue* schon gar nicht mehr zum Bereich der sprachlichen Interferenz zu rechnen:

9 Hier zitiert nach der deutschen Übersetzung von 1976.

10 Zum Problem des Normbegriffs bei Weinreich vgl. Wölck 1984: 117–18.

> In der Sprache hingegen finden sich Interferenzerscheinungen, die, nachdem sie des häufigeren in der Rede Zweisprachiger vorgekommen sind, zur festen Gewohnheit wurden und sich institutionalisiert haben. Ihr Gebrauch ist nicht mehr von Zweisprachigkeit abhängig. Wenn ein Sprecher der Sprache X eine Form fremden Ursprungs nicht als Augenblicksentlehnung aus der Sprache Y gebraucht, sondern weil er sie von anderen Sprechern in X-Äußerungen gehört hat, dann kann dieses entlehnte Element vom deskriptiven Standpunkt aus als neuer Teil der S p r a c h e X angesehen werden. (Weinreich 1976: 28)

Folglich fordert Weinreich eine Untersuchung der Interferenz in der Rede, auch wenn, wie er selbst zugibt, diese den Sprachforscher vor erheblich größere Probleme stellt als die Analyse der besser zugänglichen institutionalisierten Entlehnungen (Weinreich 1976: 29).

Im Rahmen der lexikalischen Interferenz nimmt Weinreich zunächst eine Unterscheidung in *einfache Wörter (simple words)* und *zusammengesetzte Wörter und Redewendungen (compound words and phrases)* vor. Da auch polylexematische Lehnwörter unter *simple words* fallen können, fungiert als Unterscheidungskriterium weniger die formale Gestalt des Ausdrucks als vielmehr die Frage, ob dieser beim Interferenzvorgang vom Sprecher analysiert wurde oder nicht.

Innerhalb dieser Gruppen werden nunmehr jeweils drei Fälle unterschieden. Bei den einfachen Wörtern kann

1. ein "unmittelbare[r] Transfer der Phonemfolge von einer Sprache in die andere" (Weinreich 1976: 69) erfolgen, womit offensichtlich die Übernahme vollständiger gebersprachlicher Lexeme in die Replikasprache gemeint ist. Weiterhin kann
2. der Gebrauch eines bereits bestehenden Wortes erweitert werden, oder
3. auch nur "der Ausdruck eines Zeichens bei einem Sprachkontakt nach dem Vorbild eines damit verwandten Ausdrucks der anderen Sprache geändert [werden], ohne daß es Auswirkungen auf den Inhalt hätte" (Weinreich 1976: 72).

Zur letzten Gruppe, die weder bei Betz noch bei Haugen vorgesehen ist, sind dabei Fälle wie floridaspan. *europa* zu zählen, dessen lautliche Gestalt sich unter dem Einfluss des Englischen zu *uropa* wandelt.

Innerhalb der komplexen lexikalischen Einheiten sind folgende Fälle zu unterscheiden:

1. Eine fremde Zusammensetzung wird den wortbildenden oder syntaktischen Schemata der Replikasprache angepasst (z.B. span. *objetores conscientes* nach engl. *conscientious objectors*).

2. Die Bestandteile fremder Zusammensetzungen oder Redewendungen werden durch äquivalente eigene Morpheme wiedergegeben (*reproduction*). Hier übernimmt Weinreich von Betz die Subkategorien *Lehnübersetzung, Lehnübertragung* und *Lehnschöpfung*. Bei der Lehnübersetzung unterscheidet er weiterhin danach, ob die Komponenten ihre gewohnte Bedeutung beibehalten oder einer Bedeutungserweiterung unterliegen.[11]

3. Ein Teil der zusammengesetzten Vorlage wird beibehalten, der andere dagegen durch ein autochthones Morphem ersetzt, so dass man in der Replikasprache hybride Bildungen erhält. Hier kann weiterhin danach unterschieden werden, ob der Stamm transferiert und das Affix übersetzt wird oder umgekehrt. In diesem Zusammenhang nennt er überdies tautologische Zusammensetzungen wie it. *canabulldogga* nach engl. *bulldog*, bei dem das Element 'Hund' einmal transferiert, einmal ersetzt wurde.

Weinreichs Klassifikationsansatz lässt sich folgendermaßen in einer Graphik zusammenfassen:

11 Betz sieht hier einen Anklang an seine eigene Unterscheidung in bereichernde und entwickelnde Lehnprägungen, da die Sprache entweder eigene Möglichkeiten ausschöpft oder aber sich an fremden Verwendungsweisen orientiert (vgl. Betz 1974: 139).

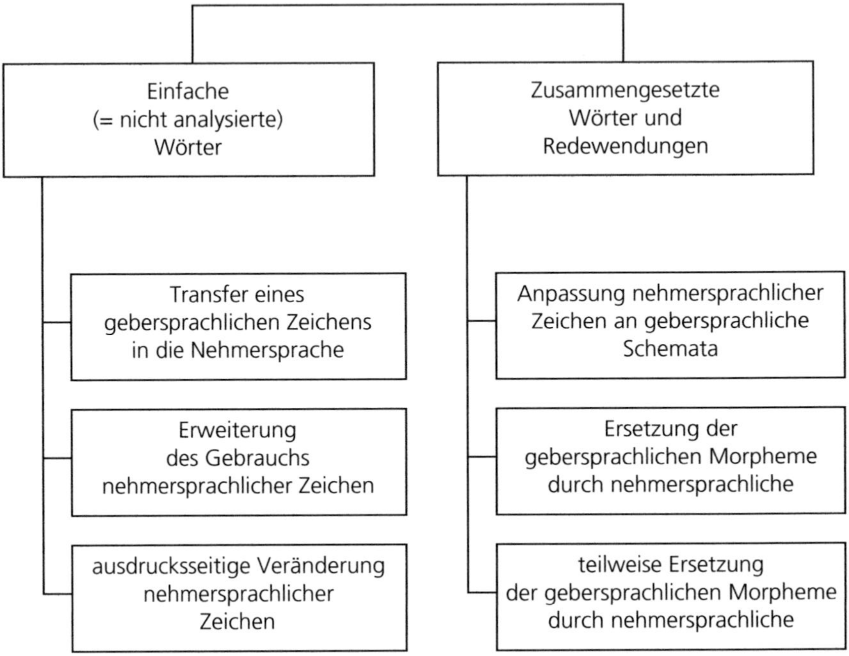

Abb. 4: Gliederung des Lehnguts nach Weinreich

In seiner Ablehnung des formalen Vergleichs zwischen dem modellsprachlichen Vorbild und dem Resultat in der Replikasprache geht Weinreich noch weiter als Haugen. Sprachkontakt kann seiner Ansicht nach immer nur beim einzelnen Sprecher stattfinden, in dessen Bewusstsein unterschiedliche Sprachen koexistieren. Interferenz besteht für ihn zunächst einmal in Normabweichungen, die sich durch den Einfluss einer fremden Sprache erklären lassen. Erst in einem zweiten Schritt können solche Interferenzerscheinungen zu Entlehnungen werden, indem sie sich institutionalisieren. Dieses Stadium ist für Weinreich jedoch schon nicht mehr interessant, da es ihm im Gegensatz zu Betz nicht um die Bestimmung des Anteils fremdsprachlich beeinflusster Wortschatzeinheiten am Gesamtwortschatz, sondern vielmehr um das Zusammenspiel verschiedener Sprachsysteme beim Zweisprachigen geht. Sprachliche Kontaktphänomene werden also vorrangig unter kognitiven und psychologischen Gesichtspunkten betrachtet.

Obwohl Weinreichs Ziel darin besteht, lexikalischen Sprachkontakt *in actu* zu beschreiben und er daher die formale Gegenüberstellung von Vor- und Nachbild bei integrierten Entlehnungen ablehnt, kommt er dennoch nicht umhin, solche Vergleiche anzustellen und verwickelt sich damit in methodische Widersprüche:

> This is one of the theoretical comments one might make on Weinreich's approach: that while he here claims to be describing interference, his examples are largely drawn from established loans, which show adjustments to previously borrowed words of the same types. This is the reason for the reviewer's adoption of the point of view that a loanword description is not to be regarded describing the actual process, but as a comparison between MODEL and REPLICA which reveals the sum of all changes during the process of interference. (Haugen 1973: 248)

Sein sprecherbezogener Ansatz erweist sich unter diesem Gesichtspunkt als unpraktikabel, da er ihn auf ein psychisches, der Beobachtung nicht direkt zugängliches Moment beim Zweisprachigen gründet. Als einzige Möglichkeit bleibt daher auch Weinreich nur der Versuch, durch Vergleiche zwischen Vor- und Nachbild den Entlehnungsvorgang zu rekonstruieren. Auf diese praktischen Schwächen mag es zurückzuführen sein, dass Weinreichs Monographie zwar als bahnbrechendes Werk in der Kontaktlinguistik gilt, empirische Untersuchungen zum Lehngut jedoch in der Regel mit Betz' oder Haugens Terminologie arbeiten.

Die grundsätzliche Problematik seines Ansatzes spiegelt sich auch in den von Weinreich verwendeten Kriterien für die Kategorisierung lexikalischer Interferenzerscheinungen wider. Die erste Einteilung in einfache und zusammengesetzte Wörter wird schon dadurch in Frage gestellt, dass es im Nachhinein oft schwer zu beurteilen ist, ob die fremde Wortschatzeinheit bei der Entlehnung analysiert wurde oder nicht (vgl. Haugen 1973: 248).

Auch bezüglich der restlichen Kategorien ist Kritik angebracht. Da Weinreich sich auf Betz beruft, sind auch seine Klassifikationskriterien heterogen (vgl. Mathiot/Rissel 1996: 125). Fälle rein ausdrucksseitiger Beeinflussung durch fremde Lexeme wie bei *uropa* müssen wohl als Ausnahmeerscheinungen angesehen werden und sind außerdem eher der lautlichen als der lexikalischen Interferenz zuzurechnen. Auch eine abstrakte Nachbildung eines fremden Wortbildungsschemas bei *objetores conscientes* ist unwahrscheinlich; vielmehr handelt es sich um eine morphemweise Übersetzung der englischen Vorlage (vgl. Kapitel III.3.2).

5. Weitere Klassifikationsansätze

Neben den grundlegenden Arbeiten von Betz, Haugen und Weinreich existieren in der Forschungsliteratur noch weitere Klassifikationsansätze, die mit grundsätzlich anderen Kriterien arbeiten. Sie sind im Hinblick auf das hier verfolgte Erkenntnisinteresse weniger bedeutsam, sollen aber der Vollständigkeit halber kurz vorgestellt werden.

Humbley betrachtet wie Haugen die sprachlichen Vorgänge im Moment der Entlehnung. Ausgehend vom bilateralen Charakter des sprachlichen Zeichens klassifiziert er nach den Komponenten, die jeweils in die Replikasprache Eingang finden können:

> Car nous considérons que l'emprunt sous-entend le passage d'un élément (expression ou contenu ou les deux) d'une langue à une autre [...]. (Humbley 1974: 52)

Somit kommt er zu drei möglichen Formen der Entlehnung: Es kann entweder nur der *signifiant*, nur der *signifié* oder das komplette Zeichen von einer Sprache in die andere übernommen werden. Im ersten Fall wird die Lautgestalt eines fremden Lexems entlehnt, ihm jedoch in der Replikasprache eine andere Bedeutung unterlegt. Dies gilt z.B. für die französische Bezeichnung *yéyé* ('nom donné au début des années soixante, aux jeunes amateurs d'un style de musique venu des États-Unis'; Robert 1995: 2427), deren Bedeutung erheblich von der englischen Vorlage *yeah, yeah* abweicht. Die zweite Möglichkeit, d.h. die Übernahme eines bloßen *signifié*, deckt den gesamten Bereich des inneren Lehnguts nach Betz ab, während die gleichzeitige Übernahme von *signifié* und *signifiant* dem äußeren Lehngut entspricht.

Humbleys Sichtweise ist, wie noch zu zeigen sein wird, schon aufgrund ihres eklatanten Widerspruchs zum Saussure'schen Zeichenmodell bedenklich, wo *signifié* und *signifiant* eines Zeichens eine untrennbare Einheit bilden. Isolierte Übertragungen einer der beiden Zeichenkomponenten sind daher zurückzuweisen (vgl. Kapitel III). Bloße Übernahmen von *signifiants* widersprechen außerdem Weinreichs Prinzip der zwischensprachlichen Assoziationen: Damit ein fremdes Zeichen übernommen werden kann, muss immer eine – wenn auch bisweilen fehlgeleitete – inhaltliche Interpretation erfolgen:

> Parlare di prestiti del solo significante è inesatto, perché da casi come russo *fart* «fortuna, successo» (estrapolato per errore dal ted. *gute Fahrt*!) risulta chiaro che il parlante ha dedotto dal modello anche un significato, seppur falso. (Gusmani 1986a: 183; vgl. 1986e: 156)

Darbelnet nimmt eine Einteilung der Entlehnungen nach ihrer äußerlichen Erkennbarkeit (*visibilité*) vor. Sein Klassifikationskriterium besteht dabei in der Identifizierbarkeit von Anglizismen nach ihrer Lautung: Die *anglicismes lexicaux* (oder auch *anglicismes de forme*) sind seiner Ansicht nach auch von einem Nicht-Fachmann wegen ihrer ungewöhnlichen Lautgestalt zu erkennen, was bei den *anglicismes sémantiques* gerade nicht der Fall sei:

> A l'opposé de l'anglicisme lexical, se situe l'anglicisme sémantique (emprunt de sens) qui n'est senti que par des observateurs avertis de l'usage. Ce sont des mots français, très français, auxquels on a donné un sens anglais, et cette acquisition est bien entendu invisible puisqu'elle ne modifie pas la forme du mot. (Darbelnet 1986: 201)[12]

Die Erkennbarkeit von Anglizismen stellt jedoch kein geeignetes Kriterium zur Unterscheidung von innerem und äußerem Lehngut dar, da sich die Wortform im Zuge der lautlichen, graphischen und morphologischen Adaptation immer weiter den französischen Verhältnissen anpasst. Auch bei Sprachen, die durch genealogische Verwandtschaft oder frühere Lehnbeziehungen bereits Gemeinsamkeiten im Wortschatz aufweisen, können Lehnwörter nicht immer anhand abweichender Lautformen identifiziert werden.

In Darbelnets Klassifikation klingen eher sprachpuristische als linguistische Motive an: Während die *anglicismes de forme* aufgrund ihrer Erkennbarkeit eine geringere Gefahr für das Französische darstellen, seien die *anglicismes sémantiques* schwieriger zu enttarnen und zu bekämpfen, weshalb die Gefahr einer "infiltration" bzw. einer "contamination sémantique" des Französischen durch das Englische bestehe (vgl. Darbelnet 1986: 201). Eine Klassifikation nach ählichen Gesichtspunkten, jedoch mit der notwendigen wissenschaftlichen Objektivität nimmt Lilienkamp mit seiner Unterscheidung zwischen endogenen und exogenen Wortschatzelementen vor (vgl. Lilienkamp 2001: 33).

Siebert folgt in seiner Untersuchung zum Wortschatz Otfrids von Weissenburgs Betz in fast allen Punkten, sieht sich jedoch genötigt, ein weiteres Untergliederungskriterium einzuführen und zwischen *zeitweiser* und *teilweiser Lehnbedeutung* zu unterscheiden. Sein Kriterium besteht dabei in der Beständigkeit der Verwendung einer Entlehnung.

---

12 In der spanischsprachigen Romanistik findet sich dieser Ansatz in der Unterscheidung zwischen *anglicismos patentes* bzw. *préstamos puros* und *anglicismos no patentes* bei Sánchez Macarro (1993: 25) bzw. zwischen *anglicismos patentes* und *anglicismos no patentes* bei Pratt wieder (vgl. Pratt 1980: 116).

Unter *zeitweiser Lehnbedeutung* sind solche Lexeme zu verstehen, die im Laufe ihrer Wortgeschichte einmal eine fremde Bedeutung angenommen haben, bei denen diese später aber wieder aufgegeben wurde. Als *teilweise* wird eine Lehnbedeutung dann bezeichnet, wenn die fremde Bedeutung ihren Geltungsbereich mit der Zeit ausdehnen und die ursprüngliche Bedeutung ganz verdrängen konnte. Entlehnte Bedeutungen, die sich im Althochdeutschen durchsetzen und auch später weiterleben, bezeichnet Siebert als *Lehnbedeutungen im strengen Sinne* (vgl. Siebert 1971: 22). In eine ähnliche Richtung weist Hengst, der innerhalb des Lehnguts eine eigene Gruppe der "k a s u a l e n (zufälligen) oder o k k a s i o n e l l e n (gelegentlichen) L e h n f o r m e n" (Hengst 1971: 5) unterscheidet. Hengst und Siebert beziehen damit einen diachronen Aspekt in ihre Gliederung ein, der *de facto* erst nach dem eigentlichen Entlehnungsvorgang relevant wird.

Guilbert unterscheidet zwischen *emprunts dénotatifs* und *emprunts connotatifs*. Denotative Entlehnungen sind dabei solche Übernahmen, die nach dem Prinzip *res verba sequuntur* vorgenommen werden: Beim Import neuer Gegenstände und Sachverhalte wird die fremde Bezeichnung gleich mitübernommen. Dagegen finde bei den konnotativen Entlehnungen eine Orientierung an einer fremden Gesellschaftsform und Lebensart statt, die die Übernahme von Lehnwörtern aus Prestigegründen fördere. In diesem Zusammenhang seien Entlehnungen aus dem Englischen wie *suspense, happening, hit-parade* und *juke-box* zu sehen, für die es sehr wohl französische Entsprechungen gebe (vgl. Guilbert 1975: 91). Guilbert bezieht seine Unterscheidung nur auf das äußere Lehngut; sie könnte jedoch ebenso gut auf das innere Lehngut ausgedehnt werden.

6. Fazit

Als Ergebnis des Überblicks kann Folgendes festgehalten werden:

1. Die Beurteilung und Klassifikation von Entlehnungserscheinungen hängt vom zu Grunde liegenden Forschungsinteresse ab. Hier ist insbesondere von Bedeutung, ob der Entlehnungsvorgang als solcher untersucht oder bloß fremdsprachlicher Einfluss auf den Wortschatz der Replikasprache nachgewiesen werden soll. In der Regel wird dabei nach der Behandlung fremder Morpheme im Sprachkontakt klassifiziert, wozu Vorlage und Nachbild verglichen werden. Weitere Lehngutsystematiken, die mit den Kriterien der Identifizierbarkeit, der Etablierung

oder den Gründen sprachlicher Entlehnungen arbeiten, zielen wiederum auf andere Fragestellungen ab. Sie sind für die vorliegende Untersuchung von geringerer Bedeutung.

2. Trotz unterschiedlicher Voraussetzungen sind die von Betz, Haugen und Weinreich erarbeiteten Klassifizierungsschemata in weiten Teilen deckungsgleich. Auch die späteren Veröffentlichungen orientieren sich im Allgemeinen an diesen Modellen. Unterschiede zwischen den verschiedenen Autoren betreffen zumeist nur die Terminologie oder weitere Feindifferenzierungen (vgl. Holtus 1989: 301). Allen Ansätzen ist gemein, dass in irgendeiner Form zwischen der Übernahme fremder Einheiten (*Lehnwort, importation, transfer*) und dem Ersatz bzw. der Nachbildung fremder Morpheme und Morphemkombinationen (*inneres Lehngut, substitution, reproduction*) unterschieden wird. Außerdem ist meistens eine gemischte Klasse vorgesehen. Die Betz'schen Kategorien der Lehnbedeutung und Lehnübersetzung finden sich auch bei Haugen, Weinreich und den späteren Autoren wieder, wobei die Unterscheidung in Lehnübersetzung und -übertragung nicht immer vorgenommen wird. Was die Lehnschöpfung angeht, so wird ihre Berechtigung als eigene Kategorie nicht bestritten, die Frage ihrer Zugehörigkeit zum Lehngut jedoch unterschiedlich bewertet.

KAPITEL II

Diskussion der traditionellen Lehngutkategorien

Les langues n'ont jamais vécu
dans un isolement complet:
à notre époque, toutes se
compénètrent intimement.

(Charles Bally)

Die Darstellung der grundlegenden Werke von Betz, Haugen und Weinreich hat gezeigt, dass die verschiedenen Autoren mit ähnlichen Kriterien operieren und zu vergleichbaren Klassifikationen kommen. Ausgehend von der Betz'schen Terminologie, die in der europäischen Sprachwissenschaft die größte Resonanz erfahren hat, sollen daher im Folgenden die einzelnen Lehnguttypen mit ihren jeweiligen Problemen ausführlich diskutiert werden. Dabei wird zur Illustration nach Möglichkeit auf Beispiele aus dem englisch-französischen und englisch-spanischen Sprachkontakt zurückgegriffen.

1. Lehnwort

Das Lehnwort zeichnet sich im Verhältnis zu den Formen des so genannten inneren Lehnguts dadurch aus, dass ein vollständiges sprachliches Zeichen als Einheit von Inhalt und Ausdruck von der Modell- in die Replikasprache übernommen wird (vgl. frz. *week-end, chewing-gum, steak*; span. *happening, mitín, jet*).

Obwohl im Prinzip Lexeme aus allen Kategorien und sogar gebundene Morpheme entlehnt werden können, ist der Anteil von Substantiven am

Lehnwortschatz überproportional hoch. Die Dominanz dieser Wortklasse ergibt sich aus ihrem denotativen Charakter, denn meist gelangen Lehnwörter über Wort-Sach-Übernahmen ins Französische und Spanische (vgl. Haugen 1950: 224; Lerat 1980: 76).[13]

Nach der Übernahme unterliegt das Lehnwort einem Adaptationsvorgang, in dessen Verlauf es auf den verschiedenen sprachlichen Ebenen an die Verhältnisse der Replikasprache angepasst wird. Nach vollständig erfolgter Adaptation kann es synchron von nicht sprachwissenschaftlich geschulten Sprechern nicht mehr als Wortschatzelement fremder Herkunft identifiziert werden.

Im Rahmen der phonetischen Adaptation findet auf der Ausdrucksseite des Zeichens eine lautliche Anpassung an das replikasprachliche System statt, die in einigen Fällen auch eine graphische Adaptation nach sich zieht. Dabei werden solche Laute der Modellsprache, die der Replikasprache fremd sind, durch phonetisch verwandte ersetzt (vgl. engl. [ð, θ] im Französischen durch [z, s]). Im Französischen wird gleichzeitig der Akzent auf die Endsilbe verlagert (vgl. Schweickard 1990: 293). Durch den Phonemersatz und die Anpassungen auf suprasegmentaler Ebene entfernt sich das Lehnwort zunehmend von seiner fremdsprachlichen Vorlage, wie es z.B. bei frz. [sprɛ] und span. [es'prei] für engl. [sprei] oder frz. [r(ə)'kɔr] und span. ['rekor] für engl. ['rekɔːd] zu beobachten ist.[14]

Neben dem Ersatz fremder Lautungen findet man häufig auch eine Anpassung der entlehnten Lautkette an die phonotaktischen Regeln der aufnehmenden Sprache (vgl. das prothetische [e] bei span. *eslogan, estrés* nach engl. *slogan* und *stress* oder die Monophthongierung englischer Diphthonge bei frz. *cowboy* [kob'ɔj]). Es ist jedoch keinesfalls ausgeschlossen, dass durch integrale Entlehnungen ungewöhnliche Phonemkombinationen in die Replikasprache getragen oder neue Positionsmöglichkeiten erschlossen werden (vgl. die Lehnwörter *club, pub, film, vamp,* die für das Spanische eigentlich nicht zulässige Auslautkonsonanten aufweisen; Sánchez Macarro 1993: 25). Durch massive integrale Entlehnungen kann außerdem die Vorkommenshäufigkeit bestimmter Phoneme gesteigert werden.

---

13 Als Gründe für die bevorzugte Entlehnung von Substantiven werden bisweilen auch strukturelle Faktoren diskutiert. Häufig wird die Ansicht vertreten, dass die Wahrscheinlichkeit für die Entlehnung eines Elementes mit zunehmendem Gebundenheitsgrad abnimmt (vgl. Haugen 1950: 224; Weinreich 1976: 55; Muysken 1998: 213ff.).

14 Man beachte auch die jeweils unterschiedlichen Realisierungen des Phonems /r/, die im hier verwendeten Transkriptionssystem nicht zum Ausdruck kommen.

Wesentlich seltener als sprachkontaktbedingte Veränderungen der Distribution und Position von Phonemen ist die Erweiterung des Phoneminventars durch die Übernahme fremder Phoneme.[15] Im Zusammenhang mit dem englischen Einfluss auf das Französische wird vor allem der Status von [ŋ] diskutiert (vgl. Walter 1983).[16] Entlehnte Phoneme bleiben häufig auf Lehnwörter und -morpheme (in diesem Fall das Lehnsuffix *-ing*) beschränkt, wobei die Neigung zur Aufnahme fremder Laute offenbar mit dem Grad der Beherrschung der Fremdsprache korreliert. Für das Spanische wird zwar von einer gewissen Beeinflussung auf lautlicher Ebene, z.B. durch das Eindringen von [ʃ] in Lehnwörtern wie *shorts* oder *flash* ausgegangen; ebenso wie beim französischen [ŋ] spricht die geringe Zahl von Minimalpaaren jedoch gegen den Phonemstatus.[17]

Die lautliche Anpassung mündet nach gegebener Zeit häufig in einer vollständigen Integration des Lehnworts in das phonologische System der Replikasprache. So ist es zu erklären, dass früh entlehnte Anglizismen wie z.B. frz. *redingote (*< engl. *riding coat)* äußerlich ihre Herkunft nicht mehr erkennen lassen.[18] Da die wichtigsten Adaptationsvorgänge zumeist bereits direkt nach der Entlehnung erfolgen, besteht für einige Autoren kein unmittelbarer Zusammenhang zwischen dem Entlehnungszeitpunkt und dem Grad der lautlichen Integration (vgl. Klajn 1972: 43). Allerdings wird durch den Mitvollzug replikasprachlicher Lautwandel die lautliche Divergenz zur Vorlage zunehmend größer, während gleichzeitig das Fremdempfinden gegenüber dem Lehnwort abnimmt (vgl. Munske 2000: 3).

Bei Anglizismen, die auf schriftlichem Wege entlehnt wurden, richtet sich die Aussprache vorwiegend nach der Graphie (vgl. z.B. frz. [piplin] statt dem eigentlich zu erwartenden [pajplajn] für engl. <pipeline>; vgl. Schweickard 1990: 293). Laut Goddard stellt diese Form der Entlehnung

15 Die Möglichkeit der Entlehnung von Phonemen wird von Pratt sogar gänzlich ausgeschlossen (vgl. Pratt 1980: 155; 233).

16 Bemerkenswert ist in diesem Zusammenhang die Tatsache, dass auch das Spanische zahlreiche Wörter mit dem Suffix *-ing* entlehnt hat, dieses jedoch phonetisch anpasst (z.B. *meeting* [mit'in]), obwohl das [ŋ] im Spanischen wie im Französischen als kombinatorische Variante des Phonems /n/ existiert.

17 Verschiedentlich wurde der Phonemstatus von [ʃ] für das mexikanische Spanisch diskutiert, wo es außer in Anglizismen auch in Appellativa und Eigennamen aztekischer Herkunft vorkommt (vgl. *mixiote* [miʃjote], *nixtamal* [niʃtamal], *Xola* [ʃola]). Aufgrund der geringen phonologischen Auslastung – es gibt nur drei Minimalpaare, die zudem Eigennamen bzw. sehr marginäres Vokabular enthalten – wird das [ʃ] von Lope Blanch jedoch als freie Variante von /s/ betrachtet (vgl. Lope Blanch 1983: 98).

18 Eine umfangreiche Zusammenstellung graphisch und phonetisch adaptierter Lehnwörter aus unterschiedlichen Sprachen im Französischen findet sich bei Low 1985.

den Normalfall in den europäischen Sprachen dar (vgl. Goddard 1969: 339).[19] Die Bedeutung des Entlehnungsmediums für die lautliche Form der Lehnwörter tritt dann besonders deutlich zutage, wenn ein und dasselbe Etymon einmal auf schriftlichem und einmal auf mündlichem Wege übernommen wird (vgl. frz. *satin*, das im Spanischen sowohl als *satín* als auch als *satén* erscheint; vgl. Schmitt 1984: 44). Ein hohes Maß an Schriftlichkeit im Sprachkontakt kann die lautliche Eingliederung des Lehnwortes verzögern, da nur auditiv rezipierte Entlehnungen leichter an die Lautstruktur der Replikasprache angepasst werden (vgl. Munske 2000: 3).

In neuerer Zeit ist durch den Einfluss von Fernsehen und Radio sowie aufgrund zunehmender Verbreitung von Fremdsprachenkenntnissen unter den französischen und spanischen Sprechern eine Tendenz zur annähernden Beibehaltung der englischen Aussprache zu beobachten (vgl. Calvi 1998: 39; Guilbert 1975: 96; Pergnier 1989: 112; Guerrero Ramos 1995: 38). Koexistieren unterschiedliche Aussprachevarianten in einer Sprachgemeinschaft, wird die Auswahl der jeweiligen Form meist vom Bildungsgrad der Sprecher, der Sprechsituation oder anderen sozialen Faktoren bestimmt (vgl. Meney 1994: 931).

Kann sich das Lehnwort einen festen Platz im replikasprachlichen Lexikon erobern, findet mit der Zeit häufig ebenfalls eine graphische Anpassung statt (vgl. frz. *bifteck, rosbif, starlette;* span. *fútbol, esquí, güisqui, champú;* vgl. Guilbert 1975: 96–97; Coutier 1996: 31). Dabei wird die bereits an das Phonemsystem der Replikasprache angepasste Lautung graphisch so wiedergegeben, wie es den jeweiligen Schreibgewohnheiten entspricht. Bei gewissen Sprachpaaren – v.a. wenn unterschiedliche Schriftsysteme verwendet werden – findet auch ein Ersatz von Graphemen statt, die der Replikasprache fremd sind.[20] Für die Sprachenpaare Englisch/Französisch bzw. Englisch/Spanisch gilt dieses nicht, da alle beteiligten Sprachen das lateinische Alphabet verwenden und das Englische keine diakritischen Zeichen kennt. Die für romanische Sprachen ungewöhnlichen Buchstaben <w> und <k> werden in der Regel beibehalten, so dass durch den Sprachkontakt neue Grapheme und Graphemkombinationen in die Replikasprache eingeführt werden (vgl. Guerrero Ramos 1995: 37).

---

19 Vgl. auch Calvi 1998: 38, nach deren Ansicht der Großteil der Anglizismen auf schriftlichem Wege ins Spanische gelangt.

20 Vgl. hierzu die Angaben von Bruns zur graphischen Adaptation von Anglizismen im Russischen: In einem ersten Schritt wird das Lehnwort in lateinischer Schrift übernommen. Bei Akzeptanz in der Sprachgemeinschaft erhält es dann auch eine kyrillische Graphie.

Da bei der graphischen Adaptation nicht systematisch vorgegangen wird, ist während der Festigungsphase die gleichzeitige Existenz unterschiedlicher Schreibweisen nicht selten (vgl. Schweickard 1990: 294). Bei Lehnwörtern, die auf schriftlichem Wege entlehnt werden, setzen sich neue Graphien in der Regel nur ganz allmählich durch, zumal häufig Schwankungen in der Aussprache bestehen. Gelangt ein Lehnwort dagegen auf mündlichem Wege in die Replikasprache, so findet man schon kurz nach der Entlehnung konkurrierende, von der Modellsprache abweichende Schreibweisen, da die Schreibung des fremden Vorbildes weniger präsent und vielen Sprechern u.U. gar nicht bekannt ist.

Insgesamt weist das Französische weniger graphisch angepasste Lehnwörter auf als andere romanische Sprachen: Durch die konservative französische Orthographie sind die Graphem-Phonem-Zuordnungen ohnehin so unregelmäßig, dass die Bereitschaft zur Akzeptanz ungewöhnlicher Schreibweisen allgemein höher ist. Sprachen mit relativ festen Graphem-Phonem-Zuordnungen wie das Spanische neigen dagegen eher zur graphischen Adaptation.[21]

Damit Lehnwörter in der Replikasprache wie eigene Wortschatzeinheiten verwendet werden können, sind in der Regel Anpassungen an den jeweiligen Sprachtypus notwendig, die als morphologische oder grammatische Adaptation bezeichnet werden:

> Outre l'adaptation phonétique, les mots empruntés subissent souvent aussi une accommodation morphologique spontanée ou progressive, qui leur permet de fonctionner aisément et clairement dans le système de la langue emprunteuse. (Deroy 1956: 252)

Art und Umfang der Anpassung hängen dabei von den strukturellen Eigenheiten der beteiligten Sprachen ab. So muss z.B. englischen Lehnwörtern im Französischen oder Deutschen ein Genus zugewiesen werden, während das bei der Entlehnung deutscher oder französischer Wortschatzeinheiten ins Englische nicht notwendig ist.

Schweickard nennt als wichtigste Kriterien für die Genuszuweisung in den romanischen Sprachen das natürliche Geschlecht (vgl. frz./span. *la cover-girl, le/el play-boy, la play-girl*), Analogien zu bedeutungsverwandten

21 Lebsanft sieht hier einen Unterschied zwischen der europäischen und der amerikanischen Varietät des Spanischen: Während das europäische Spanisch – wohl aufgrund der Haltung der *Real Academia Española* – englische Lehnwörter grundsätzlich an spanische Graphiegewohnheiten anpasst, nimmt das amerikanische Spanisch in der Regel keine graphische Hispanisierung vor (vgl. Lebsanft 1998: 262).

einheimischen Wörtern (vgl. frz. *la star* wegen *la vedette*, span. *el poster* nach *el cartel*) und formale Eigenschaften der Lexeme (z.B. bestimmte Suffixe wie frz. *-tion*; bei spanischen Lehnwörtern wird die Endung *-o* mit dem maskulinen Genus in Verbindung gebracht; vgl. *el jumbo, el video*). Für Lehnwörter, bei denen keines dieser Kriterien greift, wird das unmarkierte Maskulinum gewählt (vgl. Schweickard 1990: 295; 1991: 78).[22]

Bei der Pluralbildung folgen das Französische und das Spanische häufig dem englischen Vorbild, wobei die regelmäßige Pluralbildung auf *-s* ohnehin in allen drei Sprachen übereinstimmt.[23] Für das Spanische kann in neuerer Zeit bei konsonantisch auslautenden Lehnwörtern ein zunehmender Verzicht auf die Anpassung an morphophonologische Regeln beobachtet werden: Statt des zu erwartenden Allomorphs *-es* wird häufig ein einfaches *-s* an das Substantiv angefügt (vgl. *los clubs, los fans* statt *clubes, fanes*; vgl. Sánchez Macarro 1993: 28). Auch die Übernahme fremder morphologischer Muster geht wahrscheinlich auf zunehmende Englischkenntnisse bei den hispanophonen Sprechern zurück.

Im Rahmen der morphologischen Integration werden nicht nur einheimische Morpheme mit entlehnten Lexemen kombiniert, sondern auch fremdsprachliche grammatische Morpheme durch eigene substituiert, die der Vorlage semantisch oder funktional entsprechen. Gelehrte griechisch-lateinische Suffixe wie z.B. engl. *-ism, -ist* oder *-ize* besitzen in der Regel direkte Entsprechungen in den anderen europäischen Sprachen (vgl. frz. *-isme, -iste* und *-iser* bzw. span. *-ismo, -ista* und *-izar*). Bei englischen *nomina agentis* findet man den Ersatz von engl. *-er* durch span. *-or* bzw. frz. *-eur*, wobei im letzten Fall die graphisch-phonetische und die morphologische Adaptation methodisch nicht sauber unterschieden werden können.[24] Durch die Morphemsubstitution werden Lehnwörter an bereits in der Sprache bestehende Paradigmen angeschlossen und teilweise motiviert (vgl. Gusmani 1973: 47; 1986f: 69).

22 Vgl. auch Deroy 1956: 258–60, der als vierten Faktor – wohl als eine Art Sammelkategorie für unklare Fälle – "facteurs psychologiques qui varient d'un individu à l'autre" angibt. Laut Meney besteht dagegen im kanadischen Französisch eine grundsätzliche Tendenz, englischen Lehnwörtern das feminine Genus zuzuweisen (vgl. Meney 1994: 933).

23 Für das Französische gelten diese Aussagen natürlich nur für den *code graphique*. Im *code phonique* ist keine Pluralmarkierung am Substantiv zu hören, sondern diese wird an der Determinante vorgenommen.

24 Nur selten findet man die Realisierung -[ɛːr] wie bei *blazer, joker, bulldozer* (vgl. Tournier 1998: 571).

Während bei nominalen Entlehnungen die morphologische Anpassung – bis auf die Zuweisung eines Genus – fakultativ bleibt, ist bei der Entlehnung von Verben eine Integration in das Konjugationssystem unbedingt erforderlich (vgl. Schweickard 1990: 293). Lehnverben werden dabei sowohl im Französischen als auch im Spanischen der unmarkierten ersten Konjugation auf *-er* bzw. *-ar* (mit den Varianten *-ear* und *-izar*) zugeordnet (vgl. Wagner 1990: 62). Aus engl. *to mail, to chat* oder *to click* wird auf diese Weise frz. *mailer, chatter* und *cliquer* bzw. span. *mailear, chatear* und *cliquear*, die dann wiederum die unterschiedlichen Verbformen (*vous mailez/chattez, en cliquant* etc.) bilden (vgl. Deroy 1956: 82). Wenn auch das entsprechende Substantiv entlehnt wurde (vgl. *chat, mail, click*), kann auf formaler Grundlage nicht entschieden werden, ob es sich um morphologisch angepasste Lehnverben oder um innerfranzösische bzw. innerspanische denominale Ableitungen handelt. Da im Englischen ein und derselbe Lautkörper syntaktisch sowohl die Funktion des Verbs als auch des Substantivs übernehmen kann (vgl. *mail, to mail*), findet durch die morphologische Anpassung in den romanischen Sprachen häufig eine Aufspaltung in unterschiedliche Wortklassen statt (vgl. frz. *un mail, mailer*).

Die Kombinierbarkeit von Lehnwörtern mit heimischen gebundenen Morphemen wird in der Regel als Indiz für eine weit fortgeschrittene Adaptation gewertet (vgl. Deroy 1956: 234; Guilbert 1975: 97; Schweickard 1990: 296), wobei eine klare Unterscheidung zwischen morphologischer Integration und einer innersprachlichen Weiterverwendung integrierter Lehnwörter bei der Derivation und Komposition im Einzelfall problematisch sein kann.

Auch auf semantischer Ebene durchlaufen die Lehnwörter einen Adaptationsprozess. Allein dadurch, dass meist nicht die gesamte Bedeutungsstruktur eines fremdsprachlichen Zeichens übernommen, sondern der fremde Wortkörper nur mit einer seiner möglichen Bedeutungen entlehnt wird, können sich beträchtliche Abweichungen zur fremdsprachlichen Vorlage ergeben. Beispielsweise kennt das Französische das Lehnwort *cracker* nur als 'petit biscuit salé et croustillant', während englische Wörterbücher bis zu acht unterschiedliche Bedeutungen angeben (vgl. Santos Borbujo 1998: 175). Je fachsprachlicher der übernommene Terminus, desto größer ist in der Regel die semantische Abweichung zur zentralen Bedeutung der fremdsprachlichen Entsprechung (vgl. Gómez Cápuz 2000: 42). Stimmen Vorlage und Lehnwort in mehreren Bedeutungen überein, so muss man von unterschiedlichen sukzessiven Entlehnungsvorgängen ausgehen (vgl. Deroy 1956: 267; Gusmani 1982/83: 96–97; Gómez Cápuz 2000: 39).

Nach der Übernahme trifft das fremde Zeichen auf ein bereits bestehendes Netz lexikalischer Beziehungen. Laut Gusmani bestehen nun zwei Möglichkeiten:

> A. Il nuovo termine designa un referente prima ignoto o per il quale mancava una specifica denominazione. [...] in tal caso esso occupa uno spazio 'vuoto' e si limita a produrre un ampliamento del patrimonio lessicale.
> B. Il nuovo termine ha in comune con uno o più lessemi indigeni dei tratti referenziali, s'inserisce cioè in uno spazio già parzialmente 'occupato'; si determina allora una situazione di parziale sincretismo semantico e quindi di conflitto tra omoionimi. (Gusmani 1979: 30)[25]

Im ersten Fall werden die Bedeutungsstrukturen der Replikasprache von der Neuaufnahme nicht berührt. Häufig handelt es sich hierbei um Wort-Sach-Entlehnungen, bei denen die Einführung eines neuen Referenten die Übernahme eines Lehnwortes nach sich zieht:

> Lexically, [borrowings that correspond to an innovation in the material world] are mere additions to the vocabulary, and their assimilation causes few, if any, repercussions beyond an occasional extension of the range of a generic term. (Goddard 1969: 345; vgl. Weinreich 1976: 76; Thomason 2001: 135–36)

Trifft das Lehnwort auf ein bereits vorhandenes Wortfeld, so muss dieses umstrukturiert und dem neuen Zeichen sein Platz zugewiesen werden (vgl. Beinke 1990: 95; Gómez Cápuz 2000: 48). Weinreich hält eine Koexistenz beider Termini als Synonyme zwar für möglich, sieht diese jedoch auf die frühen Phasen des Sprachkontaktes beschränkt (vgl. Weinreich 1976: 77), da früher oder später eine Differenzierung auf semantischer, pragmatischer oder stilistischer Ebene eintreten müsse (vgl. Reinton 1978: 220; Sala 1995: 576–77; Gómez Cápuz 2000: 45–46). Die Spannung zwischen einem Lehnwort und bedeutungsähnlichen einheimischen Lexemen kann in semantischer Hinsicht durch eine Bedeutungsdifferenzierung aufgelöst werden: Z.B. unterscheiden deutsche Auswanderer in den USA und Australien zwischen *Kirche* 'deutschsprachige Kirche' und *church* 'englischsprachige Kirche'. Auch kann der Gebrauch einer der beiden Wortschatzeinheiten auf bestimmte pragmatische Kontexte eingeschränkt werden (vgl. die Beschränkung von *Herr*, *Frau* und *Fräulein* durch die unter russischem

---

25 Vgl. Gusmani 1973: 98; 1986: 133. Der Autor merkt an, dass unter *omoionimia* in diesem Fall *parziale sinonimia* verstanden werden soll.

Einfluss entstandenen Bezeichnungen *Jugendfreund, Genosse* und *Kollege* in der DDR; vgl. Clyne 1967: 218). Differenzierungen sind weiterhin auf stilistischer Ebene möglich, wie es z.B. bei griechischen und lateinischen Lehnwörtern im Deutschen oder Englischen zu beobachten ist, die in der Regel einer höheren Stilebene angehören als ihre autochthonen Entsprechungen (vgl. Weinreich 1976: 79). Als letzte Möglichkeit kann das Lehnwort mit einem bestehenden Zeichen in einen Konkurrenzkampf eintreten, der u.U. zur Aufgabe einer der beiden Bezeichnungen führt.[26]

Postintegrative semantische Veränderungen werden von zahlreichen Autoren als Indikator für den Grad der Integration eines Lehnworts gewertet (vgl. Guilbert 1975: 95–98; Gómez Cápuz 2000: 49–50). Sie führen dazu, dass das Lehnwort allmählich seinen monosemen Status verliert und eine komplexere semantische Struktur erhält. Vergleicht man integrierte Lehnwörter mit ihren modellsprachlichen Vorbildern, kommt es durch die oben beschriebenen Veränderungen häufig zu zwischensprachlichen Abweichungen, die sich auf unterschiedliche Art und Weise äußern können. Nadashi unterscheidet in diesem Zusammenhang

> a) les mots ayant un sens plus général que celui du mot d'origine;
> b) les mots qui ont un sens n'existant pas dans la langue prêteuse;
> c) les mots dont le sens s'est spécialisé;
> d) les mots qui conservent le(s) même(s) signifié(s) mais qui n'ont pas les mêmes connotations. (Nadashi 1991: 175)

Auch Plümer weist darauf hin, dass Lehnwörter über die Adaptationsvorgänge hinaus in der Replikasprache semantischen Transformationen unterliegen, die im Verhältnis zur Vorlage als Bedeutungserweiterung, Bedeutungsverschiebung oder Bedeutungsübertragung beschrieben werden können. So sei *cocktail* im Französischen nicht mehr auf die Bezeichnung eines alkoholischen Mixgetränkes beschränkt, sondern könne ganz allgemein 'Mischung' bedeuten. Bedeutungsverschiebung liege bei *speaker* und *smoking* (entstanden durch die Verkürzung von *smoking-jacket*; spanisch entsprechend *smoking* oder *esmoquin*) vor, deren Bedeutungen in der Replikasprache nicht mit denen in der englischen Modellsprache übereinstimmten. Bedeutungsübertragungen können durch metaphorische Ausdehnung der Bedeutung eines Terminus entstehen, was z.B. bei dem Lehnwort *flirt* der Fall sei, das zunehmend auch in der Bedeutung 'politische Annähe-

26 Carstensen bestreitet allerdings die Möglichkeit einer Verdrängung eines einheimischen Wortes durch ein Lehnwort, da echte Synonymie zwischen entlehnten und eigensprachlichen Lexemen so gut wie nie vorliege (vgl. Carstensen 1964: 356).

rung' verwendet werde (vgl. Plümer 2000: 234–37; Gómez Cápuz 1992: 314). Laut Carstensen ist Bedeutungserweiterung bei Lehnwörtern wesentlich häufiger als Bedeutungsverschiebung oder -verengung (vgl. Carstensen 1964: 353ff). Semantische Divergenzen können zudem dadurch entstehen, dass die Bedeutung des Lehnworts in der Replikasprache konstant bleibt, während das Vorbild in der Modellsprache einem Bedeutungswandel unterworfen ist (vgl. Nadashi 1985: 180).

Die Entfernung von der fremden Vorlage kann mitunter zur Entstehung so genannter *faux anglicismes* bzw. Pseudoanglizismen führen, die aus englischem Wortmaterial gebildet sind, jedoch in Modell- und Replikasprache grundsätzlich verschiedene Bedeutungen besitzen (vgl. frz./span. *footing, smoking, pressing, auto-stop* etc.).[27] Durch die Bildung von Komposita aus Lehnwörtern, die Kombination von Lehnaffixen mit Lehnwörtern oder Kürzungsvorgänge kann in der Replikasprache ein *signifiant* entstehen, der in der Modellsprache gar nicht existiert (vgl. dt. *Dressman, Handy*; frz. *tennisman, rugbyman* etc.). Die *faux anglicismes* spielen im Französischen eine weitaus bedeutendere Rolle als im Spanischen, das den Großteil seiner Pseudoanglizismen durch französische Vermittlung aufgenommen hat (vgl. Lorenzo 1996: 46; Schweickard 1991: 81; Schmidt-Radefeldt 1995: 197).[28]

In Publikationen über die Systematik des Lehngutes werden sporadische Versuche unternommen, Pseudoentlehnungen als eigene Lehngutkategorien in die Modelle einzubeziehen (vgl. z.B. Fischers Kategorien der *Lehnkürzung* und der *Lehnerweiterung;* Fischer 1980: 43). Sie bergen jedoch die Gefahr in sich, fremdsprachliche Beeinflussungen, Adaptationsvorgänge und unabhängige innersprachliche Entwicklungen leichtfertig zu vermengen. Hat sich ein Anglizismus erst einmal dauerhaft im replikasprachlichen System etabliert, unterliegt er als nunmehr französische bzw. spanische Wortschatzeinheit selbstverständlich allen Veränderungen, die auch der autochthone Wortschatz durchläuft. Deshalb ist es nur natürlich, dass er

27 Nadasdi unterscheidet in diesem Zusammenhang zwischen *anglicismes divergents*, bei denen sich Divergenzen zwischen Vor- und Nachbild durch eigene Entwicklung des Lehnwortes in der Replikasprache ergeben haben, und *faux-amis*, unter denen er Folgendes versteht: "[...] il s'agit plutôt de deux mots dont le sens différent réside dans la dérivation distincte à partir d'un point commun, par exemple, le latin vulgaire. Par contre, les anglicismes divergents proviennent non pas de la même racine que leur pendant dans la langue d'origine, mais de ce mot même." Seine Unterscheidung ist allerdings nur bei einer diachronen Betrachtung relevant.

28 Laut Orioles verbreiten einige europäische Sprachen, darunter v.a. das Französische und das Deutsche, verstärkt Pseudoanglizismen in andere Sprachen (vgl. Orioles 1992: 115).

mit der Zeit im Verhältnis zum Englischen semantische Eigenwege einschlägt. Die Wertung eines Lehnwortes als Pseudoanglizismus setzt damit grundsätzlich eine synchrone und sprachvergleichende Betrachtung zu einem Zeitpunkt voraus, an dem die Integration bereits weit fortgeschritten ist. Zum Zeitpunkt der Entlehnung dagegen handelte es sich zweifelsohne um *echte* Lehnwörter:

> Il est évident que dans une optique synchronique, des divergences comme celles que nous avons citées sont souvent assez importantes pour que les emplois français semblent être « faux » par rapport à l'anglais. Dans une optique diachronique, par contre, il est souvent possible de « remonter la filière de l'emprunt » [...]. Il peut donc arriver que des expressions qu'on pensait être des « faux anglicismes » parce qu'on ne connaissait pas leur histoire, se révèlent comme d'authentiques emprunts à l'anglais, même s'il s'agit d'un anglais tellement peu courant, ou tellement malmené par les emprunteurs, que les Anglais eux-mêmes ne lui accorderaient plus droit de cité. (Spence 1989: 326)

Dagegen sind solche Pseudolehnwörter, die innerhalb der Replikasprache mit bereits integrierten Lehnelementen gebildet wurden, unter synchronen Gesichtspunkten gar nicht zum Bereich der Entlehnung zu zählen, da sie sich im Hinblick auf ihre unmittelbare Entstehung überhaupt nicht von anderen neu gebildeten Wörtern unterscheiden (vgl. Gusmani 1979a: 365 sowie die Ausführungen zur Problematik des Teillehnwortes im folgenden Kapitel).

Der Grad der lautlichen, graphischen und morphologischen Anpassung einer Übernahme dient Betz und anderen Autoren als Kriterium für die Unterscheidung zwischen Lehnwort und Fremdwort. Während das Lehnwort in Lautung, Schreibung und Flexion vollständig in die Replikasprache integriert ist und deshalb bei synchroner Betrachtung nicht mehr als Lexem fremder Herkunft identifiziert werden kann, ist die Anpassung beim Fremdwort noch nicht oder nur unvollständig erfolgt. Schwankungen hinsichtlich der Aussprache, Genuszuweisung oder Schreibung weisen darauf hin, dass der Status des transferierten Lexems in der Replikasprache noch ungesichert ist (vgl. Wagner 1990: 59). Neben dem Adaptationsgrad auf den unterschiedlichen sprachlichen Ebenen werden mitunter auch sprachsoziologische Kriterien (z.B. die Zugehörigkeit eines Lexems zum aktiven Wortschatz bestimmter Sprechergruppen) für die Unterscheidung herangezogen (vgl. Polenz 1967: 72). Poplack/Sankoff stützen sich überdies auf die Gebrauchshäufigkeit und die Akzeptabilität durch replikasprachliche Sprecher (vgl. Poplack/Sankoff 1984: 103-04).

Eine ausführliche Diskussion der Termini *Lehn-* und *Fremdwort* sowie möglicher Abgrenzungskriterien würde an dieser Stelle zu weit führen. Es soll die Feststellung genügen, dass beide Kategorien sich nicht diametral gegenüberstehen, sondern ein Kontinuum unterschiedlicher Adaptationsstufen bilden (vgl. Guilbert 1975: 92–93; Wagner 1990: 61; Nicolas 1994: 90–91; Blank 1995: 47–48). Je nachdem, wie weit man in der Geschichte eines Wortes zurückgehen möchte bzw. ob überhaupt gesicherte Informationen über die Herkunft eines Lexems vorliegen (vgl. Gusmani 1973: 7; 1986g: 9), ist der Übergang zwischen fremdem und einheimischem Wort fließend. Sala geht sogar so weit, zu behaupten, dass der Großteil des Wortschatzes einer Sprache letztlich entlehnt ist (vgl. Sala 1986: 159). Der Unterschied, auf dem die Fremdwort/Lehnwort-Dichotomie, aber auch die Unterscheidung zwischen einheimischen und fremden Wortschatzeinheiten basiert, ist folglich kein absoluter, sondern ein gradueller. Da sich auch in der Lehngutforschung ein Konsens dahingehend abzeichnet, die Unterscheidung zwischen Fremd- und Lehnwort fallen zu lassen,[29] kann an dieser Stelle Gneuss zugestimmt werden:

> Wir können mit einem Begriff "Lehnwort" auskommen: das Fremdwort ist nur genau so eine Vorstufe [...] vor der endgültigen Aufnahme in die empfangende Sprache. Der Begriff Lehnwort umfaßt dann jedes Wort, das von einer Sprache direkt in eine andere übernommen wird, gleich in welcher Form und welchem Stadium der Übernahme. (Gneuss 1955: 19)

2. Teillehnwort

Ein Teillehnwort liegt nach Betz dann vor, wenn ein Bestandteil einer komplexen Vorlage in die Replikasprache übersetzt, der andere dagegen als Lehnelement übernommen wird. Viele Autoren, darunter Schumann 1969, Bäcker 1975 und Duckworth 1977, legen hier im Unterschied zu Betz keine Untergruppe des Lehnworts zugrunde, sondern setzen für Bildungen dieser Art eine eigene Lehngutkategorie an, die zwischen Lehnwort und

29 In Untersuchungen zum lexikalischen Sprachkontakt wird die Fremdwort/Lehnwort-Dichotomie zunehmend aufgegeben. Sie findet allerdings implizit ihren Niederschlag in Modellen, die innerhalb des Adaptationsprozesses unterschiedliche Stadien der Anpassung unterscheiden (vgl. z.B. Payrató 1985: 59–60; Blas Arroyo 1993: 26–27, 1991: 274; Schmidt-Radefeldt 1995; Kyjak/Ivanitskiy 1996: 24; Thomason 2001: 133–34).

Lehnbildung anzusiedeln ist. Molnár wiederum gliedert das Teillehnwort in die Lehnübersetzung ein, was angesichts seiner Zwischenstellung ebenso gerechtfertigt ist wie eine Wertung als Lehnwort (vgl. Molnár 1985: 51).

Teillehnwörter sind *per definitionem* Hybridbildungen (vgl. Coleman 1965: 73); allerdings muss nicht jede zusammengesetzte oder abgeleitete Wortschatzeinheit, deren Bestandteile ursprünglich aus verschiedenen Sprachen stammen, zwingend ein Teillehnwort sein. Ebenfalls möglich ist, dass der Bestandteil fremder Herkunft bereits isoliert entlehnt worden ist und dann in der Replikasprache wie ein autochthones Wort funktioniert, das eigene Komposita und Ableitungen bilden kann. In diesem Fall hätte man es nicht mit der Teilübersetzung einer fremden Vorlage, sondern mit einer unabhängig entstandenen Neubildung oder auch mit einer Lehnübersetzung zu tun. Entscheidend in diesem Zusammenhang ist nicht allein die etymologische Herkunft der einzelnen Bestandteile; vielmehr muss geprüft werden, ob zum Zeitpunkt der Bildung das Element fremder Herkunft bereits in der Sprache existierte und eine mögliche fremde Vorlage vorhanden war:

> Entlehnung ist sicherlich ein historischer Prozeß, der mit den Methoden der Diachronie beschrieben werden muß. Allerdings muß sie durch eine synchronische Sehweise ergänzt werden. Wenn wir sagen, daß fr. avant-centre "Mittelstürmer" eine Lehnbildung nach e. centre-forward ist, setzen wir voraus, daß beide Lexeme zum Zeitpunkt der Entstehung der Lehnbildung zum französischen Wortschatz gehören, auch wenn sie früher einmal selbst entlehnt worden oder semantisch beeinflußt sind. Die Frage nach dem Wortmaterial muß also von der Frage der Entlehnung getrennt werden. (Bäcker 1975: 7)

Das Problem ist in der Lehngutforschung durchaus erkannt und diskutiert worden. Bereits 1945 weist Betz darauf hin, dass got. *weindrugja* kein Teillehnwort sein kann, da zum Zeitpunkt seiner Entstehung *wein* ein in der gotischen Sprache gebräuchliches Wort war (vgl. Betz 1945: 290–91).

Eine methodische Unterscheidung von echten Teillehnwörtern und Weiterbildungen mit Lehnelementen wird von Haugen in der Untergliederung der Hybridbildungen in *loanblends* und *hybrid creations* versucht. Sie ist hier sogar konsequenter durchgeführt, da er erkennt, dass letztere aus dem Bereich sprachlicher Entlehnung auszugliedern sind und zu den unabhängigen Innovationen zählen. Allerdings vermischt auch er letztlich die synchrone und diachrone Betrachtungsebene: Es ist richtig, dass Weiterbildungen mit Lehnwörtern bei einer synchronen Analyse der Wortentstehung nicht zu den Entlehnungen zu zählen sind, da die ursprüngliche Herkunft des Wortmaterials nicht von Belang ist – jedoch unterscheiden sich die so genannten *hybrid creations* unter diesem Gesichtspunkt auch nicht von anderen *creations* mit rein autochthonem Wortmaterial. Eine weitere Untergliederung der *creations* ist folglich überflüssig, zumal in der Bezeichnung *hybrid* eben doch wieder eine diachrone Sichtweise anklingt.

Die Problematik einer Klassifikation nach der ursprünglichen Herkunft des Wortmaterials wird besonders deutlich an Hand hybrider Zusammensetzungen, deren Bestandteile aus zwei unterschiedlichen Fremdsprachen stammen (vgl. z.B. gelehrte Bildungen aus lateinischen und griechischen Morphemen wie frz. *télévision,* span. *televisión* etc.). Es leuchtet unmittelbar ein, dass diesen Hybridbildungen keine Teilersetzung zugrunde liegen kann.[30]

Trotz dieser Ansätze zur Kritik wird auch in neueren Veröffentlichungen an der Kategorie des Teillehnwortes festgehalten. Z.B. unterscheidet Viereck zwischen Mischkomposita *mit* englischem Vorbild und *ohne* englisches Vorbild, fasst jedoch beide Gruppen unter der Kategorie *Teilsubstitution* zusammen, obwohl im zweiten Fall keine Substitution erfolgt (vgl. Viereck 1980: 16).

Zu den wenigen Autoren, die dieses Problem im Detail diskutieren, zählt Duckworth. Er unterscheidet zur Abgrenzung von Teillehnwörtern und unabhängigen Bildungen unter der Kategorie *Teilersetzung* zwei Fälle:

> Wenn man im Englischen ein direktes Vorbild (discoverable model) finden kann, muß man eine *Lehnverbindung* vermuten. Wenn kein englisches Vorbild gefunden werden kann, vermute man eine unabhängige *Verbindung.* (Duckworth 1977: 50)

Dabei ist für ihn "[...] eine unabhängige Bildung [...] streng genommen keine reine Entlehnung, sondern ein Beispiel für eine weitere Verwendung eines entlehnten Wortes in der Gastsprache" (Duckworth 1977: 49). Betrachtet man seine Beispiele *Boxsport, Managerkrankheit, Sexfrau* und *Showsendung,* für die es nach Duckworth keine englischen Vorbilder gibt, so stellt man fest, dass die Anglizismen *Box(en), Manager, Sex* und *Show* im Deutschen gut integriert und so geläufig sind, dass eigene Bildungen mit diesen Elementen keinesfalls überraschen.[31] Duckworths Klassifikation des Lexems

30 Zur Beurteilung von Komposita aus gelehrten griechischen und lateinischen Morphemen in Bezug auf Wortbildung und Entlehnung vgl. Rettig 1986.

31 Dafür spricht auch die frühe Entlehnung der Anglizismen: Als Entlehnungszeitpunkt gibt das *Anglizismen-Wörterbuch* für *Box(en)* das Jahr 1774, für *Manager* das Jahr 1909,

Showgeschäft als echte Teilersetzung nach engl. *showbusiness* ist dagegen problematisch. Das Anglizismenwörterbuch gibt als Erstbeleg für die Bildung das Jahr 1973 an, während der Anglizismus *Show* im Deutschen bereits seit 1894 existiert (vgl. Carstensen 1993: 1295). Es ist daher davon auszugehen, dass das Lexem *Show* zum Zeitpunkt der Entstehung des Kompositums bereits zum deutschen Wortschatz gerechnet werden konnte. Außerdem muss zu bedenken gegeben werden, dass in diesem Fall das englische Element gar nicht ersetzt werden könnte, da keine synonyme Bezeichnung deutscher Herkunft existiert. Wenn auch die Möglichkeit eines Teillehnworts nicht mit absoluter Sicherheit ausgeschlossen werden kann, so legen die oben angeführten Indizien eher die Annahme einer Lehnübersetzung nahe.[32] Anders verhält es sich dagegen bei Carstensens Beispiel *Livesendung* nach engl. *live broadcast*. Die Annahme einer Teilersetzung wird hier dadurch gerechtfertigt, dass der Erstbeleg des Kompositums bis in das Jahr 1958 zurückreicht, während der isolierte Gebrauch von *live* im Deutschen erst seit 1963 belegt ist (vgl. Carstensen 1993: 837).

Um eine Verwechslung zwischen synchroner und diachroner Sichtweise zu vermeiden, sollten daher unabhängig entstandene Bildungen ohne englisches Vorbild nicht unbesehen zu den Teilersetzungen gezählt werden. Allenfalls kann man hier, solange die Entstehung der Bildung nicht geklärt ist, mit Sornig von "mischsprachlichen Neologismen" sprechen, wobei man sich allerdings auf einen diachronen Standpunkt stellt (vgl. Sornig 1999: 165). In vielen Fällen wird man die Herkunft so genannter Mischkomposita nie eindeutig erhellen können:

> Während man bei Nullsubstitution davon ausgehen darf, daß diese Übernahmen vornehmlich aus dem AE "echte" Entlehnungen sind, müssen wir bei den Mischkomposita den tatsächlichen und stichhaltigen Beweis der englischen Herkunft schuldig bleiben. In vielen Fällen könnte es sich um unter dem amerikanischen Gesamteinfluß auf die deutsche Gesellschaft und ihre Sprache entstandene Scheinentlehnungen, also von Deutschen geschaffene Pseudoanglizismen, handeln. (Fink 1997: 115)

Die Existenz einer fremdsprachlichen Vorlage ist folglich eine notwendige, jedoch nicht hinreichende Bedingung für das Teillehnwort. Existiert der

---

für *Show* das Jahr 1894 und für *Sex* das Jahr 1954 an, wobei im letzten Fall von einer starken Frequenzsteigerung nach 1945 berichtet wird (vgl. Carstensen 1993: 162, 873, 1295 und 1275).

32 Diese Ansicht wird von Humbley gestützt, der dt. *Heimcomputer* nach engl. *home computer* als *calque directe* bezeichnet (vgl. Humbley 1987c: 8).

fremde Bestandteil in der Replikasprache bereits als Lehnwort, liegt wahrscheinlich keine erneute Übernahme, sondern eine Übersetzung vor. Wiederum zeigt sich, dass der bloße formale Vergleich zwischen Vor- und Nachbild häufig keine gesicherte Ausgangsbasis für die Charakterisierung der zugrunde liegenden sprachlichen Prozesse bildet.

Irrtümlicherweise als Teillehnwörter klassifiziert wurden nicht nur Komposita aus eigenständigen Lexemen, sondern auch Bildungen aus freien und gebundenen Morphemen (vgl. dt. *Sportler, tanken*). Auch hier sollte streng zwischen Teilersetzung und unabhängiger Weiterbildung in der Replikasprache unterschieden werden: Nach erfolgter Integration kann das Lehnwort – wie jedes andere replikasprachliche Lexem – durch die Anwendung der üblichen Wortbildungsverfahren zur Wortschatzerweiterung herangezogen werden. Da die Lehnwörter *Sport* und *Tank* zum Entstehungszeitpunkt von *Sportler* und *Tanker* bereits gut ins Deutsche integriert waren, handelt es sich wohl eher um innersprachliche Ableitungen als um Teilersetzungen (vgl. Gusmani 1973: 9; 1986g: 11).

Gleiches gilt für Fälle, in denen sich ein gebundenes Morphem fremder Herkunft mit einem einheimischen Lexem verbindet (z.B. französische Bildungen mit *-ing*). Da anzunehmen ist, dass gebundene Morpheme nicht isoliert transferiert werden, sondern über die reihenweise Entlehnungen komplexer Bildungen[33] in der Replikasprache produktiv werden, handelt es sich hier offensichtlich um innersprachliche Weiterbildungen.

Selbst wenn für ein Derivativum eine fremde Vorlage existiert, bereitet die Unterscheidung zwischen Teillehnwort und assimiliertem Lehnwort häufig Schwierigkeiten. Beispielsweise werden frz. *sprinter* oder *speaker* von Bäcker als Teillehnwörter bezeichnet, da hier ihrer Meinung nach das englische Suffix *-er* durch das französische *-eur* ersetzt, der Stamm dagegen transferiert worden sei (vgl. Bäcker 1975: 75).[34] Diese Sichtweise veranlasst Bäcker dazu, innerhalb der Teillehnwörter zwei Unterkategorien zu unterscheiden, je nachdem, ob Substitution eines gebundenen Morphems bei

---

33 Vgl. Gusmani 1979a: 362: "Morpheme [werden] nicht direkt entlehnt, da die Interferenz nur semantisch autonome Elemente betreffen kann: Es handelt sich sozusagen um eine Entlehnung 'zweiten Grades' in dem Sinne, daß eine Reihe von durch dasselbe fremde Morphem gekennzeichneten Lehnwörtern die Grundlage für die 'Induktion' (das heißt: die Identifizierung und Weiterverwendung) des betreffenden Formans bildet. Nur auf solche Weise kann nämlich dieses formal identifiziert und in seiner Funktion erfaßt werden, was wiederum die Voraussetzung für seine Produktivität darstellt."

34 Ähnlich geht Assirati vor, die *linkar, updeitar* und *zipar* im Portugiesischen als *hibridismos* bezeichnet (vgl. Assirati 1998: 130).

Übernahme eines freien oder Substitution eines freien Morphems bei Übernahme eines gebundenen vorliegt (vgl. Bäcker 1975: 74–75). Nahe liegender ist es jedoch, streng beim lexikalischen Standpunkt zu bleiben und den Ersatz des englischen Morphems *-er* durch frz. *-eur* als phonetisch-morphologischen Adaptation zu betrachten.

Aufgrund der zahlreichen Schwierigkeiten lassen sich hybride Bildungen nur in seltenen Fällen eindeutig als Teillehnwörter identifizieren – nämlich dann, wenn es sich bei dem entlehnten Bestandteil in der Replikasprache um ein unikales Morph handelt, d.h. dieses ausschließlich in der fraglichen Verbindung vorkommt und synchron nicht analysierbar ist. Das ist z.B. bei dt. *Grapefrucht* nach engl. *grapefruit* der Fall (vgl. Carstensen 1965: 214):[35] Da *grape* im Deutschen weder als eigenes Lexem existiert, noch jemals isoliert existiert hat, kann sowohl eine Lehnübersetzung als auch eine unabhängige Neubildung ausgeschlossen werden. Möglicherweise hat Betz genau diesen Fall unter der Kategorie *Teillehnwort* verstanden, da er im Bezug auf sein Beispiel dän. *veldaedig* nach dt. *wohltätig* betont, dass das "Dänische, als dieses Wort gebildet wurde, kein *daedig* gekannt [hat] und auch heute noch keines [kennt]; es kennt diese Entlehnung aus dem Deutschen nur in der Verbindung *veldaedig*" (Betz 1945: 219). Offensichtlich wurde er von der späteren Lehngutforschung missverstanden.

Angesichts der Schwierigkeiten, die sich mit der Kategorie des Teillehnwortes verbinden, muss Gusmani in seiner Einschätzung zugestimmt werden:

> È infine naturale che se la creazione è avvenuta indipendentemente da un modello alloglotto, se dunque viene a mancare il necessario rapporto mimetico con un elemento di altra tradizione linguistica, non avrà alcun senso parlare di prestito [...] qualunque possa essere l'origine remota o prossima del materiale utilizzato. (Gusmani 1973: 19, 49; 1986g: 20, 72)

3. Lehnbedeutung

Bei der Lehnbedeutung nimmt ein replikasprachliches Zeichen nach fremdem Vorbild eine zusätzliche Bedeutung an.[36] Betz begnügt sich damit, die

35 Vgl. auch kol.-span. *greifruta*; vgl. Haensch 1995: 224.

36 Bei Gusmani wird weniger der Aspekt der Bedeutungserweiterung, als vielmehr die veränderte Funktion des betroffenen Zeichens hervorgehoben. Er wählt daher statt

Bedeutungserweiterung bestimmter Zeichen unter fremdem Einfluss festzustellen, äußert sich jedoch nicht zu den Bedingungen, unter denen diese stattfinden kann. Nahezu alle nachfolgenden Arbeiten zum inneren Lehngut untergliedern dagegen mit Haugen die Lehnbedeutung in drei Gruppen, wobei sie Ähnlichkeiten zwischen der fremdsprachlichen Vorlage und dem Nachbild zum Ausgangspunkt nehmen.[37] Höfler unterscheidet in diesem Zusammenhang entsprechend zu Haugens *homologues, analogues* und *homophones* Lehnbedeutungen "mit semantischer Analogie (Lehnbedeutung ausgelöst durch Berührung auf der Inhaltsebene)", "semantischer und phonetischer Analogie (Berührung auf der Inhalts- u n d Ausdrucksebene)" und "phonetischer Analogie (Lehnbedeutung ausgelöst durch Berührung auf der Ausdrucksebene)" (Höfler 1971: 64).

Als Musterfall der Lehnbedeutung wird in einschlägigen Publikationen die Lehnbedeutung mit semantischer Analogie (*homologue* in Haugens Terminologie) beschrieben. Ausgangsbasis für die Bedeutungsübertragung ist der Umstand, dass eine polyseme modellsprachliche Vorlage bereits eine oder mehrere Bedeutungen mit einem replikasprachlichen Zeichen teilt, wodurch die Übernahme einer oder mehrerer weiterer Bedeutungen in die Replikasprache angeregt wird. Als Schulbeispiel für diese Form der sprachkontaktinduzierten Bedeutungserweiterung wird fast immer das deutsche Lexem *Ente* zitiert, dessen Mehrdeutigkeit auf den Einfluss von frz. *canard* zurückgeht: Durch die gemeinsame Bedeutung 'Wasservogel' übertrug sich die zunächst nur im Französischen vorhandene Bedeutung 'falsche Nachricht' auch auf das deutsche Zeichen.

Eine etwas abweichende Interpretation desselben Vorgangs liefert Weinreich, indem er eine psychische Komponente beim Sprecher in seine Betrachtung einbezieht. Seiner Ansicht nach nimmt der Zweisprachige eine partielle inhaltliche Überschneidung zwischen Zeichen der unterschiedlichen Systeme wahr. Die Bedeutungsentlehnung erfolge dann aus dem Bedürfnis heraus, die noch bestehenden Diskrepanzen im Sinne einer vollständigen Kongruenz auszugleichen. Bei einer zusätzlich bestehenden lautlichen Ähnlichkeit werde die Angleichung als umso dringender emp-

---

calco semantico die Bezeichnung *calco di funzione semantica e sintattica* (vgl. Gusmani 1974: 25).

37 Lediglich Hope nimmt nur eine Zweiteilung vor. Je nachdem, ob nur lautliche oder auch semantische Ähnlichkeit vorliegt, spricht er von *semantic loan* oder *semantic calque*. Seine Dichotomie begründet er mit unterschiedlichen Vorgängen bei der Entlehnung: Während beim *semantic loan* nur die Übernahme einer fremden Bedeutung stattfinde, könne man beim *semantic calque* aufgrund der bereits vorhandenen semantischen Ähnlichkeiten von Übersetzung sprechen (vgl. Hope 1960: 131).

funden, da so eine völlige Äquivalenz auf beiden Seiten des sprachlichen Zeichens erreicht werden könne (vgl. Weinreich 1976: 70–71).[38]

Während die homologe Lehnbedeutung in jüngeren Arbeiten breite Zustimmung findet, ist das bei ihrer homophonen Variante keineswegs der Fall. Selbst Autoren wie Höfler, die die Lehnbedeutung aufgrund rein lautlicher Ähnlichkeit verteidigen, räumen ein, dass sich hier häufig nicht sauber zwischen Lehnbedeutung und Lehnwort trennen lässt (vgl. Höfler 1971: 64–65; Gusmani 1973: 84–87; 1986h: 118–122). Haugen selbst hatte 1956 in seiner Rezension zu Gneuss seine frühere Einteilung revidiert und die semantische Ähnlichkeit zur grundsätzlichen Bedingung für das Vorliegen einer Lehnbedeutung erhoben (vgl. Haugen 1956: 762). Gusmani und Orioles folgen ihm in dieser Ansicht: Bei der so genannten homophonen Lehnbedeutung handle es sich *de facto* um die integrale Entlehnung von "vocaboli etimologicamente connessi, ma semanticamente distinti" (Orioles 1982/83: 137). Die Ähnlichkeit zur Lehnbedeutung ergebe sich dadurch, dass das Lehnwort äußerlich nicht als neue Wortschatzeinheit zu identifizieren sei, da es im *signifiant* mit einem bereits bestehenden Lexem zusammenfalle (vgl. Gusmani 1973: 89; 1986h: 123–24). Sie schlagen daher für diesen Entlehnungstyp die Bezeichnung *prestito camuffato* vor (vgl. Gusmani 1973: 83; 1976/77: 13; 1986h: 117; Orioles 1982/83: 137).[39]

Da man bei Lehnbedeutungen aufgrund semantischer Ähnlichkeit von einer Art Übersetzung sprechen kann, bei Lehnbedeutungen aufgrund rein lautlicher Ähnlichkeit dagegen nicht, schlägt Algeo für diesen Typ den Terminus *loan mistranslation* vor (vgl. Algeo 1990b: 410): Dem modellsprachlichen Zeichen wird aufgrund einer Verwechslung eine Bedeutung unterstellt, die es eigentlich gar nicht besitzt

Ein interessanter Aspekt wird von Orioles in die Diskussion getragen, der daran erinnert, dass auch Wortschatzeinheiten neue Bedeutungen annehmen können, die weder auf der Inhalts- noch auf der Ausdrucksseite mit der Vorlage übereinstimmen, sondern allein aufgrund klanglicher

38 In den jüngeren Veröffentlichungen wird dieser Gedanke lediglich von Gusmani (1976/77: 9) aufgegriffen. Probleme bereitet diese Auffassung allerdings im Hinblick auf die Unterscheidung zwischen Entlehnung und Interferenz: Eine wirkliche Angleichung der beiden Systeme wird erst bei der Entlehnung vorgenommen. Diese jedoch erfolgt dadurch, dass die gesamte Sprachgemeinschaft – also nicht nur bilinguale Sprecher – die Innovation übernimmt.

39 Klajn nimmt eine Gegenposition zu Gusmani und Orioles ein, da seiner Ansicht nach lautliche Ähnlichkeit ein ganz entscheidender Faktor bei der Bedeutungsentlehnung sei, durch die zwischensprachliche Identifikation im Sinne Weinreichs erst ermöglicht werde (vgl. Klajn 1972: 13–14).

Analogie mit ihr in Verbindung gebracht werden (z.B. frz. *cadet* als Ersatz für das englische Lehnwort *caddie*;[40] vgl. Orioles 1982: 152).[41] Auch solche Fälle können jedoch zu den Lehnwörtern gezählt werden, wenn man davon ausgeht, dass die Anglizismen eine spezielle Art der lautlichen Adaptation erfahren, in deren Verlauf sie assoziativ an bekannte Lautfolgen angeglichen werden.

Lediglich Gneuss nimmt an, dass eine Lehnbedeutung nicht immer durch eine semantische oder phonetische Ähnlichkeit zwischen zwei Zeichen ausgelöst werden muss. Vielmehr sei bei manchen Lehnbedeutungen von einem "mehr oder weniger willkürlichen Vorgehen des Übersetzers" auszugehen, der auf einen "Ausdruck der eigenen Sprache, der dem fremden Wort bedeutungsmäßig am nahesten verwandt zu sein scheint" (Gneuss 1955: 24), zurückgreife. Dieser Typ, für den er als Beispiel aeng. *cnight* anführt, das nach lat. *discipulus* die Bedeutung 'Jünger Christi, Apostel' angenommen habe, wird von ihm als *substituierende Lehnbedeutung* bezeichnet. Ihr würde als Ergänzung zu der von Haugen vorgenommenen Dreiteilung ein vierter, theoretisch möglicher Fall entsprechen, bei dem weder auf der Inhalts- noch auf der Ausdrucksseite des Zeichens Ähnlichkeiten zur Vorlage bestehen.

Die Annahme, dass der Übersetzer irgendein beliebiges Wort zur Wiedergabe fremder Zeichen wähle, kann allerdings kaum aufrechterhalten werden (vgl. Coleman 1965: 81). Wenn bei dem oben genannten Beispiel auch keine echte Bedeutungsüberschneidung festzustellen ist, da das entsprechende Konzept im Altenglischen fehlte, so muss man doch eine wie auch immer geartete Form von Bedeutungsähnlichkeit annehmen, die zur Wahl gerade dieses Übersetzungsäquivalentes führt. Daher besteht zwischen der substituierenden Lehnbedeutung nach Gneuss und Haugens *homologues* kein grundsätzlicher Unterschied:

> Es ist zu überlegen, ob nicht die »substituierende Lehnbedeutung«, bei der [...] die Signifikantenauswahl letztlich ebenfalls von semantischen Analogien bestimmt wird, aber eine echte Synonymie nicht vorliegt, die Regel ist und die »(semantisch) analoge« bzw. »synonyme« Lehnbedeutung mit genauer Übereinstimmung bestimmter Sememe nur einen

40 Zur Wortgeschichte von *caddie* vgl. Geckeler 1998: 218.

41 Weitere Beispiele sind it. *sesto pelo* für *sex-appeal*, *motori a gas povero* für *gas power* (vgl. Klajn 1972: 96; Gusmani 1973: 44–45; 1986: 66–67), austr.-dt. *Bildung* 'Gebäude' nach engl. *building* oder bras.-dt. *Latte* 'Blechdose' nach port. *lata*. (vgl. Baranow 1973: 59). Diese Erscheinungen werden von Baranow (1973: 59) ebenfalls als Lehnbedeutungen klassifiziert.

> Extremfall darstellt, der dem anderen untergeordnet werden kann. (Schmidt 1986: 89)

Es ist daher nicht nur Baranow zuzustimmen, der die Möglichkeit einer Lehnbedeutung ohne irgendeine Art von Analogie zwischen Vor- und Nachbild grundsätzlich als "konstruierten Fall" bezeichnet (vgl. Baranow 1973: 48) – eine Lehnbedeutung ohne jegliche Analogie ist sogar *per definitionem* nicht möglich: Wählt der Übersetzer ein zielsprachliches Zeichen ohne jegliche Orientierung an der fremdsprachlichen Vorlage, so liegt gerade *keine* Entlehnung vor, sondern eine Erweiterung der Bezeichnungsmöglichkeiten eines autochthonen Lexems nach denselben Mechanismen, die auch bei innersprachlicher Neologie Anwendung finden (vgl. die Diskussion um die Lehnschöpfung in Kapitel 4).

4. Lehnschöpfung

Bei Betz ist die Kategorie der Lehnschöpfung folgendermaßen charakterisiert:

> L e h n s c h ö p f u n g ist die formal unabhängige Neubildung eines Wortes zur Übersetzung eines fremden. (Betz 1949: 27)

Er definiert die Lehnschöpfung folglich zum einen formal als vom fremden Vorbild unabhängige Neuschöpfung, zum anderen im Hinblick auf ihre Funktion als Ersatz für eine bereits erfolgte integrale Übernahme. Bei späteren Autoren (vgl. z.B. Coleman 1965: 74) tritt die Ersatzfunktion gegenüber der formalen Charakterisierung häufig in den Vordergrund.[42] Diese Sichtweise bewegt Coleman dazu, statt *Lehnschöpfung* den Terminus *Lehnwortersatz* vorzuschlagen. Wie Lüllwitz richtig bemerkt, ist jedoch der Ersatz "bestenfalls eine Spätfolge des lingualen Kontaktes […]; nicht aber eine Klasse lingualer Kontaktphänomene" (1972: 272). Dazu kommt, dass auch durch Lehnbedeutung, Lehnübersetzung oder Lehnübertragung Ersatzwörter für Lehnwörter geschaffen werden können.[43]

42 Dafür findet sich der Terminus *Lehnschöpfung* auch in anderen Zusammenhängen, z.B. bei Hengst, der darunter "eine Neubildung mittels Lehngut aus der *langue étrangère*" versteht, d.h. replikasprachliche Weiterbildungen mit Lehnwörtern (vgl. Hengst 1971: 12). Der Terminus *traduction libre*, den Coutier für den Ersatz von *caméraman* durch *cadreur* verwendet, ist dagegen wenig angebracht, da hier gerade keine Übersetzung vorliegt (vgl. Coutier 1996: 33).

43 In seiner "Typologie des Ersatzwortes" führt Gusmani daher nicht nur Lehnschöpfungen, sondern auch Lehnwörter aus anderen Diasystemen und Lehnübersetzungen

Die formale Unabhängigkeit vom Vorbild hat in der Lehngutforschung eine kontroverse Diskussion um die Zugehörigkeit der Lehnschöpfung zu den lexikalischen Sprachkontakterscheinungen ausgelöst. Betz selbst räumt ein, dass die fremde Beeinflussung bei der Lehnschöpfung weniger ins Gewicht fällt als bei anderen Typen des Lehnguts. Allerdings rechtfertigt der beabsichtigte Ersatz eines Lehnworts in seinen Augen die Annahme einer eigenen Lehngutkategorie:

> Gegen den Begriff der Lehnschöpfung wird man vielleicht einwenden: Hier liegt ja gar keine zwischensprachliche Beeinflussung vor, hier handelt es sich einfach darum, dass für eine neue Sache ein neuer Name geprägt wird. Sehen wir uns aber die einzelnen Fälle von Lehnschöpfungen an, so werden wir immer feststellen, dass es sich nicht so sehr darum handelt, für eine Sache einen Namen zu finden, als vielmehr darum, für einen Namen, den die Sache schon hat, einen anderen Namen zu finden, und zwar für einen fremdsprachlichen einen eigensprachlichen. (Betz 1949: 25)

Gerade diese Argumente werden allerdings in späteren Veröffentlichungen gegen die Kategorie der Lehnschöpfung ins Feld geführt. Zahlreiche Autoren beschreiben den von Betz beobachteten Sachverhalt der formal unabhängigen Bildung eines Wortes zum Ersatz eines Lehnwortes, wollen diese Kategorie jedoch aus dem inneren Lehngut ausgegliedert wissen. Entscheidend ist für sie in diesem Zusammenhang nicht die Frage, ob die Neubildung eines Wortes durch ein Lehnwort angeregt wurde, sondern vielmehr, ob eine sprachliche Bindung an die Ausdrucks- oder Inhaltsseite eines fremden Zeichens vorliegt:

> Es ist jedoch zu bezweifeln, daß diese Gruppe überhaupt noch zum sprachlichen Lehngut gehört, denn hier liegt ja keine Beeinflussung durch das fremde Wort vor. Die Bedeutung mag zwar aus einem fremden Kultur- und Sprachgebiet importiert sein – die Wortbildung aber ist völlig originell, es ist eine selbständige Neuschöpfung aus den Mitteln der eigenen Sprache. […] Wesentlich ist bei diesen Bildungen, daß man hierbei die fremde Sprache nicht zum Vorbild nimmt, daß sie nur Anstoß zur Bildung eines neuen Wortes gibt. (Schumann 1958: 2)

Auch für Haugen rechtfertigt die Tatsache, dass eine Bildung durch eine andere Sprache bzw. einen anderen Kulturkreis angeregt wurde, noch nicht

---

auf. Jeder bereits vorhandene oder eigens zum Zweck des Lehnwortersatzes geschaffene Ausdruck kann seiner Ansicht nach als Ersatzwort fungieren (vgl. Gusmani 1992: 99).

die Annahme eines Lehnvorgangs, weshalb er die *creations* aus dem Lehngut herausnimmt. Höflers Argumentation weist in eine ähnliche Richtung:

> Jedes sprachliche Zeichen ist eine Einheit von Ausdruck und Inhalt, eine Verbindung von *signifiant* und *signifié*. Im Fall der so genannten Lehnschöpfung aber fehlt, im Gegensatz zu anderen Erscheinungen des inneren Lehnguts, eine solche Verbindung. Was hier vorliegt, ist allenfalls die Übernahme eines begrifflichen Inhalts aus einem fremden Kultur- oder Sprachkreis, doch fehlt dabei die sprachliche Bindung an einzelsprachliche Moneme, wie sie etwa Voraussetzung für Lehnübersetzung oder auch Lehnbedeutung ist. [...] In keinem Fall sprachlicher Entlehnung kann einer der beiden Aspekte Ausdruck und Inhalt aus der unauflöslichen Einheit des sprachlichen Zeichens isoliert werden. Selbst im Fall der traditionell so genannten Lehnbedeutung findet ja nicht isolierte Entlehnung einer Bedeutung statt, sondern vielmehr Übernahme einer an einen Ausdruck gekoppelten Bedeutung, wobei gerade diese Koppelung von Ausdruck und Inhalt Bindeglied und unerlässliche Voraussetzung für eine Lehnbedeutung ist. [...] Gerade das Fehlen eines solchen Bezugs im Fall der Lehnschöpfung zwingt uns, diese Kategorie aus dem Bereich der sprachlichen Entlehnung auszuschließen. (Höfler 1981: 150; vgl. Schumann 1965: 66)

Höfler, einer der schärfsten Kritiker der Lehnschöpfung, führt noch drei weitere Argumente gegen diese Lehngutkategorie ins Feld. Zunächst merkt er an, dass

> aus den Beispielen bei BETZ nicht deutlich [wird], ob er unter Lehnschöpfung Bildung nach *fremdem* inhaltlichen Vorbild oder aber Bildung einer Ersatzform für ein bereits aufgenommenes Lehnwort versteht. So wird etwa *Weinbrand* von BETZ einmal als Lehnschöpfung nach d. *Kognak*, an anderer Stelle als Lehnschöpfung nach fr. *cognac* bezeichnet. Haben wir es aber lediglich mit Ersatzwörtern für bereits ins Deutsche aufgenommene und damit deutsche Lehnwörter zu tun, so ist nicht ersichtlich, worin ein fremdes Vorbild bestehen soll. (Höfler 1971: 63–64)

Weiterhin kritisiert Höfler eine Vermischung der synchronen und diachronen Betrachtungsebene bei Betz. Zu dem Zeitpunkt, als beispielsweise *Weinbrand* gebildet wurde, war *Kognak* bereits in die deutsche Sprache integriert und wurde ungeachtet seines französischen Ursprungs nicht mehr als fremdes Zeichen betrachtet. Es liege deshalb der Ersatz eines deutschen Wortes durch ein anderes vor, weshalb er in Übereinstimmung mit Schumann zu dem Schluss kommt, dass es sich bei den so genannten Lehnschöpfungen um innersprachliche Neologismen handelt, die sich nicht von anderen innersprachlich gebildeten Neuschöpfungen unterscheiden (vgl. Höfler 1981: 152; Schumann 1965: 66). Auch Gusmani weist darauf hin, dass man hier höchstens von "indirekte[m] Sprachkontakt, sozusagen eine[r] Interferenz zweiten Grades" sprechen könne (Gusmani 1992: 106).[44] Einen ähnlichen Standpunkt vertritt Lüllwitz:

> Denn der Sachverhalt ist folgender: ein Transferat existiert eine Zeitlang im Transferenten. Dann jedoch verschwindet es. An seine Stelle tritt ein systemeigenes Signem für dieselbe Klasse von Objekten. Nachdem das Transferat im Transferenten gespeichert war, war es Signem dieses und nur dieses Systems. Als es verschwand, verschwand infolgedessen ein systemeigenes Signem. Veränderungen von Einheiten eines Systems jedoch ohne unmittelbar vorausgegangenen Kontakteinflusses [*sic*!] können nur als systemimmanente Entwicklung, d.h. als Systemwandel bezeichnet werden. Wenn von diesem Wandel ein ehemaliges Transferat betroffen wurde, kann unter Umständen eine den Systemwandel mitcharakterisierende Form eben dieses Wandels, nicht aber eine Transferenzart vorliegen. (Lüllwitz 1970: 668)

Schließlich führt Höfler an, dass die Lehnschöpfung schon deshalb von allen anderen Fällen des inneren Lehnguts unterschieden werden sollte, weil bei ihr keine wie auch immer geartete Form der Zweisprachigkeit vorausgesetzt werden muss:

> So ist der historische Akt der Lehnübersetzung nur demjenigen möglich, der das fremdsprachliche Vorbild innerhalb der Ausgangssprache analysieren kann und entsprechend nachbildet. Ebenso kann der Vorgang der Lehnbedeutung bzw. der Bedeutungsentlehnung nur von demjenigen durchgeführt werden, der die semantische Struktur des Ausgangswortes durchschaut und analog eine semantische Ausweitung des entsprechenden Wortes seiner eigenen Sprache nachvollzieht. Im Gegensatz zu diesen bilingualen Situationen haben wir es bei der so genannten Lehnschöpfung mit einer rein monolingualen Situation zu tun. Ausgangspunkt der zu schaffenden Neubildung ist ein in der gleichen Sprache vorhandenes sprachliches Zeichen als Einheit von signifiant und signifié [...]. (Höfler 1981: 152)

Diesen Argumenten setzt Kiesler, der ebenso wie Duckworth und Carstensen die Lehnschöpfung als Lehngutkategorie verteidigt, Folgendes entgegen:

---

44 Allerdings bezieht er sich nicht nur auf Lehnschöpfungen, sondern auch auf andere Lehnguttypen, die Lehnwörter ersetzen können.

> 1. que la misma «creación prestada» establece la unión de significante y significado para el concepto importado; 2. que el modelo que motiva la formación del neologismo siempre es un modelo extraño a la lengua receptora, que puede ser una palabra de otro idioma o un extranjerismo en la lengua receptora; 3. que, por lo tanto, es ilícito clasificar esos modelos como préstamos lingüísticos y que la substitución es siempre la substitución de una palabra extranjera.
> 4. Por fin, es correcto que la ‚creación prestada' difiere de todos los otros casos de préstamo interno; no obstante no entiendo cómo puede hablar Höfler de una «situación monolingue» por lo que toca a la creación prestada: siempre se trata de un proceso consciente de formación de palabras, y este proceso presupone – al igual que en todos los otros casos de préstamo interno – un grado mayor o menor de bilingüismo. Por lo tanto no parece lícito excluir la «creación prestada» del campo del préstamo lingüístico. (Kiesler 1993: 516)

Auch Röntgen verteidigt die Lehnschöpfung, da es sich um einen "Akt der Wortschöpfung, ausgelöst nur deshalb, weil das Wortvorbild einer fremden Sprache entstammt" (Röntgen 1992: 31) handele. Die Tatsache, dass nicht alle fremden Vorbilder durch Lehnbedeutung oder Lehnübersetzung wiedergegeben werden können, spricht seiner Ansicht nach umso stärker für einen Lehnbildungstyp. Ohne fremde Anregung, so argumentiert auch Haensch, hätten die fraglichen Neologismen erst gar nicht entstehen können:

> Algunos autores quieren eliminar la «Lehnschöpfung» de este esquema, pero precisamente la formación del vocabulario económico español demuestra que sin la recepción del concepto nuevo en un país hispanohablante al que corresponde siempre un término en una lengua por lo menos, no se hubiera puesto en marcha en español el proceso de creación de una nueva unidad formal. (Haensch 1981: 140)

Ähnlich wie Betz' Unterscheidung zwischen entwickelnden und bereichernden Lehnguttypen bleibt diese Aussage jedoch in hohem Maße spekulativ, da niemals definitiv ausgeschlossen werden kann, dass nicht auch ohne fremde Beeinflussung eine neue Wortschatzeinheit gebildet worden wäre.

In der kontrovers geführten Lehnschöpfungs-Diskussion vertreten nur wenige Autoren einen Mittelweg. Zu ihnen zählt Blank, der Höfler in allen Punkten zustimmt – für ihn ist die fehlende *signifié*-Relation allerdings noch kein Grund, die so genannte Lehnschöpfung aus dem Bereich der sprachlichen Entlehnung auszuklammern. Zwar könne man lediglich von einem

Vergleich zwischen zwei außersprachlichen Konzepten sprechen und nicht von einem "Sprachvergleich", doch liege trotz alledem der Einfluss einer fremden Kulturgemeinschaft vor, die zumindest ein neues Konzept geliefert habe: "Die Lehnschöpfung ist die Entlehnung und Versprachlichung einer Dingvorstellung, nicht eines *signifié*" (Blank 1995: 44).

Unter eher pragmatischen Gesichtspunkten geht Schottmann das Problem der Lehnschöpfung an. Er verteidigt die logische Berechtigung dieser Lehngutkategorie, gibt jedoch zu bedenken, dass Lehnschöpfungen in der Praxis nicht oder nur in Einzelfällen eindeutig identifiziert werden können (vgl. Schottmann 1977: 29). Die Diskussion um die Lehnschöpfung reduziere sich so vor allem auf ein Verifikationsproblem (vgl. Schottmann 1977: 32).

Letztlich hängt die Entscheidung für oder gegen die Kategorie der Lehnschöpfung unter den beschriebenen Voraussetzungen von der Auslegung der Begriffe *Entlehnung* bzw. *sprachlicher Einfluss* ab: Wird als Bedingung für Entlehnung eine Beeinflussung auf beiden Seiten des sprachlichen Zeichens zugrunde gelegt, so kann die Lehnschöpfung nicht zum inneren Lehngut gerechnet werden. Nimmt man dagegen an, dass fremdsprachlicher Einfluss auf Seiten der Bedeutung bzw. der konzeptuellen Repräsentationen für die Annahme einer Entlehnung ausreicht, hat man es sehr wohl mit einer Erscheinung des inneren Lehnguts zu tun.

5. Lehnübersetzung

Unter Lehnübersetzung versteht Betz die "genaue Glied-für-Glied-Übersetzung des Vorbildes" (Betz 1949: 27), wobei er sich nicht dazu äußert, was in diesem Zusammenhang unter *Glied* verstanden werden soll. Die von ihm angeführten Beispiele "Zufall – accidens, verdensanskuelse – Weltanschauung" (Betz 1949: 27) legen jedoch nahe, dass sich seine Aussagen vorrangig auf Komposita und Affigierungen beziehen.[45] Vom Standpunkt der Entstehung aus bedeutet dies, dass der bilinguale Sprecher einen zwei- oder

45 Vgl. die Definition von Schumann (1965: 62): "Lehnübersetzung ist die genaue gliedweise Übersetzung eines mehrgliedrigen fremdsprachlichen Vorbildes durch eine Neubildung: […] frz. *presqu'île* nach lat. *paeninsula* […]. Dabei kann es sich um eine Zusammensetzung aus mehreren Wortstämmen handeln, wie in den angeführten Beispielen; es kann aber auch eine Zusammensetzung mit einem Präfix vorliegen."

mehrgliedrigen Ausdruck der Modellsprache analysiert und die einzelnen Komponenten jeweils durch entsprechende Morpheme der Replikasprache wiedergibt. Dadurch wird die lexematische Kombination der Vorlage in der Replikasprache nachvollzogen:

> Die Lehnübersetzung berücksichtigt nicht die Bedeutung, die das Wortvorbild als Ganzes hat, sondern zerlegt den zu übersetzenden Ausdruck in zwei Glieder und gibt die Bedeutung der einzelnen Elemente durch entsprechende Bedeutungsträger in der nachbildenden Sprache wieder. Die Verbindung zweier Einzelbedeutungen in der Übersetzung zur Bezeichnung eines neuen individuellen Begriffs ist das Bezeichnende der Lehnübersetzung. (Schumann 1965: 63)

Als Voraussetzung für die Lehnübersetzung gilt demnach, "daß der Sprecher dieses [das fremdsprachliche Modell] analysieren kann und aus irgendeinem Grund ersetzen will" (Gusmani 1992: 104). Die Übersetzung muss dabei nicht unbedingt gleichzeitig mit der Entlehnung erfolgen, sondern es ist durchaus möglich, dass das Vorbild in der Replikasprache über längere Zeit hinweg als Lehnwort gebraucht und erst später übersetzt wird (vgl. Boretzky/Igla 1994: 23).

Innerhalb der Lehnübersetzungen werden von einigen Autoren weitere Subkategorien unterschieden. Höfler z.B. fächert sie nach dem Grad der formalen Übereinstimmung und der lautlichen Ähnlichkeit zum Vorbild auf (vgl. Höfler 1971: 65). Eine Kreuzklassifikation nimmt Baranow vor, indem er die Kriterien der semantischen Ungenauigkeit und formalen Abweichung miteinander kombiniert (vgl. Baranow 1973: 81–82). Auch noch feinere formale Abstufungen, z.B. nach dem jeweiligen Wortbildungstyp, werden bisweilen vorgenommen (vgl. Goldis 1976: 100; Gusmani 1974: 37).

Im Zusammenhang mit der Lehnübersetzung und ihrer Abgrenzung zu anderen Formen des Lehnguts werden in der einschlägigen Literatur zahlreiche Probleme diskutiert. Schon die Definition als "Glied-für-Glied-Übersetzung" bzw. "gliedweise Übersetzung" bereitet Schwierigkeiten. Da die Auslegung der Termini *Übersetzung* und *Glied* unmittelbar ausschlaggebend für die Unterscheidung zwischen der Lehnübersetzung und der freieren Lehnübertragung ist, müssen diese präzise definiert werden: In Abhängigkeit von den Anforderungen, die der jeweilige Autor an die Übereinstimmung zwischen Vorbild und Lehnübersetzung stellt, werden beide Lehngutkategorien unterschiedlich gegeneinander abgegrenzt. Auf lexikalischer Ebene ist dabei die Auffassung von *Übersetzung* entscheidend, auf formaler dagegen das Verständnis von *Glied*.

Carstensen weist darauf hin, dass unter *Übersetzung* in unterschiedlichen wissenschaftlichen Arbeiten durchaus Verschiedenes verstanden wird. Grundsätzlich handelt es sich um den Ersatz eines ausgangssprachlichen Zeichens durch sein zielsprachliches Äquivalent. Während jedoch für einige Linguisten dabei die formale Äquivalenz zwischen zwei Zeichen unterschiedlicher Sprachen entscheidend ist, steht für andere die lexikalische, etymologische, semantische oder auch morphologische Entsprechung im Vordergrund (vgl. Carstensen 1985: 124–25 und 1988: 85). Einigkeit besteht lediglich darüber, dass zwischen dem zu übersetzenden Zeichen und der gewählten Entsprechung eine wie auch immer geartete Äquivalenz vorliegen muss.

Legt man, wie es meist geschieht, lexikalische Äquivalenz als Bedingung zugrunde, stellt sich das Problem, dass in verschiedenen Sprachen kein 1:1-Verhältnis zwischen den einzelnen Wortschatzeinheiten besteht. Ein sprachliches Zeichen der Ausgangssprache kann in der Regel je nach Kontext in der Zielsprache durch mehrere unterschiedliche Ausdrücke wiedergegeben werden. Bäcker illustriert diese Schwierigkeit anhand der möglichen englischen Übersetzungsäquivalente für frz. *coup* und nennt in diesem Zusammenhang vier verschiedene Lexeme (engl. *kick, hit, stroke* oder *blow*). Sie fordert daher eine genaue Analyse der Bedeutung, die das jeweilige Lexem in der Ausgangssprache hat. So bedeute engl. *kick* im Sport immer 'Tritt mit dem Fuß', engl. *blow* dagegen 'Schlag mit der Faust oder einem Stock'. Eine genaue Übersetzung liegt für sie nur dann vor, wenn engl. *kick* durch frz. *coup de pied* bzw. engl. *blow* durch frz. *coup de poing* wiedergegeben wird; bei unbestimmtem *coup* sei dagegen von einer Lehnübertragung auszugehen (vgl. Bäcker 1975: 81). In gewisser Weise widersprechen sich an dieser Stelle formale und lexikalische Anforderungen an die "Glied-für-Glied-Übersetzung". Gibt man ein englisches durch genau *ein* französisches Lexem wieder, so ist die Übersetzung in lexikalischer Hinsicht häufig zu ungenau; andererseits entsteht ein formales Ungleichgewicht zwischen Vorlage und Nachbild, wenn man die Bedeutung durch weitere Lexeme präzisiert. Eine exakte Übereinstimmung sowohl auf semantischer als auch auf formaler Ebene wird daher in den seltensten Fällen möglich sein.

Mit der Frage, was unter einer Glied-für-Glied-Übersetzung zu verstehen sei, bzw. wie hoch die formale Übereinstimmung zwischen Vorbild und Lehnübersetzung ausfallen muss, setzen sich u.a. Schumann und Nicolas auseinander. Schumann räumt der Lehnübersetzung einen ausgesprochen weiten Geltungsbereich ein. Neben Komposita und Suffix- oder Präfixbildungen lässt er sogar Bildungen als Lehnübersetzungen gelten, bei denen ein substantivisches Kompositum in der Replikasprache durch Konstruktionen mit Adjektiven oder Präpositionen wiedergegeben wird (vgl. Schumann 1965: 63). Entscheidend ist für ihn in diesem Zusammenhang, dass sich die Lehnübersetzungen "formal gut der [...] Wortbildungsgewohnheit anschließen" (Schumann 1965: 63), die eben in beiden beteiligten Sprachen unterschiedlich beschaffen sein kann.[46]

Im Vergleich zu Schumann fasst Nicolas die Lehnübersetzung wesentlich enger, indem er eine genaue Entsprechung der Moneme bei Vorbild und Lehnübersetzung fordert:

> [...] l'idée générale est que le terme de la langue B est senti comme motivé (à tort ou à raison), composé de plusieurs monèmes, selon la terminologie de MARTINET (il est donc un dérivé ou un composé senti comme tel), et au lieu de calquer la suite de phonèmes, la langue A recopie seulement la combinaison monématique, en utilisant des monèmes autochtones équivalents. (Nicolas 1994: 93)

Dabei sei auch die Wortfolge häufig dem fremdsprachlichen Vorbild nachempfunden (vgl. Nicolas 1994: 62).

Da er die sprachwissenschaftliche Terminologie Martinets verwendet, in der *Monem* als Oberbegriff für *Lexem* und (grammatisches) *Morphem* fungiert, schränkt er den Geltungsbereich der Lehnübersetzung stark ein. Präpositionelle Komposita, wie sie u.a. für das Französische und Spanische typisch sind, können z.B. nach seiner Definition nicht als Lehnübersetzungen der im Englischen oder Deutschen vorherrschenden asyndetischen Komposita gelten, da sie ein Monem mehr aufweisen als ihre Vorbilder und sich zudem üblicherweise in der Reihenfolge von Determinans und Determinatum unterscheiden. Auch dt. *Muttertag* nach engl. *Mother's Day* wäre demnach keine Lehnübersetzung, da die englische Flexionsendung im Deutschen nicht wiedergegeben wird.

Noch enger fasst Bombi die Lehnübersetzung. Sie stellt an einen *calco perfetto* den Anspruch, nicht nur in Anzahl und Funktion der Morpheme, sondern auch in der Bildungsweise exakt mit dem Vorbild übereinzustimmen:

---

46 Aus der Annahme, dass die Wahl des Wortbildungsverfahrens bei der Lehnübersetzung im Prinzip frei ist, ergibt sich, dass eine modellsprachliche Vorlage unterschiedliche Lehnübersetzungen in der Replikasprache anregen kann. Die Frage möglicher Doppelentlehnungen wird grundsätzlich u.a. von Carstensen bejaht; allerdings hält er fest, dass in der Regel nur eine Lehnübersetzung gebildet wird oder sich schließlich eine der Bildungen gegenüber den anderen durchsetzt (vgl. Carstensen 1985: 129–30; Moeller-Schina 1969: 12). Diese Hypothese wird durch die nachfolgende Korpusuntersuchung gestützt.

> casi [...] in cui la struttura della replica diverge da quella del modello, rientrano nella tipologia dei calchi sintagmatici imperfetti. (Bombi 1989/90: 98)[47]

Eine zu enge Auffassung der Lehnübersetzung ist allerdings insofern problematisch, als sie den spezifischen Wortbildungsmustern der unterschiedlichen beteiligten Sprachen nicht gerecht wird. In Abhängigkeit vom jeweiligen Typus kann eine monemweise Übersetzung in solchen Fällen nicht vorgenommen werden, in denen z.B. eine flektierende und eine isolierende Sprache aufeinander treffen oder bestimmte Relationen, die in der einen Sprache mit morphologischen Mitteln ausgedrückt werden, sich in der anderen auf der Ebene der Syntax äußern. Selbst bei zwei Sprachen des gleichen Typus kann, wie bereits Betz bemerkt, die Übertragung von Flexions- und Derivationsmorphemen im Einzelfall Schwierigkeiten bereiten:

> Und was nun die genaue Übersetzung der Suffixe durch ein anderes Suffix angeht, so ist da die Entscheidung zwischen ‚genau' und ‚ungenau' doch nur selten genau zu treffen. Denn die verschiedenen Suffixe verschiedener Sprachen stehen nur selten in einer genauen Übersetzungszuordnung. (Betz 1945: 290)

Er schlägt daher vor, so lange von einer genauen Übersetzung auszugehen, wie sich keine "entschiedene Gegensätzlichkeit in der Bedeutung der Suffixe erkennen läßt" (Betz 1945: 290).

Divergierende Wortbildungsgewohnheiten in den beteiligten Sprachen führen u.U. sogar dazu, dass eine monemweise Übersetzung der Vorlage unmöglich ist. Beispielsweise können die bereits erwähnten englischen asyndetischen Komposita im Deutschen ohne weiteres exakt wiedergegeben werden, da sich beide Sprachen nach der germanischen Wortfolge richten und das Wortbildungsverfahren der asyndetischen Reihung verwenden. Das Französische dagegen folgt dem romanischen Wortbildungstypus, der asyndetische Komposita – bis auf wenige Ausnahmen[48] – nicht kennt. In Bezug auf die slawischen Sprachen beschreiben Fleckenstein und Rammelmeyer eine vergleichbare Situation: Aufgrund der typologischen Unterschiede zwischen dem Deutschen und dem Russischen bzw. Serbo-

---

47 Sie verwendet ausdrücklich die Terminologie Gusmanis, in der *calco perfetto* und *calco imperfetto* der Betz'schen Lehnübersetzung und Lehnübertragung entsprechen (vgl. Gusmani 1986a: 194–95).

48 Diese werden in der Regel auf englischen Einfluss zurückgeführt; vgl. *mass-media, drogue-party, vidéo-société* (vgl. Zeidler 1993: 126).

kroatischen weisen die slawischen Lehnübersetzungen ganz andere Wortbildungsmuster auf als ihre deutschen Vorbilder (vgl. Fleckenstein 1968: 271; Rammelmeyer 1975: 24).

In anderen Fällen mag eine genaue Übersetzung möglich sein, aber in der Replikasprache zu unzweckmäßigen und inakzeptablen Resultaten führen. Z.B. wäre im Französischen eine Lehnübersetzung von engl. *skyscraper* theoretisch möglich, da die englischen Morpheme *sky, scrape* und *-er* durch *ciel, gratte-* und *-eur* wiedergegeben werden könnten. Eine Bildung wie **ciel-gratteur* existiert jedoch nicht, obwohl *gratteur* im Französischen zur Verfügung steht. Ebenso akzeptabel wäre **gratteur-ciel,* das immerhin die romanische Wortstellung berücksichtigen würde und systemkonform wäre. Stattdessen wird mit der Lehnübertragung *gratte-ciel* ein Kompositum aus einem verbalen Element und einem Nomen vorgezogen, bei dem das englische Suffix *-er* überhaupt nicht wiedergegeben wird,[49] da dieses Wortbildungsverfahren im Französischen und in anderen romanischen Sprachen außerordentlich produktiv ist (vgl. ital. *grattacielo,* span. *rascacielos;* vgl. Geckeler/Dietrich 1997: 107).

Wenn konkurrierende Lehnübersetzungen mit mehr oder weniger großer formaler Ähnlichkeit zum fremden Vorbild existieren, so setzt sich in der Regel die Bildung durch, die am besten an die replikasprachlichen Wortbildungsmuster anknüpft. Auf diese Weise ist es zu erklären, dass sich von den Lehnübersetzungen *Qualität des Lebens, Lebensqualität* und *Qualität von Leben* nach der englischen Vorlage *quality of life* letztlich nur *Lebensqualität* behaupten konnte, das zwar die Vorlage weniger genau abbildet als z.B. *Qualität von Leben,* sich jedoch besser in bereits bestehende Paradigmen einfügt (vgl. *Lebensanschauung, Lebensgefühl* etc.; vgl. Galinsky 1991: 214). In allen diesen Fällen wird mehr Gewicht auf ein in der Norm der Replikasprache unauffälliges Resultat gelegt als auf eine getreue Wiedergabe der Vorlage, die das System durchaus zuließe.

Es muss daher festgehalten werden, dass eine monemweise Übersetzung der modellsprachlichen Vorlage nicht erwartet werden kann, wenn das bei der Vorlage angewandte Wortbildungsverfahren im System der Replikasprache nicht vorgesehen ist oder ihrer Norm widerspricht. Stattdessen wird

49 In diesem Zusammenhang kann *-er* nicht der gleiche Status wie Präpositionen oder Flexionsmorphemen zugewiesen werden. Im Gegensatz zu grammatischen Morphemen, die grammatische Funktionen anzeigen, besitzt *-er* trotz der gebundenen Form eine prolexematische Bedeutung ('jemand'). Es handelt sich daher bei *scraper* formal um eine Suffigierung, inhaltlich jedoch um eine Komposition (vgl. Coseriu 1976: 54). Auch bei einer weiten Auffassung der Lehnübersetzung müsste *-er* daher in der Replikasprache wiedergegeben werden.

sich die Lehnübersetzung formal umso weiter vom Vorbild entfernen, je geringer die genealogische oder typologische Verwandtschaft zwischen den beteiligten Sprachen ist. Die jeweiligen Wortbildungsgewohnheiten stecken auf diese Weise den formalen Rahmen für mögliche Lehnübersetzungen ab.

Angesichts dieser theoretischen Überlegungen, aber auch aufgrund empirischer Befunde[50] müssen solche Lehnübersetzungen, auf die Nicolas' enge Definition zutrifft, als seltene Sonderfälle betrachtet werden:

> (3) Moreover, a statistical estimation could confirm a conclusion which could also be drawn by means of deduction, if we consistently promote the thesis of the specificity of the linguistic systems, namely that the structures which do not coincide with their model exceed in number those structures which reproduce the model thoroughly.
> (4) The precise or "faithful" calques represent only one category, and not the most typical, of the species of linguistic calque. This is noticeable especially in the case of the contacts established between languages related to one another genealogically or typologically. (Vaimberg 1975a: 65; vgl. Kowallik 1993: 22)[51]

Vor diesem Hintergrund ist Vaimberg zuzustimmen, wenn er bei der Definition der Lehnübersetzung eine Berücksichtigung der spezifischen strukturellen Eigenheiten der beteiligten Sprachen fordert:

> Indeed, the share and the functional status of a word in a given context really differ from one type of language to another, and it would be oversimplifying to consider that the multitude of its characteristic features could be preserved by means of calque, when the inflexions are either left out or automatically replaced by those belonging to the borrowing language. [...] Actually it is difficult to obtain absolutely faithful calques (in spite of the fact that the common definition has its very start from them), because every language, by virtue of its specific character, cannot take over an allogenous structure without having fitted it previously to its own system. That is why it is easier to find approximate calques, since the

50 In der nachfolgenden Untersuchung wird sich zeigen, dass der Anteil solcher Lehnübersetzungen, die sich auch formal an der Vorlage orientieren, verschwindend gering ist. Eine genaue Übereinstimmung in der Bildungsweise findet man fast nur in solchen Fällen, in denen ohnehin keine Abweichungen zu erwarten sind, da die Wortbildungsverfahren in den beteiligten Sprachen konvergieren.

51 Vgl. Clas (1971: 608): "Le troisième procédé, la traduction directe, n'est utilisable que dans un certain nombre de cas où les servitudes linguistiques des langues sont identiques."

> exact ones are in the minority as far as statistics are concerned. (Vaimberg 1975a: 64)

Die Neigung zur genauen Wiedergabe des Vorbilds ergibt sich dabei nicht allein aus den formalen Wortbildungsmöglichkeiten der Replikasprache, sondern hängt hauptsächlich von der Kombination der in Kontakt stehenden Sprachen ab. Konvergieren diese in ihren Wortbildungsmöglichkeiten, so ist eine getreue Wiedergabe des Vorbildes zu erwarten, während die Replikasprache immer dann zwingend auf eigene Muster zurückgreifen muss, wenn das modellsprachliche Verfahren ihr nicht zur Verfügung steht. Die von einigen Autoren geäußerte Annahme, dass sich einige Sprachen aufgrund bestimmter Wortbildungsgewohnheiten grundsätzlich besser für Lehnübersetzungen eignen als andere – Domínguez Vázquez und Martins behaupten dieses z.B. für das Deutsche (vgl. Martins 1970: 72; Domínguez Vázquez 2001: 2) – muss daher in Zweifel gezogen werden.[52] Lehnübersetzungen im strengen Sinne sind offenbar nur bei typologisch ähnlichen oder genealogisch verwandten Sprachen zu erwarten.

Formale Kriterien zur Abgrenzung zwischen Lehnübersetzung und Lehnübertragung führen folglich zu keinem Ergebnis, da sie in erheblichem Maße von den typologischen Eigenschaften der beteiligten Sprachen abhängen. Geeignete Kriterien müssen daher auf der lexikalisch-semantischen Ebene gesucht werden: Der Grad der semantischen Genauigkeit, mit der ein fremdes Morphem in der Replikasprache wiedergegeben wird, entscheidet über die Zuordnung zu Lehnübersetzung oder Lehnübertragung (vgl. Doberstein 1968: 278). Bei dieser Vorgehensweise wird auch den formalen Anforderungen in gewissem Maße Rechnung getragen, da "eine gravierende Abweichung, etwa ein deutsches Kompositum für eine lateinische Ableitung (*Vaterland – patria*) [...] immer auch zugleich eine semantische Abweichung" ist (Schottmann 1977: 28).

Ähnliche Abgrenzungsschwierigkeiten ergeben sich bei der Unterscheidung zwischen Lehnübersetzung und Lehnbedeutung, bei der in gewisser Weise ebenfalls ein fremdsprachlicher Ausdruck übersetzt wird. Betz, der vorrangig das Resultat des Entlehnungsvorgangs in der Replikasprache betrachtet, wählt daher als Kriterium für die Unterscheidung

52 Allenfalls im Hinblick auf den englisch-deutschen Sprachkontakt, der im Augenblick gegenüber der Beeinflussung durch andere Sprachen überwiegt, könnte diese Ansicht vertreten werden, da die Nachahmung der englischen asyndetischen Komposita im Deutschen keinerlei Probleme bereitet. Trotzdem ist das Deutsche gegenüber englischen Lehnwörtern vergleichsweise aufgeschlossen und bildet weniger Lehnübersetzungen als z.B. die romanischen Sprachen (vgl. Blank 1995: 68).

zwischen Lehnbedeutung und Lehnbildung die Frage der zahlenmäßigen Erweiterung des Wortschatzes. Während unter diesem Gesichtspunkt bei der Lehnbedeutung lediglich die Modifizierung eines bereits bestehenden Zeichens auf der Inhaltsseite vorliegt, entsteht bei der Lehnübersetzung eine völlig neue Wortschatzeinheit – "ein Kompositum, das in dieser Form neu im Deutschen ist, obwohl die Einzelkomponenten durchaus geläufig sind" (Carstensen 1985: 128; vgl. Gusmani 1974: 24). Betz' Unterscheidungskriterium greift jedoch nicht in den Fällen, in denen durch Lehnbedeutung in der Replikasprache Homonymie entsteht (vgl. das Beispiel dt. *Ente* nach frz. *canard*), da auch hier der Wortschatz der Replikasprache um ein komplett neues Zeichen bereichert wird.

Grenzfälle zwischen Lehnbedeutung und Lehnübersetzung ergeben sich außerdem, wenn in der Replikasprache bereits vor dem Sprachkontakt eine zusammengesetzte oder abgeleitete Wortschatzeinheit existiert hat, die in ihrer Bildungsweise einer fremden Vorlage entspricht. Beispielsweise kannte das Deutsche das Lexem *Textbuch* in der Bedeutung 'Libretto', noch bevor es durch den Einfluss von engl. *text book* zusätzlich in der Bedeutung 'Unterrichtswerk' verwendet wurde. Hier liegt einerseits eine gliedweise Übersetzung der Vorlage vor, andererseits wird die Bedeutung eines replikasprachlichen Zeichens nach fremdem Vorbild erweitert, so dass nach den Betz'schen Kriterien keine eindeutige Zuordnung zu Lehnübersetzung oder Lehnbedeutung möglich ist.

Laut Carstensen müssen auch diese Entlehnungen zu den Lehnübersetzungen gezählt werden. Sie bilden für ihn eine eigene Untergruppe und sind von solchen Lehnübersetzungen getrennt zu betrachten, die zu einer wirklich neuen Wortschatzeinheit in der Replikasprache führen:

> [Es] ist zwischen solchen Lehnübersetzungen zu unterscheiden, die ein im Deutschen bereits vorhandenes Wort ergeben, in der Betzschen Terminologie also Lehnbedeutungen sind, und solchen, die monosem und neu im Deutschen sind. (Carstensen 1985: 134)

Gusmani und Schumann dagegen führen für diese Fälle eine eigene Lehngutkategorie der *rekomponierten Lehnbildungen* bzw. *gliedübersetzten Lehnbedeutungen* ein (vgl. Gusmani 1981: 841; Schumann 1965: 68).

Am Beispiel der so genannten rekomponierten Lehnbildung wird deutlich, in welch hohem Maße die Gliederung der Lehnguterscheinungen von den jeweiligen theoretischen Vorgaben abhängt. Die von Carstensen als Lehnübersetzungen bezeichneten Beispiele *Fischauge* (nach engl. *fish-eye*; alte Bedeutung: 'Auge des Fisches', neue Bedeutung: 'neue Art eines Kameraobjektives') und *Flaschenhals* (nach engl. *bottle-neck*; alte Bedeutung:

'Hals einer Flasche', neue Bedeutung: 'Engpass') wären nach Haugens Verständnis (und dem seiner Nachfolger) zweifelsohne homologe Lehnbedeutungen, denn die englischen Vorbilder teilen mit den deutschen Entsprechungen eine ursprüngliche Bedeutung, wodurch die Bedeutungserweiterung beim deutschen Zeichen angeregt wird (vgl. Gusmani 1981: 837). Nach Betz jedoch gehören sie den Kategorien der Lehnübersetzung und der Lehnbedeutung gleichermaßen an, da sowohl eine Glied-für-Glied-Übertragung als auch eine inhaltliche Modifikation eines bestehenden Zeichens vorliegt. Je nachdem, ob der der Bildung zugrunde liegende Interferenzmechanismus oder das Ergebnis in der Replikasprache als Abgrenzungskriterium fungiert, muss in diesen Fällen anders klassifiziert werden.

Bäckers Argumentation weist in eine ähnliche Richtung. Am Beispiel der Sportsprache zeigt sie auf, dass in einigen Fällen die bereits in der Replikasprache vorhandene Wortschatzeinheit eine sehr spezielle Bedeutung besitzt, die mit der neu hinzugekommenen Bedeutung in keiner semantischen Beziehung steht. Das Charakteristische an der Lehnübersetzung sei nun, "daß das neugebildete Wort gewissermaßen auf das vorhandene Wort trifft, und die neue Bedeutung sich neben die anderen Bedeutungen stellt" (Bäcker 1975: 78), wodurch in der Replikasprache Polysemie entstehe. Sie schlägt daher folgende Unterscheidung vor:

> Wir wollen daher bei polylexematischen Wörtern nur dann von Lehnbedeutung sprechen, wenn zwischen früherer und neuer Bedeutung ein erkennbarer Zusammenhang besteht, oder das Wort bereits zum zentralen Wortschatz gehörte, andernfalls die Fälle als Neubildungen [...] auffassen. (Bäcker 1975: 78)

Letztlich kann das Problem der Abgrenzung zwischen Lehnübersetzung und Lehnbedeutung mit den herkömmlichen Ansätzen nicht befriedigend gelöst werden. Die Zuordnungsschwierigkeiten liegen dabei nicht in der Sache selbst, sondern in unserem Erkenntnisvermögen begründet, da meist keine Informationen darüber vorliegen, inwieweit die vermeintliche Vorlage an der Bildung beteiligt war (vgl. Gusmani 1981: 841). Durch die mangelnde Unterscheidung zwischen Vorgängen und Resultaten des Sprachkontaktes wird die Klassifikation zusätzlich erschwert.

Ähnliche Abgrenzungsschwierigkeiten können sich zwischen Lehnübersetzung und Lehnwort ergeben, wenn eine lautliche Ähnlichkeit zwischen der Vorlage und dem Nachbild bei allen Bestandteilen des Ausdrucks besteht. Höfler diskutiert in diesem Zusammenhang frz. *bank-note* nach engl. *bank-note*, das seiner Ansicht nach entweder eine Lehnübersetzung unter Beibehaltung der englischen Wortbildungsstruktur oder ein Lehnwort darstellen könnte. Dabei betrachtet er die graphische und die lautlichen Ebene getrennt: *Bank-note* sei der Graphie nach ein Lehnwort, während es hinsichtlich der Aussprache zu den Lehnübersetzungen zähle. Eine solche Unterscheidung wird der Entlehnung jedoch nicht gerecht, da frz. *bank-note entweder* als gesamtes sprachliches Zeichen aus dem Englischen entlehnt worden *oder* durch gliedweise Übersetzung der englischen Vorlage entstanden sein kann – *code graphique* und *code phonique* sind lediglich zwei unterschiedliche Realisierungsformen desselben sprachlichen Zeichens. Hierbei handelt es sich wiederum um eine Grauzone, in der von Fall zu Fall unter Heranziehung verschiedener Kriterien entschieden werden muss.[53]

6. Lehnübertragung

Auch bei der Lehnübertragung werden die Konstituenten der fremdsprachlichen Vorlage durch Morpheme der nachbildenden Sprache ausgetauscht, wobei jedoch die Bindung an das Modell weniger eng ist. Nur ein Teil der Vorlage wird wörtlich übersetzt, der andere dagegen freier wiedergegeben (vgl. dt. *Halbinsel* aus lat. *paeninsula* und dt. *Vaterland* aus lat. *patria*). Wie diese Beispiele von Betz zeigen, können dabei sogar lexikalische Morpheme durch grammatische wiedergegeben werden und umgekehrt. Allerdings gibt er letztlich keine Auskunft darüber, wie weit sich das Nachbild von der Vorlage entfernen darf, um noch als Lehnübertragung gelten zu können. In den meisten Publikationen wird jedoch stillschweigend davon ausgegangen, dass der frei übertragene Bestandteil zwar keine genaue Übersetzung der Vorlage darstellen muss, wohl aber eine gewisse semantische Ähnlichkeit zu dieser aufweisen sollte (vgl. Nicolas 1994: 94; Rammelmeyer 1975: 23).

Im Unterschied zur Lehnübersetzung wird der fremdsprachliche Ausdruck als inhaltliche Einheit verstanden und wiedergegeben. Die Absicht besteht nicht in einer sklavischen Nachahmung des Vorbilds, sondern in der Wiedergabe einer *idée générale*, weshalb Nicolas die Lehnübertragung als *emprunt par interprétation* bezeichnet:

53 Die englische Graphie <bank> statt <banque> zusammen mit dem englischen Wortbildungstypus spricht in diesem Fall eher für ein Lehnwort. Größere Schwierigkeiten bereiten Entlehnungen, die auch eine französische Graphie aufweisen wie z.B. *papier-monnaie* nach *paper-money*.

> Bien souvent, la langue receveuse aura tendance, pour masquer une interférence trop affleurante, à modifier légèrement sinon l'ordre, du moins la nature des monèmes du vocable calqué. C'est ce qui se passe avec l' «emprunt par interprétation». [...] Dans ce processus, le modèle fournit seulement l'idée générale, qui n'est reproduite que partiellement. (Nicolas 1994: 94)

Durch die weniger enge Bindung an das Vorbild hält die Lehnübertragung eine Zwischenstellung zwischen Lehnübersetzung und Lehnschöpfung inne, die im Einzelfall zu Abgrenzungsschwierigkeiten führen kann. Der Kern des Problems besteht dabei in der Frage, wie weit sich eine Bildung semantisch und formal von der Vorlage entfernen muss, um nicht mehr als Lehnübersetzung gelten zu können, bzw. in welchem Maße noch Ähnlichkeiten vorhanden sein müssen, damit man noch nicht von einer Lehnschöpfung sprechen kann.

Molnár z.B. kennt keine eigene Kategorie der Lehnübertragungen, sondern zählt diese zu den so genannten *calque neologisms*, denen in der Betz'schen Terminologie die Lehnschöpfung entspricht (vgl. Molnár 1985: 65). In dieser Kategorie fasst er alle Formen des inneren Lehnguts zusammen, die in irgendeiner Weise von der Vorlage abweichen, während er für die Lehnübersetzung eine exakte Entsprechung zwischen Vor- und Nachbild voraussetzt.

Gusmani sieht als einen Untertyp des *Ersatzwortes* eine Kategorie der *etymologischen Calques* vor, bei der immerhin die semantische Motivation des Vorbilds übernommen wird (vgl. Gusmani 1974: 28; 1992: 105). Dabei werde das motivierende Lexem aus der Modellsprache übersetzt, wobei die replikasprachliche Bildung keine Bauentsprechung zum Modell aufweise:

> In einer Reihe von Beispielen ist die Struktur der Neubildung zwar nicht von der des jeweiligen Modells abhängig, die Wahl der im Neologismus verwendeten Semanteme wurde jedoch durch die semantische Motivation des zu ersetzenden Lehnworts deutlich nahegelegt, so daß ein gewisses Nachahmungsverhältnis nicht zu leugnen ist. So besteht etwa zwischen *Kreislauf* und *Zirkulation*, *folgerecht* und *konsequent*, *Laufbahn* und *Curriculum*, *Unterlegenheit* und *Inferiorität*, *Leidenschaft* und *Passion* eine offensichtliche Beziehung, die nur unter der Annahme zu rechtfertigen ist, daß derjenige, der das Ersatzwort geschaffen hat, absichtlich auf die semantische Motivation des zu ersetzenden Wortes Bezug nahm und sie (wenn auch nur in beschränktem Maße) der Neubildung zugrunde legte. (Gusmani 1992: 105)

Scheler schlägt daher für die Lehnübertragung eine Minimaldefinition vor, nach der "bei teilweiser formaler Kongruenz [...] mindestens ein Glied der Nachbildung – semantisch – von der Vorlage ab[weicht]" (Scheler 1973: 21). Nur bei formaler *und* semantischer Unabhängigkeit von der Vorlage kann man seiner Ansicht nach von einer Lehnschöpfung sprechen, wobei er allerdings einräumt, dass auch hier häufig "eine gewisse – wenn auch meist nur geringe – Bedeutungsähnlichkeit wenigstens zwischen einem der Teilglieder von Vorlage und Kontrafaktur" nachweisbar ist (Scheler 1973: 22). Anhand der Vorschläge von Gusmani und Scheler wird deutlich, dass – so sehr man sich auch um eine eindeutige Abgrenzung bemühen mag – die Kriterien der formalen und v.a. der semantischen Ähnlichkeit letztlich unbestimmt bleiben.

Auch das Betz'sche Klassifikationssystem erlaubt keine eindeutige Abgrenzung zwischen Lehnübertragung und Lehnschöpfung: Wenn z.B. bei einem mehrgliedrigen Ausdruck keine der Komponenten wörtlich übersetzt, sondern alle nur annähernd wiedergegeben werden, genügt die Bildung weder den Ansprüchen an die Lehnübertragung, bei der ja ein Bestandteil der Vorlage exakt entsprechen muss, noch den Bedingungen für die Lehnschöpfung, da die Bildung nicht vollkommen unabhängig erfolgt.

In dem im empirischen Teil der Arbeit untersuchten Korpus finden sich zudem polylexematische Wortschatzeinheiten, bei denen ein Lexem – in der Regel das Determinatum – exakt übersetzt wird, während das Determinans in keinerlei Beziehung zur Vorlage steht (vgl. frz. *liste de signets* nach engl. *hotlist*). Diese sind insofern nicht mit Fällen wie dt. *Halbinsel* aus lat. *paeninsula* vergleichbar, als hier nicht die Übertragung einer *idée générale* vorliegt, da das Determinatum des französischen Ausdrucks auf ganz andere Weise charakterisiert wird als in der englischen Vorlage. Die Ersetzung erfolgt also teils mit, teils ohne Anlehnung an das Vorbild, wofür im Betz'schen Modell ebenfalls keine eigene Kategorie vorgesehen ist.

Wie bei den bereits behandelten Erscheinungsformen des inneren Lehnguts, so sind auch bei der Lehnübertragung feinere Untergliederungen möglich. Z.B. führt Gusmani für den Typ *patria/Vaterland* die Bezeichnung *semicalco* als besonders freie Variante der Lehnübertragung ein (vgl. Gusmani 1974: 42). Wird ein neues Element hinzugefügt, das bei der Vorlage nicht vorhanden war, spricht Gusmani von *calco rideterminato* (vgl. Gusmani 1974: 44). Lauffer nimmt formale und semantische Unterschiede zwischen Vor- und Nachbild zum Anlass, weitere Differenzierungen vorzunehmen:

> Je nach dem abweichenden Element ergeben sich so vier Typen von Lehnübertragung: die 'defiziente' Lehnübertragung, bei der ein lat. Mor-

> phem unübersetzt bleibt [...], die 'additive' Lehnübersetzung, die zum lat. Vorbild ein Morphem hinzufügt [...], die 'syntagmatische' Lehnübertragung, welche das syntagmatische Muster ihres Vorbilds abändert [...] und die 'variierende' Lehnübertragung, die in einem ihrer Morpheme semantisch vom entsprechenden lateinischen Morphem abweicht. (Lauffer 1976: 31)

Wie bei der Lehnübersetzung, so sind auch bei der Lehnübertragung weitere Differenzierungen nach dem Kriterium der Bauentsprechung möglich. Semantische Gesichtspunkte werden zugrunde gelegt, wenn man den Grad der inhaltlichen Übereinstimmung zwischen Vor- und Nachbild betrachtet. Durch die unterschiedliche Motivation kann die Extension der Lehnprägung enger oder weiter als die ihres Vorbildes gefasst sein:

> Les traductions visant à une précision du référent se réalisent dans des unités aussi ou plus complexes que la forme étrangère [...]. Au contraire, les traductions dans lesquelles tous les éléments morphématiques ne sont pas rendus sur le même plan ont une fonction référentielle plus faible. (Coutier 1996: 33)

Je nachdem, welche Kriterien als maßgeblich betrachtet werden, verschiebt sich nicht nur die Grenze zwischen der Lehnübertragung und anderen Formen des inneren Lehnguts, sondern erhöht sich außerdem die Anzahl der möglichen Subtypen.

KAPITEL III

Kritik und Vorschlag einer neuen Lehngutklassifikation

Jeder Übersetzungsvergleich lehrt uns, die Werkzeugstrukturen unserer Sprachen von unseren Erlebnis- und Denkstrukturen abzuheben.

(Wandruszka 1970: 60)

Nachdem in den vorangehenden Kapiteln anhand der Betz'schen Lehngutkategorien die zentralen Probleme behandelt wurden, die die traditionelle Terminologie des inneren Lehngutes aufgibt, sollen diese im Folgenden noch einmal im Zusammenhang diskutiert werden. Im Anschluss daran soll eine neue Klassifikation des Lehngutes vorgeschlagen werden.

1. Probleme der bisherigen Ansätze

1.1 Die Heterogenität der Unterscheidungskriterien

Schon im Jahr 1968 klagte Broder Carstensen über das terminologische Durcheinander in der Sprachkontaktforschung:

> Wer sich mit dem Problem des Einflusses einer Sprache auf eine andere und mit dem der Bilingualität auseinandersetzt, hat in besonders starkem Masse mit dem Wirrwarr, ja mit dem Chaos in unserer gegenwärtigen Terminologie zu kämpfen. (Carstensen 1968: 32)[54]

Die Aufarbeitung des bisherigen Forschungsstandes hat leider gezeigt, dass der Ruf nach einer klaren Terminologie bis heute nichts an Dringlichkeit verloren hat. Neuere Publikationen, die sich auf die Arbeiten von Betz,

54 Laut Schottmann (1977: 13) ist das "terminologische Wirrwarr" bereits zu einem "Topos der Lehngutforschung" avanciert.

Haugen und Weinreich gründen, lösen die Probleme nur vordergründig, da sie in der Regel lediglich weitere Feindifferenzierungen vornehmen, ohne den methodischen Ansatz grundsätzlich in Frage zu stellen. Auch neuere Klassifikationsansätze wie die Terminologie von Lilienkamp (2001) lösen sich nicht wirklich von den etablierten Modellen, da lediglich neue Termini für die herkömmlichen Kategorien geschaffen werden.[55]

Allen früheren Lehngutsystematiken ist der Vorwurf zu machen, bei der Klassifizierung von Sprachkontakterscheinungen nicht konsequent vorzugehen. Besonders deutlich tritt dieser Umstand bei Betz zutage. Während dieser sich bei der grundsätzlichen Differenzierung zwischen innerem und äußerem Lehngut auf die etymologische Herkunft des Wortmaterials beruft, vergleicht er bei der Klassifikation der Lehnprägungen Vor- und Nachbild auf formaler Ebene und wählt bei der Unterscheidung zwischen Lehnbedeutung und Lehnbildung die Frage nach der Neuentstehung oder inhaltsseitigen Modifikation als Kriterium. In seine Unterscheidung zwischen Lehn- und Fremdwort fließen außerdem diachronische Aspekte ein. Bei einer weiteren Untergliederung der Lehnbedeutung in *homologues* (mit semantischer Analogie), *analogues* (mit semantischer und lautlicher Analogie) und *homophones* (mit lautlicher Analogie), wie man sie bei Haugen und in den meisten jüngeren Veröffentlichungen findet, wird zudem noch nach dem Auslöser für die Interferenzerscheinung klassifiziert. Bei Lehnübersetzung und -übertragung nehmen einige Autoren zusätzlich eine Untergliederung nach dem Grad der formalen Ähnlichkeit zum Vorbild vor. Je mehr Untergruppen gebildet werden, desto uneinheitlicher sind die verwendeten Kriterien.

Die innere Heterogenität der Modelle tritt deutlich zutage, wenn man die auf jeder Ebene angesetzten Kriterien als Fragen formuliert, die sich der Sprachkontaktforscher bei der Klassifikation stellen muss. Anhand der Terminologie von Bäcker extrahiert Holtus auf diese Weise sieben unterschiedliche Klassifikationskriterien:

1. [...] I lessemi sono passati integralmente nella lingua ricevente o sono stati tradotti? [...]
2. Si tratta di lessemi che mostrano l'influsso straniero a livello morfologico o di lessemi che mostrano l'influsso straniero a livello semantico?
3. Si tratta di parole monolessematiche o polilessematiche?

55 Die von Lilienkamp verwendeten Termini *lexikalische Transferenzen, Semitransferenzen* und *Morphosemantische Transferenzen* entsprechen inhaltlich den Betz'schen Kategorien des Lehnwortes, des Teillehnwortes und der Lehnprägung (vgl. Lilienkamp 2001: 71–72).

4. [...] Si tratta di una parola foneticamente simile al modello?
5. La struttura della formazione è centrale o periferica?
6. [...] C'è una precisa corrispondenza tra i nuovi lessemi e l'originale (cioè si tratti di calchi omonimici secondo la terminologia di Klajn)?
7. Si è proceduto a un'analisi completa dell'originale? (Holtus 1989: 297)

Sicherlich verdienen alle diese Aspekte Aufmerksamkeit und können innerhalb der lexikalischen Sprachkontaktforschung untersucht werden – jedoch sollte dies nicht im Rahmen ein und derselben Systematik geschehen. Dieses Vorgehen führt dazu, dass Fragestellungen, die eigentlich unterschiedlichen Betrachtungsebenen angehören und getrennt voneinander behandelt werden müssten, auf eine nicht gerechtfertigte Art und Weise vermengt werden. Auch wenn in Abhängigkeit vom Forschungsinteresse jeweils der eine oder andere Aspekt interessant sein kann, sollte innerhalb eines einzigen Modells ein einheitliches Kriterium gewählt werden.

Anhand der Betz'schen Terminologie lässt sich zeigen, dass die Abgrenzungsschwierigkeiten zwischen den einzelnen Kategorien gerade aus der Anwendung uneinheitlicher Kriterien resultieren. Wenn z.B. das Lexem *Textbuch* keiner der Kategorien eindeutig zugewiesen werden kann, so liegt das daran, dass die Kriterien zur Unterscheidung von Lehnübersetzung und Lehnbedeutung nicht komplementär aufeinander bezogen sind: Während die Definition der Lehnübersetzung einen Vorgang im Sprachkontakt beschreibt, bezieht sich das Kriterium der Lehnbedeutung auf das Resultat des Interferenzvorgangs in der Replikasprache. Die für die Unterscheidung maßgeblichen Merkmale schließen sich nicht gegenseitig aus, sondern können gleichzeitig erfüllt sein und eignen sich somit nicht für die Abgrenzung zweier unterschiedlicher Kategorien.

Um diesen Schwierigkeiten entgegenzuwirken, wird in den bisherigen Publikationen versucht, durch immer feinere Differenzierungen Eindeutigkeit zu schaffen. Exemplarisch für diese Vorgehensweise sind u.a. die Arbeiten von Carstensen, der, ausgehend von der Betz'schen Terminologie, insgesamt zwölf verschiedenen Kategorien unterscheidet (vgl. Carstensen 1968: 42–43). Durch einen weiteren Ausbau von Carstensens Modell gelangt Fischer schließlich sogar zu siebzehn unterschiedlichen Klassen (vgl. Fischer 1980: 42).[56] Zur Benennung dieser Kategorien werden in nicht-systematischer Form immer neue Termini geprägt (z.B. *Lehnver-*

56 Sehr übersichtliche und anschauliche graphische Darstellungen der Terminologien dieser und weiterer Autoren finden sich bei Holtus 1989: 291–96.

bindung, Teilsubstitution, Fehlübersetzung, Wanderlehnprägung etc.). Dadurch, dass auf unterschiedlichen Gliederungsebenen immer wieder neue Unterscheidungskriterien angesetzt werden, ist die Anzahl der Kategorien theoretisch beliebig erweiterbar. Die Modelle werden daher mit jedem neuen Beitrag komplizierter und unübersichtlicher, was ihre Anwendung in der Praxis erschwert.

Trotz der zunehmenden Differenzierung bleiben die Modelle letztlich unvollständig, da Bildungen wie z.B. frz. *frimousse* nach engl. *smiley* oder frz. *arrosage* nach engl. *spam* nicht erfasst werden. Obwohl hier definitiv eine Bedeutung mehr mit demselben Lautkörper verbunden ist als vor dem Sprachkontakt, sind die Bedingungen für die Lehnbedeutung im Sinne Betz' und Haugens nicht erfüllt, da sich die beteiligten englischen und französischen Zeichen weder auf der Inhalts- noch auf der Ausdrucksseite überschneiden.[57] Es handelt sich aber auch nicht um Lehnschöpfungen, weil kein grundsätzlich neues Lexem entsteht. Solche Erscheinungen aus dem Bereich des inneren Lehnguts auszuklammern, Bildungen wie dt. *Umwelt* nach frz. *Milieu* aber aufgrund ihrer Funktion als Ersatzwörter weiterhin als Lehnprägungen anzusehen, wäre abwegig, so dass man in diesem Fall tatsächlich von einer Lücke innerhalb der gebräuchlichen Modelle sprechen kann.

Eine kritische Betrachtung der herkömmlichen Klassifikationsansätze ergibt folglich, dass diese den Kern des Problems nicht erfassen. Durch die Anwendung gemischter und teilweise unzulässiger Abgrenzungskriterien haben sie sich auf einer rein deskriptiven Ebene festgefahren, ohne eine wirkliche Analyse des Lehnvorgangs zu ermöglichen. Offensichtlich kann eine vollständige und eindeutige Erfassung aller beobachtbaren lexikalischen Sprachkontaktphänomene bei gleichzeitiger logischer Kohärenz mit den bisherigen Ansätzen nicht erreicht werden. Bereits Haugen hatte erkannt, dass die zahlreichen Unzulänglichkeiten der herkömmlichen Klassifikationen diese nicht nur punktuell, sondern in ihren Grundfesten in Frage stellen:

> The fact that the same word can, 'in gewissem Sinne', be regarded either a loanword, a loanblend, a loanshift or a native creation, casts some doubt on the scientific validity of the whole system. (Haugen 1952: 399)

57 Weitere Beispiele aus den offiziellen französischen Terminologieerlassen nennt Bollé mit *essaimage* nach *spin off*, *sauterelle* nach *apron conveyor*, *baladeur* nach *walkman* etc. Sie erkennt das theoretische Problem, das sich mit der Klassifikation dieser Wortschatzeinheiten verbindet, behandelt sie jedoch dessen ungeachtet als Lehnbedeutungen (vgl. Bollée 1997: 385).

1.2 Die Situierung der Lehngutforschung in Bezug auf Synchronie und Diachronie

Nicht nur hinsichtlich der Unterscheidungskriterien, sondern auch in Bezug auf die Situierung der Betrachtung in Synchronie oder Diachronie sind die traditionellen Modelle nicht kohärent (vgl. Español Giralt 1996: 299). Diese Unzulänglichkeit fällt vor allem bei den Kategorien des Lehn- und Fremdwortes ins Auge, die sich nur durch den Grad der Anpassung an das replikasprachliche System unterscheiden. Die zunehmende lautliche Integration durch den Mitvollzug replikasprachlicher Lautentwicklungen zählt jedoch schon nicht mehr zum eigentlichen Sprachkontakt, sondern kommt erst dann zum Tragen, wenn das fragliche Zeichen in der Replikasprache bereits etabliert ist und wie ein autochthones Lexem funktioniert. Da Betz bei der Abgrenzung zwischen den verschiedenen Formen des inneren Lehnguts nach den der Innovation zugrunde liegenden Prozessen klassifiziert und damit eine synchrone Perspektive im Augenblick der Wortentstehung einnimmt, weist sein Modell auch in diesem Punkt innere Widersprüche auf. Eine ähnliche Vermischung der Betrachtungsebenen ergibt sich auch beim Teillehnwort, unter das die meisten Autoren jegliche hybride Zusammensetzung fassen. Dabei wird nicht berücksichtigt, dass auch ein Lehnwort (diachron gesehen) nach seiner Eingliederung synchron wie ein autochthones Lexem funktioniert und u.U. zu innersprachlichen Weiterbildungen, aber auch zu Lehnübersetzungen verwendet werden kann.

Eine Verwechslung der diachronen und synchronen Ebene begehen auch Fischer mit seinen Kategorien der *Lehnkürzung* und *Lehnerweiterung,*[58] Zindler mit der *Doppelentlehnung*[59] sowie Haugen mit den *hybrid creations*. Bei all diesen angeblichen Lehngutkategorien handelt es sich *de facto* um Sprachwandelphänomene nach erfolgter Integration, die sich vom Standpunkt der Wortentstehung aus nicht von innersprachlich entstandenen Kürzungen oder Weiterbildungen unterscheiden.

Um diesem methodischen Problem angemessen zu begegnen, ist zunächst der Standpunkt der Lehngutforschung im Verhältnis zu Diachronie und Synchronie zu klären. Die Lehngutforschung im traditionellen Sinne widmet sich der Bestimmung derjenigen Wortschatzelemente einer Sprache, deren Entstehung auf fremden Einfluss zurückzuführen ist und

58 Darunter versteht er die Kürzung entlehnter Elemente auf eines ihrer Glieder bzw. ihre Erweiterung durch das Anfügen heimischer Morpheme.

59 Zindler definiert sie als "mehrmalige Übernahme desselben Wortes – übersetzt oder unübersetzt – zu verschiedenen Zeitpunkten".

schließt daher zwangsläufig ein diachrones und sprachvergleichendes Element ein, so dass eine streng synchrone, sprachimmanente Betrachtung nicht zu befriedigenden Ergebnissen führen kann.

Diesem Umstand wird in der Sprachkontaktforschung seit Weinrich dadurch Rechnung getragen, dass zwischen spontanen Sprachkontakterscheinungen in der *parole* und deren dauerhaftem Niederschlag in der *langue* unterschieden wird (vgl. Weinreich 1976: 27–28; Tesch 1978: 31). Obwohl in der Forschungsliteratur keine terminologische Einheitlichkeit herrscht (vgl. Clyne 1975: 16), werden Sprachkontaktphänomene in der *parole* in der Regel als *Interferenzen*, die Resultate des Sprachkontaktes in der *langue* dagegen als *Entlehnungen* bezeichnet:[60]

> Il faut cependant distinguer entre les interférences qui se produisent tout naturellement chez les individus quand ils sont en situation de bilinguisme, et les interférences qui débordent les circonstances de leur naissance et s'inscrivent dans les habitudes de la communauté linguistique parce qu'elles s'instituent chez les individus qui ne participent pas à la communication bilingue. C'est à cette deuxième catégorie d'interférences qu'on donne le nom *d'emprunt*. (Pergnier 1988: 113–14; vgl. Tesch 1978: 37; Gusmani 1986b: 138; Mathiot/Rissel 1996: 124)

Da Weinreich Interferenzen als sprachkontaktinduzierte Abweichungen von der replikasprachlichen Norm definiert, sind diese keinesfalls auf das äußere Lehngut beschränkt. Auch die Verwendung replikasprachlicher Lexeme mit abweichender Bedeutung sowie die Entstehung neuer Bezeichnungen kann als Interferenz bzw. im Falle einer Integration als Entlehnung klassifiziert werden, sofern sie unter fremdsprachlichem Einfluss erfolgt:

> Im Sinne der obigen Definition der Norm sind Lehnprägungen v o r ihrer Integration Interferenzerscheinungen, weil wir unter Verletzung der Norm nicht nur im engeren Sinne systemfremde Formen verstehen, sondern auch neue lexikalisch-semantische Kopplungen. (Juhász 1977: 4; vgl. 1980: 647; Coseriu 1977: 98)[61]

---

60 Der Terminus *Interferenz* stammt ursprünglich aus der Physik und wurde von der Prager Schule in die Linguistik übernommen (vgl. Payrató 1985: 16–18; Blas Arroyo 1991: 265; Traoré 2000: 4). Weinreich selbst verwendet die Bezeichnung *Entlehnung* noch nicht, sondern unterscheidet zwischen *Interferenz in der Rede* und *Interferenz in der Sprache*. Eine ähnliche Terminologie verwendet auch Overbecke (1976: 30), der zwischen *interférence-processus* und *interférence-résultat* unterscheidet. Eine ausführliche Darstellung der Verwendung von *Interferenz* und *Integration* in unterschiedlichen linguistischen Forschungsansätzen findet sich bei Sinner (2001).

61 Wenn die beteiligten Sprachen in einem bestimmten Punkt konvergieren, ist durch Interferenz gerade keine Abweichung von den Normen der Replikasprache zu erwar-

Während die Mechanismen, die in der *parole* zu spontanen sprachkontaktbedingten Normabweichungen führen, aus einer synchronen Perspektive zum Zeitpunkt der Innovationsentstehung untersucht werden müssen, lassen sich die Umstände, die die dauerhafte Etablierung bestimmter Interferenzen in der *langue* begünstigen, nur mit diachronen Mitteln bestimmen. Die Untersuchung lexikalischer Sprachkontaktphänomene hat daher immer aus beiden Perspektiven zu erfolgen, wobei der Vorgang des Sprachkontaktes vorrangig mit synchronen, das Resultat dagegen mit diachronen Mitteln beschrieben wird. Dabei ist die Trennung zwischen Interferenz und Entlehnung keinesfalls so streng, wie sie auf den ersten Blick erscheinen mag. Da sich Veränderungen in der Sprache nicht abrupt, sondern allmählich vollziehen, sind die Übergänge in diachroner Hinsicht fließend. In der Rede Zweisprachiger kann daher häufig nicht mit Sicherheit unterschieden werden, ob der Gebrauch eines Lehnwortes oder einer fremden Wendung auf spontane Interferenz zurückgeht, oder ob der Sprecher einen Ausdruck aufgreift, der sich bereits in der Sprechergemeinschaft durchzusetzen beginnt (vgl. Juhász 1977: 3; 1980: 648; Lüllwitz 1972: 187; Poplack/Sankoff 1984: 99).

1.3 Die empirische Beobachtbarkeit des Entlehnungsvorgangs

Ein weiteres zentrales Problem der Sprachkontaktforschung besteht in der mangelnden empirischen Zugänglichkeit des Untersuchungsgegenstandes. Sprachkontakt findet nicht abstrakt statt, sondern stets im Bewusstsein zweisprachiger Individuen, wo unterschiedliche Sprachsysteme koexistieren und sich gegenseitig beeinflussen. Es handelt sich folglich um einen psychischen Prozess beim Sprecher, der der empirischen Beobachtung nicht unmittelbar zugänglich ist:

> Es wird davon ausgegangen, daß interlinguale Interferenzen psychische Folgen des Konfliktes zwischen zwei – wenigstens in Teilbereichen – voneinander divergierenden Sprachsystemen sind. Sie kommen dadurch

ten (vgl. Denison 1978: 270; Lüllwitz 1972: 186). Der Nachweis von Interferenz ist hier besonders problematisch, da keine beobachtbaren Resultate in der Replikasprache produziert werden. Da es darüber hinaus durch diese Form der Interferenz nicht zur Entlehnung, sondern allenfalls zu einer Beeinflussung im Sinne von Frequenzsteigerungen kommen kann (vgl. Coseriu 1977: 99; Nau 1995: 18; Schade 1989: 94), soll die so genannte "negative Interferenz" (vgl. Kabatek 1996: 18ff; Bello Rivas o.J.: 1–2) aus unserer Betrachtung ausgeklammert werden.

> zustande, daß die beiden Sprachsysteme (oder Teile davon) beim Lerner bzw. beim mehrsprachigen Sprecher gleichzeitig mental präsent und nicht vollständig voneinander getrennt, mit anderen Worten: miteinander in Kontakt sind. (Spillner 1986: 153; vgl. Denison 1978: 262)

Da das mentale Lexikon des Sprechers gewissermaßen eine "black box" darstellt (vgl. Pöll 2002: 15), können lediglich die jeweils feststellbaren Ergebnisse des Sprachkontaktes untersucht werden. Sollen Aussagen über die sprachlichen Mechanismen getroffen werden, auf denen die beobachtbaren Veränderungen basieren, so kann das – außer u.U. durch Introspektion – daher nur auf dem Weg der Rekonstruktion durch den Vergleich von Vor- und Nachbild geschehen. Die sprachlichen Erscheinungen werden dabei als Symptome betrachtet, von denen man induktiv die zugrunde liegenden psychischen Prozesse ableiten kann:

> Aussagen über den virtuellen Bereich von Sprache sind stets (Rück-) Schlüsse von beobachtbaren Sachverhalten auf nicht beobachtete, weil nicht beobachtbare. Alle Schlüsse, die vom realisierten Bereich auf den virtuellen erfolgen, sind daher Induktionsschlüsse. (Lüllwitz 1972: 174; vgl. Juhász 1977: 2)

Diese Problematik birgt die Gefahr in sich, bei der Analyse vorschnell von dem beobachtbaren Ergebnis auf den zugrunde liegenden Prozess zu schließen. Genau dies geschieht bei Betz und anderen Autoren, wenn sie z.B. allein aufgrund der Tatsache, dass nach dem Sprachkontakt eine Bedeutung mehr mit einem bestimmten *signifiant* verbunden ist, die Lehnbedeutung als Übertragung einer abstrakten Bedeutung von einer Sprache in die andere interpretieren. Wie sich jedoch im Laufe der Analyse noch zeigen wird, sind die sprachlichen Mechanismen ungleich komplizierter.

1.4 Anforderungen an ein neues Modell zur Gliederung des Lehnguts

Es konnte gezeigt werden, dass das zentrale Problem der traditionellen Systematiken in der Uneinheitlichkeit der Klassifikationskriterien besteht, deren Wahl notwendigerweise vom jeweiligen Forschungsinteresse abhängt. Will man lediglich den Umfang der Beeinflussung einer Sprache auf die andere messen, wie Betz es sich vornimmt, hat das traditionelle Entlehnungsmodell trotz innerer Widersprüche durchaus einen gewissen praktischen Nutzen. Geht es jedoch, wie in dem vorliegenden Beitrag, darum, die eigentlichen Mechanismen der lexikalischen Interferenz und ihre Auswirkungen auf die Replikasprache zu ermitteln, so muss die Untersuchung unter anderen Voraussetzungen erfolgen und ein einheitliches Kriterium gewählt werden.

Bereits für Weinreich stand fest, dass die Mechanismen der Interferenz stets dieselben sind, wenn auch Umfang und Art der kontaktbedingten Erscheinungen mit der Struktur der jeweiligen Sprachen variieren (vgl. Weinreich 1976: 16). Eine Klassifikation zum inneren Lehngut muss daher grundsätzlich allgemein gehalten, d.h. auf beliebige Sprachenpaare anwendbar sein. Damit werden bestimmte formale Unterscheidungen, wie sie von früheren Autoren z.B. zur weiteren Untergliederung der Lehnübersetzung vorgenommen wurden, hinfällig.

Das Modell sollte alle Erscheinungsformen des zu untersuchenden Phänomens vollständig erfassen und – sofern es sich nicht um Kontinua handelt – klar gegeneinander abgrenzen. Sind die Prozesse und Resultate von Sprachkontakt einmal bestimmt, kann man sich daran machen, das in der Lehngutforschung viel beklagte "terminologische Wirrwarr" zu bereinigen. Durch den Gebrauch unterschiedlicher Termini für dieselben Sprachkontaktmechanismen werden bestehende Gemeinsamkeiten zum Teil verdeckt, wobei die mangelnde terminologische Unterscheidung zwischen Vorgang und Resultat des Sprachkontakts zusätzlich Verwirrung stiftet.

Das Problem der Unzugänglichkeit des eigentlichen Interferenzvorgangs kann letztlich nicht gelöst werden, da es im Untersuchungsgegenstand selbst begründet liegt. Will man sich über die rein strukturell-beschreibenden Klassifizierungen von Betz und seinen Nachfolgern hinaus mit den prozessualen Seiten sprachlicher Entlehnung beschäftigen, so stößt man unweigerlich auf das Problem, dass der Entlehnungsvorgang beim Sprecher – im Gegensatz zu seinen beobachtbaren Resultaten – empirisch nicht greifbar ist. Allerdings sieht sich die Sprachkontaktforschung hier mit einem Problem konfrontiert, das auch alle anderen linguistischen Disziplinen betrifft: Aussagen über System und Norm einer Sprache (den *virtuellen* Bereich nach Lüllwitz) können gar nicht anders als auf induktivem Wege getroffen werden. Systematiken, die auf die Klassifizierung sprachlicher Prozesse abzielen, haben daher immer Modellcharakter und beschreiben nicht in erster Linie historische Abläufe. Damit jedoch die Beschäftigung mit Fragen des Sprachkontaktes nicht ins rein Spekulative abgleitet, dürfen die theoretischen Überlegungen nicht von der empirischen Beobachtung getrennt werden: Die Modelle müssen so beschaffen sein, dass sie möglichst viele empirisch erhobene Sprachdaten kohärent erklären können. Theorie und Empirie stellen zwei Pole dar, zwischen denen sich der Sprachkontaktforscher hin- und herbewegen muss, ohne den jeweils anderen aus den Augen zu verlieren.

2. Die Abhängigkeit der Lehngutklassifikationen vom Zeichenmodell

Die zahlreichen Schwächen der bisherigen Lehngutmodelle lassen erahnen, dass die eigentlichen Sprachkontaktmechanismen und ihre Auswirkungen auf die Replikasprache von ihnen nicht angemessen beschrieben werden. Der stetige Aus- und Umbau der Terminologien von Betz, Haugen und Weinreich hat die Forschung seit den 50er Jahren nicht vorangebracht. Da durch die weitere Differenzierung der Modelle nichts wirklich Neues geleistet und kein wesentlicher Fortschritt in der Sache erzielt werden konnte, liegt es nahe, die herkömmlichen Lehngutklassifikationen in ihren theoretischen Grundlagen neu zu überdenken. Wie sich im weiteren Verlauf der Analyse zeigen wird, sind in diesem Zusammenhang vor allen Dingen das in der Lehngutforschung verwendete Zeichenmodell und die daraus resultierende Auffassung von sprachlicher Polysemie relevant, die bei Betz und seinen Nachfolgern für die Gliederung der Lehnprägungen zentral sind, jedoch in den einschlägigen Publikationen kaum reflektiert werden.

Die Sprachwissenschaft strukturalistischer Prägung beruft sich auf einen bilateralen Zeichenbegriff, wie ihn Ferdinand de Saussure in seinem *Cours de linguistique générale* geprägt hat. Dort wird das sprachliche Zeichen als Einheit zweier untrennbar miteinander verbundener Komponenten – eines *signifié* und eines *signifiant* – verstanden:

> Le signe linguistique est donc une entité psychique à deux faces [...]. Les deux éléments sont intimement unis et s'appellent l'un l'autre. (Saussure 1995: 99)

Da das Wesen des sprachlichen Zeichens in seiner Bilateralität besteht, ist es nur als Verbindung von *signifiant* und *signifié* überhaupt existent:

> L'entité linguistique n'existe que par l'association du signifiant et du signifié; dès qu'on ne retient qu'un de ces éléments, elle s'évanouit [...]. Des concepts tels que « maison », « blanc », « voir » etc., considérés en eux-mêmes, appartiennent à la psychologie; ils ne deviennent entités linguistiques que par association avec des images acoustiques; dans la langue, un concept est une qualité de la substance phonique, comme une sonorité déterminée est une qualité du concept. (Saussure 1995: 144–45)

Auch die Lehngutforschung arbeitet mit einem bilateralen Zeichenmodell, da sie beim sprachlichen Zeichen zumindest implizit eine Inhalts- und eine Ausdrucksseite unterscheidet (vgl. Stanforth 1996: 16–17). Der bilaterale Zeichenbegriff ist für die traditionellen Modelle sogar zentral, da einige grundlegende Unterscheidungen eben davon abhängen, welche Seite des sprachlichen Zeichens in die Replikasprache übernommen wird (vgl. z.B. die grundsätzliche Unterscheidung zwischen Lehnwort und Lehnprägung bei Betz und den meisten anderen Autoren, oder aber Humbleys Klassifikation nach der Substanz der Entlehnung).

Einigkeit besteht darüber, dass bei jeder Form des inneren Lehnguts immer eine Bedeutung übernommen wird. Dieser Gedanke wird bereits von Haugen expliziert:

> [...] in principle all loans are also semantic loans, and the difference between them is the purely formal one of whether the replica reproduces the phonemes of the model (loanword) or the morphemes (loanshifts), and in the latter case whether it reproduces the morpheme arrangement of the model (loan creation) or not (loan extension). (Haugen 1956: 764; vgl. Fleckenstein 1968: 268; Schottmann 1977: 21; Glauch 1993: 125)

Die Kriterien für die verschiedenen Kategorien des Lehnguts werden daher auf der Ausdrucksseite gesucht, wobei die Autoren das Resultat des Lehnvorgangs in der Replikasprache betrachten und Vergleiche zwischen Vor- und Nachbild anstellen. Sie kommen auf diese Weise zu dem Ergebnis, dass beim Lehnwort Bedeutung und Lautkörper, bei der Lehnbedeutung nur eine Bedeutung und bei der Lehnbildung eine Bedeutung und eine bestimmte Bauweise entlehnt werden. Auf diesen Voraussetzungen basiert sowohl die Terminologie von Betz als auch alle späteren Klassifikationen zum inneren Lehngut.

In Bezug auf das eben dargestellte Zeichenmodell Saussures ist diese Interpretation jedoch fragwürdig, da davon ausgegangen wird, dass beide Seiten des sprachlichen Zeichens unabhängig voneinander existieren und isolierte Bedeutungen von einer Sprache in die andere übertragen werden können. Trotzdem wird dieser Widerspruch in so gut wie keinem der gesichteten Beiträge problematisiert. Lediglich Schmidt und Lüllwitz erheben Einwände, die jedoch weitgehend ungehört verhallen:

> Da bei den Lehnprägungen das Material der Ausdrucksseite aus der eigenen Sprache genommen wird, kann man sagen, daß es eigentlich nur die Bedeutungen sind, die aus der anderen Sprache entlehnt werden. Diese Ansicht kollidiert jedoch mit dem linguistischen Grundsatz, daß Bedeutungen ohne die Signifikanten, mit denen zusammen sie Sprach-

> zeichen konstituieren, nicht existieren und folglich auch nicht ohne diese von einer Sprache in die andere transferiert werden können. (Schmidt 1986: 82)

> Wenn das Modell vom Sprachzeichen als bilateraler Einheit von Ausdrucks- und Inhaltsseite, zwischen denen quantitative Konsubstantialität herrscht, zum Ausgangspunkt linguistischer Analysen gemacht werden soll, sind monolaterale Transferate prinzipiell ausgeschlossen. Phänomene, denen scheinbare monolaterale Transferenz zugrunde liegt – wie Begriff und Terminus 'Lehnbedeutung' implizieren – müssen als falsch interpretiert angesehen werden. (Lüllwitz 1970: 660)

Neben dem Begriff der Bedeutungsentlehnung spielt in der Lehngutforschung, aber auch in der Sprachpolitik und anderen Bereichen nicht-wissenschaftlicher Beschäftigung mit Fragen der Entlehnung, der Begriff des Ersatzes häufig eine wichtige Rolle: Lehnprägungen werden nach Ansicht zahlreicher Autoren zum Lehnwortersatz geschaffen.[62]

Der Ersatz von Lehnwörtern durch eigensprachliche Bildungen oder auch umgekehrt der Ersatz eigener Ausdrücke durch fremde wird dabei häufig im Sinne einer einseitigen Substitution des *signifiants* interpretiert. Wenn z.B. im Zuge der spanischen Expansion das karibische Lehnwort *cacique* durch span. *rey* ausgetauscht wird, so handelt es sich nach Lüdtke um einen bloß ausdrucksseitigen Ersatz unter Beibehaltung des *signifié*:

> Die lexikalische Semantik befaßt sich vorab mit den *signifiés*, nicht mit den *signifiants*. In der Geschichte des Spanischen in Amerika werden jedoch, nachdem das Neue mit einem ersten *signifiant* benannt worden ist, diese *signifiants* im Laufe der weiteren Expansion oft ersetzt [...]. (Lüdtke 1995: 450)[63]

Auch der umgekehrte Standpunkt, d.h. die Interpretation von Erscheinungen des inneren Lehngutes als inhaltsseitige Substitution, wird in der Forschungsliteratur vertreten:

> Un aspecto muy interesante de estos anglicismos [los anglicismos no patentes] es que son términos castellanos que resultan a menudo de una traducción del inglés y, generalmente, de una sustitución del significado

62 Für Gusmani rechtfertigt dieser Zweck sogar die Schaffung einer eigenen Kategorie des *Ersatzwortes* (vgl. Gusmani 1992).

63 Auch in Zusammenhang mit der Übersetzung wird bisweilen von einer einseitigen Substitution des sprachlichen Zeichens ausgegangen: "Y quien dice traducción, dice transferencia de sentido y sustitución de forma" (Santos Borbujo 1998: 176). Zur Kritik an dieser Auffassung vgl. Coseriu 1978: 18.

> de la palabra por el significado de su parónimo inglés. (Sánchez Macarro 1993: 26)

Auch hier wird eine separate Existenz beider Seiten des sprachlichen Zeichens vorausgesetzt und damit das Bilateralitätsprinzip verletzt. Erscheinungen des inneren Lehnguts können also nicht im Sinne einer ausdrucksseitigen Substitution von Lehnwörtern bzw. einer inhaltsseitigen Substitution einheimischer Wörter interpretiert werden, wenn das Saussure'sche Zeichenmodell aufrechterhalten werden soll.

Die Annahme, dass einzelne Komponenten des sprachlichen Zeichens abgespalten und isoliert in andere Sprachen überführt werden können, wirkt sich z.T. auch auf die Interpretation anderer Lehngutkategorien aus, beispielsweise wenn Baranow in Zusammenhang mit dem Lehnwort von einer "doppelten Übernahme" – nämlich der *Bedeutung* und der *Wortgestalt* – spricht (vgl. Baranow 1973: 10).

Ebenfalls implizit ist den vorgestellten Systematiken ein Zeichenmodell, bei dem ein und derselbe Lautkörper unterschiedliche Bedeutungen auf sich vereinen kann. Diese Auffassung spiegelt sich in aller Deutlichkeit in der Interpretation der Lehnbedeutung wieder, bei der alle Autoren davon ausgehen, dass ein polysemes Zeichen der Modellsprache eine seiner Bedeutungen auf ein Zeichen der Replikasprache überträgt, mit dem es bereits eine Bedeutung teilt. Die Frage danach, was im jeweiligen Fall unter *unterschiedlichen Bedeutungen* verstanden werden soll, bleibt häufig unbeantwortet; meist wird allerdings unterschwellig zu verstehen gegeben, dass damit unterschiedliche *signifiés* gemeint sind:

> Entendemos por polisemia, en sentido lato, la capacidad de un significante para expresar dos o más significados. (García Yebra 1981: 37)

Man hat sich das Zeichen also offensichtlich so vorzustellen, dass einem einheitlichen, nicht weiter unterteilbaren *signifiant* ein *signifié* gegenübersteht, der aus mehreren Komponenten zusammengesetzt ist. Die Gesamtbedeutung des Zeichens ergibt sich dabei aus der Summe der einzelnen Teilbedeutungen.[64] Wir haben es mit einem asymmetrischen Zeichenmodell zu tun, das sich – in Anlehnung an die Schaubilder bei Saussure – graphisch etwa folgendermaßen darstellen lässt:

---

64 Dabei ist zu beachten, dass Bedeutungsüberschneidungen in der Entlehnungsforschung tatsächlich als partielle Übereinstimmung von unabhängigen Teilbedeutungen verstanden werden, die quasi Bausteine des Gesamtsignifiés darstellen. Es handelt sich nicht um Seme im Sinne von definitorischen Merkmalen, die bestimmte Bedeutungen beschreiben und von anderen absetzen, vergleichbar den distinktiven Merkmalen in der Phonologie.

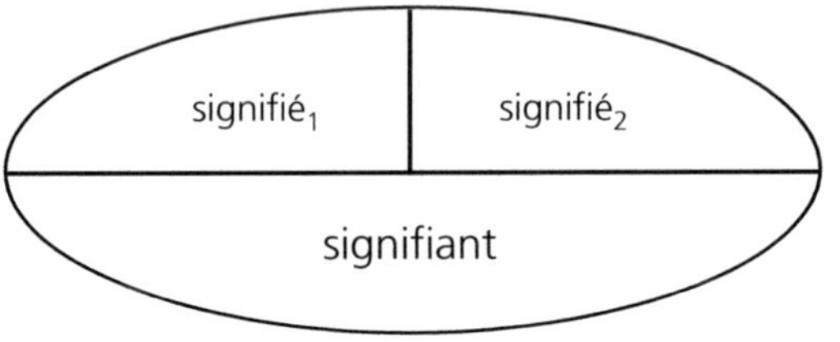

Abb. 5: Asymmetrisches Zeichenmodell

Auch diese Sichtweise widerspricht offensichtlich dem vollkommen symmetrisch angelegten Saussure'schen Zeichenmodell, bei dem einem einzigen, unteilbaren *concept* eine ebenfalls unteilbare *image acoustique* gegenüber steht (vgl. Saussure 1995: 99):

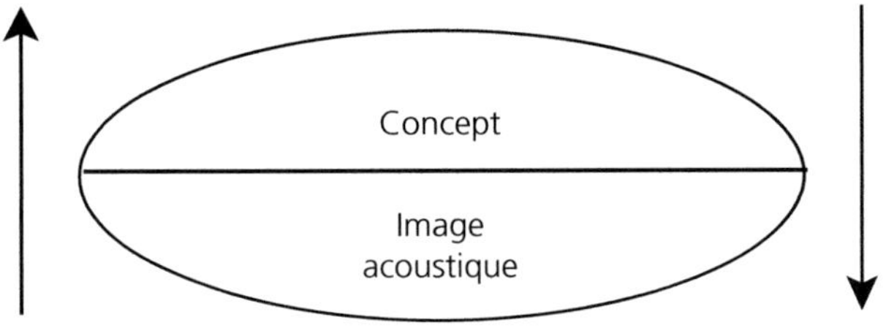

Abb. 6: Symmetrisches Zeichenmodell nach Saussure

Der offensichtliche Widerspruch zwischen dem Saussure'schen Zeichen und dem Zeichenmodell, wie es in Arbeiten zum inneren Lehngut zugrunde gelegt wird, verdient einen eingehenden Kommentar. Es gilt zu bestimmen, welche der beiden Auffassungen plausibler ist und das größere Erklärungspotenzial hinsichtlich der konkreten sprachlichen Fakten besitzt.

Auf den ersten Blick erscheinen je nach Betrachtungsweise beide Modelle angemessen, da sie jeweils unterschiedliche Gesichtspunkte des sprachlichen Zeichens hervorheben. Die Annahme eines unteilbaren *signifié* ergibt sich unmittelbar aus der Tatsache, dass das sprachliche Zeichen als kleinste bedeutungstragende Einheit angesetzt wird, denn als elementare Größe kann es eigentlich schon *per definitionem* nicht weiter segmentierbar sein. Gleichzeitig kann man jedoch leicht feststellen, dass mit ein und demselben Ausdruck im konkreten Sprachgebrauch durchaus Unterschiedliches gemeint sein kann, was auch die Annahme zusammengesetzter *signifiés* berechtigt erscheinen lässt (vgl. z.B. *acte juridique, acte de naissance, pièce en cinq actes* oder *actes d'un congrès;* vgl. Dietrich 1997: 229–30).[65]

Der scheinbare Widerspruch lässt sich nur dann auflösen, wenn bei der Analyse streng zwischen der *langue* als abstraktem System der Sprache und der *parole* als ihrer aktuellen Verwendung unterschieden wird. Als *entité psychique* gehört das sprachliche Zeichen dem virtuellen Bereich der Sprache an und ist daher der Ebene der *langue* zuzuordnen. Wenn mit ein und demselben Zeichen auf ganz unterschiedliche Sachverhalte referiert werden kann, so liegt das nicht etwa daran, dass der *signifié* aus all diesen denkbaren Verwendungsweisen zusammengesetzt wäre, sondern er ist vielmehr so abstrakt gefasst, dass er sich in der *parole* auf höchst unterschiedliche Art und Weise aktualisieren kann. Die unterschiedlichen Verwendungsweisen eines Zeichens können deshalb in der Regel auf eine gemeinsame Grundbedeutung, im Fall von *acte* etwa 'menschliche Handlung', zurückgeführt werden. In der *langue* ist die Bedeutung eines Zeichens konstant; in der *parole* dagegen variiert sie mit dem Kontext (vgl. Geckeler 1995: 115; Hilty 2001: 906):

> Die Einheiten der Sprache, im Ausdruck, im Inhalt oder auf beiden Ebenen zugleich, können jedoch nur aufgrund der konstanten Beziehung zwischen Ausdruck und Inhalt innerhalb ein und derselben Einheit bei ihren verschiedenen Verwendungen identifiziert und von ihren Realisierungs-"Varianten" unterschieden werden. Eine Form ist als funk-

65 In einem Sprachzeichenmodell, das keine zusammengesetzten *signifiés* zulässt, könnte natürlich theoretisch auch für jede einzelne Bedeutung ein eigenes Lexem angesetzt werden, wie es u.a. Schmidt (1982) vornimmt. Bei einer solchen Interpretation gelangt man theoretisch zu einer unbegrenzten Vielzahl verschiedener Zeichen. Sie ist jedoch in Bezug auf die Funktion und Funktionsweise von Sprache unangebracht, denn nur dadurch, dass sie mit begrenzten Mitteln eine theoretisch unbegrenzte Anzahl von Sachverhalten zum Ausdruck bringen kann, ist Verständigung überhaupt möglich:

> Or, il y a une contradiction entre, d'une part, le caractère limité de notre mémoire, et d'autre part, nos besoins communicatifs, illimités en principe. Il est donc extrêmement utile qu'un mot donné puisse désigner des objets appartenant à des catégories différentes, à condition que cette richesse polysémique ne soit pas arbitraire (on serait alors dans le même dilemme), mais motivée au niveau conceptuel: la mémoire retient beaucoup mieux les informations cohérentes que les ensembles disparates. (Schwarz 2001: 76).

Vor allem aber wird bei einer monistischen Betrachtungsweise der Unterschied zwischen Polysemen und Homonymen, d.h. Zeichen, deren Bedeutungen auf eine noch nachvollziehbare Art und Weise zusammenhängen (z.B. frz. *acte* 'acte juridique' und 'acte de naissance') und solchen, die nur zufällig ausdrucksseitig übereinstimmen, verwischt.

> tionelle Einheit der Sprache "dieselbe", wenn ihre Variationen sich auf kontextbedingte Determinierungen des Ausdrucks (materieller Kontext) zurückführen lassen und keine Änderung in der Bedeutung bedingen; und eine Bedeutung ist dieselbe, wenn ihre Variation sich auf kontextbedingte Determinierungen des Inhalts zurückführen läßt (semantischer Kontext) und keine Änderungen des Ausdrucks impliziert. (Coseriu 1992: 174)

Im Prinzip kann jeder Sachverhalt, der sich unter den abstrakten *signifié* subsumieren lässt, mit dem entsprechenden Zeichen bezeichnet werden. Dabei ist allerdings zu beachten, dass bestimmte Verwendungsweisen der Zeichen traditionell in der Sprechergemeinschaft festgelegt sind, etwa die Verwendung von *acte* zur Bezeichnung der Aufzüge eines Theaterstücks oder bestimmter Schriftstücke im juristischen Bereich (vgl. Dietrich 1997: 229–30). Ihre Entstehung kann durch eine weitere Untergliederung der *langue* in *System* und *Norm* erklärt werden, wie sie von Coseriu vorgenommen wird:

> Als Korrelat ist die Norm die formalisierte Gesamtheit der traditionellen Realisierungen; sie umfaßt all das, was schon "existiert", was in der Sprachgemeinschaft realisiert ist. Das System dagegen ist die Gesamtheit der möglichen Realisierungen: es umfaßt auch das, was noch nicht realisiert worden ist, aber virtuell existiert, was "möglich" ist, d.h. was nach den geltenden Regeln der Sprache gebildet werden kann. (Coseriu 1973a: 40)

Von den im System angelegten Möglichkeiten werden also in der Regel nur ganz bestimmte in der Sprechergemeinschaft ausgeschöpft. Die unterschiedlichen in der Norm fixierten Verwendungen ein und desselben Zeichens sind es, die in der Forschungsliteratur häufig mit dem Terminus *Polysemie* belegt werden. Sie entsprechen in der Regel den unterschiedlichen Bedeutungen, die etwa in einem Wörterbuch aufgeführt sind. Die Norm schränkt daher einerseits das System ein, da nur ein Teil der im System vorhandenen Möglichkeiten auch tatsächlich realisiert wird. Andererseits geht sie über das System hinaus, da das Wissen um die Norm sprachliches Wissen ist, das zusätzlich zum Sprachsystem im Bewusstsein der Sprecher gespeichert ist (vgl. Kabatek 1996: 10).

Vor diesem Hintergrund ist die übliche Unterscheidung in polyseme und monoseme Wortschatzeinheiten hinfällig. Auf der Ebene des Systems besitzt jedes Zeichen nur einen einzigen, unteilbaren *signifié*, der jedoch in der Sprachverwendung unterschiedliche Bedeutungen annehmen kann. Einige dieser möglichen Verwendungen sind in der Norm der Sprache als

Normbedeutungen festgeschrieben. Sie ergeben sich erst in einem bestimmten Kontext und sind selbst nicht Bestandteil des Zeichens. Zur Erklärung der kontextabhängigen Bedeutungsvarianz ist also keine Annahme von Polysemie im Sinne heterogener *signifiés* notwendig:

> [La polisemia es] un concepto en el que se confunde la variedad de usos con la variedad de significados. En el fondo, la polisemia no es más que un fantasma alimentado por el espíritu referencialista de los diccionarios. (Trujillo 1997: 251)

Manchmal jedoch lassen sich die verschiedenen möglichen Bedeutungen, die sich mit demselben *signifiant* verbinden, nicht auf eine abstrakte gemeinsame Grundbedeutung zurückführen, sondern stellen jeweils eigenständige, voneinander unabhängige Bedeutungen dar (vgl. z.B. frz. *canard* 'Wasservogel' bzw. 'falsche Zeitungsmeldung'). Hier muss man von zwei unterschiedlichen Zeichen ausgehen, die – zumindest aus synchroner Perspektive – nur "zufällig" im *signifiant* übereinstimmen:

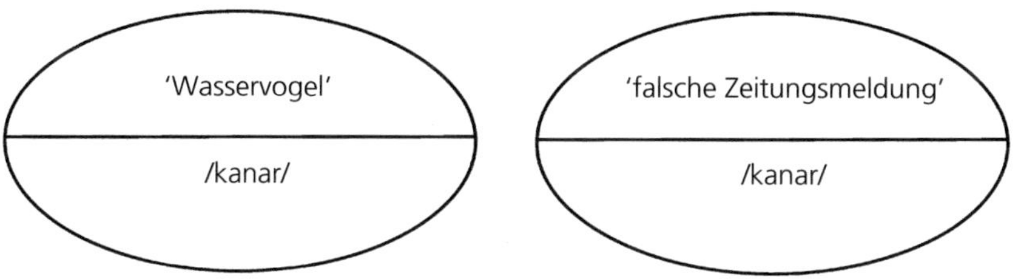

Abb. 7: Homonyme Zeichen

Auch hier liegt folglich keine Polysemie im Sinne segmentierbarer *signifiés* vor, sondern jedes der beiden Zeichen besitzt seinerseits eine einheitliche Grundbedeutung, von der wiederum verschiedene in der Norm festgelegte Bedeutungen abgeleitet sein können (etwa *canard* 'Automodell Citroën 2 CV', 'falscher Ton' oder 'alkoholgetränktes Zuckerstück' als metaphorische Verwendungen des Zeichens *canard* 'Wasservogel'). Vom Standpunkt des Rezipienten sind solche Zeichen – sofern man sie außerhalb jeglichen Kontextes betrachtet – zwar mehrdeutig, da der *signifiant* als sinnlich wahrnehmbare Komponente des sprachlichen Zeichens verschiedene Interpretationsmöglichkeiten erlaubt. Die Zusammenfassung an sich verschiedener Zeichen mit gleichem *signifiant* entspricht jedoch keinesfalls den tatsächlichen sprachlichen Gegebenheiten und ist wahrscheinlich durch die Rezeptionspraxis und die Struktur der Wörterbücher bedingt. Ambiguität als

Eigenschaft von *signifiants*, denen außerhalb jeglichen Kontextes nicht eindeutig ein bestimmter *signifié* zugewiesen werden kann, darf nicht mit Polysemie im Sinne von unterschiedlichen Bezeichnungsmöglichkeiten ein und desselben Zeichens verwechselt werden (vgl. Gutiérrez Ordoñez 1981: 85).

Die Abgrenzung zwischen Polysemie und Homonymie hängt letztlich von der subjektiven Einschätzung des jeweiligen Sprechers ab (Schwarz/Chur 1996: 56; Dietrich 1997: 227; García Yebra 1981: 38), da ein zuverlässiger und eindeutiger Test nicht existiert (vgl. Fritz 1995: 83; Aitchison 1997: 75) und die allgemein übliche Unterscheidung nach semantischen Kriterien (d.h. semantische Nähe → Polysemie, semantische Disparität → Homonymie) vage und subjektiv bleibt (vgl. Herbermann 1995: 164). Für die Abgrenzung zwischen Monosemie mit Kontextvarianz und Polysemie funktionaler Einheiten gibt es aus ähnlichen Gründen ebenfalls keine objektiven Kriterien (vgl. Pöll 2002: 80): Wo der semantische Abstand zwischen den Bedeutungen gering ist und die bezeichneten Referenten derselben Kategorie angehören, muss man von Varianten einer Bedeutung sprechen (vgl. Blank 1997: 416; 2001b: 935; Pöll 2002: 80), während in den Fällen, wo die Referenten eindeutig verschiedenen Kategorien zuzuordnen sind, Polysemie vorliegt.

Trotz den angesprochenen Abgrenzungsschwierigkeiten kann man der bisherigen Lehngutforschung zum Vorwurf machen, dass sie die Unterscheidung zwischen Homonymie und Polysemie grundsätzlich ignoriert (vgl. auch Pottier Navarro 1991: 44–45). Wörter, deren unterschiedliche Lesarten auf eine abstrakte Grundbedeutung zurückgeführt werden können, werden genauso behandelt wie solche, bei denen kein inhaltlicher Zusammenhang zwischen den unterschiedlichen Bedeutungen besteht und die daher als zwei unterschiedliche Zeichen betrachtet werden müssen. Die Vernachlässigung der Unterscheidung ist insofern zu beanstanden, als – wie noch zu zeigen sein wird – sich sowohl die Prozesse als auch die Resultate des lexikalischen Sprachkontaktes bei polysemen und homonymen Wortschatzeinheiten grundlegend unterscheiden.

3. Bedeutung im Spannungsfeld zwischen Zeichen und Referent

Es hat sich gezeigt, dass die traditionelle Interpretation der Lehnbedeutung auf widersprüchlichen zeichentheoretischen Prämissen beruht, worin vermutlich die Ursache für die zahlreichen Unzulänglichkeiten der herkömmlichen Systematiken zu suchen ist. Eine isolierte Übernahme einzelner Bedeutungskomponenten widerspricht nicht nur dem Prinzip der Bilateralität des sprachlichen Zeichens, sondern ist auch im Hinblick auf die daraus resultierende Auffassung von sprachlicher Polysemie problematisch. Übertragen werden im Sprachkontakt nicht vollständige *signifiés* oder Komponenten zusammengesetzter *signifiés*, sondern Normbedeutungen, die obenstehend als habituelle Realisierungen abstrakter Systembedeutungen definiert wurden. Es stellt sich nun die Frage, was genau man vor dem Hintergrund eines bilateralen und elementaren Zeichenbegriffs unter einer Normbedeutung zu verstehen hat. Nur so kann geklärt werden, wie es zu einer sprachkontaktinduzierten Übernahme von Normbedeutungen kommen kann.

3.1 Die Rolle des Referenten bei der Erzeugung von Bedeutung

In der linguistischen Zeichenlehre findet man u.a. dyadische und triadische Zeichenmodelle:

> Nach dem dyadischen Modell konstituiert sich das Zeichen einerseits aus dem Zeichenträger […], andererseits aus dem Bezeichneten, das entweder als Bedeutung oder als Bezeichnung konzipiert ist. Triadische Modelle sehen sowohl die Bedeutung als auch die Bezeichnung als Korrelate des Zeichens vor. (Nöth 2000: 136)[66]

In einem dyadischen Modell wie dem Saussures, wo am Zeichen selbst nur *signifié* und *signifiant* unterschieden werden, spielt die Referenz auf Objekte der außersprachlichen Wirklichkeit keine Rolle. Die Bedeutung ist bei Saussure gleichzusetzen mit dem *signifié* und ergibt sich aus dessen *valeur*, d.h. in Abgrenzung zu den *signifiés* anderer Zeichen ähnlicher Bedeutung (vgl. Saussure 1995: 155ff.). Triadische Modelle wie z.B. das semiotische Dreieck von Odgen und Richard erfassen dagegen auch das Bezugsobjekt der außersprachlichen Wirklichkeit (*referent*), das neben dem Zeichenträger (*symbol*) und dem Inhalt (*thought*) als eine Komponente des Zeichens betrachtet wird (vgl. Odgen/Richard 1923: 11). Ein isoliertes sprachliches Zeichen hat hier keine eigene Bedeutung, sondern diese entsteht erst durch den Bezug auf einen Referenten:

66 Zu vier- und fünfgliedrigen Zeichenmodellen vgl. Raible 1983: 5; Taylor 1999: 23–25 und Sokol 2001: 34–35.

> Words, as every one knows, 'mean' nothing by themselves, although the belief that they did [...] was once equally universal. It is only when a thinker makes use of them that they stand for anything, or, in one sense, have 'meaning'. (Odgen/Richard 1923: 9–10)

Es ist nun zu klären, ob der außersprachliche Referent tatsächlich eine Rolle für die Bedeutung sprachlicher Zeichen spielt, oder ob diese auch unabhängig von möglichen Bezugsobjekten Bedeutung besitzen. Dabei ist es aufschlussreich, sich zunächst den Vorgang vor Augen zu führen, der bei der Sprachproduktion von der abstrakten Systembedeutung zur aktuellen Redebedeutung führt.

Damit sich ein abstraktes Zeichen der *langue* in der *parole* aktualisieren kann, muss aus den unendlichen, virtuell im Sprachsystem gegebenen Möglichkeiten der Bezeichnung eine ganz bestimmte realisiert werden. Da für die Redebedeutung das jeweilig Bezeichnete von fundamentaler Bedeutung ist, kann die Aktualisierung der lexikalischen Bedeutung in der Rede vor dem Hintergrund des oben Dargestellten am besten mit einem Zeichenmodell erklärt werden, bei dem auch der Referent an der Konstituierung von Bedeutung beteiligt ist: Der abstrakte *signifié* erlaubt es, auf eine theoretisch unbegrenzte Anzahl von Sachverhalten zu referieren, aber erst durch den Verweis auf ein ganz bestimmtes Referenzobjekt in der Sprechsituation ergibt sich die konkrete Bedeutung in der *parole*. Die Redebedeutung ist daher weder mit dem *signifié* des Zeichens noch mit dem Gegenstand oder Sachverhalt, der bezeichnet wird, identisch, sondern entsteht aus dem Zusammenwirken von *signifié* und Referenzobjekt: In einer konkreten Situation mag beispielsweise auf die Nordsee mit frz. *l'eau* oder *la mer* referiert werden – das ändert jedoch nichts daran, dass *eau* und *mer* auf Systemebene unterschiedliche Lexeme darstellen, die theoretisch auf eine Vielzahl weiterer Sachverhalte referieren könnten (vgl. Dörschner 1996: 28). Dabei soll dem sprachlichen Zeichen an sich nicht jegliche Bedeutung abgesprochen werden, wie es Odgen und Richard in ihrem Modell tun. Auch der *signifié* als Bestandteil des Zeichens besitzt Bedeutung, da "wir die einzelnen Bedeutungen aufgrund unserer Sprachkenntnis unabhängig von einem konkreten Kontext bzw. allen möglichen Kontexten, in denen es vorkommt, bestimmen *können*" (Blank 1997: 49). Da sich die Redebedeutung jedoch erst in dem jeweiligen Kontext ergibt, muss dieser zwangsläufig einbezogen werden.

Da wir die Bedeutungen von Wörtern nicht nur unabhängig von jeglichem Kontext, sondern auch unabhängig von einer konkreten Sprechsituation für ganz abstrakte, festgelegte Referenzbereiche kennen (z.B.

acte + Referenzbereich Theater → 'Aufzug'; *acte* + Referenzbereich Recht → 'Urkunde, Dokument'), muss auch im virtuellen Bereich der Sprache die Bezeichnung zur Entstehung von Bedeutung – in diesem Fall zur Entstehung unterschiedlicher Normbedeutungen – beitragen. Da es sich im Unterschied zur Redebedeutung bei den Referenten nicht um konkrete Objekte handeln kann, stellt sich die Frage, ob im Bewusstsein der Sprecher neben den im mentalen Lexikon gespeicherten sprachlichen Zeichen auch ein Inventar von Konzepten der Gegenstände der Wirklichkeit besteht, auf das diese sich beziehen können, oder ob das Wissen um Eigenschaften der zu bezeichnenden Sachverhalte als Bestandteil des *signifiés* gelten kann.

Dieses Problem berührt im weitesten Sinne die sprachwissenschaftliche und -philosophische Diskussion um die Unterscheidung zwischen sprachlich-semantischem Wissen und enzyklopädischem Weltwissen über die Gegenstände und Sachverhalte der außersprachlichen Wirklichkeit. Über die Frage, inwieweit das Wissen über die Bedeutung der Wörter mit dem Wissen über die Dinge der außersprachlichen Wirklichkeit identisch ist bzw. in welchem Maße sprachliche und kognitive Kategorien übereinstimmen, herrscht in Linguistik und Sprachphilosophie keine Einigkeit (vgl. Aitchison 1997: 52; 56). In Abhängigkeit von der jeweiligen linguistischen Forschungsrichtung werden hier geradezu konträre Ansichten vertreten: Während die kognitive Semantik amerikanischer Prägung in der Regel das gesamte Wissen über einen bestimmten Gegenstand oder Sachverhalt in das Zeichen integriert und damit als sprachliches Wissen betrachtet,[67] beschreibt die strukturelle Semantik die Bedeutung der Lexeme sprachimmanent in Abgrenzung zu anderen Wortschatzelementen desselben Paradigmas und lässt mögliche Referenten vollkommen außer Acht.

Grundsätzlich steht es natürlich außer Frage, dass wir sowohl ein relativ fest umrissenes Wissen um die Bedeutung bestimmter Wörter als auch ein (prinzipiell unbegrenzt erweiterbares) Wissen über die Gegenstände der Welt besitzen – Ungewissheit besteht vielmehr darüber, inwieweit sich beide Wissensbestände gegenseitig bedingen oder ob sie, wie von der kognitiven Linguistik vertreten, sogar zusammenfallen. Aus unterschiedlichen Gründen liegt es allerdings nahe, davon auszugehen, dass sprachliches und enzyklopädisches Wissen im Bewusstsein getrennt gespeichert sind (vgl. Schwarze 2001: 75).

---

67 Vgl. Langacker 1980: 5: "[...] meaning is a cognitive phenomenon and must eventually be analyzed as such. Cognitive grammar therefore equates meaning with conceptualization (explicated as cognitive processing)."

Geht man von einer minimalen Anzahl funktioneller lexikalischer Einheiten aus, die jeweils nur den kleinsten gemeinsamen Nenner aller normhaften Verwendungsweisen enthalten, können semantisches und konzeptuelles Wissen nicht identisch sein: Wenn z.B. der *signifié* von *bouton* 'petite excroissance', 'petite saillie' (vgl. Dietrich 1997: 231) oder *acte* 'menschliche Handlung' so allgemein und abstrakt gefasst ist, dass mit ein und demselben Zeichen so unterschiedliche Sachverhalte wie KNOSPE, KNOPF, PICKEL, BLÄSCHEN, KNAUF bzw. AKTE, AUFZUG etc. bezeichnet werden, können die Informationen über die entsprechenden Sachverhalte der außersprachlichen Wirklichkeit nicht Bestandteil des eigentlichen Zeichens sein.

Auch die Tatsache, dass sprachvergleichende Analysen bisweilen Lücken im Wortschatz bestimmter Sprachen aufdecken, ohne dass man deshalb behaupten könnte, dass den jeweiligen Sprechern die zugehörige Vorstellung fehle (vgl. Wandruszka 1970: 48–49), spricht für eine Trennung: Z.B. ist die in zahlreichen romanischen Sprachen vorgenommene Unterscheidung zwischen dem Haupt- und dem Körperhaar (vgl. frz. *cheveu* und *poil*) im Deutschen nicht lexikalisiert, kann aber von jedem Sprecher des Deutschen leicht auf konzeptueller Ebene nachvollzogen und mit syntaktischen Mitteln versprachlicht werden. Gleichzeitig kann man von zwischensprachlichen Kongruenzen bei der strukturellen Wortfeldanalyse nicht darauf schließen, dass auch die zugehörigen Referenten übereinstimmen. So weist Blank dem deutschen Lexem *Frühstück* denselben Platz in den jeweils einzelsprachlichen Wortfeldern der Mahlzeitenbezeichnungen zu wie it. *prima colazione*, wobei jedoch das außersprachlich-kulturelle Wissen (z.B. um die bei dieser Gelegenheit eingenommenen Nahrungsmittel) z.T. stark variieren kann (vgl. Blank 1997: 88; Hummel 1994: 169).

Schon die Tatsache, dass eine Übersetzung von einer Sprache in die andere überhaupt möglich ist, spricht für die Annahme von begrifflichen, unabhängig von der Sprache existierenden Vorstellungen im Bewusstsein der Sprecher. Sowohl in der strukturellen als auch in der kognitiven Semantik sind Wortbedeutungen einzelsprachlich und können daher nicht direkt äquivalent gesetzt werden. Übersetzung wird erst dadurch möglich, dass die außersprachliche Vorstellung des Bezeichneten als *tertium comparationis* fungieren kann (vgl. Raible 1981: 31).

Es bietet sich also an, von einer Trennung von semantischem und enzyklopädischem Wissen auszugehen. Das Wissen über die Gegenstände und Sachverhalte der außersprachlichen Wirklichkeit stellt demnach im Bewusstsein der Sprecher einen eigenen Wissensbereich neben dem sprachlich-semantischen Wissen dar, während zur eigentlichen Bedeutung des sprachlichen Zeichens nur der abstrakte *signifié* zählt. Sprachliches und außersprachliches Wissen sind allerdings nicht so scharf getrennt, dass keine gegenseitige Beeinflussung möglich wäre:

> The position of a cognitive linguist concerning the issue of semantic vs. encyclopaedic information may be summarized as follows: no sharp line dividing the two is necessary, a word (or a linguistic unit of higher level) constitutes the point of access to the entire concept that may be associated with that word (or a higher level unit), and the degree of entrechment structures that concept. (Kalisz 1997: 1636)

3.2 Semantisches *versus* enzyklopädisches Wissen

Die Frage, auf welche Art und Weise beide Formen des Wissens im Bewusstsein des Sprechers koexistieren, wird z.T. kontrovers diskutiert. Was das sprachlich-semantische Wissen angeht, so herrscht über seine Organisation als System sprachlicher Zeichen weitgehend Einigkeit. Diese umfassen jeweils eine semantische und eine lautliche Komponente (*signifiant* und *signifié*) und stehen zueinander in oppositiven Relationen.

Vergleichsweise unproblematisch ist die Beschreibung und Analyse des *signifiants*: Als akustisch-sinnlich wahrnehmbare Komponente des Zeichens können seine Realisierungen mit physikalischen Mitteln untersucht werden, und die strukturelle Linguistik hat zuverlässige und brauchbare Methoden zur Ermittlung der funktionellen Einheiten auf *langue*-Ebene (Phoneme) entwickelt. Dagegen nimmt sich die Beschreibung von *signifiés* deutlich schwieriger aus, da Wortbedeutungen der empirischen Analyse nicht direkt zugänglich und, im Gegensatz zu den Lautketten des *signifiant*, nicht linear sind.[68]

Trotz dieser Schwierigkeiten haben verschiedene linguistische Schulen versucht, Methoden zur Beschreibung von Wortbedeutungen zu entwickeln. Aus dem Versuch einer Übertragung der phonologischen Analysemethoden auf die semantische Ebene ist die strukturelle Semantik hervorgegangen, die von folgenden Prämissen ausgeht: Auch in der Semantik gibt es, den distinktiven Merkmalen der Phonologie vergleichbar, inhaltsunterscheidende Züge (so genannte Seme). Lexeme sind in Wortfeldern organi-

68 Zur Asymmetrie bei der Analyse beider Seiten des sprachlichen Zeichens vgl. Hilty 2001: 907.

siert, die sich dadurch konstituieren, dass ihre Mitglieder mindestens ein gemeinsames Merkmal aufweisen. Innerhalb eines Wortfeldes stehen die Lexeme in unmittelbarer Opposition zueinander. Die semantischen Merkmale sind wesentlich und klassenbildend (definitorisch); d.h., jeder Gegenstand oder Sachverhalt, auf den mit dem entsprechenden Zeichen referiert werden soll, muss die den Semen entsprechenden Eigenschaften aufweisen. Entsprechend zur phonologischen Analyse werden auch die Seme durch Kommutationsproben bestimmt (vgl. Coseriu 1964: 175).

Die unmittelbare Analogiesetzung von semantischen und phonologischen Merkmalen in der strukturellen Semantik ist nicht unumstritten. Während sich die distinktiven Merkmale der Phoneme aus der physiologischen Beschaffenheit der menschlichen Sprechorgane heraus erklären und mit physikalischen Mitteln messen lassen, ist der universelle Status semantischer Merkmale problematisch. Auch sind sie im Vergleich zu den phonologischen Merkmalen diffuser und daher schwerer zu extrahieren (vgl. Pöll 2002: 60). Während die phonologischen Merkmale ein geschlossenes Inventar bilden, ist der Bestand an semantischen distinktiven Merkmalen theoretisch unbegrenzt erweiterbar, da er aus dem Weltwissen gespeist wird. Zudem wird von einigen Kritikern der Verdacht geäußert, die Ermittlung der semantischen Merkmale beruhe auf einem Zirkelschluss, da für die Analyse die Bedeutung eines Wortes bereits bekannt sein muss (vgl. Dörschner 1996: 77). Schließlich können einige Wortschatzbereiche – darunter z.B. Farbadjektive – nicht komponentiell beschrieben werden (vgl. Pöll 2002: 65; Coseriu 1990: 246). Da eine Unterscheidung zwischen semantischem und enzyklopädischem Wissen für die folgende Analyse methodisch notwendig ist, soll vereinfachend davon ausgegangen werden, dass Zeichenbedeutungen durch bestimmte Merkmale definiert und gegeneinander abgegrenzt sind. Die Frage, wie diese Merkmale beschaffen sind und auf welche Weise sie ermittelt werden können, kann dagegen an dieser Stelle nicht eingehend erörtert werden.

Da die strukturelle Semantik die Sprache als eigenständiges Modul der menschlichen Kognition betrachtet, das unabhängig von den sonstigen kognitiven Fähigkeiten untersucht und beschrieben werden kann, verfügt sie nicht über Erklärungs- und Beschreibungsmodelle für außersprachliches Wissen. Hier hat die Prototypentheorie der kognitiven Semantik ein brauchbares Modell entwickelt. Danach handelt es sich bei den abstrakten Vorstellungen der Gegenstände und Sachverhalte nicht um durch Wahrheitsbedingungen klar gegeneinander abgegrenzte Kategorien, sondern um *prototypische Konzepte*, d.h. Vorstellungen vom "'beste[n]' Exemplar einer Kategorie, das als Muster für die Einschätzung der übrigen Vertreter der

Kategorie gilt" (Glück 2000: 556).[69] Bester Vertreter des Konzeptes VOGEL wäre beispielsweise – zumindest in Westeuropa – der Spatz. Die Zugehörigkeit eines Objektes zur Kategorie VOGEL wird nach seiner Nähe zum Prototypen bemessen: Je ähnlicher es dem Spatz ist, desto eindeutiger kann es als Vogel klassifiziert werden. Allerdings gibt es Fälle, in denen das zu bewertende Objekt zwar mehrere, aber nicht alle Eigenschaften mit dem Prototypen teilt. Z.B. fehlen dem Pinguin oder dem Kiwi wichtige Vogel-Merkmale (Körperform, Flugfähigkeit, Leben am Boden etc.). Aufgrund der verbleibenden Übereinstimmungen (Schnabel, Fortpflanzung durch Eierlegen, Federn etc.) kann er jedoch trotzdem der Klasse der Vögel zugewiesen werden, wenn auch als so genannter "randständiger Vertreter": Auch Pinguine und Kiwis sind Vögel, aber in geringerem Maße als Spatzen, Meisen oder Amseln. Zum Prototypen sind nicht nur ausgewählte Eigenschaften des jeweiligen Sachverhaltes zu zählen, sondern das gesamte außersprachliche Wissen, das ein Sprecher darüber besitzt:

> Damit haben wir eine "Dingvorstellung" bzw. ein Konzept HUND entwickelt, das auch ohne konkretes Tier (in unserer Terminologie Referent) evoziert werden kann. Anders gesagt: wir haben eine Vorstellung von der Klasse der Referenten, auf die mit dem entsprechenden Wort Bezug genommen werden kann. Zum Konzept gehört sämtliches "enzyklopädisches Wissen", das wir im Laufe der Jahre angehäuft haben und das wir mit anderen Menschen teilen, das also mehr als nur episodisch-individuell ist. Es handelt sich um das, was "man" im allgemeinen über den Hund weiß: verschiedene Rassen, Hundelaute, typische Charaktereigenschaften und übelriechende Hinterlassenschaften, ja sogar die dazu passenden "Herrchen"; ferner "Konnotationen", als mögliche evozierbare Attribute wie 'unterwürfig', 'treu', 'gefährlich' etc. (Blank 2001a: 8)

In dieser Hinsicht lösen die prototypischen Konzepte die logischen Kategorien im Sinne Aristoteles' ab, die in der abendländischen Philosophie auf eine lange Tradition zurückblicken können und in deren Nachfolge auch die klar abgegrenzten semantischen Kategorien der Merkmalssemantik zu sehen sind. Die Merkmale logischer Kategorien sind definitorisch, d.h. sie müssen ausnahmslos auf einen Gegenstand oder Sachverhalt zutreffen, damit dieser als Vertreter der jeweiligen Kategorie gelten kann. Auch Prototypen beinhalten Ansammlungen von Eigenschaften – diese müssen

69 Zum Problem der Prototypen in der Semantik und den unterschiedlichen Ausprägungen der Prototypentheorie vgl. Schwarz/Chur 1996: 46–51; Aitchison 1997: 65–92; Gsell 2000: 130–32; Dörschner 1996: 41–58; Blank 1997: 80ff; 2001a: 46–54; Schwarze 2001: 31–32.

jedoch nicht alle auf jeden Vertreter zutreffen, sondern Zahl und Wertigkeit der übereinstimmenden Merkmale können jeweils unterschiedlich sein. Daraus ergibt sich, dass zwischen den einzelnen Kategorien keine scharfen Grenzen gezogen werden können und die Frage der Zugehörigkeit eines Sachverhalts zu einer bestimmten Kategorie nicht absolut, sondern nur graduell bestimmt werden kann. Ob ein Sachverhalt zu einer bestimmten Kategorie zu rechnen ist, wird nicht analytisch durch Abgleichung definitorischer Merkmale festgelegt, sondern "global" (vgl. Dörschner 1996: 52). Innerhalb einer Kategorie sind die Mitglieder, im Unterschied zur strukturellen Merkmalssemantik, nicht gleichberechtigt, sondern weisen hierarchische Strukturen auf (vgl. Dörschner 1996: 45).

Im Unterschied zum eigentlichen Anspruch der Prototypentheorie, die sich als Beschreibungsmodell für die Bedeutung sprachlicher Zeichen versteht, soll in der vorliegenden Untersuchung von einer prototypischen Organisation der außersprachlichen Konzepte, nicht jedoch der *signifiés* ausgegangen werden.[70] Abstrakte *signifiés* sind durch definitorische Merkmale klar voneinander abgegrenzt, während die enzyklopädischen Kategorien unscharfe Ränder besitzen:

> Homogéneas son las categorías mentales (conceptos o significados); graduales y heterogéneas son (o pueden serlo) sólo las categorías en cuanto clases objetivas deslindadas como tales. (Coseriu 1990: 261–62)

Die Annahme einer getrennten Organisation von semantischem und enzyklopädischem Wissen schließt nicht aus, dass das prototypische Konzept und der *signifié* des zugehörigen Zeichens sich in einzelnen Merkmalen überschneiden, sich gegenseitig beeinflussen und in einigen Sonderfällen zusammenfallen können. Eine Wechselwirkung zwischen Konzept und Zeichen stellt sich schon allein deshalb ein, weil kein wesentlicher Unterschied zwischen den Merkmalen der Gegenstände und Sachverhalte und den semantischen Merkmalen besteht, sondern letztere aus den Eigenschaften der Dinge abgeleitet sind.[71] Außerdem kann ein enger Zusammen-

---

70 Zur Kritik an einer Prototypentheorie, die sich als Beschreibungsmodell für sprachliche Bedeutungen versteht und daher das Wissen um die Beschaffenheit der Dinge mit dem Wissen um die Bedeutung der Wörter verwechselt, vgl. Coseriu 1990, besonders 262ff ("[...] la semántica de los prototipos comete el error más grave y más elemental que pueda cometerse en semántica: el de confundir las significaciones con las cosas designadas", vgl. Coseriu 1990: 267).

71 Der einzelsprachliche Charakter von Wortschatzbeständen – auch bei relativer Ähnlichkeit der Lebensumstände der Sprachgemeinschaften, die auf eine große Ähnlichkeit der außersprachlichen Konzepte schließen lässt – erklärt sich daraus, dass

hang zwischen den Eigenschaften der Dinge und semantischen Merkmalen kaum bestritten werden, da kognitive Grundausstattung und menschliche Wahrnehmung aufeinander bezogen sind (vgl. de Azevedo do Campo 2000: 53). Die Menge der im enzyklopädischen Wissen gespeicherten Merkmale schließt also die semantischen Merkmale ein, aber nicht umgekehrt.[72]

Durch die grundsätzliche substanzielle Nähe zwischen semantischen und enzyklopädischen Merkmalen kann eine exakte Trennung beider Wissensbereiche u.U. schwer fallen. Um im Einzelfall zu ermitteln, welche Eigenschaften Bestandteil des *signifiés* eines Zeichens und damit sprachlich-semantische Merkmale sind, und welche zum außersprachlichen Wissen über den Referenten gehören, müssen die jeweils bestehenden lexikalischen Oppositionen ermittelt werden. Der *signifié* umfasst nur solche Merkmale, die zur Unterscheidung benachbarter *signifiés* im Paradigma notwendig und hinreichend sind. Semantische Merkmale sind außerdem konstant, d.h. sie variieren nicht mit dem Kontext (vgl. Geckeler 1995: 113; Herbermann 1995: 153). Während das Weltwissen eng mit den persönlichen Erfahrungen eines Sprechers verknüpft ist – Kalisz (1997: 1638) spricht in diesem Zusammenhang von einer "private encyclopaedia" – sind semantische Merkmale als sprachliches Wissen einer gesamten Sprachgemeinschaft intersubjektiv. Alle Eigenschaften, die nicht den oben beschriebenen Anforderungen an semantische Merkmale entsprechen, gehören zum Weltwissen:

---

diejenigen Attribute der Gegenstände, die zu semantischen Merkmalen abstrahiert werden, von Sprache zu Sprache verschieden sind (vgl. Blank 2001b: 936). Zu der Ansicht, dass semantische Merkmale Bestandteil der angeborenen kognitiven Grundausstattung des Menschen und damit universell sind, vgl. de Azevedo do Campo 2000: 35.

72 Die Rückwirkung zwischen dem semantischen Gehalt eines Zeichens und einem in der Sprachnorm zugeordneten Konzept zeigt sich u.a. bei der Entstehung von Homonymen aus Polysemen: Wenn zwei Sachverhalte aufgrund außersprachlicher Umstände als Repräsentanten ein und desselben Prototyps verstanden werden, geht der Sprecher intuitiv von einem einzigen Zeichen aus. Erst wenn der Zusammenhang durch Veränderungen in der außersprachlichen Wirklichkeit auf konzeptueller Ebene verloren geht, sieht er sich zwei verschiedenen Zeichen gegenüber. In einem Wortfeld können außerdem durch Veränderungen in der außersprachlichen Wirklichkeit ehemals distinktive Merkmale wegfallen oder neue hinzukommen. Pöll erinnert daher daran, dass eine "einmal durchgeführte Semanalyse [...] nicht immerwährende Gültigkeit beanspruchen [kann], da sich die Welt der Referenten ändern kann und die Bezeichnungen "mitziehen"" (Pöll 2002: 62). Nicht zuletzt aus diesem Grund ist es sinnvoll, die Ebene der Referenz nicht aus der Beschreibung sprachlicher Strukturen auszuklammern, sondern ihr eine eigene Rolle innerhalb der Konstitution von Bedeutung einzuräumen (vgl. Pöll 2002: 62): Nur so können Bedeutungswandel, die sich aus Veränderungen der Referenten ergeben, sinnvoll beschrieben werden.

> Das Semem [in unserer Terminologie: der *signifié*] eines Zeichens umfaßt also – dies sei hier nochmals betont – nicht alle für die Bedeutung relevanten Merkmale, sondern nur diejenigen, die notwendig sind, um es von anderen Zeichen im Wortfeld sowie von Hypero- und Hyponymen zu unterscheiden. Daß diese nicht selten deckungsgleich sind mit den als zentral empfundenen Attributen der – sofern vorhandenen – bildhaften, konzeptuellen Vorstellung, liegt auf der Hand. All jene Aspekte der Bedeutung eines Wortes, die nicht als zum Semem gehörig betrachtet werden, können und sollen von der strukturellen Semantik nicht erklärt werden, da es sich dabei um außersprachliches, <konzeptuelles> Wissen handelt. (Blank 1997: 61)

Durch den erheblichen Aufwand, der sich mit der Bestimmung semantischer Merkmale verbindet, kann im Rahmen der vorliegenden Untersuchung keine strukturelle Analyse der untersuchten Wortfelder vorgenommen werden. Für unsere Zwecke soll es genügen, die Existenz fester semantischer *signifié*-Merkmale in Abgrenzung zu den flexibleren Eigenschaften des Prototyps anzunehmen und in Einzelfällen auf die Wechselwirkung zwischen semantischem und außersprachlichem Wissen hinzuweisen.

4. Entstehung von Bedeutung in System, Norm und Rede

Es wurde bereits festgestellt, dass akzidentelle Redebedeutungen durch den Bezug eines sprachlichen Zeichens auf immer neue, in jeder konkreten Situation verschiedene Objekte entstehen. Da der Referent offensichtlich eine tragende Rolle bei der Bedeutungskonstitution auf *parole*-Ebene innehat, muss er auf jeden Fall in ein semiotisches Erklärungsmodell einbezogen werden. Nicht nur aus Gründen der Symmetrie, sondern vor allem vor dem Hintergrund der oben beschriebenen Natur des Zeichens als elementare, nicht weiter segmentierbare sprachliche Einheit bietet es sich an, auch auf *langue*-Ebene ein (mindestens) dreigliedriges Zeichenmodell anzusetzen. Anders könnte die Annahme eines einheitlichen *signifié* bei gleichzeitiger Existenz unterschiedlicher Normbedeutungen nicht aufrecht erhalten werden, wie im weiteren Verlauf der Argumentation erläutert werden soll.

Grundvoraussetzung für die nachfolgende Analyse ist die Annahme, dass semantisches und konzeptuelles Wissen getrennt organisiert sind. Bedeutung im strengen Sinne konstituiert sich nun auch auf *langue*-Ebene durch den Bezug eines Zeichens auf einen Referenten, der hier kein konkreter Gegenstand oder Sachverhalt in einer aktuellen Sprachäußerung ist, sondern ein prototypisches Konzept. In diesem Zusammenhang wird deutlich, wie die von Coseriu getroffene Unterscheidung zwischen Norm und System in Bezug auf das Lexikon zu verstehen ist: Die *langue* enthält das Lexeminventar einer Sprache, wobei jedes sprachliche Zeichen einen *signifié* (bzw. eine Systembedeutung) besitzt. Dabei ist zu beachten, dass die Systembedeutung keine Bedeutung im eigentlichen Sinne ist, da sie zwar eine Anzahl semantischer Merkmale enthält, aber der Bezug zu einem Referenten fehlt. Das System erlaubt nun, mit dem vorhandenen Zeicheninventar auf die gespeicherten Konzepte bzw. deren konkrete Vertreter in der außersprachlichen Wirklichkeit zu referieren, wobei Bedeutung im eigentlichen Sinne erzeugt wird. Die Zuordnung zwischen Zeichen und Konzept ist im Prinzip beliebig, da durch den abstrakten Charakter des *signifié* auch innerhalb der durch die semantische Merkmalskombination vorgegebenen Grenzen virtuell zahllose Bezeichnungsmöglichkeiten bestehen. Es genügt, dass ein Sprecher eine Übereinstimmung zwischen einem bestimmten Zeichen und einem möglichen Referenten sieht, um diesen mit dem zugehörigen Lexem zu bezeichnen.

Die prinzipielle Beliebigkeit der Zeichen-Referent-Relationen wird jedoch dadurch eingeschränkt, dass in einer gegebenen Sprachgemeinschaft gewöhnlich Präzedenzien für bestimmte Bezeichnungsmuster bestehen. Obwohl z.B. die Systembedeutungen von frz. *acte* und dt. *Akt* annähernd identisch sind und damit theoretisch dieselben Bezeichnungsmöglichkeiten bieten, stellt man in der Sprachverwendung fest, dass einigen Konzepten, die im Deutschen mit *Akt* bezeichnet werden, im Französischen ganz andere Lexeme, darunter z.B. *nu* oder *cérémonie*, zugeordnet werden. Offensichtlich werden die im System angelegten Möglichkeiten auf eine sprachspezifische Art und Weise ausgeschöpft, d.h. bestimmte Zuordnungen von kategoriellen Begriffen und Zeichen sind gebräuchlich, während andere zwar vom System her möglich, aber in der Sprache unüblich sind. Das Wissen darüber, welche Konzepte üblicherweise mit welchem Zeichen bezeichnet werden, gehört zum sprachlichen Wissen und damit zur *langue*. Die durch den üblichen Bezug von Zeichen auf bestimmte Konzepte entstehenden Normbedeutungen sind aber selbst nicht Bestandteil der Zeichen, sondern ergeben sich aus der Zeichenverwendung. Normbedeutungen können daher definiert werden als konventionalisierte, kontextbedingte Realisierungen eines *signifié*, die auf Systemebene einer einheitlichen funktionellen Einheit entsprechen und sich durch in der Norm gespeicherte, feste Zuordnungen von sprachlichen Zeichen und außersprachlichen Konzepten ergeben.

Da Konzepte prototypisch beschaffen sind, kann ein konkreter Referent einmal mehr, einmal weniger Ähnlichkeit zu einem abstrakten Konzept aufweisen und u.U. auch bei relativ großen Abweichungen vom Sprecher unter dieses subsumiert werden. Eine vollständige Übereinstimmung der semantischen Merkmale des gewählten Zeichens und der tatsächlichen Merkmale des konkret bezeichneten Gegenstandes ist nicht notwendig, da die normhaften Zuordnungen nicht in der *parole*, sondern in der *langue* relevant sind: Ist ein Gegenstand – aufgrund mehr oder weniger großer Übereinstimmung mit dem Prototypen – erst einmal als Vertreter eines bestimmten Konzeptes erkannt worden, kann er auch mit dem ihm in der Sprachnorm zugewiesenen Lexem bezeichnet werden. Daneben erlaubt das System zahlreiche Zeichen-Konzept-Relationen, die nicht in der Sprachnorm etabliert sind. Wenn z.B. in einer konkreten Sprechäußerung eine Reihe kleiner Erhebungen im Gelände als *boutons* bezeichnet werden, stellt der Sprecher die Zuordnung zwischen dem Lexem *bouton* 'petite saillie, petite excroissance' und dem Konzept ERHEBUNG spontan her. Durch die Verwendung von *bouton* ergibt sich hier eine andere Bedeutung, als wenn der Sprecher Lexeme wie *éminence, hauteur, butte, colline* etc. verwendet hätte, wobei die Abweichung von der Norm mit zusätzlichen Effekten verbunden sein kann.[73]

Der Bezeichnung durch ein Lexem geht also immer die Kategorisierung des zu bezeichnenden Sachverhaltes voraus. Die Zuordnung der Realitäten zu bestimmten Konzepten kann im Einzelfall aufgrund ihrer prototypischen Struktur variieren; die Systembedeutungen der Zeichen, mittels derer auf die Sachverhalte referiert wird, sind dagegen fest:

> Quant au fait observé par Mme Öhman, à savoir que l'appréciation subjective joue un rôle important dans certains domaines de l'expérience, par exemple dans celui de la température, il a rapport à la diversité des opinions à propos des « choses », et non aux signifiés linguistiques: une chose peut être *froide* pour un français et *chaude* ou *tiède* pour un autre, mais l'application de ces termes implique la même gradation des signifiés « froid » – « tiède » – « chaud » (en tant que valeurs de langue) et l'on ne peut pas en déduire que *froid* signifie « chaud » pour le premier et « froid » pour le second. (Coseriu 1964: 157)

73 Treten solche individuellen Zuordnungen mit einer gewissen Häufigkeit auf oder werden sie von Personen mit Vorbildfunktion vorgenommen, können sich die neuen Verwendungsweisen auch in der Norm etablieren und einen Sprachwandel herbeiführen. Durch die Normveränderung kann u.U. in diachroner Hinsicht die Systembedeutung des betreffenden Zeichens verändert werden (vgl. Coseriu 1973a: 42).

Bezeichnungsunschärfe entsteht daher nicht aus der Unschärfe der Zeichen heraus, sondern aufgrund der prototypischen und damit unscharfen Organisation des Weltwissens.

Die Norm leitet nicht nur die Sprachproduktion, sondern spielt auch in der Rezeption eine wichtige Rolle: Die normgerechte Zuordnung von Lexem und Begriff steuert beispielsweise die Interpretation von Lexemen wie *Wecker* oder *Straßenhändler*, die immer als 'Uhr, die weckt' bzw. 'Händler auf der Straße' verstanden werden, obwohl aus Sicht des Sprachsystems auch Interpretationen wie 'Mensch, der weckt' oder 'Händler, der mit Straßen handelt' denkbar wären (vgl. Coseriu 1973a: 19). An diesen Beispielen wird wiederum der enge Bezug zwischen semantischem und enzyklopädischem Wissen deutlich, da letzteres in diesen Fällen die Interpretation leitet. Es ist sogar anzunehmen, dass die Norm im Bewusstsein der Sprecher eine bedeutsamere Rolle einnimmt als die abstrakte Systembedeutung, da die verschiedenen Lesarten einer funktionellen Einheit wahrscheinlich nicht bei jeder Sprachrezeption neu gedeutet werden müssen, sondern in einem bestimmten Kontext unvermittelt die Beziehung zu dem zugehörigen Konzept hergestellt wird (vgl. Fritz' Hypothese über "routinisierte Deutungen" von Lesarten; vgl. Fritz 1995: 95).[74]

In der *langue* ist also nicht nur das semantische Wissen um die *signifiés* der einzelnen Zeichen gespeichert, sondern sie enthält daneben auch ein Inventar von festen Zuordnungen von Konzepten und Zeichen. Dabei muss einerseits nicht für jedes Konzept ein Zeichen zur Verfügung stehen,[75] andererseits können aber auch ein und demselben Konzept in der Norm

---

74 So erklärt sich die Entstehung von Homonymen aus verschiedenen Lesarten desselben Zeichens, bei der die abnehmende Präsenz des übergeordneten *signifié* im Bewusstsein dazu führt, dass ehemalige Normbedeutungen sich zu eigenständigen Lexemen entwickeln: "But with respect to a range of already established (and conventionalised) uses, nothing excludes the possibility that these uses are simply learned, on the basis of input data. Indeed, without some such assumption, it would be difficult to explain how different readings of a word can drift so far apart over time. A speaker of English probably no longer perceives any relationship at all between type 'kind' and type 'printers character' [...], or between buff 'dull pale-brown' and buff 'amateur enthusiast'" (Taylor 1999: 35).

75 In der Forschungsliteratur werden in diesem Zusammenhang für das Deutsche z.B. der Bereich zwischen Oberlippe und Nase (vgl. Blank 2001b: 919) oder der Zustand, der als Pendant zu *satt* dann eintritt, wenn man genug getrunken hat, diskutiert. Das Bewusstsein einer Lücke im Wortschatz hat sogar dazu geführt, dass im Jahr 1993 von der Gesellschaft für Deutsche Sprache ein Wettbewerb ausgeschrieben wurde, bei dem Vorschläge für ein Pendant zu *satt* gesammelt werden sollten (vgl. Kolde 1995: 211). Solche Bezeichnungslücken fallen häufig gerade im Sprachvergleich auf (vgl. Wandruszka 1970: 27, 48; Kapitel B.V.1.).

unterschiedliche Zeichen zugeordnet sein (vgl. *forum, groupe de discussion, groupe de nouvelles* etc., die alle dasselbe Konzept bezeichnen). Hierbei ist zu beachten, dass diese Lexeme gerade nicht bedeutungsgleich bzw. synonym sind, sondern sich lediglich auf denselben Referenten beziehen können. Die Bedeutung im eigentlichen Sinne ist jeweils unterschiedlich, da sie sich aus dem Zusammenspiel von semantischem und enzyklopädischem Wissen ergibt: Je nachdem, welche Merkmale im *signifié* enthalten sind, werden bestimmte Eigenschaften des Bezeichneten hervorgehoben und der Referent in ein bestimmtes Licht gerückt. Bei *forum* steht somit die öffentliche Zugänglichkeit von Internetforen im Vordergrund, während bei *groupe de discussion* der kommunikative Aspekt oder bei *groupe de nouvelles* die Neuheit der übermittelten Informationen herausgestrichen wird (vgl. Corbin/ Temple 1994: 10).[76] Alle drei (und noch zahlreiche weitere) Gesichtspunkte sind Bestandteil des prototypischen Konzeptes, werden jedoch jeweils durch ein anderes Lexem versprachlicht.

Zusammenfassend kann die Konstituierung von Bedeutung auf *langue*-Ebene graphisch folgendermaßen dargestellt werden:

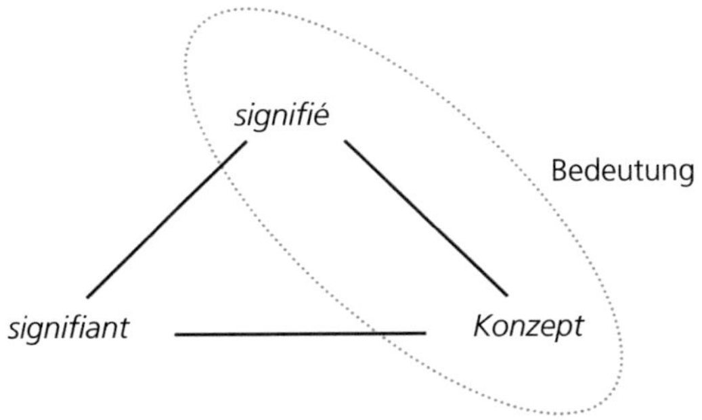

Abb. 8: Konstituierung von Bedeutung auf *langue*-Ebene

Dabei ist zu beachten, dass es sich bei dem hier vorgeschlagenen Modell nicht um ein triadisches Zeichenmodell im Sinne von Odgen/Richard handelt. Der Referent als dritte an der Erzeugung von Bedeutung beteiligte Komponente ist gerade *nicht* Bestandteil des Zeichens, das im Saussure'schen Sinne als Einheit von *signifié* und *signifiant* verstanden wird. Es

76 Nicht zuletzt dieses Phänomen zeigt deutlich, dass semantische Theorien, die sprachliche Bedeutung ausschließlich aus der Referenz ableiten, fehl gehen.

handelt sich bei dem obenstehenden Modell daher nicht um ein *Zeichen*modell im eigentlichen Sinne, sondern ein Modell der *Zeichenverwendung*.

5. Erneute Diskussion der traditionellen Lehngutkategorien

Vor dem Hintergrund der oben geschilderten zeichentheoretischen Fragestellungen sollen die Betz'schen Entlehnungskategorien nun erneut diskutiert werden. Es wird gezeigt, wie die unterschiedlichen Formen lexikalischen Sprachkontaktes unter Berücksichtigung des Saussure'schen bilateralen Zeichenmodells und der Unterscheidung zwischen System, Norm und Rede zu interpretieren sind. Im Anschluss soll eine neue Klassifikation des Lehngutes vorgestellt werden, mit deren Hilfe sich ein Großteil der oben diskutierten Probleme lösen lässt.

5.1 Lehnwort

Die Interpretation des Lehnwortes deckt sich auch vor dem Hintergrund der oben beschriebenen zeichentheoretischen Grundlagen weitgehend mit der traditionellen Auffassung: Ein Zeichen der Modellsprache wird als Ganzes, d.h. als Einheit von *signifiant* und *signifié*, in die Replikasprache übernommen. Als Interferenzerscheinung muss die Verwendung modellsprachlicher Lexeme in replikasprachlichen Äußerungen bilingualer Sprecher als *Code-Switching*, d.h. als Wechsel zwischen zwei Sprachen innerhalb einer Äußerung, interpretiert werden:

> [...] a single lexical item from one language is inserted into a sentence that is otherwise entirely in the other language; the inserted words refer to concepts – *kugel, high school* – that are unknown, and therefore without a native equivalent, in the other culture. (Thomason 2001: 132)[77]

77 Vgl. auch Payrató (1985: 71): "Quan el canvi de codi afecta un sol mot, però (p. ex. «Me'n vaig a *München*»), les distàncies s'escurcen amb el que podríem considerar una interferència en una primera fase d'adaptació («M'he posat els *descansos*», p. ex.)." Zum Problem der Abgrenzung zwischen Code-Switching und Entlehnung vgl. Dupuis 1997: 43–44. Truchot unterscheidet zwischen *mixage/code mixing* und *alternance de code/code switching*, je nachdem, ob der Codewechsel nur einzelne Lexeme oder ganze Phrasen betrifft (vgl. Truchot 1992: 99).

Streng genommen handelt es sich beim Code-Switching nicht nur um Norm-, sondern sogar um Systemverstöße, da Elemente verwendet werden, die im System der Replikasprache gar nicht vorgesehen sind. Voraussetzung für eine erfolgreiche Verständigung ist daher, dass der Gesprächspartner die Modellsprache versteht.

Kommen dieselben Interferenzen mit einer gewissen Häufigkeit vor, können sie sich u.U. dauerhaft als Entlehnungen etablieren. In diesem Fall wird das System der Replikasprache um ein weiteres Zeichen bereichert, so dass man von einer *kontaktinduzierten Systemerweiterung* sprechen kann.

In der Regel erfährt das Lehnwort im Verhältnis zur fremdsprachlichen Vorlage eine Bedeutungsverengung, für die die herkömmlichen Entlehnungsmodelle keine befriedigende Erklärung bieten. Die Annahme, dass nur einzelne Bedeutungsbestandteile im Sprachkontakt übertragen werden, kollidiert mit dem Saussure'schen Zeichenmodell und muss daher zurückgewiesen werden. Gleichwohl kommt man durch die strenge Trennung zwischen Interferenz und Entlehnung hier zu einer plausiblen Lösung: Wird im spontanen Sprachgebrauch ein Zeichen aus einem fremden Sprachsystem verwendet, so erscheint dieses in der konkreten Äußerung notwendigerweise nicht in seiner abstrakten Grundbedeutung, sondern in einer ihrer möglichen Aktualisierungen. Dabei sind in der Regel nur ganz bestimmte Referenzbereiche beteiligt, die eng mit der Art des soziokulturellen Kontaktes zwischen den jeweiligen Sprachgemeinschaften zusammenhängen, so dass die aktualisierten Bedeutungen alle meist nur auf eine bestimmte Normbedeutung der Replikasprache zurückgehen.[78] So ist es zu erklären, dass Lehnwörter wie *browser* oder *bookmark* im Französischen und Spanischen nur auf Konzepte aus dem Referenzbereich "Internet" verweisen können, auch wenn in der Norm des Englischen noch weitere Bezeichnungsmöglichkeiten vorgesehen sind. Obwohl *browser* in der Bedeutung 'Software zum Surfen im Internet' im Englischen eine unter mehreren möglichen Lesarten darstellt, die sich aus der Übertragung der Systembedeutung 'jemand oder etwas, der/das sich in einem bestimmten Raum (Buch, Weide, Internet etc.) unsystematisch hin- und herbewegt' auf den Referenzbereich "Internet" ergibt, werden Zweisprachige dieses englische Lexem in französischen oder spanischen Äußerungen ausschließlich in internetbezogenen Kontexten verwenden.[79] Bürgert sich die Bezeich-

78 Vgl. auch den Ansatz der Frame-Theorie (vgl. Blank 2001: 54–61; Sokol 2001: 163–64).

79 Zur metaphorischen Verwendungsgeschichte von *browser* in Bezug auf Vieh, Bücher und das Internet vgl. Barker 1998: 262.

nung letztlich in der Replikasprache als Lehnwort ein, so leitet sich aufgrund der engen Wechselwirkung zwischen Konzept und Systembedeutung ihr *signifié* von eben diesen konkreten Verwendungen ab.

Streng genommen findet also beim Eintritt eines Lehnwortes in die Replikasprache keine Bedeutungsverengung statt, wie häufig im Zusammenhang mit der so genannten semantischen Adaptation behauptet wird. Die semantischen Unterschiede zwischen einem Lehnwort und seiner modellsprachlichen Entsprechung ergeben sich vielmehr deswegen, weil fremde Lexeme niemals abstrakt übernommen werden, sondern der Entlehnung stets ein Code-Switching in konkreten Äußerungen vorangeht. Dadurch, dass der *signifié* des Lehnwortes von seinen konkreten Verwendungen innerhalb eines bestimmten Referenzbereiches abstrahiert wird, rückt eine der in der Norm der Modellsprache festgelegten Bedeutungen bei der Entlehnung gewissermaßen in den Rang einer Systembedeutung auf.[80]

Kurz nach der Übernahme gehören Lehnwörter daher zu den Lexemen, "deren Bedeutungsextension so gering, d.h. so eindimensional ist, daß sie jeweils nur auf ein eng umrissenes Phänomen der außersprachlichen Wirklichkeit anwendbar sind und verschiedene "acceptions" bzw. Lesarten, insbesondere übertragene Verwendungsweisen bei ihnen nicht vorkommen bzw. nicht möglich oder nicht sinnvoll sind" (Dietrich 1997: 232). Dieser Zustand ist allerdings häufig nur vorübergehend, da das neu entstandene Zeichen nach erfolgter Integration seinerseits auf verschiedene Referenzbereiche übertragen werden kann.

5.2 Lehnbedeutung

Nach traditioneller Auffassung wird bei der Lehnbedeutung eine Bedeutung von einem polysemen Zeichen der Modellsprache auf ein Zeichen der Replikasprache übertragen. Diesen Vorgang hat man sich nun laut einschlägiger Publikationen so vorzustellen, dass eine Bedeutung von der

80 Die ursprüngliche Kontextgebundenheit des Lehnwortes zeigt sich sehr schön in den Fällen, in denen es ausschließlich auf einen Sachverhalt des modellsprachlichen Kulturkreises verweisen kann. Z.B. bezeichnet *Autobahn* im Deutschen jede Art der Autobahn, während das englische Lehnwort *autobahn* – in Abgrenzung zu *motorway* – auf deutsche Autobahnen beschränkt ist (vgl. Ivir 1991: 241). Auf diese Weise können Reihen von Quasi-Synonymen wie z.B. die drei deutschen Lexeme *Lied, Chanson* und *Song* (vgl. Krier 1990: 1728) entstehen (vgl. auch frz. *lied* in Abhebung zu frz. *chanson*).

Vorlage abgespalten und einem replikasprachlichen Lexem zugeführt wird. Von den zahlreichen Formulierungen, die diese Ansicht widerspiegeln, soll hier lediglich eine Auswahl aufgeführt werden:

> Eine Lehnbedeutung erhält das Wort, wenn es nach fremdsprachlichem Vorbild eine zusätzliche Bedeutung annimmt. (Schumann 1965: 67)

> Es wird nur die Bedeutung des fremden Wortes für ein Wort der eigenen Sprache entlehnt. (Betz 1974: 36)

> C'est un emprunt de sens: c'est seulement la signification qui passe d'une langue à une autre. (Goldis 1976: 101)

> Von der Replikasprache aus gesehen, handelt es sich bei Lbed um Bedeutungsentlehnung, um eine Entlehnung von Semen und/oder Sememen. (Tesch 1978: 112)

> die Transferenz von Sememen (Bedeutungseinheiten) (Clyne 1980: 461)

> Dans le cas du calque sémantique, nous pourrions dire que nous avons affaire à un « calque du signifié ». [...] ce n'est pas nécessairement tout le signifié d'un terme de la langue B qui se trouve aspiré dans le terme de la langue A, mais, le plus souvent, seulement telle ou telle signification. (Nicolas 1994: 96)

> [Lehnbedeutung =] Entlehnung, die darin besteht, dass die Bedeutung eines fremdsprachigen Wortes in das schon vorhandene entsprechende Wort der entlehnenden Sprache zusätzlich übernommen wird. (Glück 2000: 402)

> Übertragung oder Eingliederung von Semen (inhaltliche Komponenten von Lexikoneinheiten) einer Sprache A auf Lexikoneinheiten einer Sprache B (Fischer 1980: 40)

> passaggio di significati [da una lingua all'altra] (Holtus 1989: 282)

> [...] los anglicismos que se caracterizan por la adopción en francés de un sentido inglés, sin el préstamo de la forma inglesa con la que se relaciona ese sentido. En el préstamo de sentido, el significado prestado, en cierto modo extento de su significante, va a ser aceptado por el francés en cuanto a la forma se refiere, siendo el francés quien va a dar un significante al significado inglés. (Santos Borbujo 1998: 176)

> La Lehnbedeutung, el calco semántico, es la transferencia del significado de palabras de otra lengua a palabras ya existentes en la lengua receptora. (Haensch 1981: 140)

> [el préstamo semántico] se da cuando la palabra de la lengua modelo (aquí el inglés) y la de la lengua receptora (aquí el español) difieren en el

> significante pero tienen al menos un sema común; por ello en ese caso es fácil que la palabra de la lengua modelo transfiera un segundo sema a la palabra nativa. (Gómez Cápuz 1992: 305)

Vor dem Hintergrund der in den vorangehenden Kapiteln angestellten Überlegungen zur Natur des sprachlichen Zeichens muss diese Interpretation der Lehnbedeutung zurückgewiesen werden. Ein *signifié* kann nach dem Saussure'schen Zeichenmodell nicht für sich in eine andere Sprache transferiert werden, da er nur im Zusammenhang eines vollständigen sprachlichen Zeichens überhaupt existiert. Es ist zwar richtig, dass nach dem Entlehnungsvorgang in der Replikasprache eine Bedeutung mehr mit demselben Lautkörper verbunden ist. Allerdings darf dieser Befund nicht als das Ergebnis einer Übertragung isolierter *signifiés* interpretiert werden:

> [...] n a c h w e i s b a r ist in der Tat, daß systemeigene Signeme plötzlich eine Erweiterung ihrer Inhaltssubstanz aufweisen, die identisch ist mit dem Inhalt eines Transferates. W i r k u n g und U r s a c h e jedoch dürfen nicht verwechselt werden. (Lüllwitz 1970: 664)

Legt man das Saussure'sche Sprachzeichenmodell zugrunde, kann die Lehnbedeutung folglich nicht so ablaufen, wie sie in der traditionellen Lehngutforschung beschrieben wird, so dass die bisherige Interpretation von Grund auf neu überdacht werden muss.

Dazu ist es zunächst notwendig, den bilingualen Sprecher zurück in das Zentrum der Betrachtung zu rücken, wie es wohl bei Weinreich, selten jedoch in späteren Arbeiten zum Lehngut geschieht. Da Sprachen nur durch die Vermittlung mehrsprachiger Individuen in Kontakt stehen, ist der Ursprung kontaktinduzierter Sprachwandelphänomene beim bilingualen Sprecher zu suchen (vgl. Oksaar 1995: 22). Im Folgenden sollen nun exemplarisch die sprachlichen Vorgänge in der Übersetzung analysiert werden, wo die Wahrscheinlichkeit für zwischensprachliche Beeinflussung besonders hoch ist:

> La relació entre interferència i traducció ve determinada per diferents punts. En primer lloc, quan un subjecte tradueix (i és presumible que aquest fenomen té lloc en certs tipus de bilingües) és quan es pot arribar a la transferència màxima entre dues llengües [...]. Des d'aquest punt de vista, la traducció es podria entendre, en una hipotética escala, com el pas previ – des de la interferència – al canvi de codi. (Payrató 1985: 66)

Allgemein gesprochen besteht die Aufgabe des Übersetzers darin, Inhalte, die er in der Ausgangssprache vorfindet, in der Zielsprache wiederzugeben. Dazu muss er ausgangssprachliche und zielsprachliche Zeichen in Beziehung setzen, also zwischensprachliche Identifikationen im Sinne Weinreichs herstellen. Nach den traditionellen Modellen zum inneren Lehngut werden dabei die *signifiés* der beteiligten Zeichen unmittelbar zugeordnet: Wird eine Übereinstimmung im *signifié* festgestellt, so kann das entsprechende zielsprachliche Zeichen anstelle des ausgangssprachlichen stehen. Existiert allerdings kein entsprechender *signifié* in der Zielsprache – z.B. weil es sich bei dem zu bezeichnenden Sachverhalt um eine kulturspezifische Gegebenheit handelt – so muss der Übersetzer entweder das ausgangssprachliche Zeichen als Lehnwort übernehmen oder einen eigenen Übersetzungsvorschlag machen, wobei er sich u.a. des Verfahrens der Lehnübersetzung bedienen kann. Wenn man den traditionellen Publikationen zur Lehngutforschung folgen will, so stellt der Übersetzer nun fest, dass das zu übersetzende Zeichen mehrere *signifiés* besitzt, von denen einer mit einem *signifié* der Replikasprache übereinstimmt. Durch die Übertragung des nichtgemeinsamen *signifiés* wird dann die semantische Divergenz zwischen den beiden Zeichen ausgeglichen.

Bei konsequenter Anwendung des Saussure'schen Zeichenmodells ist diese Interpretation der Lehnbedeutung nicht haltbar. Da auf Systemebene einem *signifiant* ein einheitlicher, nicht weiter untergliederbarer *signifié* entspricht, sind zwischensprachliche partielle Übereinstimmungen im *signifié* nicht möglich – zumindest, wenn man darunter die Übereinstimmung vollständiger, autonomer Bedeutungen verstehen will, wie es die Lehngutforscher offensichtlich tun. Doch selbst wenn man nicht von zusammengesetzten Bedeutungen ausgeht, ist die zwischensprachliche Identifikation von *signifiés* auf Systemebene problematisch, da diese in jeder Sprache unterschiedlich gegeneinander abgegrenzt und daher nur in seltenen Fällen wirklich identisch sind (vgl. frz. *bouton* und mögliche deutsche Entsprechungen wie *Knospe, Knopf, Pickel*). Für zahlreiche Lexeme, im Deutschen etwa *gemütlich, Leistung, Sehnsucht* etc., gibt es daher in anderen Sprachen keine genaue Übersetzung, oder die Lexeme entsprechen sich weitgehend, aber nicht in all ihren Merkmalen (z.B. frz. *porter* und ital. *portare*, span. *venir* und it. *venire*; vgl. Coseriu 1978: 19; Wandruszka 1970: 108).[81] Partielle oder vollkommene zwischensprachliche Übereinstim-

81 Betrachtet werden sollen dabei nur paradigmatische Einheiten, d.h. Unterschiede, die mit Hilfe des primären Wortschatzes ausgedrückt werden können. Zieht man syntagmatische Mittel hinzu, so können häufig Unterschiede, die in einer der beiden Sprachen bestehen, in der anderen ebenfalls ausgedrückt werden. Z.B. kann die spanische Unterscheidung zwischen *madera* 'Holz im allgemeinen' und 'Nutzholz' gegenüber *leña* 'Brennholz' im Französischen durchaus durch Paraphrasen wie *bois de construction* und *bois d'œuvre* bzw. *bois de chauffage* oder *bois à brûler* wiedergegeben werden (vgl.

mungen von *signifiés* können folglich allenfalls in Bezug auf bestimmte semantische Merkmale bestehen. Diese sind jedoch von den Lehngutforschern nicht gemeint, denen es um die Übereinstimmung und Übertragung vollständiger, autonomer Bedeutungen – in unserer Terminologie um *Normbedeutungen* – geht.

Für eine angemessene Beschreibung des Übersetzungsvorgangs aus zeichentheoretischer Perspektive darf nicht vergessen werden, dass eine Übersetzung immer konkrete Texte betrifft und damit zur Ebene der *parole* zu zählen ist. Schon, weil die Bedeutungen, die der Übersetzer in die Zielsprache übertragen muss, immer aktuelle Redebedeutungen sind, geht es nicht darum, interlinguale Identifikationen zwischen abstrakten *signifiés* herzustellen (vgl. García Yebra 1981: 39). Die Aufgabe des Übersetzers besteht vielmehr darin, mit den Mitteln der Zielsprache dieselben oder annähernd dieselben Redebedeutungen wiederzugeben, die im Ausgangstext formuliert werden. Das heißt, dass nicht das zielsprachliche Zeichen gesucht werden muss, dessen *signifié* dem ausgangssprachlichen am ehesten entspricht, sondern vielmehr ein Lexem der Zielsprache, mit dem in einer konkreten Sprechsituation derselbe Referent bezeichnet werden kann wie in der zu übersetzenden Äußerung. Es geht also weniger um Bedeutungsidentität auf Systemebene – die ohnehin nur in sehr seltenen Fällen überhaupt existiert –, als vielmehr um Bezeichnungsidentität in einem gegebenen Kontext:

> L'interferenza, così come l'abbiamo definita, si realizza dunque nella concretezza della «parole»: non sono infatti i sistemi linguistici nella loro astrattezza ad interferire, a dar luogo a incroci, bensì è il parlante che può combinare nei propri atti individuali elementi di appartenenza diversa. Quando invece parliamo di prestito, abbiamo d'occhio in generale i conseguenti riflessi sulla «langue» di quel fenomeno, pur essendo possibile usare il termine – in un'accezione più lata – anche a proposito di fatti rilevabili nei singoli idioletti, tali tuttavia da non esaurirsi nell'ambito di questo o quel messaggio. (Gusmani 1986b: 138; vgl. 1986a: 182; vgl. Koller 1978: 76; Coseriu 1978: 21)

Coseriu betont daher, dass die Auswahl des zielsprachlichen Zeichens immer über die Ebene der Bezeichnung erfolgen muss und charakterisiert die Übersetzung als "gleiche Bezeichnung mittels grundsätzlich verschiedener Bedeutungen" (vgl. Coseriu 1978: 24).

Geckeler 1993: 159). Diese Ausdrücke stellen innerhalb des Lexikons allerdings keine feste Einheiten dar und besitzen deshalb keinen einheitlichen, eigenen *signifié*.

Da zwischensprachliche Identifikationen auf Bezeichnungsebene hergestellt werden sollen, spielt der Referenzbereich eine entscheidende Rolle für die Auswahl eines adäquaten Übersetzungsäquivalents. Das Wissen, das der Übersetzer dabei aktivieren muss, gehört zum Bereich der Sprachnorm, was sich anhand von polysemen Wortschatzeinheiten leicht veranschaulichen lässt. Bekanntlich können für frz. *bouton* je nach Kontext verschiedene deutsche Übersetzungsäquivalente wie *Knospe, Knopf, Pickel, Knauf, Schalter, Bläschen* etc. in Frage kommen. *Bouton* als Einheit des lexikalischen Systems des Französischen bedeutet aber "weder 'Knospe' noch 'Knopf' noch 'Pickel', sondern [hat] eine viel allgemeinere, freilich in natürlicher Sprache schwer ausdrückbare Bedeutung [...], die aufgrund der Formähnlichkeit alle diese Gegenstände bezeichnen kann" (Dietrich 1997: 231). Diese allgemeine Bedeutung ist im mentalen Lexikon als *signifié* des Lexems *bouton* gespeichert, während die verschiedenen Normbedeutungen als feste Zuordnungen von *bouton* zu bestimmten mentalen Konzepten vorliegen. Bei Zweisprachigen besteht neben dem französischen Lexeminventar noch ein anderes, beispielsweise ein deutsches. Auch hier nun sind den Konzepten in der Norm verschiedene Zeichen zugeordnet, wobei sich häufig zwischensprachliche Abweichungen ergeben.[82]

Die in der Norm festgelegten Bezüge, die im Bewusstsein des Zweisprachigen zwischen den Zeichen der beiden Sprachen und den Begriffen bestehen, können graphisch folgendermaßen dargestellt werden:

82 Der einzelsprachliche Charakter des Wortschatzes zeigt, dass im mentalen Lexikon des Zweisprachigen nicht etwa ein und derselbe *signifié* mit zwei verschiedenen *signifiants* gekoppelt ist, wie es seit Weinreich immer wieder in der Sprachkontaktforschung vertreten worden ist (vgl. Weinreich 1976: 26–27). Dieser Irrtum ist durch Benveniste richtig gestellt worden: "Hacía ver Benveniste que en la misma explicación de Saussure se deslizaba el error: es verdad que se dice *boeuf*, a un lado de la frontera francogermana, y *Ochs*, al otro, pero no para el mismo significado, sino para el mismo animal. De esa manera, la arbitrariedad consistiría sólo en el uso de distintas palabras (es decir, de distintos significados) para la misma "cosa", y no en el uso de distintos significantes para significados también distintos" (Trujillo 1997: 258, FN 13).

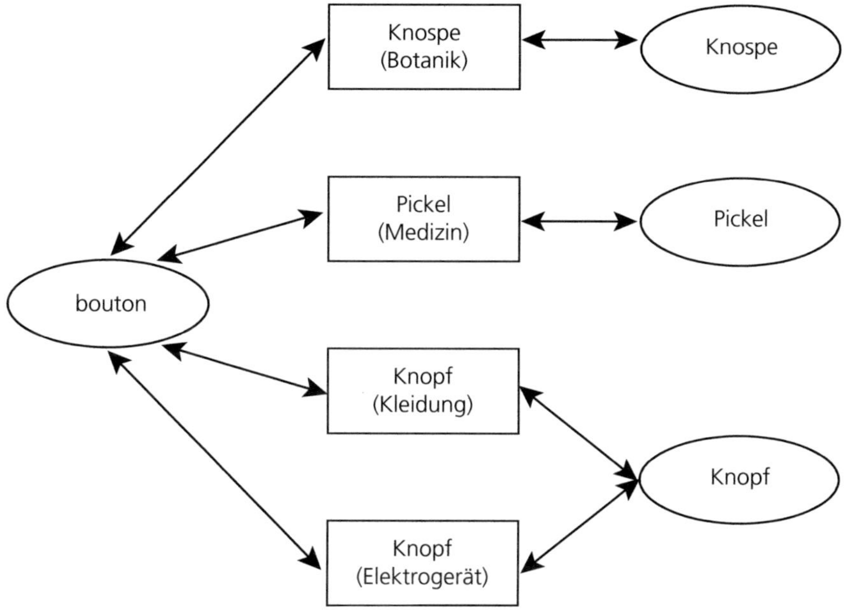

Abb. 9: Bezüge zwischen Zeichen und Konzepten beim Zweisprachigen (deutsch-französisch)

Dabei stehen elliptische Formen für sprachliche Zeichen (als Einheiten von *signifié* und *signifiant*), Rechtecke für prototypische Konzepte und Pfeile für normhafte Zuordnungen von Zeichen und Konzepten. Die Normbedeutungen ergeben sich aus dem *signifié* des Zeichens und dem ihm jeweils zugeordneten Begriff. Bei den Konzepten ist neben der deutschen Bezeichnung der Referenzbereich angegeben.

In der graphischen Darstellung zeigt sich deutlich, dass auf Systemebene keines der deutschen Zeichen direkt mit dem französischen Zeichen *bouton* in Beziehung gesetzt werden kann. Eine Übersetzung von *bouton* ohne Bezugnahme auf den Referenzbereich ist nicht möglich – einerseits, weil es bei der Übersetzung immer um konkrete Texte geht; andererseits aber auch deswegen, weil sich die beiden Sprachen in der Struktur der normhaften Bezeichnungsmuster stark unterscheiden und daher im Deutschen kein entsprechendes Lexem mit derselben abstrakten Systembedeutung 'petite excroissance', 'petite saillie' existiert.[83] Soll *bouton* in einem bestimmten Kontext korrekt im Deutschen wiedergegeben werden, so muss der Zweisprachige Äquivalenzbeziehungen auf der Ebene der *Bezeichnung* herstellen. Um das jeweils angemessene Übersetzungsäquivalent zu finden, muss er prüfen, welches zielsprachliche Zeichen in der Norm mit dem betreffenden Konzept verbunden ist. In einem floristischen Werbeprospekt z.B. muss frz. *bouton* mit dt. *Knospe* wiedergegeben werden, in einer Gebrauchsanweisung für ein Elektrogerät ist dagegen *Knopf*, in einem medizinischen Fachaufsatz *Bläschen* zu wählen.

Selbst bei annähernd gleichen Systembedeutungen sind aufgrund abweichender Normstrukturen keine kontextunabhängigen Äquivalentsetzungen möglich. Beispielweise kann man bei frz. *acte*, engl. *act* und dt. *Akt* von einer übereinstimmenden Grundbedeutung 'menschliche Handlung' ausgehen. Dennoch können die drei Lexeme bei der Übersetzung nicht unbedacht gegeneinander ausgetauscht werden. Die in der jeweiligen Sprachnorm festgelegten Verwendungsunterschiede arbeitet Henne in einer Analyse der entsprechenden Wörterbucheinträge heraus, in der er die einzelnen Normbedeutungen – von ihm irrtümlicherweise als "Teilbedeutungen" bezeichnet – von *acte*, *act* und *Akt* vergleichend diskutiert (vgl. Henne 1996: 278). Während für das Französische drei verschiedene Normbedeutungen genannt werden, kennt das Englische sieben und das Deutsche sogar acht Verwendungsweisen. Dabei ergeben sich nicht nur Lücken im Französischen in Bezug auf die beiden anderen Sprachen, sondern auch zwischen dem Deutschen und Englischen: Die Normbedeutungen 'Darstellung des nackten menschlichen Körpers' und 'Verteidigung einer These' existieren jeweils nur in einer der beiden Sprachen (vgl. Henne 1996: 279). Auch bei Beschränkung auf einen konkreten Referenzbereich – beispielsweise "Theater" – kann keine absolute Gleichsetzung erfolgen, da dt. *Akt* hier mit *Aufzug* konkurriert, während die englische und französische Bezeichnung in diesem Bereich isoliert steht (vgl. Henne 1996: 276). Die in der Norm festgelegten Zeichen-Referent-Relationen von *acte/Akt* lassen sich graphisch folgendermaßen veranschaulichen:[84]

83 Gerade hier zeigt sich, dass Polysemie *nicht* durch Sprachvergleich bestimmt werden kann: In Bezug auf das Deutsche ist *bouton* zwar vierfach ambig (vgl. Kubczak 1982: 36), jedoch kann man sich andere Sprachen vorstellen, in denen der Bezeichnungsbereich auf wieder andere Weise strukturiert ist, so dass sich theoretisch unendlich viele Bedeutungen ergeben würden.

84 Dabei ist zu beachten, dass Henne in seiner Darstellung einige französische Normbedeutungen außer Acht lässt (nämlich den Bezug zu den Konzepten DOKUMENT und KOITUS), die hier ebenfalls berücksichtigt werden sollen.

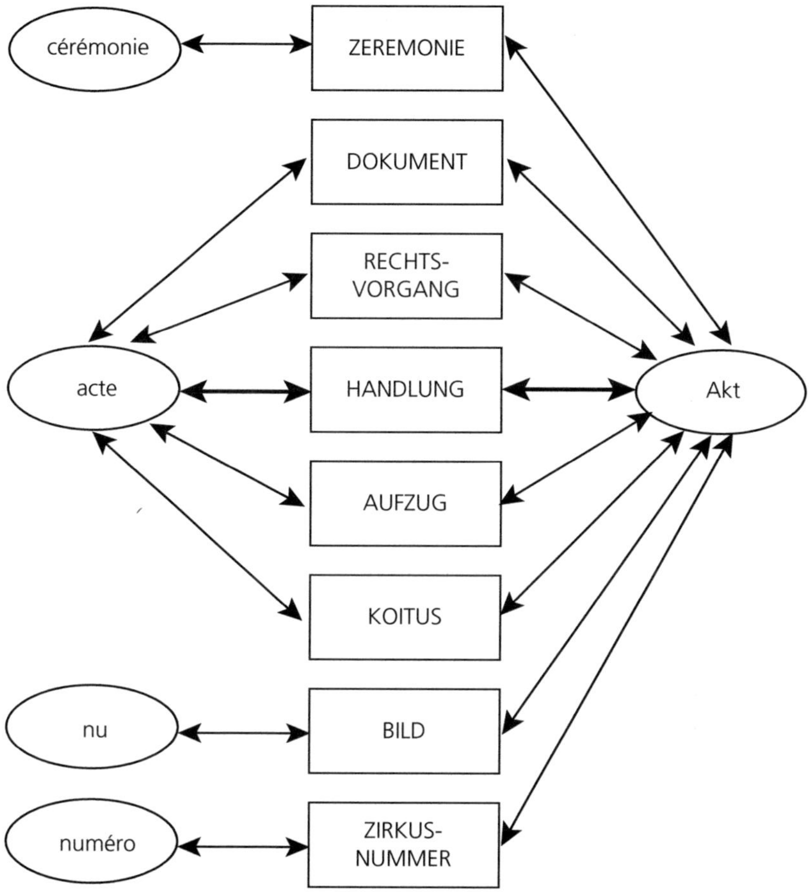

Abb. 10: Bezüge zwischen Zeichen und Konzepten bei Zweisprachigen (deutsch-französisch)

Es zeigt sich, dass trotz einiger Unterschiede weitgehende Übereinstimmung zwischen französischen und deutschen Bezeichnungsmustern besteht. Alle im Französischen vorgesehenen Normbedeutungen von *acte* finden sich auch im Deutschen, so dass sich im mittleren Bereich der Graphik ein symmetrisches Bild ergibt. Zudem stimmt die zentrale Bedeutung 'Handlung', die hier durch fettgedruckte Pfeile hervorgehoben wird und wohl mehr oder weniger dem *signifié* in beiden Sprachen entspricht, überein. Bei den Konzepten ZEREMONIE, BILD und ZIRKUSNUMMER stellt man jedoch zwischensprachliche Abweichungen fest, so dass hier bei der Übersetzung nicht unüberlegt zur etymologischen Entsprechung gegriffen werden darf.

Die oben dargestellten gegenseitigen Bezüge von Konzepten und Lexemen unterschiedlicher Sprachen im Bewusstsein des bilingualen Sprechers können nun als Grundlage für die Interpretation sprachlicher Interferenzen im Lexikon dienen. Als Prämisse für die nachfolgende Analyse kann gelten, dass zur Erklärung von lexikalischen Sprachkontaktphänomenen eine kontrastive Betrachtung der jeweiligen Wortschatzstrukturen erforderlich ist. Nach Payrató können hier drei Fälle unterschieden werden:

> *a.* Sectors *idèntics* entre L_1 i L_2: esperarem, doncs, una transferència positiva.
> *b.* Sectors *diferents* (i doncs amb una unitat de fons): és d'esperar llavors una transferència negativa. [...]
> *c.* Sectors *diversos*, és a dir, *no relacionables*. És *l'alteritat* en filosofia o el *contraste* [...]. (Payrató 1985: 36)

In den Bereichen des zweisprachigen Lexikons, die dem ersten Fall entsprechen, d.h. in denen symmetrische Bezeichnungsrelationen in beiden Sprachen vorliegen, sind kaum Normabweichungen aufgrund zwischensprachlicher Beeinflussung zu erwarten. Allenfalls kann es hier zu einer Beeinflussung insofern kommen, als von zwei möglichen Übersetzungsäquivalenten dasjenige gewählt wird, das die größere Ähnlichkeit zum fremden Vorbild aufweist: Beispielsweise mag der Übersetzer im Referenzbereich "Theater" zur Übersetzung von frz. *acte* eher zu dt. *Akt* greifen als zu *Aufzug*.[85]

Auch bei völlig unterschiedlichen Strukturen (Fall c) ist nicht mit Interferenzen zu rechnen, da jegliche Grundlage für zwischensprachliche Identifikationen fehlt. Es ist unwahrscheinlich, dass ein bilingualer Sprecher beispielsweise frz. *bouton* und dt. *Akt* in Verbindung bringt, da weder in Bezug auf die System- oder Normbedeutung, noch in lautlicher Hinsicht Ähnlichkeiten zwischen diesen Lexemen bestehen und sie zudem nicht aus denselben Wortfeldern stammen.[86]

---

85 Es sei denn, dass er bewusst den Rückgriff auf konvergente lexikalische Strukturen in beiden Sprachen vermeiden will, wie es Coseriu im Rahmen der negativen Interferenz bei Hochgebildeten beschreibt (vgl. Coseriu 1977: 91–92).

86 Vor diesem Hintergrund ist Weinreichs Annahme, Interferenz trete gehäuft zwischen wenig verwandten Sprachen auf (vgl. Weinreich 1976: 16), zumindest in Bezug auf den Wortschatz in Zweifel zu ziehen.

Ansatzpunkte für Interferenzen entstehen vielmehr bei solchen Wortpaaren, die in bestimmten Verwendungen übereinstimmen, bei denen insgesamt jedoch Asymmetrie zwischen beiden Sprachnormen herrscht (Fall b): Einerseits können zwischensprachliche Identifikationen nur dann auftreten, wenn ein gewisses Maß an Gemeinsamkeiten zwischen zwei Wörtern vorhanden ist; andererseits jedoch muss es auch Unterschiede geben, damit durch den Sprachkontakt überhaupt Normabweichungen entstehen können (vgl. Schwarze 1983: 199).[87] Aufgrund automatischer Assoziationen oder mangelnder Kenntnis der zielsprachlichen Norm können in diesen Bereichen zwischen Zeichen verschiedener Sprachen Verwechslungen auftreten, die sich in der Zielsprache wie Lehnbedeutungen auswirken. Interferenzen dieser Art finden sich in europäischen Sprachen häufig bei zwischensprachlichen etymologischen Entsprechungen, wo Ähnlichkeiten in der Lautform und in der zentralen Bedeutung direkte Assoziationen nahe legen, obwohl durch divergierenden Bedeutungswandel häufig Unterschiede im Gebrauch bestehen.[88] Dieser Vorgang soll im Folgenden anhand des Beispiels *acte* erläutert werden.

Die weitgehend symmetrische Anordnung der Bezeichnungsrelationen in beiden Sprachen zeigt, dass in der überwiegenden Mehrzahl der Fälle im Französischen mit *acte* auf Sachverhalte referiert werden kann, die im Deutschen mit *Akt* bezeichnet werden und umgekehrt. Es ist daher davon auszugehen, dass beim Zweisprachigen eine assoziative, zwischensprachliche Verbindung zwischen diesen beiden Lexemen besteht, die wahrscheinlich zusätzlich durch die Ähnlichkeit auf der Ausdrucksseite und die Übereinstimmung im *signifié* verstärkt wird. Diese allgemeinen Entsprechungen zwischen Lexemen zweier unterschiedlicher Sprachen werden von Große als "gängige Wortgleichungen" bezeichnet (Große 1998: 360). Zwar bestehen über die gemeinsamen Referenten auch assoziative Verbindungen zwischen dt. *Akt* und frz. *nu, cérémonie* und *numéro*, aber es ist davon auszugehen, dass diese deutlich schwächer ausgeprägt sind als die Kopplung *Akt/acte*, die durch die zentrale Bedeutung 'menschliche Handlung', vier weitere Normbedeutungen, die abstrakte Systembedeutung sowie die lautliche Form unterstützt wird. So, wie gebräuchliche Wörter im Lexikon schneller und sicherer zu finden sind als weniger gebräuchliche (vgl. Aitchison 1997: 276), kann man auch davon ausgehen, dass "gängigen

87 Schwarze spricht in diesem Zusammenhang von polysemischem Kontrast als Grundlage für Interferenz (vgl. Schwarze 1995: 204).

88 Zu einigen Beispielen dieser Art (u.a. ital. *anziano*, span. *anciano*; ital. *antico*, span. *antiguo* u.ä.) vgl. Geckeler 1971: 131.

Wortgleichungen" entsprechende Assoziationen häufiger sind als die seltener verwendeter Entsprechungen.[89] Bei "polysemischem Kontrast" kann die schnellere Abrufbarkeit gängiger Wortgleichungen zu Interferenzen im Sinne von Normabweichungen führen: Aufgrund der weitgehenden Entsprechungen ist es wahrscheinlich, dass der Zweisprachige dem französischen Zeichen *acte* spontan in der *parole* Normbedeutungen unterstellt, die es gar nicht besitzt, indem er z.B. das Konzept ZEREMONIE mit frz. *acte* bezeichnet. Vordergründig betrachtet hat es den Anschein, als habe er dabei die Bedeutung 'festlicher Akt' aufgrund bereits bestehender semantischer Übereinstimmungen von dt. *Akt* auf frz. *acte* übertragen. Tatsächlich liegt aber keine Bedeutungsabspaltung und anschließende -übertragung vor, sondern eine Verwendung des französischen Lexems gemäß der lexikalischen Norm des Deutschen, wodurch eine neue Zeichen-Referent-Relation nach dem Muster der beeinflussenden Sprache geschaffen wird.

Es ist also sehr wohl richtig, dass bei der so genannten Lehnbedeutung zwei Zeichen unterschiedlicher Sprachen in Beziehung gesetzt werden – dieses geschieht jedoch nicht durch Überschneidungen auf einer oder auf beiden Seiten des sprachlichen Zeichens, sondern vielmehr assoziativ in der Verbindung zwischen einem bestimmten Zeichen und einem bestimmten Referenten. Dabei spielt es keine Rolle, dass absolute Übersetzungsäquivalente, d.h. Zeichen unterschiedlicher Sprachen, die sich auf System- und Normebene vollkommen entsprechen, wahrscheinlich nicht existieren – wichtig ist, dass die bestehende Ähnlichkeit ausreicht, um eine zwischensprachliche Identifikation anzuregen. Hierzu ist eine Bezeichnungsäquivalenz in den meisten Kontexten ausreichend; eine Übereinstimmung der Systembedeutung der beteiligten Lexeme ist dagegen nicht unbedingt erforderlich.

Entscheidend für die zwischensprachlichen Identifikationen, die zu Interferenzphänomenen wie der so genannten Lehnbedeutung führen, sind

89 Diese Annahme wird durch Assoziationstests mit Zweisprachigen gestützt, bei denen in den Fällen, wo auf einen Stimulus in Sprache A eine Reaktion in Sprache B erfolgt, meistens das direkte Übersetzungsäquivalent genannt wird. Die Tatsache, dass meist jedoch die Reaktion in derselben Sprache erfolgt wie der Reiz, zeigt außerdem, dass die beiden Lexika zwar eng miteinander verbunden, aber trotzdem getrennt gespeichert sind (vgl. Arabski 1997: 1588). Darüber, ob die beiden Lexika bei Zweisprachigen vollständig getrennt oder möglicherweise teilweise oder vollkommen verschmolzen sind, herrschen in der Linguistik unterschiedliche Ansichten (vgl. Singleton 1997: 1641–42). Assoziationstest und *priming*-Versuche stützen beide Thesen, so dass man wahrscheinlich von einem gemischten System ausgehen muss. Kognate sind möglicherweise zusammen ("compound manner"), nicht-Kognate dagegen getrennt gespeichert ("co-ordinate manner"; vgl. Singleton 1997: 1644).

also partielle Übereinstimmungen in den Bezeichnungsmustern verschiedener Sprachen. Die hier vorgestellte Interpretation sprachlicher Interferenz spricht sich damit ausdrücklich gegen traditionelle Systematiken wie die Haugens aus, nach der die Identifikationen über *signifié* oder *signifiant* hergestellt werden. Unsere Sichtweise schließt nicht aus, dass bei alternativen Übersetzungsmöglichkeiten demjenigen Lexem, das der Vorlage lautlich ähnelt, der Vorzug gegeben wird. Die lautliche Ähnlichkeit wirkt hier jedoch nur als zusätzlicher Faktor, indem sie die Wahrscheinlichkeiten der Entscheidung für ein bestimmtes Lexem der Replikasprache beeinflusst.[90] Außerdem ist dieser Fall ohnehin nur bei Sprachenpaaren gegeben, die durch genetische Verwandtschaft, intensive gegenseitige Lehnbeziehungen oder gemeinsame Übernahmen aus Drittsprachen bereits Gemeinsamkeiten im Wortschatz aufweisen. Erscheinungen wie die so genannte homophone Lehnbedeutung, bei der – nach herkömmlicher Ansicht – eine Bedeutungsübertragung nur aufgrund lautlicher Ähnlichkeiten erfolgt und die letztlich in der Replikasprache zur Entstehung von Homonymie führt, müssen daher als Lehnwörter interpretiert werden.

Vor eine besondere Herausforderung wird der Übersetzer dann gestellt, wenn die Sachverhalte, die in der Zielsprache wiedergegeben werden sollen, in dieser gar nicht benannt sind. Gerade dann, wenn die zugehörigen Referenten einem fremden Kulturkreis entstammen, ergeben sich häufig Verständnis- und Übersetzungsschwierigkeiten:

> In dem Maße, in dem auch Bestandteile eines Tatbestandes in einer Sprachgemeinschaft unbekannt sind und in der entsprechenden Sprache über keine Bezeichnung verfügen, sind die betreffenden Texte nicht im eigentlichen Sinne übersetzbar. (Coseriu 1978: 24)

Es ist daher schwierig, Übersetzungsäquivalente für Sachverhalte wie *Pumpernickel, Feest, ratatouille* oder *agrégation* zu finden (vgl. Große 1998: 364). In diesem Zusammenhang ist es aufschlussreich, sich einmal den

---

90 Untersuchungen zur Organisation des mentalen Lexikons bei Zweisprachigen sprechen für die Richtigkeit dieser Annahme. Es wird im Allgemeinen davon ausgegangen, dass die zwischensprachliche Identifikation tatsächlich über die Bedeutung der Zeichen erfolgt und lautliche Übereinstimmungen einen zusätzlichen, fördernden Faktor in der Identifikation darstellen (vgl. z.B. García-Albea 1990). Z.B. führt laut Simon der Kontakt zwischen dem Schweizerdeutschen und Bündnerromanischen zu zahlreichen *calques*, die jedoch "(fast?) alle nicht aufgrund formaler Ähnlichkeit [...], sondern durch Bedeutungsvergleich" entstehen (Simon 1971: 531). Bei Fällen, die als Volksetymologie zu deuten sind – z.B. *sein Fett (weg) haben* nach frz. *avoir son fait* – kann man wohl kaum auf einem Ersatz bloß aufgrund von lautlicher Ähnlichkeit sprechen, da wohl auch eine inhaltliche Fehldeutung besteht.

Entlehnungsvorgang aus der Perspektive eines Übersetzers vor Augen zu führen, der einen bisher in der Zielsprache nicht versprachlichten Inhalt wiedergeben muss, wie es Schmidt am Beispiel von lat. *ala* versucht:

> Die Ausgangssituation zeigt uns in der mündlichen Rede oder in schriftlichen Texten der lateinischen Sprache das Wort *ala* mit der (alleinigen) aktuellen Bedeutung >Heeresflügel< und einen oder mehrere Sprachteilhaber mit der Intention, dieses lateinische Wort *ala* (innerhalb seines Textes) ins Deutsche zu übertragen. Da es im Deutschen zu diesem Zeitpunkt offenbar kein Wort gab, mit dem auf die Sache Heeresflügel referiert werden konnte, bestand die Alternative, entweder *ala* als Lehnwort zu übernehmen oder den Signifikanten *ala* durch einen deutschen zu ersetzen. Bei der normalen Übersetzungsintention, d.h. bei der einfachen Absicht, einen fremden Text für einsprachige Rezipienten verstehbar zu machen, hat – davon kann man wohl ausgehen – der Ersatz des fremden Signifikanten durch einen eigensprachlichen Vorrang, und es wird in der Regel jede Möglichkeit genutzt, vertraute Zeichenkörper ins Spiel zu bringen. Im Falle von lat. *ala* existierte in den Kompetenzen des Übersetzers eine assoziative Verbindung der Signifikanten *ala* und *Flügel* aufgrund der gleichen Bedeutung bzw. des gleichen Denotats «Vogelschwinge». Da zudem noch eine wenn auch relativ geringe, so doch bemerkbare Übereinstimmung der Abbilder der beiden Denotate «Vogelschwinge» und «Heeresflügel» und damit eine gewisse Bedeutungsähnlichkeit bestand, bot es sich geradezu an, den Heeresflügel im Deutschen ebenfalls mit *Flügel* zu bezeichnen. (Schmidt 1986: 84–85)

Hier sieht sich der Übersetzer einem ausgangssprachlichen Zeichen gegenüber, für das noch keine zielsprachliche Entsprechung existiert. Die Bedeutung 'Heeresflügel', die im Lateinischen eine in der Sprachnorm etablierte Verwendung von *ala* darstellt, ist im Deutschen nicht versprachlicht, so dass über in der Norm festgelegte Bezeichnungsmöglichkeiten keine Identifikation stattfinden kann. Das Konzept HEERESFLÜGEL existiert im Bewusstsein des Zweisprachigen und ist einem bestimmten Zeichen der Ausgangssprache zugeordnet, während eine Kopplung mit einem zielsprachigen Zeichen fehlt. Wenn er es vermeiden will, das fremde Zeichen als Lehnwort zu übernehmen – was z.B. in einigen Fällen aus stilistischen Gründen oder zur Wahrung des Lokalkolorits angebracht sein kann –, oder keine Umschreibung mit syntagmatischen Mitteln schaffen möchte, muss er dennoch eine Verknüpfung mit einem zielsprachlichen Zeichen herstellen.

Diese Problematik ergibt sich meistens, wenn aus einem fremden Sprach- und Kulturkreis importierte Sachverhalte benannt werden müssen, wie es im technischen Bereich häufig der Fall ist. Sie soll hier einmal anhand des englischen Lexems *window* (als Computerfachterminus) veranschaulicht werden:

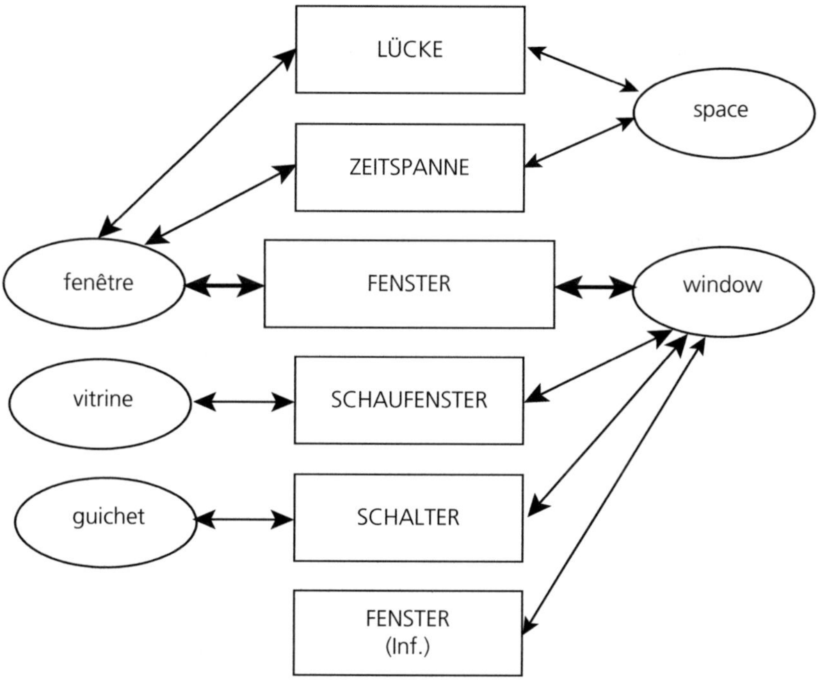

Abb. 11: Normbedeutungen von frz. *fenêtre* und engl. *window*

Für eines der Konzepte, die im Englischen mit dem Lexem *window* bezeichnet werden, steht im Französischen keine Bezeichnung zur Verfügung, d.h. der Zweisprachige verfügt in seinem Weltwissen über ein entsprechendes Konzept, dem aber nur in einer der Sprachen ein Lexem zugeordnet ist.[91] Möchte er dennoch auf Französisch über diesen Sachverhalt sprechen, ohne den Code zu wechseln, muss er spontan eine Verknüpfung zu einem französischen Zeichen herstellen. Dafür bleiben ihm grundsätzlich zwei Möglichkeiten: Er kann z.B. auf der Grundlage des Konzeptes nach einem Lexem suchen, dessen abstrakter *signifié* einen Bezug zum Referenten

91 Der Einsprachige verfügt u.U. gar nicht über dieses Konzept.

ermöglicht. In diesem Falle bedient er sich eines Verfahrens, das auch bei innersprachlicher Neologie durch so genannte Bedeutungserweiterung Anwendung findet.[92] Oder aber er orientiert sich an dem fremdsprachlichen Zeichen und stellt eine Verknüpfung nach englischem Muster her, indem er zur Bezeichnung des Computerfensters das Lexem *fenêtre* verwendet, da es in den meisten Kontexten äquivalent zu englisch *window* verwendet werden kann. Zwar stimmt *fenêtre* auch mit engl. *space* in zwei Normbedeutungen überein; allerdings sind diese weniger zentral als die Bedeutung 'ouverture faite dans un mur, une paroi, pour laisser pénétrer l'air et la lumière'. Durch diesen Vorgang wird Symmetrie in den Bezeichnungsrelationen beider Sprachen hergestellt:

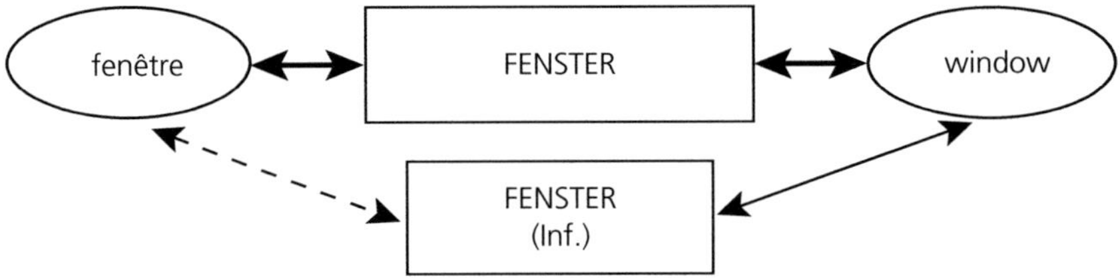

Abb. 12: Erweiterung der Normbedeutungen von frz. *fenêtre* durch den Einfluss von engl. *window*

Streng genommen kann man hier gar nicht von einer Übersetzung im herkömmlichen Sinne sprechen, da der Übersetzer auf diese Form der Wortschatzerweiterung gerade dann zurückgreift, wenn in der Zielsprache noch keine adäquaten Mittel zur Wiedergabe bestehen. Seine Aufgabe besteht in diesem Fall weniger darin, einen in der Ausgangssprache vermittelten Sinn in der Zielsprache wiederzugeben, sondern er muss vielmehr in der Zielsprache Mittel zur Bezeichnung von Konzepten schaffen, die vorher nicht bezeichnet werden konnten. Dazu wird allerdings nicht, wie in der traditionellen Lehngutliteratur behauptet, eine einzelne Bedeutung von einem modell- auf ein replikasprachliches Zeichen übertragen, sondern vielmehr die Bezeichnungsmöglichkeiten eines replikasprachlichen Lexems nach fremdem Vorbild erweitert. Verwendet der Zweisprachige in der Interferenz ein replikasprachliches Zeichen in Kontexten, die in der Norm

92 Streng genommen handelt es sich hier nicht um eine Erweiterung der Bedeutung, sondern der Bezeichnung.

der Replikasprache nicht vorgesehen sind, jedoch den Bezeichnungsstrukturen seines modellsprachlichen Äquivalentes entsprechen, kann man daher anstelle von *Lehnbedeutung* von einer *kontaktinduzierten Normabweichung* sprechen. Kann sich die spontane Normabweichung letztlich als Entlehnung etablieren, so hat eine *kontaktinduzierte Normerweiterung* stattgefunden.

Im Rahmen der Lehnbedeutung ist noch ein dritter Fall zu behandeln, der sich grundsätzlich von den bereits erörterten unterscheidet. So genannte Lehnbedeutungen betreffen nicht nur polyseme Wortschatzeinheiten, sondern treten bisweilen auch dann auf, wenn gar kein inhaltlicher Zusammenhang zwischen den beteiligten Lexemen zu erkennen ist und diese daher als Homonyme gelten müssen. Hier ist u.a. das häufig verwendete Beispiel *Ente* zu nennen, das nach frz. *canard* neben der Bedeutung 'Wasservogel' die "Lehnbedeutung" 'falsche Zeitungsmeldung' angenommen hat. Da synchron kein Zusammenhang zwischen *canard*$_1$ 'Wasservogel' und *canard*$_2$ 'falsche Zeitungsmeldung' mehr zu erkennen ist,[93] muss es sich um zwei homonyme Zeichen handeln, wobei das von *canard*$_2$ bezeichnete Konzept im Deutschen nicht versprachlicht ist:

93 Die historische Wurzel für die Verwendung von *canard* in der Bedeutung 'falsche Zeitungsmeldung' ist nicht geklärt. Es gilt jedoch als gesichert, dass sie zuerst im Französischen entstanden ist und von dort aus durch Lehnübersetzung ins Deutsche und verschiedene osteuropäische Sprachen verbreitet wurde. Ursprünglich könnte die Redensart auf *vendre, bailler des canards à moitié* in der Bedeutung 'tromper' zurückgehen. Die anderen romanischen Sprachen und das Englische kennen dieses Homonymenpaar seltsamerweise nicht. Detaillierte Untersuchungen zur Wortgeschichte von *canard* 'falsche Zeitungsmeldung' findet man bei Ernst (vgl. Ernst 2000: 99–104).

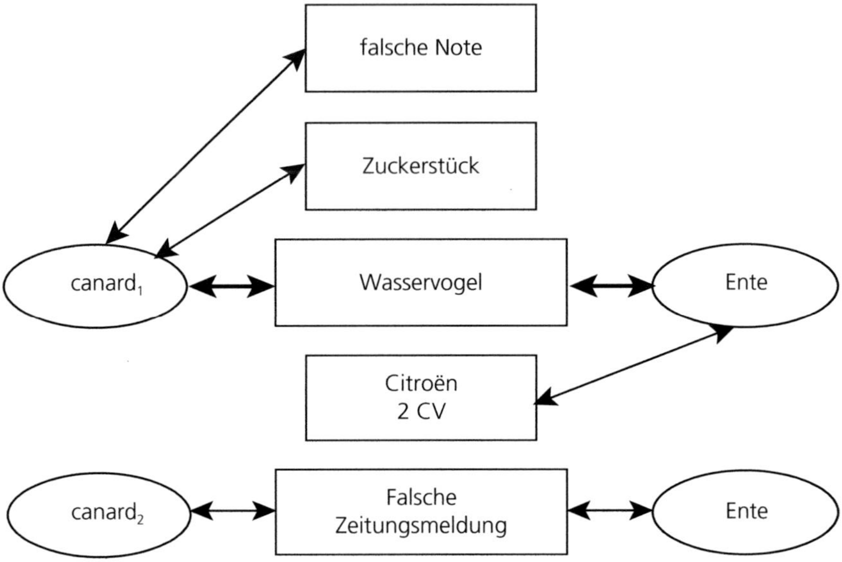

Abb. 13: frz. *canard* und dt. *Ente*

Auch hier muss nun eine zwischensprachliche Identifikation erfolgen, wenn das neue Konzept nicht durch ein Lehnwort oder auf dem Wege der innersprachlichen Neologie bezeichnet werden soll. Diese kann jedoch im Unterschied zu lat. *ala* oder engl. *window* nicht über bereits bestehende Normbedeutungen hergestellt werden. Man muss daher annehmen, dass in diesen Fällen die zwischensprachliche Identifikation ausnahmsweise hauptsächlich über die Ausdrucksseite der Zeichen erfolgt: Dadurch, dass frz. *canard*$_1$ und *canard*$_2$ im *signifiant* übereinstimmen, werden im Bewusstsein des Sprechers Assoziationen zwischen diesen beiden Zeichen hergestellt.[94]

94 Diese Interpretation erscheint auch insofern plausibel, als das mentale Lexikon in mehrfacher Hinsicht nach Ähnlichkeiten organisiert ist und z.B. außer der Gliederung in Wortfeldern auch eine Organisation nach der lautlichen Struktur anzunehmen ist (vgl. Arabski 1997: 1576, 1589; Aitchison 1997: 13; Ecke/Hall 2000: 31; Sokol 2001: 163). Dies wird u.a. durch *priming*-Versuche bewiesen, in denen sich gezeigt hat, dass ein bestimmtes Lexem schneller aktiviert wird, wenn dem Probanden vorher ein ähnlich lautendes, aber von der Bedeutung verschiedenes Lexem angeboten wird. Zudem hat die kognitive Linguistik gezeigt, dass bei der Sprachrezeption bei Homonymen zunächst beide Zeichen aktiviert werden, selbst wenn in dem gegebenen Kontext nur eine der Bedeutungen passt (vgl. Aitchison 1997: 280–81).

Auch hier liegt die Ursache für Interferenz in einer Verwechslung, die in diesem Fall nicht durch übliche Verwendungsweisen eines Lexems, sondern durch Übereinstimmungen im *signifiant* bedingt ist.

Man kann also annehmen, dass aufgrund der Übereinstimmung auf der Ausdrucksseite im französischen Lexikon eine assoziative Verbindung zwischen *canard*$_1$ und *canard*$_2$ besteht. Zu dem Zeitpunkt, als die scheinbare Übernahme des *signifié* 'falsche Zeitungsmeldung' ins Deutsche erfolgt, ist die Bezeichnung *Ente* das zentrale, übliche Übersetzungsäquivalent für *canard*$_1$; d.h. in nahezu allen Kontexten kann *Ente* in einem deutschen Text dort eintreten, wo man im Französischen *canard* vorfindet. Es liegt daher die Vermutung nahe, dass im Bewusstsein des Zweisprachigen eine assoziative, quasi automatische Verknüpfung der Wortschatzeinheiten *Ente* und *canard* besteht, die dazu führt, dass der bereits bestehende *signifiant Ente* mit einer im Deutschen bis dato nicht versprachlichten Bedeutung 'falsche Zeitungsmeldung' gekoppelt wird. Genau genommen sind an diesem Vorgang nicht zwei, sondern vier sprachliche Zeichen beteiligt, da die Replik von *canard*$_2$ im Deutschen über *canard*$_1$ vermittelt wird. Das Ergebnis des Lehnvorgangs ist die Entstehung von Homonymien nach dem Muster der Modellsprache:

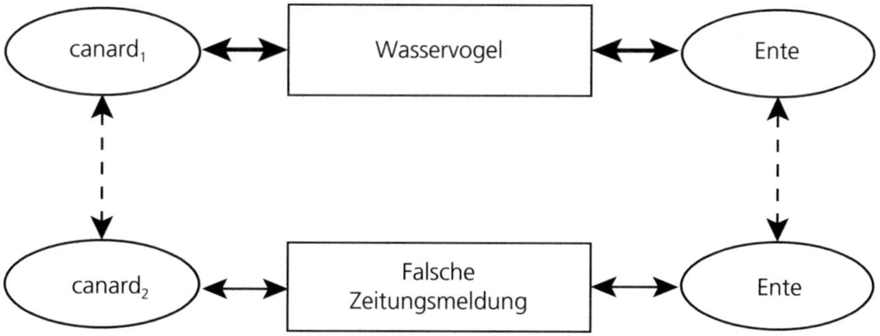

Abb. 14: Die so genannte Lehnbedeutung bei Homonymen

Auch bei dieser Erscheinungsform des lexikalischen Sprachkontaktes erhält man als Ergebnis des Lehnvorgangs symmetrische Relationen von Zeichen und Konzepten in beiden Sprachen; in diesem Fall sogar symmetrische Relationen zwischen *signifié* und *signifiant* der einzelnen Zeichen. Man kann mit Ecke/Hall annehmen, dass der Interferenzvorgang durch die allgemeinen kognitiven Prinzipien der Ökonomie der mentalen Repräsentation und der Reduktion des kognitiven Verarbeitungsaufwandes begünstigt wird (vgl. Ecke/Hall 2000: 30). Im Unterschied zur Lehnbedeutung im eigentlichen Sinne entstehen hier jedoch nicht nur neue Normbedeutungen in der Replikasprache, sondern komplett neue Zeichen. Man hat es daher auch hier mit einer kontaktinduzierten Systemerweiterung zu tun, wobei im Unterschied zum so genannten Lehnwort der *signifiant* des lexikalischen Neuzugangs replikasprachlicher Herkunft ist. Insgesamt scheint, wie aus dem Beispielmaterial einschlägiger Publikationen und dem in der vorliegenden Arbeit untersuchten Textkorpus hervorgeht, die homonyme Lehnbedeutung jedoch relativ selten vorzukommen.

Bei einem anderen Typ, der so genannten homophonen Lehnbedeutung, wird nach Haugen und späteren Autoren die Bedeutungserweiterung beim replikasprachlichen Zeichen ausschließlich durch eine lautliche Ähnlichkeit hervorgerufen. Sie fällt daher aus dem hier vorgestellten Modell für die Lehnbedeutung heraus, bei dem nur lexikalische Aspekte für die zwischensprachlichen Assoziationen maßgeblich sind. Zwar liegen auch der so genannten homophonen Lehnbedeutung zwischensprachliche Assoziationen zugrunde – diese werden jedoch nach grundsätzlich anderen Prinzipien vorgenommen als bei anderen Formen der Lehnbedeutung. Wenn ein italienischer Einwanderer in den USA ital. *grosseria* in Kontexten verwendet, wo man im Englischen *grocery* erwarten würde, kann man wohl kaum von einer zwischensprachlichen Angleichung der Bezeichnungsmuster sprechen, da engl. *grocery* und ital. *grosseria* 'Grobheit, Taktlosigkeit' vor dem Entlehnungsvorgang keinerlei gemeinsame Verwendungskontexte besaßen. Im Unterschied zur klassischen Lehnübersetzung wird hier nicht die Bezeichnungsstruktur eines replikasprachlichen Lexems modifiziert, sondern es entsteht vielmehr eine eigenständige neue Wortschatzeinheit, die sich als Homonym neben ein bereits existierendes Zeichen mit demselben *signifiant* stellt. Im Unterschied zur homonymen Lehnbedeutung, bei der letztlich auch eine Art Übersetzung stattfindet und symmetrische Bezeichnungs- und *signifié-signifiant*-Relationen entstehen, bleiben die Bezeichnungsstrukturen beider Sprachen asymmetrisch. Übereinstimmungen zwischen dem Italienischen und dem Englischen ergeben sich lediglich in der Kopplung der Bedeutung 'Lebensmittelgeschäft' mit einem annähernd gleichlautenden *signifiant*. Hier wird deutlich, dass es sich bei der so genannten homophonen Lehnbedeutung nicht um eine Erscheinung des inneren Lehngutes handelt, sondern vielmehr um einen Sonderfall des Lehnwortes. Dieses wird im Zuge der Adaptation vollständig an einen heimischen Lautkörper angeglichen, wenn bereits eine gewisse lautliche Ähnlichkeit besteht. Auch dieser Vorgang ist im Zusammenhang mit der kognitiven Ökonomie zu sehen, da die Anzahl unterschiedlicher *signifiants* reduziert und u.U. ungewöhnliche Lautfolgen ausgegliedert werden. Bisweilen verbinden sich mit der lautlichen Umgestaltung auch gewisse expressive Effekte, wie es z.B. bei span. *emilio* nach engl. *e-mail* der Fall ist.[95]

Da der lautliche Anschluss an einen replikasprachlichen *signifiant* erst nach der Entlehnung erfolgt, ist die so genannte homologe Lehnbedeutung in Bezug auf die sprachlichen Prozesse in der Interferenz mit dem Lehnwort identisch. Sie muss daher aus dem Bereich des inneren Lehngutes ausgeklammert werden. Gibt man jedoch den homophonen Lehnbedeutungstyp auf, so wird auch die Unterscheidung zwischen Lehnbedeutungen mit rein semantischer und mit semantisch-phonetischer Ähnlichkeit hinfällig. Als auslösendes Moment für Interferenzerscheinungen fungieren grundsätzlich zwischensprachliche Übereinstimmungen von Bezeichnungsstrukturen, während eine lautliche Ähnlichkeit lediglich als zusätzlicher, u.U. begünstigender Faktor wirken kann:

> Contuttociò non si può affermare che la somiglianza formale sia per sé c a u s a del calco semantico, trattandosi solo di un elemento concomitante, di una circostanza favorevole che agevola l'identificazione dialinguistica – e di conseguenza l'attuarsi dell'interferenza –, proprio in quanto contribuisce a sottolineare le relazioni intercorrenti tra lessemi di lingue diverse. (Gusmani 1976/77: 10)

5.3 Lehnübersetzung

Auch bei der Lehnübersetzung und ihrer freieren Variante, der Lehnübertragung, wird laut den gängigen Publikationen zum inneren Lehngut ein isolierter *signifié* aus einer fremden Sprache entlehnt und anschließend in der Replikasprache mit eigensprachlichem Wortmaterial wiedergegeben. Darüber hinaus vertreten einige Autoren die Ansicht, dass bei der Lehnübersetzung auch ein bestimmtes Wortbildungsschema übernommen werde:

---

95 Blank zählt diese Form des Lehnwortes daher zur Volksetymologie: "Die eleganteste Form der volksetymologischen Entlehnung ist natürlich die "Lehnbedeutung". Wenn ein lautlich und semantisch ähnliches Wort in der entlehnenden Sprache vorhanden ist, entsteht – nach vollzogener lautlicher Angleichung – Polysemie zwischen der schon vorhanden gewesenen und der entlehnten Bedeutung: [...] frz. *bol* ursprünglich nur "Kugel", "große Pille" nimmt unter Einfluß von engl. *bowl* auch die Bedeutung "(kleine) Schüssel" an." (Blank 1993: 54)

> Il [le calque] n'est au fond que le passage d'une construction d'une langue à une autre [...] en empruntant la forme interne d'un mot étranger. (Goldis 1976: 101)
>
> Il calco si differenzia dai più appariscenti fenomeni di prestito in quanto abbraccia quei casi d'interferenza in cui l'imitazione del modello alloglotto è imitata alla «innere Sprachform». (Gusmani 1974: 23)
>
> Consequently, loan translation, if we consider its origin, is a bipolar phenomenon, and it shows a "dialectical" bipolar unity: as for its "internal linguistic form", it belongs primarily to the language of origin; its "external linguistic form", however, joins principally to the adopting language. (Molnár 1985: 39)
>
> [...] calque de la forme interne (Nicolas 1994: 93)
>
> [...] the migration of a structural model from one language into another (Vaimberg 1975b: 436)
>
> [...] Verknüpfung [...] zweier Sprachzeichen ein und derselben Kompetenz eines einzelnen Sprachbenutzers nach einer Regel (und/oder einem Sprachzeichen) einer anderen Kompetenz desselben Sprachbenutzers (Lüllwitz 1972: 213)
>
> [...] un manlleu *de traducció*, en què s'importa un model (Payrató 1985: 57)

Wenn schon die Annahme einer isolierten Bedeutungsentlehnung problematisch ist, so gilt dies umso mehr für die Entlehnung einer fremden Bauweise. Wie bereits dargelegt wurde, können immer nur komplette Zeichen von einer Sprache in eine andere übernommen werden. Entlehnt wird also ein vollständiger, mehrgliedriger Ausdruck, zumal eine "Bauweise" nicht abstrakt besteht, sondern sich erst im Zusammenhang konkreter sprachlicher Zeichen überhaupt ergibt.[96] Ursache und Wirkung dürfen nicht ver-

96 In diesem Zusammenhang wird bisweilen auf Wortbildungsmuster verwiesen, die scheinbar von einer Sprache in die andere entlehnt werden. Schumann nimmt hier sogar eine eigene Kategorie des inneren Lehnguts an, die er als *Lehnwortbildungstyp* bezeichnet (vgl. Schumann 1965: 71). Hier ist jedoch davon auszugehen, dass ein fremder Wortbildungstyp in der Replikasprache produktiv wurde, nachdem bereits eine Reihe von Lehnwörtern oder Lehnprägungen desselben Typs entlehnt worden war. Keinesfalls jedoch können Wortbildungsmuster abstrakt von einer Sprache in die andere übernommen werden: "Wenn entlehnte Verknüpfungsweisen produktiv werden [...] ist das wieder eine innersprachliche Folge des Sprachenkontakts und nicht als Interferenz einzuordnen" (Schottmann 1977: 28; vgl. Klajn 1972: 9). Ein wesentlicher Unterschied zu anderen Sprachkontaktphänomenen besteht u.a. darin, dass der Übernahme von Wortbildungsgewohnheiten oder -morphemen aus anderen Sprachen kein spontaner Interferenzvorgang in der *parole* zugrunde liegt, sondern die

wechselt werden: Die Bauentsprechung zwischen Vor- und Nachbild entsteht durch den Vorgang der gliedweisen Übersetzung; keinesfalls jedoch dadurch, dass zunächst eine Bildungsweise abstrakt entlehnt würde, nach der sich dann die eigensprachlichen Zeichen anordnen.

Bei der Wiedergabe komplexer Lexeme in der Replikasprache ist nun derselbe Vorgang zu beobachten, der bereits im Zusammenhang mit der Lehnbedeutung beschrieben wurde. Über in der Norm festgelegte Bezeichnungsmöglichkeiten ausgangssprachlicher Lexeme werden zwischensprachliche Identifikationen hergestellt, die die Entstehung äquivalenter Verwendungsweisen in der Zielsprache nach sich ziehen. Die gliedweise Übersetzung eines Syntagmas, wie sie z.B. bei der Wiedergabe von *electronic mail address* durch *adresse de courrier électronique* stattfindet, rechtfertigt also vom Standpunkt des Sprachkontaktmechanismus aus nicht die von Betz und anderen Autoren getroffene Unterscheidung zwischen mono- und polylexematischen Wortschatzeinheiten: Auch bei der so genannten Lehnbedeutung wird im Grunde eine "Glied-für-Glied"-Übersetzung vorgenommen, wobei die Vorlage eben nur aus einem einzigen Element besteht. Unter diesem Gesichtspunkt ist im Übrigen auch eine Unterscheidung zwischen Lehnübersetzung und Lehnwendung, wie sie von Betz und späteren Autoren vorgenommen wird, überflüssig, da die Behandlung der Morpheme in der Vorlage unabhängig von ihrer Anzahl ist. Die Nähe von Lehnübersetzung und so genannter Lehnwendung (nach Betz) ist in der Lehngutliteratur bereits mehrfach kommentiert worden, u.a. von Martins und Klajn:

> Die Lüs kann schliesslich auch als eine mehrgliedrige Lb aufgefasst werden, wie es die zitierten Beispiele beweisen, denn die einzelnen Bestandteile und auch ihre Kombination waren schon in der Sprache vorhanden, [...]. Ebenso kann die Lb auch als eine eingliedrige Lüs aufgefasst werden: [...]. (Martins 1970: 40)

> Questa categoria [la traduzione di locuzioni e modi di dire stranieri, p. es. *faire la cour* < *den Hof machen*], in realtà, non si distingue dalla seconda [calco semantico] che per la lunghezza dell'espressione ricalcata. (Klajn 1972: 108)[97]

---

sukzessive Entlehnung verschiedener nach demselben Schema gebildeter Wörter (vgl. Gusmani 1986b: 139). Gusmani bezeichnet diese Art der Entlehnung daher als "prestito di secondo grado" (1986b: 140; 1986d: 286).

97 Vgl. auch Bruns 2001: 64 und Kowallik 1993: 19, die unter Lehnübersetzungen auch übersetzte Zitate, Sprichwörter, Redewendungen, Syntagmen, Komposita und Ableitungen fassen. Zur Kritik an der Unterscheidung zwischen *loan translation* und *semantic extensions* bei Weinrich vgl. Otheguy 1993: 24–25.

Berührungspunkte zwischen der so genannten Lehnbedeutung, Lehnübersetzung und Lehnwendung ergeben sich zudem dadurch, dass sprachkontaktbedingte Bedeutungserweiterungen bei Einzellexemen häufig gerade auf die Übersetzung ganzer Syntagmen zurückgehen (vgl. die zusätzlichen Normbedeutungen von *Geschmack* oder *Form* durch die Übersetzung der Redewendungen *avoir bon goût* und *to be in form*; vgl. Payrató 1985: 119; Gusmani 1986a: 189–91). Lexeme, die in Lehnübersetzungen kompletter Syntagmen verwendet werden, erhalten so gewissermaßen innerhalb dieser Ausdrücke neue Normbedeutungen, so dass die Lehnübersetzung der Lehnbedeutung vorausgeht: "il calco strutturale è sempre anche un calco di significato" (Gusmani 1986a: 189; vgl. Otheguy 1993: 26–27).

Die Wesensgleichheit der so genannten Lehnübersetzung und Lehnbedeutung zeigt sich deutlich bei lexikalisierten Ausdrücken, wo bisweilen polylexematische Vorlagen durch monolexematische Wortschatzeinheiten wiedergegeben werden können und umgekehrt. So findet beim Ersatz von engl. *bookmark* durch frz. *signet* durchaus eine Übersetzung statt, obwohl das französische Ergebnis im Gegensatz zur englischen Vorlage monolexematisch ist. Derselbe Fall liegt bei frz. *autouroute de l'information* und span. *autopista de la información* vor, die sich nicht an den einzelnen Bestandteilen der englischen Vorlage *highway* orientieren.[98] Die Wiedergabe durch ein einziges Lexem ist in diesem Fall gerechtfertigt, da *bookmark* und *highway* im Englischen als feste Verbindungen anzusehen sind. Lexikalisierte Zusammensetzungen sind also im Rahmen sprachlicher Interferenz gesondert zu betrachten, da es "[...] vom inhaltlichen Standpunkt aus [...] die vollständigen Ausdrücke [sind], die als lexikalische Einheiten funktionieren und nicht die analysierbaren Elemente ihrer signifiants" (Coseriu 1973a: 31). Da sich die Bedeutung von *bookmark* im Englischen nicht aus der Summe der einzelnen Morpheme ergibt, wird im Französischen nach einem Zeichen gesucht, das mit dem globalen Konzept 'Lesezeichen' verknüpft ist. Ein ähnlicher Fall liegt bei Bezeichnungen wie frz. *pare-feu* nach engl. *firewall* oder frz. *pièce jointe* nach engl. *attachment* vor, die nach der Betz'schen Terminologie als Lehnübertragungen gelten müssten. Auch hier wird die polylexematische Vorlage nicht analysiert, sondern die Gesamtbedeutung 'Brandschutz' bzw. 'Anhang' im Französischen wiedergegeben. Eine gliedweise Wiedergabe der Vorlage, wie sie von Betz als Kriterium für die Lehnübersetzung angesetzt wird, ist daher nicht unbedingt Voraussetzung für das Vorliegen eines Übersetzungsvorgangs.

98 Diese Tatsache veranlasst Bruns dazu, die Bildung als Lehnübertragung zu klassifizieren, was jedoch dem hohen Lexikalisierungsgrad der Vorlage nicht gerecht wird.

Lexikalisierte Wortschatzelemente sind im mentalen Lexikon als Einheiten gespeichert und müssen daher bei der Übersetzung nicht analysiert werden – das bedeutet jedoch nicht, dass sie nicht doch u.U. analysiert werden *können*. Lässt sich der Sprecher von der formalen Komplexität einer lexikalisierten Bildung leiten und übersieht ihre semantisch-konzeptuelle Einheit (vgl. Blank 1997: 283), kann er sehr wohl jeden Bestandteil für sich betrachten und einzeln übersetzen. Eine Analyse auf der Grundlage der Einzelkomponenten kann z.B. dann vorgenommen werden, wenn der Zugriff im mentalen Lexikon auf das jeweilige Zeichen zeitweise blockiert ist (vgl. Aitchison 1997: 159, 170), oder wenn einem Fremdsprachenlerner ein lexikalisierter Ausdruck nicht bekannt ist und er sich vermittels der einzelnen Bestandteile Aufschluss über seine Gesamtbedeutung verschaffen will (vgl. Schwarze 1983: 202). Wird dann anstelle einer globalen eine gliedweise Übersetzung vorgenommen, kann das u.U. in der Zielsprache zu "inkompatible[n] Kollokationen" (Schade 1989: 98) führen.

Erkennt der Sprecher also nicht, dass ein polylexematischer Ausdruck in der Modellsprache lexikalisiert ist und daher in der Replikasprache nicht mit Hilfe derselben Anzahl von Lexemen wiedergegeben werden muss, so kommt es zu wenig idiomatischen Prägungen oder sogar eindeutigen Übersetzungsfehlern, die häufig von Puristen als "sklavische Nachahmungen" fremder Vorbilder verteufelt oder von Linguisten als Hinweise auf das ansonsten schwer nachweisbare innere Lehngut begrüßt werden (vgl. Kapitel B.I.). Regelrechte Fehlübersetzungen entstehen dann, wenn solche Lexemkombinationen wörtlich übersetzt werden, "deren Komponenten man zu erkennen glaubt, die zusammengesetzt jedoch nicht die erwartete Bedeutung aufweisen" (Nübold 1993: 209). García Yebra nennt in diesem Zusammenhang das Lexem *Rosenkranz*, das im Deutschen sowohl als durchsichtiges Kompositum 'guirnalda de rosas' als auch als lexikalisierte Metapher 'rosario' existiert. Dadurch, dass das Kompositum nicht als lexikalisierte Bildung erkannt wurde, trägt die Protagonistin in diversen spanischen Maria Stuart-Übersetzungen irrtümlicherweise eine *guirnalda de rosas* anstelle eines *rosario* (García Yebra 1981: 39). Ähnliche Übersetzungsfehler ergeben sich immer dann, wenn der mehrgliedrige Ausdruck in der Zielsprache auch existiert, aber eine andere Bedeutung besitzt – so ist eine *high school* gerade keine *Hochschule*, und ein *safety thread* ist kein *Sicherheitsfaden*, sondern eine *Notbremse* (vgl. Wilss 1989: 9). In allen diesen Fällen kann man von falschen Freunden des inneren Lehnguts sprechen:

> Las diferencias de valor cultural pueden llegar a constituir trampas para el traductor al presentarse como falsos amigos. Así, p.e. el ruso *slomia golovu*

> (lit. 'rompiéndose la cabeza') significa 'corriendo muy deprisa', mientras que en español *romperse la cabeza* significa 'cavilar, pensar con intensidad y preocupación'. (Luque Durán/Manjón Pozas 1998: 143)

Der Unterschied zu normkonformen Lehnübersetzungen lexikalisierter Formen (wie bei der Wiedergabe von dt. *Rosenkranz* durch span. *rosario* oder engl. *bookmark* durch frz. *signet*) ist jedoch nicht qualitativ, sondern lediglich graduell und hängt u.U. mit dem Grad der Beherrschung der beteiligten Sprachen durch den Sprecher zusammen.

Da kein qualitativer Unterschied zwischen der so genannten Lehnbedeutung und Lehnübersetzung besteht, bietet es sich an, beide in einer einzigen Kategorie der *kontaktinduzierten Normabweichungen* bzw. *Normerweiterungen* zusammenzufassen. Diese Vorgehensweise erscheint auch insofern angebracht, als eine Unterscheidung zwischen beiden Kategorien ohnehin nur in der deutschen und englischsprachigen Sprachwissenschaft aufrechterhalten wird, während in der französisch-, italienisch- und spanischsprachigen Fachliteratur allgemein von *calque* bzw. *calco* die Rede ist. Auf eine Feingliederung der polylexematischen Lehnübersetzungen hinsichtlich ihrer formalen Übereinstimmung zum Vorbild kann vor dem Hintergrund der bereits ausgeführten Schwierigkeiten verzichtet werden.

5.4 Lehnübertragung

Die Betz'sche Unterscheidung zwischen Lehnübersetzung und Lehnübertragung gründet sich auf den Grad der Exaktheit, mit der die modellsprachlichen Morpheme in der Replikasprache wiedergegeben werden. Auf die Schwierigkeiten, die sich mit der Bestimmung des Genauigkeitsgrades in der Übersetzung verbinden, wurde bereits hingewiesen (vgl. Kapitel A.II.5). Sie haben dazu geführt, dass die Unterscheidung in neueren Forschungsarbeiten weitgehend aufgegeben wurde.

Eine strenge Auffassung der Lehnübersetzung, wie sie von Nicolas und Bombi vertreten wird, besitzt den Vorteil, in der Abgrenzungsfrage Eindeutigkeit schaffen zu können. Allerdings entspräche eine solch enge Definition wohl nicht den sprachlichen Realitäten, da sich in der Praxis die Lehnübersetzung im strengen Sinne gegenüber der freieren Wiedergabe als ausgesprochen marginale Erscheinung herausstellen würde.[99] Da für die

99 Die Korpusuntersuchung wird zeigen, dass man nur dann völlige formale Übereinstimmungen zwischen Vor- und Nachbild findet, wenn ohnehin in beiden beteiligten

Unterscheidung keine formalen, sondern lexikalische Kriterien maßgeblich sein sollen und der Grad an semantischer Ähnlichkeit nicht anhand objektiver Kriterien bestimmt werden kann, muss von einer fließenden Grenze zwischen Lehnübersetzung und Lehnübertragung ausgegangen werden. Daher schlägt Röntgen eine Zusammenfassung der Kategorien *Lehnübersetzung* und *Lehnübertragung* unter dem Oberbegriff *Lehnprägung* vor:

> Denn Lehnübersetzung und Lehnübertragung sind m.E. nur die äußeren Grenzpunkte eines Spektrums, d.h. einer einzigen Kategorie, in die die Nachbildungen einer aufnehmenden Sprache gemäß der dieser Sprache eigenen semantischen und wortbildungsstrukturellen Eigenschaften nur näher an den einen oder anderen Grenzpunkt situiert werden können. [...] Die neue Kategorie "Lehnprägung" entspricht also genau der üblichen romanischen Kategorie "calque", die ebenfalls die beiden bisherigen Kategorien Lehnübersetzung und Lehnübertragung umfaßt. (Röntgen 1992: 27)

Röntgen ist nicht der erste Lehngutforscher, der eine Aufgabe der Feingliederung der Lehnprägungen fordert. Ein ähnlicher Vorschlag klingt bereits fast 40 Jahre früher bei Jobst an, auch wenn er diesen Gedanken nicht explizit formuliert, sondern lediglich unterschiedliche Formen der Übersetzung bzw. Übertragung eines fremden Vorbilds unter dem Terminus *Lehnübersetzung* zusammenfasst:

> Zahlreiche Lehnübersetzungen sind wörtliche Übersetzungen, andere teilweise Übersetzungen, wieder andere sind in ihrer Bildung wenigstens von einem fremden Vorbild beeinflußt. (Jobst 1958: 293)

Dieser Meinung schließt sich auch Rammelmeyer (1975: 23) an. In der Romanistik und angloamerikanischen Linguistik wird ohnehin traditionell auf eine Unterscheidung zwischen Lehnübersetzung und Lehnübertragung verzichtet und beides unter der Kategorie *calque* zusammengefasst (vgl. u.a. die Arbeiten von Haugen 1950, Goldis 1976, Deroy 1956, Gusmani 1974, 1976/77, 1979 und 1985).

Es liegt daher nahe, keine eigene Kategorie für die so genannte Lehnübertragung anzusetzen. Die Grenze zwischen exakter und annähernder Wiedergabe eines modellsprachlichen Ausdrucks in der Replikasprache bleibt fließend, da keine objektiven Abgrenzungskriterien bestehen. Auch die Lehnübertragung kann daher als *kontaktinduzierte Normabweichung* bzw. *Normerweiterung* interpretiert werden.

Sprachen dieselben Muster zur Verfügung stehen und daher gar keine Abweichungen zu erwarten wären.

5.5 Lehnschöpfung

Auch bei der so genannten Lehnschöpfung werden neue Verknüpfungen zwischen bisher noch nicht bezeichneten Konzepten und Zeichen der Replikasprache hergestellt. Im Gegensatz zu Lehnbedeutung, Lehnübersetzung und Lehnübertragung orientiert sich die Verknüpfung jedoch nicht an den Bezeichnungsrelationen der Modellsprache. Vielmehr nimmt der Sprecher das neu zu versprachlichende Konzept zum Ausgangspunkt und versucht, dieses in seiner eigenen Sprache adäquat wiederzugeben, wobei er eine neue Bezeichnung mit eben denselben Verfahren schafft, die auch bei rein innersprachlicher Neologismenbildung Anwendung finden (z.B. Metaphorisierung oder Wortbildung). Im Gegensatz zu den Verfahren des Lehnwortes und der Lehnübersetzung, bei denen ein fremdes Vorbild Pate für die Innovation in der Replikasprache steht, nutzen die Sprecher bei der so genannten Lehnschöpfung kreativ die Mittel ihrer eigenen Sprache:

> I neologismi sostituivi rappresentano il maggiore grado di originalità di interpretazione della replica rispetto al modello alloglotto, che si limita a fornire lo spunto concettuale, la nozione da ridefinire con materiale indigeno. Si tratta per lo più di termini descrittivi delle funzioni o caratteristiche del referente, spesso creati in epoca molto posteriore all'introduzione del forestierismo che si vuole sostituire per preoccupazioni di tipo puristico. (Battista 1995: 115)

Vom Standpunkt der Wortentstehung aus muss diese Art der Neubezeichnung also nicht als Übersetzung, sondern als unabhängige Formulierung einer neuen Bedeutung verstanden werden:

> New usages produced to express new conceptualizations of foreign origin are in fact parallel to new usages produced to express novel conceptualizations of indigenous origin. (Otheguy 1993: 30)

Dabei setzen ein- oder mehrsprachige Sprecher Lexeme und Referenten in einer Art und Weise in Beziehung, die zwar in der Sprachnorm nicht vorgesehen, jedoch vom System her durchaus möglich ist. Auch hier werden Normabweichungen produziert – allerdings ohne Orientierung an fremden Bezeichnungsmustern, so dass diese Art der Innovation als *unabhängige Normabweichung* bzw. im Falle einer Lexikalisierung als *unabhängige Normerweiterung* bezeichnet werden kann. Ob es sich dabei um die erstmalige Versprachlichung eines neuen Konzeptes oder die abermalige Bezeichnung eines bereits bekannten und bezeichneten Sachverhaltes mit neuen Mitteln handelt (vgl. *bouton* für 'Geländeerhebung'), ist dabei unerheblich. Graphisch kann der Vorgang der so genannten Lehnschöpfung anhand der Termini engl. *cracker* und frz. *pirate* folgendermaßen dargestellt werden:

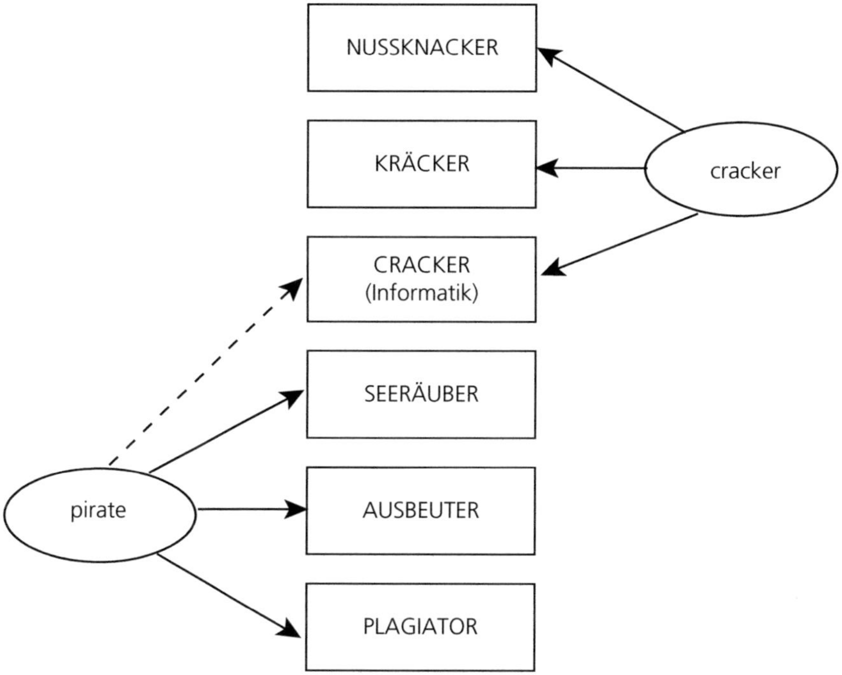

Abb. 15: Der Vorgang der so genannten Lehnschöpfung

Durch die mangelnde Orientierung an der Modellsprache kommt es zu unterschiedlichen Bezeichnungsmotiven bei Vorlage und so genannter Lehnschöpfung, d.h. zu asymmetrischen Bezeichnungsrelationen in den beteiligten Sprachen. Dadurch wird jeweils ein anderer Aspekt des bezeichneten Konzeptes fokussiert: Während bei engl. *cracker* der Vorgang des "Knackens" von Sicherheitssystemen in den Vordergrund gestellt wird, hebt die französische Bezeichnung *pirate* eher die illegalen und räuberischen Aktivitäten der Cracker hervor.

Was die Frage der Zugehörigkeit der so genannten Lehnschöpfung zum Lehngut anbetrifft, so muss diese vor dem oben dargelegten zeichentheoretischen Hintergrund verneint werden. Da keinerlei Orientierung an fremdsprachlichen Mustern vorliegt, handelt es sich nicht um eine Erscheinungsform sprachlicher Interferenz. Die Funktion des Lehnwortersatzes, die von Betz und anderen Befürwortern der Lehnschöpfung angeführt wird, kann die Zugehörigkeit solcher Bildungen zum Lehngut kaum rechtfertigen. Abgesehen davon, dass auch andere Formen des Lehngutes Lehnwörter ersetzen können, ist es vom Standpunkt der Interferenz aus unerheblich, ob ein einmal gebildetes Lexem bzw. eine neu geschaffene Zeichen-Begriff-Relation sich auf lange Sicht in der Sprechergemeinschaft durchsetzt und u.U. ein Lehnwort verdrängt. Da sie rein aus den Mitteln der Replikasprache erfolgt, ist für die Bildung so genannter Lehnschöpfungen keine Zweisprachigkeit notwendig. Mit dem Ausschluss der so genannten Lehnschöpfung aus dem Bereich der sprachlichen Interferenz ist sie jedoch auch als Lehngutkategorie nicht mehr zu vertreten. Allenfalls kann man von einem kulturellen Einfluss sprechen, wenn das neu bezeichnete Konzept aus einer fremden Sprachgemeinschaft importiert wurde.

6. Abschließende Klassifikation des Lehnguts

Zusammenfassend lässt sich festhalten, dass beim lexikalischen Lehngut grundsätzlich zwei Fälle zu unterscheiden sind, die der Betz'schen Einteilung in inneres und äußeres Lehngut entsprechen: Fremde Lexikoneinheiten können entweder als komplette Zeichen in die Replikasprache übernommen werden, oder fremde Bezeichnungsmuster dienen als Vorbild für neue Zeichen-Referent-Relationen in der Replikasprache. Darüber hinaus gibt es keine Möglichkeit, mit entlehnten Lexemen zu verfahren, so dass auf weitere Untergliederungen verzichtet werden muss. Allerdings lassen sich unterschiedliche Verfahren bei polylexematischen Ausdrücken kombinieren, indem sie gleichzeitig auf verschiedene Bestandteile der Vorlage angewendet werden. Wie sich im Laufe der empirischen Untersuchung zeigen wird, stellen solche Mischtypen jedoch relativ seltene Sonderfälle dar.

Die oben beschriebene Interpretation von Entlehnung ermöglicht es nun, einen Grossteil der Probleme zu lösen, die in den vorangegangenen Kapiteln erörtert wurden. Im Gegensatz zu den früheren Ansätzen wird nur nach einem einzigen Kriterium, nämlich den Vorgängen im Augenblick des Sprachkontaktes, klassifiziert. Da sich die konkreten sprachlichen Erscheinungen, die im empirischen Teil dieser Untersuchung analysiert werden sollen, recht gut den aufgestellten Kategorien zuordnen lassen, scheinen diese den sprachlichen Realitäten annähernd zu entsprechen. Betrachtet man die Konsequenzen des oben vorgeschlagenen Modells für die traditionellen Lehngutkategorien, so lässt sich Folgendes festhalten:

Die Interpretation des Lehnworts bleibt von den oben beschriebenen Modifikationen weitgehend unberührt. Als Entlehnung kann es in Übereinstimmung mit Betz und seinen Nachfolgern als die Übernahme eines vollständigen sprachlichen Zeichens ohne jegliche Form des Ersatzes betrachtet werden.[100] Auf der Ebene der Interferenz, die bei Betz nicht berücksichtigt wird, ist es als Code-Switching zu werten.

Der gesamte Bereich des inneren Lehnguts muss dagegen unter den oben beschriebenen Voraussetzungen neu gegliedert werden. Die Betz'schen Kategorien der Lehnbedeutung, Lehnübersetzung und Lehnübertragung werden in einer einzigen Kategorie zusammengefasst. Dadurch, dass Betz und spätere Autoren nicht sauber zwischen Vorgang und Ergebnis des Sprachkontaktes trennen, weisen sie Erscheinungen, die auf denselben sprachlichen Mechanismen beruhen, unterschiedlichen Kategorien zu. Unabhängig davon, dass im einen Fall neue Lexemverbindungen entstehen, im anderen dagegen einzelne Lexeme modifiziert werden, kann man die zugrunde liegenden sprachlichen Prozesse stets als Übersetzung beschreiben. Betz' Kriterium der Neuentstehung einer Wortschatzeinheit ist im Rahmen des hier verwendeten Zeichenmodells sogar grundsätzlich unbrauchbar, da auch bei der Lehnübersetzung zunächst keine neuen Wortschatzeinheiten entstehen, sondern vielmehr Lexeme nach fremdem Vorbild neue Normbedeutungen erhalten. Auch eine Unterscheidung nach der Anzahl der Morpheme in der Vorlage, wie sie von Haugen und Weinreich getroffen wird, rechtfertigt unter dem Gesichtspunkt der Wortentstehung nicht die Einteilung in unterschiedliche Kategorien, da die zwischensprachlichen Assoziationen auch bei mehrgliedrigen Vorlagen immer nur einzelne Bestandteile betreffen.

Da nur lexikalische Kriterien berücksichtigt werden, ist die Tatsache, dass einige polylexematische Lehnübersetzungen den modellsprachlichen Wortbildungsgewohnheiten verhaftet bleiben, andere dagegen an replikasprachliche Muster angepasst werden, für die Klassifikation irrelevant. Vielmehr kann die Anpassung als eine Art morphologische Adaptation verstanden werden, die unabhängig von lexikalischen Kriterien erfolgt. Es ist anzunehmen, dass sich in der Interferenz verhältnismäßig viele "sklavische" Übersetzungen finden, da diese beim Zweisprachigen dem Prinzip der

100 Der Terminus *Ersatz* wird hier nur auf die lexikalische Ebene bezogen. Natürlich können bei Lehnwörtern in lautlicher Hinsicht Ersetzungen stattfinden.

kognitiven Ökonomie entgegenkommen. Wird eine Lehnübersetzung jedoch zunehmend auch von Einsprachigen verwendet, so wirkt die kognitive Ökonomie eher in die entgegengesetzte Richtung, da es weniger aufwendig ist, einen Ausdruck zu behalten, der analog zu anderen komplexen Ausdrücken des Systems gestaltet ist (vgl. das bereits diskutierte Beispiel *Lebensqualität/Qualität des Lebens/Qualität von Leben*). Die Beschreibung der unterschiedlichen Adaptationsvorgänge stellt einen berechtigten Untersuchungsgegenstand innerhalb der Sprachkontaktforschung dar, darf aber nicht zur Kategorisierung von Lehnerscheinungen herangezogen werden, da sie sich auf einer anderen Ebene befindet.

Auch was die Untergliederung der Lehnbedeutungen angeht, wie sie von Haugen und anderen Autoren vorgenommen wird, ergeben sich Unterschiede zur traditionellen Sichtweise. Die so genannte homophone Lehnbedeutung muss als Lehnwort mit lautlich-graphischer Anpassung angesehen werden, das entweder nur zufällig im *signifiant* mit einem bereits bestehenden Zeichen zusammenfällt oder eine besondere Form der Assimilation durchläuft, bei der es lautlich an einheimische Wortschatzeinheiten angeglichen wird (vgl. Schmidt 1986: 87). Eine Übersetzung findet nicht statt, da auf der Ebene der Bedeutung und Bezeichnung die Grundlagen für zwischensprachliche Assoziationen fehlen. Bei der so genannten homologen Lehnbedeutung mag die lautliche Ähnlichkeit durchaus eine gewisse Rolle spielen, wenn für die Wiedergabe mehrere Möglichkeiten bestehen und dasjenige Übersetzungsäquivalent gewählt wird, das der Vorlage auch lautlich nahe steht. Da die Assoziationen jedoch hauptsächlich über die Ebene der Bezeichnung hergestellt werden, besteht kein grundsätzlicher Unterschied zur analogen Lehnbedeutung. Damit ist die Feinunterscheidung im Bereich der Lehnbedeutung aufgehoben. Mit der Ablehnung der Bedeutungsentlehnung kann auch das Begriffspaar *loan homonymy/loan polysemy* bzw. *synonymy* aufgegeben werden.

Dadurch, dass die Identität von Lehnbedeutung und Lehnübersetzung festgestellt wurde, werden gekreuzte Kategorien wie die *gliedübersetzte Lehnbedeutung* oder *rekomponierte Lehnbildung* entbehrlich. Der zugrunde liegende Lehnvorgang kann in jedem Fall als Übersetzung beschrieben werden – unabhängig davon, ob dabei morphemweise vorgegangen oder die Vorlage als Einheit verstanden und übersetzt wird.

Auf eine Feingliederung der Lehnbildungen nach dem Grad der lexikalischen Entsprechung bei Vor- und Nachbild, wie sie z.B. bei der Kategorie der Lehnübertragung oder der substituierenden Lehnbedeutung nach Gneuss anklingt, kann verzichtet werden. Da die Ähnlichkeit von zwei Lexemen unterschiedlicher Sprachen nicht objektiv gemessen werden kann, sind Lehnübersetzung und Lehnschöpfung nicht als zwei klar gegeneinander abgegrenzte Kategorien, sondern vielmehr als äußere Pole eines Kontinuums, als "Eckpunkte auf einem Kontinuum der Ähnlichkeit" (Nau 1995: 49) zu verstehen.

Die Frage der Zugehörigkeit der so genannten Lehnschöpfung zum Bereich der sprachlichen Entlehnungen kann insofern beantwortet werden, als sie sich nicht von innersprachlich entstandenen Innovationen unterscheidet. Sie ist daher aus dem Bereich der Sprachkontaktphänomene auszugliedern.

Durch die Einbettung der Lehngutklassifikation in ein geeignetes semantisches Modell lassen sich – auch ohne die Einführung weiterer Feindifferenzierungen – Erscheinungen erklären, die von den bisherigen Klassifikationsschemata nicht erfasst wurden. Obwohl Lexeme wie frz. *frimousse* nach engl. *smiley* oder frz. *mouchard* nach engl. *cookie* Lehnwörter ersetzen und daher nach Betz zu den Lehnprägungen zählen, können sie nicht als Lehnbedeutungen oder Lehnschöpfungen klassifiziert werden, da weder eine semantische oder lautliche Ähnlichkeit zum Vorbild besteht, noch eine neue Wortschatzeinheit entsteht. Das oben beschriebene Modell erlaubt es nun, diese Fälle als unabhängige Neologismen zu sehen, bei denen die Bezeichnungsmuster bereits bestehender Lexeme erweitert werden, allerdings – im Gegensatz zur Lehnbedeutung – ohne fremden Einfluss.

Weitere vormals problematische Fälle lassen sich klassifizieren, indem man bei polylexematischen Ausdrücken gemischte Lehnguttypen annimmt, die sich dadurch ergeben, dass unterschiedliche Verfahren auf die verschiedenen Bestandteile der Vorlage angewendet werden. In der traditionellen Terminologie deutet sich die Existenz solcher Mischformen in der Kategorie des Teillehnworts und in der weiten Auffassung der Lehnübertragung an, ohne dass jedoch die Aufstellung von Mischklassen konsequent durchgeführt würde.[101] Auf diese Weise lassen sich nun auch Bezeichnungen wie frz. *liste de signets* nach engl. *hotlist* als Kombinationen von Lehnübersetzungen und unabhängigen Neologismen ("Lehnschöpfung") klassifizieren.

---

101 Erwähnenswert in diesem Zusammenhang ist die Tatsache, dass in den traditionellen Klassifikationsansätzen mit den Kategorien des Teillehnworts und der Lehnübertragung nur Kombinationen aus Lehnwörtern und Lehnübersetzungen sowie Lehnübersetzungen und Lehnschöpfung abgedeckt werden, nicht aber Verbindungen aus Lehnwörtern und Lehnschöpfungen, die theoretisch ebenfalls möglich sind. Da in dem hier untersuchten Korpus tatsächlich kein einziger Fall einer solchen Kombination vorkommt, liegt die Vermutung nahe, dass diese Möglichkeit von der Sprache grundsätzlich nicht ausgeschöpft wird.

Mit der Unzugänglichkeit des Entlehnungsprozesses bzw. mit dem Modellcharakter der verwendeten Klassifikation verbindet sich für die nachfolgende empirische Untersuchung die Schwierigkeit, dass Resultate von Lehnvorgängen nicht immer eindeutige Rückschlüsse auf die zugrunde liegenden Interferenzmechanismen erlauben: Sind am Entlehnungsvorgang Zeichen beteiligt, die zwischensprachliche Ähnlichkeiten auf der Ausdrucksseite aufweisen, ist es letztlich unmöglich, zwischen Lehnwort und Lehnübersetzung zu unterscheiden, obwohl – rein logisch betrachtet – nur eines der beiden Verfahren angewendet worden sein kann. Beispielsweise lassen französische Termini wie *concentrateur, domaine* oder *hypertexte* nicht erkennen, ob hier die englischen Lexeme *concentrator, domain* und *hypertext* vollständig ins Französische übernommen und anschließend an französische Aussprachegewohnheiten assimiliert wurden, oder ob die englischen Lexeme jeweils durch entsprechende französische ersetzt wurden. Hier hat man es mit einer Problematik zu tun, die bei der Untersuchung europäischer Kultursprachen nur schwer zu umgehen ist, da durch gemeinsame lateinische Einflüsse weite Teile des Wortschatzes übereinstimmen (vgl. Höfler 1988: 121). Da es jedoch plausibel erscheint, dass durch die lautlichen und semantischen Ähnlichkeiten bei den französischen Sprechern Assoziationen zu den entsprechenden französischen Zeichen geweckt werden, sollen Fälle dieser Art im Folgenden als Übersetzungen klassifiziert werden.[102]

Alle in den traditionellen Systematiken aufgestellten Lehnguttypen lassen sich folglich auf die drei Kategorien des Code-Switchings bzw. der kontaktinduzierten Systemerweiterung, der kontaktinduzierten Normabweichung bzw. -erweiterung und der unabhängigen Normabweichung bzw. -erweiterung zurückführen. Diese drei Kategorien sind gemeint, wenn im Folgenden von Lehnwort, Übersetzung und unabhängigem Neologismus die Rede ist. Selbst wenn sich durch diesen Sprachgebrauch bisweilen terminologische Unschärfen ergeben sollten, lassen sich so sehr komplizierte Formulierungen vermeiden, die sich bei einer exakten Verwendung der Termini zwangsläufig ergeben würden. Unter Berücksichtigung des Saussure'schen Zeichenmodells sowie der Berücksichtigung von System und Norm gelangt man folglich zu folgender Klassifikation des Lehnguts:

102 Ebenso geht Grote vor, die deutsche Computertermini wie *Format, Installation* und *Protokoll* (nach engl. *format, installation* und *protocol*) als Lehnbedeutungen ansieht (vgl. Grote 2002: 393).

TERMINUS BEI BETZ	BEISPIEL	*PAROLE* (INTERFERENZ)	*LANGUE* (ENTLEHNUNG)	AUSWIRKUNGEN
Lehnwort, assimiliertes Fremdwort	frz. *week-end, chewing-gum* span. *happening, mitín* span. *emilio* (< *e-mail*)	Code-Switching	kontaktinduzierte Systemerweiterung	äquivalente Zeichen in Modell- und Replikasprache
Lehnbedeutung, Lehnübersetzung, Lehnübertragung	frz. *fenêtre* (< *window*), frz. *signet* (< *bookmark*), frz. *autopiste de l'information* (< *information highway*)	kontaktinduzierte Normabweichung	kontaktinduzierte Normerweiterung	symmetrische Bezeichnungsverhältnisse in Modell- und Replikasprache
Sonderfall: "homonyme" Lehnbedeutung	dt. *Ente* < frz. *canard*	kontaktinduzierte Systemabweichung (nach fremder *signifié-signifiant-*Relation)	kontaktinduzierte Systemerweiterung mit Homonymie	symmetrische Homonymie in Modell- und Replikasprache
Lehnschöpfung	frz. *pirate*	unabhängige Normabweichung	unabhängige Normerweiterung	asymmetrische Bezeichnungsverhältnisse in Modell- und Replikasprache

Exemplarische Untersuchung der Prinzipien des lexikalischen Sprachkontaktes anhand der französischen und spanischen Internetfachsprache

In den vorangehenden Kapiteln wurde ein Beschreibungsmodell für die unterschiedlichen Ausprägungen fremdsprachlichen Einflusses im Lexikon vorgestellt. Um zu überprüfen, ob dieses die Vorgänge im lexikalischen Sprachkontakt tatsächlich adäquat abbildet, soll seine Anwendbarkeit im Folgenden anhand konkreter Sprachdaten auf die Probe gestellt werden. Dabei wird sich herausstellen, inwieweit unser Modell einen Beitrag zur Lösung einiger zentraler Fragestellungen des lexikalischen Sprachkontaktes leisten kann.

Als Untersuchungsgegenstand wurde das Wortfeld Internet gewählt, das sich aus verschiedenen Gründen besonders für die Untersuchung kontaktinduzierten Sprachwandels anbietet. Durch den stetigen technischen Fortschritt entstehen in diesem Bereich ständig neue Bezeichnungsbedürfnisse, denen die Sprache Rechnung tragen muss. Dabei führen die weltweite Verbreitung des Internets und die Spitzenposition der angloamerikanischen Technologie gerade hier zu einer gehäuften Konfrontation der europäischen Kultursprachen mit englischen Bezeichnungen. Sollen diese, wie immer wieder von sprachplanerischer Seite gefordert, nicht als Lehnwörter in die Muttersprache aufgenommen werden, so muss diese auf eigene Wortbildungsmöglichkeiten zurückgreifen oder Mechanismen der "Französisierung" bzw. "Hispanisierung" anwenden, die wiederum mit den Kategorien des inneren Lehnguts beschrieben werden können.

Auf der Grundlage des oben entworfenen Modells soll im Folgenden der Frage nachgegangen werden, in welchem Umfang die aufgezeigten Möglichkeiten der lexikalischen Innovation in den beiden untersuchten Sprachen Anwendung finden, und ob sich bei der Bevorzugung bestimmter

Formen der Neologie allgemeine Gesetzmäßigkeiten beobachten lassen. Um möglichst viele der Faktoren zu erfassen, die auf die Auswahl des Innovationsverfahrens einwirken, wird sich die Analyse in vier Teile gliedern. Den Ausgangspunkt bilden die bisher von der französischen Terminologiekommission veröffentlichten offiziellen Wortlisten zum Thema Internet und Informatik. Mithilfe der im theoretischen Teil entwickelten Lehngutklassifikation wird zunächst aufgezeigt werden, von welchen Prinzipien sich die Kommissionen bei der Bildung von Ersatzwörtern leiten lassen. Anschließend soll die vergleichende Analyse eines französischen Zeitungskorpus zeigen, ob in der spontanen Sprache dieselben Mechanismen Anwendung finden, oder ob die Sprecher andere Formen der Neologismenbildung vorziehen. Um zu prüfen, ob sich die für das Französische ermittelten Tendenzen auch auf andere romanische Sprachen verallgemeinern lassen, wird im Anschluss eine entsprechende Untersuchung für das Spanische stattfinden. Da anzunehmen ist, dass soziokulturelle Faktoren wie Art und Intensität des Sprachkontaktes den Umgang mit fremdsprachlichem Wortmaterial in mehr oder minder hohem Maße beeinflussen, werden innerhalb des Spanischen die europäische und mexikanische Varietät gegenübergestellt.

Kapitel I

Das Problem der Identifikation von innerem Lehngut

> Si el nuevo significado se asemeja tanto al primitivo que aquél puede considerarse como una extensión lógica de éste, ¿por qué buscar la influencia de otros idiomas en lo que puede explicarse como una evolución lingüística autónoma? En definitiva, ¿cómo tener la certeza de esta presencia semántica extranjera?
>
> *(Pratt 1980: 170–71)*

Will man im Rahmen einer empirischen Untersuchung das Ausmaß des fremden Einflusses auf den Wortschatz der Replikasprache bestimmen, so besteht eine der Hauptschwierigkeiten in der Identifikation von Erscheinungen des inneren Lehnguts und in deren Abgrenzung von sprachimmanent entstandenen Neologismen: Während sich Lehnwörter häufig durch lautliche Besonderheiten zu erkennen geben, sind Übersetzungen lautlich und formal unauffällig und daher anhand sprachlicher Kriterien nicht von Eigenbildungen zu unterscheiden.[1]

Umso wichtiger ist es, vor der eigentlichen Untersuchung Kriterien aufzustellen, die eine möglichst eindeutige Identifikation von kontaktinduzierten lexikalischen Innovationen ermöglichen. Bevor eine Neuerung auf Sprachkontakt zurückgeführt wird, muss zunächst geklärt werden, ob ein Fremdeinfluss als Ursache für den Sprachwandel überhaupt in Frage kommt. Besteht theoretisch die Möglichkeit einer Entlehnung, muss in einem nächsten Schritt anhand sprachlicher und außersprachlicher Hinweise überprüft werden, inwieweit man eine unabhängige Entwicklung ausschließen kann. Welche Kriterien dabei jeweils maßgeblich sind, soll im Folgenden mit Bezug auf den Wortschatzbereich Internet dargestellt werden.

---

1 Wahrscheinlich sind hier die Gründe für die geringe Repräsentanz von Erscheinungen des inneren Lehnguts in Arbeiten zur Entlehnung sowie in etymologischen Wörterbüchern zu suchen (vgl. Höfler 1988: 118).

1. Voraussetzungen für das Vorliegen von innerem Lehngut

Im Vorfeld jeglicher Untersuchung zum kontaktinduzierten lexikalischen Sprachwandel muss zunächst geprüft werden, ob bestimmte Voraussetzungen gegeben sind, ohne deren Erfüllung inneres Lehngut von vornherein ausgeschlossen werden kann. Hier sind sowohl sprachliche als auch außersprachliche Faktoren relevant. Aus außersprachlicher Sicht ist festzuhalten, dass eine Entlehnung nur dann stattfinden kann, wenn ein Kontakt zwischen den jeweiligen Sprechergemeinschaften besteht:

> At least one constraint can be stated with absolute confidence: as mentioned above, contact-induced language change cannot occur without language contact. (Thomason 2001: 78)

Unter Sprachkontakt ist in diesem Zusammenhang das Vorhandensein einer ausreichend großen Zahl zweisprachiger Personen zu verstehen, bei denen Interferenzerscheinungen zu erwarten sind. Dabei ist es – zumindest in heutiger Zeit – nicht unbedingt notwendig, dass die beteiligten Sprachen auf demselben oder auf benachbarten Territorien gesprochen werden. Durch den Einfluss der internationalen Medien, den Fremdsprachenunterricht an Schulen, die zunehmende Mobilität von Einzelpersonen etc. werden die geographischen Grenzen des Sprachkontaktes zunehmend gesprengt.[2] Da Sprachkontakt in der Regel mit Kulturkontakt einhergeht, ist eine zwischensprachliche Beeinflussung jedoch umso wahrscheinlicher, je intensiver der kulturelle, ökonomische und soziale Austausch zwischen den Sprechergemeinschaften ist.

Unter sprachlich-strukturellen Gesichtspunkten kann ein kontaktinduzierter Sprachwandel nur dann vorliegen, wenn in der Replikasprache eine lexikalische Innovation zu beobachten ist. Darunter soll jede Art der Sprachverwendung verstanden werden, die in Bezug auf System oder Norm

2 Es ist daher nicht sinnvoll, eine Unterscheidung zwischen direktem und indirektem Sprachkontakt vorzunehmen, wie sie Truchot vorschlägt (vgl. Truchot 1992: 93). Seiner Ansicht nach liegen unterschiedliche Formen von Sprachkontakt vor, je nachdem, ob die beiden beteiligten Sprachen auf demselben geographischen Gebiet gesprochen werden oder nicht. Der aktuelle Einfluss des Englischen auf zahlreiche Kultursprachen gehe daher vorwiegend auf indirekten Kontakt zurück. Dieser Ansicht muss insofern widersprochen werden, als Interferenzen als Vorbedingung für zwischensprachliche Beeinflussung immer und ausschließlich bei Zweisprachigen vorkommen. Für die anschließende Verbreitung in der Sprechergemeinschaft mag der Grad an Zweisprachigkeit und damit indirekt die Frage der geographischen Nähe eine Rolle spielen – für die Mechanismen der Interferenz ist sie jedoch unerheblich.

der Replikasprache neu ist.[3] Die Verwendung systemfremder Zeichen beim Code-Switching kann daher ebenso als Innovation gelten wie die Erweiterung der Bezeichnungsmöglichkeiten bestehender Lexeme oder die Entstehung neuer *signifié-signifiant*-Verbindungen (so genannte homophone Lehnbedeutungen). Als Interferenz äußert sich die lexikalische Innovation in akzidentellen System- oder Normverstößen, als Entlehnung hingegen als dauerhafte Erweiterung des Systems oder der Norm.

Liegt in der vermutlichen Replikasprache eine lexikalische Innovation vor, muss weiterhin geprüft werden, ob diese überhaupt auf die Einwirkung einer anderen Sprache zurückgehen kann. Das ist dann der Fall, wenn in der vermutlichen Modellsprache eine Wortschatzeinheit existiert, die aufgrund ihrer semantischen und formalen Eigenschaften als Vorbild gedient haben könnte. Bei Fachterminologien, für die zahlreiche Wort-Sach-Entlehnungen charakteristisch sind, liegt dabei in der Regel auch ein gemeinsamer, aus der modellsprachlichen Sprachgemeinschaft importierter Referent vor.

Die Bedingungen für das Vorliegen sprachkontaktinduzierter Neologismen sind für den in der vorliegenden Arbeit untersuchten Wortschatzbereich vollständig erfüllt. Aufgrund besonderer soziokultureller und ökonomischer Faktoren, die an anderer Stelle noch ausführlich erörtert werden sollen, kann man von einem engen Kontakt zwischen dem Englischen und Französischen bzw. Spanischen ausgehen (vgl. hierzu Crystal 1997, Truchot 1992). Bei allen untersuchten Bezeichnungen handelt es sich um lexikalische Innovationen, die zum überwiegenden Teil exakte Entsprechungen in der englischen Terminologie besitzen.

2. Anhaltspunkte für das Vorliegen von innerem Lehngut

Die oben dargestellten Voraussetzungen stecken den Rahmen ab, innerhalb dessen kontaktinduzierter Sprachwandel stattfinden kann. Sind sie erfüllt, ist es theoretisch möglich, dass lexikalische Innovationen in den in Kontakt stehenden Sprachen durch fremde Vorbilder angeregt wurden. Trotzdem ist damit noch nichts bewiesen, da unabhängige Parallelentwicklungen in der Regel nicht völlig ausgeschlossen werden können. Um in dieser Frage die

3 Unser Innovationsbegriff ist damit deutlich weiter gefasst als Neologismusdefinitionen, die man in der bisherigen Lehngutliteratur findet und bei denen die Entstehung einer neuen Lautsequenz (vgl. Goffin 1983: 6) bzw. einer neuen *signifié-signifiant*-Verbindung gefordert wird (vgl. Rey 1976: 12).

größtmögliche Sicherheit zu erlangen, muss nach weiteren Hinweisen gesucht werden, die für eine Fremdbeeinflussung sprechen.

2.1 Sprachliche Anhaltspunkte

In der Regel sind Übersetzungen in der Replikasprache unauffällig, da lediglich die Bezeichnungsmuster der Lexeme von der Modellsprache beeinflusst werden, nicht jedoch ihre äußere Gestalt. In einigen wenigen Fällen jedoch bleiben polylexematische Übersetzungen der Vorlage auch formal verhaftet. So entstehen Wortbildungsmuster, die sich innerhalb der Replikasprache nur schwer erklären lassen, aber mit den Strukturen der Modellsprache übereinstimmen. Beispielsweise deutet die für das Deutsche ungewöhnliche Präpositionalkonstruktion bei *Mann von Welt* (anstelle des eigentlich zu erwartenden asyndetischen Kompositums *Weltmann*) darauf hin, dass es sich um eine Übersetzung von frz. *homme du monde* handelt. Solche morphologischen Kriterien sind allerdings nur bedingt zur Identifikation von innerem Lehngut anwendbar, da formal auffällige Übersetzungen selten vorkommen. Stehen eng verwandte oder typologisch ähnliche Sprachen in Kontakt, deren Wortbildungsmöglichkeiten in hohem Maße übereinstimmen, scheiden formale Anhaltspunkte sogar vollkommen aus.

Semantische Faktoren sprechen dann für inneres Lehngut, wenn eine Bedeutungsentwicklung stattgefunden hat, die im Hinblick auf die ursprüngliche Verwendung wenig plausibel erscheint. In diesem Zusammenhang ist v.a. die so genannte homophone Lehnbedeutung zu nennen: Bei dem Homonymenpaar *Ente/canard* beispielsweise macht die ungewöhnliche, synchron nicht nachvollziehbare Kombination der Bedeutungen 'Wasservogel' und 'falsche Zeitungsmeldung' mit demselben Lautkörper eine Polygenese unwahrscheinlich (vgl. Ernst 2000: 104-05).

Ein Vergleich der polysemen Strukturen mehrerer Sprachen kann Aufschluss über die Fremdbeeinflussung eines Terminus geben, wenn die vermutliche Modellsprache auf unterschiedliche Sprachgemeinschaften ausgestrahlt hat. In je mehr Sprachen die Bezeichnungsmuster übereinstimmen, desto unwahrscheinlicher sind unabhängige Parallelentwicklungen. Auf diese Weise geht Stimm vor, der mutmaßlich fränkisch beeinflusste Wortschatzeinheiten mit ihren semantischen Entsprechungen in der Romania vergleicht. Konvergiert das Französische mit dem Fränkischen, weicht aber von den anderen romanischen Sprachen ab, ist fränkischer Lehneinfluss sehr wahrscheinlich (vgl. Stimm 1968: 595). Übereinstimmende Bezeichnungsmuster in verschiedenen Sprachen, wie man sie im Internetwortschatz recht häufig antrifft (vgl. z.B. engl. *window*, frz. *fenêtre*, span. *ventana*, pt. *janela*, dt. *Fenster* etc.; siehe auch die Tabelle auf S. 325–326), sprechen daher für gegenseitige Beeinflussung.

2.2 Textsortenspezifische Anhaltspunkte

Wenn, wie es häufig der Fall ist, das sprachliche Material allein keine Rückschlüsse über die Herkunft eines Lexems erlaubt, müssen zusätzlich außersprachliche Faktoren in die Betrachtung einbezogen werden. Eine wichtige Informationsquelle bieten hier die Texte, in denen die fraglichen Termini erscheinen. Handelt es sich um Textsorten, bei denen von einem hohen Grad der Beeinflussung durch andere Sprachen auszugehen ist (z.B. Glossen, Interlinearversionen, Übersetzungstexte), lassen sich parallele Ausdrucksweisen mit hoher Wahrscheinlichkeit auf Interferenzen zurückführen:

> Lehnübersetzungen können am sichersten in parallelen Texten beobachtet werden. Wenn in zwei Texten, von denen der eine die Übersetzung des anderen ist, an gleicher Stelle zwei Wörter oder Ausdrücke einander entweder genau oder mit regelmäßigen Unterschieden entsprechen, dann kann man das entsprechende Wort im sekundären Text getrost für eine Lehnübersetzung halten. (Nyomárkay 1993: 117)[4]

Im Zusammenhang mit dem Internetvokabular sind hier aus dem Englischen übersetzte einschlägige Zeitschriften, Fachliteratur und Benutzerhandbücher sowie vor allem Softwareprodukte (z.B. *Netscape Navigator, Internet Explorer, Outlook Express* etc.) zu nennen, die zunächst auf Englisch konzipiert und anschließend in andere Sprachen übersetzt werden. Findet man beispielsweise in der französischen Fassung von *Netscape Navigator* die Bezeichnungen *favoris, courrier électronique* und *adresse* genau dort, wo in der Originalversion *favorites, e-mail* und *address* erscheinen, so weist dies auf Übersetzung hin. In den Fällen, in denen der modell- und der replikasprachliche Ausdruck in keiner formalen Beziehung zueinander stehen, kann man dagegen davon ausgehen, dass eine unabhängige Bildung vorliegt.

4 Zu Fällen, in denen das Auftauchen in Übersetzungstexten gerade nicht auf inneres Lehngut hinweist, vgl. Vidos 1977, besonders 72.

Auch Texte, die nicht direkt aus dem Englischen übersetzt wurden, liefern häufig Anhaltspunkte über den Ursprung und die Entstehungsweise bestimmter Termini. Frisch geprägte Neologismen werden in der Pressesprache zur besseren Verständlichkeit häufig zusammen mit ihrem englischen Äquivalent verwendet (vgl. Duckworth 1979: 217), was bei semantisch-formaler Übereinstimmung zwischen beiden Bezeichnungen als eindeutiger Hinweis auf das Vorliegen einer Übersetzung gewertet werden kann.[5] Dieses Phänomen lässt sich auch in den analysierten Zeitungstexten recht häufig beobachten. Direkte Gegenüberstellungen von Vor- und Nachbild werden allerdings meist nur kurz nach der Entstehung des Neologismus vorgenommen.

Von besonderem Interesse für den Nachweis von innerem Lehngut sind metasprachliche Aussagen der Autoren über den Ursprung der von ihnen verwendeten Termini (vgl. Röntgen 1992: 40). In einigen der untersuchten französischen Zeitschriften finden sich Wortlisten, in denen die Autoren englische und französische Fachtermini gegenüberstellen und bisweilen konkrete Hinweise auf die Entstehung der französischen Bezeichnungen geben.[6] Z.B. äußert sich der Autor zur Entstehung der Bezeichnung *homepage* wie folgt: "Page de démarrage. [...] Aussi appelée *page d'accueil* en rapport à sa désignation anglophone: *homepage*" (*Internet pratique*, S. 101).

Noch sicherer ist der Beweis für den fremden Einfluss, wenn der Urheber einer Übersetzung ausfindig gemacht werden kann, wie es z.B. Carstensen für *Wechselwähler* nach engl. *floating voter* gelungen ist. Im Erstbeleg der Bezeichnung weist der Verfasser des Textes nicht nur den deutschen Terminus als seine eigene Erfindung aus, sondern gibt außerdem explizit an, dass er sich bei dessen Bildung am englischen Vorbild orientiert hat (vgl. Carstensen 1979: 11). Es kann hier also ausnahmsweise als gesichert gelten, dass die Bezeichnung zunächst im Englischen entstanden ist und dann als direktes Vorbild für die deutsche Entsprechung gedient hat. Meist ist der Urheber jedoch nur dann überliefert, wenn es sich um einen bekannten Autor, Übersetzer oder eine historische Persönlichkeit handelt (vgl. Kowallik 1991: 18).

5 Dieser Fall ist insofern interessant, als ein neugeprägter replikasprachlicher Ausdruck durch einen modellsprachlichen erklärt werden soll, also von einer höheren Verständlichkeit der fremden Bezeichnung ausgegangen wird.

6 Vgl. *Internet en action*, S. 96–97; *Internet pratique*, S. 100–101; *Net@cces*, S. 112.

2.3 Kulturhistorische Anhaltspunkte

Erlauben weder die fraglichen Lexeme noch der Textzusammenhang, in dem sie verwendet werden, gesicherte Aussagen über ihre Herkunft, so muss die Identifikation von sprachkontaktinduzierten Innovationen über außersprachliche, meist soziokulturelle Faktoren erfolgen. Von besonderem Interesse ist in diesem Zusammenhang die Übernahme von Kulturgütern aus fremden Sprachgemeinschaften. Der Versuch, anhand sprachlicher Lehnbeziehungen kulturelle Austauschprozesse zu rekonstruieren, ist in der Geschichtsforschung nicht neu (vgl. Weinreich 1976: 80; Hope 1962). Wie Bäcker bemerkt, können umgekehrt aber auch sachliche und kulturhistorische Zusammenhänge Aufschluss über sprachliche Entlehnungsvorgänge geben (vgl. Bäcker 1975: 90). Eine Untersuchung der französischen Tagespresse durch Gossen zeigt, dass der Anglizismus in der Regel "themagebunden [ist], d.h. er tritt in praxi dort in Erscheinung, wo eine wie auch immer geartete Bindung mit der angelsächsischen Welt besteht" (Gossen 1980: 564; vgl. Deroy 1956: 8, 152ff; Klein 1997: 342; Truchot 1992: 97; Vinet 1996: 170; Sarcher 2001: 10). Je stärker das behandelte Themengebiet mit einem bestimmten Sprach- und Kulturkreis verflochten ist, umso wahrscheinlicher ist daher fremder Einfluss auf den Wortschatz.

Dabei wird der Zusammenhang zwischen dem gehäuften Auftreten von Entlehnungen und bestimmten Sachgebieten in der Regel nur in Bezug auf Lehnwörter gesehen:

> Existe una diferencia muy clara entre el anglicismo patente y el no patente por lo que se refiere al tema del pasaje donde aparece el anglicismo. Es lógico que la gran mayoría de los anglicismos patentes, por referirse a objetos específicos y muy a menudo nuevos, tengan que emplearse forzosamente al tratar ciertos temas (como el deporte, la moda, la música moderna, el cine, la medicina, etc.). No ocurre así con el anglicismo no patente, que se caracteriza precisamente por su inmensa gama temática. (Pratt 1980: 228)

Diese Aussage ist allerdings zu relativieren, denn die starke Durchsetzung eines Wortschatzgebietes mit Lehnwörtern schließt innere Beeinflussungen keinesfalls aus – sie ist vielmehr als Hinweis darauf zu werten, dass eine fremde Sprache in hohem Maße an der Entstehung der Terminologie beteiligt war. Damit steigt jedoch auch die Wahrscheinlichkeit für andere Formen der kontaktinduzierten Innovation, so dass nicht nur Lehnwörter, sondern auch Übersetzungen letztlich themagebunden sind.

Bezeichnet das fragliche Lexem ein bisher unbekanntes Konzept aus einem fremden Kulturkreis, kann das daher ebenfalls als Hinweis auf inneres Lehngut gewertet werden:

> Als sicherstes Kriterium für das Vorliegen einer sprachlichen Entlehnung gilt die damit verbundene Sachentlehnung, worunter sowohl die Entlehnung von Gegenständen als auch von Konzepten zu verstehen ist. (Braselmann 1999: 70)

Im Internetwortschatz tritt die Themagebundenheit des Anglizismus besonders deutlich zutage. Der überwiegende Teil der technischen Fortschritte im Computersektor wurde in den letzten Jahrzehnten in den USA gemacht und von dort aus in die ganze Welt exportiert. Amerikanische Konzerne beherrschen 90% des Marktes (vgl. Marcellesi 1973: 59).[7] Seit jeher ist daher das Englische *die* Sprache der Computerbranche. Auch das Internet ist ursprünglich in den Vereinigten Staaten von Amerika entstanden[8] und wurde daher zunächst auf Englisch konzipiert. Als sich ihm seit Mitte der 80er Jahre immer mehr Institutionen auch außerhalb der USA anschlossen und allmählich ein globales Netzwerk entstand, mussten die neuen Teilnehmer dessen Sprache übernehmen (vgl. Lebsanft 2000: 37, 41). Nicht vergessen werden darf überdies die Tatsache, dass das Internet in einer Zeit entwickelt wurde, in der sich das Englische bereits als internationale Verkehrssprache in anderen wissenschaftlichen und technischen Bereichen etabliert hatte (vgl. Bruns 2001: 70). Die Kenntnis der englischen Sprache war damit Voraussetzung für den Zugang zu den aktuellen technischen Innovationen geworden:

> ARPANET [= *Advanced Research Projects Agency Net,* der Vorgänger des Internets] was conceived as a decentralized national network, its aim being to link important American academic and government institutions

---

7 Koechlin gibt für 1986 einen französischen Marktanteil von 5% im Bereich der Computertechnologie an (vgl. Koechlin 1988: 162). Es ist anzunehmen, dass diese Anteile starken Schwankungen ausgesetzt sind, zumal die internationale Zusammenarbeit stetig zunimmt und im Zuge der Globalisierung die Zuordnung eines Konzerns zu einem bestimmten Nationalstaat immer schwieriger wird.

8 Die Ursprünge des Internets liegen im amerikanischen Verteidigungsministerium, in dessen Auftrag Anfang der 60er Jahre ein dezentrales Computernetz entwickelt wurde, das selbst beim Ausfall einzelner Rechner insgesamt funktionstüchtig bleibt, da die Daten über andere Knotenpunkte umgeleitet werden können. Zur Geschichte und Verbreitung des Internets vgl. Jaillet 1998: 65; Runkehl/Schlobinski/Siever 1998: 9–23; Sachs 1998: 6–7; Hentschel/Milić 1998 sowie Lustig/Tiedemann 2000: 3–6. Eine überaus ausführliche Darstellung findet sich bei Bruns (vgl. 2001: 19–26). Zur Funktionsweise des Internets vgl. Huber/Cheval 1998: 170.

> in a way which would survive local damage in the event of a major war. Its language was, accordingly, English; and when people in other countries began to form links with this network, it proved essential for them to use English. The dominance of this language was then reinforced when the service was opened up in the 1980s to private and commercial organizations, most of which were [...] already communicating in English. (Crystal 1997: 106; vgl. Radkovsky 1996: 2; Arntz/Arranz 1999: 1518; Franceschi 1996: 1)

Dazu kommt, dass technische Fachterminologien aus Gründen des Vertriebs häufig auch dann direkt auf Englisch erdacht werden, wenn die entsprechenden Innovationen gar nicht aus dem anglophonen Bereich stammen. Japan beispielsweise gehört zu den Ländern, die in den letzten Jahrzehnten zahlreiche neue Technologien, aber nur wenig eigenes Wortgut exportiert haben (vgl. den in Japan geprägten Pseudoanglizismus *walkmann*; vgl. Zimmer 1997c: 33). Entsprechende Tendenzen sind auch in Europa zu beobachten: Die Zeitschrift *Web magazine* berichtet beispielsweise über eine französische Erfindung namens *Netbox* (vgl. *Web magazine*, S. 14). Auch das *World Wide Web* trägt einen englischen Namen, obwohl es nicht aus den USA, sondern aus dem französischsprachigen Raum stammt – es wurde 1990 vom *CERN* (*Centre Européen de Recherche Nucléaire*) in Genf entwickelt (vgl. Sachs 1998: 6; Otman 1998: 444; Bruns 2001: 24). Der Gebrauch des Englischen sichert der jeweiligen Firma oder Institution in der Regel bessere Absatz- und Exportmöglichkeiten und damit ökonomische Vorteile (vgl. Schmitt 1992: 301). Die Werbewirksamkeit von Anglizismen ist so hoch, dass viele französische Firmen wegen der zu erwartenden Mehreinnahmen wissentlich gegen die Sprachgesetze verstoßen und die damit verbundene Geldstrafe in Kauf nehmen (vgl. Braselmann 2000: B2).[9]

Auch technische Faktoren haben dazu beigetragen, dass das Englische zur Sprache des Internets avancieren konnte. In den Anfangsjahren ließen große Suchmaschinen wie *Yahoo!* etc. ausschließlich englische Suchbegriffe zu, so dass der Benutzer nur dann Zugang zu den gesuchten Informationen bekommen konnte, wenn er über grundlegende Englischkenntnisse verfügte – selbst, wenn die von ihm angesteuerten Websites in anderen Sprachen verfasst waren. Gerade in Bezug auf die romanischen Sprachen waren die Probleme mit der Einführung französischer und spanischer Suchmaschinen noch nicht behoben, da Buchstaben mit diakritischen Zeichen und Satzzeichen wie das umgekehrte spanische Frage- und Ausrufezeichen nicht

9 Zur Werbewirksamkeit englischer Marken- und Produktnamen vgl. Feyry 1972.

gelesen werden konnten (vgl. Sachs 1998: 4; Radkovsky 1996: 2; Zimmer 1997b; Lebsanft 2000: 40) – ganz zu schweigen von Sprachen, die nicht das lateinische Schriftsystem verwenden. Nachdem 1996 mit *Lokace* die erste ausschließlich französische Suchmaschine ins Leben gerufen wurde (vgl. *Herald Tribune* vom 11.3.1996, S. 13), ihr inzwischen zahlreiche weitere gefolgt sind[10] und mittlerweile auch englischsprachige Suchmaschinen über automatische Übersetzungsprogramme verfügen (vgl. Boukhari 1998: 44), fällt dieser Umstand heute nicht mehr sonderlich ins Gewicht. Trotzdem ist anzunehmen, dass die vorübergehende Beschränkung auf das Englische in den vergangenen Jahren zu seiner Etablierung als Internetsprache sowie zur Herausbildung der aktuellen Terminologie beigetragen hat.

Dazu kommt, dass in manchen Fällen übersetzte Termini zwar in der Kommunikation verwendet werden können, für die Nutzung der zugehörigen Technologien jedoch unbrauchbar sind. So existiert sehr wohl für die englische Sigle *http* (*hypertext transfer protocol*) eine französische Entsprechung *ptht* (*protocole de transfer d'hypertextes*); diese kann jedoch beim Ansteuern einer bestimmten Internetseite nicht in die Adressenleiste des Browsers eingegeben werden, da der Server nur die englische Form erkennt. Gleiches gilt für *ftp, html, telnet,* @ etc. (vgl. Mopoho 1996: 127). Aus ähnlichen Gründen ist auch der Vorschlag, die Sigle *WWW* im spanischsprachigen Raum durch *MMM* (für *Máxima Malla Mundial* oder *Multimalla Mundial*) zu ersetzen, nicht umsetzbar (vgl. Camón Herrero 1999: 94). Somit ist schon aus technischen Gründen die "Französisierung" bzw. "Hispanisierung" in einigen Fällen unmöglich und die Kenntnis englischer Internettermini für den Internetbenutzer unumgänglich, was wiederum die Wahrscheinlichkeit von Interferenzen bei der Entstehung der romanischen Bezeichnungen erhöht.

In den sozioökonomischen und technischen Faktoren, auf die die Vorrangstellung des Englischen in der Computerwelt zurückgeführt werden kann, sieht Königer einen historisch bedeutsamen, jedoch für die aktuellen Entwicklungen nicht mehr entscheidenden Umstand:

> Im Verhältnis zu diesen Veränderungen im internationalen Sprachengebrauch spielt es zwar noch eine gewisse Rolle, ist aber nicht mehr entscheidend, daß wesentliche wirtschaftliche und technische Einflüsse nach wie vor aus dem angelsächsischen Raum kommen. In den Anfangsjahren der Datenverarbeitung war dieser Einfluß dominierend, denn so

10 Für eine Zusammenstellung der wichtigsten französischen Suchmaschinen vgl. Krumm 1998: 66; Tucat/Depecker 1996: 5.

> gut wie alle informationstechnischen Entwicklungen wurden damals in den USA gemacht. Deshalb war es selbstverständlich, daß Dokumentationen, technische Beschreibungen, Testprotokolle usw. zunächst in Englisch abgefaßt und erst später, wenn überhaupt, in andere Sprachen übersetzt wurden. Dies ist die historische Wurzel dafür, daß das Englische in der Computerwelt so breite Verwendung finden konnte, es ist heute jedoch nicht mehr die treibende Kraft. (Königer 1997: 162)

Seiner Ansicht nach sind in neuerer Zeit v.a. pragmatische Bedürfnisse der Hersteller, Computerfachleute und privaten Internetnutzer relevant. Sowohl im wirtschaftlichen als auch im technisch-wissenschaftlichen Bereich ist eine Zusammenarbeit über Länder- und Sprachgrenzen hinweg notwendig, da Entwicklung und Herstellung neuer Technologien immer teurer werden (vgl. Königer 1997: 162). Auch auf internationalen Fachkonferenzen, wo neue Forschungsergebnisse und Technologien vorgestellt werden, muss man sich auf eine allgemeine Verkehrssprache einigen. Gleiches gilt für Veröffentlichungen in Fachzeitschriften, wenn sie ein internationales Publikum erreichen sollen (vgl. Gablot 1978: 184; Goffin 1983: 5; Lara 1994: 300).

Aufgrund seiner herausragenden Stellung in Forschung und Technik ist das Englische geradezu prädestiniert, in allen diesen Kontexten als Verständigungssprache unter Wissenschaftlern und Computerspezialisten zu fungieren (vgl. Goffin 1983: 5; Viereck 1998: 767). Gestützt wird diese Entwicklung von dem Prestige, das es sich inzwischen im technischen Bereich erworben hat: Wer nicht als "informaticien de salon" (Le Guilly-Wallis 1986: 54) gelten möchte, muss sich der englischen Fachterminologie bedienen:

> Sur le plan des rencontres internationales, il faut connaître et employer le jargon anglais. Celui qui essaye d'imposer l'utilisation d'une terminologie française dans les discussions (même entre français) à un congrès par exemple, est considéré comme un ignorant et devient immédiatement déconsidéré. (Le Guilly-Wallis 1991: 119; vgl. Le Guilly-Wallis 1985: 143, 1986: 51; Gouadec 1994: 144)

Vor allem aber hat die breite Masse der Internetnutzer ein großes Interesse an einer allgemeinen Verkehrssprache, da sie sich im Rahmen der elektronischen Kommunikation (z.B. Chatrooms und Newsgroups) weltweit verständigen möchte:

> Most worldwide mailing lists are conducted in English. Some of them have large majorities of people with other native languages. Curiously

> enough, it is usually the nonnative English speakers who insist the most on the use of English, because they don't want to have to deal with somebody else's native tongue, which they almost surely won't know as well as English. (Harasim 1993: 52–53; vgl. Schmitz 2000: 2170)

In Internet-Diskussionsforen wird das Englische daher bevorzugt gebraucht; hier fällt Französisch mit einem Anteil von 1% sogar noch hinter Italienisch und Spanisch zurück (vgl. *Tagesspiegel* vom 19.5.2000, S. 37).[11] Zwar gibt es mehr und mehr Chatrooms und Newsgroups auch in anderen Sprachen – wer sich jedoch über sehr spezielle Themen unterhalten oder informieren möchte, ist weiterhin auf Englischkenntnisse angewiesen:

> La part des groupes de discussion en français est réduite par rapport à la part en anglais, où l'on peut trouver les sujets les plus pointus, du Bouddhisme tibétain au groupe de discussion sur les lémuriens. Des groupes sur ces thèmes existent peut-être aussi en français, mais nous ne les avons pas rencontrés. L'utilisateur francophone (ou des autres communautés linguistiques) sera donc, encore pour le moment, obligé d'utiliser les groupes anglophones s'il s'intéresse à des sujets pour lesquels il ne trouve pas de ressources dans sa langue. (Sachs 1998: 10)

Selbst, wenn in einer anderen Sprache gechattet wird, spielen Englischkenntnisse und der Gebrauch von Anglizismen eine bedeutsame Rolle, da sie gewissermaßen zum "guten Ton" unter den Internauten gehören:

> El verbo *chatear*, en *spanglish*, [se, *sic*!] refiere una conversación que comprende un *switcheo* de códigos, un ir y venir del inglés y el castellano. No es lo mismo que "conversar", que, dice el *Diccionario de la Real Academia Española*, es "hablar una o varias personas con otra u otras", y asimismo, "vivir, habitar en compañía de otros". *Chatear*, pues, es el tránsito verbal bilingüe que denota la experiencia multicultural de sus hablantes. (Stavans 2001: 10)

Dabei hat das Englische seine herausragende Stellung in der Internetkommunikation nicht nur seiner bisherigen Bedeutung in der Computerwelt zu verdanken. Wegen seiner weltweiten Verbreitung als Mutter- und Zweitsprache gerade in Ländern mit einem hohen Anteil an Internet-

---

11 Laut Kramarae muss die Sprachverwendung im Internet allerdings differenzierter betrachtet werden. Während die Websites tatsächlich vorrangig auf Englisch verfasst würden, finde die Kommunikation (Chatrooms, E-Mail etc.) dagegen größtenteils in anderen Sprachen statt (vgl. Kramarae 1999: 49). Auch in Bezug auf das Spanische müssen die Zahlen relativiert werden, da gemessen an der Größe der spanischen Sprachgemeinschaft der Anteil der hispanophonen Internauten äußerst gering ist (vgl. Lebsanft 2000: 38).

nutzern (Nordamerika, Australien und Westeuropa; vgl. Boukhari 1998: 43),[12] seiner "vergleichsweise leichte[n] Erlernbarkeit bis zu einer kommunikativ befriedigenden Verständigung" (Grätz 2000: 2; vgl. Görlach 2000: 1121) und der Tatsache, dass es die weltweit am häufigsten gelernte Zweitsprache darstellt (vgl. Crystal 1997: 3),[13] gibt es "momentan keine ernstzunehmende Alternative als lingua franca im Internetbereich" (Königer 1997: 161–62; vgl. Kramarae 1999: 49). Vor diesem Hintergrund ist es nicht verwunderlich, dass das World Wide Web weitgehend anglophon ist – mehr als 80% aller WWW-Seiten sind in englischer Sprache verfasst.[14]

Es kann daher kein Zweifel daran bestehen, dass die gesamte Internetfachterminologie ursprünglich angloamerikanischer Herkunft ist und zunächst in ihrer englischen Form unter Computernutzern und -spezialisten anderer Nationen verbreitet wird, die sich in einer englisch-französischen bzw. englisch-spanischen Diglossiesituation bewegen:

> [...] les informaticiens [...], y compris les journalistes de revues de vulgarisation, vivent une situation de diglossie, voire de triglossie. D'une part, ils rédigent leurs articles en langue vernaculaire (en français ou en allemand), tandis que par ailleurs ils emploient l'anglais, langue véhiculaire de l'informatique, ainsi que les différents langages de programmation [...] à base d'anglais. (Humbley 1987b: 272; vgl. Prince 1987: 16)

---

12 Noch 1995 waren zwei Drittel aller Internetnutzer US-Amerikaner (vgl. Boukhari 1998: 44).

13 Ca. ein Viertel der Weltbevölkerung kann sich auf Englisch verständigen (vgl. Kramarae 1999: 48).

14 Die Angaben über den Anteil englischsprachiger Seiten am Gesamtumfang des WWW gehen stark auseinander. In der Regel wird für das Englische ein Prozentsatz zwischen 75% und 95%, für das Französische dagegen ein Anteil von 1%–3% angegeben (vgl. Braselmann 1999: 25 und 2000: B2; Boutrous-Ghali 2000: 12; Caulier 1996: 20; *Tagesspiegel* vom 19.5.2000, S. 37; *The Economist* vom 11.3.2000, o.P.). Hier hat Frankreich einen großen Nachholbedarf, da das Internet durch die weite Verbreitung des Minitels, die spärliche Ausrüstung der französischen Haushalte mit Computern sowie die Angst vor einer kulturellen Überfremdung durch das neue Medium amerikanischer Provenienz lange Zeit ignoriert wurde (vgl. Kaeppel 1999: 74 und 77–79; Bruns 2001: 25). Während bereits Anfang der 90er Jahre eine explosionsartige Verbreitung des Internets über die Grenzen der USA hinaus eingesetzt hat, wurde Frankreich erst im Jahr 1994 von dieser Entwicklung erfasst. Dafür wurde das neue Kommunikationsmittel jedoch ab Mitte der 90er Jahre seitens des Staates massiv gefördert (vgl. Bruns 2001: 25). Trotzdem kann man auch heute noch beobachten, dass ein Großteil der französisch verfassten Sites in Québec beheimatet ist. Auch in Spanien setzte die Nutzung des Internets durch nennenswerte Teile der Bevölkerung erst 1995 ein (vgl. Alameda Nieto 1998: 261).

Die einzelsprachlichen Terminologien bilden sich vor der Schablone des Englischen heraus, wobei der Übersetzung eine besondere Bedeutung zukommt. Exportiert werden neue Geräte und technische Errungenschaften zunächst mit englischer Beschriftung und Software sowie englischen Gebrauchsanweisungen. Erst wenn der Gebrauch über Spezialistenkreise hinausgeht, werden Übersetzungen durch den Importeur oder ausländische Niederlassungen amerikanischer Konzerne vorgenommen. Die französischen Niederlassungen großer Computerfirmen wie *IBM France, TRT-TI* oder *Bull* verfügen häufig über eigene Abteilungen, die mit der Entwicklung französischer Terminologien betraut sind und mitunter sogar Glossare zum französischen Computerwortschatz herausgeben (vgl. Koechlin 1988: 164; Éloy/Humbley 1993: 16). Obwohl der Anglizismenfrage im hispanophonen Raum allgemein weniger Beachtung geschenkt wird als in Frankreich, sind auch hier Bemühungen um die Entwicklung spanischer Terminologien in der Wirtschaft zu beobachten. Beispielsweise erstellte die Firma *Hewlett Packard-Venezuela* in Zusammenarbeit mit dem kolumbianischen *GIT* (*Grupo de investigación terminológica*) im Jahre 1985 ein englisch-spanisches Glossar zur Computerterminologie (vgl. Gil 1992: 266). Auch ein großer Teil der Artikel in populären Computerzeitschriften, die den Gegenstand der vorliegenden Untersuchung bilden, wird nicht direkt in der jeweiligen Landessprache verfasst, sondern aus anderen Sprachen – meistens aus dem Englischen – übersetzt (vgl. Machová 1993: 195).

Wollen zweisprachige Computerspezialisten bei der Übersetzung von Programmen, Handbüchern und Zeitschriftenartikeln oder auch im alltäglichen Umgang mit den Technologien englische Termini durch eigensprachliche ersetzen, lassen sie sich höchstwahrscheinlich von den Bezeichnungsmustern leiten, die sie im Englischen vorfinden. Ein in diesem Zusammenhang nicht zu vernachlässigender Faktor ist die Übersetzungspraxis, die der Entstehung von Interferenzen massiv Vorschub leistet. Da die Übersetzungen aus Kostengründen unter großem Zeitdruck vorgenommen werden, lassen sie an Qualität häufig zu wünschen übrig (vgl. Kreisel/Tabbert 1996: 5).[15] Die ungünstigen Arbeitsbedingungen treiben die Entstehung von Interferenzen voran, da es Zeit und Mühe spart, den englischen Terminus wörtlich in die Zielsprache zu übertragen, anstatt lange nach idioma-

15 Wie nachlässig die Übersetzer im Einzelfall arbeiten, zeigt sich auch in dem untersuchten Korpus deutlich: In einigen der mexikanischen Internetzeitschriften finden sich ganze Passagen oder Bildunterschriften auf Englisch, die offensichtlich bei der Übersetzung versehentlich übergangen wurden.

tischen französischen oder spanischen Entsprechungen zu suchen. Auch Verwechslungen und Übersetzungsfehler (*faux-amis*) sind gerade in Fachtexten häufig zu beobachten, wobei die Fehlerwahrscheinlichkeit mit zunehmender Übersetzungsleistung steigt (vgl. Schmitt 1985: 28 und 35; Wilss 1989: 13; Albrecht 1995: 290). Laut Kramarae finden auch Programme, die Internetseiten in verschiedene Sprachen übersetzen können, zunehmend Verbreitung. Gerade durch die maschinelle Übersetzung, bei der die Zuordnung von ausgangs- und zielsprachlichen Lexemen automatisch mittels statistischer Verfahren erfolgt, steigt jedoch die Wahrscheinlichkeit von wörtlichen Wiedergaben und Übersetzungsfehlern auf der Grundlage gängiger Wortgleichungen (vgl. Kramarae 1999: 49–50; Radkovsky 1996: 4–5).

Durch Software, Computerhandbücher sowie die einschlägigen fach- und populärwissenschaftlichen Veröffentlichungen erfolgt schließlich die Verbreitung der französisierten und hispanisierten Terminologien. Der Software kommt dabei sicherlich die bedeutendste Rolle zu, da die dort verwendeten Termini den Computernutzern ständig präsent sind.[16] Die so genannte Softwarelokalisierung (d.h., die "Übersetzung systeminterner Anweisungen eines Computerprogramms", Stolze 1999: 160), wird meist durch die Konzerne selbst vorgenommen, die dadurch Vorbildfunktion für die einzelsprachlichen Fachterminologien erlangen: Da z.B. der amerikanische Konzern *Microsoft* den Markt dominiert, legt er die englischen Bezeichnungen und deren Übertragungen in andere Sprachen fest (vgl. Stolze 1999: 165).[17] Durch die zunehmende Nutzung von Computern und Internet in verschiedenen Gebieten der Arbeitswelt sowie im privaten Bereich bleibt der Gebrauch von Lehnwörtern und Übersetzungen nicht auf Fachkreise beschränkt, sondern greift in zunehmendem Maße auch auf die

---

16 Französische Linguisten, die eine Überfremdung des Computerwortschatzes durch Anglizismen befürchten, betonen daher immer wieder die Bedeutung idiomatischer Software-Übersetzungen für die Eindämmung des englischen Einflusses (vgl. Le Guilly-Wallis 1991: 120). In Québec wurde aus diesem Grund die Organisation *Bétel* (*Banc d'évaluation technolinguistique de produits informatiques en français*) ins Leben gerufen, die sich für die Übersetzung von Computerprogrammen ins Französische einsetzt (vgl. Globensky/Mandjee 1999: 1).

17 So ist es z.B. zu erklären, dass frz. *favori* (nach engl. *favorite*) inzwischen dem Synonym *signet* (nach engl. *bookmark*) den Rang abgelaufen hat. Der von *Microsoft* vertriebene und unter Computernutzern am weitesten verbreitete Browser *Explorer* verwendet die Bezeichnung *favorite*, während das seltener verwendete Konkurrenzprodukt *Netcscape Navigator* der Firma *Netscape* den Terminus *bookmark* gebraucht. Im Spanischen existiert sogar ausschließlich *favorito*.

Alltagssprache über (vgl. Magner 1991: 66), was die ohnehin bestehende Anglisierung der europäischen Kultursprachen fördert (vgl. Bombi 1995: 122; Bruns 2001: 33; Fischer 2001: 226).[18]

Man muss daher annehmen, dass das Englische in der Vergangenheit bereits massiv auf die Herausbildung der einzelsprachlichen allgemeinen Computerterminologien eingewirkt hat und sich diese Tendenz heute in der Internetterminologie fortsetzt. Die französische und spanische Internetfachsprache sind nicht als eigenständig entstandene Terminologien zu verstehen, sondern stellen mehr oder weniger oberflächliche Französisierungen bzw. Hispanisierungen der englischen Ausgangsterminologie dar:[19]

> [...] à l'origine de la chaîne, on trouve presque toujours des sources en anglo-américain. Les termes sont très souvent d'abord exprimés dans cette langue, et seulement ensuite, éventuellement, calqués ou reformulés en français. Les termes directement d'origine française (il en existe, comme *logiciel, informatique, bureautique*) concernent rarement les premières étapes, mais au contraire sont apportés dans les dernières. (Koechlin 1988: 163; vgl. Alvarez o.J.: 1; Hofman 1983a: 121)[20]

> Alle Termini [der spanischen Computerfachsprache] wurden in Anlehnung an das Englische und evtl. auch an das Französische geschaffen, wo in ähnlicher Form die Terme bereits vorhanden waren. Grundsätzlich ist überall von Lehnprägungen oder Lehnbedeutungen auszugehen. (Schmitt 1993a: 323; vgl. Éloy/Humbley 1993: 15)[21]

---

18 Lerchners Standpunkt, nach dem es sich bei der Computerlexik um einen marginalen Wortschatzbereich ohne großen Einfluss auf die Alltagssprache handele, kann vor diesem Hintergrund nicht zugestimmt werden (vgl. Lerchner 1996: 295).

19 Daher irrt Alameda Nieto, wenn er behauptet, dass Internetnutzer aus den verschiedensten Sprach- und Kulturkreisen zur Herausbildung der Internetterminologie beitragen (vgl. Alameda Nieto 1998: 274).

20 Vgl. Humbley 1988: 88: "[...] l'ensemble de la terminologie de l'informatique a été élaborée en anglais américain et [...] les versions françaises [...] en sont des adaptations plus ou moins fidèles."

21 Auch Franceschi kommt zu dem Ergebnis, dass der Großteil der mexikanisch-spanischen Internettermini aus *calcos* nach englischen Vorbildern besteht (vgl. Franceschi 1996: 2).

3. Identifikation von innerem Lehngut in den untersuchten Korpora

3.1 Identifikation von Übersetzungen

Traditionell wird als Kriterium für Lehnübersetzungen im Sinne von Betz die Bauentsprechung zwischen Vor- und Nachbild angeführt, z.B. bei Gneuss:

> Lehnübersetzungen sind vor allem daran kenntlich, daß sie dem Bau ihres Vorbildes entsprechen. (Gneuss 1955: 39)[22]

Problematisch ist allerdings, dass als Erkennungszeichen ein Merkmal fungieren soll, das bereits in der Definition der zu identifizierenden Kategorie enthalten ist. Wie schon Betz herausstellte, ist die Bauentsprechung zwar eine Voraussetzung, aber noch kein Beweis für eine Lehnübersetzung:

> Das Ergebnis jeder Lehnübersetzung ist eine Bauentsprechung, aber jede Bauentsprechung ist noch lange nicht das Ergebnis einer Lehnübersetzung. (Betz 1945: 293)

Wenn man Gneuss' Aussage auf andere Weise formuliert, wird deutlich, dass sein Kriterium eigentlich auf einem Zirkelschluss beruht: "Eine Lehnübersetzung wird in Entsprechung zu ihrem Vorbild gebildet. Man erkennt sie daran, dass sie diesem in der Bildungsweise entspricht." Will man auf diese Weise eine Übersetzung identifizieren, so muss man bereits ihr Vorbild kennen und wissen, dass sie mit diesem übereinstimmt. Hier liegt, wie Röntgen anmerkt, ein heuristisches Problem vor:

> Die Kriterien, mittels derer Lehnprägungen nachgewiesen werden sollen, lassen sich nur aus bereits nachgewiesenen Lehnprägungen ableiten, d.h., der Nachweis von Lehnprägungen setzt diese Kriterien bereits voraus. (Röntgen 1992: 36–37)

Kriterien, die in der Definition enthalten sind, können nicht als Erkennungsmerkmale fungieren, sondern sind notwendigerweise Voraussetzungen für das Vorliegen des zu untersuchenden Phänomens. Für die so

---

22 Der Terminus *Bauentsprechung* ist eigentlich irreführend, da er rein formale Assoziationen hervorruft. Er ist bei Gneuss jedoch sowohl inhaltlich (in der Kombination bestimmter Bedeutungen in einem Ausdruck) als auch formal als Nachahmung bestimmter Wortbildungsmuster gemeint. Da eine formale Übereinstimmung bei Vor- und Nachbild jedoch nicht erwartet werden kann (vgl. Kapitel A.II), sind für die vorliegende Untersuchung ausschließlich lexikalische Aspekte relevant.

genannte Lehnübersetzung bedeutet dies, dass ein gleichbedeutendes englisches Lexem existieren muss, das dem Ersatzwort zusätzlich in lexikalischer Hinsicht soweit ähnelt, dass es ihm als Vorlage gedient haben kann. Lexikalische Ähnlichkeit soll in diesem Zusammenhang so verstanden werden, dass bei einer zweisprachigen Person eine Assoziation der beteiligten Zeichen aufgrund gleicher Bezeichnungsstrukturen bzw. fester Wortgleichungen möglich ist.

Da aufgrund außersprachlicher Faktoren ein englischer Einfluss auf die französische und spanische Internetterminologie überaus wahrscheinlich ist, kann man bei dem hier untersuchten Wortschatzbereich immer dann von Übersetzungen ausgehen, wenn die Bezeichnungsmuster im Englischen und in den untersuchten romanischen Sprachen konvergieren. Allerdings fällt es mitunter schwer, mögliche englische Vorlagen zu den französischen und spanischen Termini zu benennen.[23] Relativ unproblematisch sind französische Termini, wenn der in den offiziellen Wortlisten monierte Anglizismus der französischen Bezeichnung als Vorlage gedient haben kann. So muss man bei frz. *fournisseur d'accès* eine Übersetzung von engl. *access provider* oder bei frz. *signet* und *serveur* eine Übersetzung von engl. *bookmark* und *server* annehmen. Ähneln sich der englische und der französische Listeneintrag nicht, heißt das jedoch nicht zwangsläufig, dass keine Entlehnung stattgefunden hat, denn im Englischen sind häufig mehrere synonyme Bezeichnungen in Gebrauch, die u.U. sogar parallel in andere Sprachen entlehnt werden. Z.B. werden von der Kommission die Anglizismen *newsgroup* und *hub* angeführt, die durch frz. *forum* bzw. *concentrateur* zu ersetzen seien. Stellt man lediglich den monierten Anglizismus und den offiziellen Vorschlag gegenüber, könnte man zu dem Schluss kommen, dass es sich bei den französischen Entsprechungen um unabhängige Neologismen handele. In Wirklichkeit existieren jedoch im Englischen neben *newsgroup* weitere synonyme Bezeichnungen wie *usenet, discussion group* und *forum* sowie die Bezeichnung *concentrator* als Synonym zu *hub*, so dass die vorgeschlagenen Substitute nicht als eigenständige französische

23 Die Suche nach möglichen Vorbildern für Übersetzung kann sich besonders schwierig gestalten, wenn man Sprachkontaktphänomene in älteren Sprachstufen untersucht. Möglicherweise ist dann die fremde Bedeutung oder das fremde Zeichen, das den Neologismus in der Replikasprache angeregt hat, in der Modellsprache bereits untergegangen (vgl. Stimm 1968: 602-03) oder hat seinerseits einen Bedeutungswandel durchlaufen. Es ist daher notwendig, die synchronen Verhältnisse zum Zeitpunkt des Sprachkontaktes zum Ausgangspunkt zu nehmen. Aufgrund der relativen Neuheit des hier untersuchten Wortschatzbereiches stellt sich dieses Problem in der vorliegenden Untersuchung jedoch nicht.

Bildungen, sondern als Übersetzungen gelten müssen. Ob die jeweiligen englischen Bezeichnungen sowohl den Mitgliedern der Kommission als auch den Internetnutzern bei der Bildung der Ersatzwörter präsent waren, kann aus heutiger Sicht nicht mehr nachvollzogen werden. Es ist allerdings sehr wahrscheinlich, da sich die Kommission aus Experten zusammensetzt, denen aus bereits genannten Gründen die gesamte Terminologie (d.h. nicht nur die monierten Anglizismen) bekannt sein dürfte. Im Einzelfall muss daher anhand weiterer Quellen geprüft werden, ob es im Englischen Synonyme zu den in den Listen aufgeführten Termini gibt, die als Vorlagen für Übersetzungen gedient haben könnten.

Die Suche nach weiteren möglichen Vorlagen im Englischen wirft die Frage auf, ob Synonymie im Sinne absoluter Bedeutungsgleichheit zwischen zwei Lexemen in natürlichen Sprachen überhaupt existiert. Im Zusammenhang mit den zeichentheoretischen Grundlagen des Sprachkontaktes hat sich gezeigt, dass sich Norm- und Redebedeutungen aus dem Wechselspiel zwischen abstrakter Systembedeutung und Referenten ergeben. Unter diesen Voraussetzungen existiert keine absolute Synonymie, da durch das jeweils verwendete Zeichen der Referent immer wieder anders konzeptualisiert wird. Als Kriterium kann daher nicht eine Entsprechung auf der Bedeutungs-, sondern vielmehr auf der Bezeichnungsebene gelten: Alle Bezeichnungen, die in der Norm des Englischen einem bestimmten technischen Sachverhalt zugeordnet sind, können theoretisch Vorlagen für französische und spanische Termini abgeben. Der onomasiologische Ansatz kommt auch der Tatsache entgegen, dass der Untersuchungsgegenstand von einem technischen Fachwortschatz gebildet wird, bei dem die Referenten übereinzelsprachlich konstant und relativ klar gegeneinander abgegrenzt sind.

Für die Suche nach möglichen englischen Vorlagen sind gedruckte Wörterbücher nur bedingt hilfreich, da die Terminologie so neu und unbeständig ist, dass diese bei ihrem Erscheinen eigentlich schon wieder veraltet sind. Ein weiteres Problem gerade der französischen Wörterbücher besteht darin, dass sie nicht selten eine präskriptive Norm vertreten und durch Aufnahme oder Zurückweisung eines Neologismus oder Anglizismus darüber entscheiden, ob dieser zum guten Sprachgebrauch gehört oder nicht. Es ist also denkbar, dass Anglizismen, die eigentlich im Französischen gebräuchlich sind, aus diesen Gründen nicht in Wörterbüchern erscheinen.[24]

24 Zur Aufnahme von Anglizismen in französische Wörterbücher und zur Reaktion der Lexikographen auf die Spracherlasse vgl. Beinke 1990: 198–99 und 241–253.

Hier kann das Internet selbst wertvolle Informationen liefern, denn dort findet man umfangreiche ein- und mehrsprachige Datenbanken zum Internetvokabular in unterschiedlichen Sprachen. Das *NetGlos – The Multilingual Glossary of Internet Terminology* bietet z.B. zahlreiche englische Fachtermini mit Definitionen und Entsprechungen in 13 Sprachen. Organisationen, die mit der Pflege der französischen Sprache betraut sind, stellen häufig Terminologiedatenbanken ins Netz, von denen die Sammlung *Terminologie d'Internet – Banque de terminologie* auf der Homepage des *Office de la langue française* wegen ihres beachtlichen Umfangs besonders hervorzuheben ist. Es bietet für über 1000 englische Internetfachtermini nicht nur Definitionen, englische Synonyme und französische Entsprechungen, sondern auch metasprachliche Informationen über Bildungs- und Entstehungsweise der englischen und französischen Termini sowie Besonderheiten in der Verwendung. Allerdings stehen hinter dieser Materialsammlung offensichtlich sprachplanerische Interessen (vgl. Petit 1999: 176–77, der eine Analyse dieses Glossars unter linguistischen Gesichtspunkten vornimmt). Für die vorliegende Untersuchung wurden insgesamt 23 Online-Wörterbücher und Glossare zum englischen, französischen und spanischen Computerwortschatz herangezogen, die im Literaturverzeichnis aufgeführt sind. Kann für einen französischen oder spanischen Terminus in diesen Quellen eine englische Entsprechung ermittelt werden, so soll dieser als Übersetzung gelten.

3.2 Identifikation von unabhängigen Neologismen

Die Problematik der Identifikation so genannter Lehnschöpfungen nach Betz wird bereits in älteren Arbeiten zum Lehngut diskutiert. Die fehlende Ähnlichkeit zwischen der modell- und replikasprachlichen Bildung bringt es mit sich, dass Lehnschöpfungen noch schwieriger zu identifizieren sind als die anderen Formen des inneren Lehnguts, bei denen zumindest eine formale Übereinstimmung mit dem Vorbild besteht. Aus diesem Grunde vertritt Gneuss die Auffassung, dass überhaupt keine sicheren Kriterien zur Identifizierung von Lehnschöpfungen existieren (vgl. Gneuss 1955: 39). Auch Schottmann bekräftigt, dass "der strukturelle Nachweis einer Beeinflussung durch eine andere Sprache per definitionem [bei der Lehnschöpfung] nicht möglich ist" (Schottmann 1977: 28–29). Coleman erklärt, dass es keine festen Kriterien zur Ermittlung von Lehnschöpfungen gibt, "da wir meist nicht genügend Belege besitzen, aus denen hervorgeht, daß die Bildung zum Ersatz eines Lehnwortes geformt wurde" (Coleman 1965: 75).

Diese Schwierigkeiten werden manchmal sogar zum Anlass genommen, die Kategorie der Lehnschöpfungen völlig aus Untersuchungen zum Lehngut auszuklammern. Die Tatsache, dass ihr Anteil am inneren Lehngut in empirischen Arbeiten meist nur als äußerst gering angegeben wird, mag als Indiz dafür gelten, dass sie häufig nicht erkannt werden.[25]

Der starke Einfluss des Englischen auf die einzelsprachlichen Internetterminologien erlaubt jedoch eine Identifikation eigenständiger Bildungen *ex negativo*: Wenn in den genannten Quellen keine mögliche englische Vorlage für den fraglichen Terminus gefunden werden kann, muss es sich um einen unabhängigen Neologismus handeln. Wirkliche Kriterien zur Abgrenzung von sprachkontaktinduzierten und unabhängigen Neologismen existieren nicht, sondern letztere können nur durch den Ausschluss eines Fremdeinflusses identifiziert werden.

25 Vgl. z.B. die Untersuchung von Carstensen/Griesel/Meyer zum englischen Einfluss auf die deutsche Pressesprache (Carstensen/Griesel/Meyer 1975: 240) oder Sarchers Untersuchung zum deutschen Lehngut im Französischen, wo der Anteil der Lehnwörter mit 70% angegeben wird (vgl. Sarcher 2001: 625).

KAPITEL II

Das Phänomen der fachsprachlichen Metaphorik im englischen Korpus

> Eine Metapher ist eine Einladung,
> eine bestimmte Sichtweise
> einzunehmen.
>
> *(Wolf 1994: 149)*

Wie sich im Laufe der Untersuchung zeigen wird, determinieren die formalen und semantischen Eigenschaften der modellsprachlichen Wortschatzeinheiten häufig ihre Behandlung im Sprachkontakt. Vor der Analyse der französischen und spanischen Korpora ist es daher notwendig, die englischen Vorlagen hinsichtlich ihrer jeweiligen Besonderheiten zu untersuchen. Die Ausgangsbasis bilden dabei die Listen der französischen Terminologiekommissionen, in denen folgende englische Lehnwörter moniert werden:

- access provider, applet, asymmetric digital (bit rate) subscriber line (ADSL), backbone, bookmark, browser, chat, cookie, cracker, cybernaut, Digital Versatile Disk (DVD), domain, drag and drop, electronic mail, e-mail, e-mail address, emoticon, extranet, firewall, frame, frequently asked questions (file) (FAQ), gateway, hacker, hotlist, homepage, hub, hypertext, Infobahn, information highway, information superhighway, Internet Network, Internet, intranet, middleware, Net, netcasting, newsgroup, news article, news item, news posting, on-line data service, plug-in, proxy server, proxy, pull technology, push technology, server, smiley, thread, uniform resource locator (URL), universal resource locator (URL), viewer, webcasting, webmaster, webpage, website, window, World Wide Web

Ebenfalls berücksichtigt werden müssen englische Wortschatzeinheiten, die nicht in den Listen aufgeführt sind, aber offensichtlich Vorlagen für französische und spanische Internettermini abgegeben haben. Hier sind folgende Lexeme zu nennen:

- access point, address, administrator, article, attached document, attached file, bookmark list, browsing software, communication forum, communication highway, concentrator, debate group, debate list, discussion, discussion area, discussion board, discussion forum, discussion group, discussion list, discussion thread, distribution list, document, domain name server, electronic address, electronic correspondence, electronic message, electronic messaging, electronic page, e-mail list, e-mail message, e-mail service, engine, explorer, extension, FAQ-list, favorite's list, favorite, forum, group, highway, HTML page, internal web/net, Internet access provider, Internet address, Internet browser, Internet document, Internet explorer, Internet forum, Internet navigator, Internet page, Internet portal, Internet providing service, Internet server, Internet site, intruder, IP address, junk e-mail, junk mail, list, list of FAQ, list of favorites, load, local name, mail address, mail message, mailing list, mass e-mail, message, messaging, name server, navigator, net citizen, news, news forum, official page, online address, on-line discussion, on-line discussion forum, on-line talk, page, personal page, port, portal, principal page, provider, reference page, remote loading, search device, search machine, search mechanism, search program, search service, search tool, service provider, site list, spy, start page, suffix, surfer, unsolicited e-mail, URL address, virtual forum, visualizer, web address, web administrator, web document, web explorer, web navigator, web operator, web page address, web server, web space, web supervisor, web visualizer

1. Fachsprachliche Metaphorik

In semantischer Hinsicht zeichnet sich das englische Korpus vor allem durch die starke Präsenz metaphorischer Termini aus. Da, wie sich im weiteren Verlauf der empirischen Untersuchung noch herausstellen wird, die Metaphorizität eines englischen Ausdrucks häufig das ausschlaggebende Moment für seine Wiedergabe im Französischen und Spanischen darstellt, ist es notwendig, vor der Korpusanalyse das Phänomen sprachlicher Metaphorik näher zu beleuchten. Dies soll im Folgenden vor dem Hintergrund der in Kapitel A.III erarbeiteten zeichentheoretischen Vorgaben geschehen.

Nach der antiken, auf Aristoteles zurückgehenden Definition handelt es sich bei der Metapher um einen verkürzten Vergleich (vgl. Weinrich 1976b: 317). Entsprechend der Etymologie der Bezeichnung wird sie im Sinne eines Ersatzes verstanden: Das eigentliche Wort für den bezeichneten

Gegenstand (*verbum proprium*) wird ersetzt durch ein Wort, das einen in gewisser Hinsicht ähnlichen Gegenstand oder Sachverhalt bezeichnet (*immutatio*). Sprechen in Metaphern ist damit eine Form des "uneigentlichen Sprechens", denn objektiv betrachtet ist die metaphorische Redeweise unwahr: Wenn z.B. in dem Satz "Der Mann war ein Löwe" der metaphorisch gebrauchte Ausdruck *Löwe* (*verbum improprium*) die Bedeutung des *verbum proprium*, in diesem Fall etwa 'Held' annimmt, ergibt sich ein Widerspruch, da ein Mann eben kein Löwe sein kann (vgl. Koch 1981: 202). Für die Metapher sind daher nach der antiken Definition zwei Aspekte relevant: Es wird zunächst eine auf Ähnlichkeiten beruhende Relation zwischen zwei Wörtern (*verbum proprium* und *verbum improprium*) hergestellt und in einem folgenden Schritt das eine durch das andere ersetzt.

Allerdings bringt diese Auffassung der Metapher die Linguistik in größere Schwierigkeiten, da sie voraussetzt, dass für jedes metaphorisch verwendete Wort ein *verbum proprium* existiert, welches die *eigentliche* Bedeutung trägt. Nicht immer jedoch kann ein Wort identifiziert werden, das an die Stelle des metaphorischen Ausdrucks treten könnte. Koch veranschaulicht diese Problematik anhand eines berühmten Diktums von Pascal: "L'homme n'est qu'un roseau." (Pascal, *Pensées* Nr. 347). Der Satz ist metaphorisch, da er – objektiv betrachtet – nicht wahr ist: Das logische Subjekt *homme* lässt sich nicht mit dem Prädikat *roseau* in Beziehung setzen, da letzteres einen nicht menschlichen Referenten bezeichnet.[26] In der Tat ist es in diesem Zusammenhang schwierig, ein "bündiges Wort der französischen Sprache zu benennen, das hier durch *roseau* "ersetzt" worden wäre" (Koch 1981: 202). Allenfalls könnte man mit Syntagmen operieren (z.B. "L'homme est un être extrêmement faible et fragile", vgl. Koch 1981: 202), wobei solche Umschreibungen immer auch bei nichtmetaphorischen Ausdrücken möglich sind und daher gerade nicht das Wesen der Metapher treffen. Im Fall der Katachrese, d.h. der Wortschatzerweiterung durch Metaphorisierung, die von Eco sogar als "forma più elementare di sostituzione metaforica" (1990: 146) bezeichnet wird und in der fachsprachlichen Wortbildung ausgesprochen häufig vorkommt, existiert schon deshalb kein Bezugswort bzw. *verbum proprium*, weil der metaphorische Ausdruck die einzige Bezeichnung für den jeweiligen Sachverhalt darstellt. Metaphorische Fachtermini wie z.B. engl. *net, page, site* etc. können, wenn man nicht auf syntagmatische Beschreibungen zurückgreifen will, gar nicht anders als meta-

26 Vgl. auch Ecos Rückführung der Aussage "quest'uomo è una belva" auf den Satz "questo essere umano è un essere non umano" (Eco 1990: 149).

phorisch bezeichnet werden. Die Interpretation der Metapher als rein paradigmatischer Ersatz stößt damit an ihre Grenzen.

Die Metapher ist daher "weder als (impliziter oder verkürzter) Vergleich noch als reine Substitutionserscheinung ausreichend beschrieben" (Polzin 1998: 234). In der Substitutionstheorie wird sie sogar zu einem rein ornativen Element abgewertet: Dadurch, dass sie immer durch einen eigentlichen, "richtigen" Ausdruck ersetzt werden kann, wird ihr Beitrag zur Kommunikation angezweifelt (vgl. Wolf 1994: 144).

1.1 Das Metaphernverständnis der strukturalistischen Semantik

Zahlreiche Autoren vornehmlich aus der strukturalistischen Schule verstehen die Metapher als ein sprachliches Verfahren, das auf der Ausnutzung der virtuellen, in der *langue* vorgegebenen Bezeichnungsmöglichkeiten eines Lexems beruht. Stellvertretend für diese Forschungsrichtung soll hier Coseriu zitiert werden:

> Du fait de la non-distinction entre « signification » et « désignation » [...], on prend très souvent pour une extension du sens le « rayonnement métaphorique » d'un terme (mot). Or, c'est justement un cas où, en principe, il ne peut pas y avoir d'extension du sens (contenu), puisque la condition même de l'emploi métaphorique, en tant que tel, est le maintien de la valeur de langue du terme employé (autrement la métaphore serait, du point de vue de la langue, une désignation « erronée »). Même quand il s'agit de désignations traditionnelles et fixées (par exemple: *racine d'une dent, racine d'un mal*), c'est encore un fait de *norme* de la langue, qui n'affecte en rien les *structures* sémantiques. Ce n'est qu'au moment où la « métaphore » n'est plus une métaphore qu'on a un changement linguistique proprement dit; mais, dans ce cas, il s'agit d'un nouveau sens, et non d'une « extension » du sens primitif. (Coseriu 1964: 160)

Für Coseriu sind Metaphern also kontextbedingte Varianten funktioneller Wortschatzeinheiten. Einem auf *parole*-Ebene metaphorisch verwendeten Ausdruck und seinem wörtlich verwendeten Äquivalent entspricht nach dieser Sichtweise eine einzige lexikalische Einheit auf *langue*-Ebene, deren *signifié* neben den üblichen Normbedeutungen auch mögliche metaphorische Verwendungsweisen einschließt. Der *signifié* muss folglich so abstrakt angesetzt werden, dass er nur die Merkmale enthält, die allen Lesarten gemeinsam sind – bei frz. *racine* müsste etwa ein Merkmal wie [befindet sich am Ursprung/Anfang einer Sache] der *langue*-Bedeutung zugeschrieben werden, während Merkmale der primären und konkreten Bedeutung 'Pflanzenwurzel', die nicht mit allen metaphorischen Verwendungsweisen vereinbar sind (z.B. [in der Erde steckend]), nicht Teil des *signifié* sein können.[27]

Die Interpretation der Metapher als kontextbedingte Realisierung der Systembedeutung geht davon aus, dass durch Metaphernbildung Möglichkeiten der Sprache lediglich aktiviert werden, die *a priori* bereits im System der Sprache virtuell angelegt sind. Diese Auffassung impliziert,

> daß Metaphern eigentlich keinen wirklich neuen Horizont eröffnen können, sondern durch sie neuartige Verschränkungen auf der Ebene semantischer Bedeutungen (in bezug zur Alltagssprache) entstehen. Eigentlich ließe sich diese Vorstellung dahingehend radikalisieren, daß alle Metaphern bereits existieren, aber nur durch die fehlenden Verschränkungen auf der semantischen Sprachebene noch nicht ausgedrückt worden sind. (Wolf 1994: 137)

Die Gleichsetzung von kontextabhängigen Lesarten und metaphorischen Verwendungen wird allerdings den besonderen expressiven Qualitäten der Metapher nicht gerecht: Metaphern zeichnen sich – zumindest solange sie noch nicht vollständig lexikalisiert sind – durch ungewöhnliche Effekte aus und wecken neue Assoziationen bei den Sprechern. Ihr besonderer stilistischer, ästhetischer und bisweilen humoristischer Wert (vgl. Weinrich 1976a: 307) ergibt sich unmittelbar aus ihrer Widersprüchlichkeit: Eine Metapher wie *mouse* 'Computermaus' erhält gerade dadurch ihre Originalität und Lebendigkeit, dass sie eben keine Maus im herkömmlichen Sinne bezeichnet, sondern zwei an sich völlig fern liegende Sachbereiche in Beziehung setzt.[28] Dagegen ist die Verwendung des Lexems *Maus* zur Bezeichnung eines Sachverhaltes, der tatsächlich unter das Konzept MAUS bzw. den *signifié* 'Maus' fällt, in der Sprachverwendung nichts Ungewöhnliches, selbst wenn eine einzelne, in einem konkreten Sprechakt benannte Maus bisher noch nie auf diese Weise bezeichnet wurde.

---

27 Auf die Frage der Ausblendung bestimmter semantischer Merkmale bei der Metaphorisierung, die in diesem Zusammenhang ebenfalls angenommen werden könnte, soll an anderer Stelle eingegangen werden.

28 Die Besonderheit der Metapher liegt dabei nicht in ihrer Neuheit, wie von einigen Autoren behauptet. Auch habitualisierte Metaphern zeigen im Vergleich zu "normaler" Polysemie andere Effekte (vgl. Borgis 1972: 16).

Folgt man der strukturalistischen Auffassung, so müsste man entweder sämtliches Sprechen als metaphorisch bezeichnen,[29] oder aber die Existenz der Metapher grundsätzlich in Frage stellen, da sie mit dem normalen Verfahren der Aktualisierung von Sprache in der Rede zusammenfiele. Der semorientierte Ansatz Coserius eignet sich daher gerade nicht dazu, zentrale Fragestellungen der sprachlichen Metaphorik in Abgrenzung zu dem üblichen Gebrauch der lexikalischen Mittel zu klären.

Auch Weinrich zählt zu den Linguisten strukturalistischer Prägung, die die Entstehung der Metapher auf Übereinstimmungen im *signifié* der beteiligten Lexeme zurückführen wollen. Anhand der metaphorischen Verwendung des Lexems *Pendel* zur Bezeichnung eines Schiffsmastes versucht er, den Vorgang der Metaphorisierung zu ergründen, indem er die Wörterbucheinträge für *Mast* und *Pendel* vergleicht. Dabei geht er von der Annahme aus, dass sich aus Wörterbucheinträgen "Sem-Listen" der Wortbedeutungen herausfiltern lassen. Er stellt fest, dass einige Seme miteinander kompatibel sind bzw. sich mehr oder weniger ähneln (z.B. [Rundholz oder dgl.], [senkrechte Lage] etc.), während beide Zeichen gleichzeitig auch miteinander unvereinbare semantische Merkmale aufweisen (z.B. [für Segel] und [für Zeitmessungen]), welche nach der strukturellen Semantik die Verwendung von *Pendel* zur Bezeichnung des Mastes eigentlich ausschließen müssten. Dieser Befund führt ihn schließlich zu dem Schluss, "daß bei einer Metapher wie dieser eine Unverträglichkeit zweier Seme besteht und daß diese Wortverbindung dennoch gemeinhin akzeptiert wird" (Weinrich 1976c: 333). Wenn die Metapher trotz aller Widersprüche legitim und nachvollziehbar ist, so kann das laut Weinrich nur durch eine Ausblendung bzw. Tilgung der unvereinbaren Seme erklärt werden:

> Wenn der Leser dennoch die Metapher annehmen soll, muß er sich über [die] unverträglichen Seme hinwegsetzen und ihren (schwachen?) Widerspruch im Verstehensprozeß *tilgen*. (Weinrich 1976c: 333; vgl. auch Käge 1980: 42; 50; Dirven 1985: 100)

Käge schließt sich dieser Sichtweise an, vertritt allerdings eine gemäßigtere Position, da er eine vollständige Tilgung nicht für notwendig hält. Schon

29 Vgl. z.B. Trujillo 1997: 251: "La metáfora no es un cambio o "desplazamiento" de significado, sino de denotación. Por eso, si adoptamos el punto de vista de la lengua y no de los referentes, no tenemos más remedio que llegar a la conclusión de que lo que llamamos "denotación" es el mundo de las metáforas consolidadas y aceptadas por todos como los nombres *verdaderos* de las cosas". Die kognitive Linguistik geht von eben dieser Grundannahme aus (vgl. Punkt 1.2).

eine Abschwächung bei gleichzeitiger Hervorhebung der gemeinsamen Seme ermögliche die Metaphorisierung:

> Nach diesem Verständnis läßt sich der Metaphorisierungsprozeß eines figurativ motivierten Kompositums so darstellen, daß die zwischen seinen motivierenden Bedeutungsmatrizen bestehenden Unverträglichkeiten durch das Ausblenden oder Tilgen der inkommensurablen und das Primatisieren von verträglichen, meistens peripheren, enzyklopädischen semantischen Merkmalen beseitigt werden. (Käge 1980: 118)

Laut Klein verhindert die Unangemessenheit des Kontextes beim metaphorischen Gebrauch die Aktualisierung bestimmter Seme (vgl. Klein 1986: 9). In umgekehrtem Sinne spricht Polzin von einer "Inaktivierung" bestimmter Seme im Metaphorisierungsprozess (vgl. Polzin 1998: 241): Ihrer Ansicht nach ist beispielsweise das Merkmal [+menschlich] bei metaphorischen Anthropomorphisierungsprozessen inaktiv.

Die Kritik an diesem Ansatz liegt auf der Hand: Abgesehen davon, dass sich die Merkmalstheorie an sich einer gewissen Beliebigkeit aussetzt, wenn sich nicht gewünschte distinktive Merkmale einfach ausblenden lassen, besteht die Leistung der Metapher eben gerade in ihrer Widersprüchlichkeit: Wird ein Gegenstand, ein Tier o.ä. anthropomorphisiert, so soll er bzw. es gerade als menschlich dargestellt und dadurch ein besonderer Effekt erzielt werden. Eine Ausblendung des Merkmales [+menschlich] bei der Anthropomorphisierung wäre daher absurd. Nur dadurch, dass die an sich widersprüchlichen Merkmale der Metapher immer mitschwingen, kann diese überhaupt funktionieren:

> Tuttavia anche in questo caso nel rapporto da connotazione il primo senso non scompare per produrre il secondo, al contrario, il secondo senso viene compreso proprio perché si tiene presente sullo sfondo il significato della prima funzione segnica o almeno un aspetto di essa. (Eco 1990: 154; vgl. Nöth 1985: 3)

Auch das für Fachsprachen typische Phänomen der Katachrese kann mit Weinrichs Ansatz nicht erklärt werden, denn hier existiert gar kein *verbum proprium*, dessen Seme mit denen des metaphorisch verwendeten Ausdrucks verglichen werden könnten.

Gegen die semgestützte Interpretation von Metaphern spricht weiterhin, dass nicht nur Appellativa, sondern auch Eigennamen metaphorisiert werden können (vgl. *spam*; Weinrich 1976b: 322): Obwohl Namen *per definitionem* keine eigene Bedeutung besitzen und es folglich keine Semüberschneidungen mit eventuellen *nomina propria* geben kann, können sie zum Ausgangspunkt für sprachliche Metaphorik werden.

Durch die Annahme, dass die widersprüchlichen Bedeutungselemente bei der metaphorischen Verwendung ausgeblendet werden, fällt Weinrich im Grunde in die antike Substitutionstheorie zurück. In dem von ihm untersuchten Beispiel würde *Pendel* tatsächlich nichts anderes bedeuten als *Mast*, so dass man es wiederum mit dem reinen Ersatz eines Wortes durch ein anderes, durch die Ausblendung der widersprüchlichen Seme äquivalent gemachtes Wort zu tun hätte. Der Wert der Metapher bestünde allenfalls in ihrem ornativen Charakter, jedoch nicht in einem Gewinn für die Kommunikation. Allerdings ist gerade die Tatsache, dass der Verfasser des Textes sich *gegen* das nahe liegende Lexem *Mast* entschieden und den betreffenden Sachverhalt als *Pendel* bezeichnet hat, grundlegend für das Verständnis der Metapher. Es ist anzunehmen, dass er dafür schwerwiegendere Gründe hatte, als seinem Text nur ein schmückendes Beiwerk hinzuzufügen:

> Die Metapher ist nämlich sehr häufig gerade nicht, wie in der Rhetorik vielfach behauptet [...] nur ein uneigentlicher Ausdruck, ein verbum improprium, das im Sinne einer schmückenden Variation in der Rede ein verbum proprium ersetzt. Im Gegenteil: Die Metapher ist in der Regel genau das Wort, das der Sprecher in der jeweiligen Situation für das angemessene, eigentliche (<proprium>) hält und das den intendierten Sachverhalt am trefflichsten bezeichnet, und dies selbst dann, wenn bereits eine nicht-metaphorische Möglichkeit der Benennung existiert. (Blank 1997: 159)

Nicht nur die Intuition spricht gegen eine Gleichsetzung von Metapher und "normaler" Polysemie – auch vom merkmalsemantischen Standpunkt aus bereitet die Annahme, dass metaphorische Verwendungen als Normbedeutungen der entsprechenden Lexeme zu interpretieren sind bzw. durch übereinstimmende Merkmale angeregt werden, Schwierigkeiten. Um zu zeigen, dass metaphorische Verwendungen von Lexemen nicht wie übliche Aktualisierungen abstrakter Zeichen zustande kommen können, genügt es, sich die metaphorische Verwendung von *Ente* in verschiedenen europäischen Sprachen vor Augen zu führen (vgl. Ernst 2000). Ernst nennt folgende Eigenschaften der Ente als Auslöser für metaphorische Verwendungen:

1. Charakteristische (Art der) Fortbewegung zu Land ('watscheln')

2. Lautäußerung (schnell und viel: 'schnattern')

3. (gute) Schwimmfähigkeit, Vertrautheit mit Wasser
4. (geschicktes) Tauchen (mit dem Kopf voraus)
5. Plumpe Körperform → körperliche und geistige Unbeholfenheit
6. Übertragung (Form, Farbe) auf Gegenstände

Bei einer semgestützten Metapherntheorie, wie sie von Coseriu und Weinrich vertreten wird, müssten alle diese Merkmale nicht nur als besonders typische Eigenschaften der Ente gelten können, sondern überdies auf *langue*-Ebene als semantische Merkmale funktionieren. In diesem Fall sollte es möglich sein, alle denkbaren Verwendungsweisen von *Ente* (bzw. den Entsprechungen in anderen Sprachen) von eben diesem abstrakten *signifié* abzuleiten. Man kann allerdings feststellen, dass bei den etablierten Metaphern immer nur *einer* der oben genannten Aspekte fokussiert und die anderen Merkmale außer Acht gelassen werden bzw. sogar zu dem bezeichneten Sachverhalt im Widerspruch stehen: Frz. *canard* 'falscher Ton' beispielsweise leitet sich lediglich von Merkmal 2 ab; alle anderen Merkmale dagegen sind mit dem bezeichneten Sachverhalt absolut unvereinbar.

Die Analyse der unterschiedlichen möglichen metaphorischen Verwendungsweisen von lat. *caput*, die Blank eingehend untersucht, führt zu demselben Ergebnis. Der Kopf kann in fünffacher Hinsicht als Bildspender dienen, je nachdem, welche seiner Eigenschaften zum Anlass für die Metapher genommen wird:

> 1. Position: oberster Körperteil, oberes Ende beim Menschen, vorderes Ende, vorderer Körperteil bei den meisten Tieren: *caput montis* 'Bergspitze', *caput Rheni* 'Quelle/Mündung des Rheins', *fons miseriarum et caput* 'Quelle und Ursache des Unglücks'.
> 2. Die deutliche Abgrenzung vom Rumpf, das "Herausragende": *caput civilis prudentiae* 'oberstes Prinzip staatsbürgerlicher Klugheit', *caput legis* 'Paragraph', 'Abschnitt'.
> 3. Die mehr oder weniger runde Form: *si nusquam caput se ostendit* 'wenn keine Beule/Geschwulst entsteht'.
> 4. Die zentrale Funktion als Hauptträger des Lebens: *caput orbis terrarum* 'Hauptstadt der Erde', *caput cenae* 'Hauptgericht'.
> 5. Die "Kontrollfunktion", die der Kopf als Sitz des Gehirns und der wichtigsten Sinnesorgane über die anderen Körperteile ausübt: *capita coniurationis* 'Anführer der Verschwörung', *caput rei publicae* 'Staatschef'. (Blank 1998: 17)

Laut der strukturalistischen Theorie müsste sich nun auch die Gesamtheit der metaphorischen Verwendungsweisen von *caput* auf eine gemeinsame abstrakte Grundbedeutung zurückführen lassen. Die Annahme einer einzigen, übergeordneten funktionellen Einheit *caput* unter Berücksichtigung der oben aufgezählten Merkmale ist allerdings problematisch: Die Merkmale [oberstes/vorderstes Ende], [das Herausragende], [runde Form], [zentrale Funktion] und [Kontrollfunktion] treffen zwar alle auf lat. *caput* im Sinne von 'Kopf (Körperteil)' zu – in Bezug auf die einzelnen metaphorischen Verwendungsweisen jedoch ergeben sich ebenso deutliche Widersprüche wie bei dem Beispiel *Ente*. In jedem der von Blank aufgezählten Fälle ist eines der genannten Merkmale für die jeweilige Verwendungsweise zentral, trifft aber keinesfalls auf die anderen Metaphern zu, so dass letztlich keines der Merkmale als maßgeblich für eine übergeordnete funktionelle Einheit *caput* gelten kann: Die Schnittmenge aller oben aufgeführten Verwendungsweisen ist leer.

An diesen Beispielen wird das grundsätzliche Problem einer Sem-orientierten Metapherninterpretation deutlich. Nimmt man an, dass die für die Metaphorisierung relevanten Merkmale funktionell sind (d.h., Seme der jeweiligen *signifiés* darstellen), und versucht gleichzeitig, Metaphern als gewöhnliche Aktualisierungen abstrakter *signifiés* im Rahmen der Sprachverwendung sehen, so verwickelt man sich in Widersprüche, wenn ein Lexem mehrere metaphorische Ausdehnungen besitzt, bei denen die auslösenden Merkmale miteinander unvereinbar sind – es sei denn, man abstrahiert so stark, dass der *signifié* tatsächlich nur die allen Verwendungsweisen gemeinsamen Seme enthält, oder geht von einer Ausblendung, Inaktivierung oder mangelnden Aktualisierung der unvereinbaren Seme aus. Beide Möglichkeiten erweisen sich jedoch als wenig praktikabel: Im ersten Fall kommt man entweder zu gar keinen oder trivialen semantischen Merkmalen; beim zweiten geht gerade der spezifische Charakter der Metapher verloren.[30]

Gegen diese Kritik mag man einwenden, dass bei lexikalisierten Metaphern wie *racine* durchaus eine allen Verwendungen gemeinsame Grundbedeutung, etwa [befindet sich am Ursprung/Anfang einer Sache], bestimmt werden kann. Es ist jedoch zu beachten, dass gerade dadurch der metaphorische Charakter des Ausdrucks verloren geht: Setzt man die genannte Bedeutung als abstrakte Lexembedeutung an, so unterscheidet sich die so

30 Entsprechende Probleme ergeben sich auch bei spontan gebildeten Metaphern: Je nach Kontext können für einen Satz wie "Der Mann war ein Löwe" ganz unterschiedliche Aspekte des Löwen relevant sein: Es kann sich um einen sehr mutigen Menschen handeln, um jemanden, der laut brüllt, eine ausladende Haarpracht besitzt etc.

bezeichnete metaphorische Bedeutung 'racine d'une dent' als normale Normbedeutung nicht wesentlich von der so genannten Grundbedeutung 'racine d'une plante'.

Die Annahme, dass auch bei metaphorischer Redeweise wie bei jeder Art der Zeichenverwendung ganz einfach bestehende Möglichkeiten des *signifié* ausgenutzt werden, ist unter den oben genannten Voraussetzungen unhaltbar, zumindest wenn man *signifiés* als Bündel (mehr oder weniger) festgelegter distinktiver semantischer Merkmale betrachtet. Diejenigen Eigenschaften des Bildspenders, die maßgeblich für die Metaphernbildung sind, können gerade nicht als semantische Merkmale des zugehörigen Zeichens betrachtet werden:

> Das wesentliche Argument gegen eine auf Seme gestützte Metapherntheorie ist aber, daß jene Bedeutungsaspekte, welche die Similarität herstellen, in der Regel nicht den Status semantischer Merkmale haben, sondern zum Weltwissen oder zum «connotational penumbra» gehören. (Blank 1997: 163)

1.2 Das Metaphernverständnis der kognitiven Semantik

Die kognitive Metapherntheorie, als deren Begründer und einflussreichste Vertreter Lakoff und Johnson mit ihrer wegweisenden Arbeit *Metaphors We Live By* zu nennen sind, nähert sich dem Problem der Metapher unter grundsätzlich anderen Voraussetzungen. Während die rein strukturalistische Sprachwissenschaft auf der Grundüberzeugung der Autonomie der Sprache gegenüber dem Denken fußt, sehen die Kognitivisten die Sprache als eine Ausprägung der kognitiven Fähigkeiten des Menschen, die eng mit seinen allgemeinen Denkstrukturen verknüpft ist und daher nicht unabhängig von diesen untersucht werden kann. Nach dieser Auffassung fungiert die Sprachwissenschaft als Hilfswissenschaft der Kognitionswissenschaft, da die Untersuchung sprachlicher Strukturen Aufschluss über die Funktionsweise der menschlichen Kognition geben kann. Umgekehrt lassen sich sprachliche Erscheinungen mithilfe der Erkenntnisse der Kognitionswissenschaften erklären (vgl. Osthus 2000b: 98).

Die Grundvoraussetzungen des kognitiven Ansatzes wirken sich insofern auf die Interpretation der Metapher aus, als diese nicht als Ausdruck konventionalisierter Gebrauchsregeln einzelner Lexeme, sondern als Indikator für tiefer liegende Denkstrukturen betrachtet wird, die sich in der Sprache spiegeln. Die metaphorische Bezeichnung eines neuen, abstrakten

Sachverhaltes mithilfe eines konkreten Lexems z.B. wird in der kognitiven Semantik nicht als eine Frage von Merkmalsüberschneidungen oder analoger Ausdehnung sprachlicher *signifiés* betrachtet, sondern als das Resultat kognitiver Identifikationsprozesse zwischen den Referenten. Die konzeptuellen Identifikationen dienen dazu, sich neue, abstrakte oder der menschlichen Wahrnehmung schwer zugängliche Sachverhalte durch den Vergleich mit vertrauten Konzepten zu erschließen:

> The essence of metaphor is understanding and experiencing one kind of thing in terms of another. (Lakoff/Johnson 1980: 5)

Als kognitives Verfahren leistet die Metapher damit einen entscheidenden Beitrag zur Erschließung der Welt durch die Sprecher. Da das menschliche konzeptuelle System grundsätzlich metaphorisch geprägt ist, gilt die Metapher nicht länger als Ausnahmefall der Sprachverwendung, sondern erhält einen zentralen Status in Sprache und Denken:

> If we are right in suggesting that our conceptual system is largely metaphorical, then the way we think, what we experience, and what we do every day is very much a matter of metaphor. (Lakoff/Johnson 1980: 6)

Die Prägung des kognitiven Apparates durch metaphorische Strukturen äußert sich nicht zuletzt in der Alltäglichkeit der Metapher, die laut Lakoff/Johnson die gesamte Bandbreite menschlichen Handelns und Denkens durchzieht. In allen Bereichen unserer Lebenswelt können abstrakte Vorstellungen bestimmter Sachverhalte durch den Vergleich mit konkreten Konzepten erzeugt werden. Im Unterschied zur antiken Metapherntheorie und strukturalistischen Sprachwissenschaft, die sich auf die Erklärung metaphorischer Verwendungen einzelner Lexeme beschränken, konzentriert sich die kognitive Metapherntheorie auf die Untersuchung komplexer metaphorischer Strukturen, genannt *structural metaphors*. Darunter versteht sie die Analogiesetzung kompletter Sachbereiche, wobei der Bildspender als kognitives Modell des Bildempfängers fungiert.[31] Die *structural metaphors* können auf einfache Formeln wie ARGUMENT IS WAR, TIME IS MONEY, LOVE IS A JOURNEY etc. reduziert werden (vgl. Lakoff/Johnson 1980: 7–9). Diese besagen, dass auf kognitiver Ebene Aspekte der Konzepte KRIEG, GELD oder REISE auf die Bereiche DEBATTE, ZEIT und LIEBE

31 Der Gedanke einer thematischen Organisation von Metaphern ist zwar durch Lakoff/Johnson verbreitet und ins Zentrum einer Metapherntheorie gerückt worden, aber nicht wirklich neu. Er wurde bereits in den 50er Jahren von Harald Weinrich mit dem Begriff des Bildfeldes eingeführt.

abgebildet werden, so dass sich die Vorstellung der metaphorisch versprachlichten Konzepte an Teilbereichen der (meist nahe liegenderen und vertrauteren) bildspendenden Konzepte orientiert. Die Mechanismen, die beim Vergleich wirksam werden, können entweder auf anthropologischen Konstanten beruhen (vgl. die Raum-Zeit-Metapher, Anthropomorphisierung), oder durch kulturelle Traditionen vorgegeben sein. Die Analogiesetzung umfassender konzeptueller Strukturen äußert sich auf sprachlicher Ebene in einer Fülle von Metaphern mit demselben thematischen Hintergrund.[32] Die Einzelmetapher, die in der strukturalistischen Sprachwissenschaft den Ausgangspunkt der Analyse bildet, wird vor dem Hintergrund des komplexen Modells relativ bedeutungslos.

Während die Einwände gegen die strukturalistische Metapherntheorie Detailprobleme bei der Analyse von Einzelmetaphern betreffen, sind bei der kognitiven Herangehensweise eher die Prämissen und Methoden der Metapherninterpretation zu hinterfragen. Bedenklich ist an Lakoff/Johnsons Metaphernverständnis vor allem die Überbetonung der kognitiven Dimension, die linguistische Fragestellungen bezüglich der semantischen und semiotischen Prozesse bei der Metaphernbildung vollständig in den Hintergrund drängt. Sprachliche Prozesse werden unmittelbar mit Denkprozessen gleichgesetzt, weshalb eine Beschäftigung mit dem "zeichenprozeßhaften Charakter sprachlicher Metaphern" (Osthus 2000b: 109) ausbleibt. Die Metapher wird in erster Linie als kognitive Erscheinung gesehen, die sich zwar in der Sprache äußert, aber kein genuin sprachliches Problem darstellt und daher auch nicht mit linguistischen Methoden beschrieben werden sollte.[33] Dabei wird vergessen, dass der "Einsatz von Metaphern [....] weniger den kognitiven Gegebenheiten der Sprecher als vielmehr sprachlichen Gebrauchsregeln, die wiederum durch allgemeine Prinzipien von Zeichensystemen und semantisch-semiotischen Prozessen mitbestimmt sind [gehorcht]" (Osthus 2000b: 113). Durch die Betonung der Organisation von Metaphern in übergeordneten Themenzusammenhängen bewegt sich die Analyse von der konkreten metaphorischen Verwendung weg, für die kein adäquates Erklärungsmodell geliefert wird. Die

32 Vgl. z.B. einige der Ausdrucksweisen, anhand derer Lakoff/Johnson die *structural metaphor* TIME IS MONEY illustrieren: *You're wasting my time. This gadget will save you hours. I don't have the time to give you. How do you spend your time these days? That flat tire cost me an hour. I've invested a lot of time in her. I don't have enough time to spare for that. You're running out of time. Is that worth you a while? Do you have much time left?* etc. (vgl. Lakoff/Johnson 1980: 7–8).

33 Vgl. Lakoff/Johnson (1980: 153): "Metaphor is primarily a matter of thought and action and only derivatively a matter of language [...]."

kognitive Grundannahme, nach der menschliches Denken in hohem Maße durch metaphorische Strukturen geprägt ist, wird von Lakoff/Johnson eindrucksvoll nachgewiesen – sie versäumen es jedoch, neben den kognitiven auch die sprachlichen Prozesse angemessen zu werten und werden der Metapher als sprachlichem Phänomen damit insgesamt nicht gerecht:

> Pour fascinante que soit l'approche cognitive de la métaphore, elle s'intéresse davantage à la localisation de la figure dans le langage qu'aux processus linguistiques qui la sousentendent. (Lamiroy 1987: 43; vgl. Blank 1998: 12–15)

1.3 Syntheseversuch

1.3.1 Entstehung innovativer Metaphern in der Rede

Es hat sich gezeigt, dass die Metapher weder als reine Substitution noch als ausschließlich sprachliches oder vorwiegend kognitives Verfahren hinreichend beschrieben wird. Es soll daher im Folgenden der Versuch unternommen werden, den strukturalistischen und kognitiven Ansatz zu integrieren, um vor dem Hintergrund der in Kapitel A.III gelegten zeichentheoretischen Grundlagen zu einer angemessenen Metapherninterpretation zu gelangen.

Seit der Antike herrscht ein allgemeiner Konsens darüber, dass Metaphern auf Similaritätsrelationen basieren. In Abhängigkeit von der jeweiligen Forschungsrichtung werden diese jedoch auf ganz unterschiedlichen Ebenen angesiedelt. Ähnlichkeiten können bestehen

a) zwischen Designaten bzw. zwischen dem Designat eines sprachlichen Zeichens und einem noch nicht versprachlichten Konzept;
b) zwischen Zeicheninhalten, wobei die dadurch entstehenden Relationen den lexikalischen Relationen in Wortfeldern vergleichbar sind und im Grunde lediglich bestehende taxonomische Relationen der Designate auf der einzelsprachlichen Ebene widerspiegeln;
c) zwischen Zeichenausdrücken. (Blank 1997: 340)

Die Ähnlichkeit zwischen Zeichenausdrücken spielt für die Metaphorisierung keine Rolle. Umstritten ist dagegen, inwiefern Ähnlichkeiten auf der Ebene des semantischen oder enzyklopädischen Wissens relevant sind – ob also die Metapher durch Affinitäten zwischen *signifiés* angeregt wird, wie es die strukturelle Sprachwissenschaft annimmt, oder, wie von Lakoff/Johnson und ihren Nachfolgern vertreten, auf konzeptueller Ebene anzusiedeln ist.

Da semantische Merkmale letztlich aus dem Weltwissen abgeleitet sind, schließen Übereinstimmungen zwischen *signifiés* zwangsläufig Ähnlichkeiten auf außersprachlicher Ebene ein. Unter dieser Voraussetzung schließen sich kognitive und strukturalistische Metapherninterpretation nicht gegenseitig aus: Sollten die Strukturalisten mit ihrer These, dass für die metaphorische Verwendung von Zeichen Überschneidungen zwischen den *signifiés* des *verbum proprium* und *verbum improprium* Voraussetzung sind, Recht behalten, so bedeutet das gerade nicht, dass die kognitivistische Annahme von Similaritäten auf konzeptueller Ebene hinfällig wäre. Der Umkehrschluss gilt dabei allerdings nicht: Eine Eigenschaft, die zwei Gegenstände bzw. Sachverhalte auf der Ebene des Weltwissens miteinander teilen, muss nicht zwingend auch auf der Ebene des Sprachsystems relevant sein:

> Similarität zwischen Zeicheninhalten impliziert immer auch Similarität zwischen den Designaten, die ja auch diejenigen außersprachlichen Aspekte enthalten, die in der jeweiligen Einzelsprache als Seme realisiert werden [...]; umgekehrt gilt diese Regel jedoch nicht. Ob die Relation der Zeicheninhalte die für den Wandel bestimmende Assoziation war, oder ob sie sekundär nach der erstmaligen Realisierung des neuen Zeichens erst hergestellt wurde, ist letztlich unerheblich: Wichtig ist, daß die Similarität der Zeicheninhalte in einer sehr weitgehenden Similarität der Designate aufgehoben ist. (Blank 1997: 154)

Die entscheidende Frage in diesem Zusammenhang kann also nicht lauten, ob die der Metapher zugrunde liegenden Similaritäten auf semantischer oder auf enzyklopädischer Ebene hergestellt werden, sondern vielmehr, ob es Fälle von Metaphernbildungen gibt, bei denen Überschneidungen im *signifié* als Anlass für Metaphorisierung ausgeschlossen werden können. Ist das der Fall, muss der Ausgangspunkt metaphorischer Sprachverwendung auf konzeptueller Ebene gesucht werden.

Anhand der Beispiele *Ente* und *caput* konnte bereits nachgewiesen werden, dass diejenigen Merkmale, die eine metaphorische Verwendung anregen, häufig gerade *keine* distinktiven semantischen Merkmale der entsprechenden Lexeme sind (vgl. Blank 2001a: 71; 1997: 150–51). Ein gewichtiges Argument für die konzeptuelle Motiviertheit metaphorischer Ausdrücke bilden zudem die so genannten kulturspezifischen Metaphern, die nur innerhalb der Lebenswelt der jeweiligen Sprachgemeinschaft verständlich sind. Wenn beispielsweise Paul Valéry in seinem Gedicht *Le Cimetière Marin* das Meer mit den Pariser Häuserdächern vergleicht, leuchtet dem französischen Leser diese Metapher unmittelbar ein, da das typische nordfranzösische Schieferdach grau-metallisch glänzt wie das Meer. Ein italienischer und wahrscheinlich auch ein deutscher Leser stellt sich dagegen unter einem typischen Dach ein rotes Ziegeldach vor, weshalb die Metapher in diesen Kulturkreisen nicht bzw. nicht in demselben Maße funktioniert wie in Frankreich (vgl. Eco 1990: 152–53). Da die Farbe auf semantischer Ebene irrelevant ist und sich die *signifiés* von frz. *toit*, ital. *tetto* und dt. *Dach* auf *langue*-Ebene annähernd entsprechen, ist der Ursprung der Metapher offensichtlich in Similaritäten zwischen den außersprachlichen Designaten zu suchen.[34]

Die Similaritätsrelationen, die der Metapher zugrunde liegen, können daher nicht als Semüberschneidungen bei *signifiés* interpretiert werden. Vielmehr beruht metaphorisches Sprechen auf außersprachlichem Wissen über den bezeichneten Sachverhalt und den Bildspender. Es bleibt nun zu klären, wie die Metapher aus sprachlich-semantischer Sicht im Detail zu interpretieren ist.

Vor dem Hintergrund der oben angestellten Überlegungen muss eine Metapherninterpretation nicht von semantischen, sondern von konzeptuellen Kategorien ausgehen. Diese sind nicht durch notwendige und hinreichende Merkmale definiert, sondern weisen im Gegensatz zu den fest umrissenen *signifiés* der Zeichen unscharfe Ränder auf. Die Unschärfe erlaubt es, einem bestimmten Konzept auch solche Vertreter zuzuweisen, die nicht in allen Merkmalen mit dem Prototypen übereinstimmen (vgl. *Pinguin* oder *Strauss* als Vertreter des Konzeptes VOGEL, denen jedoch das zentrale Merkmal [flugfähig] fehlt). Wird ein konkreter Sachverhalt vom Sprecher aufgrund von Ähnlichkeiten als Repräsentant einer konzeptuellen Kategorie wahrgenommen, kann dieser mit dem Lexem bezeichnet werden, das dem zugehörigen Konzept in der Sprachnorm zugewiesen ist. Handelt es sich dabei nicht um einen zentralen, sondern um einen randständigen Vertreter, so widersprechen einige seiner Eigenschaften u.U. einzelnen semantischen Merkmalen des zugehörigen *signifié*. Für die Zeichenverwendung spielt dieser Umstand jedoch keine Rolle, da ein direkter Wechselbezug zwischen dem *signifié* und dem ihm in der Norm zugeord-

34 Die Annahme einer konzeptuellen Verankerung der Metapher wird auch durch tote Metaphern untermauert, bei denen bloße Veränderungen in der außersprachlichen Wirklichkeit zur Entmetaphorisierung geführt haben. Lexeme wie frz. *voler* 'fliegen', 'stehlen' oder dt. *Schloss* 'Schließvorrichtung', 'Herrschaftssitz' verlieren ihren metaphorischen Charakter allein dadurch, dass sich die zugehörigen Sachverhalte mit der Zeit gewandelt haben und heute nicht mehr mit Falken gejagt wird bzw. Schlösser nicht mehr nur am Ausgang von Tälern errichtet werden.

neten prototypischen Konzept als abstrakte Einheit, nicht jedoch zwischen dem *signifié* und den möglichen konkreten Vertretern besteht: Ist ein konkreter Gegenstand oder Sachverhalt erst einmal als Vertreter eines bestimmten Konzeptes klassifiziert, ist die Bezeichnung mit dem zugehörigen Konzept unproblematisch.

Die Unterscheidung zwischen klar gegeneinander abgegrenzten sprachlichen Zeichen und prototypisch organisierten außersprachlichen Konzepten macht es nun möglich, Verwendungen von Lexemen zu erklären, bei denen wesentliche Eigenschaften des *signifié* offensichtlich nicht auf den Referenten zutreffen, ohne mit Semausblendungen, -tilungen o.ä. operieren zu müssen. Dem eigentlichen Bezeichnungsvorgang muss eine Konzeptualisierung vorausgehen, die auf der Wahrnehmung von Ähnlichkeiten zwischen dem konkreten Referenten und einem mentalen Konzept beruht. Im Unterschied zur nicht-metaphorischen Sprachverwendung, wo die Konzeptualisierung festen Mustern folgt, wird der konkret bezeichnete Gegenstand oder Sachverhalt bei der Metaphorisierung einem Konzept zugewiesen, das nicht der üblichen Zuordnung entspricht. Durch die unübliche Zuordnung können in einer konkreten Situation als besonders auffällig empfundene Merkmale in den Vordergrund gerückt werden.

Beispielsweise nimmt der Sprecher, der sich in Bezug auf seine unvollkommenen Schwimmkünste spontan mit einem Kieselstein vergleicht ("Je nage comme un caillou, moi", Beispiel aus Koch 1981: 217–18; vgl. Koch/Oesterreicher 1996: 71) in gewisser Hinsicht eine Übereinstimmung zwischen seiner Person und dem mentalen Konzept KIESELSTEIN wahr: Beide gehen augenblicklich unter, sobald man sie ins Wasser wirft. Trotz der offensichtlich zahlreich bestehenden Unterschiede zwischen einem Kieselstein und einem menschlichen Wesen kann letzteres in diesem besonderen Fall gewissermaßen als randständiger Vertreter unter das Konzept KIESELSTEIN gefasst werden, da es ein in dieser Situation entscheidendes Merkmal – nämlich das sofortige Untergehen im Wasser – mit dem prototypischen Kieselstein teilt. Für das subjektive Empfinden des Sprechers ist diese Eigenschaft seiner Person in diesem Augenblick so wichtig, dass alle Merkmale, die ihn von einem Kieselstein unterscheiden, in den Hintergrund treten. Durch die stark hyperbolische Ausdrucksweise entstehen besondere Effekte, mit deren Hilfe das Defizit des Sprechers scherzhaft überspielt werden kann (vgl. Koch/Oesterreicher 1996: 71). Eine solche Interpretation des Konzeptualisierungsvorgangs ist natürlich nur im Rahmen einer Theorie möglich, in der die Kategorien nicht starr durch definitorische Merkmale gegeneinander abgegrenzt sind, und in der außerdem nicht alle Merkmale einen gleichberechtigten Status besitzen, sondern hierarchische Strukturen aufweisen können.[35]

Einmal als Vertreter des Konzeptes KIESELSTEIN ausgewiesen, kann der Nichtschwimmer natürlich auch – wie alle anderen Vertreter – mit dem zugehörigen Lexem bezeichnet werden. Es spielt für die Bezeichnung keine Rolle, dass gewisse für das Lexem *caillou* relevante semantische Merkmale nicht auf den konkreten Referenten zutreffen, da die festen Bezüge innerhalb der Norm zwischen Lexemen und Konzepten bestehen, nicht jedoch zwischen Lexemen und konkreten Referenten: Der Sprecher als konkreter Referent wird zunächst – und hierin besteht das Kuriosum – als Kieselstein konzeptualisiert und dann folgerichtig auch als solcher versprachlicht. Das Ungewöhnliche an der Metapher besteht folglich nicht in der Verwendung eines sprachlichen Zeichens in einer unüblichen Bedeutung, sondern darin, dass ein konkret benannter Referent einem unüblichen Konzept zugeordnet wird. Grundlage der Metapher ist also die von den üblichen Verfahren abweichende Konzeptualisierung von Sachverhalten. Erst in einem zweiten Schritt tritt die Metapher auch als sprachliches Verfahren in Erscheinung, da nur durch sie die vorangegangene Konzeptualisierung nach außen hin manifest wird.

Die Eigenschaft [geht im Wasser unter] wird durch die Metapher gegenüber den anderen Merkmalen als überdimensional wichtig herausgestellt, da sie allein trotz aller Unterschiede die Zuordnung der bezeichneten Person zum Konzept KIESELSTEIN ermöglicht. Der Sprecher, der sich selbst mit einem Stein vergleicht, verwendet ein Lexem, das eine in der Sprechsituation relevante Eigenschaft seiner selbst hervorheben soll und ihn damit in einem ganz bestimmten Licht erscheinen lässt. Mit dem bloßen Ersatz eines eigentlichen Wortes durch ein "uneigentliches", wie es in der antiken Tradition heißt, ist die Metapher damit nicht hinreichend erklärt: Es liegt hier gerade kein Ersatz eines Lexems wie *non-nageur* o.ä. durch *caillou* oder eine Verwendung von *caillou* in der Bedeutung 'Nichtschwimmer' vor, sondern *caillou* hat auch in diesem Kontext dieselbe Bedeutung wie immer. Gerade durch diese Tatsache kommt die besondere, ungewöhnliche und widersprüchliche Wirkung der Metapher zustande. Die objektiv betrachtet

35 Eine weitere theoretische Voraussetzung für die hier vorgeschlagene Interpretation ist, dass die Zuordnung von konkreten Referenten und abstrakten Konzepten im Prinzip frei ist; vgl. Hummel 1994: 165: "Le langage courant […] admet un classement changeant, puisqu'il ne cherche pas à classer définitivement. Ses "classements" ou "catégorisations" ne valent que pour l'acte de parole en question. Le locuteur développe son point de vue subjectif et spécifique. Il peut "classer" comme bon lui semble."

großen Unterschiede zwischen einem Menschen und einem Kieselstein sowie die offensichtliche Übertreibung tragen außerdem ihren Teil dazu bei, dass der Hörer die Aussage als besonders expressiv, u.U. auch humoristisch, in jedem Fall jedoch als ungewöhnlich empfindet. Ebendiese Effekte gingen verloren, wenn der Sprecher statt der Metapher ein so genanntes *nomen proprium* (z.B. *non-nageur*) verwendete. Voraussetzung dafür, dass die Metapher als solche funktionieren kann, ist also einerseits die menschliche Fähigkeit, Ähnlichkeiten zwischen weit entfernten Sachverhalten zu entdecken. Andererseits ist jedoch auch die Wahrnehmung von Unterschieden zentral, denn nur durch sie wird sich der Sprecher der Widersprüchlichkeit bewusst.

Dieselben Vorgänge laufen überdies dann ab, wenn ein Vertreter eines noch nicht versprachlichten Konzeptes metaphorisch bezeichnet werden soll. In diesen Fällen wird das neue Konzept kurzerhand einem bereits bestehenden einverleibt. Der Sprecher beispielsweise, der die Bezeichnung *mouse* für 'Zeigegerät am Computer' geprägt hat, ordnete die neue technische Erfindung aufgrund der Formähnlichkeit spontan dem Konzept MAUS (Nagetier) zu. Auf konzeptueller Ebene besteht hier ein leichter Unterschied zu *caillou*: Während der Sprecher dort durchaus die Möglichkeit gehabt hätte, auf ein vorhandenes und benanntes Konzept wie NICHTSCHWIMMER (*non-nageur*) zurückzugreifen und mit der Metapher lediglich eine besondere Wirkung zu erzielen wünscht, existiert ein eigenes Konzept COMPUTERMAUS im Augenblick der Erfindung noch gar nicht, geschweige denn eine zugehörige Bezeichnung. Der neue, bisher unbenannte Sachverhalt wird daher einem bereits benannten Konzept zugewiesen.[36] Das ändert jedoch nichts daran, dass eine Computermaus – objektiv gesehen – eben keine Maus ist, da ihr dazu ganz entscheidende Eigenschaften fehlen (z.B. das Merkmal [Lebewesen]):

> Die Computer-Maus ist keine Unterart der Maus, sie ist überhaupt keine Maus, sondern sie wird aufgrund bestimmter Similaritäten so genannt. (Blank 1997: 154)

36 Die Computermaus wurde 1969 zunächst unter einem nichtssagenden technischen Namen als Patent angemeldet. Was die Herkunft der heutigen Bezeichnung angeht, so wird "bereits von ihrem Erfinder, Douglas Engelbart vom Stanford Research Institute […] behauptet, er habe in dem Kabel, welches das kleine Kästchen mit dem Computer verbindet, einen Mäuseschwanz gesehen. Unter dem Namen *mouse* ist es dann auch von Apple ab 1983 kommerziell verbreitet worden" (Blank 2001a: 71; vgl. Millán 1999: 1).

Ein neuer, bisher noch nicht konzeptualisierter und benannter Gegenstand wird aufgrund der Formähnlichkeit zu einem kleinen Nagetier dem Konzept MAUS als randständiger Vertreter zugewiesen. Nachdem dies geschehen ist, kann er quasi automatisch mit dem zugehörigen Lexem *mouse* bezeichnet werden. Graphisch kann der Vorgang der Metaphorisierung folgendermaßen dargestellt werden:

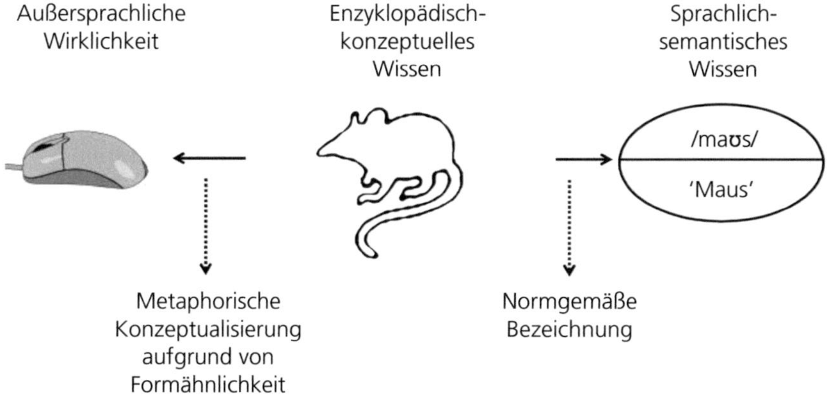

Abb. 16: Innovative Metaphernbildung

Vor dem Hintergrund dieser Metapherninterpretation können auch Fälle multipler Metaphernbildung wie die oben behandelten Beispiele *Ente* und *caput* erklärt werden. Bei allen metaphorischen Verwendungsweisen bilden konzeptuell festgestellte Ähnlichkeiten die Grundlage für eine Interpretation des jeweils bezeichneten Konzeptes als randständiger Vertreter der Konzepte ENTE bzw. KOPF. Dass bei verschiedenen metaphorischen Verwendungen jeweils andere Merkmale im Vordergrund stehen können, spielt für die sprachlichen Zeichen *Ente* und *Kopf* keine Rolle: Es ist und bleibt immer dasselbe Lexem, das immer dasselbe Konzept bezeichnet. Lediglich die einzelnen Referenten, die diesem Konzept zugewiesen werden, wechseln je nach Verwendungsweise. Man kann also der klassischen und strukturalistischen Metapherninterpretation insofern zustimmen, als Metaphern tatsächlich auf Vergleichen basieren. *Tertium comparationis* sind in diesem Fall jedoch Merkmale der außersprachlichen Referenten, und keinesfalls sprachlich gebundene Seme.

Die Wahrnehmung von Similaritäten bei der Metaphernbildung unterscheidet sich folglich nicht wesentlich von den kognitiven Vorgängen, die auch bei nicht-metaphorischer Rede ablaufen: Ein konkreter Sachverhalt wird mit einem bestehenden mentalen Konzept abgeglichen und, wenn genügend Übereinstimmungen bzw. Übereinstimmungen in ausreichend zentralen Merkmalen festgestellt werden, als ein Vertreter desselben klassifiziert. Allerdings verläuft diese Konzeptualisierung bei der Metapher nun nicht in den üblichen Bahnen, sondern es werden bestimmte, in der Sprechsituation besonders relevante Eigenschaften ausdrücklich hervorgehoben, was zu einer von den üblichen Zuordnungen abweichenden Konzeptualisierung führt. Die besonderen Effekte der Metapher erklären sich dadurch, dass die Hörer eine außergewöhnlich große Diskrepanz zwischen dem bezeichneten Sachverhalt und dem ihm zugeordneten Prototyp wahrnehmen. Auch bei der "normalen", nicht-metaphorischen Zeichenverwendung weicht der Referent immer mehr oder weniger stark vom Prototyp ab (vgl. die Beispiele *Pinguin, Kiwi* etc.). Das Entscheidende an der Metapher ist jedoch, dass zahlreiche Abweichungen auch in zentralen Merkmalen zugelassen sind, ja sogar für besondere Effekte genutzt werden, während gleichzeitig eine oder einige wenige als besonders prägnant empfundene Eigenschaften hervorgehoben werden. Innerhalb der Prototypensemantik, in der Kategorien nicht durch notwendige Kriterien starr gegeneinander abgegrenzt sind, sind solche abweichenden Konzeptualisierungen erklärbar. Die strukturelle Semantik stößt hier dagegen an ihre Grenzen.

Es ist deutlich geworden, dass der sprachlichen Metaphernbildung zunächst ein konzeptueller Assoziationsvorgang vorausgeht, der auf der Wahrnehmung von Similaritäten auf außersprachlicher Ebene beruht. Für das Verständnis der Metapher muss in einem weiteren Analyseschritt neben der Konzeptualisierung auch die Ebene der Sprache einbezogen werden, denn nur durch die Bezeichnung mit demselben Lexem wird die Assoziation zwischen einem bestimmten Konzept und dem konkreten Referenten nach außen hin erkenntlich: Erst dadurch, dass der Sprecher auf sich selbst mit dem Lexem *caillou* verweist, erfährt der Hörer, dass eine Assoziation mit dem Konzept KIESELSTEIN stattgefunden hat.

Die ungewöhnliche Zuordnung eines menschlichen Referenten zum Konzept KIESELSTEIN ruft beim Hörer besondere Assoziationen hervor: Wahrscheinlich hat er sich noch nie Gedanken über mögliche Ähnlichkeiten zwischen Kieselsteinen und schlechten Schwimmern gemacht und wird nun durch die Verwendung der Bezeichnung für einen menschlichen Vertreter erst darauf aufmerksam. Die Metapher wirkt daher in Bezug auf den Rezipienten als "Einladung, eine bestimmte Sichtweise einzunehmen" (Wolf 1994: 149) und ihre Entstehung auf konzeptueller Ebene nachzuvollziehen:

> Metaphern sind eben als sprachliche Isomorphismen die Indikatoren für die kognitiven Isomorphismen. (Jakob 1991: 23)

Gleiche Bezeichnung auf der Ebene der Sprache regt also dazu an, auch auf der Ebene des Weltwissens nach Übereinstimmungen zu suchen, denn der Sprecher muss annehmen, dass es sich beim bezeichneten Sachverhalt und beim Bildspender um Vertreter desselben Konzeptes, also in irgendeiner Hinsicht um dieselbe Sache handelt. Die Metapher wirkt somit als Filter, "der ausgewählte Aspekte des metaphorisch charakterisierten Objekts/Konzepts stärker betont, andere unterdrückt und damit ein bestimmtes Bild von diesem zeichnet" (Polzin 1998: 240; vgl. Erben 1981: 39; Jakob 1991: 36).[37] In Bezug auf den Rezipienten kann daher den Autoren zugestimmt werden, die die Ansicht vertreten, dass Metaphern nicht nur bereits wahrgenommenen Ähnlichkeiten sprachlich Ausdruck verleihen, sondern durch die Bildung von Metaphern erst Similaritäten zwischen Konzepten gestiftet werden (vgl. Camac/Glucksberg 1984; Hennet/Gil 1992: 30; Fritz 1995: 85; Schmitt 1995a: 312; Blank 1998: 14). Für den Urheber einer neuen Metapher allerdings geht die konzeptuelle Assoziation der Versprachlichung voraus (vgl. Schmitt 1998a: 451): Er ist derjenige, der erstmalig Similaritäten zwischen Konzepten wahrnimmt und versprachlicht. Die Entscheidung, welche Aspekte des Bezeichneten fokussiert werden sollen, liegt zunächst in seinem subjektiven Ermessen.

1.3.2 Lexikalisierung und Entmetaphorisierung

Inwieweit die für eine neue Metapher maßgeblichen Similaritäten der Sprechergemeinschaft insgesamt nahe liegend und einleuchtend erscheinen, entscheidet schließlich über ihre Aufnahme ins Sprachsystem. Metaphern als kognitiv-sprachliche Innovationen entstehen grundsätzlich in der *parole*. In der Sprache existieren jedoch auch lexikalisierte Metaphern, d.h. bildhafte Ausdrücke, die habituell und damit Bestandteil der *langue* sind (vgl. Beispiele wie *racine, Ente, Kopf* etc.). Innovative und lexikalisierte

37 Vgl. Lakoff/Johnson 1980: 10: "The very systematicity that allows us to comprehend one aspect of a concept in terms of another (e.g., comprehending an aspect of arguing in terms of battle) will necessarily hide other aspects of a concept (e.g., the battling aspects of arguing), a metaphorical concept can keep us from focusing on other aspects of the concept that are inconsistent with that metaphor."

Metaphern verhalten sich dabei zueinander wie Interferenz und Entlehnung: Die innovative Metapher ist eine spontane, akzidentelle Erscheinung der *parole*, die sich jedoch unter bestimmten Umständen als dauerhafte Veränderung in der *langue* etablieren kann. Wie die Integration von Interferenzen, so erfolgt auch die Lexikalisierung von Metaphern in einem allmählichen Prozess, innerhalb dessen einige Autoren verschiedene Stadien unterscheiden:

> This sort of process [the conventionalization of metaphors] takes place diachronically in several *stages of conventionalization*: (1) an originally *creative metaphor* becomes by conventionalization (2) a lexicalized metaphor (e.g. *bottle-neck*), (3) which can then become an opaque metaphor (e.g. *radical*: literally 'from the root') and finally (4) a *dead metaphor* (e.g. *news magazine*: originally *magazine* meant 'store house'). These four stages of demetaphorization differ both as to their degree of innovativeness and as to the decreasing *semantic transparency* of their figurative meanings vis-à-vis their literal meanings. (Nöth 1985: 6; vgl. Closs Traugott 1985: 18)

Hier wird angedeutet, dass der Lexikalisierungsprozess im Grunde als fortschreitende Entmetaphorisierung beschrieben werden kann: Der Erfolg einer Metapher in einer Sprechergemeinschaft führt letztlich dazu, dass diese ihre Bildhaftigkeit verliert und wie eine nicht-metaphorische Wortschatzeinheit funktioniert. Im weitesten Sinne könnte man hier also von einer Abnutzung oder sogar einem Lebenskreislauf der Metapher sprechen.

Die Gründe, die zur Lexikalisierung einiger innovativer Metaphern führen, während andere einmalige Erscheinungen der *parole* bleiben, unterscheiden sich nicht wesentlich von den Gründen für die Integration anderer sprachlicher Innovationen: Damit der Ausdruck von der gesamten Sprechergemeinschaft akzeptiert wird und sich gegenüber eventuellen Konkurrenzbezeichnungen durchsetzt, muss er besondere kommunikative Vorteile aufweisen (vgl. Kapitel V). Für die Metapher ist in diesem Zusammenhang v.a. der Grad an kognitiver Adäquatheit von Bedeutung: Die bei der innovativen Metapher zunächst einmal nur subjektiv vom Urheber empfundene Similarität zwischen den beteiligten Konzepten muss für die Sprechergemeinschaft insgesamt nachvollziehbar und einleuchtend sein, und u.U. sogar das Verständnis des bezeichneten Sachverhaltes in bestimmter Hinsicht erleichtern. Dabei spielt es im Grunde keine Rolle, ob die betreffende Ähnlichkeit durch die Metapher erst gestiftet wird, oder schon vor der Metaphernschöpfung gesehen wurde:

> Wir können daran erkennen, daß die perzeptuellen Merkmale, auf denen Metaphern aufbauen, nicht von sich aus – gewissermaßen universell und

> panchronisch – prägnant sein müssen, sondern daß es genügt, wenn die von einem Sprecher hergestellte Similarität zwischen den Designaten von anderen Sprechern nachvollzogen wird, wodurch die gemeinsamen Merkmale in den Augen der Sprecher mitunter überhaupt an Prägnanz gewinnen. Mit anderen Worten: Es ist unwichtig, ob eine gedankliche Assoziation zwischen den beiden Designaten schon existiert oder nicht, wesentlich für den Erfolg einer Metapher ist, daß die gedankliche Verbindung, die der Sprecher mit der Schöpfung einer Metapher herstellt, zum Zeitpunkt ihrer Schöpfung intersubjektiv nachvollzogen werden kann. (Blank 1997: 165)

Der Etablierung der Metapher in der Sprache muss zunächst eine Etablierung des betreffenden Konzeptes vorausgehen. Solange Sprecher nur okkasionell auf einen Sachverhalt wie *Computermaus* referieren, verfügen sie wahrscheinlich nicht über ein entsprechendes Konzept, sondern die neue Erfindung wird sporadisch (metaphorisch oder nicht-metaphorisch) bereits bestehenden Konzepten untergeordnet (z.B. MAUS, aber auch ZEIGEGERÄT, etc.). Sobald jedoch das Gerät Einzug ins alltägliche Leben hält und für die Sprecher an Präsenz gewinnt, wird auch ein entsprechendes Konzept gebildet, für das eine einheitliche Bezeichnung bereitgestellt werden muss. Setzt sich eine ehemals innovative Metapher als allgemeine Bezeichnung durch, so entsteht – entsprechend zur vormals vorhandenen Spannung zwischen konkretem Referenten und Bildspender – eine Spannung zwischen dem Konzept und dem ihm in der Norm zugewiesenen Zeichen:

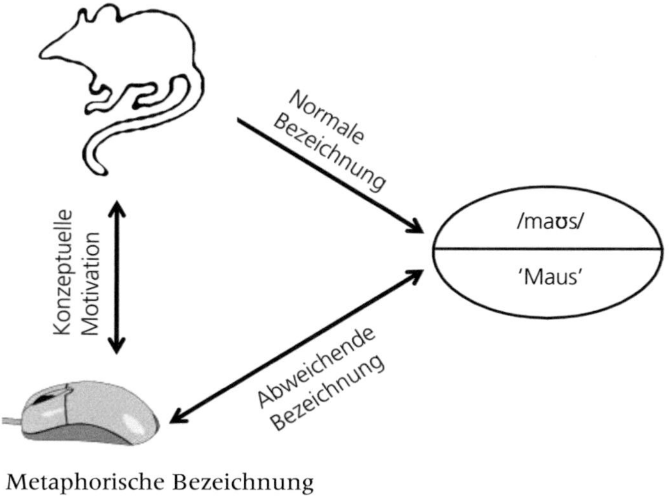

Abb. 17: Metaphorische Bezeichnung

Es lässt sich zwar auf enzyklopädischer Ebene noch nachvollziehen, dass eine Similaritätsrelation zwischen dem Nagetier *Maus* und der Computermaus existiert, die den Gebrauch des Lexems *mouse* zur Bezeichnung des Konzeptes COMPUTERMAUS konzeptuell motiviert – beide werden jedoch nun als deutlich getrennte Konzepte wahrgenommen. Da sich der Terminus *mouse* in diesem Stadium bereits zur Bezeichnung des neuen Sachverhaltes etabliert hat, kann man von einer Konventionalisierung der Metapher sprechen. Mit der Konventionalisierung verliert die Metapher zunehmend ihre Originalität:

> Die kreative Metapher ist an sich die eigentliche Metapher: eine Spontanschöpfung, d.h. eine noch neue, ungewöhnliche oder überraschende Verwendung eines Wortes. Entsprechend erfordert sie eine höhere Interpretationsleistung seitens des Rezipienten, einen "unmittelbaren Mitvollzug". [...] Der ungewöhnliche Gebrauch des Wortes ist bei der konventionellen Metapher zwar noch bewußt, wird aber nicht mehr als originell empfunden. Er hat bereits Eingang in die Lexik einer Sprache gefunden. Der Übergang zu den kreativen Metaphern ist allerdings fließend und hängt zum großen Teil vom Empfinden der Sprachbenutzer ab. (Hennet/Gil 1992: 31)

Durch die Entstehung zweier getrennter Konzepte ergeben sich nun auch Konsequenzen für den Bereich der *langue*, denn es erfolgt eine unmittelbare Bezeichnung des Konzeptes COMPUTERMAUS durch das Lexem *mouse*. Da dieses jedoch durch seine spezielle semantische Struktur das neue Konzept eigentlich nicht bezeichnen kann (gewisse Seme des Lexems *mouse* widersprechen nämlich den Eigenschaften des Konzeptes COMPUTERMAUS), entsteht eine Spannung auf Bezeichnungsebene. Die Sprache muss nun reagieren, da sie wahrscheinlich nicht lange in einem instabilen Zustand verweilen kann.

Der Übergang von der Metapher zu einem nicht-metaphorischen Lexem kann vor diesem Hintergrund als Abbau ebendieser Spannung verstanden werden, der entweder dadurch erfolgt, dass die konzeptuelle Motivation wegfällt und zwei homonyme Zeichen entstehen oder die Widersprüche durch Veränderungen im *signifié* aufgelöst werden. Je nachdem, welcher Fall eintritt, kann man zwei unterschiedliche Prozesse der Entmetaphorisierung unterscheiden.

Der erste Fall ist dann zu beobachten, wenn durch Veränderungen in der außersprachlichen Wirklichkeit die konzeptuelle Motivation verloren geht. Als Beispiel kann hier frz. *grenade* 'Granatapfel' und 'Granate' dienen. Obwohl die zweite Bedeutung aufgrund der Formähnlichkeit metaphorisch aus der ersten hervorgegangen ist, werden beide Ausdrücke heute in Wörterbüchern meist als Homonyme verzeichnet und wohl auch vom Großteil der Sprecher als solche empfunden, da Granaten keine große Ähnlichkeit mit Granatäpfeln mehr haben (vgl. Blank 1997: 130).[38] Als Ergebnis dieses Entmetaphorisierungsvorgangs erhält man zwei homonyme Zeichen, die in der Norm mit jeweils unterschiedlichen Konzepten verbunden sind (vgl. das oben beschriebene Beispiel *canard*). Dabei ist der *signifié* der neu entstandenen Wortschatzeinheit *grenade* 'Granate' von dem zugehörigen, neuen Konzept GRANATE abgeleitet. Ihre distinktiven Merkmale auf semantischer Ebene ergeben sich nun in Abgrenzung zu anderen Wortschatzeinheiten im Wortfeld der Waffen, Sprengkörper u.ä., wobei der Stellenwert von *grenade* 'Granatapfel' innerhalb des Paradigmas der Früchte unverändert bleibt. Ein solcher Fall könnte in Bezug auf das oben behandelte Beispiel *mouse* etwa dann eintreten, wenn eine neue Generation der Computermaus entwickelt würde, die keine Formähnlichkeit zu Nagetieren mehr aufweist, jedoch die Bezeichnung *mouse* beibehielte.[39]

Die zweite Möglichkeit berührt die häufig nicht eindeutige Grenzziehung zwischen normaler Polysemie und metaphorischer Verwendung. Die Problematik der Abgrenzung wird v.a. anhand häufiger metaphorischer Verwendung von Lexikoneinheiten des Grundwortschatzes deutlich:

> The word *foot* can be defined as 'lowest portion of a human or animal leg (on which the creature stands)'. In this case *foot of the mountain* is a metaphor. But it is not impossible to define *foot* from the very beginning as 'lowest portion on which someone or something stands'. In this case *foot of the mountain* would not be a metaphor. Depending on the definition of a word's normal meaning, a given usage will appear as within it our outside it. Even when we clearly have two meanings before us, it may remain open, whether the case counts as a metaphor or not. English *eye* means (1) 'organ of sight' and (2) 'hole in a tool'. Is the second meaning

38 Im Grunde genommen ist jedoch auch hier die Frage, ob es sich um konzeptuell motivierte oder voneinander unabhängige Wortschatzeinheiten handelt, in gewissem Maße subjektiv und hängt u.a. vom Weltwissen des jeweiligen Sprechers ab: Jemand, der – vielleicht aufgrund seiner Lebensumstände – niemals Granatäpfel oder Granaten gesehen hat, kann auch die metaphorische Beziehung zwischen den beiden Zeichen nicht nachvollziehen.

39 Dies scheint gerade nicht der Fall zu sein, da es inzwischen andere Geräte mit gleicher Funktion gibt, die keinerlei Ähnlichkeiten mit der Maus aufweisen und daher auch anders benannt werden: Eine kleine Kugel, die mit dem Daumen bewegt wird, nennt sich *trackball*, während eine kabellose Maus auf der Grundlage von Infrarotstrahlung metaphorisch als *hamster* bezeichnet wird (vgl. Millán 2000b: 2). Die konzeptuelle Motivation des Ausdrucks ist daher offensichtlich noch lebendig.

> a metaphor? Certainly the first use of the word *crane* for a machine with a lifting arm was metaphoric, but its status is today disputable. (Leisi 1973: 174–75)[40]

Die Frage nach den Grenzen der Metaphorik wurde bereits in Zusammenhang mit Coserius Beispiel *racine* diskutiert: Je nachdem, wie man die Grundbedeutung des Lexems definiert, muss man die unterschiedlichen Verwendungen als metaphorische Ausdehnungen oder polyseme Lesarten interpretieren, wobei die ursprüngliche, konkrete Verwendung (vgl. *Fuß* 'Körperteil, auf dem ein Lebewesen steht', *Auge* 'Sehorgan', *Wurzel* 'unterer Teil einer Pflanze') in der Regel die zentrale Bedeutung darstellt. Da die oben genannten Lexeme von den Sprechern kaum noch als metaphorisch empfunden werden und ihre Verwendungsweisen sich, wenn man den *signifié* nur abstrakt genug fasst, als *effets de sens* im Rahmen der normalen Polysemie erklären lassen, muss die Entmetaphorisierung hier offensichtlich nicht auf konzeptueller, sondern auf semantischer Ebene stattgefunden haben. Durch die von den Sprechern empfundene Spannung zwischen dem eigentlichen semantischen Gehalt des Zeichens und den mit dessen Merkmalen zumindest teilweise inkompatiblen Eigenschaften des bezeichneten Konzeptes werden bestimmte distinktive semantische Merkmale abgebaut, so dass der *signifié* nach Abschluss des Sprachwandels tatsächlich wieder als kleinster gemeinsamer Nenner aller möglichen Verwendungsweisen fungiert.[41]

Beide Typen der Entmetaphorisierung unterscheiden sich sowohl im Vorgang als auch im Resultat. Im ersten Fall wird der Spannungszustand auf außersprachlicher Ebene gelöst. Dabei führt der Wegfall der konzeptuellen Motivation zur Entstehung von Homonymie. Im zweiten Fall dagegen findet eine Veränderung auf sprachlich-semantischer Ebene statt, bei der neue, polyseme Lesarten entstehen. Der Abbau der Metaphorik kann in beiden Fällen als allmählicher Vorgang beschrieben werden, so dass der Grad der Metaphorik gerade bei der Entstehung von Homonymie in gewissem Maße vom subjektiven Empfinden der Sprecher und von ihrem

---

40 Vgl. auch die Überlegungen zu Metaphorik im Sprachvergleich bei Mühlhäusler 1985: 72.

41 Vor dem Hintergrund der eben beschriebenen Vorgänge bei der Lexikalisierung kann Coseriu bei seiner Interpretation der Metapher *racine* in gewisser Hinsicht Recht gegeben werden: In diesem besonderen Fall ist es tatsächlich möglich, die unterschiedlichen Bedeutungen auf Kontextbedeutungen desselben Zeichens zurückzuführen. Es ist jedoch wichtig, festzuhalten, dass mit der Lexikalisierung in der oben beschriebenen Weise automatisch eine *Entmetaphorisierung* einsetzt. Diese Analyse kann daher gerade nicht das Wesen der Metapher erhellen.

jeweiligen Weltwissen abhängt.[42] Häufig kann der verblasste metaphorische Zusammenhang im Nachhinein wieder hergestellt werden, sofern die Grundbedeutung nicht verloren gegangen ist:

> [...] entrando en la «lengua» [las metáforas] se vuelven convencionales, perdiendo gradualmente su valor inicial de imágenes. Sin embargo, por lo menos durante cierto tiempo, algo de ese valor metafórico del signo-imagen se conserva en el sistema, en relación con los demás signos, y es esto, justamente, lo que nos permite a menudo intuir el acto de creación con anterioridad a toda investigación etimológica. [...] Se deduce de esto que sólo cuando pierde toda relación semántica evidente con los demás signos el signo-imagen pierde por completo su valor metafórico. (Coseriu 1956: 94–95)

1.4 Metaphern im Internetwortschatz

Die Metaphorisierung erfreut sich im englischen Computer- und Internetwortschatz so großer Beliebtheit, dass Meyer/Zalinski/Mackintosh von einer regelrechten "flood of metaphors" sprechen (Meyer/Zalinski/Mackintosh 1997: 2; vgl. Schmitz 2000: 2169). Die häufige Verwendung metaphorischer Termini in den technischen Fachsprachen ist dabei auf die besonderen kognitiven Vorzüge bildhafter Ausdrucksweisen zurückzuführen. Im wissenschaftlich-technischen Bereich entstehen ständig neue Bezeichnungsbedürfnisse, wobei die neu zu versprachlichenden Sachverhalte häufig außerordentlich komplex und der menschlichen Wahrnehmung nicht unmittelbar zugänglich sind. Metaphern kommen den Bedürfnissen der Sprecher insofern besonders entgegen, als sie "abstrakte und schwer zu veranschaulichende Erfahrungsaspekte mittels konkreter und bekannter Aspekte [...] erfassen und [...] beschreiben" (Schwarz/Chur 1996: 108). Durch den Vergleich mit Altbekanntem wird das Verständnis des Neuen erleichtert und das Gedächtnis entlastet (vgl. Polzin 1998: 236–37; Blank 1997: 279):

> Wo bestimmte Sachverhalte *nur* – oder üblicherweise nur – metaphorisch versprachlicht werden können, da scheint sich unserer Wahrnehmung entweder gar kein anderer Zugang zu bieten, oder, andere Möglichkeiten

42 Auch wenn Bosch behauptet, dass "there seems to be a reasonably clear intuition of native speakers as to which uses of an expression are literal and which are metaphorical" (1985: 168), scheint jedoch die Entscheidung für die eine oder andere Interpretation nicht immer einfach und in gewissem Maße subjektiv zu sein.

> bestehen zwar, werden von den Sprechern aber als weniger effizient eingestuft. Tendenziell geht die Übertragung bei der Metapher vom Naheliegenden auf das Ferne, vom Bekannten, bereits Verstandenen auf das Fremde und Neue, vom Anschaulichen, Be-Greifbaren auf das Abstrakte, Nicht-Dingliche, vom Natürlichen auf das künstlich Geschaffene [...]. (Blank 1998: 12; 2001b: 929)[43]

Die kognitiven und mnemotechnischen Vorzüge der Metapher fallen im Computer- und Internetwortschatz besonders stark ins Gewicht, da sich die Sprecher laufend auf neue Technologien einstellen müssen, wobei durch die zunehmende Verbreitung des Computers in weite Bereiche des täglichen Lebens der fachsprachliche Diskurs nicht auf einen engen Kreis von Fachleuten beschränkt bleibt. Dadurch, dass nur wenige Spezialisten die Rechenmaschinen und ihre Funktionsweise durchschauen, ist die moderne Technik mit Alltagswissen häufig nicht mehr zu bewältigen (vgl. Jakob 1991: 85; Schmitz 1988: 164). Hier können Metaphern den Zugang erleichtern:

> As computer networks spread into more and more areas of our lives, our language has to struggle to keep pace. We are faced with a new and unfamiliar situation, unsure of its potentials or implications. The situation cries out for metaphors. In order to comprehend any new technology, we routinely describe it in terms already familiar to us. (Gozzi 1994: 219)

Über die kognitiv-mnemotechnischen Vorzüge der Metapher hinaus sorgt auch ihre expressiv-affektive Wirkung für ihre Beliebtheit bei den Internauten, für die das Netz nicht nur technisches Werkzeug und Informationsmedium, sondern auch Ausdruck einer bestimmten Lebenskultur und Weltanschauung ist. Sie kommunizieren in einer eigenen Gruppensprache, in der saloppe Redeweisen und drastische Metaphern mit ironischem Unterton eine zentrale Rolle spielen. Die Metapher nimmt innerhalb dieses Jargons daher neben der kognitiven auch eine ludische und kryptische Funktion wahr:[44]

---

43 Außerdem können durch metaphorische Verwendung bereits bestehender Lexeme häufig umständliche Wortgebildetheiten vermieden werden, was dem fachsprachlichen Ökonomiestreben entgegenkommt (vgl. Schmitt 1995: 311).

44 Laut Rodríguez González ist die "raison crypto-ludique" in jeder Art von *argot* zentral (vgl. Rodríguez González 1994: 148). In Bezug auf die spanische Drogensprache kommt er zu der Schlussfolgerung, dass bestimmte Eigenschaften der Sprechergruppe (junge, anti-sozial eingestellte Sprecher) diese Tendenz fördern (vgl. Rodríguez González 1994: 153). Dies gilt sicherlich auch für den Internetwortschatz.

> The popularity of metaphorical terms in computer language goes beyond this powerful cognitive function, however. It is also related to the aesthetic function of metaphor within the general "culture" of computing and the Internet. *Cyberculture*, as it is often called, is driven by young, anti-authoritarian personalities, Steve Jobs and Bill Gates being quintessential examples. This is a culture with a "language" of its own, which avoids heavy, scientific-sounding terms in favour of lexical items that convey a sense of freshness and playfulness. In a small number of cases, the aesthetic value of lexical items may even be to the detriment of their conceptual clarity [...]. (Meyer/Zalinski/Mackintosh 1997: 4)

1.4.1 Metaphernfelder

Wie Lakoff/Johnson und Weinrich zeigen konnten, treten Metaphern in der Regel nicht isoliert auf, sondern sind in größeren thematischen Einheiten organisiert. Ist es beispielsweise in einer Sprachgemeinschaft üblich, seelische Zustände mit Landschaftselementen zu vergleichen (vgl. z.B. *der Gipfel der Freude, der Abgrund der Verzweiflung* etc.; vgl. Weinrich 1976b: 326), so liegt die Bildung weiterer Landschaftsmetaphern für die Sprecher nahe (vgl. Fritz 1998: 868; Blank 1997: 120; 2001a: 76). Solche übergeordneten Bildspender werden in der europäischen Forschung meist als Metaphernsysteme, Metaphernfelder bzw. Bildfelder oder Metaphernthemen bezeichnet (vgl. Polzin 1999: 211).

Der Organisation von Metaphern in zusammenhängenden Feldern liegen komplexe gedankliche Modelle zugrunde (vgl. Weinrich 1976a: 294; Jakob 1991: 41), auf deren Grundlage der Bildempfänger konzeptualisiert wird. Im oben genannten Beispiel wäre beispielsweise das Konzept LANDSCHAFT als komplexes Modell zu verstehen, das das Verständnis und die Versprachlichung eines wenig konkreten und der menschlichen Wahrnehmung schlecht zugänglichen Sachverhaltes wie des Seelenlebens lenkt. In Wissenschaft und Technik können auf diese Weise komplette Wissensbereiche "mit Hilfe von Analogien zu bestehendem Vorwissen und mit modellhaften Repräsentationen anderer Wissensbereiche" (Jakob 1991: 29) konzeptualisiert und verstanden werden. Metaphern sind daher weit mehr als oberflächliche sprachliche Erscheinungen oder schmückendes Beiwerk: Sie sind Ausdruck mentaler Modelle, die ganz offensichtlich auf kognitiver Ebene den Zugang zu komplexen, technischen Gegebenheiten erleichtern:[45]

45 Jakob berichtet sogar von Versuchen, bei denen Probanden, die ein bestimmtes, durch Metaphern vermitteltes mentales Modell von technischen Vorgängen hatten,

> Die Bedeutung einer Metapher ist allein in ihrer gedanklichen Zuordnung zu einem übergeordneten Metaphernkonzept begründet, das als kognitive Struktur aufzufassen ist. [...] Die Verständnissicherung ist nicht im Einzelwort, sondern im gedanklichen Gesamtkonzept zu suchen. Die isolierte Einzelmetapher wird daher relativ bedeutungslos. (Jakob 1991: 39–40)

Auch das Medium Internet wird mithilfe gedanklicher Modelle aus anderen Wissensbereichen konzeptualisiert. Dabei können grundsätzlich drei Arten von Bildspendern unterschieden werden: Einige Bildspender spiegeln universelle Tendenzen der Metaphorisierung wider, die u.U. auf anthropologische Konstanten zurückgehen, andere knüpfen an Vorläufer aus anderen technischen Fachsprachen an und wieder andere finden sich ausschließlich im Internetwortschatz.

Zu den universellen Tendenzen der Metaphorisierung ist das Prinzip der Anthropomorphisierung zu zählen, bei dem der menschliche Körper bzw. vom Menschen ausgeführte Tätigkeiten als Bildspender für unbelebte Objekte fungieren:

> Eines der auffallendsten Charakteristika des Computers scheint darin zu bestehen, daß diese Maschine und ihre Fähigkeiten bzw. Funktionen mit Eigenschaften verglichen werden, die allgemein lebende Wesen und speziell den Menschen auszeichnen [...]. (Schmitt 1995a: 316; vgl. Schmitt 1998a: 448)

Der häufige Gebrauch von *nomina agentis* lässt den Computer als menschliches Wesen erscheinen, das bestimmte Aufgaben erledigt oder besondere Funktionen innehat (vgl. *browser, navigator, server, agent, provider, viewer*).[46] Er wird dabei als Diener oder Helfer konzeptualisiert, der für seinen Benutzer Arbeiten verrichtet.[47] Hier wird gleichzeitig eine ältere Metapherntradition in technischen Fachsprachen fortgesetzt, die sich dadurch auszeichnet, "Maschinen aller Art zu beleben, ihnen Namen zu verleihen, zu ihnen zu sprechen oder sie gar gern zu haben" (Bülow 1985: 102).

---

gegebene Aufgaben besser lösen konnten als solche, die ohne dieses Modell arbeiten mussten (vgl. Jakob 1991: 49).

46 Vgl. Woltjer 1984: 129: "A remarkable phenomenon in computer terminology is that many programs and devices have been given functional names which formerly did refer to a person performing a task." Zum metaphorischen Gebrauch von Personenbezeichnungen in der allgemeinen Computerterminologie vgl. Yong 1987; zur Bedeutung der anthropomorphisierenden Darstellung von Internet-Interaktionen vgl. Krämer 1997.

47 Zur Diener-Metapher vgl. Schmitz 1988: 166.

Die Anthropomorphisierung des Computers spiegelt sich auch in den Verben *download* und *upload* bzw. *push* und *pull* (in *push technology* und *pull technology*) wider, bei denen körperliche Tätigkeiten, die normalerweise von Menschen verrichtet werden, metaphorisch auf die verschiedenen Möglichkeiten der Datenübertragung durch den Computer abgebildet werden.[48]

Bei *drag and drop* werden Aktivitäten, die der Computernutzer abstrakt mit der Maus am Bildschirm durchführt, als konkrete körperliche Tätigkeiten konzeptualisiert. Ähnliches gilt für *hack* und *crack* mit den zugehörigen *nomina agentis hacker* und *cracker*.[49] In den metaphorisch verwendeten Bewegungsverben äußert sich eine weitere anthropologische Konstante, nach der konkrete körperliche Erfahrungen als Bildspender für abstrakte Tätigkeiten gewählt werden. Auch dieses Metaphernthema hat Vorläufer in der allgemeinen Computerterminologie, in der Schmitt eine auffallend große Zahl metaphorisch gebrauchter Verben der Bewegung registriert (vgl. Schmitt 1995a: 318).

Laut Schmitt ergibt sich die grundlegende Rolle der Anthropomorphisierung im spanischen Computerwortschatz aus der zentralen Bezeichnung *ordenador*, die formal nicht nur als *nomen instrumenti*, sondern auch als *nomen agentis* aufgefasst werden kann und daher eine animistische Interpretation nahe legt:

> Dabei steht die Anthropomorphisierung wohl deshalb im Mittelpunkt der Metaphernbildung, weil von Anfang an – vergleichbar dem deutschen *Rechner* für *Computer* – mit *computador* und *ordenador* zwei Prototypen vorlagen, die sowohl als mit dem Maschinen- und Gerätesuffix *-ador* wie auch dem Personalsuffix *-ador* gebildete Ableitungen aufgefaßt werden konnten. Auf der mit der Personalisierung des Geräts beginnenden Isotopieebene konnten dann weitere anthropomorphisierende Metaphern angesiedelt werden. (Schmitt 1995a: 321)

---

48 Zum Vergleich menschlicher Handlungen und maschineller Operationen durch Metaphern vgl. Schmitz 1988: 162; zum mentalen Modell HANDLUNG in der Techniksprache vgl. Jakob 1991: 66.

49 Das Bezeichnungsmotiv von engl. *cracker* ist letztlich nicht geklärt. Es könnte sich um eine Metapher nach *safe cracker* (vgl. Meyer/Zalinski/Mackintosh 1997: 9) oder aber um eine Wortkreuzung aus *hacker* und *computer* handeln (vgl. Bergeron/Kempa/Verreault/Guilloton 1997: 1). Im Hinblick auf die Häufigkeit von Metaphern im Internetwortschatz sowie aufgrund der Tatsache, dass unabhängig von der tatsächlichen Entstehung der Bezeichnung synchron von den Sprechern wahrscheinlich eine Assoziation zu *safe cracker* hergestellt wird, scheint die Wertung des Terminus als Metapher gerechtfertigt.

Da Gleiches für das Lexem *computer* gilt, ist die anthropomorphisierende Deutung schon in der englischen Ausgangsterminologie angelegt.

Viele derjenigen Internetmetaphern, die nicht auf universelle Tendenzen der Metaphorisierung zurückgehen, besitzen Vorläufer in der allgemeinen Computerterminologie oder anderen technischen Fachsprachen. Einer der ältesten und geläufigsten Bildspender im Computerbereich ist die so genannte Desktop-Metapher, bei der der Computer als Arbeitsplatz im Büro bzw. als Schreibtisch konzeptualisiert und so seine Funktion als Arbeitsgerät[50] hervorgehoben wird:

> In the DESKTOP metaphor, the computer screen is a virtual 'desktop' with electronic 'folders', 'documents', 'disk icons' and a 'trash can' which are patterned after the physical objects in the physical office. (Rohrer 1995: 1)

Die Internetterminologie nimmt diesen Bildspender in Metaphern wie *(hot)list, bookmark* und *web page* wieder auf. Besonderes Augenmerk wird in diesem Zusammenhang auf die Funktion des Internets als Informations- und Kommunikationsmedium gelenkt, da zahlreiche Metaphern in den Bereich der Briefkorrespondenz und Printmedien fallen (vgl. *web page, bookmark, to browse/browser;* im weitesten Sinne auch *chat*; vgl. Gozzi 1997/98: 480). Die Übertragung von Daten wird dabei mit dem Versenden herkömmlicher Post verglichen (*mail, attachment;* außerdem *mailbox, send,* etc.; vgl. Seewald 1998: 370). Bei *chat, page d'accueil* oder *de bienvenu, news group* etc. dient dagegen die Informationsvermittlung im Rahmen direkter menschlicher Kommunikation als Bildspender.[51]

Zur Bezeichnung neuer technischer Errungenschaften werden in der Computerterminologie, aber auch in anderen technischen Fachsprachen häufig ältere technische Konzepte herangezogen (vgl. Debatin 1997: 1). Wird ein überkommenes Verfahren durch ein neues ersetzt, so kann der alte Terminus metaphorisch auf den neu zu bezeichnenden Sachverhalt übertragen werden, sofern seine Funktion dieselbe bleibt:

> [...] avec l'avènement de la micro-informatique, l'ordinateur a remplacé la machine à écrire, le calculateur, en incorporant leur vocabulaire. Il s'agit en partie de métaphores: les presse-papiers, les corbeilles, les biblio-

50 Vgl. u.a. auch die Benutzeroberfläche von Browsern, in denen man so genannte *tools* findet.

51 Auch diese Metaphern knüpfen an bereits bestehende Traditionen im Computerwortschatz an, wo "(menschliche) Sprache zu den besonders wichtigen Lieferanten für metaphernfähiges Zeichenmaterial gehört" (Schmitt 1995a: 317).

> thèques, les sauts de lignes ne sont pas à comprendre de manière littérale: on fait comme avec un presse-papiers ... etc. (Éloy/Humbley 1993: 16–17)[52]

Auf ähnlichen Prinzipien beruht die Übernahme von Bezeichnungen aus anderen, teilweise verwandten Technologien. Da die Informatik vor noch nicht allzu langer Zeit aus der Elektrotechnik und Mathematik hervorgegangen ist, verwundert es nicht, dass ein großer Teil des Computerwortschatzes ursprünglich aus diesen Disziplinen stammt (vgl. Nichols 1995: 316). Auch die metaphorische Übertragung von Konzepten aus einem wissenschaftlich-technischen Bereich in den anderen kann als Strategie aufgefasst werden, die neuen Gegebenheiten auf der Grundlage des Bekannten besser zu verstehen und zu behalten. So werden bei *hub,*[53] *plug-in, socket* und *search engine* ältere technische Konzepte aufgegriffen, um neue Computerprogramme zu bezeichnen.

Als zentraler Bildspender der Internetmetaphorik fungiert die Netz-Metapher, die dem Benutzer das Internet in zweifacher Hinsicht nahe bringt: Einerseits technisch, als Gebilde durch Kabel miteinander verbundener Computer; andererseits im Hinblick auf seine Funktionsweise, denn der Nutzer bewegt sich über die Verlinkung der Seiten wie über die Knotenpunkte eines Netzes von einem Site zum nächsten, wobei theoretisch unendlich viele unterschiedliche Möglichkeiten bestehen, von einem Ort zum anderen zu gelangen. Von der Netz-Metapher lassen sich alle anderen typischen Internetmetaphern ableiten:

> Die zentrale Metapher des Internet, die Netzmetapher, ist grundlegend für die Vorstellung von der Struktur, wie Computer im Internet miteinander verbunden sind. Die Netzmetapher ist innerhalb der Sprache des Internet

52 Allerdings sieht Blank (1995: 57) in Übernahmen aus verwandten technischen Bereichen nicht metaphorische Verwendungen, sondern unterschiedliche Lesarten im Rahmen normaler Polysemie: "Hier von Metapher zu sprechen, wäre sicherlich übertrieben, aber man kann dennoch nicht leugnen, dass eine Computer-Tastatur etwas anders als eine Schreibmaschinentastatur aussieht und funktioniert." Im Hinblick auf die Funktion der Metapher im fachsprachlichen Bereich ist es jedoch angebracht, von metaphorischen Verwendungen auszugehen, da die Übernahmen auch hier dem besseren Verständnis der neu bezeichneten Sachverhalte dienen.

53 Hierbei handelt es sich um einen Fachterminus aus der Raumfahrt, der seinerseits metaphorisch entstanden ist: "L'anglais utilise la métaphore « hub » pour désigner le concentrateur. Ce mot signifie au sens propre moyeu, pivot et est employé en aéronautique pour désigner un aéroport qui sert de plaque tournante. Cette métaphore décrit mieux le rôle de récepteur-diffuseur joué par un concentrateur de réseau." (Otman 1998: 88).

> selbst wieder Gegenstand der Metaphorisierung. So bewegt sich ein Internetnutzer im Netz nicht auf (Verbindungs-) Kanten von Knoten zu Knoten, sondern von Ort zu Ort (engl./dt. *site*, fr. *site*, it. *sito*, sp. *sitio*), wobei die verschiedenen Orte über Straßen und Pfade (engl. *path*, dt. *Pfad*) miteinander verbunden sind. (Seewald 1998: 364; vgl. Debatin 1997: 2)

Das Internet wird also als eigene, virtuelle Welt, als so genannter *Cyberspace*, konzeptualisiert. Hier klingt ein weiteres Metaphernfeld an, nämlich das des Raumes:

> Cyberspace is a metaphor because it identifies the region where electronic communication occurs as being a kind of space. (Gozzi 1994: 220)[54]

Dabei unterscheidet sich der Cyberspace von anderen virtuellen Welten wie der des Films oder der Literatur dadurch, dass der Nutzer nicht auf eine rezeptive Rolle beschränkt ist, sondern selbst mit der künstlichen Welt interagieren kann. Ähnlich einem Astronauten begibt er sich im virtuellen Raum auf Reisen:

> L'internaute (de Internet et astronaute) est l'appellation donnée aux utilisateurs du réseau Internet, qui, comme l'astronaute explorant l'espace, explorent le cyberespace. (Otman 1998: 181)

So ist es zu erklären, dass die Internetmetaphern zum überwiegenden Teil auf Konzepten von Raum, Transport und Architektur basieren (vgl. *information highway*,[55] *cybernaut/internaute, address, site, homepage, gateway, frame, forum, domain, window, navigator/to navigate, visit*). Das Internet wird als virtueller Raum mit einer festen Struktur verstanden, in dem sich der Nutzer – vorbei an Gebäuden und architektonischen Elementen – von einem Ort zum anderen bewegt. Zwischen den einzelnen geographischen Punkten finden sich architektonische Verbindungselemente (*gateway, portal* etc; vgl. Bruns 2001: 183), und auf den Transportwegen (*information highways*) werden mit hoher Geschwindigkeit Daten übertragen (vgl. Seewald 1998: 367). Einzelne Einrichtungen – unseren Häusern vergleichbar – sind durch Mechanismen gegen Eindringlinge geschützt (*firewall;* vgl. Bruns 2001: 183).

---

54 Vgl. auch die Verwendung von Verben im Spanischen: "He *estado* media hora en Internet, pero no he localizado lo que quería. Al final me he *ido* con las manos vacías" (Millán 1998c: 1).

55 Rohrer sieht hier zusätzlich eine Formanalogie zwischen Autobahnen und Computerkabeln (vgl. Rohrer 1997: 3).

Der Raum an sich wird dabei entweder als Ozean (vgl. *navigator, to surf, to cruise* etc.) oder als unbekanntes Territorium konzeptualisiert, das es zu erkunden gilt (vgl. *explorer, cybernaut* etc.; vgl. Millán 1998c: 1). Durch Anklänge an Bezeichnungen der Raum- und Seefahrt wird gleichzeitig auf die Abenteuerlust und den Pioniergeist der Internauten angespielt.[56] Sowohl in der Raum- als auch in der See- und Schifffahrtsmetapher wird dabei der Bildspendebereich der Bewegung wieder aufgegriffen. Auch hier wird an bereits bestehende Metapherntraditionen angeknüpft:

> Die Nautik, der Verkehr und die Technik gehören zu den ältesten Bildspenderbereichen, wobei allen drei gemeinsam ist, daß sich die speziellen Funktionen aus diesen Bereichen insofern gleichen, als sie alle der Dynamisierung und Konkretisierung dienen können [...]. (Schmitt 1998a: 452)

Zusätzlich zu den bereits genannten Bildspendern finden sich Metaphern aus den Themenbereichen Krieg (*firewall, mail-bombing*) und Nahrungsmittel (*spam, cookie*) sowie zoomorphe (*web*) und anthropomorphe (*backbone*) Metaphern. Bisweilen lässt sich bei zusammengesetzten Ausdrücken oder Phrasen eine Vermischung der Themenbereiche beobachten (vgl. *homepage, mail-bombing, to surfe/navigate/cruise the web;* vgl. Meyer/Zalinski/Mackintosh 1997: 11).

1.4.2 Lexikalisch-semantische Besonderheiten der Internetmetaphern

Einige der englischen Internetmetaphern zeichnen sich durch besondere Eigenschaften aus, die teilweise auf ihre Behandlung im Sprachkontakt zurückwirken und deshalb eine eingehende Betrachtung verdienen.

Nicht immer basieren metaphorische Fachtermini auf gemeinsprachlichen Appellativa – z.B. handelt es sich bei engl. *spam* um den Namen eines

56 Laut Warren verbinden sich mit dem Konfix *-naut* semantische Merkmale wie [adventurer, explorer], [travelling], [especially in space] (vgl. Warren 1990: 121). Es tauchte im Englischen zunächst in der Zusammensetzung *aeronaut* auf, wo *-naut* – in Anspielung auf die Argonauten der griechischen Mythologie – in der Bedeutung 'explorer of unknown territories' verwendet wurde (vgl. Warren 1990: 122). Zahlreiche weitere englische und französische Bildungen, die thematisch mit dem Internet in Verbindung stehen, folgen dem Muster von *cybernaut/internaute*; vgl. engl. *infonaut,* frz. *mobinaute, télénaute, glacionaute, numernaute, entreprenaute* (vgl. Otman 1998: 182). Vgl. zu diesem Metaphernfeld weiterhin *navigator/to navigate, to cruise/surf the Internet, to visit a web site* sowie den Produktnamen *Internet Explorer*.

Pressfleischproduktes in Dosen.[57] Auch hier ist der Terminus im Englischen durch Metaphorisierung entstanden, die auf den Gebrauch von *spam* in einem Sketch der britischen Komikergruppe *Monty Python* zurückgeht. Der Sketch spielt in einem Café, in dem jeder Eintrag auf der Speisekarte *spam* enthält und der Besucher daher gezwungen ist, *spam* zu konsumieren – ob er will oder nicht.[58] Der Internetnutzer, der unverlangte Werbesendungen erhält, wird dabei einem Cafébesucher gleichgesetzt, dem gegen seinen Willen immer wieder ein bestimmtes Produkt serviert wird (vgl. Pershall 1998: 1783). Offensichtlich sprechen die Internetnutzer diesem nur eine äußerst zweifelhafte Qualität zu, so dass die Metapher einen stark spöttischen Beigeschmack hat.

Laut Otman stammt *spam* aus dem amerikanischen Substandardenglischen, wo die Bezeichnung in der Bedeutung 'Müll' gebraucht wird (vgl. Otman 1998: 360). Allerdings konnte dieser Gebrauch weder durch einschlägige Wörterbücher noch durch Informanten bestätigt werden. Plausibler erscheint dagegen sein Hinweis auf die amerikanische Comicsprache, in der *spam* onomatopoetisch verwendet wird, wenn schwere Gegenstände auf den Boden fallen oder jemand eine schallende Ohrfeige erhält (vgl. Otman 1998: 360).

Spam unterscheidet sich insofern von Metaphern wie *forum, domain, web* etc., als sich dem Sprecher das der Metapher zugrunde liegende Ähnlichkeitsverhältnis nicht unmittelbar erschließt, da zu seinem Verständnis die Kenntnis des Sketches notwendig ist. Da der Ausdruck zusätzlich bestimmte lautmalerische Qualitäten besitzt, überwiegt in diesem Fall die ästhetische gegenüber der kognitiven Funktion.[59]

Was den Lexikalisierungsgrad der englischen Internetmetaphern angeht, so kann festgehalten werden, dass diese mehr oder weniger konventionalisiert sind. Einmalig metaphorisch verwendete Ausdrücke, die u.U. als Kandidaten für innovative Metaphern in Frage kommen, finden sich nicht. Mit der Frage nach dem Grad der Lexikalisierung verbindet sich das Problem der Abgrenzung metaphorischer Verwendungsweisen von normaler Polysemie, für die keine objektiven Kriterien existieren. Bei einigen Termini sind Bildspender und Bildempfänger semantisch so weit voneinander entfernt, dass es sich zweifellos um Metaphern handelt (vgl. z.B. *backbone,*

57 Der Eigenname *spam* ist ein Akronym aus dem Syntagma *shoulder of pork and ham* oder auch *spiced ham*.

58 Der volle Text des Sketches kann unter http: //www.msg.net/kadow/answers/extras/ spam.html eingesehen werden.

59 Die Bevorzugung der Bezeichnung *spam* gegenüber dem weitaus technischeren Terminus *UCE* (*unsolicited commercial e-mails*) unterstreicht diese Interpretation.

firewall). Bei anderen Bezeichnungen liegen die Dinge weniger klar, vor allem, wenn diese bereits andere figurative Verwendungsweisen im Englischen besitzen. Je nachdem, ob man engl. *thread* 'roter Faden in einem Gespräch' als eigenständiges Lexem oder als metaphorische Verwendung von *thread* 'Faden' betrachtet, wäre der Terminus *thread* in der Bedeutung 'thematisch zusammengehörige Anzahl von Newsgroup-Artikeln' anders zu klassifizieren. Desgleichen ist es in gewissem Maße subjektiv, ob man E-Mail als eine Form der Post betrachten und damit dem Konzept POST mit dem zugehörigen Lexem *mail* unterordnen will, oder ob es sich hier um zwei verschiedene Konzepte und damit bei *mail* 'E-Mail' um eine Metapher handelt. Im Einzelfall müsste eine detaillierte Semanalyse der beteiligten Lexeme erfolgen, die im Rahmen der vorliegenden Untersuchung nicht geleistet werden kann.

Mit fortschreitender Entmetaphorisierung können Metaphern schließlich soweit lexikalisiert werden, dass ihr ursprüngliches Bezeichnungsmotiv synchron überhaupt nicht mehr erkennbar ist – dann kann "das Bewusstsein, dass es sich um eine übertragene Bedeutung handelt, beim Sprachbenutzer völlig in den Hintergrund treten" (Walther 1986: 165). Da es sich bei der Internetfachsprache um eine recht junge Terminologie handelt, ist ein vollständiger Verlust der Metaphorik bisher nur bei dem Terminus *cookie* eingetreten. Die Sichtung einschlägiger Wörterbücher ergibt, dass der internetfachsprachliche Terminus metaphorisch auf *cookie* 'Keks' zurückgeht, wobei jedoch über das eigentliche Bezeichnungsmotiv nichts bekannt ist.[60] Möglicherweise liegt der Ursprung im Grimm'schen Märchen *Hänsel und Gretel*, in dem die beiden Protagonisten ihren Weg mit Kekskrümeln markieren. Ebenfalls denkbar ist eine Analogie zu chinesischen Glückskeksen, die in ihrem Innern eine geheime Nachricht verbergen.[61] Otman nennt noch weitere mögliche Bezeichnungsmotive für engl. *cookie*, die jedoch alle ebenso spekulativ bleiben:

> En anglais, un « cookie » est un petit gâteau sec. Mais l'origine de l'emploi informatique est plutôt à chercher dans les sens argotiques de

60 Auch in den Glossaren der untersuchten Internetzeitschriften oder in Büchern zum Internetwortschatz wird in der Regel auf die ursprüngliche Bedeutung von *cookie* verwiesen, z.B. von Kreutz: "La première signification de "cookie" est "biscuit". Dans le jargon Internet, un cookie est un petit fichier texte [...]" (Kreutz 2000: 41). Der Bezug zu *cookie* 'Keks' ist also in gewisser Weise noch lebendig, auch wenn die eigentliche Similaritätsrelation nicht mehr nachvollzogen werden kann.

61 Nach einer freundlichen Auskunft von Klaus Fahnenstich, Redaktionsteam *Das Online Vokabelheft*. Allerdings muss hier zu bedenken gegeben werden, dass in der Originalversion des Märchens Brotkrümel verwendet werden.

> « cookie ». Ainsi, « a tough cookie » est un dur à cuire, « a smart cookie », un petit malin est [*sic*!] « a hot cookie », une jolie fille. On trouve aussi des outils de parade aux *cookies* dont les appellations conservent la métaphore, en particulier « cookie monster », à la fois nom d'un personnage très populaire de la série enfantine *Sesame Street* et terme employé en informatique depuis 1991 pour désigner un programme de piratage d'accès à un serveur. (Otman 1998: 90)

Die Mehrheit der Teilnehmer an der Diskussionsliste LINGUIST List führt die Bezeichnung *cookie* auf die Figur des Krümelmonsters (engl. *cookie monster*) aus der US-amerikanischen Kindersendung *Sesame Street* zurück (vgl. http://www.linguistlist.org/issues/9/9–309.html). Anlass für die Entstehung der Metapher sei ein scherzhaftes Computerprogramm gewesen, das Anfang der 90er Jahre unter Computernutzern zirkulierte, und bei dem sich während der Arbeit am Computer bisweilen ein Fenster mit der Forderung "Give me a cookie!" öffnete. Damit es sich wieder schloss, musste der Benutzer das Wort *cookie* eingeben. In derselben Liste werden noch andere mögliche Ursprünge des Terminus diskutiert: So belohne man Kinder mit Keksen, ebenso wie die Betreiber bestimmter Sites durch die *cookies*, die ihnen Informationen über das Surfverhalten der Internetnutzer liefern, belohnt werden. Bei einer entgegengesetzten Interpretation werden die Kekse als Köder betrachtet, mit denen der Internetnutzer auf bestimmte Websites gelockt werden soll. Ebenfalls wird versucht, die Bezeichnung *cookie* in einen größeren Zusammenhang mit anderen Nahrungsmittelmetaphern im Internet zu stellen: Da die zugehörige Programmiersprache *Java* nach einer Kaffeemarke benannt ist, seien damit in Verbindung stehende Sachverhalte mit Bezeichnungen aus denselben Erfahrungskontexten (*frames*) belegt worden. Eine ganz andere Auslegung stellt Millán zur Diskussion: Er erinnert daran, dass im Pilotenjargon des Zweiten Weltkriegs *cookie* als scherzhafte Bezeichnung für die abgeworfenen Bomben verwendet wurde, wovon sich die Computerbedeutung ableite (vgl. Millán 1999–2000b: 1).

Inwieweit es sich bei den hier vorgestellten Erklärungsversuchen um die tatsächlichen Bezeichnungsgründe oder um nachträgliche Remotivationsversuche einer bereits undurchsichtig gewordenen Metapher handelt (vgl. Closs Traugott 1985: 35), sei dahingestellt. Vielleicht liegt der Bezeichnung ursprünglich eine Anekdote zugrunde, wie es im Internetwortschatz relativ häufig vorkommt.[62] Fest steht jedoch, dass das ursprüngliche Bezeichnungs-

62 Vgl. *spam* oder auch den Terminus *bug* 'Programmierfehler', der im Jahre 1948 im Naval Surface Warfare Center geprägt wurde, wo eine Motte in einem Relais Com-

motiv heute nicht mehr durchscheint und man es – synchron betrachtet – mit einem unmotivierten, allein auf Konvention basierenden Lexem zu tun hat. Die Homonymie *cookie* 'Keks' und *cookie* 'Cookie' erscheint daher aus heutiger Sicht als eine "pura arbitrariedad de carácter humorístico" (Camón Herrero 1999: 89). Da jeglicher Bezug zu den homonymen Lexemen *cookie* 'Keks', 'Typ' etc. fehlt und die Entstehung der internetfachsprachlichen Bedeutung nicht im Rahmen der normalen Polysemie erklärt werden kann, muss die Entmetaphorisierung auf konzeptueller Ebene stattgefunden haben.

2. Formale Eigenheiten der englischen Termini

Auch in formaler Hinsicht zeichnen sich die englischen Vorlagen durch gewisse Besonderheiten aus, die z.T. auf ihre Behandlung im Sprachkontakt zurückwirken. Der überwiegende Teil der englischen Vorlagen besteht aus zusammengesetzten oder abgeleiteten Wortschatzeinheiten, die nach den üblichen englischen Wortbildungsverfahren erzeugt wurden. Bei den Komposita wird durchgängig das Verfahren der asyndetischen Reihung angewandt, wobei die Reihenfolge der Elemente durch die germanische Wortstellung (Determinans – Determinatum) bestimmt wird. Nur bei Zusammensetzungen aus zwei verbalen Elementen wird die Konjunktion *and* eingefügt (vgl. *drag and drop*). Bei den Derivativa handelt es sich ausschließlich um deverbale *nomina agentis* bzw. *nomina instrumenti,* für die im Englischen das Morphem *-er* oder seine latinisierte Form *-or* zur Verfügung steht (vgl. *viewer, server, provider, locator*).

Eine Zwischenstellung zwischen Kompositum und Derivativum nimmt das Lexem *applet* ein. Laut dem *New Oxford Dictionary of English* handelt es sich um einen "blend of *application* and *-let*" (Pershall 1998: 80). Im Gegensatz zu herkömmlichen Komposita und Derivativa, bei denen immer vollständige Morpheme an der Wortbildung beteiligt sein müssen, wird in diesem Fall nur ein Lexemfragment verwendet und mit einem Suffix versehen. Während dieses Verfahren in anderen europäischen Sprachen selten ist und seine sporadische Verwendung im Französischen und Spanischen wahrscheinlich auf englischen Einfluss zurückgeht (vgl.

puterfehler ausgelöst hatte (vgl. Millán 1998d: 1). Ein anekdotischer Ursprung könnte die beschleunigte Entmetaphorisierung erklären, da anekdotisches Wissen nicht zum allgemeinen, jedem Sprachteilnehmer vertrauten Wissen über den Sachverhalt *cookie* gehört.

Klajn 1972: 173; Clas 1980: 346; Gaudin/Guespin 2000: 291), stellt die Wortkreuzung im Englischen ein durchaus geläufiges Mittel der Wortschatzerweiterung dar (vgl. Bildungen wie *camcorder, sitcom, modem*; zum Wortbildungsverfahren des *blend* vgl. Tietze 1974: 59–61; Fischer 1998: 34–39).

Bei den englischen Termini *cybernaut* und *hypertext* handelt es sich nicht um herkömmliche Komposita, sondern um so genannte Konfixbildungen. Unter Konfixen sind nach Martinet (1975: 23) gelehrte Wortbildungsmorpheme griechisch-lateinischer Herkunft zu verstehen, die formal gebunden sind, aber im Unterschied zu üblichen Derivationsmorphemen eine vollständige lexikalische Bedeutung besitzen (vgl. z.B. *bio-, socio-, -logie, -phile*).[63] Sie können mit anderen Konfixen oder mit freien Lexemen zu neuen Wortschatzeinheiten kombiniert werden. Darüber hinaus lässt sich im Prinzip jedes freie Lexem als Konfix verwenden, indem ein *élément de liaison o* oder *i* an den Stamm angehängt wird (z.B. *musique* → *musicomane, disque* → *discographie*; vgl. Guilbert 1976: LVI; Warren 1990: 115). Die so gebildeten Wortbildungselemente werden von Martinet als *variantes confixales* zu den entsprechenden freien Lexemen bezeichnet (vgl. Martinet 1975: 244). Im Unterschied zu gebundenen Affixen mit grammatikalischer Bedeutung bilden die Konfixe damit ein offenes Inventar (vgl. Reich 1999: 2; Warren 1990: 123). Innerhalb der Bildungen richten sich die Elemente in allen europäischen Sprachen nach Reihenfolge Determinans – Determinatum (vgl. Martinet 1975: 243), die der germanischen Wortfolge entspricht.

Die Komposition mithilfe lateinischer und griechischer gelehrter Konfixe ist seit dem 19. Jahrhundert vor allem im technischen und wissenschaftlichen Bereich auf dem Vormarsch (vgl. Panzer 2000: 1124).[64] Da Konfigierungen nicht als solche aus dem Lateinischen oder Griechischen entlehnt, sondern in den modernen Sprachen gebildet werden, handelt es sich streng genommen um Pseudolatinismen bzw. Pseudogräzismen (vgl. Gusmani 1979a: 365). Die Existenz derselben gelehrten Wortbildungselemente in verschiedenen europäischen Sprachen sowie die Tatsache, dass diese überall denselben morphosyntaktischen Regeln unterliegen, machen es schwierig, die genaue Herkunft einzelner Bildungen zu bestimmen (vgl.

63 In der englischsprachigen Linguistik werden diese Morpheme in der Regel als *combining forms* bezeichnet (vgl. Warren 1990, bes. 112; Nagel 1994: 167; Fischer 1998: 55ff; Reich 1999: 1–2). Stein trifft eine Unterscheidung zwischen *combining forms*, zu denen sie nur Konfixe mit freien Allomorphen zählt (z.B. *Europe/European; eur-/euro-*), und Affixoiden, die nur in Konfixbildungen verwendet werden können (z.B. *astro-, cosmo-, -logy*; vgl. Stein 1977: 146).

64 Zu den Konfixen und ihren Besonderheiten im Englischen vgl. Scheler 1996: 164–65.

Gómez Cápuz 1992: 314–15), erleichtern jedoch ihre zwischensprachliche Übertragbarkeit.

Eine weitere formale Besonderheit im englischen Korpus sind Siglen, d.h. Kurzformen aus den Anfangsbuchstaben der Bestandteile mehrgliedriger Ausdrücke, die mit *ADSL (asymmetric digital subscriber line)*, *DVD (digital versatile disc)*, *DNS (domain name system)*, *FAQ (frequently asked questions)*, *URL (uniform/universal resource locator)* und *WWW (world wide web)* recht zahlreich vertreten sind. Die Siglenbildung erfreut sich in den Fachsprachen großer Beliebtheit, da sie sowohl dem Streben nach Genauigkeit als auch nach Kürze entgegenkommt: Durch das Bedürfnis nach Präzision entstehen häufig lange und komplizierte Wortgebildetheiten, die durch Siglenbildung in eine knappere Form gebracht werden können, ohne dass Information verloren geht (vgl. Kocourek 1982: 141; Lambert-Drache 1995: 78). Im Computerwortschatz hat die Verwendung von Siglen auch technische Gründe, da in früheren Zeiten durch die Reduzierung der Termini auf wenige Buchstaben Speicherplatz und Zeit bei der Datenübertragung gespart werden konnte (vgl. Haase/Huber/Krumeich/Rehm 1997: 71).

KAPITEL III

Offizieller französischer Anglizismenersatz

> Die Muttersprache zugleich reinigen und
> bereichern, ist das Geschäft der besten
> Köpfe; Reinigung ohne Bereicherung
> erweist sich öfters geistlos [...].
> Es gibt viele Arten von Reinigung
> und Bereicherung, die eigentlich
> alle zusammengreifen müssen,
> wenn die Sprache lebendig wachsen soll.
>
> *(Johann Wolfgang von Goethe)*

Die oben beschriebenen englischen Termini bilden den Ausgangspunkt für die offiziellen Ersatzwörter der französischen Terminologiekommissionen. Wie diese bei der Bildung der französischen Bezeichnungen mit den fremden Vorlagen verfahren, kann mithilfe der in Kapitel A.III.6. vorgeschlagenen Typologisierung des Lehngutes beschrieben werden. Um die Vorgehensweise der Kommissionen im Hinblick auf die Zielsetzung der offiziellen Korpusplanung angemessen beurteilen zu können, soll der Analyse ein kurzer Überblick über die französische Sprachpolitik vorangestellt werden.

1. Französische Sprachpolitik in der zweiten Hälfte des 20. Jahrhunderts

Sprachpolitik kann in Frankreich auf eine jahrhundertelange Tradition zurückblicken. Die *Ordonnance de Villers-Cotterêts* aus dem Jahr 1539, die den Gebrauch des Französischen für Bereiche vorschreibt, die bis dato dem Lateinischen und Minderheitensprachen wie dem Okzitanischen vorbehalten waren, markiert den Beginn einer bis in jüngste Zeit fortgesetzten Reihe von Gesetzen und Dekreten. Da eine ausführliche Darstellung der Geschichte der französischen Sprachpolitik hier nicht erfolgen kann,[65] soll an dieser Stelle lediglich die französische Sprachpolitik in der zweiten Hälfte des 20. Jahrhunderts vorgestellt werden.

Während die französische Sprachpolitik in den vergangenen Jahrhunderten vor allem auf den Status des Französischen im Vergleich zum Lateinischen sowie das Zurückdrängen der Minderheitensprachen auf französischem Territorium ausgerichtet war, rückt nach dem Zweiten Weltkrieg der Kampf gegen die Anglizismen ins Zentrum sprachpolitischer Bemühungen. In dieser Zeit wird das Französische in den meisten Ländern "als erste Fremdsprache in Schulen, Sprache der Diplomatie und des Handels und Sprache der Kultur" (Görlach 2000: 1121) durch das Englische abgelöst. Während der Amtszeit Charles de Gaulles und Georges Pompidous ist Frankreich von einem vehementen Antiamerikanismus bestimmt, welcher als Abwehrreaktion auf den übermächtigen Einfluss der USA verstanden werden muss, der sich mit dem französischen Großmachtdenken nur schwer vereinbaren lässt. Von puristischer Seite wird vor diesem Hintergrund zunehmend eine Bedrohung durch das unkontrollierte Eindringen von Entlehnungen in die französische Sprache empfunden, die aus der politischen Grundhaltung der damaligen Zeit hervorgeht.

Daher ist es das erklärte Ziel der Sprachpuristen, die als universell empfundene französische Sprache vor fremden Einflüssen zu schützen. Daneben wirken auch moderater eingestellte Sprachplaner, die sich weniger um die Reinheit des Französischen als vielmehr um dessen Funktion als Kommunikationsmittel sorgen: Da Anglizismen u.U. nicht von allen Mitgliedern der Sprachgemeinschaft verstanden werden können und dadurch die Kommunikation erschwert würde, sollten diese durch französische, für alle verständliche Wörter ersetzt werden. Somit fließen in die französische Sprachpolitik des 20. Jahrhunderts sowohl politisch-ideologische als auch sprachpragmatische Beweggründe ein, die auf zwei grundlegenden Prämissen fußen:

1. Die Sprache ist Teil des *patrimoine culturel*, der verteidigt werden muss.
2. Die Sprache ist ein Werkzeug, das ständig durch konzentrierte Aktionen verbessert werden muss. (Zeidler 1993: 128)[66]

65 Zu diesem Thema liegen bereits zahlreiche Veröffentlichungen vor. Vgl. vor allem Gebhardt 1981; Beinke 1990; Schmitt 1990; 1995b; 1996 und 1998b; Haas 1991; Szulmayster-Celnikier 1996 und Zeidler 1993.

66 Zur ideologischen und pragmatischen Motivation von Sprachpolitik vgl. Bakmand 2000: 3.

Obwohl die Sprachgesetze offiziell mit pragmatischen Zielsetzungen wie Verbraucherschutz und Kommunikationssicherung gerechtfertigt werden, wird den Maßnahmen häufig eine politisch-ideologische Motivation aufgrund einer allgemein amerikafeindlichen Haltung unterstellt.

In den 60er Jahren wird den Anglizismen in der französischen Sprache offen der Kampf angesagt. Als ein Höhepunkt der Anglizismendiskussion kann Etiembles 1964 erschienenes Pamphlet *Parlez-vous franglais?* angesehen werden, das den so genannten *sabir atlantique*, eine englisch-französische Mischsprache, anprangert und den Terminus *franglais* gesellschaftsfähig macht.[67]

Seit 1964 erscheinen in unregelmäßigen Abständen in den Massenmedien die *communiqués de mise en garde* der *Académie Française*, die sich mit lexikologischen und morphologischen Fragen auseinandersetzen. Innerhalb dieser Thematik nimmt die Frage des englischen Einflusses einen wichtigen Raum ein: Neben der Empfehlung von französischen Ersatzwörtern sollen in der Wortbildung Nachahmungen englischer Muster zurückgedrängt und Neubildungen auf lateinischer Basis gefördert werden.

Anfang der 70er Jahre sieht sich die französische Regierung gezwungen, mit gesetzlichen Maßnahmen auf den als exzessiv empfundenen englischen Einfluss in den französischen Fachsprachen zu reagieren. Nachdem private Sprachpflegeeinrichtungen bereits seit Anfang des Jahrhunderts die Frage der Ersetzbarkeit fremder Fachtermini geprüft und Ersatzwortlisten ausgearbeitet hatten, werden nun auf Anregung Georges Pompidous offizielle Terminologiekommissionen in verschiedenen Ministerien eingesetzt.[68] Diese werden vom *Haut comité pour la défense et l'expansion de la langue française* koordiniert, aus dem 1989 die *Délégation générale à la langue française (DLF)* hervorgeht, die derzeit den Terminologiekommissionen vorsteht.

---

67 Geprägt wurde er nicht von Étiemble selbst, sondern bereits im Jahre 1955 von André Rigaud in einem Artikel der Tageszeitung *Quotidien* (Buenos Aires) (vgl. Étiemble 1973: 36; Zanola 1991: 13).

68 Neben den offiziellen Kommissionen existiert auch heute noch eine große Zahl privater Sprachpflegeorganisationen, die sich mit der Erarbeitung französischer Terminologien beschäftigen. Darunter sind v.a. branchenspezifische Organisationen zu nennen (z.B. die *Association des informaticiens de langue française AILF*, vgl. Bécam 1985: 80). Auch sie sind häufig insofern an der staatlichen Terminologieplanung beteiligt, als sie den Kommissionen Vorschläge unterbreiten, die zum Teil später in die offiziellen Ministerialerlasse aufgenommen werden (vgl. Beinke 1990: 225). An der Erarbeitung der offiziellen Informatikterminologie wirkt auch *IBM France* mit (vgl. Costa 1972: 97). Eine Übersicht über öffentliche und private Sprachpflegeorganisationen in Frankreich findet sich bei Beinke 1990: 315–58.

Diese beschreibt ihren Aufgabenbereich auf ihrer Website folgendermaßen:

> Implantées au sein des administrations centrales de l'État, les commissions étaient chargées, pour un secteur déterminé, d'établir un inventaire des lacunes du vocabulaire français et de proposer, de recueillir et de réviser les termes et néologismes nécessaires pour désigner les réalités contemporaines. Elles étaient également chargées d'harmoniser et de diffuser ces terminologies nouvelles. [...] Créées pour proposer des termes français correspondants aux anglicismes qui tendaient à s'implanter dans la langue française, les commissions ministérielles ont eu sur ce point un rôle essentiel de proposition. (*Délégation générale à la langue française* o.J.c: 1)[69]

Zusammengesetzt sind die Kommissionen aus Mitgliedern der einzelnen Ministerien, Abgesandten der *Délégation générale à la langue française*, des Bildungs- und Forschungsministeriums sowie des 1967 gegründeten *Conseil international de la langue française*. Auch wissenschaftliche Organisationen, vornehmlich die *Académie des sciences*, die *Association française de la normalisation (AFNOR)* und das *Institut national de la langue française (CNRS-InaLF)* wirken an der Terminologieerarbeitung mit.

Im Jahr 1973 erscheinen die Wortlisten erstmalig im *Journal officiel*; verbindlich werden die Ersatzwörter im gesamten öffentlichen Sprachgebrauch am 1.1.1977 durch das Inkrafttreten der so genannten *Loi Bas-Loriol*, die im Dezember 1975 unter dem damaligen Präsidenten Valéry Giscard d'Estaing verabschiedet wurde. Mit diesem Gesetz werden Anglizismen, für die eine französische Entsprechung existiert, aus Werbeanzeigen, Verpackungsaufschriften, Garantieurkunden, Arbeitsverträgen, Rechnungen, Quittungen, Verträgen, Stellenanzeigen sowie Schul- und Lehrbüchern verbannt. Verstöße werden wie Betrug geahndet, d.h. mit hohen Geldstrafen und bis zu einem halben Jahr Gefängnis bestraft.

In Québec erfüllt der *Office de la langue française (OLF)* eine ähnliche Funktion wie die französische *DLF*. Seine Terminologievorschläge werden in der *Gazette officielle* veröffentlicht und haben eine vergleichbare Rechtskraft wie die Wortlisten der französischen Kommissionen.

Mit der *Loi Toubon* von 1994, dem vorerst letzten Sprachgesetz, wird das Verbot von Anglizismen auf weitere Bereiche des öffentlichen Lebens

69 Eine ausführliche Analyse der Internetrepräsentation der *DLF* unter Einbeziehung der Homepage der kanadischen Schwesterorganisation *Office de la langue française* (*OLF*) nimmt Petit (1999) vor. Eine Untersuchung der Websites weiterer französischer Sprachpflegeorganisationen findet sich bei Sachs (1998: 36).

ausgedehnt. Gleichzeitig werden die Strafen für Zuwiderhandlungen verschärft. Ziel dieses Gesetzes ist es nicht nur, englische Wörter aus der Sprache zu tilgen, sondern auch, die Verdrängung des Französischen aus bestimmten Diskursdomänen zu verhindern. So wird das Französische in der Geschäftskorrespondenz der Unternehmen, für Bekanntmachungen an für die Öffentlichkeit zugänglichen Orten, als Unterrichtssprache und als Sprache für in Frankreich abgehaltene Konferenzen vorgeschrieben. Der Öffentlichkeit bekannt gemacht werden die offiziellen Ersatzwörter durch Broschüren und durch das nach Sachgruppen gegliederte *Dictionnaire des termes officiels* von 1994 (vgl. Bollée 1997: 383).[70]

Als kurz darauf die Verordnung eines bestimmten Sprachgebrauchs für Privatpersonen als verfassungswidrig erklärt wird, muss die Rolle des Staates für die Terminologiearbeit neu überdacht werden.[71] Er soll nun nicht mehr einen bestimmten Sprachgebrauch diktieren, sondern vielmehr ratgebend und erzieherisch wirken, wie auf der Homepage der *DLF* zu lesen ist:

> […] l'État n'a ni vocation à décider du choix des termes, toujours plus nombreux et spécialisés, nécessaires aux différents métiers, ni pouvoir de les imposer à d'autres qu'à lui-même; en revanche, il doit se concentrer sur des tâches plus adaptées à ses missions modernes de service public: inciter à l'enrichissement du vocabulaire, soutenir et coordonner l'action des différents acteurs qui concourent à l'élaboration des néologismes, et surtout, œuvrer à la promotion et à la diffusion des ressources terminologiques ainsi mises à disposition. (*Délégation à la langue française* o.J.c: 2; vgl. *Délégation à la langue française* o.J.b: 2)

Als Folge der Entscheidung des Verfassungsgerichts wird eine Reorganisation der Terminologiearbeit notwendig, die mit dem Dekret vom 3. Juli 1996 erfolgt. Die einzelnen Kommissionen, nunmehr *commissions spécialisées de terminologie et de néologie* genannt, werden einer *commission générale de terminologie et de néologie* unterstellt, deren Aufgabe in der Koordination und Harmonisierung der Arbeit in den einzelnen Kommissionen besteht. Hat eine *commission spécialisée* neue Ersatzwörter ausgearbeitet, so sind diese zunächst der *commission générale* vorzulegen, die sie dann zur Begutachtung

---

70 Als Vorläufer des *Dictionnaire des termes officiels* ist das 1989 erschienene *Dictionnaire des néologismes officiels* zu sehen.

71 Auch das Vorschreiben der französischen Sprache für Verpackungsaufschriften ist in juristischer Hinsicht problematisch, da es den freien Warenverkehr innerhalb der EU behindert. Bisher wurde das Sprachgesetz von dieser Seite jedoch noch nicht angegriffen (vgl. Judge 2000: 78).

an die *Académie française* weiterleitet. Erst nach der Billigung durch die *Académie* können die Termini im *Journal officiel* veröffentlicht werden, womit sie schließlich für alle Staatsbediensteten, jedoch nicht mehr für den gesamten öffentlichen Bereich verbindlich werden.

Zurzeit gibt es über 50 *commissions spécialisées*, die sich mit den unterschiedlichsten Wortschatzgebieten befassen. Zu ihren Aufgaben gehört u.a. die Ausarbeitung von Terminologien für die Bereiche *agriculture, audiovisuel et publicité, composants électroniques, défense, économie et finances, éducation, informatique, mer, ingénierie nucléaire, santé, sport, techniques spatiales* etc.[72]

Seit kurzem nutzen auch die staatlichen Sprachpflegeorganisationen die modernen Technologien, indem sie ihre Terminologievorschläge über das Internet einer breiten Öffentlichkeit zugänglich machen. Auf diese Weise soll dem Problem entgegengewirkt werden, dass die offiziellen Ersatzwörter häufig erst dann verbreitet werden, wenn die entsprechenden Anglizismen schon längst gut etabliert und damit umso schwerer zu ersetzen sind.[73] Neuerdings wird sogar Entlehnungen vorgebeugt, indem Ersatzwörter gebildet und in Umlauf gebracht werden, noch bevor ein englischer Terminus überhaupt ins Französische aufgenommen wurde.[74] Auf der Website der *DLF* kann man nicht nur die Listen der bereits in Kraft getretenen Erlasse einsehen, sondern sogar direkt an der Erarbeitung neuer Terminologien mitwirken. Zudem werden Forschungsgelder für wissenschaftliche Untersuchungen über die Wirksamkeit der Terminologieerlasse ausgeschrieben (vgl. *Délégation générale à la langue française* 2000: 1–4; Braselmann 1999: 24–25).[75]

Durch das World Wide Web wird neben der Korpusplanung auch der Frage der Diskursdomänen des Französischen wieder verstärkt Aufmerk-

72 Eine Übersicht der bis zum Erscheinen des *Dictionnaire des termes officiels de la langue française* (1994) verabschiedeten Erlasse gibt Braselmann (vgl. Braselmann 1999: 132).

73 Hier sieht Goddard ein allgemeines Problem puristischer Bemühungen: "In fact, as these and many other examples suggest, puristic intervention is in itself almost invariably ineffective, since it is essentially a reaction, which is, therefore, bound by its very nature to occur too late, when the words to which exception is taken have already either begun [...] to gain a foothold in the language" (Goddard 1980: 2–3).

74 Bereits im Vorfeld der Fußballweltmeisterschaft 1998 in Frankreich wurde die Bezeichnung *stadier* geprägt und verbreitet, um der befürchteten Entlehnung von *steward* zuvorzukommen (vgl. Braselmann 1999: 89).

75 Allerdings zeigt die Tatsache, dass die erste offizielle Untersuchung zur Wirksamkeit der *arrêtés de terminologie* erst 1997 erschien, dass man sich lange Zeit wenig um die Frage der Nützlichkeit einer staatlichen Korpusplanung gekümmert hat (vgl. Depecker 1997: VII).

samkeit gewidmet: Zur internen Bedrohung durch einfließendes englisches Sprachgut kommt die externe Bedrohung der Verdrängung des Französischen aus seinen angestammten Verwendungsbereichen und seine eher marginale Rolle in den neuen Medien (vgl. Judge 2000: 76). Da die starke Präsenz des Englischen im Internet den ohnehin schon mächtigen Einfluss der angloamerikanischen Kultur noch verstärke, sei weltweit die sprachliche und kulturelle Vielfalt bedroht. Die von den Anhängern der Internetkultur proklamierte Weltoffenheit und Toleranz im Datennetz sei daher nur eine Farce, hinter der sich in Wahrheit eine neue Form des amerikanischen Kolonialismus verberge:

> It is just incredible when I hear people talking about how open the web is. It is the ultimate act of intellectual colonialism. The product comes from America and so we either must adapt to English or stop using it. That is the right of any business. But if you are talking about a technology that is supposed to open the world to hundreds of millions of people you are joking. This just makes the world into new sorts of haves and have nots.[76]

Nur ein französisch geprägtes Europa könne der Dominanz der USA und damit des Englischen auf internationaler Ebene die Stirn bieten (vgl. Chevalier 1995: 152ff.). Die als universell empfundene französische Sprache und Kultur versteht sich als letzte Bastion humanistischer Wertvorstellungen in einer durch Globalisierung und amerikanischen Uniformismus bedrohten Welt:

> En effet, face à la mondialisation économique et à l'uniformisation culturelle et linguistique qui l'accompagne, seul un engagement résolu en faveur de la diversité culturelle et linguistique offre une alternative crédible et opérationnelle. De nombreux intellectuels, de nombreux créateurs à travers le monde, dans d'autres pays européens et sur d'autres continents, ne se sont pas trompés sur le nouveau message d'universalité que porte la langue française, qui est celui de la diversité et du partage, et ont adopté le français comme langue d'expression et création. Ainsi le français demeure langue de culture, langue de liberté, langue d'expression de la démocratie. [...] La promotion et la diffusion du français dans le monde sont en effet indissociables d'une action en faveur du plurilinguisme à mener aussi bien en France et dans l'Union européenne que dans les organismes internationaux et les nouveaux réseaux de communi-

76 Zitat von Anatoly Voronov, Leiter des russischen Internetproviders *Glasnet*. Zitiert nach Crystal 1997: 108; vgl. Warschauer 2000: 156.

> cation, tel l'internet. (*Délégation générale à la langue française* o.J.a: 2–3; vgl. *Délégation à la langue française* o.J.d: 2)

Nach dem eigenen Rollverständnis bildet Frankreich damit ein Gegengewicht zur angloamerikanischen Kultur, der man neben kulturimperialistischen vor allem kommerzielle Interessen unterstellt (vgl. Englerth o.J.: 5):

> Es gehört zu den gängigen, von Frankreich gern verbreiteten Klischees, die anglophone Welt kümmere sich in erster Linie um die Wirtschaft. Englisch sei die Sprache des schnöden Mammons, Frankreich hingegen stelle die Kultur über alles, und das Französische sei folglich die Sprache einer weltweit vertretenen, primär der Kunst, der schönen Literatur und dem klaren diplomatischen Diskurs verpflichteten Elite. (Schmitt 1998b: 215)

Trabant sieht in der neueren Entwicklung im Vergleich zum Sprachgesetz von 1975 eine deutliche Abkehr vom nationalistischen Purismus hin zur europäischen Vielsprachigkeit (vgl. Trabant 1995b: 182–83), worin ihm jedoch nicht alle Autoren folgen. In der Regel werden der französischen Sprachpolitik nach wie vor eher nationalistische und allgemein antiamerikanische Beweggründe unterstellt (vgl. Beinke 1990: 237). Kritisiert wird dabei, dass in Wahrheit weder die Optimierung des Kommunikationsmittels Sprache noch die Wahrung der Sprachenvielfalt im Vordergrund der sprachpflegerischen Aktivitäten stehe, sondern vielmehr die Prestigefunktion des Französischen gesichert werden solle (vgl. Beinke 1995: 83).

Zusammenfassend kann festgestellt werden, dass die französische Sprachpolitik des 20. Jahrhunderts ihr Hauptaugenmerk auf zwei Problemkreise richtet:

> [...] erstens die franglais-Bedrohung, also das Eindringen englischer Wörter ins Französische, und zweitens die Verdrängung des Französischen aus bestimmten internationalen Zusammenhängen (aus der Sprache der Diplomatie z.B.) und vor allem aus bestimmten Diskursdomänen durch die zunehmende exklusive Verwendung des Englischen in Wissenschaft, Technik und Handel. (Trabant 1995a: 13; vgl. Beck-Busse 1995: 134–35)

Hinsichtlich der Korpusplanung zeigt sich dabei ein Bruch mit überkommenen Standpunkten. Die Fachsprachen, welche traditionell als Randgebiete des Wortschatzes galten und daher wenig Beachtung seitens der Sprachplaner erfuhren, werden nun als "Anglizismenschleusen" (Pöckl 1990: 271) gefürchtet und treten deshalb ins Zentrum sprachpflegerischer Aktivitäten:

> Les domaines scientifiques sont d'autant plus importants que la science, sous une forme plus ou moins vulgarisée, devient, dans la civilisation technicienne où nous sommes plongés, un objet de consommation courante qui marque notre vie quotidienne et professionnelle. Les termes techniques se sécularisent, se popularisent et se démocratisent, si bien que l'homme d'aujourd'hui, qui en est l'utilisateur obligé, éprouve ainsi le sentiment de participer au progrès. (Goffin 1983: 9)

Gleichzeitig kann ein verändertes Verhältnis zur sprachlichen Neologie beobachtet werden. Während Neologismen jahrhundertelang als verpönt galten, erscheinen sie nun als wünschenswerte Alternative zum Lehnwort in völlig anderem Licht. Angesichts der Bedrohung durch das Englische soll die Kreativität des Französischen unter Beweis gestellt werden; ja, die *crise du français* wird sogar gerade als Folge der traditionellen Reglementierungen und Neologismenfeindlichkeit betrachtet (vgl. Winkelmann 1990: 349). Trotz der allgemein skeptischen Haltung gegenüber den Sprachgesetzen wird ihnen in dieser Hinsicht auch seitens der Linguisten häufig eine positive Wirkung auf das Französische zugesprochen (vgl. Bécherel 1981: 121; Beinke 1995: 83).

2. Die *arrêtés de terminologie*

Da sich die Computersprache durch einen hohen Anteil an Anglizismen auszeichnet, nimmt sie einen bedeutenden Raum in der offiziellen Terminologieplanung ein. Zwischen 1981 und 1999 wurden allein sechs *arrêtés de terminologie* für den Bereich *informatique* herausgebracht, womit dieser zusammen mit dem Bereich *économie et finances* eines der beiden Wortschatzgebiete darstellt, mit denen sich die Terminologiekommissionen am intensivsten auseinandersetzen. Darüber hinaus existieren bereits drei Erlasse speziell zum Internetvokabular, die den Gegenstand der vorliegenden Untersuchung bilden sollen. Es handelt sich dabei um die Listen *Termes relatifs au courrier électronique* vom 2.12.1997, *Vocabulaire de l'informatique et de l'internet* vom 16.3.1999 sowie *Vocabulaire de l'informatique et de l'internet* vom 1.9.2000, die auf der Homepage der *DLF* eingesehen werden können.[77] Die Liste *Vocabulaire de l'informatique* vom 10.10.1998 soll dabei nicht in die Untersuchung einbezogen werden, da sie kein spezielles Internetvokabular, sondern ausschließlich Termini der allgemeinen Informatik enthält.

77 Im Anhang findet sich ein vollständiger Ausdruck aller untersuchten Listen. Für die URLs vgl. das Literaturverzeichnis.

Die Listen enthalten 73 monierte englische Bezeichnungen sowie ein deutsches Lexem, für die insgesamt 70 offizielle Ersetzungen vorgeschlagen werden. Im Vordergrund der Bemühungen steht das Zurückdrängen des englischen Einflusses, da im Gegensatz zu anderen Listen keine als inadäquat empfundenen französischen Neologismen beanstandet werden. Das deutsche Lexem *Infobahn* ist auch in englischen Datenbanken aufgeführt, so dass es sich, wenn man nur die direkte Etymologie betrachtet, ebenfalls um einen Anglizismus handelt (zur Frage der Rückentlehnung von *infobahn* vgl. Stanforth 1996: 31). Dass fast nur Lehnwörter englischer Herkunft zu ersetzen sind, ist typisch für die offizielle Terminologieplanung und gilt für fast alle *arrêtés* (vgl. Fugger 1983: 131–32). Auch hierin äußert sich der ideologische Hintergrund der französischen Sprachpolitik (vgl. Goudaillier 1987: 361).

Die Empfehlungen der Kommission beziehen sich größtenteils auf eher technisches Vokabular (*hub, webcasting* etc.). Relativ wenige der aufgeführten Lexeme haben bereits Eingang in den allgemeinen Sprachgebrauch gefunden (*internet, e-mail*).[78] Auch vom Standpunkt des Entlehnungszeitpunkts aus ist die Auswahl der beanstandeten Anglizismen keinesfalls homogen. Während *hypertext* schon 1965 im Französischen nachgewiesen werden kann (vgl. Tournier 1998: 537), sind andere Lehnwörter wie z.B. *spam* erst seit wenigen Jahren in Gebrauch.[79] Die erheblichen Unterschiede im Spezialisierungsgrad sowie in der Gebrauchsdauer lassen auch auf unterschiedliche Stufen der Verbreitung und Integration schließen.

3. Beibehaltung des Lehnwortes

Nur in zwei Fällen spricht sich die Kommission für die Beibehaltung englischer Termini aus. Es handelt sich dabei um die Sigle *FAQ* sowie das Lexem *Mél.* (= engl. *mail*), die unverändert bzw. mit geringfügigen graphischen Adaptationen übernommen werden.[80] Es stellt sich nun die Frage, weshalb die Terminologiekommission ihrem Auftrag, französische Ersatzwörter für Anglizismen vorzuschlagen, in diesen Fällen nicht nachkommt.

78 Laut Braselmann 2000: B2 sind nur 12% aller proskribierten Anglizismen in der Allgemeinsprache gebräuchlich.

79 Laut Otman ist *spam* erstmals 1997 dokumentiert (vgl. Otman 1998: 360).

80 Die Lexeme *agent, domaine, forum, hypertexte, navigateur* und *serveur,* die rein formal auch als Lehnwörter mit lautlicher und graphischer Adaptation betrachtet werden könnten, sollen zu den Übersetzungen gezählt werden, da anzunehmen ist, dass Assoziationen zu den entsprechenden französischen Termini stattgefunden haben.

In früheren Arbeiten werden in diesem Zusammenhang Faktoren angeführt, die sich auf die Ersatzchancen, die Identifizierbarkeit und die Übersetzungsmöglichkeiten eines Anglizismus beziehen: Lange Belegbarkeit im Französischen, morphologische Verwandtschaft zu französischen Lexemen oder schwere Übersetzbarkeit erhöhen nach Meinung zahlreicher Autoren die Aussicht eines Lehnwortes auf Akzeptanz durch die Kommissionen (vgl. Braselmann 1999: 77; Chansou 1981: 82; Guilbert 1971: 46; Depecker 2000: 89, 92 und 128). Diese Hypothesen werden jedoch nur zum Teil durch die vorliegende Untersuchung bestätigt.

Bei der Sigle *FAQ* nimmt die Kommission das englische Lehnwort zum Ausgangspunkt für die Bildung eines französischen Syntagmas *foire aux questions*. Da die Kurzform auf diese Weise auf einen französischen Ausdruck zurückgeführt werden kann, ist sie unter sprachpuristischen Gesichtspunkten unproblematisch, denn durch den Verweis auf die Ausgangsform wird die englische Herkunft des Lexems bestritten und sein offizieller Status gerechtfertigt.[81] Dabei macht sich die Kommission den Umstand zunutze, dass man Siglen ihre fremde Herkunft nicht ansieht und ihre lautliche und graphische Integration keinerlei Schwierigkeiten bereitet:

> Durch ihre einfache Struktur können die Kurzformen meist ohne Schwierigkeiten in andere Sprachen übernommen werden, wo sie dann den entsprechenden Aussprachegewohnheiten angepaßt werden. Während etwa die Aussprache deutscher Langwörter für den Spanier eine kaum zu überwindende Schwierigkeit darstellt, können Kurzwörter und vor allem Sigel durch ihre simple phonetische Strukturierung leicht ausgesprochen werden und setzen sich dementsprechend schnell durch. (Steinhäusl 1984: 148)

Obwohl dieses Verfahren in unserem Korpus nur durch einen einzigen Fall belegt ist, wird es laut Kocourek und Depecker im Allgemeinen recht häufig von den Terminologiekommissionen angewendet (vgl. Depecker 2000: 110; Kocourek 1982: 144).[82]

---

81 Eine andere Strategie, mit englischen Siglen umzugehen, besteht in der wörtlichen Übersetzung der Langform mit anschließender Siglenbildung (vgl. *RNA*). Nach Lebsanft haben übersetzte oder eigenständig gebildete Langformen überhaupt nur dann Aussicht auf dauerhaften Erfolg, wenn es gelingt, gleichzeitig eine zugehörige Sigle zu bilden und durchzusetzen (vgl. Lebsanft 2001: 84, FN 17).

82 Auch spontane Umdeutungen dieser Art sind nach Bruns im Französischen belegt: Er nennt in diesem Zusammenhang ein Beispiel aus der Erdölterminologie (*BOP* für engl. *blow out preventer*; im Französischen aufgelöst als *bloc d'obturation du puits*) und

Mit der Empfehlung der Bezeichnung *Mél.* anstelle von *mail* verleiht die Kommission einem lautlich und graphisch adaptierten Lehnwort offiziellen Status.[83] Sie weist jedoch explizit darauf hin, dass sein Gebrauch nur in bestimmten Kontexten zulässig ist:

> Le symbole Mél. pour « messagerie électronique », peut figurer devant l'adresse électronique sur un document (papier à lettres ou carte de visite, par exemple), tout comme Tél. devant le numéro de téléphone. « Mél. » ne doit pas être employé comme substantif. ([http://www.culture.fr/culture/dglf/cogeter/2–12–97-mel.htm]. Zugriff am 7.12.2000)

Dabei wird *Mél.* offensichtlich nicht als "richtiges" Wort, sondern lediglich als *symbole* betrachtet, was den Anglizismus aus Sicht der Sprachplaner weniger problematisch erscheinen lassen mag. Offiziell wird die Akzeptanz mit dem Parallelismus zur französischen Abkürzung *Tél.* begründet. Der Bezug zu *Tél.* wird graphisch durch die Schreibung mit <é> unterstrichen, die allerdings unter lautlichen Gesichtspunkten unangebracht ist, da die französischen Kombinationsregeln [e] in geschlossener Silbe nicht zulassen.

Die Verwendung von *Mél.* ist keineswegs unumstritten, da die Bezeichnung im Gegensatz zu *Tél.* oder *Fax* nicht durchsichtig ist und überdies die französische Bildung *courriel* in denselben Kontexten verwendet werden kann (zur Kritik an *Mél.* vgl. Otman 1998: 223–24).

4. Lehnwortersatz durch Übersetzungen

Folgende offizielle Ersatzwörter gehören zur Kategorie der Übersetzung:

- adresse de courrier électronique (electronic mail address), adresse réticulaire (web address), adresse universelle (universal address), agent (agent), apliquette (applet), article de forum (newsgroup article), autoroute de l'information (information highway), balise (tag), bombardement (bombing), cadre (frame), causette (chat), code à octets[84] (bytecode), concentrateur (concentrator), courrier électronique (electronic

einen Computerterminus (*VISIVIG* für *VISualisation Imitant Virtuellement une Impression Graphique* nach engl. *WYSIWYG* für *What You See Is What You Get*; vgl. Bruns 2001: 81).

83 Nach Aussage französischer Informanten ist jedoch die Aussprache [mɛjl], die sich weniger von der englischen Vorlage entfernt, häufiger als [mɛl].

84 *Octet* ist das offizielle Ersatzwort für *byte*.

mail), diffusion réticulaire (netcasting, webcasting), diffusion sur la toile (netcasting, webcasting), disque numérique polyvalent (digital versatile disk), domaine (domain), dorsale[85] (backbone), fenêtre (window), fichier des questions courantes (frequently asked questions file), fil de la discussion (discussion thread), forum (forum), fournisseur d'accès (access provider), glisser-déposer (drag and drop), hypertexte/hypertextuel (hypertext), internaute (cybernaut), liaison numérique à débit asymétrique (asymmetric digital subscriber line), logiciel de navigation (browsing software), logiciel médiateur (middleware), mandataire (proxy), message électronique (electronic mail), messagerie électronique (electronic mail), moteur de recherche (search engine), mouchard (spy), navigateur (navigator),[86] page d'accueil (homepage), page sur la toile (web page), pare-feu (firewall), passerelle (gateway), pièce jointe (attachment), questions courantes (frequently asked questions), raccordement numérique asymétrique/RNA (asymmetric digital subscriber line), serveur (server), serveur mandataire (proxy server), signet (bookmark), site (site), site de la toile (web site), site sur la toile (web site), téléchargement (remote loading), toile (web), toile mondiale (world wide web), visionneur (viewer), visite (visit)

Um Rückschlüsse auf die Motivation und Vorgehensweise der Terminologiekommissionen ziehen zu können, sollen die offiziellen Übersetzungen nun in formaler und semantischer Hinsicht untersucht werden.

4.1 Formale Aspekte

Sind die englischen Vorlagen polylexematisch, so handelt es sich fast ausschließlich um asyndetische Komposita. Diese werden im Französischen durch präpositionale Komposita oder durch die Kombination eines Substantivs und eines Relationsadjektivs wiedergegeben, so dass keine Abweichungen von französischen Wortbildungsmustern durch die Nach-

85 Ellipse von *épine dorsale* (vgl. Otman 1998: 133).

86 *Navigateur* geht auf engl. *navigator* zurück, das im Englischen nicht als Synonym für *browser*, sondern nur in dem Eigennamen *Netscape Navigator* verwendet wird. Da die Software *Netscape Navigator* noch 1996 von mehr als drei Vierteln der französischen Internetnutzer verwendet wurde, konnte sich die Lehnübersetzung etablieren (vgl. *Le monde interactif* vom 10.1.2000; Kreisel/Tabbert 1996: 55). Sie wurde beibehalten, obwohl heute das *Microsoft*-Produkt *Internet Explorer* viel weitere Verbreitung genießt. *Navigator* ist im Englischen nicht als Appellativum in Gebrauch.

ahmung der englischen Vorlage zu verzeichnen sind. Den Großteil der präpositionalen Bildungen machen dabei Komposita mit den Präpositionen *à* und *de* aus. Gelegentlich findet sich im Zusammenhang mit *toile* auch die Präposition *sur* (*page sur la toile, site sur la toile, diffusion sur la toile*). Ihr Gebrauch geht offensichtlich auf direkte Übersetzung aus dem Englischen zurück, das die Präposition *on* verwendet (vgl. *to surf on the Internet*). Dabei kann es, bedingt durch die Anwendung unterschiedlicher Verfahren, zur Entstehung mehrerer französischer Äquivalente für denselben Anglizismus kommen: Beispielsweise wird engl. *webcasting* bzw. *netcasting* entweder durch frz. *diffusion réticulaire* oder durch *diffusion sur la toile* wiedergegeben, während für engl. *web site* sowohl frz. *site de la toile* als auch *site sur la toile* vorgeschlagen werden.

Auch lexikalische Unterschiede zwischen dem Englischen und Französischen können zur Bildung mehrerer unterschiedlicher Substitute führen. Während *(e-)mail* im Englischen gleichermaßen das Verfahren, die Nachricht und die zugehörige Software bezeichnet und außerdem elliptisch für *e-mail address* verwendet werden kann, wird jede dieser Bedeutungen im Französischen auf andere Art und Weise versprachlicht (vgl. *courrier électronique, message électronique* und *messagerie électronique*; vgl. Ahlers/Holtus 1999: 306). Der Bildung so vieler unterschiedlicher Ersatzwörter mag die Absicht zugrunde liegen, die vielleicht als störend empfundene Polysemie von engl. *electronic mail* und der möglichen Übersetzung *courrier électronique* zu beseitigen.

Bei *glisser-déposer* stehen die französischen Lexeme unverbunden nebeneinander, während sie in der englischen Vorlage *drag and drop* durch die Konjunktion *and* verbunden sind. Auch hier richtet sich die Kommission nach einheimischen Kompositionsmustern, da die asyndetische Reihung von Verben im Französischen üblich ist (vgl. *laisser-faire, laisser-aller, faire-valoir, savoir-vivre;* vgl. Kocourek 1982: 112). Allerdings können asyndetisch gereihte Verben nur substantivisch verwendet werden. Ein Vorschlag, wie engl. *drag and drop* in verbaler Funktion im Französischen wiederzugeben ist, wird von der Kommission nicht gemacht. Die durch die Reihung zweier einsilbiger Verben und durch die Aliteration auf *dr-* gegebenen besonderen lautlichen Qualitäten der englischen Vorlage gehen durch die Übersetzung verloren.

Durch die Orientierung an französischen Kompositionstypen und der romanischen Wortstellung ergeben sich nahezu bei allen französischen Substituten formale Abweichungen zur englischen Vorlage. Nach Fugger ist der Grund hierfür in dem Bestreben der Terminologiekommissionen zu sehen, "die Andersartigkeit der französischen gegenüber der englischen

Syntax hervor[zuheben] [...] und somit wiederum auf die Eigenständigkeit und Besonderheit der französischen Sprache [abzuheben]" (Fugger 1983: 131; vgl. Fugger 1982: 291). Von großer Bedeutung ist jedoch offensichtlich auch ein anderer Punkt: Es geht der Terminologiekommission nicht nur darum, englisch erscheinendes Wortmaterial aus dem Französischen zu verbannen – gleichzeitig ist sie bemüht, das Eindringen neuer Kompositionstypen zu verhindern, die mit englischem Einfluss in Verbindung gebracht werden.[87] Die Ersatzwörter sollen sich nicht nur in Bezug auf die Herkunft der Morpheme, sondern auch auf ihre Bildungsweise durch ein authentisch französisches Erscheinungsbild auszeichnen, wobei sich das Verständnis von "authentisch französisch" an einer konservativen Norm orientiert. Zu diesem Zweck werden einerseits die offiziellen Ersetzungen streng nach den traditionellen französischen Wortbildungsmustern gebildet; andererseits werden für englische Substantive französische Relationsadjektive vorgeschlagen, die asyndetischen Komposita zuvorkommen sollen (vgl. *hypertextuel*, das offensichtlich die Bildung systemkonformer Übersetzungen wie *lien hypertextuel* anstatt *lien hypertexte* nach engl. *hypertext link* anregen soll). Die auf diese Weise entstandenen Übersetzungen sind äußerlich nicht von unabhängig im Französischen entstandenen Wortschatzeinheiten zu unterscheiden:

> Le calque parfait est donc un xénoterme qui, pour se conformer à la langue preneuse, adopte une physionomie propre à celle-ci. Les nouvelles formations acquérant une coloration française par mimétisme, elles se confondent avec celles que l'usager est habitué de manipuler. (Boulanger 1988: 9)

Die Bezeichnungen *toile mondiale* und *questions courantes* nach *world wide web* und *frequently asked questions* weisen ein Lexem weniger auf als ihre englischen Vorlagen. Trotzdem kann man in diesen Fällen von Übersetzungen sprechen, da engl. *world wide* und *frequently asked* im Französischen ausreichend durch *mondial* und *courant* wiedergegeben werden. Die Inhalte, die im Englischen durch zusätzliche Lexeme ausgedrückt werden, sind im Französischen implizit und werden automatisch mitverstanden. Eine monemweise Übersetzung würde zu komplizierten und wahrscheinlich inakzeptablen Ergebnissen wie **toile d'ampleur mondiale* oder **questions couramment posées* führen. Delisle weist darauf hin, dass solche "surtra-

87 Bildungen aus Substantiven und Relationsadjektiven, bei denen die germanische Wortfolge aus dem englischen Vorbild übernommen wird, werden im *Dictionnaire des termes officiels* explizit zurückgewiesen (vgl. Bollée 1997: 387).

ductions" im kanadischen Französisch durchaus nicht selten seien und die "sklavische" Nachahmung des Vorbildes von einer besonders starken Beeinflussung durch das Englische zeuge (vgl. Delisle 1988: 150–51). Es ist daher nicht verwunderlich, dass die Terminologiekommissionen, die großen Wert auf systemkonforme und idiomatische Bezeichnungen legen, in diesen Fällen eine genaue Wiedergabe der Vorlage vermeiden. Abweichungen in der Anzahl der Lexeme können sich auch dann ergeben, wenn in einer der Sprachen ein lexikalisiertes Zeichen beteiligt ist, bei dem sich die Gesamtbedeutung nicht aus der Summe der einzelnen Teilbedeutungen ergibt (vgl. *dorsale/backbone, passerelle/gateway, signet/bookmark*).

Im Gegensatz zu den Komposita entsprechen sich die französischen Suffigierungen und ihre englischen Vorbilder auf formaler Ebene vollständig. Frz. *visionneur* nach engl. *viewer* und frz. *concentrateur* nach engl. *concentrator* sind jeweils nach dem Muster Verbstamm + Suffix zur Bildung eines *nomen agentis* gebildet. Bei frz. *bombardement* nach engl. *bombing* liegt ebenfalls eine parallele Konstruktion vor, da der Stamm *bomb* durch *bombarder* und das englische Suffix *-ing* durch *-ment* wiedergegeben wird. Allerdings kann die formale Übereinstimmung hier ebenfalls nicht als Nachahmung einer englischen Bauweise interpretiert werden, da die entsprechenden Wortbildungsmuster in beiden Sprachen konvergieren und deshalb gar keine Abweichung zu erwarten ist. Insgesamt sind Übersetzungen von Derivativa wesentlich seltener anzutreffen als lehnübersetzte Komposita (vgl. Bollée 1997: 388).

Während die Verfahren der Komposition und Derivation – ungeachtet der Unterschiede in der Wortstellung und der Verwendung von Präpositionen – im Englischen und Französischen gleichermaßen existieren, handelt es sich bei der Wortkreuzung (frz. *mot-valise*) um ein typisch englisches Verfahren, dessen Wiedergabe in anderen Sprachen u.U. Schwierigkeiten bereiten kann. Die Kommission ahmt mit dem offiziellen Ersatzwort *appliquette* diese Art der freien Wortbildung nach, indem das Diminutivsuffix *-ette*, das sich eigentlich nur mit Substantiven verbinden kann, an den Verbstamm *appliqu-* angehängt wird. Die Tatsache, dass beide Elemente der englischen Vorlage im Französischen wiedergegeben werden und darüber hinaus sogar das Wortbildungsverfahren kopiert wird, rechtfertigt die Klassifikation der Bezeichnung als Übersetzung.[88] Die Imitation des englischen Wortbildungsverfahrens wird in diesem konkreten Fall durch die etymologische Entsprechung zwischen den Bestandteilen erleichtert.

88 Vgl. Bruns 2001: 209, der *appliquette* ebenfalls als Lehnübersetzung klassifiziert.

Aus sprachpuristischer Perspektive ist die Nachahmung des englischen Wortbildungsverfahrens insofern problematisch, als die Korrektheit von Wortkreuzungen im Französischen bisweilen angezweifelt wird. Rey-Debove bezeichnet diese Art der Wortbildung als *morphologie sauvage*, da es sich bei den beteiligten Lexembruchstücken um *faux morphèmes* handele (vgl. Rey-Debove 1987: 263). Die Kritik ist nicht zuletzt darauf zurückzuführen, dass hier die Übernahme eines englischen Wortbildungsmusters befürchtet wird (vgl. Depecker 2000: 13; Braselmann 1999: 86). Zwar wird betont, dass die Wortkreuzung verschiedentlich auch in älteren Sprachstufen des Französischen Anwendung fand (z.B. bei der Entstehung von *haut* aus der Verschmelzung von lat. *altus* mit fränk. *hoch*); man ist sich jedoch prinzipiell einig, dass das Englische hier zumindest frequenzsteigernd gewirkt hat (vgl. Klajn 1972: 173; Clas 1980: 346; Gaudin/Guespin 2000: 291). Laut Kocourek ist dieses Verfahren trotz des englischen Einflusses im Französischen allerdings marginal, da es sich auf Entlehnungen, Lehnübersetzungen und Substandardvarietäten beschränkt (vgl. Kocourek 1982: 139). Trotz der Bedenken greifen die offiziellen französischen Terminologiekommissionen insgesamt recht häufig auf dieses Verfahren zurück, wohl weil die Nachbildung eines fremden Wortbildungsmusters gegenüber der Akzeptanz von Lehnwörtern als das kleinere Übel empfunden wird:

> À la vue du succès qu'ont eu certains de ces termes, on peut admettre qu'il était préférable d'opter pour un terme français insatisfaisant sur le plan strictement morphologique, plutôt que de laisser libre jeu au terme anglais. (Depecker 2000: 131)[89]

Im Internetglossar des *OLF* findet man daher zahlreiche amalgamierte Internettermini, die als Ersatz für Anglizismen empfohlen werden (vgl.

89 Gerade der Computerwortschatz hat zahlreiche sehr erfolgreiche Lexeme dieses Typs hervorgebracht, darunter v.a. *informatique* aus *information* und *automatique* sowie *logiciel* aus *logique* und *matériel*. Insgesamt sind Wortkreuzungen nach dem Vorbild von *logiciel* äußerst produktiv (vgl. *didacticiel, ludiciel, orthogiciel, progiciel* etc.; vgl. Kaltz 1988: 45). Vor allem im kanadischen Französisch werden zahlreiche Neubildungen nach diesem Muster vorgenommen, die meist vom *OLF* als Ersatzformen für Anglizismen auf *-ware* vorgeschlagen werden (vgl. *espiogiciel* für *spyware, gratuiciel* für *freeware, partagiciel* für *shareware*). Man findet jedoch auch Bildungen, die keine Software bezeichnen (vgl. *pollugiciel* für *spam*). Im Internetbereich existiert zudem eine Reihe auf *-postage* ('Postversand') mit den Vertretern *publipostage, pollupostage* etc. (vgl. Bruns 2001: 163). Der Erfolg von *informatique* zeigt sich u.a. darin, dass es als Gallizismus sogar in die deutsche und europäisch-spanische Fachsprache Eingang gefunden und sich gegenüber engl. *computer science* behauptet hat (vgl. Ahlers/Holtus 1999: 304; vgl. dagegen den am.-span. Terminus *computación*).

clavardage für *chat, pourriel* für *spam, plugiciel* für *plug-in*). Außerdem mag die Tatsache, dass sich der Terminus *appliquette* in eine Reihe analoger Bildungen auf *-ette* einfügt (vgl. *calculette, bordurette, fermette, supérette, hypérette*; Beispiele aus Jimeno Barrera 1992: 265), zu seiner Akzeptanz durch die Kommission beigetragen haben.

Konfixbildungen sind unter den offiziellen Ersatzwörtern mit *hypertexte* (nach engl. *hypertext*), *téléchargement* (nach engl. *remote loading*) und *internaute* (nach engl. *cybernaut*) vertreten. Im Gegensatz zu den präpositionalen Komposita weisen bei den Konfigierungen Vor- und Nachbild exakt dieselbe Wortbildungsstruktur auf. Diese formalen Übereinstimmungen lassen jedoch keinesfalls auf die Nachahmung einer englischen Kompositionsweise schließen, da die Bildungsregeln für Konfigierungen in allen europäischen Sprachen übereinstimmen.

Besonderheiten sind bei den Bezeichnungen *cybernaut* und *internaute* zu verzeichnen. Sie erscheinen auf den ersten Blick wie typische Konfixbildungen mit den gelehrten Wortbildungsmorphemen *inter-*, *cyber-* und *-naut(e)*, die in zahlreichen europäischen Sprachen in der Bedeutung 'zwischen', 'leiten, lenken' und 'Fahrer' bekannt sind. Im Internetwortschatz besitzen *inter-* und *cyber-* jedoch eine andere Bedeutung, die sich in etwa mit 'relatif à l'internet' beschreiben lässt. Sie werden daher von Mopoho als *pseudo-confixes* bezeichnet (vgl. Mopoho 1996: 123).

Der Ursprung dieser so genannten Pseudokonfixe liegt wahrscheinlich in neueren Entwicklungstendenzen des englischen Internetwortschatzes begründet. Die englische Bezeichnung *internet* stellt ein Amalgam aus dem Syntagma *interconnected network* dar (vgl. Tournier 1998: 538; Bergeron/Guilloton 1997a),[90] in dem *inter-* noch in seiner lateinischen Bedeutung verwendet wird. Dadurch, dass *internet* – wohl aus Gründen der fachsprachlichen Ökonomie – auf seinen ersten Bestandteil *inter-* reduziert wird, trägt das ehemalige Konfix nunmehr die Bedeutung des Syntagmas. Auf diese Weise entsteht ein neues, in seiner Bedeutung vom ursprünglichen Konfix abweichendes Wortbildungsmorphem (vgl. Mopoho 1996: 124).[91] Da

90 Als mögliche Ausgangsformen werden außerdem *international network* und *interconnection of networks* sowie *internetworking of networks* diskutiert (vgl. *Le monde interactif* vom 26.4.2000).

91 Solche Kürzungsvorgänge sind dem Französischen und auch anderen europäischen Sprachen nicht fremd, was Bildungen wie *auto-école, autoroute (auto* = 'automobile'*), photocopie/photocopy (photo* = 'photographie'*)* oder *téléspectateur/teleespectador* bzw. *televidente* (*télé* = 'télévision') zeigen (vgl. Pratt 1980: 179). In einigen Fällen kann die Kurzform die Langform sogar völlig verdrängen (vgl. span. *cine* und frz. *cinéma* für *cinematógrafo* bzw. *cinématographe, taxi* für *taxímetro* bzw. *taximètre;* vgl. Steinhäusl

internet und die Kurzform *inter-* sowohl im Englischen als auch im Französischen nachgewiesen sind, kann aufgrund der Erstbelege nicht mit Sicherheit festgestellt werden, aus welcher Sprache das Pseudokonfix ursprünglich stammt. Aufgrund außersprachlicher Faktoren ist jedoch anzunehmen, dass es zunächst im Englischen gebildet wurde.

Das Pseudokonfix *cyber-* geht auf eine vergleichbare Entwicklung zurück, an deren Anfang das Substantiv *cyberspace* (frz. *cyberespace*) steht. *Cyberspace* wurde erstmalig Anfang der 80er Jahre von dem Science-Fiction-Autor William Gibson in seinem Roman *Neuromancer* verwendet, wo es "ein Weltall von Information [...] einschließlich virtueller Realität" bezeichnet (vgl. Voets/Hamel/Husmann 1997: 20; Rainer 2002: 288), in dem man sich außerhalb des eigenen Körpers frei bewegen kann (vgl. Gozzi 1994: 219). Formal betrachtet handelt es sich ebenfalls um ein Amalgam, gebildet aus dem Syntagma *cybernetic space* (vgl. Tournier 1998: 535), wobei *cyber-* im Adjektiv *cybernetic* noch als echtes Konfix fungiert.[92] Als Pseudokonfix tritt es erst in Erscheinung, als *cyberspace* auf seinen Bestandteil *cyber-* reduziert wird. Ausgehend von der ursprünglichen Bedeutung 'cybernetic' sind im Englischen durch metonymische Ausdehnung zunächst die sekundären Bedeutungen 'computer', 'electronic' und 'robot' entstanden (vgl. Reich 1999: 10). Heute wird das Morphem *cyber-* fast ausschließlich in der Bedeutung 'relating or pertaining to the Internet' verwendet (vgl. Reich 1999: 7). Die alte Bedeutung 'cybernetic' ist zunehmend in den Hintergrund getreten, seit der Cyberspace – entgegen seiner ursprünglichen Bedeutung in der *Science Fiction*-Literatur – allgemein mit der virtuellen Welt des Internets gleichgesetzt wird.[93]

Obwohl sich *cyber-* heute sowohl im Englischen als auch in den meisten anderen europäischen Sprachen durch eine hohe Produktivität auszeichnet, ist es mit großer Wahrscheinlichkeit zunächst im Englischen entstanden

---

1984: 47). Laut Rey-Debove gehen diese Kürzungstendenzen auf angloamerikanischen Einfluss zurück (vgl. Rey-Debove 1987: 263).

92 Das Adjektiv *cybernétique* wurde bereits 1834 durch den Physiker André Ampère im Französischen gebildet. Nachdem es zwischenzeitlich untergegangen war, kam es Mitte des 20. Jahrhunderts in der englischen Form *cybernetic* durch den amerikanischen Mathematiker Norbert Wiener wieder auf, der es für ein Konzept gebrauchte, das dem der heutigen Informatik sehr nahe war (vgl. Nagel 1994: 164; Lorenzo 1996: 154; Otman 1998: 99; Bergeron/Guilloton 1997b; Reich 1999: 1; Dejond 2002: 18). *Cybernetics* war in den Anfängen der Datenverarbeitung die Bezeichnung für die Informatik (vgl. Bülow 1985: 98).

93 Über die Bedeutung und den Gebrauch von *cyber* in der *Science Fiction*-Literatur informiert Nagel 1994. Zur Verbreitung der *Cyberspace*-Metapher vom *Science Fiction*-Roman in den öffentlichen Diskurs vgl. Gozzi 1994: 219.

und über die Entlehnung und Reanalyse von Bildungen wie *cyberspace, cybersex* etc. ins Französische gelangt (vgl. Algeo/Algeo 1995: 81; Glowka/Lester/Butler/Johnson 1998: 86). In den unterschiedlichen Replikasprachen existiert es praktisch ausschließlich in der Bedeutung 'relating or pertaining to the Internet', da *Cyberspace* in der Regel nicht als allgemeine Bezeichnung für virtuelle Realitäten, sondern bereits als Synonym für das Internet entlehnt wurde (Reich 1999: 10).

Da die Pseudokonfixe *inter-* und *cyber-* synonym sind, handelt es sich bei frz. *internaute* nach engl. *cybernaut* um eine Übersetzung. Beim Ersatz von *cyber-* durch *inter-* wird jedoch ausnahmsweise nicht ein englisches Morphem gegen ein französisches ausgetauscht, sondern ein griechisches Lehnelement gegen ein anderes gelehrtes Morphem lateinischer Herkunft. Vor diesem Hintergrund ist es erstaunlich, dass die Kommission überhaupt ein Ersatzwort vorschlägt, denn Morpheme griechisch-lateinischer Herkunft werden normalerweise als unproblematisch empfunden und gehören dem englischen und französischen Morphembestand gleichermaßen an.[94] Es gibt folglich keinen objektiven Grund, *inter-* als französisches und gleichzeitig *cyber-* als englisches Morphem zu betrachten. Interessant in diesem Zusammenhang ist, dass *cybernaut* laut Algeo/Algeo ursprünglich sogar im Französischen gebildet und anschließend ins Englische entlehnt wurde (vgl. Algeo/Algeo 1995: 86). Als Erstbeleg im Englischen zitieren die Autoren einen Artikel über die französischen Versuche, das Englische im Internet zurückzudrängen, der 1996 in *Detroit Free Press* erschien und wo die Bezeichnung *cybernaute* in der Bedeutung 'a French user of the Internet' verwendet wird (vgl. Algeo/Algeo 1995: 90). Demnach wäre *cybernaut* ursprünglich ein französisches Rückwanderwort, was die Missbilligung des Ausdrucks durch die Kommission umso unverständlicher erscheinen lässt.[95] Für diese These spricht die Schreibung <cybernaute> im englischen Erstbeleg sowie die inhaltliche Beschränkung auf französische Internetnutzer: Wahrscheinlich handelte es sich, wie bei vielen Lehnwörtern, zunächst um einen Exotismus, der nur Sachverhalte aus der modellsprachlichen Sprachgemeinschaft bezeichnen konnte. Der allgemeine englische Terminus für

94 Je nach Sichtweise kann man auch mit Kyjak/Ivanitskiy vertreten, dass gelehrte Wortbildungselemente keiner lebenden Sprache angehören (1996: 25).

95 Aufgrund der internationalen Verbreitung gelehrter Wortbildungsmorpheme können häufig nur Vermutungen darüber angestellt werden, in welcher Sprache eine Konfixbildung entstanden ist. Im Fall von engl. *cybernaut* spricht allerdings sowohl die ursprüngliche Schreibung <cybernaute> als auch die Bedeutung 'a *French* user of the Internet' (vgl. Algeo/Algeo 1995: 90; Hervorhebung durch die Verfasserin) für die französische Herkunft.

'user of the Internet' war zum damaligen Zeitpunkt *infonaut* (vgl. Algeo/Algeo 1995: 90).

Über die Motive für die Ablehnung können daher nur Vermutungen angestellt werden. Vielleicht wurde *internaute* wegen des lautlichen Anklangs an *internet* der immerhin virtuell im Französischen vorhandenen Konfixbildung **cybernaute* vorgezogen. Da laut Otman für *cyber-* zwei Aussprachevarianten konkurrieren (französisches [sibɛːr] und anglisiertes [sajbœːr]), könnte die Ächtung von *cybernaut* auch als Versuch interpretiert werden, das Eindringen anglisierter Ausspracheformen bei gelehrten Wortschatzelementen zu verhindern (vgl. Otman 1998: 98).[96] Da in dem untersuchten Zeitschriftenkorpus *internaute* ausgesprochen häufig verwendet wird, *cybernaut* dagegen kein einziges Mal dokumentiert ist, ist die Empfehlung eines französischen Ersatzwortes ohnehin müßig. Es geht der Kommission offensichtlich gar nicht darum, einen unerwünschten Anglizismus durch ein französisches Wort zu ersetzen – vielmehr soll die Eigenständigkeit des Französischen gegenüber dem Englischen herausgestellt werden.

4.2 Semantische Aspekte

Soll in einer Sprache ein Neologismus geprägt werden, so müssen dazu bestimmte Merkmale des zu benennenden Gegenstands oder Sachverhalts herausgegriffen werden, die als Bezeichnungsmotiv fungieren. Da ein Konzept eine Vielzahl unterschiedlicher Merkmale auf sich vereint, bestehen für die Benennung grundsätzlich verschiedene Möglichkeiten. Beispielsweise beziehen sich die deutschen Lexeme *Zündholz, Streichholz* und *Schwefelholz* auf denselben Referenten, wobei jedoch nach unterschiedlichen Eigenschaften (Funktion, Art der Benutzung, Material) bezeichnet wird. Durch das Herausgreifen eines bestimmten Merkmals als Bezeichnungsmotiv wird dieses in den Augen der Sprecher als besonders zentral hervorgehoben, während andere Eigenschaften in den Hintergrund treten.

Da die Herausstellung eines bestimmten Aspekts nicht auf inhärenten Eigenschaften des zu Bezeichnenden, sondern auf der Konvention der jeweiligen Sprechergemeinschaft beruht – nur wenige Konzepte dürften derart zentrale Eigenschaften aufweisen, dass sie sich geradezu als Bezeichnungsgrund aufdrängen – sind auch bei Fachtermini zwischensprachliche

96 Schenkt man französischen Informanten Glauben, so sind diese Bemühungen jedoch gar nicht notwendig, da die Aussprache [sibɛːr] deutlich überwiegt.

Abweichungen in der Motivation an der Tagesordnung (vgl. Reinart 1991: 47–49; Zierer 1982: 93). Intensiver lexikalischer Sprachkontakt führt jedoch dazu, dass sich die Bezeichnungsmittel in den beteiligten Sprachen zunehmend angleichen, denn bei der Übersetzung stimmen Vor- und Nachbild notwendigerweise in ihrer Motivation überein (vgl. Chansou 1981: 138): Beispielsweise wird sowohl bei engl. *bookmark* als auch bei frz. *signet* die Funktion des Lesezeichens als Markierer bestimmter Internetseiten in den Vordergrund gerückt, während bei engl. *favorite* und frz. *favori* in beiden Sprachen der besondere Wert der markierten Seite für den Benutzer hervorgehoben wird. Das französische Ersatzwort lässt auf diese Weise in gewisser Hinsicht die englische Vorlage durchscheinen.

Werden für die französischen Ersatzwörter mehrere englische Vorlagen herangezogen, kann es zu Unter- oder Überdifferenzierungen im Verhältnis zum monierten Anglizismus kommen. In einem Fall werden semantische Unterscheidungen, die im Englischen vorhanden sind, im Französischen aufgehoben. Die Kommission weist die beiden englischen Lexeme *upload* und *download* zurück und schlägt an ihrer Stelle das Ersatzwort *téléchargement* (nach dem englischen Oberbegriff *remote loading*) vor. Da bei den monierten Anglizismen die Richtung der Datenübertragung ausgedrückt wird, beim vorgeschlagenen Ersatzwort jedoch nicht, geht auf diese Weise eine semantische Unterscheidung verloren. Der umgekehrte Fall, d.h. der Vorschlag von französischen Termini, die eine höhere semantische Differenzierung als die englischen Vorlagen aufweisen (vgl. Chansou 1981: 177), findet sich bei den bereits behandelten Ersatzwörtern für engl. *mail*.

5. Lehnwortersatz durch unabhängige Neologismen

Bei folgenden offiziellen Substituten handelt es sich um unabhängige Neologismen:

- accès (hit), administrateur de serveur/administrateur de site (webmaster), arrosage (spam), barrière de sécurité (firewall), contribution (news article), diffusion sélective/distribution sélective (netcasting, webcasting), distribution personnalisée (push technology), extension (plug-in), foire aux questions (frequently asked questions), fouineur (hacker), frimousse (smiley, emoticon), module d'extension (plug-in), pirate[97]

97 In den verwendeten Glossaren und Online-Wörterbüchern konnte keine englische Bezeichnung *pirate* als Synonym für *hacker* nachgewiesen werden. Assirati weist

(cracker), recherche individuelle (pull technology), témoin de connexion (cookie)

Soll ein Anglizismus durch eine unabhängige Bildung ersetzt werden, so bestehen grundsätzlich zwei Möglichkeiten, die traditionell als *néologisme de sens* und *néologisme de forme* bzw. *neologismo de sentido* und *neologismo de forma* bezeichnet werden (vgl. Braselmann 1999: 82; Camón Herrero 1999: 77). Die so genannten *néologismes de sens* sind durch nicht wenige Fälle vertreten, in denen die Kommission für eine Bedeutungserweiterung durch metaphorische Ausdehnung plädiert (vgl. *accès, extension, fouineur, frimousse, pirate, témoin de connexion, arrosage*). Schmitts Hinweis darauf, dass die Metaphernkreation als Mittel der fachsprachlichen Wortbildung von der offiziellen Terminologienormung nur wenig genutzt werde (vgl. Schmitt 1995a: 314), gilt daher für die hier untersuchten Listen nicht. Die englischen Äquivalente der freien Metaphern sind alle ebenfalls metaphorisch, konnten jedoch aus noch näher zu beleuchtenden Gründen nicht ins Französische übersetzt werden (vgl. Kapitel B.V.3.).

Die frei gebildeten Metaphern sind vor allem dem thematischen Feld der Personenbezeichnungen und – im Fall von *arrosage* – den menschlichen Tätigkeiten zuzuordnen, wobei *accès* und *pirate* zusätzlich die Raum- und die Seefahrtsmetapher aufnehmen. Obwohl keine direkte Bindung an eine Vorlage besteht und die individuellen Bezeichnungsmotive der einzelnen französischen Termini nicht durch das Englische vorgegeben werden, knüpfen die Neologismen dennoch inhaltlich an die vorherrschenden Metaphernthemen an.

Eine zweite Gruppe von unabhängigen Neologismen bilden präpositionelle Komposita (*administrateur de site/de serveur, logiciel de navigation, module d'extension*, etc.) und Syntagmen mit Relationsadjektiven (*diffusion sélective, distribution personnalisée, recherche individuelle* etc.), die traditionell als *néologismes de forme* bezeichnet werden. Vom inhaltlichen Standpunkt aus handelt es sich um Beschreibungen bzw. um verkürzte Definitionen der bezeichneten Sachverhalte (vgl. Chansou 1981: 195). Sie sind weniger anschaulich und expressiv als die Metaphern, kommen dafür aber dem fachsprachlichen Bedürfnis nach Eindeutigkeit und Präzision entgegen:

---

jedoch im Zusammenhang mit port. *pirataria* auf engl. *piracy* hin, dessen Bedeutung im Informatikbereich sie mit 'ação de copiar invenções patenteadas ou trabalhos com direito autoral' angibt (vgl. Assirati 1998: 135). Ein englischer Einfluss auf frz. *pirate* ist daher nicht auszuschließen. Um die Einheitlichkeit der angesetzten Kriterien zu gewährleisten, soll hier jedoch nicht von einer Übersetzung ausgegangen werden.

> La structuration sémantique tend, dans ces domaines, à la monosémie, irréalisable avec le matériel linguistique disponible. La solution la plus fréquemment trouvée, en dehors des combinaisons d'éléments lexicaux soudés, est la combinaison syntagmatique de morphèmes distincts, qui répond d'ailleurs à la démarche ordinaire de l'énoncé en phrase. (Guilbert 1971: 50)[98]

Die Grenze zwischen metaphorischer Ausdehnung und verkürzter Definition verschwimmt, wenn die allgemeinsprachliche Bedeutung des beteiligten Zeichens eine mehr oder weniger große Nähe zur fachsprachlichen Verwendung aufweist. Beispielsweise kann man sich fragen, ob die *signifiés* von *extension* und *contribution* so weit gefasst sind, dass sie die betreffenden technischen Innovationen in ihrem Bedeutungsspektrum einschließen, oder ob die Spanne zwischen allgemeiner und fachlicher Verwendung so groß ist, dass man bereits von metaphorischer Verwendung sprechen kann.

6. Lehnwortersatz durch Mischtypen

6.1 Kombination aus Lehnwort und Übersetzung

Da die hier verwendete Lehngutsystematik die Behandlung einzelner Morpheme im Sprachkontakt zum Ausgangspunkt nimmt, können sich bei polylexematischen Vorlagen Kreuzklassifikationen ergeben, wenn auf unterschiedliche Bestandteile der Vorlage jeweils andere Verfahren angewendet werden. Solche Mischtypen sind allerdings als Sonderfälle zu betrachten, da sie einerseits im Vergleich zu den reinen Formen des Lehngutes relativ selten auftreten und andererseits nicht alle theoretisch denkbaren Kombinationsmöglichkeiten ausgeschöpft werden.

Neben den wenigen echten Lehnwörtern weisen die untersuchten Listen auch einige Bezeichnungen auf, die den integralen Entlehnungen zwar nahe stehen, jedoch unter den in Kapitel A.III beschriebenen Voraussetzungen als Kombinationen von Lehnwort und Übersetzung beschrieben werden müssen. Es handelt sich um die Termini *extranet, internet* und *intra-*

98 Das Postulat der Eineindeutigkeit von Fachtermini ist natürlich nur ein angestrebter Wert. In der Realität sind auch in Fachsprachen die Termini meistens mehrdeutig (vgl. Wichter 1997: 368–69). Zur Bedeutung der Präzision für die fachsprachliche Lexik vgl. Baumann 1998: 374.

net, bei denen jeweils das englische Lexem *net* übernommen, die gelehrten Wortbildungselemente *extra-*, *inter-* und *intra-* dagegen ersetzt werden.

Ein möglicher Grund dafür, dass die Kommission hier englisches Wortmaterial billigt, mag in der Vertrautheit der Sprecher mit diesen Termini liegen. Als zentraler Terminus ist *internet* bereits so gut im Sprachgebrauch etabliert,[99] dass Ersetzungsversuche angesichts der weltweiten Akzeptanz der Bezeichnung von vornherein zum Scheitern verurteilt sind:

> Doch in letzter Zeit häufen sich die Fälle, in denen [für offizielle Ersetzungsversuche] bereits alles zu spät ist. So ist der Versuch, einen Begriff fürs Internet zu finden, längst gescheitert. Das Datennetz heißt in Frankreich wie überall auf der Welt: Internet und nicht "éntre reseau" [*sic*!], wie es die Sprachpuristen gerne gehabt hätten. Als ihr Vorschlag kam, war die Internet-Gemeinde im eigenen Land schon zu groß. (*Süddeutsche Zeitung* vom 20.2.1997, S. 12)[100]

In diesem Fall wagt es die Kommission offensichtlich nicht, sich über den *usage* hinwegzusetzen, da *internet* nicht nur akzeptiert wird, sondern darüber hinaus keine weiteren Ersatzvorschläge gemacht werden. Damit verhält sich die französische Terminologiekommission anders als der *Office de la langue française* in Québec, der den Ersatz von *internet* durch *hypertoile* und *système d'information planétaire (SIP)* vorschlägt (vgl. Kempa/Guilloton 1997: 1).

Dass in den genannten Fällen ein dem Lehnwort sehr nahe stehendes Hybrid einer unabhängigen Bildung vorgezogen wird, mag außerdem auf die gelehrten Wortbildungsmorpheme *extra-*, *inter-* und *intra-* zurückzuführen sein. Auch sie sind streng genommen Lehnelemente, was jedoch keine negativen Auswirkungen auf ihre Akzeptanz durch die Kommission hat, da Entlehnungen aus den klassischen Sprachen aus gewissen soziokulturellen Bedingungen heraus als unproblematisch empfunden werden:

---

99 Die Auswertung des Zeitungskorpus bestätigt diese Annahme, da *internet* die bei weitem am häufigsten gebrauchte Bezeichnung ist.

100 Der Terminus *interréseau* existiert zwar, bezeichnet aber laut *OLF*-Glossar "les regroupements de réseaux n'utilisant pas TCP-IP [ein bestimmtes Kommunikationsprotokoll]", während das Internet sehr wohl dieses Kommunikationsprotokoll nutzt (vgl. [http://www.olf.gouv.qc.ca/ressources/internet/ fiches/2074841.htm]. Zugriff am 8.12.2000). Im Englischen wird dagegen zwischen dem Appellativum *internet* (= frz. *interréseau*) und dem Eigennamen *Internet* (= frz. *internet*) unterschieden, wobei der Eigenname *Internet* seit ca. 1983 für das ARPAnet und die ihm angeschlossenen Netzwerke verwendet wird (vgl. Bruns 2001: 21).

> Beide [Griechisch und Latein] werden als ehrenwerte Urahnen gesehen, mit denen das Französische Ähnlichkeiten, Nähe oder verwandtschaftliche Beziehungen teilt. [...] Latein und Griechisch werden also nicht als *fremd wahrgenommen*; es ist im Gegenteil gerade die Nähe, die Nachbarschaft, es sind die Bindungen und die "Bande", die bewußt immer wieder betont werden. Bewußt betont, da die beiden klassischen Sprachen, auf die man sich beruft, in höchstem Ansehen stehen, so daß dank der Fokussierung auf die Nähe und Verwandtschaft auch die eigene Sprache eine Aufwertung erfährt – Motiv genug, das *Andere* als "nah" und "verwandt" zu *erleben*. (Beck-Busse 1995: 132; vgl. Fugger 1982: 295)

Die Tatsache, dass in den offiziellen Listen gelegentlich englische Morpheme durch griechische oder lateinische ersetzt werden (z.B. *téléchargement* nach *remote loading*), zeigt deutlich, dass sich die Kommission nach dieser Maxime richtet.[101] Dabei scheint es offensichtlich auch keine Rolle zu spielen, dass für den Latinismus *inter-* eine erbwörtliche Entsprechung *entre-* existiert.[102] Es ist in diesem Zusammenhang bezeichnend, dass die isolierte Entlehnung des Lexems *net* von der Kommission ausdrücklich abgelehnt wird.

Bei Bildungen aus einem gelehrten Wortbildungselement und einem freien Lexem bedient sich das Französische ebenfalls der eigentlich untypischen Reihenfolge Determinans – Determinatum, so dass auch dadurch den nach germanischer Wortbildungsweise gebildeten Komposita weniger Fremdartigkeit anhaftet. Zudem folgen die drei Bezeichnungen einem einheitlichen Muster. Englisches Wortmaterial wird also offenbar dann von der Kommission akzeptiert, wenn eine Ersetzung aussichtslos erscheint und zudem gewisse Affinitäten zu französischen Morphemen bestehen.

6.2 Kombination von Übersetzung und freiem Neologismus

Bei engl. *domain name system* wird der Bestandteil *name system* frei durch frz. *annuaire* wiedergegeben, das Determinans *domain* dagegen wörtlich über-

---

101 Während die französische Sprachgemeinschaft keinen Anlass sieht, Morpheme griechisch-lateinischer Herkunft durch eigene zu ersetzen, ist das in anderen, nicht-romanischen Gemeinschaften nicht unbedingt der Fall. Beispielsweise werden auf den Färöer Inseln durch das Dänische vermittelte Lehnwörter wie *mekanik* oder *computer* durch wörtliche Übersetzungen des jeweiligen griechischen und lateinischen Etymons ersetzt (d.h. fär. *tól* und *dátutól*; vgl. Battista 1995: 113).

102 Zur Relatinisierung der europäischen Wortschätze und zur Verdrängung erbwörtlich entwickelter Wortbildungselemente in den romanischen Sprachen u.a. durch englischen Einfluss vgl. Schmitt 1993b; 1995: 424–25.

setzt, so dass das Ersatzwort *annuaire de domaines* als Mischform aus Übersetzung und freier Bildung angesehen werden muss. Der umgekehrte Fall liegt bei frz. *liste de signets* nach engl. *hotlist* vor. Dadurch, dass das Determinatum der Vorlage wörtlich übersetzt, das Determinans dagegen frei wiedergegeben wird, ist das Basislexem bei Vor- und Nachbild jeweils unterschiedlich motiviert: Beide Termini verweisen auf eine Liste, die sich jedoch im Englischen vorrangig durch ihre Aktualität auszeichnet, während sie im Französischen durch ihren Inhalt charakterisiert wird.[103]

In anderen Fällen wird die englische Vorlage nicht nur übersetzt, sondern außerdem mit zusätzlichen französischen Morphemen versehen, die häufig der Erläuterung des bezeichneten Sachverhaltes dienen. Beispielsweise wird engl. *socket* im Französischen nicht nur durch das gleichbedeutende *connecteur* 'Stecker' wiedergegeben, sondern darüber hinaus durch das Adjektiv *logiciel* spezifiziert.[104] In der einschlägigen Literatur wird dieser Lehnguttyp nur selten behandelt. Lediglich Leclercq diskutiert Fälle wie dt. *Herzschrittmacher* nach engl. *pace-maker*, die er als *calques plus explicatifs* bezeichnet (vgl. Leclercq 1982: 171). Da auf diese Weise eine zusätzliche Information vermittelt wird, die nicht an englische Morpheme gebunden ist, sondern auf dem außersprachlichen Wissen über das bezeichnete Objekt beruht, kann man auch hier von einer Kombination aus Lehnwort und freier Wiedergabe sprechen (vgl. außerdem *diffusion systématique réticulaire/ sur la toile* nach engl. *webcasting* bzw. *netcasting, toile d'araignée mondiale* nach *world wide web*).

6.3 Problematische Fälle

Es hat sich gezeigt, dass sich die offiziellen Ersatzwörter recht gut den in Kapitel A.III aufgestellten Lehngutkategorien zuordnen lassen. Nur ein einziger Terminus bereitet hinsichtlich der Einordnung in eine der aufgestellten Kategorien Schwierigkeiten (frz. *foire aux questions* nach engl. *frequently asked questions*). Einerseits kann eine konsequente Übersetzung einzelner englischer Morpheme nicht festgestellt werden; andererseits fehlt die lexikalische Bindung an die Vorlage auch nicht völlig, da zumindest das zentrale englische Lexem *questions* im Französischen durch *questions* wie-

103 Zu den Schwierigkeiten, die sich mit der Übersetzung von engl. *hot* verbinden, vgl. Kapitel B.V.3.

104 Im Gegensatz zu *hypertexte* wird bei *logiciel* die gleichzeitige Verwendung als Substantiv und Adjektiv geduldet, was wohl der Endung *-el* zuzuschreiben ist.

dergegeben wird. Auch hier liegt im Grunde genommen ein Mischtyp vor, der sich mit Gusmanis Ersatzwortkategorie der etymologischen *calques* deckt (vgl. Kapitel A.II.6.). Da die Bezeichnung einen stark beschreibenden und aufgrund des Basislexems *foire* auch metaphorischen Charakter aufweist, kann allerdings eine größere Nähe zum freien Ersatz festgestellt werden.

7. Abschließende Beurteilung der offiziellen Korpusplanung

7.1 Leitlinien der offiziellen Terminologieplanung

Die Verteilung der offiziellen Ersatzwörter auf die verschiedenen Kategorien des Lehnguts lässt sich graphisch folgendermaßen darstellen:

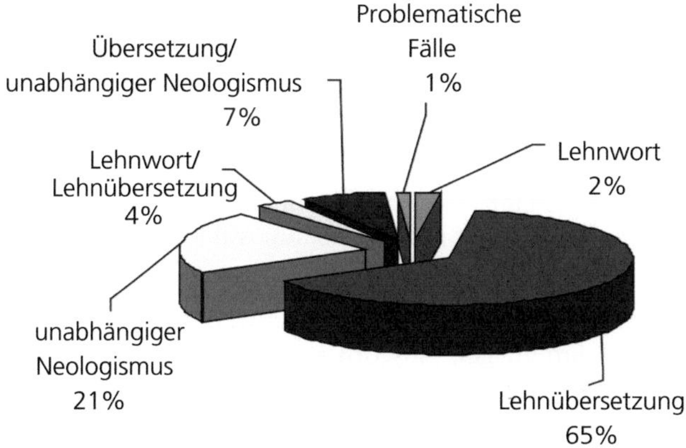

Abb. 18: Verteilung der offiziellen Ersatzwörter auf die Lehngutkategorien

Die Aufstellung bestätigt die Annahme, dass die Arbeit der Terminologiekommission auf das Zurückdrängen englischen Wortguts aus dem französischen Internetwortschatz ausgerichtet ist. Nur in 6% der Fälle wird die Benutzung von englischem Wortmaterial gebilligt, wobei es sich fast ausschließlich entweder um so gut integrierte Wortschatzeinheiten handelt, dass Ersetzungsversuche von vornherein zum Scheitern verurteilt wären, oder aber um Lexeme, die – teilweise mit geringfügigen graphischen und lautlichen Anpassungen – äußerlich wie autochthone französische Wortschatzeinheiten erscheinen. Wird ein Anglizismus abgelehnt, so greift die Kommission in 65% der Fälle auf das Verfahren der Übersetzung zurück. In nicht einmal einem Viertel der Fälle (21%) erfolgt der Ersatz formal völlig unabhängig von der englischen Vorlage.

Die Ergebnisse widersprechen den Untersuchungen von Bécherel (1981) und Fugger (1982), die bei der Auswertung anderer offizieller Wortlisten nur einen Anteil von 11% bzw. 7% an so genannten *calques* ermitteln konnten. Leider ist nicht bekannt, ob die Autoren über die offiziell monierten Anglizismen hinaus nach möglichen englischen Vorlagen gesucht haben. Wahrscheinlich wurden jedoch viele Übersetzungen für unabhängige Bildungen gehalten und ihr Anteil daher unterschätzt.[105]

Da sich das Verfahren der Übersetzung und die freie Wortbildung gleichermaßen dazu eignen, im Französischen unauffällige Wortschatzeinheiten mit eigensprachlichem Material zu schaffen, stellt sich die Frage, weshalb die Terminologiekommissionen Übersetzungen in so hohem Maße bevorzugen. In dieser Sache besteht in den einschlägigen Veröffentlichungen keinesfalls Einigkeit. Während z.B. Depecker behauptet, die Kommissionen bildeten immer, wenn es irgendwie möglich sei, unabhängige Neologismen (vgl. Depecker 2000: 111), werden Lehnschöpfungen laut Chansou ausschließlich dann vorgenommen, wenn keine andere Möglichkeit zur Wiedergabe besteht:

> [...] les traductions libres sont utilisées pour donner un équivalent à un terme étranger, lorsqu'il est difficile, ou impossible, de calquer une forme. (Chansou 1981: 187)[106]

Keine der beiden Ansichten wird letztlich durch das hier untersuchte Material bestätigt. Vielmehr geht sowohl aus den konsultierten Glossaren als auch aus dem untersuchten Zeitschriftenkorpus hervor, dass in vielen Fällen, in denen sich die Kommission für eine Übersetzung ausspricht, sehr wohl eine unabhängige Bildung möglich ist (vgl. z.B. die Vorschläge frz. *butineur* und *fureteur* für engl. *search engine;* frz. *multipostage abusif* für engl. *bombing/bombardement*), während gleichzeitig die offiziellen freien Neologismen häufig auch durch übersetzte Termini wiedergegeben werden könnten (vgl. die von *OLF* vorgeschlagenen Ersatzwörter frz. *technologie du pousser* für engl. *push technology;* frz. *technologie du tirer* für engl. *pull technology*). Außer-

105 Dieser Vorwurf kann den meisten Untersuchungen zum inneren Lehngut gemacht werden. Von allen gesichteten Publikationen wird nur bei Lauffer (1976) über das untersuchte Textkorpus hinaus intensiv nach weiteren möglichen Vorlagen gesucht (vgl. Lauffer 1976: 32ff).

106 Mit *traductions libres* sind so genannte Lehnschöpfungen gemeint. Der Terminus ist etwas unglücklich gewählt, da es sich gerade nicht um Übersetzungen handelt.

dem werden für einige Anglizismen mehrere Ersatzwörter vorgeschlagen, die auf unterschiedliche Französisierungsstrategien zurückgehen (vgl. frz. *navigateur/logiciel de navigation* für engl. *navigator;* frz. *barrière de sécurité/pare-feu* für engl. *firewall;* frz. *article de forum/contribution* für engl. *newsgroup article*).

Diese Ergebnisse zeigen, dass keine der Ersetzungsmöglichkeiten *per se* von der Kommission favorisiert wird. Ihre Zielvorgabe besteht lediglich darin, Termini zu schaffen, deren *signifiants* lautlich und formal so französisch wie möglich wirken, wobei die Wahl der Mittel, mit denen dieses Ziel erreicht wird, zweitrangig zu sein scheint und die Entscheidung offenbar von Fall zu Fall neu getroffen wird. Führt die bloße lautlich-morphologische Anpassung der Anglizismen zu Ergebnissen, die diesen Ansprüchen genügen, sind der Kommission diese Termini fast immer recht (vgl. Depecker 2000: 114). Übersetzungen mit hoher morphologischer Übereinstimmung zur Vorlage, die u.U. auch als Lehnwörter mit graphisch-phonetischer Adaptation betrachtet werden könnten, werden von der Kommission ohne Bedenken empfohlen (vgl. *agent, domaine, forum, serveur, visite, hypertexte, concentrateur, navigateur;* vgl. Gaudin/Guespin 1997: 14). Besitzt ein Anglizismus einen leicht französisierbaren *signifiant*, so wird nur in den seltensten Fällen ein unabhängiges Ersatzwort gebildet.

Wenn sich der monierte Anglizismus nicht ohne weiteres lautlich an ein französisches Muster assimilieren lässt, wird in der Regel auf Übersetzungen zurückgegriffen, wobei großes Augenmerk auf die formale Unauffälligkeit der Resultate gelegt wird. Die Beliebtheit dieser Strategie erklärt sich wahrscheinlich dadurch, dass die offiziellen Termini häufig bereits im spontanen Sprachgebrauch üblich sind und durch die Listen lediglich offiziellen Status erhalten (vgl. Ernst/Wimmer 1992: 694–95, 97).[107] Da die spontanen Ersatzwörter dem Ziel der Kommission, unauffällige Termini mit franzö-

107 Die Sichtung der verwendeten Wörterbücher ergab, dass zumindest *autoroute de l'information, épine dorsale, forum, fournisseur d'accès, hypertexte, internaute, logiciel de navigation, navigateur, moteur de recherche, page d'accueil, passerelle, pirate, serveur, site, télécharger, toile* und *toile d'araignée mondiale* nicht aus der Feder der Terminologiekommissionen stammen, da diese Bezeichnungen bereits vor dem Erscheinen der *arrêtés* im Französischen verwendet wurden. Einige dieser Termini genossen offensichtlich sogar eine recht weite Verbreitung, da sie von Ahlers/Holtus bereits 1999 in ihrem Artikel zum Anglizismengebrauch in der Pressesprache besprochen werden (vgl. Ahlers/Holtus 1999: 306). Diese Tatsache erklärt außerdem, dass einer der Informanten in Le Guilly-Wallis' Untersuchung zur den Auswirkungen der offiziellen Erlasse auf die Computerfachsprache in mehr als 80% der Fälle auf Bezeichnungen zurückgreift, die in den offiziellen *arrêtés* empfohlen werden, obwohl er angibt, von deren Existenz gar nichts zu wissen (vgl. Le Guilly-Wallis 1986: 51).

sischen *signifiants* zu schaffen, entsprechen und zudem wegen ihrer Voretablierung gute Aussichten auf Erfolg haben, werden sie von offizieller Seite gebilligt und ihr Gebrauch empfohlen.[108] Gerade durch diese Praxis steigt jedoch der Anteil der Übersetzungen, da diese aus noch darzulegenden Gründen den überwiegenden Teil der spontan gebildeten Ersatzwörter ausmachen (vgl. Kapitel B.IV).

In der Regel entscheidet die Kommission sich dann für eine unabhängige Bildung, wenn weder durch lautliche und graphische Adaptation noch durch wörtliche Übersetzung der Vorlage die Zielvorgaben erfüllt werden können. Dabei können formale und semantische Eigenschaften der Vorlage eine direkte Übersetzung verhindern, wenn z.B. das englische Wortbildungsverfahren im Französischen nicht nachgeahmt werden kann oder das Resultat einer Übersetzung durch fehlende oder irreführende Motivation dem *génie de la langue française* widersprechen würde.

Wenn wörtliche Übersetzungen im Französischen nicht möglich sind, ist die Kommission gezwungen, einen unabhängigen Neologismus zu bilden. Dieser Fall kann eintreten, wenn es sich bei dem monierten Anglizismus um einen unübersetzbaren Eigennamen handelt (*spam*; vgl. Kapitel B.V.3.),[109] oder eine wörtliche Übersetzung der Vorlage zu missverständlichen Resultaten führen würde (*cookie, hotlist*; für eine ausführliche Analyse vgl. Kapitel B.V.3.). Das Streben nach Präzision verhindert auch den Ersatz von *smiley/emoticon* durch mögliche Übersetzungen wie *souriant, souriard* oder *émoticône*: Da Smilies nicht immer nur fröhliche Gesichter zeigen und die Bezeichnung *icône* in der Computerfachsprache bereits anderweitig besetzt ist, erscheinen sie der Kommission unpassend (vgl. Kempa/ Guilloton 1999: 1).

Ist die fremde Vorlage nach einem Wortbildungsmuster gebildet, das in der Replikasprache unüblich ist, kann eine exakte Wiedergabe durch formale Faktoren erschwert werden. Für das hier untersuchte Sprachenpaar bereitet vor allem das im Englischen so beliebte Verfahren der Wortkreu-

---

108 Vgl. Gouadec 1997: 240: "[...] l'officialisation de termes du vocabulaire de l'informatique correspond, dans la majorité des cas, à la reconnaissance d'usages déjà fixés." Daher kommt er zu folgendem Schluss: "[...] les implantations parfaitement réussies concernent des termes officiels que l'on pourrait assimiler à des confirmations de désignations déjà implantées avant même l'incidence de la décision d'aménagement" (Gouadec 1997: 253).

109 Da neue Technologien oder Entdeckungen nicht selten metonymisch nach ihrem Erfinder oder Entdecker benannt werden, sind Termini aus Eigennamen recht weit verbreitet (vgl. *pasteuriser, einsteinium, diesel, ohm, watt;* vgl. Kocourek 1982: 73–75; Darbelnet 1967: 112; Blank 1997: 259).

zung Probleme. Selbst wenn anstelle der englischen Morphembruchstücke im Französischen vollständige Morpheme verwendet werden (vgl. *e-mail* und *courrier électronique*), gelingt es nicht unbedingt, aus diesen ein akzeptables französisches Kompositum zu bilden: So zeichnet sich engl. *cracker* als Verschmelzung von *computer* und *hacker* durch eine Kompaktheit aus, die im Französischen durch eine Verbindung von *ordinateur* und *hacheur* wohl kaum erreicht werden kann – ganz zu schweigen davon, dass engl. *to hack* ohnehin schwer durch ein entsprechendes Lexem im Französischen wiederzugeben ist.[110] Die wörtliche Übersetzung von *applet* durch *appliquette* ist daher als Sonderfall zu sehen.

Auch bei den Wortbildungsverfahren der Transposition und der Komposition, die im Französischen durchaus gängig sind, können formale Unterschiede zwischen den Sprachen eine Übersetzung erschweren. Gaudin/Guespin weisen darauf hin, dass das Wortbildungsverfahren der Substantivierung von Verben im Französischen zwar grundsätzlich existiert, aber heute kaum noch produktiv ist (vgl. Gaudin/Guespin 2000: 315). Wahrscheinlich ist es so zu erklären, dass die Übersetzungen *technologie du pousser* und *technologie du tirer* zwar im Glossar des *OLF* enthalten sind, jedoch nicht in den offiziellen französischen Wortlisten aufgeführt werden. Die Wiedergabe von engl. *plug-in* durch einen freien Neologismus könnte auf ähnliche Schwierigkeiten zurückzuführen sein.

Zusammenfassend kann daher festgehalten werden, dass die Arbeit der Terminologiekommissionen vorwiegend auf das Zurückdrängen englischer Lehnwörter ausgerichtet ist. Nur wenn ohnehin kaum Chancen auf die erfolgreiche Etablierung eines Ersatzwortes bestehen, wird englisches Wortgut von der Kommission gebilligt. Formale Ähnlichkeiten mit französischen Wortschatzeinheiten oder gelehrte Wortbildungsmorpheme scheinen dabei die Akzeptanz zu fördern. Bei den offiziellen Ersatzwörtern handelt es sich fast ausschließlich um Übersetzungen. Freie Neologismen werden nur dann geschaffen, wenn die Möglichkeit einer wörtlichen Übertragung aus formalen oder semantischen Gründen ausscheidet.

7.2 Kritik an der offiziellen Korpusplanung aus linguistischer Perspektive

Das erklärte Ziel der französischen Terminologiekommissionen besteht darin, den Gebrauch von Anglizismen zurückzudrängen und an ihrer Stelle

110 Am nächsten käme ihm wohl die Paraphrase *donner des coups*.

französische Bildungen zu etablieren. Will man dieser Aufgabe gewissenhaft nachkommen, so wäre zunächst zu klären – möglichst anhand objektiver linguistischer Kriterien – was genau unter einem fremden bzw. einem einheimischen Lexem verstanden werden soll (vgl. Gaudin 1995: 21, 23; 1996: 53). Die Beantwortung dieser Frage ist keineswegs so einfach, wie es auf den ersten Blick scheinen mag, da die traditionelle, normativ ausgerichtete Lexikologie keine Auskunft gibt:

> [...] sur quel critère peut-on s'appuyer pour conclure qu'un mot est français? Le recours au dictionnaire repose en fait sur un cercle vicieux: le mot est français puisqu'il est dans le dictionnaire, et il est dans le dictionnaire puisqu'il est français. (Boithias 1995: 12)

Da sich die Kommissionen nicht explizit zu dieser Problematik äußern, müssen mögliche Kriterien aus den veröffentlichten Listen abgeleitetet werden. Bei näherer Betrachtung der monierten Anglizismen fällt zunächst ins Auge, dass sich die Terminologiekommission ausschließlich auf die Ausdrucksseite der Lehnwörter konzentriert: Wörter, die sich in Lautung und Schreibung deutlich von autochthonen Lexemen unterscheiden, werden mit Argwohn betrachtet. Lagueux beschreibt daher die Vorgehensweise der Terminologiekommissionen treffend als "le rejet d'un signifiant étranger, auquel l'on substitue un signifiant d'allure plus nationale" (Lagueux 1988: 101). Dabei verkennt die Kommission jedoch den grundsätzlich bilateralen Charakter des sprachlichen Zeichens:

> *Annonceur* masque des emplois anglais sous son signifiant français. *Speaker*, quant à lui, ne correspond à aucun des emplois faits en anglais de ce terme, puisqu'il est utilisé en français dans le sens de l'anglais *announcer*. Quel est donc « le plus français » des deux? *Speaker*? *Announcer*? Le vocable québécois a un signifiant français, des emplois recouvrant ceux de l'anglais. Le terme français a un signifiant anglais, des emplois propres au français... au franglais, plus précisément. *Aucun critère objectif* ne permet donc de dire que l'un est « plus français » que l'autre. Rien n'autorise à poser que le sémantique permet une meilleure intégration que le phonologique et vice versa. [...] il a été accordé trop de crédit à la robe du mot et ses emplois ont été alors oubliés. (Goudaillier 1987: 363)

Selbst wenn man der Kommission in diesem Punkt folgen möchte, ist die Beurteilung eines Anglizismus anhand des *signifiant* nicht unproblematisch, da sich Lehnwörter im Zuge der phonologischen und morphologischen Adaptation dem System der Empfängersprache zunehmend anpassen. Lautliche Faktoren wie fremde Lautungen oder auch für das Französische ungewöhnliche Kombinationen können daher nicht immer Aufschluss über das Englischsein eines Lexems geben:

> Au moment où le signifiant d'un monème emprunté est traité conformément aux règles phonologiques, à celle de composition et/ou de dérivation de la langue opérant l'emprunt, quel critère objectif permet de considérer que ce terme n'est pas français? (Goudaillier 1987: 362; vgl. Rudigoz 1985: 174)

Auch das Kriterium der fremden Lautung wird nicht konsequent durchgehalten, da auch Bezeichnungen, die lautlich zufällig mit bereits existierenden französischen Lexemen zusammenfallen, nicht generell akzeptiert werden (vgl. engl. *net*/frz. *net*).

Ein mögliches synchrones Kriterium für die "Anglizität" eines Zeichens wäre sein Gebrauch in der englischen Sprachgemeinschaft, der anhand englischer Wörterbücher oder Textkorpora überprüft werden könnte. Indessen richtet sich die Kommission offensichtlich ebenso wenig nach diesem Kriterium, da in zahlreichen offiziellen Terminologieerlassen Ersatzwörter für so genannte Pseudoanglizismen vorgeschrieben werden, die im Englischen gar nicht existieren, sondern eigenständig im Französischen gebildet wurden und daher mit Fug und Recht zu den französischen Wortschatzeinheiten gezählt werden müssten (z.B. *baby-foot* 'Tischfussball', *footing* 'Jogging'; vgl. Beck-Busse 1995: 129; Braselmann 1999: 74). Umgekehrt ist auch die Gebräuchlichkeit eines Lexems im Französischen für die Kommission nicht ausschlaggebend für seine Zugehörigkeit zum französischen Wortschatz: Während gut etablierte und häufig verwendete Lexeme wie *plug-in, smiley* oder *spam* als nicht französisch zurückgewiesen werden, gelten von den Kommissionsmitgliedern erfundene Neologismen per Erlass als französische Wortschatzeinheiten, obwohl sie vor dem Erscheinen der Listen u.U. gar nicht existierten und auch heute zum großen Teil nicht von den Sprechern verwendet werden (vgl. *extension, frimousse* oder *arrosage*).

Auch eine diachrone Herangehensweise vermag das Problem nicht zu lösen. Aufgrund jahrhundertelanger Lehnbeziehungen zwischen dem Englischen und Französischen besteht ein großer Teil der heutigen Entlehnungen aus Rückwanderwörtern, die trotz ihrer ursprünglich französischen Herkunft nicht gebilligt werden (vgl. *access provider, attachment, mail* < afrz. *malle, browser* < afrz. *brouter;* vgl. *Le monde interactif* vom 12.4.2000). Im Fall von *cybernaut/internaute* sollen sogar zwei gelehrte Konfixe gegeneinander ausgetauscht werden, die historisch betrachtet aus keiner der beteiligten Sprachen stammen, während sie nach synchronen Gesichtspunkten beiden beteiligten Sprachen gleichermaßen angehören.

Schließlich sind viele Ersatzvorschläge einfach überflüssig, da sich die Substitute nicht von Lehnwörtern mit graphisch-phonologischer Anpassung unterscheiden und quasi automatisch durch entsprechende französische Morpheme ersetzt werden (vgl. *serveur, hypertexte, concentrateur, forum* etc.).[111] Die Terminologiekommissionen machen sich hier den Umstand zunutze, dass es sich um "besonders glückliche[n] Fälle[n] von integraler Entlehnung [handelt], deren Integration äußerst unauffällig und schnell vonstatten geht, da sie in lautlicher und semantischer Relation zu einem eigensprachlichen, etymologisch oft verwandten Wort stehen" (Blank 1997: 319).

Eine objektive Definition dessen, was unter einem französischen und einem englischen Wort verstanden werden soll, wird von der Terminologiekommission nicht gegeben und kann auch nicht aus dem untersuchten Material erschlossen werden (vgl. Beck-Busse 1995: 129). Die Entscheidung über Akzeptanz oder Ersatz beruht hauptsächlich auf dem subjektiven Empfinden der Fremdheit eines *signifiants*. Die Kommission scheint sich frei nach dem folgenden, von Boithias treffend formulierten Wahlspruch zu richten:

> Un mot est français lorsqu'il a une «gueule» de mot français. (Boithias 1995: 13)

Nur so ist es zu erklären, dass *baby-foot* als englisches Lexem gilt, während *serveur, concentrateur* und *internaute* als französische Wortschatzeinheiten propagiert werden. In gewisser Hinsicht mag auch das metasprachliche Wissen, das die Kommissionsmitglieder über die englische Herkunft bestimmter Lexeme besitzen, zu ihrer Ablehnung geführt haben. Von großer Bedeutung für den Ersatz ist dabei offensichtlich nicht die fremde Herkunft eines Wortes, sondern seine Herkunft aus dem angloamerikanischen Kulturkreis. Entlehnungen aus den prestigeträchtigen klassischen Idiomen oder exotischen Sprachen, die den politischen, wirtschaftlichen und kulturellen Status Frankreichs nicht in Frage stellen, sind dagegen unproblematisch.[112]

---

111 Ahlers/Holtus stellen in ihrer Untersuchung zum französischen Computerwortschatz fest, dass von denjenigen offiziellen Ersatzwörtern, die tatsächlich gut im Sprachgebrauch etabliert sind, sich fast ein Drittel kaum von der englischen Vorlage unterscheidet (vgl. Ahlers/Holtus 1999: 303).

112 Vgl. López Facal 1982: 51: "Una última característica de los neologismos es que se aceptan con menos suspicacia cuanto más exótica y más "bárbara" sea la lengua donante. Palabras como *tabú, yogur, geisha, dazibao*, etc. se aceptan sin suspicacias porque no es probable que el indonesio, el turco, el japonés o el chino supongan una amenaza para nuestros idiomas. Tampoco, como es lógico (aunque por otros

Die Kriterien, die die Terminologiekommission für den Ersatz eines Anglizismus ansetzt, lassen sich daher weniger mit linguistischen, als vielmehr mit soziologischen Methoden beschreiben, so dass in diesem Punkt Goddard zugestimmt werden kann:

> The puristic reaction, or the lack of it, stems from an essentially subjective, variable and far from consistently applied attitude to words of foreign provenance. [...] In fact, linguistic purism is a misnomer for the concept to which it is usually applied, a phenomenon which is characterized, above all, by its partiality and its deliberately and quite arbitrarily limited choice of target. (Goddard 1980: 1–5)

Nicht nur über den allgemeinen Sinn und Zweck von Sprachplanungen gehen die Meinungen auseinander – kontrovers diskutiert werden auch die Verfahren, die die Terminologiekommissionen bei der Bildung der offiziellen Ersatzwörter anwenden, wobei sich die Auswahl und Bewertung des Bildungsmechanismus notwendigerweise vor allem danach richtet, was mit dem Lehnwortersatz letztlich bezweckt werden soll. Je nachdem, ob die Kritik aus dem politisch-ideologischen oder dem eher sprachpragmatisch orientierten Lager kommt, werden die möglichen Französisierungsverfahren unterschiedlich bewertet. Im Folgenden sollen die wichtigsten Argumente aus pragmatischer und politisch-ideologischer Sicht vorgestellt werden, um zu einer vorläufigen Einschätzung der offiziellen Terminologiearbeit zu gelangen.

Aus pragmatischer Sicht wird von den Befürwortern einer Sprachplanung die Befürchtung geäußert, Lehnwörter könnten für solche Sprecher, die keine oder nur geringe Englischkenntnisse besitzen, unverständlich sein und sie daher aus der allgemeinen Kommunikation ausschließen. Bisweilen wird sogar behauptet, die Anglizismen hätten eine Art "Verdunklungsfunktion", mittels derer Nicht-Spezialisten der Zugang zu Fachkreisen verwehrt oder über mangelndes Fachwissen hinweggetäuscht werden sollte:

> Pienso, por ejemplo, en el mundo de la informática: es cierto que se trata de un ámbito relativamente nuevo en el que todos los días surgen palabras y funciones nuevas, pero cuando se oye hablar a dos especialstas en esta ciencia o, a veces, y permítanme ser una [*sic*!] poco mala, a dos seudoespecialistas como ocurre con frecuencia, se tiene la impresión de

---

motivos) producen suspicacia los neologismos de origen griego o latino. El problema surge cuando la lengua donante se la siente como imperialista, como agresora, como una amenaza para nuestra identidad."

> que se acaba de aterizar en un planeta cuya lengua es en gran parte la inglesa, pero donde, incluso si se tienen buenos conocimientos de esa lengua, no hay manera de entender de qué se está hablando a menos que se pertenezca al círculo de "iniciados". ¿Es acaso una lengua de exclusión? (Franquesa 1999: 29)

Dem Ausschluss von Laien aus der wissenschaftlichen und technischen Kommunikation könne nach Meinung der Befürworter einer pragmatischen Sprachplanung wirksam durch die Bildung eigensprachlicher Ersatzwörter entgegengewirkt werden: Während Lehnwörter in der Replikasprache unmotiviert sind und demjenigen, der sie weder als Vokabeln gelernt hat noch der Modellsprache mächtig ist, nichts über ihre mögliche Bedeutung verraten, kann man sich durchsichtige eigensprachliche Lexeme zumindest teilweise erschließen. Die Terminologiekommission handelt ganz im Sinne dieser Argumentation, wenn sie für die Anglizismen überwiegend Übersetzungen vorschlägt und gerade in den Fällen, in denen eine wörtliche Übertragung zu irreführend motivierten Resultaten führen würde, unabhängige Neologismen bildet. Inwieweit diese Praxis gerechtfertigt ist, soll an anderer Stelle eingehend diskutiert werden.

Allerdings sehen auch pragmatisch ausgerichtete Sprachplaner gewisse Nachteile an der Lehnübersetzung. In diesem Zusammenhang wird vor allem moniert, dass durch dieses Verfahren bereits bestehende Lexeme vieldeutig werden:

> Cette horreur de la nouveauté induit nombre des membres des commissions de terminologie à se casser la tête pour trouver, dans le fonds traditionnel de notre lexique, les vocables dont ils pourraient se servir, ceci au risque d'augmenter encore cette « polysémie » dont souffrent trop de nos mots. Il n'est pas bon qu'un mot ait un trop grand nombre d'acceptions. (Sauvageot 1971: 33; vgl. Fugger 1983: 132; Reinart 1991: 24; Depecker 2000: 121)

Da Eindeutigkeit und Präzision zu den wichtigsten Postulaten der Fachsprachenforschung zählen, wird Polysemie bei Fachtermini – obwohl sie durchaus nicht selten anzutreffen ist – nach wie vor nicht nur von Puristen äußerst kritisch gesehen. Wenn auch in den meisten Fällen eindeutig aus dem Kontext hervorgeht, ob ein Lexem in seiner allgemein- oder fachsprachlichen Bedeutung verstanden werden muss, kann dieses Problem in Bezug auf das Internetvokabular nicht völlig von der Hand gewiesen werden, da einige Termini sogar innerhalb des Fachgebietes Informatik mehrdeutig sind. Beispielsweise besitzt frz. *adresse* schon im Internetbereich zwei Bedeutungen ('E-Mail-Adresse' und 'URL'), zu denen noch zwei weitere

Verwendungsweisen in der allgemeinen Informatik kommen (vgl. Wagner/Kommenda 1985: 83). Auch die Bezeichnung *fenêtre* wird in der Computerfachsprache bereits anderweitig gebraucht (vgl. Kaltz 1988: 42). Mehrdeutig innerhalb des Internetwortschatzes ist die Sigle *DNS*, die im Englischen sowohl für *Domain Name Server* als auch für *Domain Name System* stehen kann (vgl. Bruns 2001: 51).

Im Zusammenhang mit polylexematischen Ausdrücken wird weiterhin kritisiert, dass eine monemweise, semantisch motivierte Übersetzung zu französischen Resultaten führen kann, die in sich widersprüchlich sind und die Bedeutung des Syntagmas als Einheit nicht angemessen wiedergeben (vgl. Pergnier 1989: 91; Depecker 2000: 114). Der Grund für solche unangemessenen Übersetzungen sei dabei häufig in den unzureichenden Englischkenntnissen der Übersetzer zu suchen:

> La ignorancia del inglés es el origen de muchos anglicismos. Tenemos el ejemplo de la informática. Las técnicas informáticas que establecieron « su » terminología dominaban la técnica, pero no la lengua inglesa. Incapaces de formular en francés las nociones expresadas en inglés, adaptaron los términos ingleses a través de horribles calcos, cayendo en todas las trampas que acarrea una mala traducción. Muchas veces el entusiasmo por el inglés y por el uso de los anglicismos en estos medios es inversamente proporcional al conocimiento que estas personas tienen de la lengua inglesa. (Santos Borbujo 1998: 178)

Dieses Problem wird allerdings durchaus von der Kommission gesehen und nach Möglichkeit umgangen (vgl. *souriant/souriard*). Zumindest, was den hier untersuchten Wortschatzbereich betrifft, geht Santos Barbujos Kritik ins Leere, denn weder in den offiziellen Wortlisten noch im Zeitungskorpus finden sich Fehlübersetzungen, die auf ein mangelndes Verständnis der englischen Vorlage hindeuten.

Was die pragmatische Kritik an der Vorgehensweise der Terminologiekommissionen betrifft, so ist nicht von der Hand zu weisen, dass bestimmte Eigenschaften von Lexemen, wie etwa die Unmotiviertheit von Lehnwörtern oder die Polysemie bei monolexematischen Übersetzungen, sich in der Kommunikation negativ auswirken könnten. Ob hier tatsächlich eine offizielle Korpusplanung notwendig ist oder man nicht vielmehr darauf vertrauen sollte, dass unzweckmäßige Ausdrücke auch ohne äußere Eingriffe aus der Sprache ausgesondert werden, soll an anderer Stelle diskutiert werden.

Zu grundsätzlich anderen Ergebnissen führt die Bewertung des Nutzens der offiziellen Ersatzwörter aus politisch-ideologischer Perspektive. Für die ideologischen Sprachplaner braucht sich fremder Einfluss gar nicht negativ auf die Kommunikation auszuwirken – die bloße Tatsache, dass die als schützenswert angesehene Muttersprache sich nach einem fremden Vorbild verändert, wird als Bedrohung empfunden. Vor diesem Hintergrund wird vor allem die Überbewertung der Ausdrucksseite des sprachlichen Zeichens durch die Terminologiekommissionen beanstandet. Während integrale Entlehnungen mit großem Eifer ausgemerzt werden, übersehen die Kommissionen, dass das Französische auch bei der Bildung von Übersetzungen einem Fremdeinfluss unterliegt:

> Was aber gewöhnlich den verbohrtesten Puristen entgeht und darum fast überall Bestand hat, das sind die das fremde Wortbildungsmuster nachahmenden Lehnübersetzungen (*calques*), die sich meist innerhalb einer Generation soweit einbürgern, daß selbst Linguisten immer wieder erstaunt sind, ein wie großer Teil des gewohnten und für ererbt gehaltenen Wortschatzes (übrigens auch der Phraseologie und der grammatischen Konstruktionen) von gelehrten Übersetzern, aber auch von bilinguen Sprechern bei der Akkulturation und Zivilisation Nachahmungen ursprünglich fremder Muster sind. (Panzer 2000: 1126)

Gerade das äußerst beliebte Verfahren der so genannten Lehnübersetzung steht im Kreuzfeuer der Kritik, denn durch die wörtliche Übertragung entstehen im Französischen Lexeme, die dieselben Bezeichnungsmotive aufweisen wie ihre englischen Vorlagen. Diese subtile Spielart des englischen Einflusses wird für wesentlich gefährlicher gehalten als die Übernahme kompletter Zeichen (vgl. Höfler 1981: 152; Holtus 1989: 289; Schmitt 1995b: 95–96; Walter 1995: 81): Während Lehnwörter bloße Additionen zum bestehenden Lexikon seien, würden sich durch die Lehnübersetzungen unbemerkt angloamerikanische Denkweisen ins Französische einschleichen, die den *génie de la langue française* schädigen könnten:

> Il ne s'agit plus ici d'une traduction maladroite, mot à mot, à coup de dictionnaire; il y a l'énonciation en mots français d'une expression de pensée en anglo-américain. Telle est l'une des formes de la contamination de la langue et de la pensée françaises par l'anglais et l'américain. (Dupuy 1993: 13)

Die Lehnbedeutung wird daher häufig als inkorrekte, eben nicht französische Verwendung von Lexemen abqualifiziert (vgl. Chansou 1981: 269–70), die die Ideale der *clarté* und *précision* des Französischen in Gefahr bringe (vgl. Schmitt 1998b: 227). Durch die "anglicismes de pensée" (Jastrab de Saint-Robert 1987: 262) laufe die spezifische, in der französischen Sprache enthaltene Weltsicht Gefahr, von angloamerikanischen Denkschemata überdeckt zu werden:

> [...] les calques mettent en cause le découpage de la réalité opéré par la pensée, découpage qui subit des altérations à la suite des pressions de toute nature que la langue allogène fait subir à la langue française. (Lagueux 1988: 102)

Die von den Kommissionen vorgenommenen Übersetzungen suggerierten daher eine sprachliche Eigenständigkeit des Französischen, die jedoch in Wirklichkeit gar nicht vorhanden sei, da es sich bei den französischen Bezeichnungen lediglich um oberflächliche Französisierungen der englischen Termini handle:

> The result of the use of calques is that while a surface impression of greater diversity is obtained [...], at a deeper level a convergence of the means of expression is discernible. (Thomason 1975: 34–35)

Da es sich bei Übersetzungen um "emprunts déguisés" (Clas 1971: 608) handele, gehe von ihnen sogar eine stärkere Gefahr aus als von Lehnwörtern, denen man immerhin ihre fremde Herkunft ansehe und sich so besser gegen sie wappnen könne (vgl. Darbelnet 1986: 201).[113] Insgesamt wird die Arbeit der Terminologiekommissionen vor diesem Hintergrund als kontraproduktiv zurückgewiesen:

> L'expérience des efforts de refrancisation faits au Québec et la très récente expérience française en ce domaine montrent que, dans de nombreux cas, l'exclusion des emprunts peut aboutir à des solutions non seulement insatisfaisantes ou inefficaces, mais surtout à instaurer des types d'anglicismes plus perfides et plus dommageables à la santé de la langue française que l'emprunt pur et simple. Il n'est en effet pas rare que l'attention des gens qui rejettent l'emprunt (spécialistes de la terminologie ou utilisateurs) soit focalisée sur l'aspect le plus extérieur des signes, c'est-à-dire le signifiant, et que les solutions de remplacement proposées ne tiennent guère compte de ce qui est de plus grande importance, à savoir les signifiés qui constituent la chair même de ces signes. (Pergnier 1989: 91; vgl. Delisle 1988: 148–49)

---

113 Interessant in diesem Zusammenhang ist die Tatsache, dass der ursächliche Zusammenhang zwischen Sprache und Weltsicht von Lara gerade umgekehrt aufgefasst wird: Nicht der Einzug englischer Ausdrucksweisen ins Spanische führe zu einer geistigen Kolonisierung der Sprecher, sondern diese habe bereits stattgefunden und rufe ihrerseits weitere Entlehnungen hervor (vgl. Lara 2000: 26).

Die von ideologischer Seite geäußerte Kritik an der Lehnübersetzung betrifft die schwierige Frage des Zusammenhangs zwischen Sprache und Denken, die seit Wilhelm von Humboldt in Sprachwissenschaft und -philosophie kontrovers diskutiert wird.[114] Geht man, wie es einige Befürworter der Sprachplanung tun, von der Identität von Sprache und Denken aus, so kann ein Einfluss des sprachlichen Ausdrucks auf die Wahrnehmung der Dinge wohl kaum bestritten werden. Selbst wenn "das sprachliche Relativitätsprinzip in seiner radikalen Fassung mittlerweile als widerlegt [gilt]; [...] findet sich immer noch die Meinung, daß die Sprache das wichtigste Medium für unsere Denkprozesse ist. Unumstritten ist sicherlich, daß die Sprache unsere Gedanken, genauer: unsere geistige Aufmerksamkeit lenken und auf bestimmte Aspekte fokussieren kann" (Schwarz/Chur 1996: 66–67; vgl. Luque Durán/Manjón Pozas 1998: 142; Käge 1980: 65; Juhász 1980: 651; Marques Pereira o.J.: 2). Gerade im fachsprachlichen Bereich wird die Bedeutung der Sprache als "instrumento de conocimiento" (Schmitt 1992: 296) besonders hoch eingeschätzt. Durch unterschiedliche Motivation kann ein und derselbe Sachverhalt in ganz unterschiedlichem Licht erscheinen, während das Lehnwort eine neutrale Perspektive ermöglicht:

> Da es sich bei den meisten Fachtermini um "durchsichtige", "relativ motivierte" Bildungen im Sinne Saussures handelt, kann die einzelsprachliche Form des Terminus immer – über den gegebenen Sachbezug hinaus – auf das Verständnis seines Inhalts zurückwirken. Mit anderen Worten: Es ist nicht völlig ohne Auswirkungen auf das Verständnis eines Sachverhalts, wenn die "rechnerische Größe, die einen Einblick in das Ausmaß der Glomerulusfiltration und des Rücktransports in den Harnkanälchen vermittelt", in der einen Sprache als *Klärwert*, in der anderen als *aclaramiento* oder *depuración* bezeichnet wird – in der Regel werden ein deutscher und ein spanischer Arzt allerdings das den beiden geläufige *clearance* gebrauchen. (Albrecht 1992: 69)

Wie sich im weiteren Verlauf der Untersuchung noch zeigen wird, wirken gerade metaphorische Ausdrücke in hohem Maße auf die Wahrnehmung der Dinge durch die Sprecher ein. Die Sprache spielt also sehr wohl eine gewisse Rolle bei der kognitiven Strukturierung der Wirklichkeit und bietet vielleicht sogar ein "System von Leitschemata für das Denken" (Juhász 1980: 651). Allerdings wird unsere Sicht auf die Gegenstände und Sach-

114 Zur Diskussion um die Rolle der Sprache für die Herausbildung einer kulturspezifischen Weltsicht vgl. Ricken 1983: 121–25.

verhalte sicherlich nicht auf mechanische Weise determiniert – sie legt lediglich gewisse Interpretationen näher als andere (vgl. Albrecht 1992: 62).

Zur Verteidigung der Terminologiekommission ist allerdings zu sagen, dass sie sich bei der Bildung von Übersetzungen durchaus an französischen Ausdrucksgewohnheiten zu orientieren versucht. Vermieden werden z.B. Lehnwörter, die eine formale Ähnlichkeit zu französischen Lexemen ohne inhaltliche Entsprechung aufweisen (die so genannten *prestiti camufatti*), da sie offensichtlich als semantische Verfälschung französischer Wortschatzeinheiten empfunden werden (vgl. Lenoble-Pinson 1991: 54–55; Noreiko 1993: 178). Zur Wiedergabe von engl. *digital* greift die Kommission beispielsweise nicht auf das etymologisch entsprechende französische Adjektiv *digital* zurück, sondern entscheidet sich für die offizielle Empfehlung *numérique* (vgl. *digital versatile disk/disque numérique polyvalent*).[115] Auch engl. *attachment* wird wahrscheinlich deswegen nicht durch frz. *attachement* wiedergegeben, weil die Bedeutung des französischen Lexems zu stark von der englischen Internetbezeichnung abweicht.[116]

In der kontroversen Diskussion um den Lehnwortersatz melden sich jedoch auch Stimmen zu Wort, die der Lehnübersetzung – v.a. in der internationalen Kommunikation – gewisse Vorteile zuschreiben. Da sie eine formale Identifikation zwischen Vorlage und Nachbild erlaubt, wird einerseits die Akzeptanz der Substitute unter den Zweisprachigen gefördert, andererseits die internationale Fachkommunikation erleichtert (vgl. Zindler 1959: 41; Sauvageot 1971: 29–30; Chansou 1981: 70 und 138; Braselmann 1997: 451; Depecker 2000: 110):

> Pour exprimer des concepts étrangers, cette solution [remplacement par traduction et calque morphologique] demeure la plus satisfaisante grâce au lien qu'il [*sic*!] maintient avec la terminologie étrangère et que la nécessité pratique exige. (Miannay 1972: 8)

Mańczak weist in diesem Zusammenhang darauf hin, dass gegenseitige sprachliche Einflüsse die Konvergenz der verschiedenen Sprachen unter-

---

115 Trotz der gemeinsamen lateinischen Wurzel *digitus* 'Finger' stimmen die Adjektive in beiden Sprachen in ihrer Bedeutung nicht überein: Während das französische Lexem ausschließlich als Adjektiv zu *doigt* in der etymologischen Bedeutung 'qui appartient au doigt' verwendet wird, kann engl. *digit* und das zugehörige Adjektiv *digital* zusätzlich die Bedeutung 'Ziffer' bzw. 'digital' annehmen (vgl. Lorenzo 1996: 184).

116 Hier läge im Sinne Haugens allerdings keine homophone, sondern analoge Lehnbedeutung vor, da engl. *attachment* auch in der Bedeutung 'Zuneigung, Anhänglichkeit' existiert.

einander erhöhen, was zu einer leichteren Erlernbarkeit führe und daher insgesamt positiv zu bewerten sei (vgl. Mańczak 1991: 18–19). Für Thomason stellt die Übersetzung aus ebendiesen Gründen die ideale Lösung für die Probleme der internationalen Terminologiebildung dar:

> The calque serves then as a healthy compromise between linguistic chauvinism on the one hand and the unnecessary use of modish foreign words on the other. To sum up, one can say that the calque satisfies aesthetically and functionally, being national in its outer form, yet supra- (and often inter-) national in semantic content. (Thomas 1975: 23–24; vgl. Kocourek 1982: 137)

Selbst wenn durch Übersetzung fremde Sichtweisen in die Sprache eingebracht werden, muss dieser Umstand nicht zwingend als Verunreinigung oder geistige Kolonisierung empfunden werden. Zindler sieht in dieser Art der zwischensprachlichen Beeinflussung gerade einen Gewinn für die Nehmersprache:

> Das äußere und innere Lehngut ermöglicht in manchen Gebieten eine Neu- und Umorientierung im Geistig-Gedanklichen. Neue Inhalte werden entdeckt, gruppiert und zusammengeschaut. (Zindler 1959: 41)

Für Eek sind Übersetzungen ebenfalls unbedenklich, da ihrer Ansicht nach Konzepte ohnehin unabhängig von der jeweiligen Sprache existieren, denn "[...] une idée appartient à l'humanité entière" (vgl. Eek 1998: 2).

Als weiteres Argument für die Terminologienormung wird von französischer Seite häufig ins Feld geführt, dass die Sprecher – bedingt durch die jahrhundertelangen Aktivitäten von Sprachplanern, die eine Orientierung an der klassischen Norm hochhielten und gegenüber Neologismen äußerst kritisch eingestellt waren – den kreativen Umgang mit ihrer eigenen Sprache scheuten (vgl. Forgue 1980: 73; Rey 1976: 4–6; Lerat 1990: 394–95; Noreiko 1993: 173; Schmitt 1998b: 229; Gaudin/Guespin 2000: 235–36). So sei es zu erklären, dass heute viele Franzosen der Ansicht sind, das Englische sei grundsätzlich geeigneter, neue Gegenstände und Sachverhalte zu bezeichnen:

> D'aucuns prétendent que la plupart des langues ont du mal à suivre le tourbillon de créativité de la langue anglaise, qui se caractériserait par une plus grande souplesse, de meilleures capacités d'adaptation et d'enrichissement, une plus grande transparence (le sens se reconstituant à partir d'éléments autochtones), une meilleure motivation du signe linguistique. (Goffin 1983: 6)

Nun – so die Verfechter der französischen Sprachpolitik – sei es deshalb an der Zeit, den Franzosen zu beweisen, dass auch ihre Sprache neue Wörter bilden kann:

> Il s'agit de faire la preuve que le français est capable d'innover, d'inventer les mots dont il a besoin. D'abord pour nous, mais aussi pour répondre à l'attente de nos amis francophones. Car ceux-là, cernés qu'ils sont par les anglicismes, en viendraient finalement à désespérer de la langue-mère si elle se montrait incapable de leur donner les vocables dont ils ont besoin pour survivre. (Genevoix 1973: 8)

Den Beweis, "dass die französische Sprache fähig ist, zu jedem Sach-, Fach- und Wissenschaftsbereich eine eigene, rein französische Terminologie auszubilden" (Fugger 1982: 287) und es deswegen nicht nötig habe, auf Entlehnungen zurückzugreifen, hat die Kommission mit ihren Vorschlägen jedoch gerade nicht erbracht. Der überwiegende Teil der offiziellen Ersatzlexeme (ca. 70%) besteht aus adaptierten Lehnwörtern, Kombinationen aus Lehnwörtern mit Übersetzungen und reinen Übersetzungen. Bei der Bildung ihrer Substitute greift die Kommission folglich nicht auf die Möglichkeiten der eigenen Sprache zurück, sondern macht sich Mechanismen der sprachlichen Entlehnung zunutze. Die Resultate sind zwar formal und lautlich unauffällig und in vielen Fällen sogar für französische Sprecher analysierbar, stellen aber in Wahrheit nur oberflächliche Französisierungen der englischen Termini dar. Der eigentliche Ursprung auch der französischen Terminologie ist weiterhin im angloamerikanischen Raum zu suchen:

> Le véritable processus de création linguistique, c'est au niveau de l'anglo-américain qu'il faudrait l'observer. (Marcellesi 1973: 65; vgl. Ernst/Wimmer 1991: 697)

KAPITEL IV

Spontaner französischer Anglizismenersatz

Les adhérents au purisme linguistique oublient le fait essentiel que la langue sert à faciliter la communication entre les hommes, et non à la rendre difficile.

(Mańczak 1991: 17)

So sehr sich die Kommissionen auch um das Zurückdrängen von Lehnwörtern zugunsten französischer Bildungen bemühen – letztlich sind es die Sprecher, die über die Aufnahme oder den Ersatz eines Anglizismus entscheiden. Wollen sie ein Lehnwort ersetzen, stehen ihnen theoretisch dieselben Mechanismen zur Verfügung, die auch die offiziellen Terminologiekommissionen anwenden. Es ist jedoch anzunehmen, dass sie von anderen Bedürfnissen und Zielen geleitet werden als die Kommissionsmitglieder und daher auch andere Strategien der Französisierung nutzen. Um diese Hypothese empirisch zu überprüfen, soll die Einstellung der französischen Sprecher gegenüber Anglizismen und den verschiedenen Möglichkeiten ihres Ersatzes anhand eines französischen Textkorpus untersucht werden. Im Vordergrund steht dabei weniger die Frage nach der Wirksamkeit der offiziellen Terminologieerlasse, als vielmehr die Suche nach allgemeinen Gesetzmäßigkeiten, die den Lehnwortgebrauch bzw. die Wahl des Ersatzverfahrens steuern. Dazu sollen zunächst sämtliche im Korpus verwendeten Internettermini auf ihre Bildungsweise und ihre semantischen und formalen Eigenschaften hin untersucht werden (Kapitel IV). Anschließend kann dann anhand der relativen Verwendungshäufigkeit einzelner Bezeichnungen ermittelt werden, welche Lehnguttypen die größten Chancen auf eine dauerhafte Etablierung im Französischen besitzen (Kapitel V).

1. Kriterien der Materialerstellung

Das französische Textkorpus wird von fünf französischen Zeitschriften zum Thema Internet gebildet. Es handelt sich dabei um die Ausgaben *Internet Pratique* Nr. 4, *Internet en action* Nr. 4, *Net@cess* Nr. 1, *Web Magazine* Nr. 19 und *Yahoo! Internet life* Nr. 8, die alle im November 2000 erschienen sind. Das Zeitungsmaterial umfasst ca. 650 Druckseiten. Da die Zeitschriften von Fachleuten verfasst werden, sich jedoch an ein interessiertes Laienpublikum richten, bewegt sich das Korpus an der Grenze zwischen Fach- und Allgemeinsprache und ist daher besonders geeignet, den Sprachgebrauch auf einem mittleren Spezifiziertheitsniveau abzubilden:

> On suppose que la revue d'informatique à laquelle collaborent des experts informaticiens, reflète un usage terminologique répandu parmi les spécialistes et qu'elle cherche à communiquer l'information dans une langue familière au lecteur-utilisateur. [...] De ce point de vue, la revue d'informatique, sans prétendre se substituer au dictionnaire, a le potentiel d'être un médium efficace de diffusion des termes en usage. (Lambert-Drache 1995: 79)

Das Untersuchungsmaterial wurde nach onomasiologischen Gesichtspunkten anhand der offiziellen Wortlisten zusammengestellt. Gezählt wurden nicht nur die in den *arrêtés* monierten Anglizismen und offiziellen Ersatzwörter, sondern auch weitere Anglizismen und französische Bezeichnungen, die synonym zu Listeneinträgen gebraucht werden. Unter Synonymie soll in diesem Zusammenhang Bezeichnungsäquivalenz auf der Ebene der Sprachnorm verstanden werden.[117]

Neben den offiziell monierten Termini enthält das Korpus eine große Anzahl fachsprachlicher Anglizismen aus dem Internetwortschatz, die in den *arrêtés* nicht beanstandet werden und daher nicht in die vorliegende Untersuchung einbezogen werden sollen – auch wenn es sich dabei häufig sogar um Termini handelt, die viel zentraler und gebräuchlicher sind als die monierten Lehnwörter (vgl. z.B. *overload, interface, mailing, modem, webcam, mailbox, kit, newsletter* etc.).[118] Ebenfalls aus der Untersuchung ausgenommen sind französische Bezeichnungen, die offensichtlich Erscheinungen des

117 Zu den unterschiedlichen sprachwissenschaftlichen Positionen zur Synonymie von Lehnwörtern und autochthonen Lexemen vgl. Hope 1964: 56–58; Reinton 1978: 219–20.

118 Laut Ahlers/Holtus ist die mehr oder weniger willkürliche Auswahl der zu ersetzenden Anglizismen typisch für die französische Terminologieplanung (vgl. 1999: 299).

inneren Lehnguts sind, aber keine von der Terminologiekommission beanstandeten Anglizismen ersetzen (vgl. frz. *robot de connaissance* nach engl. *knowbot*, frz. *commerce électronique* nach engl. *e-commerce*) sowie englisches Wortmaterial in Eigennamen (z.B. *Netscape, FranceNet, Microsoft Windows*) oder innerhalb englischer Syntagmen (z.B. beim Zitieren von Titeln englischsprachiger Bücher oder Websites). Ferner wurden nicht lexikalisierte französische Syntagmen, die einmalig z.B. zur Erläuterung englischer Termini verwendet werden, nicht in die Untersuchung einbezogen (z.B. frz. *liste de sites préférés* für engl. *hotlist*).[119] Das nach diesen Kriterien aufgestellte Korpus umfasst 305 Einträge. Die Lexempaare *backbone/dorsale, bytecode/code à octets, extranet, hit/accès, middleware/logiciel médiateur* und *tag/balise* sind im Korpus nicht dokumentiert, wobei allerdings auch eine Erweiterung der Textbasis wahrscheinlich keine oder nur wenige weitere Belege liefern würde, da es sich um selten gebrauchte, sehr fachsprachliche Lexeme handelt.

In Bezug auf den Anglizismenersatz wird in einschlägigen Arbeiten bisweilen zwischen der künstlichen Erzeugung von Ersatzwörtern, wie sie die Mitglieder der Terminologiekommissionen betreiben, und ihrer spontanen Entstehung in der Sprechergemeinschaft unterschieden. Braselmann geht davon aus, dass die spontane Entstehung Zweisprachigkeit voraussetzt und ihre Resultate daher mit den Kategorien des inneren Lehnguts beschrieben werden können, während die künstlichen Substitute rein monolingual aus den Mitteln der Neologie gebildet werden (vgl. Braselmann 1999: 69, 95; vgl. Boulanger 1984: 16–17). Dabei stützt sie sich auf ähnliche Argumente wie Höfler bei seiner Kritik der Lehnschöpfung: Die Arbeit der Terminologiekommissionen bestehe lediglich darin, ein "zentrales, bekanntes französisches Wort (das Herkunftskriterium ist dabei gegenstandslos)" durch ein anderes französisches Wort zu ersetzen, was einem "monolingualen Prozess innerhalb der Einzelsprache" entspreche (Braselmann 1999: 69).

Allerdings ist ihre Auffassung in mehrfacher Hinsicht kritikwürdig. Eine klare Grenze zwischen spontanen und künstlichen Ersatzwörtern kann schon deswegen nicht gezogen werden, weil die Kommissionen in vielen Fällen auf bereits vorhandene französische Bezeichnungen zurückgreifen (vgl. Kapitel B.III.6.). Die Empfehlung eines Terminus in einem *arrêté de terminologie* sagt daher noch nichts darüber aus, ob er spontan in der

119 Zur Lexikalisierung bei Fachtermini vgl. Kocourek 1982: 116–132. Zu möglichen Kriterien für die Bestimmung des Lexikalisierungsgrades vgl. Gaudin/Guespin 2000: 283–86.

Sprechergemeinschaft entstanden ist oder von den Terminologiekommissionen geschaffen wurde. Dazu kommt, dass sich künstliche und spontane Ersatzwörter bei genauerer Betrachtung nicht grundsätzlich voneinander unterscheiden. Sowohl bei den privaten Internetnutzern als auch bei den Kommissionsmitgliedern, die sich ja größtenteils aus Computerspezialisten und Linguisten zusammensetzen, muss man einen gewissen Grad an englisch-französischer Zweisprachigkeit und Vertrautheit mit der englischen Terminologie voraussetzen (vgl. Kapitel B.I.). Es besteht daher kein Grund, anzunehmen, dass die Sprecher die englischen Termini analysieren und sich bei der Bildung französischer Ersatzwörter sprachlich an der englischen Vorlage orientieren, während die offiziellen Termini allein aus der Anschauung der zu bezeichnenden Gegenstände und Sachverhalte gebildet werden. Viel wahrscheinlicher ist, dass sowohl die Internetnutzer als auch die Kommissionsmitglieder die Vorlagen mithilfe ihrer englischen Kompetenz analysieren und anschließend vor diesem Hintergrund nach französischen Entsprechungen suchen. Die Bildung französischer Ersatzwörter erfolgt daher *grundsätzlich* im Rahmen von Zweisprachigkeit: Selbst wenn sich ein Anglizismus etabliert hat und synchron daher zum französischen Wortschatz zu zählen ist, kann er doch von demjenigen bilingualen Sprecher, der ein französisches Ersatzwort als erster prägt, wie ein englisches Zeichen behandelt werden, indem er es innerhalb des englischen Systems analysiert und bei der Bildung des Ersatzwortes englische und französische Zeichen in Beziehung setzt. Diese Vorgänge wiederum können mit der Systematik des inneren Lehnguts beschrieben werden, wie sie in Kapitel A.III.6. vorgestellt wurde.

Der Unterschied, den Braselmann zwischen den spontanen und den künstlichen Ersatzwörtern sieht, liegt daher *de facto* auf einer anderen Ebene. Während die Bildung der Substitute – ob spontan oder künstlich – immer aus der Zweisprachigkeit einzelner Sprecher heraus vorgenommen wird, erfolgt der definitive Ersatz durch die gesamte Sprachgemeinschaft allein innerhalb des französischen Systems:

> Si l'action de calquer exige une certaine forme de bilinguisme, la réutilisation du calque intégré n'y est pas obligatoirement rattachée. (Boulanger 1988: 5)

2. Lehnwörter

Das Korpus enthält folgende englische Lehnwörter:

- ADSL, applet, asymmetric digital subscriber line, asynchronous digital subscriber line, attachment, bookmark, chat, cookie, DNS, domain name server, download, drag and drop, DVD, electronic mail, e-mail ('messagerie électronique'), e-mail ('message électronique'), e-mail ('adresse électronique'), e-mail address, emoticon, FAQ, firewall, frame, frequently asked questions, hacker, homepage, hub, internet relay chat/IRC, internet supply provider/ISP, mail ('messagerie électronique'), mail ('message électronique'), mail ('adresse électronique'), mail-bombing, Mél, net, netsurfer, news, newsgroup, plug-in, provider, proxy, smiley, spam, spamming, upload, uploader, URL, web, webcast, webmaster, window, World Wide Web, www

2.1 Adaptation

Da es sich um ein schriftliches Korpus handelt, kann über den Grad der lautlichen Anpassung der Lehnwörter nur wenig ausgesagt werden. Lediglich bei Bezeichnungen wie *domaine, serveur, hypertexte* etc. könnte man – wenn man sie denn als Lehnwörter betrachten möchte – von einer lautlichen und graphischen Adaptation sprechen. Im Übrigen sind vom Englischen abweichende Schreibweisen, die auf eine Anpassung an französische Aussprachegewohnheiten schließen lassen, jedoch selten. Nur die Graphie *mél* für *mail* weist auf die Monophthongierung von [meIl] zu [mɛl] hin. Es mag auf den schriftorientierten Charakter des Mediums Internet zurückzuführen sein, dass französisierte Schreibweisen wie *ouaibe, oueb, niouze* oder *appellette,* die in einschlägigen Veröffentlichungen recht häufig besprochen werden (vgl. Mopoho 1996: 129; Jaillet 1998: 65; Bruns 2001: 213), im Korpus nicht vorkommen. Trotz der fehlenden graphischen Anhaltspunkte ist wohl davon auszugehen, dass der Großteil der Anglizismen bis zu einem gewissen Grad an französische Aussprachegewohnheiten angepasst ist (z.B. [ɛ̃tɛr'nɛt] statt ['ɪntəʳnet]; [wɛbmas'tœːr] oder [wɛbmas'tɛːr] statt ['webmaː stəʳ]).

Dagegen findet man zahlreiche Belege für eine morphologische Anpassung der Lehnwörter, deren Notwendigkeit sich hauptsächlich aus der unterschiedlichen Markierung der Wortklassen im Englischen und Französischen ergibt (vgl. Klajn 1972: 164; Stolze 1999: 60). Während im Englischen häufig derselbe Wortkörper sowohl als Substantiv als auch als Verb fungiert, zeichnen sich die französischen Verben durch spezifische Endungen aus, die an entlehnte Lexeme angefügt werden müssen, wenn diese in verbaler Funktion verwendet werden sollen (vgl. *uploader, e-mailer, mailer, spammer, chatter*). Auf formaler Grundlage kann allerdings nicht entschieden werden, ob es sich bei *chatteur* und *spammeur* um lautlich-graphisch bzw. morphologisch adaptierte Anglizismen oder aber um innerfranzösische Weiterbildungen von *chat* und *spam* handelt.

Als Genus wird den Anglizismen in der Regel das unmarkierte Maskulinum zugewiesen. Assoziationen zu maskulinen französischen Entsprechungen sowie die Endungen *-er, -ing* und *-ment* verstärken diese Tendenz (vgl. *attachment, bookmark, browser, chat, cookie, cracker, DVD, DNS, upload, download, drag and drop, e-mail, mail, hit, hub, newsgroup, plug-in, spam, webmaster*). Dagegen führt die Endung *-et* – offensichtlich aufgrund von Interferenzen mit dem französischen Suffix *-ette* – zu einer Zuweisung zur femininen Klasse (vgl. *la applet*).[120] Bei einer semantischen und formalen Ähnlichkeit zu femininen französischen Substantiven wird ebenfalls das Femininum vorgezogen (vgl. *ADSL,*[121] *emoticon, homepage, hotlist*).

Eine semantische Adaptation der Lehnwörter findet nicht statt, da es sich um Wort-Sach-Entlehnungen handelt. Die Anglizismen dringen daher nicht in bereits bestehende Wortschatzstrukturen ein, sondern stellen bloße Hinzufügungen zum französischen Wortschatz dar.

2.2 Postintegrative Entwicklungen

Zwar führt die Aufnahme fachsprachlicher Anglizismen nicht zu einer Umstrukturierung bereits bestehender Wortfelder, doch weisen die Lehnwörter in ihrer Verwendung häufig Abweichungen von der englischen Vorlage auf, die auf postintegrative Bedeutungsentwicklungen zurückgeführt werden müssen. In der Regel werden Anglizismen zunächst in die Fachsprachen entlehnt, von wo aus sie ihren Weg in die Gemeinsprache finden (vgl. Gómez Cápuz 2000: 16–17). Bei der Popularisierung der Fachtermini ergeben sich aus dem "Gefälle an gemeinsame[m] Wissen zwischen den Mitgliedern kleinerer Gruppen [in denen die Neuerungen entstehen] und den Benutzern der gruppenübergreifenden Umgangssprache" (Fritz

120 Vgl. auch *socket,* das im Korpus nicht belegt ist, aber in den konsultierten Internetglossaren ebenfalls als feminines Substantiv ausgewiesen wird.

121 Wegen der Ähnlichkeit von *line* und *ligne*.

1998: 870) häufig semantische Verschiebungen gegenüber der modellsprachlichen Vorlage (vgl. Blochwitz 1967: 324; Viereck 1998: 769). Ein Bedeutungswandel aufgrund mangelnder Sachkenntnis ist bei den zentralen Termini *world wide web*, *net* und *internet* eingetreten, die im untersuchten Korpus als Synonyme gebraucht werden,[122] was aus fachlicher Sicht nicht zulässig ist, da das WWW nur einen Teilbereich des gesamten Internets bildet. Da jedoch der Großteil der Internauten fast ausschließlich diesen Dienst nutzt, konnte *world wide web* bzw. *WWW* zur Bezeichnung für das Internet schlechthin avancieren:

> Wer heute vom Internet spricht, meint – auch oder ausschließlich – das World Wide Web. Obwohl "Internet" und "World Wide Web" oft synonym gebraucht werden, ist letzteres – oft auch kurz mit "Web", "WWW", "W3" oder auch "W^3" bezeichnet – im Grunde nur ein Teil des globalen Internet, sozusagen dessen multimedialer und heute am meisten genutzter Bereich. (Bruns 2001: 24)

Auch beim syntaktischen Gebrauch von *internet* im Französischen lassen sich Besonderheiten aufzeigen:

> En anglais, on utilise l'article défini the lorsqu'on veut désigner le réseau Internet, ceci afin de le différencier des autres regroupements de réseaux qui n'utilisent pas TCP-IP [...]. En français cependant, l'utilisation de l'article n'est pas nécessaire devant le mot Internet qui est un nom propre; sans compter qu'il existe un terme précis (interréseau) pour désigner les regroupements de réseaux n'utilisant pas TCP-IP. Par ailleurs, sous l'influence de l'anglais, on utilise de plus en plus l'article défini devant Internet en français. (Jaillet 1998: 65)

Im Französischen ist eine Differenzierung auf syntaktischer Ebene nicht notwendig, da eine lexikalische Opposition zwischen *interréseau* und *internet* besteht. Der englische Einfluss führt hier nicht nur zur Übernahme eines Zeichens, sondern erstreckt sich auch auf dessen Verwendung im Satz, so dass man von einer "syntaktischen Lehnübersetzung" sprechen könnte (vgl. Kreutz 2000: 42 und 73). Vor diesem Hintergrund verwundert es nicht, dass der *OLF* die Verwendung von *internet* mit bestimmtem Artikel explizit ablehnt (vgl. Bergeron/Guilloton 1997a).

Eine ähnliche Vermengung zeichnet sich auch bei *hacker* und *cracker* ab, die heute im Französischen weitgehend synonym gebraucht werden,

122 So gibt die Zeitschrift *Internet en action* für *World Wide Web* die folgende Definition an: "Il s'agit d'un autre nom pour désigner internet" (S. 97).

obwohl sie ursprünglich zwei unterschiedliche Konzepte bezeichnen. Während *cracker* in fremde Informationssysteme eindringen, um dort Schaden anzurichten, spüren *hacker* Lücken in den Schutzsystemen von Programmen, Computern oder Netzwerken auf und tragen zu deren Sicherheit bei, indem sie die Betreiber anschließend auf die Mängel hinweisen (vgl. Kreutz 2000: 42 und 73). Das Lexem *hacker* – ursprünglich eine neutrale Bezeichnung für einen besonders geistreichen Programmierer – wird zunehmend mit böswilligem und destruktivem Verhalten in Verbindung gebracht, wodurch die im Englischen noch lebendige Unterscheidung zwischen *hacker* und *cracker* verloren geht.[123] Die Tatsache, dass das französische Äquivalent *pirate* sowohl für *hacker* als auch für *cracker* stehen kann, legt nahe, dass im Französischen auch auf konzeptueller Ebene kein Unterschied zwischen den beiden Sachverhalten gemacht wird.

Divergenzen zwischen Modell und Nachbild kommen außerdem durch die Eigenart der romanischen Sprachen zustande, komplexe Wortschatzeinheiten auf ihren ersten Bestandteil zu reduzieren. Handelt es sich bei den gekürzten Ausdrücken um Komposita englischer Herkunft, werden diese meistens ihres Basiswortes beraubt, so dass das ursprüngliche Determinans die Bedeutung der Langform trägt. Auf diese Weise entstehen neue Lexeme aus englischem Wortmaterial, die in ihrer Bedeutung nicht nur enger oder weiter gefasst sind als ihre Vorlagen, sondern etwas grundsätzlich anderes bezeichnen. In dem untersuchten Korpus sind solche Pseudoanglizismen durch das Lexem *news* vertreten, das elliptisch anstelle von *newsgroup* verwendet wird. Das echte Lehnwort *news* dagegen bezeichnet laut Internetglossar des *OLF* ein "ensemble de messages destinés aux groupes de nouvelles et qui circulent chaque jour dans le réseau" und steht damit nicht für das Diskussionsforum an sich, sondern für die dort verschickten Informationen – eine Bedeutung, die als analogische Ausdehnung von *news* 'Nachrichten' betrachtet werden kann. Interessant in diesem Zusammenhang ist die Tatsache, dass auch eine Übersetzung *nouvelles* 'Newsgroup' existiert. Offensichtlich wurde der Pseudoanglizismus *news* von zweisprachigen Sprechern vor dem Hintergrund ihrer englischen Kompetenz analysiert, ohne dass die Bedeutungsdiskrepanz als störend aufgefallen wäre.

---

123 Vgl. z.B. den folgenden Satz: "Pirate à la barre – l'allemand Andy Müller-Maghun, membre du groupe de hackers Chaos Computer Club, représentera l'Europe au bureau directeur de l'Icann" (*Yahoo! Internet life*, S. 24).

3. Übersetzungen

Die Übersetzung stellt auch im Zeitungskorpus das beliebteste Verfahren des Anglizismenersatzes dar. Sie ist im Korpus durch folgende Ausdrücke vertreten:

- adresse (address; 'adresse électronique'), adresse (address; 'adresse réticulaire'), adresse de courrier électronique (electronic mail address), adresse de messagerie (mail address), adresse électronique (electronic mail address), agent (agent), appliquette (applet), article (article), autoroute (highway), autoroute de communication (communication highway), autoroute de l'information (information highway), cadre (frame), causette (chat), citoyen du net (net citizen), concentrateur (concentrator), courriel (electronic mail), courrier (mail), courrier électronique (electronic mail 'messagerie électronique'), courrier électronique (electronic mail 'message électronique'), dialogue en ligne (on-line talk), discussion (discussion), discussion en ligne (on-line discussion), document (document), domaine (domain), espace de discussion (discussion area), favori (favorite), fenêtre (window), fichier attaché (attached file), fichier joint (attached file), fil de la discussion (discussion thread), forum (forum), forum de discussion (discussion forum), forum de discussion en ligne (on-line discussion forum), fournisseur (provider), fournisseur d'accès (access provider), fournisseur d'accès à Internet/FAI (internet access provider), fournisseur d'accès à l'Internet (internet access provider), fournisseur d'accès Internet (internet access provider), fournisseur de service (service provider), glisser et déposer (drag and drop), glisser-déposer (drag and drop), groupe de discussion (discussion group), hypertexte (hypertext), internaute (cybernaut), liste (list), liste de discussion (discussion list), mandataire (proxy), message (message), message électronique (electronic mail), messagerie électronique (electronic mail), messagerie (mail), moteur de recherche (search engine), mouchard (spy), navigateur (navigator), nouvelles (news), outil de recherche (search tool), page (page), page d'accueil (home page), page de démarrage (start page), page perso (personal page), page personnelle (personal page), pare-feu (firewall), passerelle (gateway), pièce jointe (attachment), portail (portal), réseau (net), serveur (server), serveur de nom de domaine (domain name server), serveur mandataire (proxy server), signet (bookmark), site (site), suffixe (suffix), surfeur (surfer), surfeuse (surfer), téléchargement (remote loading), toile (web), toile mondiale (World Wide Web), utilitaire de recherche (search tool), visionneur (viewer), visite (visit).

3.1 Formale Aspekte

In formaler Hinsicht unterscheiden sich die spontan gebildeten Übersetzungen kaum von den offiziellen Ersatzwörtern. Auffälligkeiten wie z.B. die Nachahmung englischer Kompositionsmuster oder der germanischen Wortfolge sind nicht zu verzeichnen. Handelt es sich bei den englischen Vorlagen um asyndetische Komposita, so werden diese im Französischen durch präpositionelle Komposita oder durch Kombinationen von Substantiven und Relationsadjektiven wiedergegeben (vgl. *fournisseur d'accès, fil de la discussion, serveur mandataire* etc.). Bildungen aus Substantiv und Partizip folgen grundsätzlich der romanischen Wortstellung (vgl. *fichier attaché/joint* nach *attached file*). Nur bei einem einzigen Terminus existieren Varianten, die zwischen unterschiedlichen Graden der morphologischen Anpassung schwanken, was auf einen noch nicht abgeschlossenen Adaptationsvorgang hindeutet (vgl. *fournisseur d'accès Internet, fournisseur d'accès à l'Internet, fournisseur d'accès à Internet*).

Dieses Ergebnis erstaunt insofern, als Publikationen zu den französischen Fachsprachen häufig betonen, dass die asyndetische Kompositionsweise auch im Französischen auf dem Vormarsch sei (vgl. Guilbert 1959: 284). Von Kocourek wird sie sogar als die allgemein übliche Form der fachsprachlichen Komposition bezeichnet (vgl. Kocourek 1982: 111). Dabei wird gerade im Computerwortschatz der Anteil der asyndetischen Komposita besonders hoch eingeschätzt, was nicht zuletzt auf den starken englischen Einfluss zurückgeführt wird (vgl. Guilbert 1959: 284; Marcellesi 1973: 70; Gray 1985: 807; Kaltz 1988: 44; Koechlin 1988: 167; Jastrab de Saint-Robert 1987: 263; Bombi 1989/90: 99; Gotti 1990: 53; Depecker 2000: 125–26).[124]

Häufig bestimmen die strukturellen Eigenarten des Französischen im Vergleich zum Englischen Art und Umfang der morphologischen Integration. Engl. *drag and drop* wird durchgehend durch Übersetzung wiedergegeben, wobei man jedoch in Abhängigkeit von der syntaktischen Verwendung unterschiedlich angepasste Formen findet. Wird ein Substantiv gebraucht, so tritt asyndetisches *glisser-déposer* auf, während die Form *glisser et déposer* als Verb fungiert.[125] Hier hat sich der spontane Sprachgebrauch

---

124 Nur Walter und Reinart sind der Ansicht, dass sich die Computertermini gut den französischen Wortbildungsgewohnheiten anpassen (vgl. Walter 1997: 47; Reinart 1991: 31–32).

125 Vgl: "Vous pouvez ensuite glisser et déposer les signets dans les différents dossiers que vous avez créés. [...] Vous pouvez effectuer des glisser-déposer et y créer des dossiers [...]" (*Internet en action*, S. 81).

offensichtlich eine mit den französischen Wortbildungsregeln konforme Lösung geschaffen, die in den offiziellen Wortlisten fehlt.[126] Auch die Bildung zweier unterschiedlicher *nomina agentis* bei *surfeur/surfeuse* kann als morphologische Anpassung an französische Verhältnisse interpretiert werden, da das Englische nur genusindifferente Formen kennt.

Bei den lehnübersetzten Suffigierungen im Korpus handelt es sich ausschließlich um *nomina agentis* bzw. *nomina instrumenti* auf *-ateur* oder *-eur/-euse* (vgl. *concentrateur, fournisseur, navigateur, serveur, surfeur, visionneur*). Ebenso wie bei den offiziellen Ersatzwörtern sind keine formalen Abweichungen von den französischen Wortbildungsmustern zu verzeichnen. Dieser Befund kann jedoch angesichts der Tatsache, dass die Wortbildungsverfahren in beiden Sprachen übereinstimmen und sogar ein direkter Parallelismus zwischen den englischen Morphemen *-ator* und *-or* und den französischen Suffixen *-ateur* und *-eur* besteht, kaum erstaunen.

Wortkreuzungen sind auch in dem untersuchten Zeitungskorpus recht selten. Der einzige Vertreter dieses Wortbildungsverfahrens ist das Lexem *courriel*, das auf die Verschmelzung von *courrier* und *électronique* zurückgeht und im weitesten Sinne als Übersetzung von *electronic mail* gelten kann, da alle Bestandteile der englischen Vorlage – wenn auch in verkürzter Form – wiedergegeben werden. Bei frz. *courriel* handelt es sich um eine der seltenen Neologismen, deren Urheber namentlich bekannt sind: Die Bezeichnung wurde von Jean-Claude Guédon in seinem Buch *La planète cyber* (1998) geprägt.

3.2 Semantische Aspekte

Bei den im Korpus verwendeten Bezeichnungen fällt auf, dass sie zum Teil eine größere semantische Differenzierung aufweisen als die in den *arrêtés* vorgeschlagenen Ersatzwörter. Beispielsweise ist der monierte Anglizismus *homepage* im Englischen mehrdeutig, da er die Startseite des Browsers, die Einstiegsseite einer Site und die Website einer Privatperson gleichermaßen bezeichnen kann (vgl. Millán 1998b: 1). Je nachdem, welche Eigenschaft der entsprechenden Seite hervorgehoben werden soll, können im Franzö-

126 Die stiefmütterliche Behandlung von Verben ist laut L'Homme typisch für die fachsprachliche Lexikographie: In Fachlexika und Publikationen zum Computerwortschatz werden in der Regel nur Substantive ohne die zugehörigen Verben berücksichtigt (vgl. L'Homme 1998: 65).

sischen die Lexeme *page d'accueil, page de démarrage, page perso/personnelle* und *portail* als Ersatzwörter für *homepage* eintreten, so dass die modellsprachliche Mehrdeutigkeit aufgebrochen wird. Die Unterscheidung ist im Französischen sogar zwingend, da ein dem engl. *homepage* gleichwertiger Oberbegriff nicht existiert. Allerdings handelt es sich bei den französischen Lexemen keineswegs um Bezeichnungen, die unabhängig zwecks weiterer Differenzierung geschaffen wurden, sondern um Übersetzungen der englischen Termini *start page, personal page* und *portal,* die ihrerseits im Englischen unterschiedliche Typen von *homepages* bezeichnen (vgl. Otman 1998: 284).

Neben der Existenz verschiedener englischer Vorlagen kann auch die sprachspezifische Organisation von Wortfeldern die Bildung unterschiedlicher Übersetzungen anregen. Da sich sprachliche Zeichen verschiedener Systeme unterschiedlich gegeneinander abgrenzen, können u.U. mehrere französische Wortschatzeinheiten für die Wiedergabe ein und desselben englischen Lexems in Frage kommen. Je nachdem, wie die Wahl des Sprechers ausfällt, kann ein englisches Modell die Bildung verschiedener französischer Übersetzungen anregen, wodurch in der Replikasprache unterschiedliche Deutungen des englischen Ausdrucks entstehen (vgl. *utilitaire de recherche* und *outil de recherche* nach engl. *search engine;* frz. *fichier attaché* und *fichier joint* nach engl. *attached file*).

Wenn in der Replikasprache Übersetzungen, Lehnwörter und freie Neologismen koexistieren, so führt dies zunächst zur Entstehung von Synonymie. Laut Gaudin könne es durch die parallele Verwendung unterschiedlicher Termini zu einer *insécurité linguistique* kommen, die sich darin äußere, dass von der ausdrucksseitigen Heterogenität auch auf inhaltliche Unterschiede geschlossen werde:

> Ainsi, la coexistence en français des formes recombinant et recombiné, emprunt et traduction, conduit légitimement à opposer ces deux formes et donc à opérer des distinctions notionnelles. [...] Ce fait illustre bien le mouvement spontané, et légitime, qui est d'établir une distinction sémantique entre deux formes, deux signifiants proches. C'est là une loi linguistique élémentaire. (Gaudin 1994: 55; vgl. auch Reinart 1991: 75)

Le Guilly-Wallis wagt sogar allgemeine Aussagen über die Richtung, in die sich Anglizismus und eigensprachliches Ersatzwort semantisch entwickeln werden. Ihrer Ansicht nach tragen französische Ersatzwörter in der Regel allgemeinere Bedeutungen als die Anglizismen:

> Il semblerait que les mots des deux langues sont utilisés, mais dans des contextes différents. La tendance serait d'utiliser le français pour une

> notion plus générale et l'anglais pour un concept plus précis. (Le Guilly-Wallis 1991: 119 und 122)[127]

Die Tendenz zur Bedeutungsaufspaltung zeichnet sich im Korpus bei dem Lehnwort *e-mail* und seinen verschiedenen französischen Äquivalenten ab. Die englische Vorlage ist vieldeutig, da sie für die technische Einrichtung, die Nachricht selbst, die Email-Adresse und – als Verb – für den Vorgang der elektronischen Datenversendung stehen kann. Das Französische beseitigt diese Mehrdeutigkeiten, indem das Lehnwort tendenziell auf die Bedeutung 'message électronique' eingeschränkt und die Bedeutungsunterschiede bei der Übersetzung morphologisch durch bestimmte Affixe zum Ausdruck gebracht werden (vgl. *e-mailer, messagerie électronique/message électronique*). Es bleibt abzuwarten, ob sich die derzeitigen Gebrauchsunterschiede weiter verschärfen und das Französische eine engere Gliederung des Wortfeldes ausbildet, als sie in der englischen Modellsprache vorliegt.

Dagegen geht beim Ersatz von engl. *upload* und *download* durch frz. *téléchargement* bzw. *télécharger*[128] (nach engl. *remote loading*) eine semantische Differenzierung verloren, da die Übersetzung nichts über die Übertragungsrichtung aussagt. Die außerordentlich häufige Verwendung von *télécharger* und *téléchargement* legt allerdings nahe, dass die mangelnde Differenzierung keinen wirklichen Nachteil mit sich bringt. Da Daten in der Regel auf den eigenen Computer herunter- und nur in seltenen Fällen auf andere Computer heraufgeladen werden, ist der Oberbegriff meist unmissverständlich. Im Bedarfsfall kann außerdem durch Zusätze Eindeutigkeit geschaffen werden (*télécharger en amont/en aval*; vgl. Otman 1998: 382). Zu der Beliebtheit von *télécharger* mag weiterhin die Tatsache beitragen, dass sich die Bezeichnung an bestehende Muster anschließt (vgl. *télécopie, télévision* etc.).

Das Bedürfnis nach Bedeutungsdifferenzierungen und Homonymenfurcht spielen wohl auch bei dem Computerterminus *window* eine Rolle: Dieser wird im Französischen ausschließlich durch die Übersetzung *fenêtre* wiedergegeben – wohl, um eine Verwechslung mit dem Namen des Betriebssystems *Windows* zu vermeiden (vgl. Gómez Cápuz 2000: 241).

Auch im spontanen Sprachgebrauch sind metaphorische Übersetzungen außerordentlich beliebt. Nahezu alle Metaphern, die in den offiziellen Listen vorgeschlagen werden, finden sich auch in den Zeitschriften wieder.

---

127 Gómez Cápuz kommt zu demselben Schluss: "[...] los equivalentes españoles son elementos que "obligan" al anglicismo a matizar su significado mediante un proceso de especialización semántica que, sin duda, enriquece las posibilidades expresivas de nuestra lengua [...]" (Gómez Cápuz 2000: 258; vgl. 268).

128 Auch hier schlägt die Kommission nur ein substantivisches Ersatzwort vor.

Dazu kommen einige Übersetzungen nach nicht monierten Anglizismen, die sich *grosso modo* den bereits genannten Themenkreisen zuordnen lassen und aus den Bereichen Personenbezeichnungen (frz. *mouchard* nach engl. *spy*), Arbeitsplatz/Schreibtisch (frz./engl. *document*), Technik (frz. *outil/utilitaire de recherche* nach engl. *search tool*), und Raum/Architektur/Transport (frz. *portail* nach engl. *portal,* frz. *autoroute de communication* nach engl. *communication highway,* frz. *surfeur/surfeuse* nach engl. *surfer*) stammen. Hinzu kommen bildhafte Ausdrücke, die in Zusammenhang mit der so genannten *global village*-Metapher als einer weiteren Ausprägung der Raum- und Landschaftsthematik stehen. Durch sie wird das Internet als virtueller Ort konzeptualisiert, an dem die Nutzer ungeachtet der geographischen Entfernungen in einer weltumspannenden Gemeinschaft leben (vgl. frz. *citoyen du net* nach engl. *net citizen*).[129] Auch die *global village*-Metapher stammt ursprünglich aus der Science-Fiction Literatur. Sie wurde von dem kanadischen Autor Marshall McLuhan in seinem Buch *The Gutenberg Galaxy* (Toronto 1962) geprägt (vgl. Otman 1998: 104) und in einem späteren Roman desselben Autors wiederaufgenommen (*War and Peace in the Global Village* (1969); vgl. Lorenzo 1996: 562). Mit dem Lexem *suffixe* nach engl. *suffix,* einer Metapher aus dem Bereich der Linguistik, wird dagegen ein neues thematisches Feld erschlossen.

4. Unabhängige Neologismen

Verhältnismäßig wenige der im Korpus verwendeten Ersatzwörter werden völlig unabhängig von ihren englischen Vorlagen gebildet. Es handelt sich dabei um folgende Bezeichnungen:

- accro du web (cybernaut), aspirateur (access provider), aspirateur de site (access provider), butineur (search engin), cliqueur (cybernaut), cliqueuse (cybernaut), contribution (news article), cyberdialogue (chat), cyberintrus (hacker), désinence (domain), extension (domain), fouineur (hacker), fureteur (search engine), message (news article), pirate (cracker)

129 Diese Sichtweise klingt z.B. auch in der Metapher *web* an, die in anderen Zusammenhängen (Umweltschutz) in einem ähnlichen Sinne gebraucht wird: "The web is also a metaphor of community, of sharing in mutual coexistence. The implication is that since we are all connected, we should all act in concert to protect the environment." (Muir 1994: 147)

Unter formalen Gesichtspunkten fällt auf, dass unter den unabhängig gebildeten Neologismen nur wenige Komposita zu finden sind (vgl. *accro du web, aspirateur de site*). In der Regel handelt es sich um monolexematische Wortschatzeinheiten mit Bedeutungserweiterung durch analogische oder metaphorische Ausdehnung, oder aber um denominale und deverbale Ableitungen mittels des *nomen agentis*-Suffixes *-eur*.

Pseudokonfixbildungen sind durch die Lexeme *cyberdialogue* und *cyberintrus* vertreten. Das Pseudokonfix *cyber-* ist im Französischen außerordentlich produktiv, was sich in einer fast unerschöpflichen Fülle von Spontanbildungen äußert, für die es offensichtlich kein englisches Vorbild gibt (vgl. *cybermusique, cybermonastère, cybersquattage, cybermilitant, cyberacheteur, cyberjustice, cybercourtois, cybersympa* etc.). Da sich der überwiegende Großteil der Bildungen nicht aus zwei Konfixen, sondern aus *cyber-* und einem freien Lexem zusammensetzt, bahnt sich laut Nagel "eine Entwicklung zum freien Morphem mit sowohl substantivischem als auch adjektivischem Status an" (Nagel 1994: 167).

Die Beliebtheit des Morphems *cyber-* erklärt sich nicht zuletzt dadurch, dass man mit seiner Hilfe nahezu jedem beliebigen Sachverhalt eine virtuelle Existenz im Internet verleihen kann:

> cyber: préfixe que l'on ajoute à un mot pour en transposer la réalité dans le cyberespace. Il indique qu'un lieu, une chose, une personne etc. existent dans internet: cybermarché, cyberpornographie, cyberpolice. (Jaillet 1998: 64)

> *Cyber-*: Inflationär verwendete Vorsilbe, die meist durch Computer- oder Netz- zu ersetzen wäre, allerdings auch eine der produktivsten. Erstmals in William Gibsons Roman "Neuromancer" verwendet, steht *cyber-* heute für alles, was mit vernetzten Computern zu tun hat. (Kreisel/Tabbert 1996: 78)[130]

130 Bei diesen Bildungen handelt es sich um so genannte "Kompositmetaphern" (Käge 1980: 40) oder "metaphorische Wortgebildetheiten" (Polzin 1998: 238), bei denen die Interpretation des metaphorisch gebrauchten Basislexems durch das nicht metaphorische Bestimmungswort gelenkt wird (vgl. Weinrich 1976b: 318; Käge 1980: 40; Blank 1997: 183). Gozzi bezeichnet diesen Metapherntyp als *embodied metaphors* und veranschaulicht ihn anhand der unterschiedlichen Produktbezeichnungen der Fast-Food-Kette *McDonalds*, die alle den Zusatz *Mc* enthalten: "We have become so used to this particular embodied metaphor that the very syllabe "Mc" can transform any word into a representative case of McDonalds perfect system" (Gozzi 1999/2000: 396).

In dieser Funktion konkurriert *cyber-* im Französischen mit dem Pseudokonfix *e-* und den Adjektiven *électronique, en ligne* und *virtuel*[131] (vgl. *e-démocratie, démocratie en ligne, cyberélections, e-lections,*[132] *élection en ligne, élection électronique, boutique virtuelle, cyberstore*). Dazu kommen weitere Adjektive, die bisweilen ganze Serien synonymer Bezeichnungen bilden (vgl. *argent virtuel, argent électronique, argent numérique, cyber-argent und argent en ligne*; vgl. Otman 1998: 20). Da Bildungen dieser Art in der Modellsprache ähnlich verbreitet sind (vgl. die Aufstellung bei Reich 1999: 8),[133] ist davon auszugehen, dass hier englische Ausdrucksmuster – wahrscheinlich durch wörtliche Übersetzungen – im Französischen produktiv werden.

Die Pseudokonfixe *inter-, net-* und *web-*, die in etwa mit den oben genannten Pseudokonfixen und Adjektiven synonym und laut Mopoho ebenfalls typisch für den französischen Internetwortschatz sind (vgl. Mopoho 1996: 130), werden im Verhältnis zu *cyber-* ausgesprochen selten verwendet. Da es sich um einen relativ jungen und sehr dynamischen Wortschatzbereich handelt, haben diese Morpheme seit dem Erscheinen von Mopohos Untersuchung offensichtlich schon wieder viel von ihrer Produktivität eingebüßt. *Inter-* kommt sogar ausschließlich in der Bezeichnung *internaute* vor. Anstelle des Pseudokonfixes bevorzugt das Französische Komposita mit *internet* als asyndetisch nachgestelltem Determinans (vgl. *site internet, page internet, forfait internet*). Bei der einzigen Konfixbildung wird nicht etwa auf das Pseudokonfix *inter-* zurückgegriffen, sondern nach den üblichen französischen Regeln eine *variante confixale* der Form *interneto-* erzeugt: "Les pédophiles sont aussi "internetophiles"" (*Internet en action*, S. 4).

Die neben der Kompositmetapher häufigste Form der Metaphorisierung stellt das Verfahren der Anthropomorphisierung dar (vgl. *pirate, fouineur, butineur, fureteur*). Im Unterschied zum offiziellen Lehnwortersatz weist das Korpus keine verkürzten Definitionen auf. Vielmehr scheint der spontane

131 Viele Bildungen mit *virtuel*, darunter vor allem *réalité virtuelle*, erscheinen auf den ersten Blick als Oxymora, da sich dieses Adjektiv in der Gemeinsprache als Antonym von *réel* in der Regel auf nicht existente Gegenstände und Sachverhalte bezieht (vgl. hierzu die Definition im *Petit Robert*: 'qui n'est tel qu'en puissance, qui est à l'état de simple possibilité'. Zum Problem der virtuellen Realität vgl. Münker 1997, v.a. 109). In seiner internetsprachlichen Bedeutung wurde *virtuel* jedoch aus der Fachsprache der Physik entlehnt, wo es das Antonym zu *physique* darstellt (vgl. Nichols 1995: 317; Murphy 1996/97: 459).

132 Der spielerische Umgang mit der Graphie bei *e-* ist typisch für den Internetdiskurs; vgl. z.B. *é-criture, e-xhibitionisme*.

133 Zu englischen Bildungen mit *cyber-* und *virtual* vgl. Glowka/Lester/Butler/Johnson 1998: 100; zu *e-* vgl. Algeo/Algeo 1995: 84–85.

Ersatz sehr technische Ausdrucksweisen zu meiden, was der allgemeinen Tendenz zu einem ungezwungenen und spielerischen Sprachgebrauch entspricht.

5. Hybridbildungen

5.1 Typen von Hybridbildungen

In den offiziellen Wortlisten finden sich erwartungsgemäß nur wenige Hybridbildungen, da die Terminologiekommissionen es sich zur Aufgabe gemacht haben, englisches Wortgut generell aus dem französischen Wortschatz zu tilgen. Da sie jedoch in den untersuchten Zeitschriften recht häufig anzutreffen sind, verdienen sie an dieser Stelle eine gesonderte Betrachtung.

In den meisten Arbeiten zum inneren Lehngut werden sämtliche hybriden Wortschatzeinheiten unter der Kategorie des Teillehnwortes zusammengefasst. Allerdings ist dieses Vorgehen in vielen Fällen voreilig, da, wie sich noch zeigen wird, nicht jede Bildung aus englischem und französischem Wortmaterial zwangsläufig auf die teilweise Ersetzung einer englischen Vorlage zurückgehen muss.

Bei einem nicht unerheblichen Teil der Hybridbildungen drücken der englische und der französische Bestandteil dieselben Inhalte aus (vgl. *message e-mail, messagerie e-mail, réseau Internet*). Obwohl ähnliche Erscheinungen in der Lehngutliteratur häufig unter den Teillehnwörtern abgehandelt werden (vgl. ital. *canabuldogga* bei Weinreich (1977: 74); vgl. auch Baranow 1973: 111; Gusmani 1973: 51–53; 1986: 73–75), schließt der tautologische Charakter der Bildungen eine Teilersetzung aus, da keine entsprechenden englischen Muster existiert haben können. Man muss vielmehr davon ausgehen, dass die englischen Bestandteile zunächst als Lehnwörter übernommen wurden, dann innerhalb des französischen Systems nicht mehr analysierbar waren und schließlich mit zusätzlichen französischen Lexemen versehen wurden, um eine bessere Verständlichkeit zu erzielen.[134] Man hat es daher mit einem Sonderfall des Lehnwortes zu tun, für den Gusmani den Terminus *composto chiarificante* vorschlägt und der hier als *expliziertes Lehnwort* bezeichnet werden soll. Wie so viele sprachliche

134 Die Tatsache, dass diese Art der Entlehnung gerade bei lexikalisierten und damit undurchsichtig gewordenen Siglen häufig auftritt, spricht für diese Interpretation (vgl. *adresse URL*, daneben auch *virus HIV, disque CD*; vgl. Pöckl 1999: 1495).

Phänomene, die im Zusammenhang mit Interferenz und Entlehnung beschrieben werden, ist auch das explizierte Lehnwort auf ein Bedürfnis nach Motiviertheit zurückzuführen:

> Da questi casi emerge che il composto 'chiarificante' rappresenta – in una parte almeno degli esempi – uno stadio d'integrazione successivo al primo accoglimento del prestito, cioè un ulteriore passo compiuto dalla lingua nella non facile impresa di aggregare la parola di tradizione alloglotta, per sua stessa natura solitamente immotivata, al patrimonio lessicale motivato (o trasparente, che dir si voglia). (Gusmani 1973: 54)

In anderen Fällen existieren sehr wohl englische Vorlagen für hybride Bildungen (z.B. *adresse e-mail/e-mail address, forum Internet/Internet forum, navigateur web/web navigator*). Auch hier ist jedoch fraglich, ob bei der Übernahme tatsächlich eine der Komponenten ersetzt, die andere dagegen englisch belassen wurde, wie es die Definition des Teillehnwortes erfordert.[135]

Zwei Aspekte verdienen in diesem Zusammenhang besondere Aufmerksamkeit. Auffällig ist zunächst das verwendete Wortbildungsmuster, das ebenfalls hybrid zu sein scheint: Die einzelnen Bestandteile werden zwar wie im Englischen unverbunden nebeneinander gestellt, unterliegen jedoch (mit Ausnahme von *webmestre*) der romanischen Wortfolge. Dieses Muster ist nach Jastrab de Saint-Robert gerade bei Lehnübersetzungen häufig anzutreffen (vgl. Jastrab de Saint-Robert 1987: 265). Weiterhin kann festgestellt werden, dass ausschließlich das Determinans der Zusammensetzungen englischer Herkunft ist und es sich dabei in achtzehn von dreiundzwanzig Fällen um *e-mail, internet, mail* oder *web* handelt.

Gerade die Beschränkung des Bestimmungswortes auf einige wenige Lexeme gibt wichtige Anhaltspunkte für die Interpretation des Entlehnungsvorgangs, der diesen Bildungen zugrunde liegt. Zunächst einmal handelt es sich um zentrale Bezeichnungen des Internetwortschatzes, die, wie ihre häufige Verwendung im Korpus beweist, ausgesprochen gut im

---

135 Oberflächlich betrachtet erhält man bei diesen Bildungen den Eindruck, als seien hier lediglich Elemente aus dem Englischen übernommen und in die für das Französische typische Wortfolge gebracht worden. Spence vertritt genau diese Ansicht und klassifiziert Fälle wie frz. *station service* nach engl. *service station* als Pseudoanglizismen, da kein Austausch von englischem Wortmaterial durch französisches stattgefunden habe (vgl. Spence 1989: 323). Da *station* und *service* ebenfalls dem französischen Wortschatz angehören, liegt es jedoch nahe, von zwischensprachlichen Assoziationen auszugehen, zumal die Umkehrung der Bestandteile dafür spricht, dass die Bildung analysiert wurde.

Französischen etabliert sind. Dazu kommt, dass in den untersuchten Zeitschriften zahlreiche kaum lexikalisierte Bildungen mit eben diesen Elementen auftreten, für die es offensichtlich keine englischen Vorbilder gibt (vgl. *technologie internet, développement internet, loi internet, assistant internet, communauté internet, installation internet, ère internet, portail internet, connexion internet, communication internet, passerelle e-mail, boîte e-mail, compte e-mail, solution mail, aspirateur web, fenêtre web, application web, hébergement web, la ligne exclusive web, compteur web;* vgl ebenfalls *logithèque net, candidat-internaute, récolte internaute, sites portails, lien hypertexte*). Die restlichen fünf Bildungen enthalten *bookmark, HTML, IP, news* und *proxy,* die ebenfalls im Französischen als Lehnwörter nachgewiesen werden können.

Mehrere Faktoren sprechen folglich dagegen, die oben aufgeführten Komposita als Teillehnwörter zu klassifizieren. Die Ausrichtung an der romanischen Wortstellung zeigt, dass alle Bestandteile des Vorbilds analysiert wurden, da Determinans und Determinatum offensichtlich identifiziert worden sind. Schon dadurch unterscheiden sich diese Hybridbildungen vom Typ *Grapefrucht,* bei dem offensichtlich ein englischer Bestandteil übernommen wurde, weil er für die Sprecher nicht analysier- und übersetzbar war. Da die in den Hybridbildungen verwendeten englischen Elemente allesamt im Französischen als Lehnwörter vorhanden und zum größten Teil auch noch in der Wortbildung äußerst produktiv sind, können die fraglichen Bildungen nicht mit echten Teilersetzungen gleichgesetzt werden. Man muss vielmehr annehmen, dass derjenige Sprecher, der die Bezeichnungen prägte, sehr wohl die Absicht hatte, die englischen Morpheme durch französische zu ersetzen. Er entschied sich dabei jedoch teilweise für Lexeme, die – diachron betrachtet – englischer Herkunft sind, da diese im Französischen die zentralen Bezeichnungen für die betreffenden Sachverhalte darstellen.

Vom Standpunkt der Wortentstehung aus unterscheiden sich folglich Übersetzungen mit Fremdelement nicht wesentlich von anderen Übersetzungen: Der Sprecher überträgt ein fremdes Vorbild Bestandteil für Bestandteil in seine eigene Sprache, wobei er für den Ersatz u.U. zwischen mehreren Möglichkeiten – einem Lehnwort und einem autochthonen Lexem – wählen kann, die jedoch bei synchroner Betrachtung gleichermaßen dem französischen Wortschatz angehören. Da die Bezeichnungen *internet, e-mail/mail* und *web* im französischen Internetwortschatz zentraler sind als Entsprechungen wie *réseau mondial, toile* oder *courrier* und sie gegenüber den heimischen Bezeichnungen überdies den Vorteil der Eindeutigkeit besitzen, ist es nur natürlich, dass sie beim Ersetzungsvorgang den (aus diachroner Perspektive) französischen Lexemen vorgezogen werden. Im

Gegensatz dazu zählt bei den offiziellen Übersetzungen, die keine Fremdelemente enthalten, nicht die synchrone Zugehörigkeit zum französischen Lexembestand, sondern vielmehr das diachrone Faktum der fremdsprachlichen Herkunft, was die Kommissionsmitglieder veranlasst, auch die integrierten Lehnwörter durch autochthone Einheiten zu ersetzen.

Unter diesen Voraussetzungen können folgende Bezeichnungen als Übersetzungen mit Fremdelement gelten:

- adresse e-mail (e-mail address), adresse Internet (Internet address), adresse IP (IP address), adresse mail (mail address), adresse web (web address), article de news (news article), document Internet (internet document), document web (web document), forum Internet (internet forum), liste de bookmarks (bookmark list), navigateur Internet (internet navigator), navigateur web (web navigator), page du web (web page), page HTML (HTML page), page Internet (internet page), page web (web page), serveur Internet (internet server), serveur proxy (proxy server), serveur web (web server), site du web (web site), site Internet (Internet site), site web (web site), webmestre (webmaster)

5.2 Mögliche englische Einflüsse auf die Wortbildung

In formaler Hinsicht fällt auf, dass sämtliche Hybridbildungen sich nach der romanischen Wortfolge richten, wobei allerdings häufig auf die Präposition verzichtet wird. Für die Bildung von Relationsadjektiven auf der Basis von Anglizismen konnte nur ein einziger Beleg gefunden werden (*vitrine webienne*), bei dem es sich allerdings nicht um ein Ersatzwort, sondern um eine nicht lexikalisierte Spontanbildung handelt. Auch das offiziell empfohlene Adjektiv *hypertextuel* wird kaum verwendet, sondern bei Zusammensetzungen mit *hypertexte* findet man durchgängig den asyndetischen Kompositionstyp (vgl. *lien hypertexte*). Das semantische Verhältnis zwischen Grund- und Bestimmungswort ist bei diesen Bildungen – im Unterschied zu den präpositionellen Komposita – syntaktisch nicht gekennzeichnet, weshalb sie einen geringeren Grad an Explizitheit aufweisen als die systemkonformen französischen präpositionellen Komposita (vgl. Bruns 2001: 170).[136] Die Interpretation des Bestimmungsverhältnisses muss daher über die Semantik der Komponenten erfolgen.

---

136 Vgl. das bekannte Beispiel *un verre d'eau* 'ein Glas Wasser' vs. *un verre à eau* 'ein Wasserglas', bei dem das Bestimmungsverhältnis zwischen den beiden substantivischen Komponenten in der Präposition deutlich gemacht wird (vgl. Bruns 2001: 170).

Da dieses Muster nicht nur bei Übersetzungen, sondern auch bei Spontanbildungen mit Elementen englischer Herkunft verwendet wird, liegt es nicht nahe, von einer Nachahmung konkreter englischer Vorlagen auszugehen. Vielmehr werden bestimmte englische Lehnelemente offensichtlich *immer* unverbunden hinter das Determinatum gestellt, so dass die Möglichkeit dieses Wortbildungstyps als inhärente syntaktische Eigenschaft der jeweiligen Lexeme betrachtet werden muss. Dabei spielt es bei einer synchronen Betrachtung keine Rolle, dass dieses im Französischen neue Muster in diachroner Hinsicht wahrscheinlich auf den Einfluss der englischen asyndetischen Komposition zurückgeht.[137]

Dieser Gebrauch rückt *web, internet* und *mail* in die Nähe bestimmter französischer Lexeme, die Zusammensetzungen desselben Typs bilden können (vgl. *paquet cadeau, prix choc, poste clef, guerre éclaire, ville phantôme, langue cible, usine relais* etc.; Beispiele aus Noailly-Le Bihan 1982: 129–30) und von Noailly-Le Bihan als adjektivierte Substantive klassifiziert werden (vgl. Noailly-Le Bihan 1982, besonders 138). Es ist daher plausibel, asyndetische Zusammensetzungen mit einem englischen Bestandteil als Bildungen aus Substantiv und Relationsadjektiv zu betrachten, zumal im Französischen keine abgeleiteten Adjektive zu den fraglichen Lehnwörtern existieren.

Das Lexem *webmestre* unterscheidet sich insofern von den oben beschriebenen Bildungen, als hier *web* nicht adjektivisch gebraucht wird und die französische Bezeichnung in der Bildungsweise mit der Vorlage *webmaster* übereinstimmt. Das syntaktische Verhalten von *web-* veranlasst Mopoho dazu, neben *inter-* und *cyber-* auch dieses Morphem als Pseudokonfix zu betrachten (vgl. Mopoho 1998: 130). Angesichts der Tatsache, dass im Korpus noch weitere Bildungen dieses Typs vorkommen, die wahrscheinlich nicht auf englische Vorbilder zurückgehen (vgl. *webreporter, websouk*), scheint diese Interpretation plausibler als die Annahme einer Übersetzung unter Beibehaltung des englischen Wortbildungstypus. Auch die Tatsache, dass das Lexem *webmestre* an bereits bestehende Lexemen wie *bourgmestre* etc. anknüpft, spricht für diese Auffassung.[138] Allerdings ist der Gebrauch

137 Laut Stolze entstehen asyndetische Komposita grundsätzlich durch die Kürzung präpositioneller Komposita aus Gründen der Sprachökonomie (*ruban de coton* > *ruban coton*; vgl. Stolze 1999: 72). In Bezug auf das hier untersuchte Material erscheint diese Interpretation eher unwahrscheinlich, da die asyndetische Reihung auf Morpheme englischer Herkunft beschränkt ist.

138 Da das Lexem *mestre* und die zugehörige Zusammensetzung *bourgmestre* im Französischen Archaismen darstellen, hat man es hier mit der Wiederbelebung eines aus dem Gebrauch gekommenen Ausdrucks zu tun.

von *web-* als Pseudokonfix deutlich seltener als seine adjektivische Verwendung, und im Unterschied zu *inter-* und *cyber-* fällt *web-* ausdrucksseitig nicht mit einem echten gelehrten Konfix zusammen.

6. Mischtypen

6.1 Kombination von Lehnwort und Übersetzung

Da es sich bei den meisten Hybridbildungen um explizierte Lehnwörter oder Übersetzungen mit Fremdelement handelt, sind echte Teilübersetzungen im Zeitungskorpus ausgesprochen selten. Wie bereits im Zusammenhang mit dem offiziellen Lehnwortersatz dargestellt, erfüllen lediglich die Bezeichnungen *internet* und *intranet* die Kriterien des Teillehnwortes. Gegen eine Klassifikation der Termini als Übersetzung mit Fremdelement spricht, dass in diesem Fall das Determinatum aus dem Englischen übernommen wurde, andere hybride Zusammensetzungen mit *net* nicht nachgewiesen werden konnten und der zentrale Terminus *internet* wahrscheinlich schon im Französischen etabliert war, bevor die Kurzform *net* aufkam.

6.2 Kombination von freier Wiedergabe und Übersetzung

Eine Kategorie, die sich aus der Kombination von freier Wiedergabe und Übersetzung ergibt, ist in den herkömmlichen Lehngutklassifikationen nicht vorgesehen.[139] Dennoch finden sich solche Kombinationen in dem hier untersuchten Korpus, wenn auch ihr Anteil – ebenso wie in den offiziellen Listen – eher gering ist (vgl. *chercheur/search engine,*[140] *dialogue en direct/on-line talk,*[141] *discussion en direct/on-line discussion, liste de favoris/hotlist, liste de signets/hotlist, module de recherche/search engine, page de présentation/home page, site de recherche/search engine, faire glisser/drag and drop*). Bei der explizierenden Substitution erhält die Übersetzung zum besseren Ver-

139 Die Lehnübertragung in ihrer weiten Auffassung kommt dieser Mischkategorie recht nahe, stimmt jedoch nicht vollständig mit ihr überein, da zumindest eine annähernde Entsprechung zwischen Vor- und Nachbild gefordert wird.

140 Hier wird die englische lexematische Komponente *engine* frei durch das Prolexem *-eur* wiedergegeben.

141 *En direct* stellt die offizielle Empfehlung für engl. *on-line* dar (vgl. Tournier 1998: 385).

ständnis einen französischen Morphemzusatz (*logiciel pare-feu/firewall, réseau mondial/net, réseau des réseaux/net*).

7. Fazit

Die Verteilung der spontanen Ersatzwörter auf die Lehngutkategorien ist in Abbildung 19 graphisch dargestellt. Zur Veranschaulichung wurden auch die explizierten Lehnwörter sowie die Übersetzungen mit Fremdelement mit in die Graphik aufgenommen, obwohl es sich nicht um eigenständige Entlehnungskategorien, sondern um Sonderformen von Lehnwort und Übersetzung handelt:

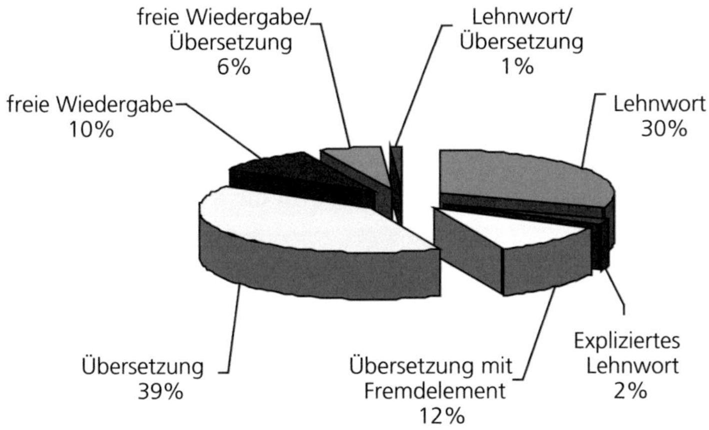

Abb. 19: Verteilung der spontanen Ersatzwörter auf die Kategorien des Lehnguts

Obwohl auch der spontane Sprachgebrauch nicht alle theoretischen Möglichkeiten zum Lehnwortersatz ausschöpft, weist das Zeitungskorpus im Vergleich zu den offiziellen Listen eine größere Bandbreite an unterschiedlichen Termini auf. Dieses Ergebnis deckt sich mit Untersuchungen von Gaudin/Guespin, die eine umso größere Vielfalt an Ersatzwörtern verzeichnen, je weniger offiziell und kodifiziert die Sprachverwendung ist (vgl. Gaudin/Guespin 1997: 25).

Dieser Befund erklärt sich u.a. aus der größeren Aufgeschlossenheit der Sprecher gegenüber integralen Entlehnungen aus dem Englischen. Da die französische Sprachplanung gerade auf die Verdrängung englischen Wortmaterials abzielt, kommen bestimmte Formen der Neologismenbildung wie Lehnwort, Übersetzung mit Fremdelement oder expliziertes Lehnwort für die Terminologiekommissionen grundsätzlich nicht in Frage. Während nur 6% der offiziellen Ersatzwörter Morpheme englischer Herkunft enthalten, bilden echte und explizierte Lehnwörter, Kombinationen aus Lehnwort und Übersetzung sowie Übersetzungen mit Fremdelement 45% der im spontanen Sprachgebrauch verwendeten Bezeichnungen. Angesichts der Bemühungen seitens der Terminologiekommissionen ist der Anteil an Termini mit englischen Bestandteilen beträchtlich.

Trotz der allgemeinen Beliebtheit von Anglizismen stellt die Übersetzung auch im Zeitungskorpus das beliebteste Verfahren der "Französisierung" dar. Rund 40% der französischen Termini sind auf diese Weise aus englischen Vorlagen entstanden. Nimmt man die Übersetzungen mit Fremdelement hinzu, so steigt ihr Anteil sogar auf über 50%. Dieses Ergebnis erstaunt insofern, als in bisherigen Untersuchungen zur zwischensprachlichen Beeinflussung in bestimmten Wortschatzbereichen der Anteil der *calques* im Verhältnis zu den Lehnwörtern äußerst gering eingestuft wird. Die von Constantinescu/Maiorovici (1983) und Caputo/Enrico/Masucci (1987) untersuchten Zeitungskorpora weisen angeblich nur 6,6% bzw. 12% *calques* auf. Bei seiner Untersuchung des deutschen Einflusses auf den französischen Wortschatz ermittelt Fischer ebenfalls nur einen Anteil von 5,5% (vgl. Fischer 1991: 398). Dagegen stützen die Arbeiten von Koechlin (1988) und Boulanger (1988) die Ergebnisse der vorliegenden Untersuchung, da sie den Anteil der *calques* am Computerwortschatz mit ca. 60% angeben. Auch Grote (2002) ermittelt für die Lehnübersetzung in der internetspezifischen Computerfachsprache des Deutschen einen Anteil von 41%, wobei sie sich auf die Analyse englisch-deutscher Paralleltexte stützt. Die große Diskrepanz zwischen den Untersuchungen legt wiederum die Annahme nahe, dass zahlreiche Übersetzungen nicht erkannt wurden.[142]

142 Auch neuere Untersuchungen sind nicht gegen diesen Fehler gefeit, wie z.B. die Untersuchung von Camón Herrero zum Computerwortschatz zeigt. Er bezeichnet die spanischen Lehnübersetzungen *ciberespacio, cibernauta* oder *hipertextual* trotz der offensichtlichen englischen Vorlagen *cyberspace, cybernaut* und *hypertext* als *neologismos por prefijación*; vgl. Camón Herrero 1999: 77–78).

KAPITEL V

Lexikalisierungstendenzen im spontanen französischen Sprachgebrauch

Mais qui peut dire qu'il y ait jamais nécessité absolue d'emprunter un mot? Une langue offre toujours, en principe, une possibilité de s'en dispenser en créant un néologisme.

(Deroy 1956: 138)

Die Frage, weshalb eine Sprechergemeinschaft sich in einigen Fällen für die Übernahme eines Lehnwortes entscheidet, in anderen dagegen eine Übersetzung oder eine unabhängige Bildung vorzieht, zählt zu den bisher ungelösten Problemen der Sprachkontaktforschung. Die Sprachwissenschaft hat sich bislang fast ausschließlich mit den Ursachen für integrale Entlehnungen beschäftigt, die sie in der Regel auf denotative Bezeichnungslücken zurückführt. Diese entstehen nach allgemeiner Forschungsmeinung dadurch, dass Sachverhalte aus fremden Kulturkreisen übernommen werden, für die in der importierenden Sprachgemeinschaft keine Bezeichnungsmuster zur Verfügung stehen. Um die Lücke zu füllen (bzw. erst gar nicht entstehen zu lassen), wird mit dem fremden Kulturgut auch gleich die zugehörige Bezeichnung eingeführt. Fremde Wortschatzeinheiten, die auf diese Weise in die Replikasprache gelangen, werden häufig als Bedürfnislehnwörter bezeichnet, da ihre Übernahme im Gegensatz zu den so genannten Luxuslehnwörtern unvermeidlich sei:

> Ha sido necesario 'tomar prestados' términos extranjeros en el campo de la moda, las artes y el deporte, ya que muchas entidades léxicas carecen de equivalentes en nuestra lengua. De la misma manera ha sucedido en el campo científico o en las disciplinas específicas como la economía, medicina, electrónica y computación, cuyos términos han pasado a internazionalizarse como tecnicismos. (Pandolfi/Patelli/Tapia/Zwanzger 1990: 96–97; vgl. Wade 1980: 43; Domínguez Vázquez 2001: 3)

Die Lektüre der einschlägigen Literatur vermittelt dabei den Eindruck, als handele es sich hier um einen Automatismus: Wird ein fremdes Konzept eingeführt, so bleibe der importierenden Sprachgemeinschaft gar nichts anderes übrig, als die zugehörige Bezeichnung gleich mit zu importieren, so dass das Eindringen von Lehnwörtern als eine unvermeidliche Folge des Kulturkontaktes erscheint. Baranow spricht in diesem Zusammenhang sogar von einem "Lehnzwang" (Baranow 1973: 124).

Allerdings lassen nicht nur der aktuelle englische Einfluss auf die europäischen Kultursprachen, sondern auch andere historische Sprach- und Kulturkontaktsituationen starke Zweifel an der Existenz eines Lehnzwanges aufkommen.[143] Selbst wenn eine Übersetzung aus formalen oder semantischen Gründen ausscheidet, so besteht jedoch zumindest immer die Möglichkeit, innerhalb der Replikasprache einen unabhängigen Neologismus zu bilden. Von einem Zwang kann also keine Rede sein:

> [...] there is no intrinsic reason why any given concept or object should be designated by a loan-word, rather than by another type of neologism. Nor is there any inherent reason why a concept or object which is designated by a loan-word in one language should not be so denoted in another, or indeed why a loan-word should not be replaced by a neologism of a different type or *vice versa*. (Goddard 1977: 107)[144]

Autoren, die sich der Hypothese vom Lehnzwang nicht anschließen, schlagen meist nur punktuelle Erklärungen für die Lexikalisierung einzelner Ausdrücke vor, ohne daraus allgemeine Erklärungsmuster ableiten zu wollen. Häufig wird sogar generell bestritten, dass sich der Ausgang eines lexikalischen Sprachwandels erklären oder sogar vorhersehen lässt. Dem Postulat des Lehnzwanges steht somit eine andere Extremposition gegenüber, nach der die Auswahl des Innovationsverfahrens allein dem Zufall überlassen ist:

---

143 Betrachtet man z.B. Lehnwörter aus amerikanischen Sprachen im Spanischen, so stellt man fest, dass recht häufig tatsächlich gleichzeitig mit einem Sachimport auch eine Wortentlehnung stattgefunden hat – allerdings lassen sich mindestens ebenso viele Fälle anführen, in denen nicht der indianische Ausdruck übernommen, sondern auf andere Möglichkeiten der Wortschatzerweiterung zurückgegriffen wurde (z.B. Erweiterung der Extension bei *buitre* 'Kondor', *león* 'Puma', *tigre* 'Jaguar', *piña* 'Ananas' etc.; vgl. Goddard 1980: 10).

144 Vgl. auch Schmitt (1982: 74): "Die Annahme von Entlehnungsursachen führt nämlich folgerichtig zum Postulat eines Lehnzwanges. Ein solcher besteht jedoch in keinem Falle, denn der zielsprachlichen Sprechergemeinschaft steht es frei, das vorhandene Bezeichnungsbedürfnis auch auf anderem Wege zu befriedigen, z.B. durch Neuschöpfung aus einheimischem Sprachstoff oder periphrastische Bildungen."

> Ob im konkreten Fall die Sprache entlehnt oder einem anderen Verfahren den Vorzug gibt, dafür lassen sich wohl kaum Gründe angeben. Ebensowenig wird man herausfinden können, warum im Falle der Entlehnung einmal zur globalen Übernahme des fremden Wortkörpers ("äußeres Lehngut"), ein anderes Mal zur Lexemsubstitution ("inneres Lehngut", "Lehnprägung" nach Betz) gegriffen wird. (Schmitt 1982: 74; vgl. Rousseau o.J.: 2; Jobst 1958: 293; Wagner 1990: 60; Zimmer 1997c: 11)

Möglicherweise hängen jedoch die Schwierigkeiten, die sich mit der Angabe von Gründen für die Wahl bestimmter Formen der Neologie verbinden, mit den Unzulänglichkeiten der bisherigen Lehngutmodelle zusammen. Da diese nicht nach den *wesentlichen* Unterschieden zwischen den verschiedenen Erscheinungsformen zwischensprachlicher Beeinflussung klassifizieren, kann auf ihrer Grundlage nicht bestimmt werden, welche Vor- oder Nachteile eine Kategorie gegenüber einer anderen in der Kommunikation besitzen könnte. Verwendet man jedoch ein Modell, das die tatsächlich relevanten Unterschiede zwischen den einzelnen Kategorien erfasst, so lassen sich mit großer Wahrscheinlichkeit auch allgemeine Hypothesen über die Bevorzugung bestimmter Innovationen formulieren.

Um die Brauchbarkeit unseres Modells zu überprüfen, soll das französische Zeitungskorpus im Folgenden noch einmal unter der Fragestellung untersucht werden, welche Formen der lexikalischen Innovation die größten Chancen auf eine dauerhafte Aufnahme ins Sprachsystem besitzen. Dazu sollen die jeweils am häufigsten verwendeten Bezeichnungen auf formale oder semantische Eigenschaften hin untersucht werden, die zu ihrer Bevorzugung geführt haben könnten. Da die Frage, weshalb in einigen Fällen ein Lehnwort übernommen, in anderen dagegen eine Übersetzung oder sogar eine unabhängige Neuschöpfung gebildet wird, nur im Gesamtkontext der sprachlichen Innovation sinnvoll beantwortet werden kann, sollen der erneuten Korpusanalyse einige grundlegende Überlegungen zu den Prinzipien des lexikalischen Sprachwandels vorangestellt werden.

1. Prinzipien des lexikalischen Sprachwandels

Will man Richtung und Ergebnisse von Sprachwandelprozessen erklären, so ist es zunächst sinnvoll, nach ihren Ursachen zu fragen. In diesem Zusammenhang unterscheidet Blank drei Typen von Motivationen für lexikalische Neuerungen:[145]

1. Die allgemeine Motivation für Innovationen: erfolgreiche, effiziente Kommunikation bei geringem sprachlichem und kognitivem Aufwand.
2. Der spezielle Motivationstyp hinter einer individuellen Innovation.
3. Die Motivation der Sprecher, welche die Innovation übernehmen. (Blank 2001a: 96; vgl. Blank 1997: 375; Fritz 1998: 867)

Die allgemeine Motivation für Innovationen ergibt sich unmittelbar aus der Funktion menschlicher Sprache: Sie ist ein Werkzeug, mit dessen Hilfe sich die Sprecher über ihre Lebenswelt austauschen. Verändern sich die Lebensumstände, so muss sich auch die Sprache anpassen, indem z.B. Wörter für neu entstandene Bezeichnungsbedürfnisse bereitgestellt werden.

Der spezielle Motivationstyp hinter einer individuellen Innovation kommt dann zum Tragen, wenn in einer konkreten Situation ein neues Bezeichnungsbedürfnis entsteht. Damit dieses befriedigt werden kann, nimmt der Sprecher eine spontane Innovation vor, wofür dem Zweisprachigen die Möglichkeiten des Code-Switching, der Übersetzung oder der unabhängigen Neubildung zur Verfügung stehen. Für welche der drei Möglichkeiten er sich entscheidet, wird von den allgemeinen Prinzipien der menschlichen Kognition (Ökonomie), aber auch von individuellen und akzidentellen Faktoren in der jeweiligen Sprechsituation bestimmt (z.B. spontan entstehende Assoziationen und Verwechslungen, Abrufbarkeit bestimmter lexikalischer Einheiten, Gesprächspartner etc.). In der *parole* ist daher mit einer Fülle unterschiedlicher Innovationsformen zu rechnen, die sich in der Verschiedenartigkeit der im Korpus verwendeten Ersatzwörter niederschlägt.

Wird eine Innovation nicht nur von einem einzelnen Sprecher, sondern von der gesamten Sprechergemeinschaft als besonders adäquat empfunden, gliedert diese sie dauerhaft in ihren Wortschatz ein. Die Motivation der Sprecher, die aus der Fülle der angebotenen spontanen Innovationen diejenigen auswählen, die ihren Kommunikationsbedürfnissen am besten entgegenkommen, entscheidet letztlich über den Ausgang des Lexikalisierungsprozesses. Damit tritt zu dem individuellen, akzidentellen Charakter der einzelnen Innovation ein kollektiver Aspekt hinzu:

145 Blank bezieht sich ausschließlich auf Motivation für Bedeutungswandel. Seine Unterscheidung kann jedoch auch für jede andere Form des lexikalischen Sprachwandels gelten.

> Der erste Schritt im Leben einer erfolgreichen neuen Variante ist der, daß sie vom Kommunikationspartner verstanden wird – oder doch eine sinnvolle Deutung erhält. [...] Weiterhin kann man annehmen, daß diejenigen Neuerungen erfolgreich sind, die eine nützliche Funktion haben. [...] Die Funktion muß nicht der Grund für die Neuerung gewesen sein. Aber sie kann der Grund dafür sein, daß ein anderer Sprecher die Neuerung aufnimmt und weiterverwendet. (Fritz 1998: 869)

Der konkrete Sprachwandel resultiert schließlich aus dem Zusammenspiel aller drei Motivationstypen, die zu unterschiedlichen Zeitpunkten den Lexikalisierungsprozess steuern. Um die Umstände näher zu bestimmen, die für Richtung und Ergebnis des Wandels verantwortlich sind, ist es daher notwendig, auf jeder der drei Ebenen die ausschlaggebenden Faktoren einzugrenzen. Auf diese Weise wird man schließlich zu einem Erklärungsmodell für lexikalischen Sprachwandel gelangen können.

1.1 Allgemeine Motivation für lexikalischen Sprachwandel

Als allgemeine Motivation für lexikalischen Wandel wird häufig die Existenz lexikalischer Lücken angeführt: Dadurch, dass sich Wortfelder und konzeptuelle Felder nicht völlig decken, werden die Sprecher dazu angeregt, neue Bezeichnungen zu bilden und ins Sprachsystem einzugliedern.

Die Frage nach lexikalischen Lücken kann sinnvollerweise nur innerhalb eines sprachtheoretischen Rahmens gestellt werden, in dem der Wortschatz – etwa dem phonologischen System einer Sprache vergleichbar – in irgendeiner Weise als gegliedert betrachtet wird. Innerhalb der strukturellen Semantik, wo Systembedeutungen als semantische Merkmalsbündel definiert sind, spricht man dann von einer lexikalischen Lücke, wenn eine Kombination semantischer Merkmale, die bei einigen Wortschatzeinheiten funktionell sind, nicht als eigenes Lexem realisiert ist:

> Nous sommes donc maintenant en mesure de définir une case vide comme une place exactement déterminée dans l'ensemble de coordonnées des traits pertinents du système de la langue, donc une combinaison de traits distinctifs, mais qui n'a pas été réalisée en tant qu'unité fonctionnelle dans la langue. La définition de la « case vide » est, comme nous l'avons vu, exclusivement fondée sur l'axe paradigmatique. (Geckeler 1974: 33)

Da sich semantische Merkmale aus enzyklopädischen Merkmalen ableiten, sind sie – ebenso wie ihre Kombinationsmöglichkeiten – unerschöpflich, so dass man theoretisch zu einer unbegrenzten Anzahl von lexikalischen Lücken gelangt (vgl. Lehrer 1970: 258). Ein Sprecher nimmt eine Lücke im Wortschatz jedoch nur dann als solche wahr, wenn er einen Referenten bezeichnen möchte, für den ihm kein Lexem zur Verfügung steht. Dass zahlreiche theoretisch denkbare Semkombinationen auf *langue*-Ebene nicht in einem prägnanten Lexem realisiert sind, stört ihn dagegen wenig, solange er nicht auf entsprechende Sachverhalte referieren muss – sei es, weil sie in seiner Welt gar nicht existieren und er daher nicht über das zugehörige Konzept verfügt, sei es, dass sie in seinem Lebensbereich marginal sind und daher kaum benannt werden müssen.[146] Erst, wenn ein Konzept weiter ins Zentrum unserer Aufmerksamkeit rückt und mit einer gewissen Häufigkeit bezeichnet werden muss, ohne dass eine eigene lexikalische Einheit zur Verfügung steht, erhält er den Eindruck einer Lücke:

> Die konzeptuelle Erfassung der Wirklichkeit unterscheidet sich von Kulturgemeinschaft zu Kulturgemeinschaft. Wenn eine Sprachgemeinschaft ein Konzept nicht oder nicht monolexematisch ausdrückt, wie im Falle von AUSGEWACHSENES PFERD im Deutschen, dann braucht sie es eben nicht anders. Nicht jedes Konzept muß in jeder Sprache monolexematisch versprachlicht bzw. überhaupt lexikalisiert werden, alle Sprachen verfügen aber jederzeit über die Möglichkeit, ein beliebiges Konzept zu versprachlichen. Lexikalische Lücken dieser Art sind für die Sprecher einer Sprache ohne Belang, solange nicht ein Wandel in der Wahrnehmung der Konzepte eine genuine Versprachlichung erforderlich macht. (Blank 1997: 392)

Lexikalische Lücken ergeben sich also immer dann, wenn in zentralen Bereichen der Lebenswelt ein Ungleichgewicht zwischen Konzepten und Wörtern vorliegt (vgl. Marxgut 1991: 314).[147] Sie sind daher nicht auf der Ebene der abstrakten Zeichenbedeutung, sondern auf der Ebene der Bezeichnung anzusiedeln[148] und werden von den Sprechern dann als solche

---

146 Im Hinblick auf das Prinzip der kognitiven Ökonomie ist es einleuchtend, dass nicht für jede theoretisch denkbare Semkombination bzw. für jedes Konzept eine eigene Bezeichnung zur Verfügung gestellt wird.

147 Dieser Umstand kann als weiteres Argument für die Trennung von semantischem und enzyklopädischem Wissen gelten: "Pour trouver une solution au problème de la lacune dans le champ lexical, il faudra un changement de point de vue, c'est-à-dire qu'il faut baser l'étude sur des champs conceptuels au lieu de champs de mots, ou bien distinguer au moins, pendant l'analyse, les deux types de champs" (Marxgut 1991: 316).

148 Man kann sogar davon ausgehen, dass die semantischen Strukturen des Wortschatzes dem Sprecher kaum bewusst sind. Schon die Tatsache, dass semantische

empfunden, wenn ein bestimmtes Konzept aufgrund außersprachlicher Umstände mit einer gewissen Häufigkeit bezeichnet werden muss, aber in System und Norm der Sprache keine habitualisierten Mittel dafür zur Verfügung stehen. Die Nachteile, die sich aus dieser Situation ergeben, liegen auf der Hand: Zwar kann ein Sprecher in der Rede die innovativen Möglichkeiten der Sprache ausnutzen und den entsprechenden Sachverhalt auf irgendeine Art und Weise bezeichnen, wobei die konkrete Sprechsituation zum Gelingen des Kommunikationsaktes beiträgt. Eine effektive Kommunikation auch außerhalb konkreter Kontexte ist jedoch erst dadurch möglich, dass unter den Sprechern ein Konsens darüber besteht, mit welchem Lexem ein bestimmtes Konzept in der Regel bezeichnet wird.[149]

1.2 Motivation für die Entstehung spontaner Innovationen

Dass das Problem der lexikalischen Lücken in der Forschungsliteratur so eng mit Fragen der Entlehnung verknüpft wird, erklärt sich nicht zuletzt dadurch, dass diese häufig erst im Sprach- und Kulturkontakt in Erscheinung treten – z.B. dann, wenn in der Übersetzung für ein Zeichen der Ausgangssprache kein treffendes Äquivalent in der Zielsprache existiert (vgl. Geckeler 1974: 34), oder aber wenn ein landestypischer Sachverhalt exportiert wird und in der importierenden Sprachgemeinschaft nicht bezeichnet werden kann. In diesen Kontexten liegt es für zweisprachige Sprecher nahe, sich bei der Bezeichnung der bisher unbezeichneten Konzepte an fremden Mustern zu orientieren, so dass die von Blank angeführten spontanen Innovationen in Sprachkontaktsituationen zum Teil als Interferenzen beschrieben werden können.

Es ist anzunehmen, dass sich zweisprachige Sprecher bei der Produktion von sprachkontaktbedingten Innovationen vom allgemeinen Prinzip der kognitiven Ökonomie leiten lassen, das einige Innovationsformen aus Sicht des zweisprachigen Sprechers als besonders effizient, andere dagegen als verhältnismäßig aufwändig erscheinen lässt. Möchte ein zweisprachiger Sprecher in der Replikasprache auf ein Konzept referieren, für das bisher nur in der Modellsprache eine Bezeichnung existiert, ist es für ihn am bequemsten, kurz in das andere Sprachsystem hinüberzuwechseln und ein

Merkmale durch komplizierte Wortfeldanalysen herausdestilliert werden müssen, zeigt, dass sie für die Sprecher nur wenig psychologische Realität besitzen.

149 Der Ersatz syntagmatischer Konstruktionen durch prägnantere, paradigmatische Ausdrucksweisen entspricht zudem dem Prinzip der Sprachökonomie.

Lexem zu verwenden, das ihm bereits geläufig und in seinem Bewusstsein mit dem fraglichen Konzept gekoppelt ist (Code-Switching). Im fachsprachlichen Kontext wird dieses Verfahren dadurch begünstigt, dass sich die Spezialisten kurz nach dem Import der neuen Technologien fast ausschließlich unter ihresgleichen bewegen und davon ausgehen können, dass ihr Gesprächspartner den fremden Ausdruck versteht.

Übersetzungen sind bereits mit einem höheren kognitiven Aufwand verbunden, da der Zweisprachige modell- und replikasprachliche Zeichen in Beziehung setzen muss. Trotzdem ist dieses Verfahren noch relativ ökonomisch, da bereits vorhandene Bezeichnungsmuster genutzt und symmetrische Bezeichnungsrelationen in beiden Sprachen geschaffen werden. Der höchste kognitive Aufwand wird dagegen bei der Bildung von innersprachlichen Neologismen geleistet, wo der Sprecher ein neues Konzept versprachlicht, ohne bereits ausgetretenen Pfaden folgen zu können.[150]

Aufgrund des kognitiven Ökonomieprinzips ist in der Rede zweisprachiger Personen die Übernahme eines fremden Ausdruckes wahrscheinlicher als seine Übersetzung, die wiederum wahrscheinlicher ist als die unabhängige Neuformulierung des Konzeptes. Man findet daher unter den spontanen Innovationen mehr Lehnwörter als Übersetzungen oder freie Neologismen.

Diese grobe Hierarchisierung ist allerdings nicht absolut zu sehen, sondern kann mitunter durch individuelle Eigenschaften des Sprechers oder der Sprechsituation durchbrochen werden. Hier sind u.a. der Gesprächspartner, der Grad der Beherrschung der beteiligten Sprachen oder auch die Fähigkeit, diese auseinander zu halten, zu nennen. Steht, wie in der vorliegenden Arbeit, ein bestimmter Wortschatzbereich im Zentrum der Untersuchung, spielen häufig auch semantische oder formale Eigenschaften

150 Unsere Einschätzung der Wirkung von kognitiver und sprachlicher Ökonomie wird von Gossen nicht geteilt. Er nimmt an, dass Lehnprägungen und Lehnübersetzungen einen höheren kognitiven Aufwand erfordern als die Anwendung eigensprachlicher Wortbildungsverfahren: "Für die folgende Darstellung haben wir das psychologische Ordnungsprinzip der menschlichen Bequemlichkeit, «la loi du moindre effort», angewandt. Stellt sich das Bedürfnis zur Schaffung eines Neologismus ein, so ist das "billigste Verfahren", entweder im Standardwortschatz existierende Wörter morphologisch oder semantisch zu manipulieren, oder, falls Signifiant und Signifié fremder Herkunft sind, gerade beide miteinander zu übernehmen. [...] Lehnprägungen und Lehnübersetzungen stellen bereits größere Anforderungen an das menschliche Denkvermögen." (Gossen 1981: 31). Gossen übersieht hier, dass Lehnübersetzungen häufig gerade nicht bewusst vorgenommen werden. Bestimmte Wortgleichungen können so stark automatisiert sein, dass sich Übersetzungen ganz spontan und unwillkürlich einstellen.

der englischen Vorlagen eine Rolle. Handelt es sich z.B. um ein selten gebrauchtes Lexem (vgl. *hub*) oder um eine Bezeichnung, für die kein nahe liegendes Übersetzungsäquivalent existiert (vgl. *spam, browser, cracker* etc.), ist die Suche nach einer passenden replikasprachlichen Entsprechung mit einem erheblichen kognitiven Aufwand verbunden. In diesen Fällen kann die Schöpfung eines innersprachlichen Neologismus durchaus eine vergleichsweise ökonomische Lösung darstellen, wenn – aus welchen Gründen auch immer – Code-Switching vermieden werden soll. Je nahe liegender dagegen das Übersetzungsäquivalent ist, umso leichter kann es zu Übersetzungen kommen, da die gängigen Wortgleichungen in hohem Maße automatisiert sind (vgl. *window/fenêtre/ventana; mouse/souris/ratón*). Dies gilt natürlich gerade für zwischensprachliche Paronyme, bei denen die Grenzen zwischen lautlich angepasstem Lehnwort und Übersetzung ohnehin verschwimmen (vgl. engl. *domain, site, visit* und frz. *domaine, site, visite*).

1.3 Motivation für die Akzeptanz spontaner Innovationen

Damit eine dauerhafte Veränderung in System und Norm der Sprache eintreten kann, muss eine Neuerung den Sprung von der akzidentellen zur etablierten Innovation bzw. – *in terminis* der Sprachkontaktforschung – von der Interferenz zur Entlehnung schaffen. Die Bereitschaft der Sprecher, bestimmte Neuerungen zu übernehmen, wird nun weniger durch das Maß an kognitivem Aufwand, sondern vornehmlich durch kommunikative Faktoren bestimmt:

> [...] en la mida en què en determinades situacions de contacte la llengua receptora adopta només els elements que, en un sentit ampli, comporten un guany: un guany per als parlants i per a la llengua en qualitat de sistema de comunicació; un guany que, des d'un altre punt de vista (la llengua com a patrimoni) esdevé una corrupció o una pèrdua. (Payrató 1985: 98)

Im Laufe des Lexikalisierungsprozesses werden bestimmte Innovationen in der Sprechergemeinschaft verbreitet und in das *langue*-Wissen eingegliedert; gleichzeitig jedoch gehen andere, die sich als weniger adäquat erweisen, unter. Wir haben es daher mit einem Selektionsprozess zu tun, in dessen Verlauf lexikalische Innovationen ihre Leistungsfähigkeit in der Kommunikation unter Beweis stellen müssen. Diejenigen Bezeichnungen, die sich als "linguistically more efficient" (Goddard 1980: 4) erweisen, haben eine größere Chance, sich dauerhaft durchzusetzen.

Da aus Gründen der Ökonomie in der Rede mehr direkte Übernahmen als spontane Übersetzungen oder Neubildungen zu erwarten sind, ist die Wahrscheinlichkeit für die Entlehnung kompletter Wortschatzeinheiten prinzipiell höher als für die Übernahme von Übersetzungen und unabhängigen Neologismen. Trotzdem zeigt die Korpusuntersuchung, dass sich in nicht wenigen Fällen Übersetzungen, vereinzelt auch eigenständige Neologismen, gegenüber den Lehnwörtern durchsetzen. Es ist daher davon auszugehen, dass Bildungen mit eigensprachlichem Material in bestimmten Kontexten Vorteile gegenüber entlehnten Wortschatzeinheiten besitzen, die so entscheidend sind, dass sie die besseren Startvoraussetzungen der Lehnwörter aufwiegen.

Um Art und Beschaffenheit dieser Vorteile zu ergründen, muss man sich fragen, wie sich die verschiedenen Formen lexikalischer Innovation im Fall einer Akzeptanz auf das Sprachsystem auswirken. Im Unterschied zum Lehnwort, bei dem der Sprache ein neues Zeichen zugeführt wird, erweitern sich bei Übersetzungen und unabhängigen Neologismen die Bezeichnungsmöglichkeiten bereits bestehender Lexeme. Während Lehnwörter in der Replikasprache keinerlei Assoziationen zu anderen Wortschatzeinheiten wecken, sind Bildungen aus eigensprachlichem Material von Anfang an in ein Netz von Wortfamilien, Bezeichnungsmustern, Assoziationsketten etc. eingebunden. Es ist anzunehmen, dass die stärkere Einbindung in das replikasprachliche Sprach- und Konzeptsystem, die in der Linguistik unter dem Begriff der *Motiviertheit* beschrieben wird, den Übersetzungen und innersprachlichen Neologismen einen entscheidenden Vorteil gegenüber unmotivierten Lehnwörtern verschafft.

Die Dichotomie von *Arbitrarität* und *Motiviertheit* geht in ihrem heutigen Verständnis auf Ferdinand de Saussure zurück. Nach Saussure ist das Wesen des sprachlichen Zeichens grundsätzlich arbiträr, d.h. es gibt keinen zwingenden Grund, weshalb ein *signifié* gerade mit einem bestimmten *signifiant* verbunden ist:

> Le lien unissant le signifiant au signifié est arbitraire, ou encore, puisque nous entendons par signe le total résultant de l'association d'un signifiant à un signifié, nous pouvons dire plus simplement: *le signe linguistique est arbitraire*. (Saussure 1995: 100)

Dennoch existieren nach Saussaure in jeder Sprache auch Elemente, bei denen das Prinzip der Arbitrarität eingeschränkt ist:

> Le principe fondamental de l'arbitraire du signe n'empêche pas de distinguer dans chaque langue ce qui est radicalement arbitraire, c'est-à-dire

> immotivé, de ce qui ne l'est que relativement. Une partie seulement des signes est absolument arbitraire; chez d'autres intervient un phénomène qui permet de reconnaître des degrés dans l'arbitraire sans le supprimer: *le signe peut être relativement motivé*. [...] Ainsi que *vingt* est immotivé, mais *dix-neuf* ne l'est pas au même degré, parce qu'il évoque les termes dont il se compose et d'autres qui lui sont associés, par exemple, *dix, neuf, vingt-neuf, soixante-dix* etc. pris séparément, *dix* et *neuf* sont sur le même pied que *vingt*, mais *dix-neuf* représente un cas de motivation relative. (Saussure 1995: 181)

Im Unterschied zu vollkommen arbiträren Wörtern gilt für sie, dass "es einen inneren, synchron wahrnehmbaren Grund dafür [gibt], daß ein Wort gerade diese und keine andere Form hat" (Ullmann 1972: 81). Während bei absolut arbiträren Zeichen keine direkte Beziehung zwischen *signifiant* und *signifié* besteht (vgl. Nöth 1985: 4), ist diese bei motivierten Zeichen nachvollziehbar und das Wort daher bis zu einem gewissen Grad "aus sich selbst verständlich" (Ullmann 1972: 81). Da ein zusammengesetztes Lexem zwar auf andere Einheiten des Sprachsystems verweist, diese jedoch ihrerseits wieder unmotiviert sind, spricht Saussure immer nur von relativer Motiviertheit (*motivation relative*):

> D'ailleurs, même dans les cas les plus favorables, la motivation n'est jamais absolue. Non seulement les éléments d'un signe motivé sont eux-mêmes arbitraires (cf. *dix* et *neuf* de *dix-neuf*), mais la valeur du terme total n'est jamais égale à la somme des valeurs des parties; *poir* x *ier* n'est pas égal à *poir* + *ier*. (Saussure 1995: 182)

Einige Autoren sehen das Phänomen der sprachlichen Motiviertheit auf zusammengesetzte Lexikoneinheiten beschränkt.[151] Nach Saussures Verständnis können jedoch auch einfache Wortschatzeinheiten relativ motiviert sein, wenn es sich um Onomatopoetika oder Interjektionen handelt, bei denen die Wahl des *signifiant* durch lautliche Assoziationen geleitet wird. Allerdings räumt er ein, dass dieses recht seltene Phänomen meist nur marginale Bereiche des Wortschatzes betrifft (vgl. Saussure 1995: 101–102).

Eine systematische Gliederung verschiedener Formen sprachlicher Motiviertheit schlägt Ullmann vor. Er unterscheidet drei Haupttypen, die er als phonetische, morphologische und semantische Motivation bezeichnet

151 Vgl. beispielsweise die Definition bei Glück 2000: 457: "Die M[otivation] eines morpholog[isch] komplexen Wortes kennzeichnet das Ausmaß, in dem es sich als Summe der Bedeutungen seiner Teile und der Weise ihrer Zusammenfügung verstehen lässt."

und den drei sprachwissenschaftlichen Untersuchungsebenen der Phonologie, Morphologie und Semantik zuordnet (vgl. Ullmann 1973: 105ff.; 116). Nur Wörter, die keiner dieser drei Gruppen angehören, sind vollkommen arbiträr (vgl. Ullmann 1973: 117).

Die phonetische Motiviertheit beruht auf klanglicher Assoziation und beschränkt sich auch bei Ullmann auf onomatopoetische Wortschatzeinheiten. Morphologische Motiviertheit liegt dann vor, wenn sich der Sprecher die Bedeutung einer komplexen Wortschatzeinheit zumindest annähernd aus ihren Bestandteilen erschließen kann (vgl. Saussures Beispiel *poirier*). Dafür muss es sich um eine Zusammensetzung handeln, deren Komponenten für den Sprecher identifizierbar sind und innerhalb des Sprachsystems eigene funktionelle Einheiten darstellen. Bei der morphologischen Motiviertheit wird also vorrangig sprachlich-semantisches Wissen nutzbar gemacht, um unbekannte Wortbedeutungen zu entschlüsseln oder neue Wortschatzeinheiten besser zu behalten.[152]

Eine Neuerung gegenüber dem Saussure'schen Motivationsverständnis stellt Ullmanns Typ der semantischen Motiviertheit dar, unter die er jegliche Art von Tropen – darunter v.a. metaphorische Verwendungsweisen – fasst:

> Das Wort 'Fuß' bezeichnet weiter unseren Körperteil, während es sich gleichzeitig in übertragenem Sinne auf den untersten Teil eines Berges und auf viele andere Dinge anwenden läßt. Solange sich der Sprecher bei solchen Übertragungen der Bildlichkeit einer Metapher, einer Metonymie, eines Pars pro toto usw. bewußt ist, liegt Motivierung vor. Wieder handelt es sich um "relative Traditionsgebundenheit": Man spricht auf Grund der Ähnlichkeit mit dem Körperteil vom 'Fuß eines Berges', aber der Name für den Körperteil beruht ausschließlich auf Konvention. (Ullmann 1972: 83)

Ullmann schließt auf diese Weise eine Lücke in der Darstellung Saussures, wo *Fuß* in der Bedeutung 'unterster Teil eines Berges' oder *Esel* in der Bedeutung 'Dummkopf, Tölpel' ebenso unmotiviert wäre wie *Fuß* und *Esel* im wörtlichen Sinne oder jedes andere arbiträre Sprachzeichen (vgl. Käge 1980: 5).

---

152 Obwohl es sich bei der morphologischen Motivation um ein primär sprachliches Verfahren handelt, spielt häufig auch das Weltwissen für das Verständnis eine Rolle. Allein aus dem sprachlich-semantischen Wissen heraus lässt sich z.B. der Unterschied zwischen *Schweineschnitzel* und *Jägerschnitzel* oder *Erdbeerkuchen* und *Hundekuchen* nicht erklären, da die jeweilige Determinationsbeziehung sprachlich nicht ausgedrückt wird (vgl. Käge 1980: 15; Blank 1997: 67 und die bereits behandelten Beispiele *Wecker, Straßenhändler* etc.).

Da es sich bei der Metapher um ein vorwiegend konzeptuelles Verfahren handelt (vgl. Kapitel B.II.2.), liegt es nahe, anstelle von semantischer Motiviertheit von semantisch-konzeptueller Motiviertheit zu sprechen. Sie unterscheidet sich von der morphologischen Motiviertheit hauptsächlich dadurch, dass sie sich nicht primär auf sprachlich-semantisches, sondern auf enzyklopädisches Wissen gründet.[153] Eine strenge Trennung beider Motivationsformen ist jedoch nicht möglich: Einerseits muss für das Verständnis der so genannten morphologisch motivierten Komposita und Derivativa häufig auch Weltwissen herangezogen werden; andererseits wird bei der Metapher immer auch sprachlich-semantisches Wissen aktiviert, da diese erst auf der Ebene der sprachlichen Isomorphismen manifest wird. Dazu kommt, dass beide Formen der Motiviertheit gleichzeitig vorliegen können (vgl. die Beispiele *Glockenblume* oder *Rotkehlchen;* vgl. Ullmann 1973: 117).

Es ist anzunehmen, dass motivierte Wortschatzeinheiten durch die Einbettung in bereits bestehende Bezeichnungsmuster und konzeptuelle Repräsentationen mnemotechnische und kognitive Vorzüge gegenüber unmotivierten Bezeichnungen bieten. Während das kognitive Ökonomieprinzip in der Interferenz die Verwendung von Lehnwörtern fördert, wirkt es daher in der Entlehnung zugunsten von motivierten Bildungen aus eigensprachlichem Material. Da die Richtung des lexikalischen Sprachwandels durch das Zusammenspiel von individueller Motivation bei der Entscheidung für einen bestimmten Innovationstyp in der Interferenz und kollektiver Motivation für die Übernahme oder Aussonderung bestimmter Innovationen als Entlehnungen gesteuert wird, kann dieser als das Ergebnis zweier gegenläufiger Tendenzen beschrieben werden. Man muss folglich annehmen, dass die Entscheidung über die Lexikalisierung bestimmter Innovationsformen irgendwo im Spannungsfeld zwischen kognitiver Ökonomie in der Interferenz (d.h. Bevorzugung von fremden Wortschatzeinheiten) und Entlehnung (d.h. Bevorzugung von Bildungen aus eigensprachlichem Material) getroffen wird. Welche der beiden Tendenzen letztlich die Oberhand gewinnt, soll im Folgenden anhand des untersuchten Materials ermittelt werden.

153 Käge schlägt den Terminus "figurative Motivation" vor (vgl. Käge 1980: 6).

2. Überwiegender Gebrauch von Lehnwörtern

Bei insgesamt 24 Listeneinträgen werden bevorzugt Anglizismen verwendet, wobei jedoch die relative Verwendungshäufigkeit der einzelnen Termini erheblich schwanken kann. Die Lemmata *ADSL/asymmetric digital subscriber line/asynchronous digital subscriber line, bombing, DVD, intranet, netcast, plug-in, smiley/emoticon* und *spam* werden ausschließlich verwendet und alternieren nie mit französischen Bildungen.

Bei weiteren acht Einträgen überwiegt der Gebrauch des Anglizismus mit über 80% deutlich gegenüber anderen Formen der Innovation (vgl. *applet* (85,7%), *chat* (86,55%), *cookie* (83,67%), *firewall* (80%), *hacker* (89,47), *hub* (87,5%), *internet* (93,72), *world wide web/web/www* (85,98%)). Der abwechselnde Gebrauch von Anglizismen und eigensprachlichen Bildungen weist hier nicht auf eine mangelnde Integration des Lehnwortes hin, da er durch das Bemühen um Ausdrucksvarianz erklärt werden kann (vgl. Rodríguez González 1996: 120). Fast immer alternieren die Lehnwörter mit Übersetzungen. Nur bei *hacker* und *cookie* wird bisweilen auf formal unabhängig gebildete Neologismen zurückgegriffen.

Bei einer letzten Gruppe, die ebenfalls acht Einträge umfasst, überwiegt der Gebrauch des Lehnwortes, dieses wird jedoch in weniger als 65% der Fälle verwendet und tritt daher häufig in Konkurrenz zu französischen Ersatzwörtern (vgl. *DNS* (63,63%), *e-mail* ('messagerie': 51,36%; 'message': 67,14%; 'adresse électronique': 53,62%), *FAQ* (62,5%), *frame* (57,14%), *proxy server* (64,29%)). Auch hier werden als Ersatzwörter zumeist Übersetzungen verwendet, wobei im Fall von *proxy server* und *e-mail (address)* der Anteil der Übersetzungen mit Fremdelement (*serveur proxy*: 35,71%; *adresse mail* oder *adresse e-mail:* 27,05%) ausgesprochen groß ist.

Vor dem Hintergrund der obenstehenden Überlegungen zur kognitiven Ökonomie in der Interferenz ist nicht erstaunlich, dass sich trotz der Bemühungen der Terminologiekommissionen so zahlreiche Anglizismen lexikalisieren konnten. Das Prinzip der kognitiven Ökonomie führt dazu, dass englische Ausdrücke in der Rede zweisprachiger Sprecher häufiger verwendet werden als andere Formen der lexikalischen Neologie, was ihre Chancen auf eine dauerhafte Eingliederung ins Französische steigen lässt. Die Tendenz zur massiven Übernahme von Lehnwörtern wird durch bestimmte Eigenschaften der Anglizismen sowie außersprachliche Faktoren verstärkt, die im Folgenden dargestellt werden sollen.

Laut Weinreich können die Gründe für unterschiedliche Grade der Resistenz gegen die Übernahme integraler Entlehnungen nicht ausschließlich auf sprachstruktureller Ebene, sondern nur unter Berücksichtigung soziokultureller und psychologischer Faktoren beschrieben werden (vgl. Weinreich 1976: 86; Blas Arroyo 1991: 280). Thomason/Kaufmann vertreten einen radikaleren Standpunkt, da ihrer Ansicht nach sprachlich-strukturelle Faktoren gegenüber sozialen sogar nebensächlich sind:

> [...] it is the sociolinguistic history of the speakers, and not the structure of their language, that is the primary determinant of the linguistic outcome of language contact. Purely linguistic considerations are relevant but strictly secondary overall. (Thomason/Kaufmann 1988: 35)

Die Akzeptanz englischer Lehnwörter wird daher in hohem Maße von ihrer Bewertung durch die Sprachgemeinschaft und ihrer Einstellung zur eigenen Sprache beeinflusst (vgl. Helfrich 1993: 36). In dieser Hinsicht können nicht nur erhebliche Unterschiede zwischen einzelnen Sprachgemeinschaften, sondern auch zwischen verschiedenen sozialen Gruppen derselben Gemeinschaft bestehen. Unter den französischen Computerspezialisten und -nutzern genießen Anglizismen ein besonderes Prestige, da sie einen anderen "assoziativen Hintergrund" (Drews 1999: 19) besitzen als ihre französischen Entsprechungen und gegenüber den genuinen Ausdrücken Fachkompetenz und Modernität konnotieren.[154] Die besonderen positiven Konnotationen des Lehnworts begünstigen daher ihre Übernahme durch die Sprecher (vgl. Guilbert 1975: 95; Weinreich 1976: 83; Tesch 1978: 212; Daniels 1979: 157; Schmitt 1982: 88; Oksaar 1995: 27), wohingegen der Gebrauch von französischen Äquivalenten häufig als Profanisierung empfunden wird:

> [...] traduire un terme étranger ressenti comme spécialisé par un mot « ordinaire » de sa langue peut apparaître comme une sorte de faux-sens, la négation voire la dénégation, du caractère particulier, éventuellement nouveau, de la chose; ainsi réduire le marketing à la commercialisation ne serait-il pas méconnaître la nécessité de techniques de vente originales, systématiques et susceptibles d'être enseignées? (Mortureux 1987: 251)

An diesen Punkt stehen sich die Ansprüche der Sprachplaner und der Computerfachleute diametral gegenüber. Während die Kommissionsmitglieder fremd anmutende Termini aus ideologischen Gründen ablehnen, verwenden die Computerspezialisten sie eben wegen ihres englischen Erscheinungsbildes und den damit verbundenen positiven Konnotationen.

154 Zu den spezifischen Konnotationen, die sich mit Entlehnungen aus bestimmten Sprachgemeinschaften verbinden, vgl. Sánchez Macarro 1993: 23; Payrató 1985: 120.

Sie sind daher besonders schwer gegen den Gebrauch englischer Lehnwörter zu mobilisieren, zumal sie sich im Allgemeinen wenig für sprachliche Fragen interessieren (Le Guilly-Wallis 1986: 53; 1991: 123). Dazu kommt, dass die Computerfachsprache Züge eines Jargons trägt, durch den sich die Gruppe der Spezialisten nach außen abgrenzen will. Wortschatzeinheiten des so genannten Cyberspeak dienen häufig nicht vorrangig dazu, eine eindeutige, schnelle und unkomplizierte Kommunikation über bestimmte technische Sachverhalte zu ermöglichen, sondern sind Ausdruck einer eigenen Lebenskultur, zu der nur der Eingeweihte Zugang hat:

> [...] il existe aussi une part du vocabulaire [...] que les journalistes n'ont visiblement pas voulu traduire. [...] L'anglais étant la langue véhiculaire de l'informatique il devient également la langue de connivence entre informaticiens dans les pays qui ne sont pas de langue anglaise. [...] l'usage de mots anglais, souvent très peu techniques, d'ailleurs, dans la presse magazine, sert à donner aux lecteurs, pour la plupart des néophytes, l'impression qu'ils entrent malgré tout dans le monde fermé des spécialistes. (Humbley 1987b: 268–69; vgl. Le Guilly-Wallis 1985: 144; Honnef-Becker 1993: 231; Dejond 2002: 18)

Anglizismen sind ein essentieller Bestandteil dieses Jargons, weshalb nicht nur bei Computerspezialisten, sondern auch bei Internetnutzern mit Widerstand gegen die Ersetzung durch französische Lexeme gerechnet werden muss.[155]

Unter den sprachstrukturellen Faktoren, die die Übernahme von Anglizismen ins Französische fördern, ist zunächst der hohe Anteil an Lexemen lateinischer Herkunft bei den englischen Vorlagen zu nennen, der die Integration in romanische Sprachen erleichtert. Dank der gemeinsamen lateinischen Wurzeln sind nicht wenige englische Lehnwörter für französische Sprecher in gewissem Maße durchsichtig (vgl. engl. *bombing*, dessen Stamm *bomb-* Assoziationen zu den französischen Lexemen *la bombe* und *bombarder* weckt).[156]

---

155 So ist in zahlreichen Glossaren und Zeitschriften zu lesen, dass sich so genannte *newbies* in Chatrooms und Newsgroups v.a. dadurch zu erkennen geben, dass sie den geforderten Jargon nicht beherrschen. Zum Jargon gehören allerdings nicht nur Anglizismen, sondern v.a. bestimmte akronymische, graphische und kryptische Verfahren wie z.B. Smilies und Siglen.

156 Geht man davon aus, dass das Suffix *-ing* inzwischen in den französischen Morphembestand aufgenommen wurde, hat man es sogar mit einer vollmotivierten Bildung zu tun.

Als äußerst bedeutsamer Faktor für die Akzeptanz von Anglizismen wird von zahlreichen Autoren die Sprachökonomie im Sinne von Ausdrucksökonomie angeführt. Nach der Regel, dass kurze Zeichen in der Sprache häufiger Verwendung finden als lange, werden englische Einsilber den oft längeren französischen Entsprechungen vorgezogen:

> Die besondere Anziehungskraft so vieler konsonantisch einprägsamer anglo-amerikanischer Einsilber entspricht unserem heutigen Bedürfnis nach Schnelligkeit und Kürze, der steigenden Flut der Abkürzungen in allen Sprachen, der allgemeinen Beschleunigung unseres Lebens. (Wandruszka 1977: 107; vgl. Bécherel 1981: 130; Gebhart 1981: 28; Carstensen 1965: 268; Daniels 1979: 162; Coutier 1996: 32; Braselmann 1999: 113; Oksaar 1995: 27; Fijas 1998: 394; Pergnier 1989: 42–43; Rodríguez González 1996: 116)

Auf das Prinzip der Sprachökonomie mag es außerdem zurückzuführen sein, dass englische Siglen fast ausschließlich als Lehnwörter übernommen werden (vgl. *ADSL, DNS, DVD* und *FAQ*).[157] Gleichzeitig steht der hohe Lexikalisierungsgrad der englischen Vorbilder der Bildung französischer Ersatzformen entgegen: Da die zugehörige Langform den anglophonen Sprechern in der Regel nicht mehr präsent ist (vgl. Lambert-Drache 1995: 85), können keine Übersetzungen vorgenommen werden.[158] Dem Zweisprachigen bleibt daher nichts anderes übrig, als die Sigle als Lehnwort zu übernehmen oder – was einen erheblich höheren kognitiven Aufwand erfordern würde – einen unabhängigen Neologismus zu bilden. Da Siglen auf der Basis französischer Syntagmen ebenso unmotiviert sind wie die Entlehnungen, besteht vom kommunikativ-kognitiven Standpunkt aus kein Anlass, sie englischen Siglen vorzuziehen (vgl. Walter 1997: 46; Gaudin/Guespin 2000: 292).

Nicht nur bei Siglen wird die Übernahme von Lehnwörtern dadurch begünstigt, dass das Verfahren der Übersetzung nicht in gleichem Maße auf

---

157 Neben den in den Listen aufgeführten Siglen enthält das Korpus eine große Anzahl von Siglen, die nicht in den offiziellen Listen erscheinen. Vgl. u.a. *HTTP* (*Hypertext Transfer Protocol*), *HTML* (*Hyper Text Markup Language*), *IP* (*Internet Protocol*), *DTS* (*Digital Theater Sound*), *SCMS* (*Serial Copyright Management System*), *MP3* (*Moving Picture Expert Layer 3*) etc. Die Bedeutung der Ausdrucksökonomie für die Akzeptanz von Anglizismen wird insgesamt dadurch relativiert, dass sich z.T. auch solche französischen Lehnübersetzungen oder Eigenbildungen durchsetzen, die deutlich länger als die entsprechenden Lehnwörter sind (vgl. *liste de favoris* bzw. *de signets für hotlist, moteur de recherche* für *search engine*).

158 Den einzigen Beleg für eine Lehnübersetzung nach einer englischen Langform stellt frz. *FAI* als Sigle zu *fournisseur d'accès à Internet* nach engl. *Internet access provider* dar.

alle englischen Vorlagen angewendet werden kann. Bei nicht wenigen Lexemen spielt auch der "Schwierigkeitsgrad" einer Übersetzung eine große Rolle für die Wahl des Innovationsverfahrens. Darunter soll in diesem Zusammenhang das Ausmaß verstanden werden, in dem zwischensprachliche Assoziationen automatisiert sind – die Frage ist also, ob gängige und damit unmittelbar abrufbare Wortgleichungen bestehen, oder ob längere Zeit nach einem adäquaten Ziellexem gesucht werden muss. Unter diesem Gesichtspunkt unterscheidet Humbley in der Computerterminologie zwei Typen von Lehnübersetzungen:

> Tantôt il s'agit d'une traduction qui de toute évidence s'impose (**anneau** représente une traduction élémentaire de *ring*), une espèce de traduction transparente, même si les mots ne se ressemblent pas sur le plan du signifiant. Tantôt il s'agit d'une traduction beaucoup moins directe, différente à ce qu'on trouverait si on prenait le premier mot suggéré par un dictionnaire bilingue (**amorce** de *bootstrap*; **bascule** de *flip-flop*; **exécution** pour *run*). (Humbley 1987a: 323–24; vgl. Humbley 1987b: 268)

Folgerichtig stellt er fest, dass im Englischen selten gebrauchte Bezeichnungen meist nicht übersetzt werden (vgl. Humbley 1987c: 8). Beim französischen Computer- und Internetwortschatz fällt nun die unterschiedliche Behandlung dieser Typen hinsichtlich der gewählten Substitutionsmechanismen auf. Während elementare Englischkenntnisse genügen, um das englische Lexem *window* durch das französische *fenêtre* zu ersetzen und sich bei solch konkreten Bezeichnungen in der Regel auch keine Alternativen bieten, wird wohl nur ein geringer Teil der französischen Internetnutzer ohne einen Blick ins Wörterbuch eine spontane Übersetzung von weniger zentralen Bezeichnungen wie z.B. engl. *bug* 'Wanze, Motte', im Bereich der Informatik auch 'Programmierfehler' vornehmen können. Eine Ersetzung durch *blatte*, *punaise* oder *papillon de nuit* (vgl. Otman 1998: 42) hätte wohl auch weniger Chancen, sich in Fachkreisen durchzusetzen, da die Verbindung zum Anglizismus vom Großteil der Sprecher nicht gesehen würde (vgl. Humbley 1987a: 324) und die Metaphorik im Französischen nicht nachvollziehbar ist (vgl. den Fall *cookie*). In Bezug auf das hier untersuchte Korpus gelten diese Aussagen allerdings nur unter Vorbehalt, da Anglizismen, bei denen mit größeren Übersetzungsschwierigkeiten zu rechnen wäre (z.B. *hub* oder *casting*), nicht belegt sind.[159]

159 Vor diesem Hintergrund ist auch die häufige Kritik an den offiziellen französischen Wortlisten zu sehen, nach der die vorgeschlagenen Ersatzwörter sich deshalb nicht durchsetzen, weil die Bedeutung der englischen Bezeichnung durch das

Übersetzungsschwierigkeiten treten weiterhin dann auf, wenn die betreffenden Wortfelder in den beteiligten Sprachen stark unterschiedlich gegliedert sind. Da keine unmittelbaren Wortgleichungen existieren, können je nach Kontext zahlreiche französische Übersetzungen für ein und dasselbe englische Lexem in Frage kommen, so dass feste Assoziationen, die spontane Übersetzungen in der *parole* nach sich ziehen, in diesen Fällen kaum existieren. Interferenzen sind allenfalls dann zu erwarten, wenn dem Zweisprachigen nicht das gesamte Bedeutungsspektrum des Lexems bekannt ist und er unbewusst dieselben Bezeichnungsrelationen annimmt wie in seiner Muttersprache (vgl. das Beispiel *bouton*). Kreisel/Tabbert thematisieren dieses Problem anhand der Wiedergabe von engl. *browser* im Deutschen:

> Ein browser, das ist in der Alltagssprache also einer, der sich umschaut, umguckt, der etwas in aller Ruhe durchblättert oder ziellos herumstöbert und -schnuppert. Bei solch vielfältigen Eindeutschungsmöglichkeiten wird der Begriff World-Wide-Web browser wohl auch weiterhin unübersetzt bleiben. (Kreisel/Tabbert 1996: 53)

Neben *browser* besitzen auch die Lexeme *cracker, hit* und *casting* keine direkten französischen Äquivalente, weshalb sie als Lehnwörter beibehalten werden (vgl. Otman 1998: 155).

Zusätzlich zu semantischen Faktoren können strukturelle Eigenschaften der beteiligten Sprachen Übersetzungen erschweren und damit indirekt zur Übernahme von Lehnwörtern beitragen. Haensch weist hier vor allem auf die Neigung des Englischen und Deutschen hin, lange Komposita durch Juxtaposition zu bilden – ein Verfahren, das im Französischen und Spanischen nur bedingt angewendet werden kann. So komme es bei exakter Übersetzung zu wenig eleganten Bildungen, die kaum Chancen auf Akzeptanz hätten:

> En esos casos, el español y el francés tienen que recurrir a largas composiciones mediante una o incluso varias preposiciones, por ejemplo francés *indice du coût de la vie*, español *índice del coste de la vida, impuesto sobre el tráfico de empresas* ('Umsatzsteuer'), las cuales se consideran poco elegantes o bien para no tener expresiones tan largas, tienen que forzar la lengua violando sus normas, por ejemplo por la supresión de preposiciones: *seguro todo riesgo* (en vez de: *seguro contra todos los riesgos*) o bien formar

---

französische Äquivalent nicht adäquat wiedergegeben werden kann (vgl. *disc jockey/animateur*; auch span. *mercadotecnia* für *marketing;* vgl. Calvi 1998: 35).

> neologismos por derivación que en muchos casos tampoco resultan elegantes. (Haensch 1981: 144)

Auch ein ungewöhnliches Wortbildungsverfahren kann die Analysierbarkeit für französische Sprecher einschränken und damit einer Übersetzung entgegenwirken (vgl. *applet*). Während den offiziellen Terminologiekommissionen in diesen Fällen nur der Rückgriff auf unabhängige Neologismen bleibt, haben die französischen Sprecher offensichtlich weniger Berührungsängste mit Anglizismen und entscheiden sich deshalb für ihre Beibehaltung.

Neben den morphologisch-formalen Eigenschaften der Vorlage kann auch deren lautliche Beschaffenheit Einfluss auf ihre Behandlung im Sprachkontakt nehmen. Bécherel stellt für das Französische eine Tendenz fest, gerade solche Anglizismen durch Bildungen mit heimischem Wortmaterial zu ersetzen, deren Aussprache Schwierigkeiten bereitet (z.B. *engineering/ingénierie*; vgl. Bécherel 1981: 129). Payrató formuliert in diesem Zusammenhang sogar die allgemeine Regel, dass bei leichter lautlicher Integration das Lehnwort direkt übernommen, im anderen Fall dagegen einer Übersetzung der Vorzug gegeben werde:

> Si la integració és factible sense distorsionar els esquemes de la llengua receptora, el manlleu sol ser adaptat a partir de la seqüència original. Si no, el procés usual és el calc semàntic (o el rebuig total de l'element en benefici d'un terme «satèl·lit» genuí). Determinades llengües, com l'alemany, mostren preferències molt clares en aquest sentit, i el grau de congruència (lèxica i gramatical) entre les dues llengües implicades pot afavorir a dificultar les diverses clases d'interferència. (Payrató 1985: 121)

Im Umkehrschluss kann man daher annehmen, dass eine leichte Aussprechbarkeit die Akzeptanz eines Anglizismus tendenziell fördert. Unproblematisch sind in diesem Zusammenhang Siglen und Lehnwörter mit hoher morphologischer Übereinstimmung zum Französischen, die ganz einfach nach den französischen Aussprachegewohnheiten artikuliert werden können. Lehnwörter wie *cookie, net, spam* oder *applet* bereiten – auch hinsichtlich der Graphem-Phonem-Zuordnung, die im Englischen nicht immer eindeutig ist – nur wenige Probleme. Die Akzeptanz von Lehnwörtern kann sogar u.U. dadurch gesteigert werden, dass durch zufällige lautliche Übereinstimmungen in der Replikasprache besondere Konnotationen oder Effekte entstehen. So wird in den untersuchten Zeitschriften häufig mit der Homophonie zwischen dem Lehnwort *net* 'Internet' und frz. *net* 'klar, deutlich' gespielt, was sicherlich zur Verbreitung des Lehnwortes beigetragen hat.[160] Ähnlich verhält es sich mit dem Lexem *chat*, das lautlich an das bedeutungsähnliche *tchatche* erinnert:

> Chat: L'implantation de cet anglicisme en français oral est facilitée par l'évocation sonore de « tchatche », terme familier désignant la volubilité d'un interlocuteur (de l'espagnol chacharear, bavarder). (Otman 1998: 230)[161]

3. Lehnwortersatz durch Übersetzungen

Bei 24 Listeneinträgen werden Übersetzungen gegenüber anderen Formen des Lehnguts bevorzugt. Dabei werden die Lexeme *agent, autoroute de l'information, hypertexte, passerelle, fil, visionneur* und *visite* ausschließlich verwendet. In anderen Fällen überwiegt der Gebrauch von Übersetzungen deutlich (vgl. *adresse* ('adresse réticulaire', 71%), *internaute* (96,60%), *domaine* (78,38%), *fenêtre* (99,51%), *forum/forum de discussion/forum de discussion en ligne/groupe de discussion/liste de discussion/nouvelles* (90,26%), *fournisseur/fournisseur d'accès/fournisseur d'accès à Internet/fournisseur d'accès à l'Internet/fournisseur d'accès Internet/FAI/fournisseur de service/opérateur* (97,69%), *moteur de recherche/outil de recherche/utilitaire de recherche* (93,63%), *navigateur* (84,85%), *page* (96,06%), *page d'accueil/page de démarrage/ page perso/page personnelle/page de présentation/portail* (98,91%), *pièce jointe/ fichier attaché/fichier joint* (80%), *serveur* (97,62%), *signet/favori* (89,29%), *site* (88,59%), *téléchargement* (84,69%)). Alternieren die Übersetzungen mit anderen Typen des Lehnguts, so handelt es sich bei den Konkurrenzbezeichnungen in der Regel um Lehnwörter. Als synonyme Bezeichnungen für *page, site* und *adresse* findet man außerdem Übersetzungen mit Fremdelement, was darauf zurückzuführen ist, dass gerade diese Lexeme häufig mit *web* oder *internet* kombiniert werden.

---

160 Vgl. "Coeur Net" (*Yahoo Internet Life*, S. 10), "Net et bref" (*Yahoo Internet Life*, S. 15), "Parlons Net" (*Web magazine*, S. 186), "Agendas en ligne: un avantage très Net!" (*Web magazine*, S. 124). Solche stilistischen Effekte sind auch bei der Lehnübersetzung *toile* zu beobachten (vgl. "Une toile sur la Toile"; *Web magazine*, S. 44). In den besonderen Konnotationen des Lehnwortes *net* könnte auch die Ursache dafür liegen, dass es sich zwar im Französischen, nicht aber in anderen europäischen Sprachen etabliert hat.

161 *Tchatche* findet sich relativ häufig auch als spontanes Ersatzwort für *chat*, z.B. auf der Startseite von *Yahoo!*

3.1 Die Metapher als Motor für wörtliche Übersetzung

Obwohl Übersetzungen in der Interferenz seltener vorkommen als Code-Switching, konnten sie sich in den oben aufgeführten Fällen langfristig gegenüber den Lehnwörtern durchsetzen. Da der wesentliche Unterschied zwischen Lehnwörtern und -übersetzungen in ihrer Unmotiviertheit bzw. Durchsichtigkeit besteht, ist anzunehmen, dass hier das entscheidende Moment für die Akzeptanz zu suchen ist. Es bleibt nun zu klären, weshalb die Motiviertheit gerade in den oben genannten Fällen zu einer Lexikalisierung der Übersetzungen geführt hat.

Die Motiviertheit sprachlicher Zeichen kommt dem allgemeinen Prinzip der kognitiven und sprachlichen Ökonomie entgegen, ohne jedoch Voraussetzung für eine erfolgreiche Verständigung zu sein. Zahlreiche unmotivierte oder sogar irreführend motivierte Lexeme in der Gemeinsprache belegen, dass der arbiträre Charakter der Sprache grundsätzlich nicht hinderlich für die Kommunikation ist.[162] Gerade in wissenschaftlichen oder technischen Kontexten relativiert sich die Bedeutung der Motiviertheit für das Verständnis der Termini dadurch, dass immer auch ein Minimum an außersprachlicher Sachkenntnis vorausgesetzt werden muss: Wer noch nie mit dem Internet gearbeitet hat, wird sich unter *lien hypertextuel* oder *raccordement à débit asymétrique* nicht viel mehr vorstellen können als unter *hypertext link* und *asymmetric digital subscriber line* (vgl. Gebhardt 1981: 29; Pöckl 1990: 271). Selbst die englischen Termini sind vor diesem Hintergrund für anglophone Laien nicht unbedingt verständlich:

> Although this article is written in English, if I referred to "hypertext transfer protocol", "bitmap files" or "url", some readers might wonder whether I switched to an unrecognizable foreign language. (Gaspar 1998: 70)[163]

Besonders deutlich tritt dieser Umstand bei metaphorischen Termini zutage, die, wenn man sie mangels Kenntnissen über die bezeichneten Sachverhalte in ihrem wörtlichen Sinne zu verstehen versucht, zu erheblichen Missverständnissen führen können:

162 Vgl. für das Deutsche z.B. *Tisch, Stuhl, Purzelbaum*; vgl. Polenz 1967: 79.

163 Vgl. Schmitt 1992: 299: "El subsistema lingüístico que es el « lenguaje técnico » en cada caso solamente está abierto para aquellos participantes en la comunicación que reúnan las condiciones de lengua y t a m b i é n de conocimientos de la materia que son imprescindibles para comunicar dentro de un campo profesional y un sistema dados."

> Sans un minimum de culture informatique, un locuteur français trouverait complètement aberrant un ordre comme celui-ci: « Ouvrez une fenêtre avec votre souris et chargez-y le fichier autoexec.bat ». Au premier degré, une fenêtre s'ouvre avec une poignée, pas avec une souris! Et puis, un fichier, c'est en général une boîte remplie de fiches en carton, comment peut-on le charger dans une fenêtre? (Diki-Kidiri/Mbodj/Edema 1997: 106)

Man kann daher Sornig darin Recht geben, dass "die Verständlichkeit bestimmter Jargon-Elemente [...] eigentlich nie – außer eben für die insider – garantiert [ist]. Nicht einmal für Leute, deren erlerntes Englisch durchaus zur Lektüre eines guten Kriminalromans ausreicht" (Sornig 1999: 166). Dazu kommt, dass Nichtspezialisten ohnehin häufig nur eine mehr oder weniger diffuse Vorstellung von der Bedeutung der Fachtermini besitzen, die Eingang in die Gemeinsprache finden (vgl. Calvi 1998: 35). Daher muss "jeder, der zu dieser Gruppe [der Fachleute] gehören will, mit dem notwendigen Rüstzeug sowieso die gesamte Terminologie erlernen, sei sie nun eigensprachlicher oder überwiegend fremdsprachlicher Art" (Daniels 1979: 155).

Leistung und Grenzen der sprachlichen Motiviertheit lassen sich dabei anhand des in Kapitel A.III beschriebenen Zeichenverwendungsmodells veranschaulichen. Da sich Bedeutung im eigentlichen Sinne erst aus dem Zusammenspiel von semantischem Gehalt eines Zeichens und dem bezeichneten Konzept ergibt, reicht das sprachliche Wissen allein nicht aus, um sich ein unbekanntes Wort vollkommen zu erschließen. Sicherlich wird ein Sprecher des Englischen erwarten, dass es sich bei *search engine* um ein Gerät handelt, mit dem man irgendetwas suchen kann. Was genau darunter zu verstehen ist, wird er jedoch erst dann wissen, wenn er auch den zugehörigen Sachverhalt kennt, denn auf der Grundlage des Konzeptes kann der Gebrauch des zugehörigen Zeichens leicht nachvollzogen werden. Umgekehrt ist es jedoch nicht möglich, vom Zeichen allein auf das zugrunde liegende Konzept zu schließen.[164] Zwar lenken morphologisch und

---

164 Allenfalls kennt der Sprecher die semantischen Merkmale des *signifiés* und kann daraus ganz allgemeine, abstrakte Merkmale des Bezeichneten (im oben genannten Beispiel seine Funktion) ableiten. Diese Problematik betrifft nicht nur Fachwortschätze, bei denen ein detailliertes technisches Wissen gefordert ist. Ein europäischer Leser spanischer Chroniken aus der Zeit der Conquista wird sich vielleicht unter *oveja* und *rey* annähernd mehr vorgestellt haben können als unter den Lehnwörtern *llama* und *cacique* – allerdings wird er die bezeichneten Sachverhalte mit den entsprechenden Dingen aus seinem eigenen, europäischen Lebensumkreis gleichgesetzt haben.

semantisch motivierte Termini die Aufmerksamkeit des Sprechers in eine bestimmte Richtung und vermitteln damit ein grobes Vorverständnis des betreffenden Sachverhaltes, jedoch können sie keine Definitionen ersetzen.

Die Vorzüge motivierter Wortschatzeinheiten gegenüber unmotivierten bestehen also nicht darin, die Verständlichkeit von Fachterminologien für Laien zu erhöhen, wie es teilweise von Sprachplanern behauptet wird. Der kryptische Charakter vieler Gruppensprachen, der Nichteingeweihte häufig aus der Kommunikation ausschließt, ist nicht primär eine Folge der massiven Entlehnungen aus dem Englischen, sondern ergibt sich zwangsläufig aus dem Wissensgefälle und den fachspezifischen sprachlichen Konventionen, die nur die Spezialisten beherrschen. Hier handelt es sich um eine grundlegende Eigenschaft von Fachsprachen, die nur bedingt mit der Herkunft des Wortmaterials gekoppelt ist.

Wirkliche Vorzüge bieten motivierte Wortschatzeinheiten folglich nur denjenigen Sprechern, die über das fachspezifische Hintergrundwissen verfügen. Morphologisch motivierte Termini erlauben auch Nichtspezialisten ein gewisses Vorverständnis der bezeichneten Gegenstände, das aber in Ermangelung der entsprechenden Sachkenntnis notwendigerweise diffus bleibt. Metaphorische Termini dagegen sind nur für solche Sprecher motiviert, die auch das bezeichnete Konzept kennen, da andernfalls keine Similaritätsrelationen auf konzeptueller Ebene hergestellt werden können. Ist dies jedoch der Fall, so entlastet die semantische Motiviertheit nicht nur das Gedächtnis und erleichtert das Verständnis einzelner technischer Errungenschaften, sondern ermöglicht es darüber hinaus, ganze Wissensgebiete mithilfe mentaler Konzepte zu erschließen und zu behalten.

Es fällt auf, dass es sich bei den bevorzugten Übersetzungen fast ausschließlich um metaphorische Ausdrücke handelt, die Gegenstände und Sachverhalte aus der Alltagswelt als Bildspender nutzen (vgl. *autoroute, fil, moteur, passerelle, page, pièce jointe, signet, fenêtre, visite*[165] etc.). Eine Übersetzung liegt in allen diesen Fällen insofern besonders nahe, als es sich um geläufige Bezeichnung des Grundwortschatzes handelt, bei denen sich relativ leicht zwischensprachliche Identifikationen herstellen lassen.[166] Ausgehend von dem untersuchten Sprachmaterial lässt sich nun die Hypo-

165 Vgl. auch *cadre*, das immerhin in 42,86% der Fälle verwendet wird.

166 Aussagen wie die von Schmoldt, nach der so genannte Bedeutungslehnwörter (die in der Betz'schen Terminologie den Lehnbedeutungen entsprechen) vorwiegend im Bereich des abstrakten Wortschatzes gebraucht würden, da es sich dabei um die "sprachliche Eroberung neuer geistiger Bezirke" (Schmoldt 1963: 44) handle, haben damit allenfalls für ältere Sprachstufen des Deutschen Gültigkeit.

these formulieren, dass sich metaphorisch motivierte Übersetzungen in der Regel gegenüber unmotivierten Lehnwörtern durchsetzen.

Dabei liegt die Annahme nahe, dass die Bevorzugung von Übersetzungen bei metaphorischen Termini von ihrer konzeptuellen Motiviertheit herrührt. Als Resultat der wörtlichen Übersetzungen erhält man in der Replikasprache – zumindest bei den hier betrachteten Sprachenpaaren und Kulturkreisen – ebenfalls metaphorische Ausdrücke, da die Similaritätsrelationen auch im Französischen nachvollzogen werden können: Ebenso wie der Sprecher des Englischen dazu angeregt wird, aufgrund der sprachlichen Isomorphismen nach Ähnlichkeiten zwischen den jeweiligen Konzepten zu suchen, ergeht es auch dem französischen Sprecher. Die Übertragung der Metaphern von einem Sprach- und Kulturkreis in den anderen ist möglich, weil die bildspendenden Konzepte in allen hier untersuchten Sprachgemeinschaften existieren. Bei synchroner Betrachtung sind lehnübersetzte Metaphern somit nicht von solchen Metaphern zu unterscheiden, die unabhängig im Französischen entstanden sind.[167] Carstensen spricht daher im Zusammenhang mit Übersetzungen metaphorischer Termini von der Übernahme eines Bildes aus einer fremden Sprache (vgl. Carstensen 1965: 214). Meney setzt für lehnübersetzte metaphorische Ausdrücke sogar eine eigene Kategorie der *calques idiomatiques* an, wohl unter dem Eindruck, dass hier mehr übernommen wird als ein bloßes Bezeichnungsmotiv (vgl. Meney 1994: 938).

In kognitiver Hinsicht bieten die übersetzten Termini dieselben Vorteile wie ihre englischen Vorbilder. Dadurch dass auch für den französischen Sprecher die Ähnlichkeit zwischen einem neuen Konzept und einem bekannten Sachverhalt nachvollziehbar ist, kann das Neue leichter verstanden und behalten werden. Da die übersetzten Metaphern häufig ähnlich ausdrucksstark sind wie ihre Vorbilder und notwendigerweise aus denselben Themenbereichen stammen, kommen auch die französischen

167 Zum Problem der Übersetzung metaphorischer Ausdrücke vgl. Bastian/Filleau 1998. Trotz der Unauffälligkeit der meisten metaphorischen Lehnübersetzungen im Französischen sieht Seewald (1998: 376) einen Unterschied zwischen innersprachlich entstandenen Metaphern und solchen bildhaften Ausdrücken, die durch Lehnübersetzung in die Nehmersprache geraten. Ihrer Ansicht nach muss man bei letzteren einen Vorgang der Rückerschließung annehmen: Nach der Lehnübersetzung rekonstruieren die Sprecher nachträglich die konzeptuelle Motiviertheit. Eine Rückerschließung erfolgt jedoch grundsätzlich auch bei innersprachlich entstandenen Metaphern. Nur derjenige Sprecher, der eine innovative Metapher prägt, wird selbst kreativ – wenn andere Sprecher diese aufnehmen und weiterverwenden, so müssen auch sie zunächst die zugrunde liegende Similaritätsrelation nachvollziehen.

Termini den besonderen expressiven Bedürfnissen der Cyberkultur entgegen. Im Gegensatz zu anderen Fachsprachen, bei denen häufig zwischensprachliche Divergenzen hinsichtlich der bevorzugten Metaphernthemen festgestellt werden können (vgl. Reinart 1991: 49), übernimmt der französische Internetwortschatz durch die wörtliche Übersetzung die im Englischen vorherrschenden Themen. Werden ganze Metaphernfelder übersetzt, so kann man sogar von der Übernahme kompletter kognitiver Modelle von einem Sprach- und Kulturkreis in den anderen sprechen, wobei gleichzeitig mit den Bezeichnungsstrukturen bestimmte Sichtweisen und Erklärungsmodelle übertragen werden.

Trotz der deutlich ausgeprägten Tendenz zur Übersetzung von Metaphern zieht das Französische in einigen wenigen Fällen ein Lehnwort vor. Da jedoch fast immer Gründe für die Entscheidung gegen eine Übersetzung sprechen, bestätigen diese Ausnahmen letztlich die allgemeine Regel.

Eine wörtliche Übersetzung der Metapher *spam* ist schon deswegen nicht möglich, weil Eigennamen gar keine Bedeutung besitzen und deshalb unübersetzbar sind. Da weder das Produkt noch der damit in Verbindung gebrachte *Monty Python*-Sketch in Frankreich sonderlich bekannt sind, handelt es sich außerdem um eine angloamerikanisch geprägte Metapher, deren Entstehung innerhalb des französischen Sprach- und Kulturraums nicht nachvollzogen werden kann.[168] Gemäß ihrem Auftrag, englisches Wortmaterial durch französisches zu ersetzen, schlägt die Terminologiekommission für den unübersetzbaren Ausdruck einen unabhängigen, ebenfalls metaphorischen Neologismus vor (*arrosage*). Die Sprecher dagegen entscheiden sich – wohl aus Gründen der Ökonomie, vielleicht aber auch wegen der lautmalerischen Qualitäten des Anglizismus – für die Übernahme des Lehnwortes. Für solche französischen Sprecher, die das Produkt *spam* kennen, bleibt die konzeptuelle Motivation zudem auch beim Lehnwort erhalten.

Bei *cookie* wäre eine wörtliche Übersetzung theoretisch durchaus denkbar, da eine treffende französische Entsprechung existiert (vgl. frz. **biscuit*). Eine Übersetzung wird jedoch weder von der französischen Terminologiekommission vorgeschlagen, noch findet sie sich in den hier untersuchten Korpora. Sollte sie vereinzelt durch spontane Verwechslung in der *parole*

168 Zur kontrastiven Metaphorik vgl. Polzin 1999. Auch im Französischen gibt es kulturspezifische Metaphern, deren Entstehung nur aus bestimmten kulturellen Voraussetzungen heraus erklärbar ist und die daher nicht übersetzt werden könnten. Gray nennt in diesem Zusammenhang den Computerterminus *gruyériser*, der das Löschen ausgewählter Dateien auf Disketten bezeichnet (vgl. Gray 1985: 807).

vorkommen, so scheint sie sich weder im Sprachsystem etablieren zu können, noch wird sie von den französischen Sprachplanern gutgeheißen. Die Gründe für die Zurückweisung liegen auf der Hand: Das Bezeichnungsmotiv der Übersetzung wäre für die französischsprachigen Internetnutzer ebenso undurchsichtig wie für die englischen, womit die kognitiven Vorteile metaphorischer Ausdrücke hinfällig werden. Während die konzeptuelle Motivation von *cookie* im Englischen wahrscheinlich erst dann weggefallen ist, als der Terminus bereits konventionalisiert war, wäre eine Übersetzung im Französischen bereits vom Zeitpunkt der Entlehnung an kognitiv unmotiviert. Sie könnte sogar irritierend wirken, da durch Assoziationen mit der allgemeinsprachlichen Bezeichnung eine Motivation vorgetäuscht würde, ohne dass Ähnlichkeiten zwischen den Konzepten COOKIE und KEKS festgestellt werden könnten.

Ein ähnlicher Fall liegt bei dem Lexem *hacker* vor, dessen Bezeichnungsmotiv synchron ebenfalls nicht mehr nachvollziehbar ist. Laut Millán ist der englische Terminus erstmalig in dem Buch *Computer Power & Human Reason* (1976) von J. Weizenbaum belegt. Dort wird er noch nicht in seiner heutigen, negativen Bedeutung gebraucht, sondern bezeichnet einen Computernutzer, der sich durch außergewöhnliche technische Fähigkeiten auszeichnet:

> Hacker seems to have originated at MIT. The original German/Yiddish expression referred to someone so inept as to make furniture with an axe, but somehow the meaning has been twisted so that it now generally connotes someone obsessed with programming and computers but possessing a fair degree of skill and competence. (Weizenbaum nach Millán 2000a: 1).

Nicht zuletzt dadurch, dass diese Tätigkeit nicht mehr zu unserer alltäglichen Lebenswelt gehört, ist aus heutiger Sicht der Bezug zu *to hack* 'Holz hacken' verblasst. Ein direktes französisches Übersetzungsäquivalent existiert ebenfalls nicht, so dass kaum spontane Übersetzungen in der *parole* zu erwarten sind.

Auch bei *cracker* ist eine wörtliche Übersetzung problematisch, da der Terminus in der Ausgangssprache nur bedingt durchsichtig ist. Doch selbst wenn ein Sprecher den Terminus auf *safe cracker* zurückführen kann, wird eine Übersetzung durch semantische Faktoren erschwert, da ihm vielfältige Möglichkeiten der Wiedergabe im Französischen zur Verfügung stehen (vgl. *décoder, déchiffrer, fendre, casser, craquer* etc.). Geht man bei *cracker* von einer Wortkreuzung aus *computer* und *hacker* aus, so bereitet die Nachahmung des Wortbildungsverfahrens im Französischen Schwierigkeiten. Im Gegensatz zu anderen nicht oder nur schwer übersetzbaren Metaphern stellt in diesem

Fall die Übernahme des Lehnworts keine befriedigende Alternative dar, da *cracker* bereits in der Bedeutung 'Kräcker' ins Französische entlehnt wurde. Hier würden sich ganz ähnliche Schwierigkeiten ergeben wie bei *cookie*: Durch die Übereinstimmung auf der Ausdrucksseite käme es wahrscheinlich zu einer – allerdings volksetymologischen – Rückführung der Metapher auf das bildspendende Konzept KRÄCKER, so dass durch die sprachlichen Isomorphismen eine Motivation vorgetäuscht würde, die auf konzeptueller Ebene nicht nachvollzogen werden kann. Die Sprecher bevorzugen daher die unabhängig im Französischen gebildete, ebenfalls metaphorische Bezeichnung *pirate*.

Ähnliche Probleme ergeben sich bei der englischen Bezeichnung *browser*, für die kein griffiges, unmittelbar nahe liegendes französisches Übersetzungsäquivalent existiert. Um Übersetzungsschwierigkeiten zu umgehen, werden daher die englischen Termini *navigator* und *explorer* als Vorlagen gewählt, die aufgrund ihrer lateinischen Wurzeln leichter Assoziationen zu französischen Wortschatzeinheiten wecken und zudem durch die weite Verbreitung der Softwareprodukte *Internet Explorer* und *Netscape Navigator* im Bewusstsein der Sprecher präsent sind.

Da sprachliche Metaphorik auf dem Vergleich außersprachlicher Konzepte beruht, sind die sprachspezifischen Metapherntraditionen zumeist eng mit der Lebenswelt der jeweiligen Sprachgemeinschaft verknüpft. Sollen der menschlichen Wahrnehmung schlecht zugängliche, komplizierte Sachverhalte durch den Vergleich mit Bekanntem verständlich gemacht werden, so liegt es nahe, als Bildspender Gegenstände aus der konkreten Erfahrungswelt der Sprecher zu wählen. Das außersprachliche Wissen, das für die Metaphernbildung herangezogen wird, kann daher u.U. stark kulturspezifisch geprägt sein. So ist es zu erklären, dass in manchen Fällen die Übertragung einer bildhaften Ausdrucksweise in eine andere Sprachgemeinschaft durch kulturelle Faktoren verhindert wird. In diesem Zusammenhang sind vorrangig zwei Gründe zu nennen:

1. Das bildspendende Konzept existiert nur in der modellsprachlichen Sprachgemeinschaft, weshalb die Metapher in der Replikasprache nicht nachvollzogen werden kann.
2. Ältere replikasprachliche Metapherntraditionen verhindern die Verwendung des Bildspenders in bestimmten Zusammenhängen.

Da die Erfahrungswelten der angloamerikanischen und europäisch beeinflussten Kulturgemeinschaften in weiten Bereichen ähnlich sind, kann der Großteil der Internetmetaphern ohne Schwierigkeit von einer Sprache in die andere übertragen werden (vgl. Fritz 1998: 271; Kabatek 2000: 196).[169] Trotzdem kommt es vor, dass bestimmte Bildspender nur in einer der beteiligten Sprachen verwendet werden können, was eine Übersetzung der Ausdrücke erschwert.

Bei dem Produkt *spam* handelt es sich beispielsweise um einen stark kulturspezifisch geprägten Bildspender. Abgesehen von den Problemen, die sich ohnehin mit der Übersetzung von Eigennamen verbinden, ist der Ausdruck für Sprecher, die weder das Produkt noch den der Metapher zugrunde liegenden Sketch kennen (was bei den meisten Franko- und auch Hispanophonen der Fall sein dürfte), unmotiviert. Je nachdem, welcher der vorgeschlagenen Erklärungen man folgen will, hat man es auch bei *cookie* mit einer kulturspezifischen Metapher zu tun, da das Märchen *Hänsel und Gretel*, die Kindersendung *Sesamstraße* oder die Kaffeemarke *Java* nur in bestimmten Kulturkreisen verbreitet sind.

Divergierende Metapherntraditionen im Englischen und in den romanischen Sprachen kommen bei dem Terminus *hotlist* zum Tragen. Während das Adjektiv *hot* im Englischen metaphorisch in der Bedeutung 'fresh or recent and therefore of great interest' gebraucht wird ("something that has no had the time to cool down"; vgl. Pershall 1998: 887),[170] verbindet ein französischer Sprecher mit der wörtlichen Entsprechung *chaud* unwillkürlich Websites erotischen Inhalts (vgl. Kreutz 2000: 76).[171] Eine wörtliche Übersetzung durch **liste chaude* wäre wegen der sprachspezifischen Divergenzen in der Metaphorik missverständlich, weshalb der adjektivische Bestandteil der Zusammensetzung frei wiedergegeben wird.

---

169 Wirft man dagegen einen Blick über den europäisch-nordamerikanischen Kulturkreis hinaus, so stellt man schnell fest, dass z.T. erhebliche kulturelle Abweichungen in der Metaphorik bestehen. In dieser Hinsicht ist u.a. eine Arbeit von Diki-Kidiri/Mbodj/Edema aufschlussreich, die sich mit der Computerterminologie in verschiedenen afrikanischen Sprachen befasst. Hier findet man Metaphern, die keinerlei Bezug zur französischen oder englischen Terminologie aufweisen und nur aus der unmittelbaren Lebenswelt der jeweiligen Sprachgemeinschaft heraus verständlich sind. Z.B. wird der Computerbildschirm metaphorisch mit afrikanischen Lexemen für 'miroir ou lunette d'observation,' 'assiette d'observation', 'assiette d'exposition', 'ardoise d'exposition', 'ardoise de terre cuite', 'emplacement', 'mur' u.ä. bezeichnet (vgl. Diki-Kidiri/Mbodj/Edema 1997: 99). Zum Problem der kulturspezifischen und universellen Metaphern vgl. Luque Durán/Manjón Pozas 1998: 144. Zu kulturspezifischen Metaphernthemen in den Fachsprachen vgl. Nübold 1993: 209–10.

170 Zu den *metaphors of heat* in der englischen Internetterminologie (*hot web site, hot link, flame, flame war* etc.) vgl. Gozzi 1997/98: 480.

171 Auch im Englischen kann *hot* diese metaphorische Bedeutung annehmen. Sie tritt jedoch bei *hotlist* in den Hintergrund.

Auch wenn, wie es im Internetwortschatz recht häufig geschieht, der Bildspender für einen Terminus aus anderen virtuellen Welten wie Literatur, Film und Fernsehen stammt, ist die Metapher nur dann für einen Sprecher durchsichtig, wenn er über die entsprechenden Hintergrundkenntnisse verfügt. Z.B. geht die Bezeichnung *Annie* 'page web orpheline, non actualisée' auf den Comic *Little Orphan Annie* von Harold Gray zurück (vgl. Kreutz 2000: 15), der im französischsprachigen Raum nicht sonderlich bekannt ist. Abgesehen davon, dass Eigennamen ohnehin nicht übersetzt werden können, ist diese Bezeichnung daher für französische Sprecher nicht unbedingt metaphorisch (vgl. *spam*). Wird dagegen auf Werke der Weltliteratur angespielt, die über einen bestimmten Kulturkreis hinaus verbreitet sind, so ist die Verständlichkeit der Metapher über Sprach- und Kulturgrenzen hinweg gewährleistet (vgl. *Trojan Horse, cheval de Troie*).

Man kann also von einer allgemeinen Tendenz sprechen, englische metaphorische Termini soweit wie möglich im Französischen durch Übersetzungen wiederzugeben.[172] Dabei wirkt die konzeptuelle Motiviertheit offensichtlich als ausschlaggebendes Moment, denn auf diese Art und Weise können die besonderen kognitiven Vorzüge der Metapher auch im Französischen nutzbar gemacht werden. Gerade die Metaphern, die nicht wörtlich ins Französische übertragen werden, unterstreichen die Bedeutung der konzeptuellen Motiviertheit für die Auswahl des Innovationsverfahrens. Bei den Termini *cookie* und *hotlist* irritiert die irreführende Motiviertheit möglicher Übersetzungen so sehr, dass unmotivierten Lehnwörtern der Vorzug gegeben wird. Aus ähnlichen Motiven wird engl. *cracker* nicht als Lehnwort übernommen, sondern durch die unabhängige, metaphorisch motivierte Neuschöpfung *pirate* ersetzt. Dagegen sprechen bei *hacker, hub* und *plug-in* strukturelle und semantische Gründe gegen eine Übersetzung. Die Anglizismen *chat, web* und *mail* werden wahrscheinlich aufgrund ihrer zentralen Stellung innerhalb des Sachfeldes und der damit verbundenen guten Etablierung beibehalten. Lediglich bei den englischen Metaphern *firewall* und *frame* scheint nichts gegen eine Übersetzung zu sprechen.

Das Bestreben, die Bildhaftigkeit der Vorlage auch in der Replikasprache zu erhalten, erklärt außerdem, dass im Korpus keine unidiomatischen,

172 Dieses Ergebnis wird von Blanks Untersuchung zur Computerterminologie gestützt, der angibt, dass zwei Drittel der so genannten Lehnbedeutungen in seinem Korpus Metaphern sind, wobei das letzte Drittel Übernahmen aus anderen technischen Bereichen umfasst, die ebenfalls auf konzeptueller Ebene das Verständnis der neuen Gegebenheiten erleichtern (Blank 1995: 57).

"sklavischen" Übersetzungen zu finden sind: Wörtliche Übertragungen lexikalisierter Bildungen wie engl. *bookmark* oder *attachment* sind nur dann im Französischen ebenfalls metaphorisch, wenn man sie als unanalysierte Einheiten übersetzt. Exakte Glied-für-Glied-Übertragungen würden wahrscheinlich ebenso viel Verwirrung stiften wie eine wörtliche Übersetzung von *cookie*.

Die Untersuchungsergebnisse spiegeln deutlich die fundamentale Bedeutung der konzeptuellen Motiviertheit für die Wahl des Innovationsverfahrens wider. Obwohl in der *parole* vermutlich wesentlich mehr direkte Übernahmen aus dem Englischen zu verzeichnen sind als spontane Übersetzungen, werden bei metaphorischen Ausdrücken fast ausschließlich Übersetzungen in das *langue*-Wissen eingegliedert, da so die besonderen kognitiven und mnemotechnischen Vorzüge der Metaphern auch im Französischen zum Tragen kommen. Offensichtlich ist der Nutzen der Metaphern so groß, dass sie sogar die vom Standpunkt der Interferenz aus ökonomischeren Lehnwörter verdrängen können. Sind die englischen Vorlagen dagegen nur morphologisch motiviert, wird keine systematische Ersetzung vorgenommen, da die mnemotechnischen Vorzüge französischer Bezeichnungen den höheren kognitiven Aufwand der Übersetzung nicht aufwiegen. Aus Gründen der Ökonomie wird in diesen Fällen ein Lehnwort vorgezogen.

3.2 Sonstige Faktoren

Handelt es sich bei der englischen Vorlage um ein Verb, so verwenden die französischen Sprecher ausschließlich Übersetzungen (vgl. frz. *glisser-déposer* nach engl. *drag and drop*; frz. *télécharger* nach *upload/download*). Wahrscheinlich spricht die komplizierte morphologische Integration von Lehnverben gegen eine integrale Übernahme (vgl. Blank 1995: 60).

Bei den Lexemen *agent, hypertexte, visite, adresse, domaine, forum, navigateur, page, serveur* und *site* fällt auf, dass sie ihren Vorbildern ausdrucksseitig so weit ähneln, dass die Grenzen zwischen Lehnwort und Übersetzung verschwimmen. Es ist daher anzunehmen, dass die Übersetzung bei diesen Bezeichnungen quasi automatisch stattfindet, da die Identifikation zwischen dem englischen und dem französischen Zeichen unmittelbar hergestellt wird. Wenn es sich nicht ohnehin um die einzigen verwendeten Bezeichnungen handelt, so treten sie dementsprechend auch nicht mit ihrem englischen Vorbild, sondern allenfalls mit anderen englischen oder französischen Bezeichnungen in Konkurrenz. Umgekehrt wird kein Anglizismus bevorzugt verwendet, zu dem eine lautlich ähnliche französische Entsprechung existiert.[173]

4. Lehnwortersatz durch unabhängige Neologismen

Im Vergleich zu den offiziellen Wortlisten fällt der Anteil der Lehnschöpfungen im Zeitungskorpus ausgesprochen gering aus. Lediglich bei frz. *pirate* für engl. *cracker* und frz. *contribution* bzw. *message* für engl. *news article* besteht zwischen dem englischen Vorbild und seiner französischen Entsprechung keine semantische oder formale Beziehung.

Die Wiedergabe von engl. *news article* durch formal und semantisch unabhängige französische Lexeme kann letztlich nicht erklärt werden, zumal sich das französische Paronym *article* als Übersetzungsäquivalent anbieten würde. Dagegen ist die bevorzugte Verwendung der Eigenbildung *pirate* für engl. *cracker* vom sprachökonomischen Standpunkt aus betrachtet überaus plausibel. Da sowohl ein Lehnwort als auch eine Übersetzung aus semantischen und formalen Gründen ausscheiden, müssen die Sprecher auf eine unabhängige Bildung zurückgreifen. Es ist allerdings durchaus möglich, dass auch *pirate* letztlich auf englischen Einfluss zurückgeht. In den verwendeten englischen Glossaren zum Computer- und Internetwortschatz konnte zwar kein Beleg für eine Vorlage **pirate* gefunden werden – wohl aber existiert ein Lexem *piracy*, das die unbefugte Aneignung von Daten bezeichnet und in Form der Übersetzung *piraterie* ins Französische übernommen wurde. Falls engl. **pirate* 'Hacker, Cracker' nicht ohnehin früher einmal existiert und die Vorlage für frz. *pirate* abgegeben hat, mag es sich um eine innerfranzösische Ableitung von *piraterie* handeln.

5. Lehnwortersatz durch Mischformen

Nur in einem einzigen Fall, nämlich bei engl. *hotlist*, hat sich eine Kombination aus Übersetzung und freier Wiedergabe durchsetzen können. Der Ersatz von engl. *list* durch frz. *liste* bietet sich wegen der lautlich-morphologischen Nähe förmlich an, während das Element *hot* aufgrund seiner be-

173 Ahlers/Holtus kommen in ihrer Untersuchung zum französischen Computerwortschatz zu ähnlichen Ergebnissen: Von denjenigen offiziellen Ersatzwörtern, die tatsächlich gut etabliert sind, unterscheidet sich fast ein Drittel kaum von der englischen Vorlage (vgl. Ahlers/Holtus 1999: 303).

sonderen, für das Englische typischen Metaphorik nicht wörtlich ins Französische übersetzt werden kann.

6. Fazit

Betrachtet man die relative Bevorzugung der verschiedenen Lehnguttypen, so ergibt sich folgende Verteilung:

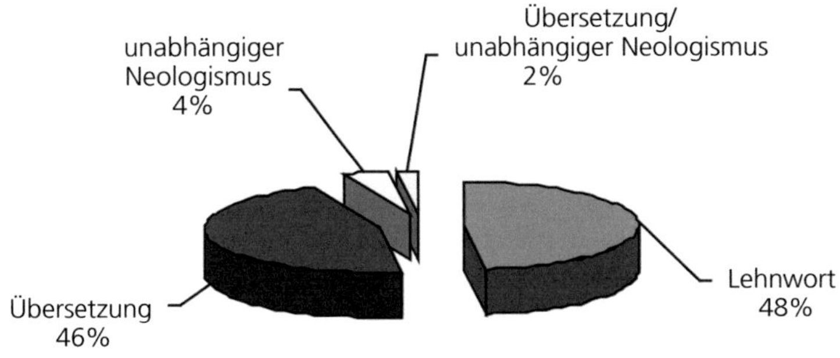

Abb. 20: Bevorzugung der Lehnguttypen im spontanen Sprachgebrauch

Es fällt auf, dass Lehnwort und Übersetzung die mit Abstand am häufigsten verwendeten Formen der Entlehnung darstellen und der Anteil an unabhängigen Neologismen und Mischformen dagegen sehr gering ausfällt. Während immerhin 16% der insgesamt im Korpus vorhandenen Ersatzwörter mehr oder weniger formal unabhängig von der englischen Vorlage gebildet wurden, so ist das bei den am häufigsten verwendeten Bezeichnungen nur bei 6% der Fall. Offensichtlich bevorzugen die Sprecher Bezeichnungen, die direkt aus dem Englischen übernommen wurden oder zumindest den englischen Terminus durchscheinen lassen, wie es bei den Übersetzungen der Fall ist. Die von offizieller Seite immer wieder geäußerte Befürchtung, dass durch die Verwendung von Anglizismen Kommunikationsbarrieren entstehen könnten, bestätigt sich damit nicht: Wären die englischen Termini den Internetnutzern unverständlich, so würden sie über kurz oder lang durch eigensprachliche ersetzt. Verständnisprobleme scheinen eher auf technischer als auf sprachlicher Ebene zu bestehen, was sich z.B. darin äußert, dass in den bereits erwähnten Zeitschriftenglossaren zum

Internetvokabular keinesfalls nur Anglizismen, sondern in gleichem Umfang auch französische Übersetzungen erklärt werden.

Da in fast der Hälfte aller Fälle eine englische Bezeichnung direkt übernommen wird, kann als Ergebnis festgehalten werden, dass das Bedürfnis der Sprecher nach durchsichtigen Termini grundsätzlich weniger stark ausgeprägt ist, als von den Befürwortern einer Sprachplanung angenommen. Die Motiviertheit eines französischen Terminus spielt nur dann eine Rolle, wenn sie auf kognitiver Ebene zum Verständnis des zugehörigen Sachverhaltes beiträgt. Handelt es sich bei der englischen Vorlage um eine Metapher, die auch im Französischen funktioniert, können sich die Übersetzungen fast immer gegenüber den Lehnwörtern durchsetzen. Bei rein morphologisch motivierten Termini dagegen überwiegen die sprachökonomischen Vorzüge des Anglizismus. Die Tendenz zur systematischen Übersetzung metaphorischer Ausdrücke deutet sich bereits in früheren Forschungsarbeiten zum Sprachkontakt an, auch wenn sie dort nicht explizit formuliert wird.[174]

Wegen des höheren kognitiven Aufwandes werden unabhängige französische Neologismen nur dann gebildet, wenn aus sprachstrukturellen oder semantischen Gründen weder ein Lehnwort noch eine Übersetzung in Frage kommt.

174 Schütte findet im deutschen Pressewortschatz zahlreiche aus dem Englischen übersetzte metaphorische Ausdrücke auf. Ihrer Ansicht nach dienen diese der "Ausdrucksverstärkung" und "Lebendigkeit" (vgl. Schütte 1996: 41). Laut Ahlers/Holtus begünstigt der metaphorische Charakter die Verbreitung offizieller französischer Ersatzwörter (vgl. Ahlers/Holtus 1999: 308).

Kapitel VI

Spontaner spanischer Lehnwortersatz

¿Tantos millones de hombres
hablaremos inglés?

Rubén Darío

Entgegen der allgemein skeptischen Haltung der Sprachwissenschaft gegenüber der Vorhersagbarkeit von Erscheinungen des lexikalischen Sprachkontaktes hat die Analyse des französischen Korpus erste Hinweise auf allgemeine Prinzipien des Anglizismenersatzes erbracht. Um zu überprüfen, ob unsere Hypothese auch auf andere romanische Sprachen übertragbar ist, soll im Folgenden eine entsprechende Untersuchung für das Spanische vorgenommen werden. Da im hispanophonen Sprachraum keine gesetzlichen Maßnahmen den englischen Einfluss zu unterbinden suchen, muss sich die Analyse auf den spontanen Lehnwortersatz beschränken. Dabei liegt es aus historischen, sozialen und kulturellen Gründen nahe, innerhalb des Spanischen die europäische und amerikanische Varietät (am Beispiel des mexikanischen Spanisch) vergleichend gegenüberzustellen. Während sich Spanien in sprachlichen und kulturellen Fragen traditionell eng an Frankreich orientiert und den Großteil seiner Anglizismen erst durch französische Vermittlung aufgenommen hat,[175] ist Lateinamerika und insbesondere Mexiko durch die geographische Nähe zu den USA in viel höherem Maße dem englischen Einfluss ausgesetzt. Es ist daher denkbar, dass sich verschiedene Formen und Intensitätsgrade des Sprachkontaktes auch unterschiedlich auf die Replikasprache auswirken.

175 Man vergleiche z.B. die in Mexiko und anderen Gebieten Lateinamerikas gebräuchliche Bezeichnung *computadora* mit der europäischen *ordenador* für engl. *computer* (vgl. Jiménez Ríos 1999).

1. Lehnwörter

Im europäisch-spanischen Korpus werden folgende Lehnwörter verwendet:

- access point, ADSL, asymmetric digital subscriber line, browser, chat (chatear), cookie, cracker, DNS, domain name system, download, DVD, e-mail ('dirección), e-mail ('mensaje electrónico'), e-mail ('mensajería electrónica'), emilio, emoticón, FAQ, firewall, frame, gateway, hacker, homepage, hub, internet, IRC, ISP, mail ('dirección electrónica'), mail ('mensaje electrónico'), mail ('mensajería electrónica'), news, newsgroup, plug-in, port, proxy, server, site, smiley, socket, spam, tag, URL, web, webmaster, website, www

Im mexikanischen Spanisch findet man dagegen folgende integrale Anglizismen:

- address ('dirección electrónica'), address ('URL'), ADSL, attachment, bookmark, browser, chat (chatear), cookie, crackear, digital versatile disk, DNS, domain name system, download, DVD, electronic mail ('mensaje electrónico'), e-mail ('dirección electrónica'), e-mail ('mensaje electrónico'), e-mail ('mensajería electrónica'), emoticon, FAQ, favorite, firewall, frame, gateway, hacker (hackear), hit, homepage, hotlist, Internet, internet relay chat, internet service provider, IRC, ISP, mail ('dirección electrónica'), mail ('mensaje electrónico'), mail ('mensajería electrónica'), name server, newsgroup, online service, plug-in, server, site, spam, uniform resource locator, upload, URL, viewer, web, web browser, webmaster, website, www

1.1 Adaptation

Auch im spanischen Korpus sind bei den Anglizismen kaum Abweichungen von den englischen Schreibweisen zu verzeichnen, die Hinweise auf den Grad der lautlichen Adaptation geben könnten. Lediglich der Akzent auf dem Lehnwort *emoticón* im europäisch-spanischen Korpus weist darauf hin, dass die Wortbetonung durch Assoziation mit dem spanischen Suffix *-ón* auf die Endsilbe verlagert wurde. In einem der untersuchten Artikel findet sich außerdem die Schreibweise *interne'* für *internet*, die auf das Verstummen des für das Spanische ungewöhnlichen Auslautkonsonanten [t] hindeutet. Bei der Bezeichnung *emilio* für engl. *e-mail* liegt ein Beispiel für eine so genannte "Lehnbedeutungen aufgrund lautlicher Analogie" vor (vgl.

Kapitel A.II.3): Offensichtlich führten die ausdrucksseitigen Ähnlichkeiten zwischen dem Anglizismus und dem spanischen Eigennamen zu einer vollständigen lautlichen Angleichung, mit der sich bestimmte humoristische Effekte verbinden.[176] *Emilio* ist lediglich im europäisch-spanischen Korpus belegt, existiert laut mexikanischer Informanten und verschiedener Internetglossare jedoch auch im amerikanischen Spanisch.[177]

In den mexikanischen Zeitschriften finden sich keinerlei Abweichungen von den englischen Schreibweisen, so dass Hinweise auf eine fortgeschrittene lautliche Adaptation der Anglizismen im spanischen Korpus insgesamt äußerst spärlich sind. Dies ist umso erstaunlicher, als das Spanische im Allgemeinen viel stärker zur graphischen Anpassung von Lehnwörtern neigt als das Französische und die einschlägige Literatur eine Reihe graphisch adaptierter Lehnwörter aus dem Internetwortschatz anführt (vgl. *espam, plugín* etc.). Womöglich sind sich die Sprecher noch in hohem Maße dessen bewusst, dass es sich bei den verwendeten Termini um englische Bezeichnungen handelt, weshalb sie auf die Anwendung spanischer Graphieregeln verzichten. Dieser Umstand würde für eine noch nicht erfolgte Integration der Anglizismen oder für einen hohen Grad an Zweisprachigkeit unter den spanischsprachigen Internetnutzern sprechen. Auch die Tatsache, dass das Internetfachvokabular im Gegensatz zu anderen Anglizismen im Spanischen vorrangig auf schriftlichem Wege entlehnt wird, mag zu der konservativen Schreibung beitragen.

Im Bereich der morphologischen Integration lassen sich im Spanischen grundsätzlich dieselben Tendenzen beobachten wie im Französischen, wenn auch stärkere Schwankungen zu verzeichnen sind. In der Regel erhält ein Lehnwort das Genus der nächstliegenden spanischen Entsprechung (z.B. *la homepage* wegen *la página, la cookie* wegen *la galleta, el site* wegen *el sitio* etc.).[178] Bei *WWW* und *Internet* überwiegt – wohl wegen

176 Es handelt sich natürlich nicht um eine Erscheinungsform der so genannten Lehnbedeutung, da keinerlei inhaltliche Assoziation zwischen *e-mail* und *Emilio* besteht. Der spielerische Umgang mit dem Lehnwort *(e-)mail* und ähnlich lautenden Personennamen ist typisch für den spanischen Internetwortschatz (vgl. z.B. *manuelito, emanuel, Martí* und *ema* als Varianten zu *(e-)mail*; vgl. Stavans 2001: 10).

177 Ein ähnlicher Fall liegt bei span. *chateo* für engl. *chat* vor, wo das Lehnwort an ein bereits existierendes spanisches Lexem in der Bedeutung 'acción o efecto de chatear (=beber chatos de vino)' angeglichen wird (vgl. Camón Herrero 1999: 79). *Chateo* ist in unserem Korpus nicht belegt.

178 Insgesamt entspricht laut Sampedro Losada das Genus des Lehnworts im Spanischen in 88,06% der Fälle dem der direkten spanischen Übersetzung (Sampedro Losada 1998: 112). Leider gibt er häufig nicht an, welches spanische Lexem als Äquivalent zugrunde gelegt wurde.

Assoziationen zu *telaraña* oder *red* – das feminine Genus; dennoch findet man auch zahlreiche Belege für eine Verwendung als Maskulinum oder den Gebrauch ohne Determinante (vgl. Franceschi 1996: 6; Sampedro Losada 1998: 111; 2000a: 3–4). Sie werden von Camón Herrero auf Analogie zu maskulinen Substantiven wie *sistema, servicio* oder *fenómeno (de Internet)* zurückgeführt (vgl. Camón Herrero 1999: 90). Wahrscheinlicher ist jedoch, dass aufgrund fehlender Assoziationen zu spanischen Entsprechungen das unmarkierte Maskulinum gewählt wurde. Bei Siglen bestimmt das Basiswort der spanischen Übersetzung das Genus (z.B. *la ADSL* nach span. *la linea*; vgl. Alvarez o.J.: 5).

Strukturelle Faktoren steuern die Genuszuweisung bei Anglizismen auf *-er* und *-ment* (*browser, hacker, attachment* etc.), wo die Entsprechung zu den spanischen Suffixen *-dor* und *-miento* das Maskulinum bedingt. Bei dem Lehnwort *emoticón* wird die Endsilbe *-on*, die im Englischen kein eigenes Morphem darstellt, als spanisches Augmentativsuffix *-ón* umgedeutet, das das Maskulinum erfordert. Fälle, in denen die lautliche Form des Anglizismus eine Assoziation zu Suffixen nahe legt, die feminine Substantive bilden (vgl. *applet, socket* im Französischen), sind für das Spanische nicht belegt. Kann der Anglizismus keinem spanischen Lexem unmittelbar zugeordnet werden, so wird das unmarkierte Maskulinum gewählt (vgl. z.B. *FAQ* etc.).

Bei zahlreichen Verben lässt sich – ebenso wie im Französischen – auf formaler Basis nicht entscheiden, ob es sich um angepasste Lehnwörter oder um innersprachliche Weiterbildungen der entlehnten Substantive handelt (vgl. *emailear, chatear, crackear, hackear*). Die morphologische Integration bzw. desubstantivische Ableitung erfolgt dabei grundsätzlich mit der Verbalendung *-ear*. Im Vergleich zum Französischen findet man mehr unterschiedliche Formen morphologisch angepasster Lehnwörter, was zur Entstehung von Synonymenreihen wie *hack, hackeo, hacking, crack, craqueo, cracking* führt.

Explizierte Lehnwörter sind im Spanischen durch *red de internet* im mexikanischen und *servicio DNS* im europäischen Korpus vertreten. Es handelt sich um innerspanische tautologische Weiterbildungen der Lehnwörter, bei denen die spanischen Lexeme *red* und *servicio* die englischen Bestandteile *net* und *service* (aus *domain name service*) aufnehmen. Da die englischen Elemente offensichtlich für die Sprecher undurchsichtig geworden sind, wird so ein höherer Grad an Explizitheit und Verständlichkeit erreicht. Typisch für das Spanische ist laut Steinhäusl die "Übersetzung des Kopfwortes" bei entlehnten Siglen, wie es bei *servicio DNS* der Fall ist (vgl. *las conversaciones START* (= *Strategic Arms Reduction Talk*); Steinhäusl 1984: 131).

1.2 Postintegrative Entwicklungen und Pseudoanglizismen

Hinsichtlich der semantischen Integration weisen die untersuchten Anglizismen keinerlei Besonderheiten auf. Es handelt sich, wie auch im Französischen, um Wort-Sach-Entlehnungen, die keine Neustrukturierung des Wortfeldes nach sich ziehen.

Bemerkenswert ist allerdings, dass einige der spanischen Entlehnungen die gleichen postintegrativen Bedeutungsveränderungen durchlaufen haben wie ihre französischen Entsprechungen. Die Termini *web, www* und *internet* werden sowohl in der europäischen als auch in der mexikanischen Terminologie synonym verwendet, obwohl dieser Gebrauch aus technischer Sicht nicht korrekt ist.[179] Auch die Tendenz zur Verwischung der Bedeutungsunterschiede zwischen *hacker* und *cracker* findet sich im Spanischen wieder. Inwieweit es sich hier um unabhängige Parallelentwicklungen, innerromanische Beeinflussung oder Folgen des gemeinsamen englischen Adstrates handelt, kann auf der Grundlage unseres Korpus nicht entschieden werden.

Ausschließlich im europäischen Spanisch verwendet werden die Pseudoanglizismen *news* 'Diskussionsforum' und *web* 'Website', die ursprünglich auf die englischen Komposita *newsgroup* und *website* zurückgehen. Durch die Kürzung der Komposita auf die erste Konstituente, die im Englischen als Determinans fungiert und daher eigentlich nicht die Bedeutung des komplexen Ausdrucks tragen kann, kommt es zu einschneidenden Bedeutungsdifferenzen im Verhältnis zur Modellsprache. Bei *news* bestehen auffällige Konvergenzen zum Französischen, da beide Sprachen nicht nur den Pseudoanglizismus, sondern auch eine zugehörige Übersetzung *nouvelles* bzw. *noticias* kennen. Die Existenz von *news* bzw. *noticias* im mexikanischen Spanisch konnte weder durch das Korpus noch durch Informanten bestätigt werden.

Dagegen handelt es sich bei dem Pseudoanglizismus *web* 'Website' um eine Eigenheit des europäischen Spanisch, die es weder mit dem Französischen noch mit dem mexikanischen Spanisch teilt. Zwar existiert auch in der europäischen Varietät das "echte" Lehnwort *web* 'World Wide Web' – es befindet sich jedoch offensichtlich auf dem besten Wege, von dem Pseudoanglizismus verdrängt zu werden, da *web* 'Website' mit 306 Belegen ca. sechsmal so häufig verwendet wird wie *web* 'World Wide Web', das nur 53

179 Im Gegensatz zum Französischen ist die Kurzform *net* im spanischen Korpus nicht belegt; an ihrer Stelle wird die Übersetzung *red* gebraucht.

Mal im Korpus vorkommt. Wahrscheinlich äußert sich hier eine Tendenz zur Aufgabe des "echten" Anglizismus, da eine Homonymie bei zwei recht zentralen Bezeichnungen desselben Fachgebietes auf lange Sicht häufig als störend empfunden wird[180] und genügend alternative Termini zur Verfügung stehen (vgl. *Internet, la Red* etc.).

2. Übersetzungen

Im europäisch-spanischen Korpus werden folgende Übersetzungen verwendet:

- adjunto (attached file), administrador (administrator), administrador de la Red (web administrator), administrador de redes (web administrator), agente (agent), archivo adjunto (attached file), arrastrar (drag), arrastrar y soltar (drag and drop), autopista de la información (information highway), bombardeo (bombing), cargar (load), charla (chat), concentrador (concentrator), correo ('mensajería' mail), correo ('mensaje' mail), correo basura (junk mail), correo electrónico (electronic mail 'dirección'), correo electrónico (electronic mail 'mensaje'), correo electrónico (electronic mail 'mensajería'), cortafuegos (firewall), cuadro (frame), dirección (address), dirección (address), dirección de correo (mail address), dirección de correo electrónico (electronic mail address), dirección electrónica (electronic address), documento adjunto (attached document), dominio (domain), espía (spy), explorador (explorer), extensión (extension), favorito (favorite), fichero adjunto (attached file), foro de comunicación (communication forum), foro de discusión (discussion forum), foro de noticias (news forum), foro virtual (virtual forum), grupo (group), grupo de debate (debate group), grupo de discusión (discussion group), grupo de noticias (newsgroup), internauta (internaut), intruso (intruder), lista (list), lista de correo (e-mail list), lista de debate (debate list), lista de distribución (distribution list), mensaje (message), mensaje de correo (mail message), mensaje de correo electrónico (e-mail message), mensaje electrónico (electronic message), mensajería electrónica (electronic messaging), navegador (navigator), nombre de dominio (domain name), noticias (news),

180 Dieser Umstand veranlasst Millán dazu, den Pseudoanglizismus zu verurteilen: "Web, en todo caso, sería la WWW, o Malla Mundial, pero usar la palabra para aludir también a una de sus partes es confuso e innecesario" (Millán 1998a: 1).

página (page), página de inicio (start page), página oficial (official page), página personal (personal page), página principal (principal page), pasarela (gateway), portal (portal), proveedor (provider), proveedor de acceso (access provider), proveedor de acceso a Internet (Internet access provider), proveedor de Internet (Internet provider), proveedor de servicio (service provider), proveedor de servicios de Internet (Internet service provider), puerto (port), punto de acceso (access point), red (net), red interna (internal web/net), servidor (server), servidor de nombre (name server), sistema de nombres de dominio (domain name system), sitio (site), sitio de red (web site), supervisor de la red (web supervisor), ventana (window), visita (visit)

Außerdem finden sich folgende Übersetzungen mit Fremdelement:

- dirección de correo email (e-mail address), dirección de correo-e (e-mail address), dirección de e-mail (e-mail address), dirección de Internet (Internet address), dirección de página web (web page address), dirección mail ((e-) mail address), dirección online (online address), dirección web (web address), explorador de Internet (Internet explorer), explorador de web (web explorer), foro de internet (Internet forum), navegador de Internet, navegador Internet (Internet navigator), navegador web (web navigator), página de Internet, página en Internet (Internet page), página web (web page), página web de Internet (Internet/ web page), portal de Internet (Internet portal), proveedor de servicios online (online service provider), servidor de Internet (Internet server), servidor web (web server), sitio web (web site), software de navegación (browsing software)

Dem stehen folgende Übersetzungen im mexikanischen Spanisch gegenüber:

- administrador (administrator), administrator de redes (web administrator), archivo adjunto (attached file), archivo anexo (attached file), area de discusión (discussion area), arrastrar (drag), arrastrar y soltar (drag and drop), autopista de la información (information highway), cargar (load), charla (chat), cibernauta/cybernauta (cybernaut), correo (mail (address)), correo ('mensajería' mail), correo ('mensaje' mail), correo basura (junk mail), correo chatarra (junk mail), correo electrónico (electronic mail (address)), correo electrónico (electronic mail), correo electrónico (e-mail), correo electrónico basura (junk e-mail), correo electrónico masivo (mass e-mail), correo electrónico no solicitado (unsolicited e-mail), correspondencia electrónica (electronic correspondence), dirección (address), dirección (address 'URL'), dirección de correo (mail address), dirección de correo electrónico (electronic mail address), dirección electrónica (electronic address), dirección numérica (electronic address), dispositivo de búsqueda (search device), dominio (domain), espacio web (web space), explorador (explorer), extensión (extension), favorito (favorite), foro (forum), foro de discusión (discussion forum), grupo (group), grupo de discusión (discussion group), grupo de favoritos (group of favorites), grupo de noticias (newsgroup), hipertexto (hypertext), internauta (internaut), la Red (Net), lista de preguntas más frequentes (FAQ-list, list of FAQ), lista (list), lista de favoritos (favorite's list), lista de sitios (site list), lista sitios (site list), máquina de búsqueda (search machine), mecanismo de búsqueda (search mechanism), mensaje (message), mensaje de correo (mail message), mensaje de correo electrónico (e-mail message), mensaje del correo electrónico (e-mail message), mensaje electrónico (electronic message), mensajería (messaging), motor (engine), motor buscador (search engine), muro de fuego (firewall), navegador (navigator), navegador de redes (web navigator), nombre local (local name), operador (operator), operador de la red (web operator), operador de red (web operator), página (page), página de inicio (start page), página de referencia (reference page), página electrónica (electronic page), página personal (personal page), página principal (prinipal page), portal (portal), programa de búsqueda (search program), proveedor (provider), proveedor de acceso (access provider), proveedor de acceso de Internet (Internet access provider), proveedor de Internet (Internet provider), proveedor de servicio (service provider), proveedor de servicios (service provider), proveedor de servicios de Internet (Internet service provider), proveedor del servicio de Internet (Internet service provider), PSI (proveedor de servicios internet; internet service provider), servicio de búsqueda (search service), servicio de correo electrónico (e-mail service), servicio proveedor de Internet (Internet providing service), servidor (server), servidor de Internet (Internet server), servidor web (web server), sitio (site), sonrisa (smiley), sufijo (suffix), tablero de discusión (discussion board), telaraña (web), ventana (window), visita (visit), visualizador (visualizer)

Im mexikanischen Spanisch finden sich außerdem folgende Übersetzungen mit Fremdelement:

- browser de Internet (Internet browser), dirección de e-mail (e-mail address), dirección de Internet (Internet address), dirección de la web

(web address), dirección de URL (URL address), dirección online (online address), dirección web (web address), foro web (web forum), maestro de web (webmaster), mensaje de e-mail (e-mail message), navegador de Internet (Internet navigator), navegador web (web navigator), página de Internet, página en Internet (Internet page), página web (web page), site de la Red, sitio de Internet (Internet site), sitio web, visualizador web (web visualizer)

2.1 Formale Aspekte

Bei dem größten Teil der englischen Vorlagen handelt es sich um asyndetische Komposita, die in der Regel entsprechend den spanischen Wortbildungsgewohnheiten durch präpositionelle Komposita wiedergegeben werden (vgl. *proveedor de Internet* nach *Internet provider, sistema de nombres de dominio* nach *domain name system, foro de discusión* nach *discussion forum*). Im Unterschied zum französischen Korpus sind für beide spanische Varietäten auch asyndetische Komposita nach englischem Vorbild belegt, die allerdings im Vergleich zu den systemkonformen Bildungen äußerst selten sind (vgl. europ./mex.-span. *correo basura* nach engl. *junk mail;* mex.-span. *correo chatarra* und *lista sitios*[181]). Dieser Befund stützt die Hypothese von Schmitt, nach der asyndetische Kompositionsmuster im Spanischen immer noch eine Ausnahme darstellen (vgl. Schmitt 1993b: 318–19), auch wenn in zahlreichen Publikationen zu den spanischen Fachsprachen zu lesen ist, dass sie zunehmend an Bedeutung gewinnen (vgl. z.B. Schmidt-Radefeldt 1995: 198; Arntz/Arranz 1999: 1517).[182]

Unterschiedliche morphologische Adaptationsformen, die auf eine noch nicht abgeschlossene Integration hinweisen, sind ebenfalls kaum zu verzeichnen. Lediglich im europäisch-spanischen Korpus sind hier die Varianten *proveedor de servicios de Internet* und *proveedor del servicio de Internet* zu nennen, die offensichtlich beide auf die Vorlage *Internet service provider* zurückgehen.

---

181 Bei *lista sitios* könnte es sich jedoch auch um einen Schreibfehler handeln, da der Terminus nur ein einziges Mal belegt ist und sich in demselben Artikel auch *lista de sitios* findet.

182 Schmidt-Radefeldt nennt zahlreiche Beispiele für spanische asyndetische Komposita nach englischem Vorbild: vgl. *key moment* > *momento clave, single version* > *versión single, frog man* > *hombre rana, light year* > *año luz* (vgl. Schmidt-Radefeldt 1995: 198).

Bildungen aus Substantiven und Adjektiven sind bei den englischen Vorlagen insgesamt seltener, werden jedoch im Spanischen ausnahmslos durch das gleiche Wortbildungsverfahren wiedergegeben (vgl. span. *nombre local* nach engl. *local name;* span. *página principal* nach engl. *principal page;* span. *correo electrónico* nach engl. *electronic mail*). Nur im Fall von mex.-span. *correo electrónico masivo* nach engl. *mass e-mail* wird zur Wiedergabe eines englischen Substantivs auf ein spanisches Relationsadjektiv zurückgegriffen. Auch bei Kombinationen aus Substantiv und Partizip wird das Wortbildungsverfahren der Vorlage beibehalten (vgl. *fichero/documento adjunto* nach *attached file/document*). Syntagmen mit einer Voranstellung des spanischen Adjektivs nach englischem Vorbild, wie sie in einschlägigen Publikationen häufig behandelt werden (vgl. span. *el pasado año* nach engl. *last year;* vgl. Pérez Sala 1973: 51, 69), konnten nicht nachgewiesen werden.

Insgesamt zeichnet sich in dem untersuchten Material ab, dass auch im Spanischen eine starke Tendenz zur Berücksichtigung eigener Wortbildungsgewohnheiten wie der präpositionellen Kompositionsweise und der romanischen Wortstellung besteht.[183] Wörtlich aus dem Englischen übersetzte Komposita, die sich auch in ihrer Bauweise nach dem Vorbild richten, können daher als Ausnahmen gelten.

Ebenso wie das Französische kennt auch das Spanische Übersetzungen, bei denen nicht alle Bestandteile der englischen Vorlage wörtlich in die Replikasprache übertragen wurden. Es handelt sich dabei um die Termini *subir (upload), bajar (download), preguntas más frequentes (frequently asked questions), telaraña mundial (world wide web)* und *emoción (emoticon).* Die Gründe für die unvollständige Übertragung sind auch hier in der Idiomatik und in den Wortbildungsmöglichkeiten der Replikasprache zu suchen. Die Inhalte, die das Englische mit unterschiedlichen Lexemen ausdrückt, werden im Spanischen automatisch mitverstanden, so dass exakte Glied-für-Glied-Übersetzungen zu wenig idiomatischen Resultaten führen würden (vgl. **telaraña de extensión mundial* nach *world wide web; *preguntas frequentemente hechas* nach *frequentely asked questions* o.ä.). Im Fall von *subir* und *bajar* nach engl. *upload* und *download* wirken nicht zuletzt die spanischen Wortbildungsmöglichkeiten einer morphemweisen Übersetzung entgegen: Während in den germanischen Sprachen Bewegungsverben mit Richtungspräpositionen zu Komposita kombiniert werden können (vgl. auch dt. *hochladen, herunterladen*), verfügt das Spanische nicht über diese Möglich-

183 Vgl. Schmitt, der ebenfalls zu dem Ergebnis kommt, dass im spanischen Computerwortschatz trotz der starken englischen Beeinflussung "grundsätzlich spanische Kompositionsregeln zur Anwendung kommen" (Schmitt 1993: 318).

keit. Die exakte Wiedergabe aller englischen Bestandteile würde auch in diesen Fällen zu unidiomatischen Ergebnissen wie **cargar hacia arriba/abajo* o.ä. führen. Da jedoch der hohe Grad an Genauigkeit der englischen Vorlage für die Verständigung nicht notwendig und die Übertragungsrichtung von größerer Bedeutung ist als die Übertragungsart, kann sich das Spanische mit den Verben *subir* und *bajar* begnügen.[184]

Eine exakte Wiedergabe der englischen Wortkreuzung *emoticon* (aus *emotion* und *icon*) im Spanischen ist schon aufgrund des Wortbildungsverfahrens problematisch. Dass sich das Spanische hier für die Auslassung des Elementes *icon* entschieden hat, mag darauf zurückzuführen sein, dass zwar direkte etymologische Entsprechungen im Spanischen existieren (vgl. *icono* bzw. *ícono*), diese jedoch sehr spezielle fachsprachliche Bedeutungen im Kontext der Kunstgeschichte und Semiotik besitzen.

Bei den morphemweise übersetzten englischen Suffigierungen handelt es sich fast ausschließlich um *nomina agentis* bzw. *nomina instrumenti* auf *-er* bzw. die latinisierte Variante *-or*. Da in allen Fällen das Basislexem der englischen Vorlage lateinischer Herkunft ist, bereitet die Hispanisierung keinerlei Probleme, denn die zwischensprachlichen Assoziationen stellen sich gewissermaßen automatisch ein (vgl. span. *proveedor, explorador, navegador, servidor, concentrador, administrador, supervisor* und *operador* nach engl. *provider, explorer, navigator, server, concentrator, administrator, supervisor* und *operator*).

Größere Abweichungen zur Vorlage ergeben sich bei span. *mensajería* nach engl. *messaging* sowie span. *bombardeo* nach engl. *bombing*. Aufgrund der gemeinsamen lateinischen Herkunft ist die wörtliche Übersetzung des Basiswortes unproblematisch, während für das englische deverbale Ableitungssuffix *-ing* keine unmittelbare spanische Entsprechung existiert.[185] Die Problematik der Übersetzung von grammatischen Morphemen wird auch bei span. *sonrisa* nach engl. *smiley* deutlich: Da das englische Suffix *-y* nicht ins Spanische übertragen werden kann, begnügt dieses sich mit der Übersetzung des Basislexems *smile*.

Die englischen Konfixbildungen *hypertext* und *cybernaut* finden sich im Spanischen in Form der Termini *hipertexto* sowie *internauta* und *cibernauta* bzw. *cybernauta* wieder. *Inter-* und *ciber-* besitzen im Spanischen denselben

---

184 Hier spiegelt sich die allgemeine Tendenz der romanischen Sprachen wider, bei Bewegungsverben im Unterschied zu den germanischen Sprachen nur die Bewegungsrichtung ohne Präzisierung der Bewegungsart auszudrücken.

185 Auf die Schwierigkeiten, zwischensprachliche 1:1-Relationen bei grammatikalischen Funktionen aufzustellen, wurde an anderer Stelle bereits hingewiesen (vgl. Kapitel A.II).

Status wie die entsprechenden französischen Wortbildungselemente: Es handelt sich um Pseudokonfixe, hervorgegangen aus der Kürzung von *Internet* und *cyberspace*. Die sprachlichen Gegebenheiten lassen leider auch hier keine Rückschlüsse darauf zu, ob die Pseudokonfixe unabhängig im Spanischen entstanden oder aus dem Englischen bzw. Französischen entlehnt worden sind.[186] Auch im Spanischen ist das Pseudokonfix *inter-* auf die Konfigierung *internauta* beschränkt. Anstelle von Pseudokonfixbildungen bevorzugt das Spanische asyndetische Komposita mit *internet* als Bestimmungswort (vgl. *mercado internet, universo internet* etc.).

Dafür erfreut sich das Pseudokonfix *ciber-/cyber-* umso größerer Beliebtheit: Während Lorenzo bei einer Untersuchung im Januar 1993 noch insgesamt 167 Zusammensetzungen mit *ciber-* zählt, ist ihre Zahl ein Jahr später bereits auf 464 angestiegen und erreicht 1995 sogar 1205 Einträge (vgl. Lorenzo 1996: 153; Rainer 2002: 288–89). Laut Millán hat das Pseudokonfix dem traditionellen Konfix im Spanischen bereits den Rang abgelaufen (vgl. Millán 2000: 1). Beispiele für spontane Bildungen mit *ciber-/ cyber-* im untersuchten Korpus sind u.a. *cibermujer, cybercafé, cyberderecho, cibermundo, cybervolontario* etc. Neben *ciber-* findet man auch im Spanischen zahlreiche weitere, meist aus dem Englischen übernommene Adjektive, die Kompositmetaphern bilden können und sich größtenteils in entsprechender Form im Englischen und Französischen wieder finden (vgl. *e-penuria, gabinete virtual, mujer virtual, mundo cibernético* etc.). Hinsichtlich der Verwendungshäufigkeit ergeben sich allerdings zwischensprachliche Unterschiede, da das spanische Adjektiv *electrónico* seltener gebraucht wird als sein französisches Äquivalent *électronique*. Das Lehnwort *online* wird im Spanischen, ebenfalls im Unterschied zum Französischen, der Übersetzung *en línea* vorgezogen. Neben *ciber-/cyber-* kennt das Spanische laut Rainer außerdem ein gleichbedeutendes Pseudokonfix *hiper-*, das auf die Kürzung der Übersetzung *hipertexto* zurückgeht (vgl. Rainer 2002: 289), aber im untersuchten Korpus nicht nachgewiesen werden konnte. Stavans führt überdies eine *variante confixale webo-* an (vgl. *webonauta* als Synonym für *internauta*; vgl. Stavans 2001: 10).

Erwähnenswert in diesem Zusammenhang ist außerdem die Tatsache, dass sich im europäischen Spanisch wie im Französischen ausschließlich die Bezeichnung *internauta* findet, während das mexikanische Spanisch zusätzlich die Übersetzung *cibernauta* bzw. *cybernauta* kennt, die sich enger an der

186 Eine Vermittlung durch das Französische ist deshalb denkbar, weil zahlreiche Pseudokonfixe im Spanischen als Entlehnungen aus dem Französischen nachgewiesen werden können (vgl. Steinhäusl 1984: 15; 149).

englischen Vorlage orientiert. Hier könnte ein Hinweis auf eine stärkere Beeinflussung der amerikanischen Varietät durch das Englische vorliegen, der anhand einer größeren Textbasis nachgegangen werden müsste.

Bei den Übersetzungen mit Fremdelement lassen sich deutliche Parallelen zwischen den romanischen Sprachen aufzeigen. Ebenso wie im Französischen, so sind auch im Spanischen die englischen Bestandteile der Hybridbildungen auf einige wenige Elemente beschränkt. Es handelt sich dabei vor allem um die Bezeichnungen *online, e-mail/mail, Internet* und *web*, die innerhalb der Komposita ausschließlich als Determinans erscheinen können. In der Funktion des Determinatums werden außerdem die Anglizismen *software* und *browser* verwendet.

Auch im Spanischen sprechen zahlreiche Anzeichen dafür, die oben genannten Hybridbildungen nicht als Teillehnwörter, sondern als Übersetzungen mit Fremdelement zu klassifizieren. Diejenigen Elemente, die in hybriden Komposita verwendet werden, sind auf wenige, für den Internetwortschatz zentrale und bereits gut im Spanischen etablierte Anglizismen beschränkt. Sie bilden zahlreiche Zusammensetzungen, die offensichtlich ohne englisches Vorbild entstanden sind (vgl. u.a. *monográfico Internet, ratón Internet, universo Internet, trucos Internet, alojamiento web, diseño web, aplicaciones web, profesionales web, tienda web, programa e-mail, servicio de e-mail* etc.). Unter formalen Gesichtspunkten bestehen bei den Übersetzungen mit Fremdelement leichte Abweichungen zum französischen Korpus. Während die Hybridbildungen im Französischen fast ausschließlich durch asyndetische Reihung gebildet werden – von 23 Einträgen weisen nur zwei eine Präposition auf (vgl. *article de news* und *liste de bookmarks*) – findet man im Spanischen sowohl präpositionelle also auch asyndetische Komposita. Bei Bildungen mit *web* wird offensichtlich der asyndetische Typ favorisiert; *Internet* und *e-mail* werden dagegen fast immer mit einer Präposition angeschlossen.

Da das spanische Korpus zahlreiche spontane asyndetische Bildungen mit den genannten englischen Elementen aufweist, liegt der Schluss nahe, dass hier kein englisches Wortbildungsverfahren nachgeahmt wird, sondern sich Bildungen wie *universo Internet* oder *aplicaciones web* auch im Spanischen aus den inhärenten Eigenschaften der determinierenden Elemente erklären lassen. Für diese Interpretation spricht sich Sánchez Macarro aus, der englischen Elementen im Spanischen zumindest vorläufig der Status von Adjektiven zuweist:

> Otro hecho frecuente en el estudio de los anglicismos es la convertibilidad funcional de los adjetivos y sustantivos. Los adjetivos funcionan como

> sustantivos, y los sustantivos como adjetivos sin marcas que lo exterioricen. Realmente este problema hay que plantearlo como una hipótesis especificativa, que señala Lapesa como un fenómeno que se está dando con mayor frecuencia, o bien ser una consecuencia de la presión que ejercen construcciones de este tipo en inglés, donde son realmente frecuentes. (Sánchez Macarro 1993: 29; vgl. Pratt 1980: 83)

Die Tendenz, Anglizismen einen adjektivähnlichen Status zuzuweisen, wenn sie als Determinans in der Komposition verwendet werden, scheint jedoch weniger ausgeprägt zu sein als im Französischen.

2.2 Semantische Aspekte

Die anhand der französischen Korpusanalyse aufgestellte Hypothese, dass englische metaphorische Ausdrücke vorzugsweise durch Übersetzungen wiedergegeben werden, bestätigt sich auch für das Spanische. Es übernimmt damit ebenfalls die durch das Englische vorgegebenen Bildspendebereiche. Im Verhältnis zum Französischen verfügt es jedoch zusätzlich über die Übersetzungen *explorador* und *visualizador,* die die Raum- und Dienermetapher aufgreifen. Dagegen wird mit dem sowohl im europäischen als auch im mexikanischen Spanisch verbreiteten Terminus *correo basura* nach engl. *junk mail* (vgl. Millán 2000b: 1) ein Bildspender eingeführt, der im Französischen nicht existiert.[187] Mit der Bezeichnung *espía* nach engl. *spy* übernimmt das Spanische einen metaphorischen Ausdruck, der thematisch an die anthropomorphisierenden Metaphern im Computerwortschatz anknüpft.

Bei den englischen Metaphern, von denen das Spanische keine Übersetzung vornimmt, handelt es sich um die Termini *bookmark, homepage, hub* und – allerdings nur im mexikanischen Spanisch – *frame*. Der Terminus *hub* wird auch im Französischen nicht übersetzt – wahrscheinlich sorgt der fachsprachliche Charakter der Bezeichnung dafür, dass sich kaum spontane zwischensprachliche Assoziationen einstellen. Dagegen erstaunt es umso mehr, dass in keiner der spanischen Varietäten eine Ersetzung von *bookmark* durch *señal, registro* o.ä. vorgenommen wird. Möglicherweise hat die weite Verbreitung des *Microsoft*-Produktes *Internet Explorer* dazu geführt, dass sich der dort verwendete Terminus *favorito* als Übersetzung von engl.

187 Er steht zwar thematisch dem Ausdruck *spam* nahe – diese Bezeichnung ist im Französischen und Spanischen allerdings nicht metaphorisch, da es sich um einen Eigennamen handelt. *Correo basura* ist daher der einzige Vertreter dieses Bildspenders.

favorite gegenüber der von der Firma *Netscape* verwendeten Bezeichnung *bookmark* durchsetzen konnte. Die formalen Affinitäten zwischen *favorito* und *favorite* sowie die vielleicht als störend empfundene Polysemie von *señal* und *registro* mögen ein Übriges zum Erfolg von *favorito* beigetragen haben. Weshalb keine Übersetzung von *homepage* durch *página de hogar* vorgenommen wird und das mexikanische Spanisch vollkommen auf eine Übersetzung von *frame* durch *cuadro* verzichtet, kann letztlich nicht begründet werden.

Bieten sich für die Wiedergabe eines englischen Lexems im Spanischen Alternativen, entstehen häufig unterschiedliche spanische Entsprechungen (vgl. span. *archivo adjunto* und *archivo anexo* nach engl. *attached file; correo basura* und *correo chatarra* nach engl. *junk mail*). Je nachdem, ob eine polymorphematische, lexikalisierte Vorlage von den Sprechern analysiert wird oder nicht, kann sie unterschiedliche Formen der Übersetzung anregen. Beispielsweise wird der englische Terminus *firewall* im europäischen Spanisch als lexikalische Einheit aufgefasst und dementsprechend durch das Übersetzungsäquivalent *cortafuegos* wiedergegeben. Das mexikanische Spanisch dagegen löst die englische Vorlage auf und kommt durch die gliedweise Übersetzung der einzelnen Bestandteile zur der Form *muro de fuego*, die zwar weniger idiomatisch, dafür jedoch näher an der englischen Vorlage ist. Um zu klären, ob hier ein Hinweis auf eine nachhaltigere Anglisierung der lateinamerikanischen Fachsprache vorliegt oder der europ.-span. Terminus *cortafuegos* von frz. *pare-feu* beeinflusst ist, wären allerdings weitergehende Untersuchungen notwendig.

3. Unabhängige Neologismen

Freie Neologismen sind im Korpus vergleichsweise selten – auch die spanische Internetterminologie ist also offensichtlich einem tiefgreifenden englischen Einfluss ausgesetzt. Lediglich *puerta de enlace, colaboración, carreteras de la Red* und *navegante* scheinen unabhängig von englischen Vorlagen im Spanischen gebildet worden zu sein.

Mit dem Ausdruck *puerta de enlace* hat sich das mexikanische Spanisch eine Metapher geschaffen, die in gewisser Hinsicht das Bild der englischen Entsprechung *gateway* aufgreift, ohne sich jedoch sprachlich-formal an einzelnen Morphemen der Vorlage zu orientieren. Dasselbe gilt für den mexikanischen Ausdruck *carreteras de la Red*, der sich am Bild der Datenautobahn orientiert. Beide Metaphern führen die aus dem Englischen importierte Raum- und Transportmetapher fort.

Mit der Bezeichnung *navegante* schafft sich das Spanische mittels des deverbalen Ableitungssuffixes *-ante* ein *nomen agentis*, das sich in eine durch die Übersetzungen *navegar* (nach engl. *to navigate*) und *navegador* (nach engl. *navigator*) begründete Wortfamilie eingliedert. Diese Möglichkeit der Wortbildung besteht im Englischen und Französischen nicht, wo zur Bildung von *nomina agentis* und *nomina instrumenti* nur das Einheitssuffix *-er/-or* bzw. *-eur/-ateur* zur Verfügung steht[188] und die Bildung *navigator/navigateur* bereits für die Bedeutung 'Browser' besetzt ist. Während im Französischen die Termini *navigateur* und *internaute* isoliert sind, erhöht das Spanische durch den Anschluss des Neologismus an eine bestehende Wortfamilie den Grad an morphologischer Motiviertheit.

4. Mischtypen

4.1 Kombination von Lehnwort und Übersetzung

Auch im Spanischen sind Kombinationen aus Lehnwörtern und Übersetzungen (Teillehnwörter in der Betz'schen Terminologie) lediglich durch die Termini *internet* und *intranet* vertreten. Eine Ersetzung des gelehrten Morphems *inter-* durch die volkssprachliche Entsprechung *entre-* wird laut Calvi nicht vorgenommen, weil im Zuge der Internationalisierung des spanischen Wortschatzes erbwörtliche Formen zunehmend durch gelehrte Morpheme verdrängt werden (vgl. Calvi 1998: 31). Im Gegensatz zum Französischen bestehen hier keine Abgrenzungsschwierigkeiten zur Übersetzung mit Fremdelement, da der Anglizismus *net* im Spanischen nicht existiert.[189]

4.2 Kombination von freier Wiedergabe und Übersetzung

Eine Kombination aus Übersetzung und freiem Neologismus liegt im mexikanischen Spanisch bei *descargar (download)* vor. Das europäische Spanisch

188 Das etymologisch entsprechende französische Suffix *-ant* (vgl. *commerçant*) ist nicht mehr produktiv.

189 Während die meisten hier untersuchten Anglizismen in fast alle europäischen Sprachen Eingang gefunden haben, existiert das Lehnwort *net* weder im Deutschen, noch im Spanischen oder Russischen (vgl. Bruns 2001: 35). Dieser Umstand wird von Stavans auf die Tatsache zurückgeführt, dass in der englischen Ausgangsterminologie *Internet* und *web* häufiger verwendet werden als *Net* (vgl. Stavans 2001: 10).

kennt hier *arrastrar y pegar* nach engl. *drag and drop* sowie *aeropistas de la información* nach engl. *information highway.* Während sich der mexikanische Ausdruck *descargar* wiederum aus den spanischen Wortbildungsmöglichkeiten heraus erklären lässt, die eine Kombination aus Verb und Präposition nicht erlauben, stellt *aeropista de la información* ein Wortspiel nach der Übersetzung *autopistas de la información* dar, das die besondere Schnelligkeit der Datenübertragung hervorheben soll. Auch der Terminus *buscador* nach engl. *search engine* ist als Mischform zu werten, da es sich bei dem Suffix *-dor* vom inhaltlichen Standpunkt aus nicht um ein grammatisches Morphem, sondern um ein Prolexem handelt, das hier anstelle des englischen Lexems *engine* verwendet wird.

5. Fazit

Die Verteilung der spontanen spanischen Ersatzwörter in beiden Korpora kann graphisch folgendermaßen dargestellt werden:

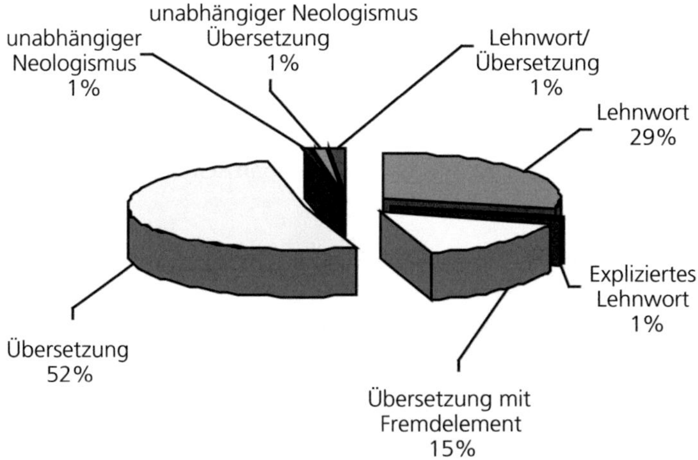

Abb. 21: Verteilung der Neologismen im europäischen Spanisch

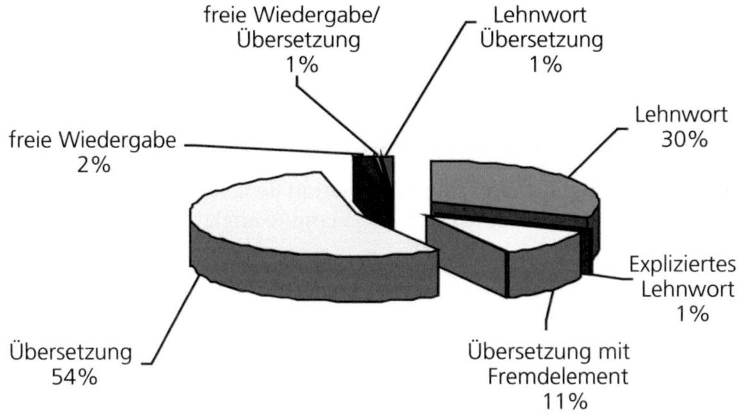

Abb. 22: Verteilung der Neologismen im mexikanischen Spanisch

Auch im spanischen Korpus werden außer der Kombination aus Lehnwort und freier Wiedergabe alle theoretisch möglichen Formen der lexikalischen Innovation ausgeschöpft. Bei der Verteilung der Neologismen auf die unterschiedlichen Kategorien bestehen nicht nur zwischen den untersuchten spanischen Varietäten, sondern auch im Verhältnis zum Französischen auffällige Parallelen.

In allen untersuchten Korpora stellt die Übersetzung das beliebteste Verfahren dar, sich die englische Terminologie zu Eigen zu machen. Im Spanischen ist der relative Anteil der Übersetzungen sogar noch höher als im Französischen. Die Tatsache, dass Mischformen in allen untersuchten Korpora verhältnismäßig selten vorkommen, lässt vermuten, dass zumindest in den romanischen Sprachen eine allgemeine Tendenz besteht, im lexikalischen Sprachkontakt mit allen Bestandteilen einer fremden Vorlage auf dieselbe Art und Weise zu verfahren.

Die Vermutung, dass die amerikanische Varietät des Spanischen stärker vom Englischen beeinflusst wird als die europäische, hat sich in der Korpusanalyse nicht bestätigt. Zwar findet man bei einzelnen Termini sporadische Hinweise auf eine engere formale Orientierung der mexikanischen Ausdrücke an den englischen Vorlagen, jedoch wären weitere Untersuchungen anhand einer größeren Textbasis vonnöten, um diese These zu erhärten.

Trotz des Fehlens einer offiziellen Terminologieplanung in den hispanophonen Ländern ist der Anteil an Termini mit englischen Bestandteilen nicht höher als in Frankreich: In beiden spanischen Korpora beträgt er 42%, in Frankreich dagegen 45%. Da nur 1% bzw. 2% aller spanischen Termini in formaler Unabhängigkeit von den englischen Vorlagen gebildet wurden, ist insgesamt auch die spanische Internetterminologie in hohem Maße von englischen Bezeichnungsstrukturen geprägt:

> [...] nous pouvons voir que la formation de la terminologie informatique en espagnol passe par le tamis de la langue anglaise [...]. (Alvarez o.J.: 8)

KAPITEL VII

Lexikalisierungstendenzen im spontanen spanischen Sprachgebrauch

> [...] la creación, la invención, es inherente
> al lenguaje por definición.
> No se pueden dar las razones de los
> movimientos caprichosos e insospechables
> de la fantasía humana creadora.
> Lo que sí se puede indicar
> son las razones de la mayor o menor
> aceptabilidad de una invención
> en una comunidad determinada.
>
> *(Coseriu 1956: 100)*

Um auch für das spanische Korpus bestimmen zu können, welche Neologismenformen die größten Chancen auf eine dauerhafte Etablierung im Sprachsystem besitzen, sollen im Folgenden nur die jeweils am häufigsten verwendeten spanischen Bezeichnungen betrachtet werden. Die Untersuchung wird sich dabei an der Analyse des französischen Korpus orientieren, da auf diese Weise ermittelt werden kann, ob die für das Französische aufgestellten Hypothesen hinsichtlich der allgemeinen Gesetzmäßigkeiten des Lehnwortersatzes auch auf andere romanische Sprachen verallgemeinert werden können.

1. Überwiegen von Lehnwörtern

Bei insgesamt 16 Termini bevorzugt das Spanische integrale Entlehnungen aus dem Englischen gegenüber anderen Neologismenformen. In neun Fällen (*ADSL, DVD, hacker, smiley/emoticon, plug-in, proxy, socket, tag* und *web/www*) werden ausschließlich Anglizismen verwendet. Mit einer Verwendungshäufigkeit von über 80% überwiegt der Gebrauch des Lehnwortes deutlich bei *chat* (91,7%), *cookie* (98,2%), *DNS* (80,1%), *FAQ* (83,3%), *firewall* (80,65%) und *website/site/web* (83,9%). Die Anglizismen *hub* und *spam* stellen zwar die zentralen Bezeichnungen für die jeweiligen Sachverhalte dar, werden jedoch nur in 56,25% bzw. 66% der Fälle verwendet und treten damit häufig in Konkurrenz zu spanischen Ausdrücken.

In der mexikanischen Internetterminologie hat der Sprachgebrauch in 17 Fällen zugunsten des Lehnwortes entschieden.[190] Für sieben Lehnwörter existieren überhaupt keine spanischen Entsprechungen (*DVD/Digital Versatile Disk, domain name system/DNS/name server, frame, hacker, hit, plug-in, viewer*), während bei *chat* (97,74%), *cookie* (91,67%), *firewall* (94,74%), *gateway* (75%) und *World Wide Web/web/www* (97,73%) die Anglizismen deutlich gegenüber spanischen Ausdrücken bevorzugt werden. Problematisch ist die Beurteilung des Lexems *provider* bzw. *ISP*, für das im mexikanischen Spanisch zahlreiche Synonyme in Gebrauch sind. Alle Übersetzungen bilden zusammen 55,3% der verwendeten Ersatzwörter – allerdings verteilt sich dieser Anteil auf insgesamt acht unterschiedliche Bezeichnungen, so dass absolut gesehen das Lehnwort *ISP* doch als zentrales Lexem fungiert.

Dass in allen diesen Fällen spanische Entsprechungen entweder gar nicht erst gebildet werden oder sich nicht gegenüber den Lehnwörtern durchsetzen können, erklärt sich aus den semantischen und formalen Eigenheiten der englischen Vorlagen. Siglen werden aus bereits dargelegten Gründen im Allgemeinen als Lehnwörter übernommen (vgl. *ISP, ADSL, IRC, DVD, DNS, FAQ, URL* und *WWW*, die in allen untersuchten Korpora die zentralen Termini darstellen; vgl. Franceschi 1996: 5). Arntz/Arranz's Beobachtung, es sei "typisch für das Spanische [...], daß für zahlreiche international gebräuchliche Akronyme eine spanische Entsprechung existiert, die jeweils auf der übersetzten Langform basiert" (Arntz/Arranz 1999: 1518), bestätigt sich daher nicht. Lediglich die mexikanische Sigle *PSI* geht auf das spanische Syntagma *proveedor de servicios internet* zurück, das seinerseits eine Übersetzung der englischen Bezeichnung *internet service provider* darstellt.[191] Das Ergebnis der Untersuchung stützt eine These von Steinhäusl, nach der zwar in früheren Zeiten eine Tendenz zur Bildung spanischer Siglen durch Übersetzung der zugrunde liegenden Langformen

---

190 Beim mexikanischen Korpus wurden die spanischen Entsprechungen zu *emoticon* und *FAQ* nicht in die Untersuchung einbezogen, da das Korpus keine Rückschlüsse auf die Bevorzugung bestimmter Ersatzwörter erlaubt: *Emoticon, emoción* und *smiley* sowie *FAQ* und *lista de preguntas más frecuentes* sind jeweils nur einmal belegt.

191 Laut Millán existiert im spanischen Internetwortschatz die Sigle *PMF* oder *P+F* für die Übersetzung *preguntas más frecuentes* nach engl. *frequently asked questions* (vgl. Millán 1998b: 1). Sie konnte jedoch im Korpus nicht nachgewiesen werden.

bestand, diese jedoch in neuerer Zeit zunehmend zugunsten der integralen Entlehnung aufgegeben wurde (vgl. Steinhäusl 1984: 95). Eine Übersetzung ins Spanische sei nur noch bei solchen Siglen festzustellen, "die einen direkten politischen oder wirtschaftlichen Bezug zu Spanien besitzen" (Steinhäusl 1984: 130), was beim Internetwortschatz gerade nicht der Fall ist.

Bei den verbleibenden Termini *cookie, hacker, smiley/emoticon, socket, spam, tag* und *plug-in* fällt auf, dass ebendiese Bezeichnungen auch im Französischen als Lehnwörter verwendet werden. Offensichtlich werden hier in beiden untersuchten Sprachen dieselben Prinzipien wirksam: Wenn bei einem metaphorischen Terminus eine Übersetzung aus semantischen oder formalen Gründen ausscheidet oder in der Replikasprache zu missverständlichen Resultaten führen würde, geben die Sprecher aus Gründen der kognitiven Ökonomie nicht einer unabhängigen Neuschöpfung, sondern dem Lehnwort den Vorzug. Bei selten gebrauchten Lexemen wie *proxy, socket* und *tag* ist es offensichtlich mit weniger Aufwand verbunden, das englische Lexem zu übernehmen, als nach einer angemessenen spanischen Übersetzung zu suchen. Dem Terminus *www/web* mag seine zentrale Stellung im Internetwortschatz zu seiner guten Etablierung verholfen haben. Die Beliebtheit des Lehnwortes *chat* ergibt sich, ähnlich wie im Französischen, aus der lautlichen Ähnlichkeit zu *chateo* ('acción o efecto de chatear (=beber chatos de vino)'; vgl. Camón Herrero 1999: 79). Auch hier spielt das Prinzip der sprachlichen Motiviertheit eine Rolle, die allerdings auf lautlicher Ebene wirkt.

2. Überwiegen von Übersetzungen

Häufiger noch als Lehnwörter werden im europäischen Spanisch Übersetzungen verwendet. Sie stellen bei *agente, adjunto/archivo anexo/documento adjunto/fichero adjunto, bombardeo, favorito, dominio/extensión, autopistas de la información,*[192] *buscador, página* (häufig mit Lehnwortzusatz *web* oder *Internet*), *visita* und *ventana* sogar die einzig gebrauchten Termini dar. In anderen Fällen konkurrieren die Übersetzungen zwar mit anderen Bezeichnungen, werden insgesamt jedoch deutlich häufiger verwendet (vgl. *administrador de la Red/administrador de redes/supervisor de la red* (80%), *arrastrar (y soltar)*

192 *Aeropistas de la información* soll als Wortspiel aus der Betrachtung ausgeklammert werden.

(91,7%), *correo (electrónico)/mensajería electrónica* (86%), *cuadro* (71,4%), *dirección* ('URL' 73,1%), *internauta* (96,875%), *navegador* (84,4%), *página oficial/personal/principal/página de inicio/portal* (98,2%), *red interna* (75%) und *servidor* (90,2%)). Auch für engl. *newsgroup* werden fast ausschließlich Übersetzungen verwendet: Unabhängige Neologismen existieren nicht, und der Pseudoanglizismus *news* taucht nur in 5,33% der Fälle auf. Allerdings kennt das Spanische hier eine große Vielfalt von Übersetzungen nach unterschiedlichen Vorlagen, bei denen die Basislexeme *foro, grupo* und *lista* jeweils durch unterschiedliche Determinanten modifiziert werden. Zentral ist dabei offensichtlich das Lexem *foro,* das in immerhin 45,33% der Fälle verwendet wird.

Weniger ausgeprägt ist die Dominanz der Übersetzungen dagegen bei *correo (electrónico)/mensaje (de correo electrónico)/mensaje electrónico* (67,11%), *correo electrónico/dirección (de correo electrónico)/dirección electrónica* (62,67%) und *proveedor* (65,9%, häufig mit Zusatz des Fremdbestandteils *internet*).

Auch im mexikanischen Internetwortschatz sind Übersetzungen beliebter als Lehnwörter. Ausschließlich durch Übersetzungen bezeichnet werden *dominio/extensión/sufijo, arrastrar/arrastrar y soltar, grupo de favoritos/lista/lista de favoritos/lista de sitios/lista sitios, hipertexto, buscador/disposivivo/máquina/ mecanismo de búsqueda/motor/motor buscador/programa de búsqueda/servicio de búsqueda, página* (mit dem Zusatz *internet* oder *web*) und *ventana.* Ein deutliches Überwiegen der Übersetzungen ist auch bei *explorador/navegador (de redes)/visualizador* (77,5%), *cybernauta/cibernauta/internauta* (88,46%), *correo (electrónico)/mensaje (de correo (electrónico))/mensaje electrónico* (74,48%), *correo (electrónico)/dirección/dirección de correo (electrónico)/dirección electrónica/numérica* (83,54%), *página de inicio/página de referencia/página personal/página principal/ portal* (85,71%), *area de discusión/foro (de discusión)/grupo (de discusión/ de noticias)/lista/tablero de discusión* (93,75%), *servidor* (91,67%), *dirección* (70,37%) und *sitio* (80,54%) zu verzeichnen. Dagegen treten die Übersetzungen *administrador (de redes/web)/maestro de web* (53,33%), *archivo adjunto/anexo* (60%), *favorito* (50,7%), *correo (electrónico)/correspondencia electrónica, mensajería/servicio de correo electrónico* (68,3%) und *autopista de la información* (66,67%) häufig zu Lehnwörtern in Konkurrenz.

Für das Spanische bestätigt sich die bereits für das Französische festgestellte Tendenz, metaphorische Ausdrücke wenn möglich durch Übersetzungen wiederzugeben, um die besonderen kognitiven Vorteile der Metapher auch in der Replikasprache nutzbar zu machen.[193] Nahezu alle

193 Der Befund widerspricht den Untersuchungsergebnissen von Alameda Nieto, nach denen nur 48% der spanischen metaphorischen Internettermini aus dem Eng-

Internetmetaphern werden wörtlich übersetzt; die wenigen Ausnahmen (*cookie, cracker, hacker, spam* etc.) stimmen mit dem französischen Gebrauch überein und lassen sich aus den spezifischen Eigenschaften der englischen Vorlagen heraus erklären. Nur bei *firewall* bietet sich keine plausible Erklärung dafür an, dass die Übersetzungen *cortafuegos* und *muro de fuego* sich nicht gegenüber dem Lehnwort durchsetzen konnten.

Wie das Französische, so lässt auch das Spanische bei der Wiedergabe von engl. *e-mail* Ansätze erkennen, die im Englischen vorhandenen Mehrdeutigkeiten zu beseitigen: Im europäischen Spanischen wird zur Bezeichnung der technischen Einrichtung der Terminus *correo* bzw. *correo electrónico* bevorzugt, während die Nachricht selbst zumeist mit *mensaje* und die E-Mail-Adresse mit *dirección (de correo electrónico)* bezeichnet wird. Es bestehen also relativ eindeutige Bezeichnungsverhältnisse – ganz im Sinne des Übersetzers Castro Roig, der die Mehrdeutigkeit des Lehnwortes *e-mail* im Spanischen kritisiert und sich daher für die Übersetzungen *dirección electrónica, correo electrónico* und *mensaje electrónico* ausspricht (vgl. Castro Roig 1999: 1). Im mexikanischen Spanisch zeichnen sich ähnliche Tendenzen ab, die jedoch weniger stark ausgeprägt sind als in Spanien. Beide Varietäten stimmen insofern überein, als zur Bezeichnung der technischen Einrichtung *correo (electrónico)* und für die E-Mail-Adresse *dirección* favorisiert werden, während die Nachricht sowohl als *mensaje* als auch als *correo (electrónico)* bezeichnet werden kann. Ausgeprägte Unterschiede bestehen bei der Verwendung des Lehnwortes *e-mail*: Während es im mexikanischen Spanisch häufig die technische Einrichtung und die Nachricht bezeichnet, sich jedoch nur selten in der Bedeutung 'E-Mail-Adresse' findet, wird es im europäischen Spanisch verhältnismäßig oft für die Nachricht und die Adresse verwendet und bezeichnet nur gelegentlich auch die technische Einrichtung. Auch hier bleibt abzuwarten, ob sich die festgestellten Tendenzen mit der Zeit noch verschärfen und damit die Divergenzen zwischen den beiden Varietäten zunehmen.

Die Tendenz, die komplizierte morphologische Integration von Verben durch Übersetzung zu umgehen, äußert sich in den Verben *arrastrar y soltar, bajar* und *subir*.

---

lischen übersetzt wurden (vgl. Alameda Nieto 1998: 276). Wahrscheinlich wurden auch hier zahlreiche Übersetzungen übersehen.

3. Überwiegen von unabhängigen Neologismen und Mischtypen

Da eine Übersetzung des metaphorischen Ausdrucks *cracker* aus semantischen und formalen Gründen problematisch ist, greift das europäische Spanisch hier auf den unabhängig gebildeten Ausdruck *intruso* zurück, der in 77,8% der Fälle verwendet wird. Im mexikanischen Korpus ist dieses Lexem nicht belegt.

Mit den Termini *descargar* (72%) und *internet* (71,5%) werden von den Sprechern des europäischen Spanisch zwei Termini bevorzugt, bei denen die verschiedenen Bestandteile der Vorlage jeweils eine unterschiedliche Behandlung erfahren. Der Erfolg der Bezeichnung *internet* ergibt sich einerseits aus ihrer Nähe zum Lehnwort, andererseits aus ihrer zentralen Stellung innerhalb des Wortschatzgebietes. Bei *descargar* hingegen verhindern formale Faktoren eine exakte Übersetzung der Vorlage *download,* da Verbindungen aus Verben und Präpositionen im Spanischen unüblich sind. Auch eine integrale Übernahme wäre wegen der erforderlichen morphologischen Integration wenig zweckmäßig, so dass das europäische Spanisch auf eine Kombination aus Übersetzung und freier Wiedergabe zurückgreift. Das mexikanische Spanisch dagegen begnügt sich mit der Übersetzung nur eines der beiden Bestandteile.

4. Die Frage innerromanischer Beeinflussung

Die fundamentale Bedeutung der englischen Sprache für die Herausbildung der französischen und spanischen Computer- und Internetterminologie ist unbestritten – angesichts intensiver historischer Lehnbewegungen zwischen dem Französischen und Spanischen bleibt allerdings zu klären, ob sich auch innerromanische Einflüsse in den modernen Terminologien widerspiegeln. Viele Jahrhunderte hindurch hat das Französische das Spanische stärker beeinflusst als alle anderen modernen Sprachen. Erst in der zweiten Hälfte des 20. Jahrhunderts konnte das Englische es als wichtigste Spendersprache ablösen. Neuere Untersuchungen zum französischen Einfluss auf das Spanische fehlen (vgl. Klöden 1996: 195); jedoch wird in der spanischen Fachsprachenforschung gemeinhin die Ansicht vertreten, das europäische Spanisch orientiere sich immer noch eng an den französischen Terminologien, während das Spanische Amerikas in viel stärkerem Maße dem englischen Einfluss ausgesetzt sei (vgl. Gil 1992: 269; Schmitt 1992: 306). Der

Kontakt mit unterschiedlichen Sprachen trage so zur Zunahme der lexikalischen Divergenzen zwischen den spanischen Varietäten bei.

Auch im spanischen Computerwortschatz lassen viele Bezeichnungen einen französischen Einfluss vermuten (vgl. *ordenador, disquete, fichero, octete, tratamiento de datos* etc.; vgl. Klöden 1996: 199; Arntz/Arranz 1999: 1519). Bei einigen zentralen Termini der Informatikfachsprache konvergiert das europäische Spanische mit dem Französischen, während sich die amerikanischen Varietäten am Englischen orientieren (vgl. engl. *computer, computation* und am.-span. *computador(a), computación*; frz. *ordinateur, informatique* und europ.-span. *ordenador, informática*). Es liegt daher die Frage nahe, inwieweit parallele Wortschatzstrukturen in der Internetterminologie nicht nur durch das gemeinsame englische Adstrat, sondern auch durch innerromanische Beeinflussung bedingt sind. Betrachtet man die in den drei untersuchten Korpora jeweils am häufigsten verwendeten Bezeichnungen, so stellt man tatsächlich weitreichende Übereinstimmungen fest:

Französisch	**Europäisches Spanisch**	**Mexikanisches Spanisch**
FAI	proveedor	ISP
agent	agente	--
pièce jointe/fichier attaché	documento adjunto	attachment/archivo anexo
favori	favorito	favorito
navigateur	navegador	navegador
chat	chat	chat
cookie	cookie	cookie
pirate	intruso	--
internaute	internauta	internauta
DVD	DVD	DVD
domaine	dominio	dominio/extensión/sufijo
DNS	DNS	DNS
télécharger	descargar	bajar
glisser-déposer	arrastrar	arrastrar
e-mail	correo	correo electrónico
mail	mensaje	correo electrónico

Französisch	Europäisches Spanisch	Mexikanisches Spanisch
e-mail	dirección	dirección
smiley/emoticon	smiley/emoticon	smiley/emoticon
firewall	firewall	firewall
FAQ	FAQ	FAQ/lista de preguntas más frecuentes
page perso/portail	página principal	página principal/portal
liste de favoris	--	lista de favoritos
hub	hub	--
hypertexte	--	hipertexto
autoroute de l'information	autopista de la información	autopista de la información
internet	internet	internet
intranet	red interna	intranet
forum	foro	grupo de discusión
serveur	servidor	servidor
moteur de recherche	buscador	buscador
spam	spam	spam
adresse	dirección	dirección
visionneur	--	viewer
visite	visita	visita
webmestre	administrador	webmaster
page	página	página
site	web	sitio
fenêtre	ventana	ventana
web	web	web

Insgesamt zeichnen sich die untersuchten Fachwortschätze durch einen hohen Grad an Konvergenz aus. Es zeigt sich, dass von den 30 in allen drei Sprachen belegten Termini immerhin 20 exakt übereinstimmen – sei es, dass es sich um parallele integrale Entlehnungen aus dem Englischen handelt (vgl. *chat, cookie, DVD, DNS, firewall, FAQ, internet, smiley/emoticon, spam, web*), oder dass äquivalente Übersetzungen im Französischen und Spanischen existieren (*favori/favorito, internaute/internauta, navigateur/navegador, domaine/dominio, autoroute de l'information/autopista de la información, serveur/servidor, adresse/dirección, visite/visita, page/página, fenêtre/ventana*). Eine Vermittlung der Anglizismen und Übersetzungen durch das Französische, wie sie für frühere Sprachstufen von vielen Autoren für wahrscheinlich gehalten wird, scheint jedoch nicht stattgefunden zu haben. Vielmehr spricht vieles dafür, dass die Konvergenzen allein durch das gemeinsame englische Adstrat bedingt sind.

Die Hälfte der in allen untersuchten Sprachen übereinstimmenden Lexeme wird von Lehnwörtern aus dem Englischen gebildet, wobei im Spanischen keinerlei lautliche oder graphische Hinweise auf eine Vermittlung durch das Französische vorliegen. Bei denjenigen Übersetzungen, die in allen drei Sprachen analog sind, ist in zahlreichen Fällen vor allem im Französischen eine Nähe zum Lehnwort gegeben (vgl. *navigator/navigateur/navegador, domain/domaine/dominio, visit/visite/visita* etc.), oder es handelt sich um leicht übersetzbare Lexeme des Allgemeinwortschatzes (vgl. *address/adresse/dirección, window/fenêtre/ventana*). Gleichzeitig findet man für die englischen Termini, die keine direkten Übersetzungsäquivalente besitzen oder für die zahlreiche unterschiedliche Vorlagen im Englischen existieren, eher unterschiedliche Lösungen in den romanischen Varietäten (vgl. *télécharger/descargar/bajar* für *download, pièce jointe/fichier attaché* und *documento adjunto* bzw. *archivo anexo* für *attachment*).

Würde sich die europäisch-spanische Terminologie hauptsächlich am Französischen orientieren, die mexikanische dagegen am Englischen, so wären im Korpus konvergente Strukturen im Französischen und europäischen Spanisch bei gleichzeitiger Divergenz zum mexikanischen Spanisch und zum Englischen zu erwarten. Tatsächlich ist dies jedoch nur bei *forum/grupo de discusión* der Fall. Wesentlich häufiger findet man übereinstimmende Ausdrucksweisen in den beiden spanischen Varietäten bei gleichzeitiger Divergenz zum Französischen (vgl. *moteur de recherche/buscador, e-mail/dirección, glisser-déposer/arrastrar* etc.). Die Annahme einer zunehmenden Divergenz der spanischen Varietäten durch französischen bzw. englischen Einfluss wird daher nicht bestätigt. Man muss vielmehr davon ausgehen, dass die lexikalischen Konvergenzen nicht durch innerromanischen Sprachaustausch zustande kommen, sondern sich aus der allen Varietäten gemeinsamen starken englischen Prägung erklären.[194]

194 Auffällige Übereinstimmungen zwischen dem Französischen und Spanischen ergeben sich bei Hybridbildungen mit Elementen englischer Herkunft, die in beiden

5. Fazit

Die Verteilung der zentralen Internettermini auf die verschiedenen Neologismenkategorien lässt sich graphisch wie folgt darstellen:

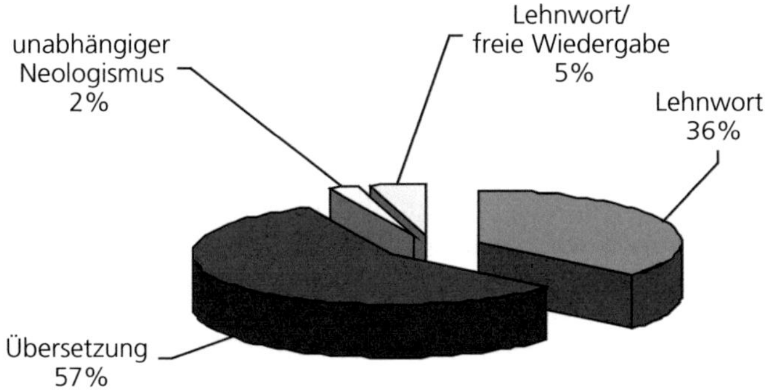

Abb. 23: Bevorzugung verschiedener Neologismenformen im europäischen Spanisch

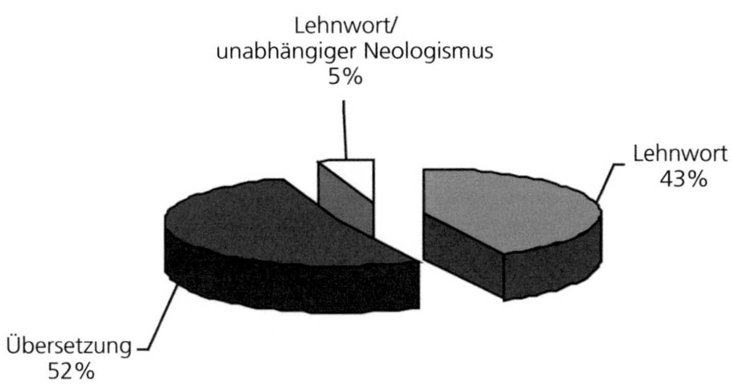

Abb. 24: Bevorzugung verschiedener Neologismenformen im mexikanischen Spanisch

---

Sprachen unverbunden hinter das Determinatum gestellt werden (vgl. *serveur web/servidor web* u.ä.). Ob hier ein zwischensprachlicher Einfluss vorliegt, müsste durch eingehendere Untersuchungen geklärt werden.

Es wird deutlich, dass die beiden untersuchten Varietäten hinsichtlich der bevorzugten Formen der Wortschatzerweiterung in hohem Maße konvergieren. Sowohl in Spanien als auch in Mexiko werden die englischen Bezeichnungsmuster fast ausschließlich in Form von Lehnwörtern oder Übersetzungen ins Spanische übernommen, wohingegen kaum unabhängige Eigenschöpfungen zu verzeichnen sind. Der spanische Internetwortschatz zeigt damit dieselben Entwicklungstendenzen wie der französische.

Die Neigung, englisches Wortmaterial nicht direkt zu übernehmen, sondern durch wörtliche Übersetzung zu assimilieren, scheint im Spanischen sogar noch stärker ausgeprägt zu sein als im Französischen, obwohl wörtliche Übersetzungen im spanischsprachigen Raum nicht durch eine offizielle Terminologieplanung propagiert werden.

Da alle untersuchten Sprachen und Varietäten englische Metaphern vorzugsweise durch Übersetzungen wiedergeben – wahrscheinlich, um die Vorzüge metaphorischer Ausdrucksweisen auch in der Replikasprache nutzbar zu machen – scheint hier eine gemeinromanische, wenn nicht sogar universelle Tendenz des lexikalischen Sprachkontaktes vorzuliegen.

KAPITEL VIII

Diskussion der Ergebnisse

Toute langue change
quand elle sert et parce
qu'elle sert.

(Martinet 1969: 190)

Die vorangehende Untersuchung hat sich zum Ziel gesetzt, einige zentrale Probleme des lexikalischen Wandels in Sprachkontaktsituationen zu beleuchten. Ausgangspunkt der Überlegungen war die Frage, weshalb sich bestimmte Formen der lexikalischen Innovation dauerhaft in der Sprache etablieren, andere dagegen vorübergehende Erscheinungen bleiben. Dazu musste zunächst ein Beschreibungsapparat entwickelt werden, mit dessen Hilfe sich Sprachkontaktphänomene im Wortschatz klassifizieren ließen.

Die Mittel, die die traditionelle Lehngutforschung für diesen Zweck zur Verfügung stellt, haben sich als unzulänglich erwiesen, da sie in der Regel keine eindeutige Klassifizierung der beobachtbaren sprachlichen Phänomene erlauben. Eine eingehende Diskussion der herkömmlichen Modelle hat gezeigt, dass sich die Mängel größtenteils aus einer ungenügenden Reflexion ihrer zeichentheoretischen Grundlagen ergeben. Problematisch ist vor allem der eklatante Widerspruch zum Saussure'schen Zeichenmodell, das die meisten Lehngutklassifikationen zumindest implizite zugrunde legen. Da die herkömmliche Lehngutforschung die Lehnbedeutung als Übertragung eines isolierten *signifiés* von einem Zeichen auf ein anderes interpretiert, verletzt sie nicht nur das Prinzip der Untrennbarkeit von Inhalts- und Ausdrucksseite, sondern negiert auch den Status des Zeichens als elementare sprachliche Einheit. Zudem wird mit der Annahme zusammengesetzter *signifiés* ein fragwürdiges Verständnis von sprachlicher Polysemie vertreten.

Nach der Aufarbeitung der zeichentheoretischen Grundlagen konnten die Probleme der traditionellen Systematiken gelöst und ein neues Klassifikationsmodell vorgestellt werden. Ausgangspunkt der Analyse war die

Überlegung, dass an der Entstehung von Bedeutung in *langue* und *parole* neben dem abstrakten Zeichen auch die Ebene der Referenz beteiligt sein muss. Durch den habituellen Bezug eines elementaren, nicht weiter zergliederbaren Zeichens auf bestimmte Referenten entstehen die so genannten Normbedeutungen, die in der Semantik üblicherweise mit dem Begriff *Polysemie* in Zusammenhang gebracht werden.

Unter diesen Voraussetzungen wurden die Kategorien des Lehngutes erneut diskutiert und – bei einer strengen Trennung zwischen *parole* und *langue* bzw. Interferenz und Entlehnung – drei verschiedene Typen der lexikalischen Neologie unterschieden. Wollen Zweisprachige zwischensprachlich wahrgenommene Bezeichnungslücken füllen, so besteht eine erste Möglichkeit in der Übernahme fremder Morpheme in replikasprachliche Äußerungen, die in der Interferenz als Code-Switching beschrieben werden kann. Wenn sich die modellsprachlichen Einheiten dauerhaft als Entlehnungen etablieren, wird das replikasprachliche System um ein komplett neues Zeichen erweitert. Als Ergebnis des Sprachkontaktes erhält man – mit gewissen lautlichen und morphologischen Abweichungen – äquivalente Zeichen in Modell- und Replikasprache. Innerhalb des replikasprachlichen Systems ist das Lehnwort jedoch in der Regel isoliert, da es sich nicht an bestehende Bezeichnungsmuster oder Wortfamilien anschließt.

Bei einer zweiten Form der lexikalischen Innovation bilden spontane zwischensprachliche Assoziationen den Ausgangspunkt für Interferenzen. Feste Wortgleichungen zwischen gängigen Übersetzungsäquivalenten führen dazu, dass Einheiten der Replikasprache nach dem Vorbild modellsprachlicher Bezeichnungsmuster verwendet werden (vgl. engl. *act* – frz. *acte*). Dadurch kommt es zu kontaktinduzierten Abweichungen von der lexikalischen Norm der Replikasprache. Können sich diese Interferenzen dauerhaft durchsetzen, erweitert sich die Norm dergestalt, dass symmetrische Bezeichnungsmuster in beiden beteiligten Sprachen entstehen. So genannte Lehnbedeutungen sind daher nicht im Sinne einer abstrakten Bedeutungsentlehnung, sondern – ebenso wie die so genannte Lehnübersetzung und -übertragung – als Übersetzungen zu interpretieren. Innerhalb dieses Typs stellt die so genannte homonyme Lehnbedeutung einen seltenen Sonderfall dar, bei dem nicht die Bezeichnungsmuster eines existierenden Lexems verändert werden, sondern ein neues Homonymenpaar nach dem Vorbild der Modellsprache entsteht (vgl. frz. *canard* – dt. *Ente*).

In einem dritten Fall schließlich werden replikasprachliche Lexeme in Kontexten verwendet, die in der Norm nicht vorgesehen sind, ohne dass dabei eine Orientierung an fremden Mustern nachweisbar wäre. Die Bezeichnung neuer Sachverhalte wird aus eigensprachlichen Mitteln durch die Interpretation des zu bezeichnenden Konzeptes vorgenommen, so dass es zu asymmetrischen Bezeichnungsrelationen in Modell- und Replikasprache kommt (vgl. engl. *cracker* – frz. *pirate*). Obwohl diese Form der lexikalischen Neologie in der traditionellen Lehngutforschung als so genannte Lehnschöpfung zum inneren Lehngut gezählt wird, ist sie aus dem Bereich der Sprachkontaktphänomene auszuklammern, da an ihrer Entstehung keine fremden Vorbilder beteiligt sind.

Über das Verfahren der Übernahme oder der Übersetzung hinaus gibt es keine Möglichkeit, fremdes Wortmaterial in die Replikasprache zu integrieren, so dass auf eine weitere Feingliederung verzichtet werden kann. Allerdings können gemischte Kategorien dadurch entstehen, dass unterschiedliche Verfahren auf die einzelnen Bestandteile komplexer Vorlagen angewendet werden (vgl. z.B. frz. *liste de signets* nach *hotlist*).

Da sich der Nutzen eines jeden induktiv entwickelten Modells erst in der empirischen Anwendung zeigt, schloss sich an diese theoretischen Überlegungen eine Untersuchung zum englischen Einfluss auf den französischen und spanischen Internetwortschatz an. Um den relativen Anteil der Lehnwörter, Übersetzungen und unabhängigen Neologismen an der französischen und spanischen Terminologie bestimmen zu können, mussten zunächst Kriterien für die Identifikation von Sprachkontakterscheinungen gefunden werden. Da Übersetzungen in der Regel keine lautlichen oder formalen Besonderheiten aufweisen, sind hier vorwiegend außersprachliche Faktoren, darunter vor allem die Verknüpfung bestimmter Themengebiete mit der modellsprachlichen Kulturgemeinschaft, maßgeblich. Die enge Verbindung der Informationstechnologie mit der angloamerikanischen Welt legt dabei die Annahme nahe, dass für einen Großteil der französischen und spanischen Internettermini englische Vorlagen existieren.

Im Rahmen der empirischen Analyse wurde zunächst das englische Korpus auf formale und semantische Besonderheiten hin untersucht. Im Zentrum der Betrachtungen stand dabei das Phänomen der fachsprachlichen Metaphorik, das bei der Herausbildung der englischen Terminologie offensichtlich eine herausragende Rolle gespielt hat. Auf der Grundlage der zuvor aufgestellten zeichentheoretischen Prämissen konnte ein Erklärungsmodell für metaphorische Verwendungen von Lexemen erarbeitet werden, nach dem diese auf außersprachlich wahrgenommenen Ähnlichkeiten zwischen Sachverhalten beruhen. Die sprachlichen Isomorphismen stehen dabei symptomatisch für kognitive Konzeptualisierungsvorgänge und erleichtern auf diese Weise den Sprechern den Zugang zu unbekannten und komplizierten Sachverhalten, was die besondere Beliebtheit metaphorischer Ausdrucksweisen in technischen Fachsprachen erklärt. Dabei lassen sich die Einzelmetaphern in der Regel größeren Themenkomplexen zuordnen, die Ausdruck vielschichtiger mentaler Modelle sind und den Sprechern eine bestimmte Sichtweise auf die metaphorisch bezeichneten Sachverhalte nahe legen. Aufgrund der im Internetwortschatz vorherrschenden Metaphernthemen wird das Datennetz von seinen Benutzern vor allem als virtueller Raum wahrgenommen, in dem diese sich von einem Punkt zum anderen bewegen. Eine zentrale Rolle spielt außerdem die anthropomorphisierende Darstellung des Computers.

Die Analyse des französischen Korpus ging von den bisher erschienenen *arrêtés de terminologie* zum Internetwortschatz aus. Nach einer kurzen Einführung in die französische Sprachplanung, die – so die offizielle Darstellung – vor allem der Verständnissicherung und der Wahrung der sprachlichen Vielfalt dienen soll, wurde untersucht, nach welchen Prinzipien die Terminologiekommissionen beim Ersatz von Lehnwörtern vorgehen.

Das gängigste Verfahren zur Bildung offizieller Ersatzwörter besteht in der wörtlichen Übersetzung der englischen Vorlagen. Dadurch, dass fremde Bezeichnungsmuster mit französischem Wortmaterial nachgeahmt werden, stellen die offiziellen Termini im Grunde lediglich oberflächliche Französisierungen der Vorlagen dar. Auf freie Bildungen wird in den offiziellen Listen ausschließlich dann zurückgegriffen, wenn eine direkte Übersetzung der Vorlage aus semantischen oder formalen Gründen nicht möglich ist bzw. im Französischen zu unidiomatischen oder irreführend motivierten Resultaten führen würde. Der eigentliche sprachschöpferische Akt findet jedoch weiterhin im Englischen statt, so dass der Beweis, dass auch das Französische in der Lage ist, den besonderen terminologischen Bedürfnissen der modernen Welt zu entsprechen, durch diese Vorgehensweise gerade nicht erbracht wird.

Das untersuchte Material lässt außerdem erkennen, dass die Sprachplaner vor allem an einem möglichst authentischen französischen Erscheinungsbild der verwendeten Termini interessiert sind. Anglizismen werden nur in seltenen Fällen geduldet, wenn sie dem Französischen morphologisch nahe stehen oder bereits so gut integriert sind, dass ein Ersatz aussichtslos erscheint. Gleichzeitig wird bei den Übersetzungen viel Wert auf deren Anpassung an französische Wortbildungsmuster gelegt. Die Substitute sind daher formal unauffällig und präsentieren sich nach außen wie autochthone französische Wortschatzelemente.

Während die Entscheidung für ein bestimmtes Verfahren in den meisten Fällen aufgrund der spezifischen Eigenschaften der beteiligten Lexeme gefällt wird, erfolgt die Auswahl der zu ersetzenden Lexeme offensichtlich nicht nach linguistischen, sondern vielmehr nach ideologischen Kriterien. Objektive Richtlinien dafür, wann ein Lexem als Anglizismus gelten soll, lassen sich aus dem untersuchten Material nicht ableiten. Erweckt eine Wortschatzeinheit subjektiv den Eindruck, englischer Herkunft zu sein, wird ihr Ersatz empfohlen, wohingegen formal unauffällige Entlehnungen geduldet werden.

Da anzunehmen ist, dass sich die französischen Sprecher beim Lehnwortersatz weniger von sprachpuristischen Prinzipien, als vielmehr von ihren persönlichen Kommunikationsbedürfnissen leiten lassen, schloss sich an die Untersuchung der offiziellen *arrêtés* die Analyse eines französischen Zeitschriftenkorpus an.

Erwartungsgemäß haben die französischen Sprecher erheblich weniger Vorbehalte gegenüber Anglizismen, was zu einer deutlich größeren Bandbreite an unterschiedlichen Bildungstypen führt als bei den offiziellen Ersatzwörtern. Hybride Wortschatzelemente wie Übersetzungen mit Fremdelement und explizierte Lehnwörter sind typische Erscheinungen des spontanen Ersatzes, die von offizieller Seite gemieden werden. Obwohl der überwiegende Teil der spontanen Ersatzwörter einer der aufgestellten Kategorien in Reinform zugeordnet werden kann, enthält das Korpus außerdem einen im Vergleich zu den offiziellen Listen relativ hohen Anteil an komplexen Bildungen, bei denen unterschiedliche Verfahren auf die einzelnen Bestandteile angewendet werden. In formaler Hinsicht sind auch die inoffiziellen Termini gut an französische Wortbildungsmuster angepasst. Lediglich bei Zusammensetzungen mit Lehnmorphemen wie *internet, web* und *mail* lässt sich eine Tendenz zur asyndetischen Komposition beobachten. Der englische Einfluss auf die französische Wortbildung wird jedoch in diesem Punkt insofern relativiert, als die Bildungen an bereits bestehende Muster mit adjektivierten Substantiven anknüpfen.

In einem weiteren Schritt wurden nun die jeweils am häufigsten verwendeten Termini unter der Fragestellung betrachtet, ob sich aus dem Untersuchungsmaterial allgemeine Gesetzmäßigkeiten für die Bevorzugung bestimmter Strategien der Wortschatzerweiterung ableiten lassen. Da die traditionellen Lehngutklassifikationen die wesentlichen Unterschiede zwischen den verschiedenen Typen nicht erfassen, lag die Vermutung nahe, dass die Schwierigkeiten bei der Erklärung lexikalischer Sprachwandelprozesse auf die Unzulänglichkeiten der Modelle zurückzuführen waren.

Der Korpusanalyse wurden einige theoretische Vorüberlegungen vorausgeschickt, nach denen die Richtung lexikalischer Sprachwandelprozesse durch das Zusammenspiel von kognitiver Ökonomie in Interferenz und Entlehnung bestimmt wird. Stößt ein bilingualer Sprecher in einer Sprachkontaktsituation auf eine Bezeichnungslücke, wird er diejenigen Formen der lexikalischen Innovation bevorzugt verwenden, die ihm den geringsten kognitiven Aufwand abverlangen. Es ist daher davon auszugehen, dass zumindest in der ersten Phase des Sprachkontaktes im zweisprachigen Milieu Lehnwörter, Übersetzungen und eigenständige Bildungen jeweils mit abnehmender Häufigkeit verwendet werden.

Bei einer Verbreitung über zweisprachige Kreise hinaus besitzen häufig verwendete Innovationen zunächst bessere Chancen auf eine dauerhafte Aufnahme ins Sprachsystem. Die Korpusuntersuchung hat jedoch gezeigt, dass sich in vielen Fällen gerade nicht das Lehnwort, sondern eine wörtliche Übersetzung durchsetzt. Während das Prinzip der kognitiven Ökonomie beim Zweisprachigen Code-Switching fördert, bieten Bildungen aus eigensprachlichem Material dem monolingualen Sprecher entscheidende Vorteile, die die zahlenmäßige Überlegenheit der Lehnwörter aufwiegen. Das ausschlaggebende Moment für die Auswahl des Verfahrens ist dabei offensichtlich in den Auswirkungen zu suchen, die verschiedene Innovationsformen auf das System der Replikasprache haben: Während Lehnwörter als so genannte "verwaiste Wörter" isoliert stehen, schließen sich Lehnübersetzungen und unabhängige Eigenbildungen an vorhandene Wortfamilien und Bezeichnungsstrukturen an. Auf diese Weise entstehen motivierte Wortschatzeinheiten, die für den Einsprachigen in Kommunikation und Kognition grundlegende Vorteile gegenüber den undurchsichtigen Lehnwörtern besitzen: Sie entlasten nicht nur das Gedächtnis, sondern ermöglichen häufig auch ohne Kenntnis der Vokabel ein grobes Vorverständnis des Bezeichneten.

Jedoch ist der Nutzen durchsichtiger Wortschatzeinheiten nur bei bestimmten Formen der Motiviertheit bedeutend genug, um die Übernahme von Lehnübersetzungen zu veranlassen. Während bei morphologisch motivierten Termini noch die ökonomischen Vorteile des Lehnwortes überwiegen, werden metaphorische Ausdrücke fast ausschließlich durch Übersetzungen wiedergegeben, da hier nicht nur auf sprachlicher Ebene Bezüge zu anderen Zeichen des Systems hergestellt werden, sondern auf kognitiver Ebene das Verständnis des bezeichneten Sachverhaltes erleichtert wird. Abweichungen von diesem Grundmuster lassen sich in der Regel aus den semantischen oder formalen Eigenschaften der englischen Vorlage erklären: Würde eine wörtliche Übersetzung zu irreführend motivierten Ergebnissen führen (vgl. *cookie, cracker*), so wird in aller Regel dem Lehnwort der Vorzug gegeben. Der ironische Charakter vieler Internetmetaphern trägt ein Übriges dazu bei, dass die Übersetzungen den weniger expressiven Lehnwörtern vorgezogen werden. Darüber hinaus können morphologische, lautliche und sprachökonomische Eigenschaften der Vorlage sowie die bestehenden Übersetzungsmöglichkeiten die Akzeptanz eines Anglizismus erleichtern oder zu seiner Ersetzung führen.

Was die Frage der Wirksamkeit offizieller Terminologieerlasse betrifft, so zeigt die Analyse des spontanen französischen Lehnwortersatzes, dass ein großer Teil der Anglizismen im normalen Sprachgebrauch beibehalten wird. Werden im französischen Zeitungskorpus offizielle Ersatzwörter bevorzugt verwendet, so waren diese in der Regel schon vor dem Erscheinen der *arrêtés* in Gebrauch oder sind äußerlich nicht von angepassten Lehnwörtern zu unterscheiden, so dass die Erlasse offensichtlich nur einen äußerst geringen Einfluss auf das Sprecherverhalten ausüben. Das Argument der Motiviertheit französischer Wortschatzeinheiten, mit dem Anhänger der Sprachplanung die Terminologieerlasse immer wieder zu rechtfertigen suchen, wird durch die Untersuchung relativiert. Sind die Termini nur morphologisch motiviert, so ist der Beitrag zum Verständnis eines technischen Sachverhaltes offensichtlich geringer, als von den Sprachplanern behauptet. Lediglich bei metaphorischen Ausdrücken wird auf kognitiver Ebene der Zugang zu den bezeichneten Sachverhalten erleichtert – wobei die Vorteile der Metaphern jedoch so entscheidend zu sein scheinen, dass zur Durchsetzung der Lehnübersetzung offensichtlich keine Terminologieplanung notwendig ist.

Um zu überprüfen, ob sich die für das Französische ermittelten Tendenzen auf andere romanische Sprachen übertragen lassen, wurde unter denselben Voraussetzungen eine Untersuchung für das europäische und mexikanische Spanisch durchgeführt. Dabei hat sich gezeigt, dass die Behandlung englischer Termini grundsätzlich nach denselben Prinzipien erfolgt wie im Französischen: Im spontanen Sprachgebrauch findet man eine große Anzahl unterschiedlicher Termini, die sich recht gut den aufgestellten Lehngutkategorien zuordnen lassen. Der Großteil der Ersatzwörter wird dabei von kontaktinduzierten Innovationen gebildet. Unabhängige Neuschöpfungen sind – wie im Französischen – selten und werden nur gebildet, wenn der Gebrauch von Lehnwörtern oder Übersetzungen aus formalen oder semantischen Gründen ausscheidet. Übersetzungen werden in der Regel den modellsprachlichen Wortbildungsgewohnheiten angepasst. Schwankungen bei der morphologischen Anpassung und Abweichungen von autochthonen Wortbildungsmustern sind jedoch – u.U. aufgrund des im hispanophonen Raum weniger stark ausgeprägten Normbewusstseins – häufiger anzutreffen. Die asyndetische Reihung wird auch im Spanischen fast ausschließlich bei Zusammensetzungen mit entlehnten Bestandteilen englischer Herkunft angewendet, die einen adjektivähnlichen Status besitzen.

Die Analyse der jeweils am häufigsten verwendeten Internettermini hat gezeigt, dass auch im Spanischen eine ausgeprägte Tendenz besteht, metaphorische Bezeichnungen wörtlich zu übersetzen, nicht metaphorische Ausdrücke dagegen als Lehnwörter zu übernehmen. Auch die spanischsprachigen Internauten nutzen offensichtlich die kognitiven Vorteile der Metapher, um sich die abstrakten technischen Sachverhalte zu Eigen zu machen.

Um zu überprüfen, inwieweit sich Art und Intensität des Sprachkontaktes auf den lexikalischen Sprachwandel auswirken, wurden innerhalb der Untersuchung zum Spanischen die europäische und die mexikanische Varietät gegenübergestellt. Die Hypothese, dass sich das europäische Spanisch in Terminologiefragen eng am Französischen orientiert, die lateinamerikanische Varietät dagegen einem tiefgreifenderen englischen Einfluss ausgesetzt ist, konnte anhand des Untersuchungsmaterials nicht bestätigt werden. Der Vergleich der in den untersuchten romanischen Sprachen und Varietäten am häufigsten gebrauchten Termini zeigt vielmehr, dass diese in ihren Bezeichnungsstrukturen untereinander in hohem Maße übereinstimmen. Konvergenzen zwischen dem europäischen Spanisch und dem Französischen bei gleichzeitiger Divergenz zum lateinamerikanischen Spanisch, wie sie bei einer Vermittlung durch das Französische zu erwarten wären, sind kaum zu beobachten. Auch Hinweise auf eine stärkere Prägung der mexikanischen Terminologie durch das Englische z.B. in der Wortbildung sind äußerst spärlich und betreffen nur einzelne, sporadisch verwendete Ausdrücke. Es ist daher davon auszugehen, dass alle untersuchten romanischen Sprachen und Varietäten dem englischen Einfluss unmittelbar ausgesetzt sind. Angesichts der Tatsache, dass durch die neuen Informationstechnologien und die Massenmedien zunehmend die geographischen Grenzen des Sprachkontaktes gesprengt werden, kann dieses Ergebnis kaum erstaunen.

Insgesamt zeichnet sich ab, dass auf lange Sicht der Sprachgebrauch und nicht der Gesetzgeber über Akzeptanz oder Ersatz von Anglizismen entscheiden wird. Sprachplaner und Puristen übersehen, dass die Sprache ein Werkzeug ist, das aus eigener Kraft Formen hervorbringt, wieder untergehen lässt und auf diese Weise den Aussageabsichten der Sprecher und ihren kommunikativen, kognitiven und sozialen Bedürfnissen dient. Nicht zuletzt dadurch, dass die Sprache einem ständigen Selbstregulationsmechanismus unterworfen ist, kann von einer Gefährdung der Kommunikation durch Anglizismen kaum die Rede sein. Im Internetwortschatz zeigt sich in besonders eindrucksvoller Weise, dass die Bedeutung von Sprache weit über ihre Funktion als reines Kommunikationsmittel hinausgeht: Der spielerische Umgang mit Lautung und Graphie, der exzessive Gebrauch von Anglizismen, die zahlreichen Anspielungen auf die virtuellen Welten des Films und der Literatur und nicht zuletzt die außerordentliche Beliebtheit von Metaphern, häufig mit bissig-ironischem Unterton, spiegeln die Ausdrucksbedürfnisse einer Sprechergruppe wider, die weit mehr als die Verständigung über technische Sachverhalte in ihrer Muttersprache anstrebt. Ebendiese Bedürfnisse sind es, die im Zusammenspiel mit dem Grundprinzip der sprachlichen und kognitiven Ökonomie die Richtung des lexikalischen Sprachwandels bestimmen. Entlehnung und Sprachwandel werden – unabhängig von gesetzlichen und politischen Maßnahmen – immer stattfinden.

Literaturverzeichnis
Die untersuchten *arrêtés de terminologie*
Glossar der untersuchten Termini

ANHANG I.

Literaturverzeichnis

A. *Arrêtés de terminologie*

Termes relatifs au courrier électronique vom 2.12.1997 [http://www.culture.fr/culture/dglf/cogeter/2–12–97-mel.htm].

Vocabulaire de l'informatique et de l'internet vom 16.3.1999 [http://www.culture.fr/dglf/cogeter/16-03–99-internet-listes.html].

Vocabulaire de l'informatique et de l'internet vom 1.9.2000 [http://www.culture.fr/dglf/cogeter/1–9-00-internet.htm].

B. Zeitschriftenkorpus

Französische Zeitschriften

Internet en action, Nr. 4, November 2000.
Internet pratique, Nr. 4, November 2000.
Net@cess, Nr. 1, November 2000.
Yahoo! Internet life, Nr. 8, November 2000.
Web magazine, Nr. 19, November 2000.

Spanische Zeitschriften

@rroba, Nr. 52, Januar 2002.
Computer Hoy, Nr. 85, Januar 2002.
Computer!dea, Nr. 13, Januar 2002.
PC Today, Nr. 32, Januar 2002.

Mexikanische Zeitschriften

Internet Advisor, Nr. 16, August 2001.
Mundo Internet, Nr. 6, Juni 2001.
PC Magazine en español, edición especial, September 2001.
PC Media, Nr. 6, Juni 2001.
WWW – Vivir en Internet, Nr. 19, August 2001.

C. Internetglossare

ATI Glosario de Internet [http://www.ati.es/novatica/gloinv2.html].

A Glossary of World Wide Web Terms and Acronyms [http://www.ncsa/uiuc.edu/sdg/software/mosaic/glossary].

ATM Dictionary [http://cele-relay.india.ean/cele-rely/FAQ/dictionary/dictionary.html].

Basic Glossary of UNIX Terms [http://www._ec.njit.edu/ec_info/home/faq/basic/glossary.html].

Ciber-léxico comparativo [http://www.telefonica.es/fat/lex.html].

DISA Glossary of WWW Terms [http://disa.mil/handbook/glossary.html].

Free On-line Dictionary of Computing (FOLDOC) [http://www.foldoc.doc.ic.ac.uk].

Glosario de internet [http://www.uco.es/ccc/glosario.html].

Glosario de términos informáticos [http://www.geocities.com/Athens/2693/glosario.html].

Glossary of Computing Terms [http://www.le.ac.uc/cc/iss/glossary.html].

Hytelnet Glossary of Terms for Internet Resources [http://www.galaxy.com/hytelnet/glossary.html].

ICL Glossary of Internet Terms [http://www.matisse.net/files/glossary.html].

Information Terminology Glossary [http://2400hrs.com/glossary/index.htm].

Internet and UNIX Dictionary [http://msg.net/kadow/answers].

Internet Hyper-Glossary [http://winfiles.cnet.com/connect/glossary.html].

Le grand dictionnaire terminologique [http://www.lgtd.cedrom_sni.qc.cal].

NetGlos – The Multilingual Glossary of Internet Terminology [http://www.Li.com/translation/netglos/glossary/glossary.html].

Santa Tecla – Manual – CyberSpanglish [http://www.santatecla.com/manual/chapter9.1/9.1.html].

The Newbie's Guide to Email Lists [http://list-lingo.com/terms/index.shtml#a].

Terminologie d'Internet – Banque de terminologie [http://www.olf.gouv.qc.ca/ressources/internet/fiches.htm].

Vocabulario ordenadores e internet [http://www.jamillan.com/v_internet.htm].

Web Glossary of Terms [http://ws121.supnet.com/psn/about/mosaic/glossary].

whatis.com [http://whatis.techtarget.com].

D. Fachliteratur

Ahlers, Christian; Günter Holtus. 1999. "Lassen sich Anglizismen verbieten? Zum Wortschatz der Informatik in der fachbezogenen Presse Frankreichs". In: Peter Wagner (Hg.). *Sprachformen. Deutsch und Niederdeutsch in europäischen Bezügen. Festschrift für Dieter Stellmacher zum 60. Geburtstag*. Stuttgart, 297–310.

Aitchison, Jean. 1997. *Wörter im Kopf. Eine Einführung in das mentale Lexikon. Aus dem Englischen von Martina Wiese*. Tübingen.

Alameda Nieto, Irene Zoe. 1998. "El empleo de la metáfora en el vocabulario tecnológico de internet". In: Alberto Gil; Christian Schmitt (Hgg.). *Kognitive und kommunikative Dimensionen der Metaphorik in den romanischen Sprachen*. Bonn, 260–80.

Albrecht, Jörn. 1992. "Wortschatz versus Terminologie: Einzelsprachliche Charakteristika in der Fachterminologie". In: Jörn Albrecht; Richard Baum (Hgg.). *Fachsprache und Terminologie in Geschichte und Gegenwart*. Tübingen, 59–78.

– 1995. "Typologische Ähnlichkeit als 'Übersetzungshilfe': 'Romanismen' im Übersetzungsvergleich". In: Wolfgang Dahmen; Günter Holtus; Johannes Kramer (Hgg.). *Konvergenz und Divergenz in den romanischen Sprachen. Romanistisches Kolloquium VIII*. Tübingen, 287–303.

Algeo, John. 1990a. "Semantic change". In: Edgar Polomé (Hg.). *Research Guide on Language Change*. Berlin, 399–408.

– 1990b. "Borrowing". In: Edgar Polomé (Hg.). *Research Guide on Language Change*. Berlin, 409–13.

– 1997. "Among the new words". *American Speech* 72, 84–96.

Algeo, John; Adele Algeo. 1995. "Among the new words". *American Speech* 70, 81–93.

Alvarez, Albert. O.J. "Terminologie informatique en espagnol". [http://lilla2.unice.fr/labo_fr/COLL&OUV/OUVRAGES/LILLA/TRAVAUX1/alvarez. htm]. Zugriff am 11.11.2001.

Arabski, Janusz. 1997. "Organization of the foreign language mental lexicon". In: Raymond Hickey; Stanisław Puppel (Hgg.). *Language History and Linguistic Modelling. A Festschrift for Jacek Fisiak on his 60th Birthday*. Bd. 2: *Linguistic Modelling*. Berlin/New York, 1585–92.

Arntz, Reiner; Julio César Arranz. 1999. "Die spanischen Fachsprachen im 20. Jahrhundert und ihre Erforschung: eine Übersicht". In: Lothar Hoffmann; Hartwig Kalverkämper; Herbert Ernst Wiegand (Hgg.). *Fachsprachen. Ein internationales Handbuch zur Fachsprachenforschung und Terminologiewissenschaft*. Bd. 2. Berlin/New York, 1514–21.

Assirati, Elaine Therezinha. 1998. "Neologismos por empréstimo na informática". *Alfa* 42, 121–45.

Azevedo do Campo, José Luís de. 2000. *Einführung in die kognitive Linguistik für Lusitanisten und Hispanisten*. Rostock.

Bäcker, Notburga. 1975. *Probleme des inneren Lehnguts dargestellt an den Anglizismen der französischen Sportsprache*. Düsseldorf.

Bakmand, Bente. 2000. "National language planning, why (not)?". *Intercultural communication* 3. [http://www.immi.se/intercultural/nr3/bakmand.htm]. Zugriff am 19.2.2001.

Baranow, Ulf Gregor. 1973. *Studien zum deutsch-portugiesischen Sprachkontakt in Brasilien*. München.

Barker, Simon. 1998. "Rigour or Vigour: Metaphor, Argument, and Internet". *Philosophy & Rhetoric* 31, 248–65.

Bartens, Angela. 2000. "Vers une typologie socio- et psycholinguistique des produits du contact linguistique: exemples romans". In: Annick Englebert; Michael Pierrard; Laurence Rosier; Dan Van Raemdonck (Hgg.). *Actes du 22e Congrès de Linguistique et de Philologie Romanes*. Bd. IX: *Contacts interlinguistiques*. Tübingen, 7–18.

Bastian, Sabine; Nicole Filleau. 1998. "Réflexions sur la traduction du sens figuré (français-allemand/allemand-français)". In: Alberto Gil; Christian Schmitt (Hgg.). *Kognitive und kommunikative Dimensionen der Metaphorik in den romanischen Sprachen*. Bonn, 214–32.

Battista, Simonetta. 1995. "Il trattamento dei neologismi tecnico-scientifici in faroese: un contributo alla teoria dell'Ersatzwort". In: Raffaella Bombi (Hg.). *Lingue speciali e interferenza. Atti del Convegno Seminariale Udine, 16–17 maggio 1994*. Rom, 103–117.

Baumann, Klaus-Dieter. 1998. "Das Postulat der Exaktheit für den Fachsprachengebrauch". In: Lothar Hoffmann; Hartwig Kalverkämper; Herbert Ernst Wiegand (Hgg.). *Fachsprachen. Ein internationales Handbuch zur Fachsprachenforschung und Terminologiewissenschaft*. Bd. 1. Berlin/New York, 373–77.

Bécam, Jean. 1985. "L'invasion de l'anglais dans et par l'informatique représente-t-il un danger?". In: *Groupe d'Études sur le Plurilinguisme Européen* (Hg.). *L'anglais: langue étrangère ou langue seconde? Actes du Premier Colloque du G.E.P.E. 18–19 mai 1984, Strasbourg*. Straßburg, 76–80.

Bécherel, Danièle. 1981. "A propos des solutions de remplacement des anglicismes". *La linguistique* 17, 119–31.

Beck-Busse, Gabriele. 1995. "Vom Fremderleben in der Sprachpflege: *La langue française, joyau de notre patrimoine.*" In: Jürgen Trabant (Hg.). *Die Herausforderung durch die fremde Sprache: das Beispiel der Verteidigung des Französischen.* Berlin, 117–50.

Beinke, Christine. 1990. *Der Mythos "franglais". Zur Frage der Akzeptanz von Angloamerikanismen im zeitgenössischen Französisch.* Frankfurt a.M.

– 1995. "*Tomatine* statt *ketchup*? Ein Weg zum reinen Französisch". In: Jürgen Trabant (Hg.). *Die Herausforderung durch die fremde Sprache: das Beispiel der Verteidigung des Französischen.* Berlin, 79–90.

Bello Rivas, María Xesús. O.J. "Gallego y castellano en conflicto: Mecanismos de diferencialismo en la lengua escrita". [http://www.ulb.ac.be/philo/serlifra/cilpr98/comecr/sect3/belloriv.html]. Zugriff am 10.11.2001.

Bergeron, Marcel; Corinne Kempa; Carole Verreault; Noëlle Guilloton. 1997. "La faune d'Internet". *La Presse* im Juni 1997. [http://olf.gouv.qc.ca/technologies/chroniques/faune.htm]. Zugriff am 10.3.2001.

Bergeron, Marcel; Noëlle Guilloton. 1997a. "Il y a Internet et internet". *La Presse* im Juni 1997. [http://olf.gouv.qc.ca/technologies/chroniques/ilya.htm]. Zugriff am 10.3.2001.

– 1997b. "Le nouveau préfixe cyber". *La Presse* im Juni 1997. [http://olf.gouv.qc.ca/technologies/chroniques/prefixe.htm]. Zugriff am 10.3.2001.

Betz, Werner. 1945. "Die Lehnbildungen und der abendländische Sprachenausgleich". *Beiträge zur Geschichte der deutschen Sprache und Literatur* 67, 275–302.

– 1949. *Deutsch und Lateinisch: die Lehnbildungen der althochdeutschen Benediktinerregel.* Bonn.

– 1974. "Lehnwörter und Lehnprägungen im Vor- und Frühdeutschen". In: Friedrich Maurer; Heinz Rupp (Hgg.). *Deutsche Wortgeschichte.* Berlin, 135–63.

Blank, Andreas. 1993. "Das verwaiste Wort. Zum Bedeutungswandel durch Volksetymologie". In: Christian Foltys (Hg.). *Berliner Romanistische Studien. Für Horst Ochse.* Berlin, 43–61.

– 1995. "Lexikalische Entlehnung – Sprachwandel – Sprachvergleich. Beispiele aus dem Computer-Wortschatz". In: Christian Schmitt; Wolfgang Schweickard (Hgg.). *Die romanischen Sprachen im Vergleich. Akten der gleichnamigen Sektion des Potsdamer Romanistentages (27.–30.9.1993).* Bonn, 38–69.

– 1997. *Prinzipien des lexikalischen Bedeutungswandels am Beispiel der romanischen Sprachen.* Tübingen.

– 1998. "Der 'Kopf' in der Romania und anderswo. Ein metaphorisches (und metonymisches) Expansions- und Attraktionszentrum". In: Alberto Gil; Christian Schmitt (Hgg.). *Kognitive und kommunikative Dimensionen der Metaphorik in den romanischen Sprachen.* Bonn, 11–32.

– 2001a. *Einführung in die lexikalische Semantik für Romanisten.* Tübingen.

– 2001b. "Neuere Entwicklungen in der lexikalischen Semantik". In: Günter Holtus; Michael Metzeltin; Christian Schmitt (Hgg.). *Lexikon der romanistischen Linguistik.* Bd. I, 1: *Geschichte des Faches Romanistik. Methodologie (Das Sprachsystem)/Histoire de la philologie romane. Méthodologie (langue et système).* Tübingen, 918–39.

Blas Arroyo, José Luis. 1991. "Problemas teóricos en el estudio de la interferencia lingüística". *Revista Española de Lingüística* 21, 265–89.

– 1993. *La interferencia lingüística en Valencia (dirección catalán-castellano): Estudio sociolingüístico.* Valencia.

Blochwitz, Werner. 1967. "Die fachsprachlichen Elemente der französischen Pressesprache im Hinblick auf Bedeutungsneologismen". *Beiträge zur romanischen Philologie* 6, 323–46.

Boithias, Lucien. 1995. "Qu'est-ce qu'un mot français?". *Défense de la langue française* 175, 12–13.

Bollée, Annegret. 1997. "Das *Dictionnaire des termes officiels* und die Europäisierung des Französischen". In: Elvira Glaser, Michael Schlafer (Hgg.). *GRAMMATICA IANUA ARTIUM. Festschrift für Rolf Bergmann zum 60. Geburtstag.* Heidelberg, 383–92.

Bombi, Raffaella. 1986. "Alcune tipologie di calchi sull'inglese in italiano". *Incontri linguistici* 12, 17–59.

– 1989/90. "Calchi sintagmatici, sintematici e semantici sull'inglese in italiano". *Incontri linguistici* 13, 97–149.

– 1993. "Riflessioni sulla composizione con affisoidi". *Incontri linguistici* 16, 159–69.

– 1995. "Neologia e formazioni produttive tra lingue speciali e lingua comune". In: Raffaella Bombi (Hg.). *Lingue speciali e interferenza. Atti del Convegno Seminariale Udine, 16–17 maggio 1994.* Rom, 119–127.

Boretzky, Norbert; Birgit Igla. 1994. "Interferenz und Sprachwandel". In: Benedikt Jeßing (Hg.). *Sprachdynamik. Auf dem Weg zu einer Typologie sprachlichen Wandels.* Bd. 5: *Glottopolitisch initiierter Sprachwandel.* Bochum, 7–138.

Borgis, Ilona. 1972. *Das semantische Problem der Metapher. Ursachen und Varianten eines Scheinproblems.* Hamburg.

Bosch, Peter. 1985. "Context Dependence and Metaphor". In: Wolf Paprotté; René Dirven (Hgg.). *The ubiquity of metaphor. Metaphor in language and thought.* Amsterdam, 14–76.

Boukhari, Sophie. 1998. "Anatomy of the cybernaut". *The Unesco Courrier* 51, 43–45.

Boulanger, Jean Claude. 1984. "Quelques observations sur l'innovation lexicale spontanée et sur l'innovation lexicale planifiée". *La banque des mots* 27, 3–29.

– 1988. "Un miroir aux alouettes: le calque en intelligence artificielle". *Le langage et l'homme* 23, 3–13.

Boutrous-Ghali, Boutrous. 2000. "L'internet en langue française". *Le Figaro* vom 27.2.2000, S. 12.

Bowen, J. Donald. 1954. "English loanwords in Spanish". *Hispania* 37, 329–331.

Braselmann, Petra. 1997. "Sprachkontakt-Kulturkontakt. Angloamerikanische Sprache und Kultur als transglossisches Phänomen in der Romania". In: Maria Iliescu u.a. (Hgg.). *Ladina et Romania*. Trento, 445–56.

– 1999. *Sprachpolitik und Sprachbewußtsein in Frankreich heute*. Tübingen.

– 2000. "Reinheitsgebot für die Sprache. Kampf den Anglizismen?". *Frankfurter Allgemeine* vom 11.4.2000, S. B2.

Bruns, Thomas. 2001. *Russische Internetterminologie unter vergleichender Berücksichtigung des Französischen und des Deutschen: mit einem lexikographischen Teil D-R/R-D und D-F/F-D*. Frankfurt a.M./Berlin/Bern/Brüssel/New York/Oxford/Wien.

Bülow, Ralph. 1985. "Der Hacker mit dem Joystick. Ein Streifzug durch die Sprache der Informatik". *Der Sprachdienst* 29, 97–104.

Calvi, Maria Vittoria. 1998. "Notas sobre la adopción de anglicismos en español y en italiano". *Lingüística española actual* 20, 29–39.

Camac, Mary K.; Sam Glucksberg. 1984. "Metaphors do Not Use Associations between Concepts, They Are Used to Create Them." *Journal of Psycholinguistic Research* 13, 443–55.

Camón Herrero, Juan Bosco. 1999. "Anglicismos y traducción especializada". *Terminologie & Traduction* 3, 76–98.

Caputo, Ambra; Emanuela Enrico; Fabienne Masucci. 1987. "Néologismes et contact des langues". *Meta* 32, 267–72.

Carstensen, Broder. 1964. "Semantische Probleme englisch-deutscher Entlehnungsvorgänge". *Muttersprache* 74, 353–60.

– 1965. *Englische Einflüsse auf die deutsche Sprache nach 1945*. Heidelberg.

– 1968. "Zur Systematik und Terminologie deutsch-englischer Lehnbeziehungen". In: Herbert E. Brekle; Leonhard Lipka (Hgg.). *Wortbildung, Syntax und Morphologie. Festschrift zum 60. Geburtstag von Hans Marchand am 1. Oktober 1967*. Den Haag/Paris, 32–45.

– 1979. "'Wechselwähler' nach englisch 'floating voter'". *Lebende Sprachen* 1, 10–12.

– 1985. "Zur Problematik der Lehnübersetzung in der Transferenzlinguistik". In: Ursula Pieper; Gerhard Stickel (Hgg.). *Studia linguistica diachronica et synchronica. Werner Winter Sexagenario Anno MCMLXXXIII*. Berlin/New York/Amsterdam, 123–43.

– 1988. "Loan-translation: theoretical and practical issues". *Folia linguistica* 22, 85–92.

– 1993. *Anglizismen-Wörterbuch. Der Einfluss des Englischen auf den deutschen Wortschatz nach 1945*. Begründet von Broder Carstensen. Fortgeführt von Ulrich Busse. Berlin/New York.

Carstensen, Broder; Hannelore Griesel; Hans-Günter Meyer. 1972. "Zur Intensität des englischen Einflusses auf die deutsche Pressesprache". *Muttersprache* 82, 238–43.

Castro Roig. 1999. "La traducción de e-mail". [http://www.castro.com/emilio.htm]. Zugriff am 2.9.2001.

Caulier, Sophie. 1996. "La langue française a sa place sur Internet!". *La Tribune* vom 19.3.1996, S. 20.

Chansou, Michel. 1981. *Recherche sur la planification linguistique en français contemporain. Le comité d'étude des termes techniques français et l'emprunt linguistique.* Paris.

– 1984. "Calques et créations linguistiques". *Meta* 29, 281–85.

Chevalier, Jean-Claude. 1995. "La Langue française et les pouvoirs: le Conseil supérieur de la Langue française – historique, fonctionnement et résultats 1989–1994". In: Jürgen Trabant (Hg.). *Die Herausforderung durch die fremde Sprache: das Beispiel der Verteidigung des Französischen.* Berlin, 151–60.

Clas, André. 1971. "L'opération traduisante". In: Karl-Richard Bausch; Hans-Martin Gauger (Hgg.). *Interlinguistica. Sprachvergleich und Übersetzung. Festschrift zum 60. Geburtstag von Mario Wandruszka.* Tübingen, 607-09.

– 1980. "De la formation de mots nouveaux". *Meta* 15, 345–46.

Closs Traugott, Elisabeth. 1985. "'Conventional' and 'Dead' Metaphors Revisited". In: Wolf Paprotté; René Dirven (Hgg.). *The ubiquity of metaphor. Metaphor in language and thought.* Amsterdam, 17–56.

Clyne, Michael G. 1967. "Zur Beschreibung des Gebrauchs von sprachlichem Lehngut unter Berücksichtigung der kontaktbedingten Sprachforschung". *Zeitschrift für Mundartforschung* 34, 217–25.

– 1975. *Forschungsbericht Sprachkontakt. Untersuchungsergebnisse und praktische Probleme.* Regensburg.

– 1980. "Sprachkontakt/Mehrsprachigkeit". In: Hans Peter Altmann; Helmut Henne; Herbert Ernst Wiegand (Hgg.). *Lexikon der germanistischen Linguistik.* Tübingen, 641–46.

Coleman, Evelyn Scherabon. 1965. "Zur Bestimmung und Klassifikation der Wortentlehnungen im Althochdeutschen". *Zeitschrift für deutsche Sprache* 21, 69–83.

Constantinescu, Ileana; Maiorovici, Cristina. 1983. "L'influence de la terminologie anglo-saxonne sur le langage économique français contemporain reflétée dans quelques revues économiques françaises". *Cahiers de linguistique théorique et appliquée* 20, 115–27.

Corbin, Danielle; Martine Temple. 1994. "Le monde des mots et des sens construits: catégories sémantiques, catégories référentielles". *Cahiers de lexicologie* 65, 5–28.

Coseriu, Eugenio. 1956. "La creación metafórica en el lenguaje". *Revista Nacional* 187, 82–109.

– 1964. "Pour une sémantique diachronique structurale". *Travaux de linguistique et de littérature* 2, 139–86.
– 1973a. "Einführung in die strukturelle Betrachtung des Wortschatzes". In: Eugenio Coseriu. *Einführung in die strukturelle Betrachtung des Wortschatzes.* Tübingen, 1–104.
– 1973b. "Die lexematischen Strukturen". In: Eugenio Coseriu. *Einführung in die strukturelle Betrachtung des Wortschatzes.* Tübingen, 105–24.
– 1974. *Synchronie, Diachronie und Geschichte.* München.
– 1976. "Inhaltliche Wortbildungslehre (am Beispiel des Typs "coupe-papier")". In: Herbert E. Breckler; Dieter Kastovsky (Hgg.). *Perspektiven der Wortbildungsforschung. Beiträge zum Wuppertaler Wortbildungskollquium vom 9.–10. Juli 1976.* Wuppertal, 48–61.
– 1977. "Sprachliche Interferenz bei Hochgebildeten". In: Herbert Kolb; Hartmut Lauffer (Hgg.). *Sprachliche Interferenz. Festschrift für Werner Betz zum 65. Geburtstag.* Tübingen, 77–100.
– 1978. "Falsche und richtige Fragestellungen in der Übersetzungstheorie". In: Lillebill Grähs; Gustav Korlén; Bertil Malmberg (Hgg.). *Theory and Practice of Translation.* Bern/Frankfurt a.M./Las Vegas, 17–32.
– 1990. "Semántica estructural y semántica cognitiva". In: Manuel Alvar (Hg.). *Profesor Francisco Marsá: Jornadas de Filología.* Barcelona, 239–82.
– 1992. *Einführung in die allgemeine Sprachwissenschaft.* Tübingen.
Costa, Jean Paul. 1972. "Terminologie de l'informatique". *La banque des mots* 3, 96–100.
Coutier, Martine. 1996. "Boutons l'anglais hors de France. Présentation critique du *Dictionnaire des termes officiels*". *Recherches en linguistique étrangère,* 15–40.
Crystal, David. 1997. *English as a Global Language.* Cambridge.
Daniels, Karlheinz. 1979. "Erfolg und Mißerfolg der Fremdwortverdeutschung". In: Peter Braun (Hg.). *Fremdwort-Diskussion.* München, 145–81.
Darbelnet, Jean. 1967. "Ressources néologiques du français contemporain". *Meta* 12, 111–17.
– 1986. "Réflexions sur la typologie de l'emprunt linguistique et des situations bilingues". *Multilingua* 5, 199–204.
Debatin, Bernhard. 1997. "Metaphern und Mythen des Internet. Demokratie, Öffentlichkeit und Identität im Sog der vernetzten Datenkommunikation." [http://www.uni-leipzig.de/~debatin/German/NetMet.htm]. Zugriff am 2.4.2002.
Dejon, Aurélia. 2002. *La cyberl@ngue française.* Tournai.
Délégation générale à la langue française. 2000. "Appel à propositions 2000". [http://culture.gouv.fr/culture/dglf/appel-prop-2000.htm]. Zugriff am 5.12.2000.

– O.J.a. "Le français vit et se renouvelle". [http://www.culture.gouv.fr/culture/dglf/francais-aime/semaine-lang-fr.../dp2-fr-renouv.htm]. Zugriff am 5.12.2000.
– O.J.b. "Le rôle de la délégation générale à la langue française". [http://www.culture.gouv.fr/culture/dglf/politique-langue/dglf-role.html]. Zugriff am 5.12.2000.
– O.J.c. "Les grandes lignes du dispositif d'enrichissement de la langue française". [http://www.culture.gouv.fr/culture/dglf/terminologie/grand-ligne-dispo.html]. Zugriff am 5.12.2000.
– O.J.d. "Quelle politique pour le français et le plurilinguisme?". [http://www.culture.gouv.fr/culture/dglf/politique-langue.htm]. Zugriff am 5.12.2000.

Delisle, Jean. 1988. "Les anglicismes insidieux". In: Maurice Pergnier (Hg.). *Le français en contact avec l'anglais. En hommage à Jean Darbelnet.* Paris, 147–58.

Denison, Norman. 1978. "Interferenz, Konvergenz und der Übersetzer". In: Wolfgang Kühlwein; Gisela Thome; Wolfram Wilss (Hgg.). *Kontrastive Linguistik und Übersetzungswissenschaft. Akten des Internationalen Kolloquiums Trier/Saarbrücken 25.-30.9.1978.* München, 262–71.

Depecker, Loïc. 1997. "Introduction". In: Loïc Depecker; Gina Mamavi (Hgg.). *La mesure des mots. Cinq études d'implantation terminologique.* Rouen, VII–XXXVII.
– 2000. "Quelques aspects des vocabulaires spécialisés de la fin du XXe siècle: entre créativité lexicale et parallélisation sur l'anglais". *La banque des mots* 60, 103–34.

Deroy, Louis. 1956. *L'Emprunt linguistique.* Paris.

Dietrich, Wolf. 1997. "Polysemie als 'volle Wortbedeutung' – gegen die 'Mehrdeutigkeit' der Zeichen". In: Ulrich Hoinkes; Wolf Dietrich (Hgg.). *Kaleidoskop der lexikalischen Semantik.* Tübingen, 227–37.

Dietrich, Wolf; Horst Geckeler (Hgg.). 1993. *Einführung in die spanische Sprachwissenschaft.* Berlin.

Diki-Kidiri, Marcel; Chérif Mbodj; Atibakwa Baboya Edema. 1997. "Des lexiques en langues africaines (sängö, wolof, lingala) pour l'utilisateur de l'ordinateur". *Meta* 42, 94–109.

Dirven, René. 1985. "Metaphor as a Basic Means for Extending the Lexicon". In: Wolf Paprotté; René Dirven (Hgg.). *The ubiquity of metaphor. Metaphor in language and thought.* Amsterdam, 85–120.

Doberstein, E. 1968. "Zu den Lehnbildungen und Lehnbedeutungen nach dem Deutschen in der polnischen Sprache der Gegenwart". *Zeitschrift für Slawistik* 13, 277–85.

Domínguez Vázquez, María José. 2001. "En torno al concepto de interferencia". *Círculo de Lingüística Aplicada a la Comunicación* 5. [http://www.ucm.es/info/circulo/no5/dominguez.htm]. Zugriff am 10.11.2001.

Dörschner, Norbert. 1996. *Lexikalische Strukturen. Wortfeldkonzeption und Theorie der Prototypen im Vergleich*. Münster.

Drews, Jörg. 1999. "Auf dem Weg zum Denglitsch [*sic*!]: Wieviel Anglo-amerikanisch verträgt die deutsche Sprache?". In: Christian Meier (Hg.). *Sprache in Not? Zur Lage des heutigen Deutsch*. Göttingen, 15–32.

Duckworth, David. 1977. "Zur terminologischen und systematischen Grundlage der Forschung auf dem Gebiet der englisch-deutschen Interferenz: Kritische Übersicht und neuer Vorschlag". In: Herbert Kolb; Hartmut Lauffer (Hgg.). *Sprachliche Interferenz. Festschrift für Werner Betz zum 65. Geburtstag*. Tübingen, 36–56.

– 1979. "Der Einfluß des Englischen auf den deutschen Wortschatz seit 1945". In: Peter Braun (Hg.). *Fremdwort-Diskussion*. München, 212–45.

Dupuis, Jacinthe. 1997. "Étude sociolinguistique de quelques caractéristiques des emprunts à l'anglais par des franco-américains du Massachusetts". *Revue québécoise de linguistique* 25, 35–61.

Dupuy, A. 1993. "L'empreinte anglo-saxonne". *Défense de la langue française* 166, 13–15.

Ecke, Peter; Christopher J. Hall. 2000. "Lexikalische Fehler in Deutsch als Drittsprache. Translexikalischer Einfluss auf drei Ebenen der mentalen Repräsentation". *Deutsch als Fremdsprache* 37, 30–36.

Eco, Umberto. 1990. *I limiti dell'interpretazione*. Mailand.

Eek, Élisabeth. 1998. "La langue française de l'informatique envisagée depuis une perspective américaine". *Meta* 43. [http://www.erudit.org/erudi/meta/v43n03/eek/eek/html]. Zugriff am 13.2.2001.

Éloy, Jean-Michel. 1999. "L'internet et la politique linguistique française". In: Jacques Anis (Hg.). *Internet communication et langue française*. Paris, 135–56.

Éloy, Jean-Michel; John Humbley. 1993. "La notion de besoin terminologique et la naissance de lexiques spécialisés au dix-neuvième et au vingtième siècle". *Terminologies nouvelles* 9, 14–18.

Englerth, Markus. O.J. ""Don't be afraid of America" oder: Die aufgeheizte Debatte um die Bedrohung der deutschen Sprache durch das Englische". [http://www.home.t-online.de/home/510089358168–1/essay-anglizismen.htm]. Zugriff am 10.11.2001.

Erben, Johannes. 1981. "Neologismen im Spannungsfeld von System und Norm". In: Brigitte Schlieben-Lange (Hg.). *Logos Semantikos: Studia in honorem Eugenio Coseriu*. Bd. V: *Geschichte und Architektur der Sprachen/Historia y arquitectura de las lenguas/Histoire et architecture des langues/History and variation in languages*. Berlin/New York/Madrid, 35–43.

Ernst, Gerhard. 2000. "Der schlechte Ruf der Ente in europäischen Sprachen. Konvergenzen und Divergenzen in Idiomatik und Metaphorik". In: Martine Guille; Reinhard Kiesler (Hgg.). *Romania una et diversa. Philologische Studien für Theodor Berchem zum 65. Geburtstag*. Bd. 1: *Sprachwissenschaft*. Tübingen, 87–106.

Ernst, Gerhard; Evelyn Wimmer. 1992. ""Forfait" oder "walk over" für das Französische? Zum "Arrêté relatif à la terminologie du sport"". In: Claudia Blank (Hg.). *Language and Civilization. A Concerted Profusion of Essays and Studies in Honour of Otto Hietsch*. Frankfurt/Bern/New York/Paris, 683–99.

Español Giralt, M. Teresa. 1996. "Algunas insuficiencias de la clasificación de la interferencia lingüística". In: Antonio Briz; J. Gómez Molina; M.J. Martínez (Hgg.). *Pragmática y gramática del español hablado. Actas del II simposio sobre el análisis del discurso oral*. Valencia, 299–303.

Étiemble, René. 1971. *Parlez-vous franglais?* Paris.

Feyry, Monique. 1972. "L'anglomanie dans les marques de fabrique et les raisons sociales françaises". *La banque des mots* 4, 123–32.

Fijas, Liane. 1998. "Das Postulat der Ökonomie für den Fachsprachengebrauch". In: Lothar Hoffmann; Hartwig Kalverkämper; Herbert Ernst Wiegand (Hgg.). *Fachsprachen. Ein internationales Handbuch zur Fachsprachenforschung und Terminologiewissenschaft*. Bd. 1. Berlin/New York, 390–97.

Fink, Hermann. 1997. *Von Kuh-Look bis Fit For Fun: Anglizismen in der heutigen deutschen Allgemein- und Werbesprache*. Frankfurt a.M./Berlin/Bern/New York/Paris/Wien.

Fischer, Paul. 1991. *Die deutsch-französischen Beziehungen im 19. Jahrhundert im Spiegel des französischen Wortschatzes*. Frankfurt a.M./Bern/New York/Paris.

Fischer, Roswitha. 1998. *Lexical Change in Present-Day-English. A Corpus-Based Study of the Motivation, Institutionalization, and Productivity of Creative Neologisms*. Tübingen.

Fischer, Steven Roger. 2001. "Sprache im 21. Jahrhundert". In: Steven Roger Fischer. *Eine kleine Geschichte der Sprache. Aus dem Englischen von Andreas Simon*. Frankfurt a.M., 219–37.

Fischer, Urs. 1980. *Der Einfluß des Englischen auf den deutschen Wortschatz im Bereich von Essen und Trinken, dargestellt anhand schweizerischer Quellen*. Frankfurt/Berlin/Las Vegas.

Fleckenstein, Christa. 1968. "Zu einigen Fragen der Lehnprägung und ihrer Anwendung im Russischen". *Zeitschrift für Slawistik* 22, 267–76.

Forgue, Guy Jean. 1980. "Le franglais dans *Le Monde*". In: Peter H. Nelde (Hg.). *Sprachkontakte und Sprachpolitik*. Wiesbaden, 70–74.

Franceschi, Maria Eugenia. 1996. "La terminología Internet". In: *Actas del V Simposio Iberoamericano de terminología RITerm. Ciudad de México, del 3 al 8 de noviembre de 1996*. [http://www.unilat.org/dtil/MEXICO/franchi.html]. Zugriff am 11.11.2001.

Franquesa, Elisenda. 1999. "Los préstamos y la contaminación lingüísticos". *Terminologie & Traduction* 1, 28–31.

Fritz, Gerd. 1995. "Metonymische Muster und Metaphernfamilien. Bemerkungen zur Struktur und Geschichte der Verwendungsweisen von *scharf*". In: Götz Hindelang; Eckard Rolf; Werner Zillig (Hgg.). *Der Gebrauch der Sprache. Festschrift für Franz Hundsnurscher zum 60. Geburtstag.* Münster, 97–107.

– 1998. "Ansätze zu einer Theorie des Sprachwandels auf lexikalischer Ebene". In: Werner Besch; Annette Betten; Oskar Reichmann (Hgg.). *Sprachgeschichte. Ein Handbuch der deutschen Sprache und ihrer Erforschung.* Bd. 1. Berlin, 860–874.

Fugger, Bernd. 1982. "Neologismus und Wortbildung: Tendenzen bei der Herausbildung einer neuen französischen Fachsprache der Medizin". In: Peter Wunderli; Wulf Müller (Hgg.). *Romania historica et Romania hodierna. Festschrift für O. Deutschmann zum 70. Geburtstag.* Frankfurt a.M./Bern, 283–97.

– 1983. "Sprachentwicklung – Sprachbeeinflussung – Sprachbewußtsein. Eine soziolinguistische Untersuchung zur französischen Sprachpolitik". *Fachsprache* 3, 128–37.

Gablot, Ginette. 1978. "L'anglais langue scientifique française?". *La banque des mots* 16, 173–86.

Galinsky, Hans. 1991. "Americanisms, Briticisms, Canadianisms, New Zealandisms, and Anglicisms in contemporary German". In: Vladimir Ivir; Damir Kalogjera (Hgg.). *Languages in contact and contrast. Essays in contact linguistics.* Berlin/New York, 195–220.

García Yebra, Valentín. 1981. "Polisemia, ambigüedad y traducción". In: Wolf Dietrich; Horst Geckeler (Hgg.). *Logos Semantikos: Studia in honorem Eugenio Coseriu.* Bd. 3: *Semantik.* Berlin/New York/Madrid, 37–51.

García-Albea, José E. 1990. "Acceso al léxico y bilingüismo: el reconocimiento de palabras en bilingües hispano-anglófonos". In: Violeta Demonte; Beatriz Garza Cuarón (Hgg.). *Estudios de lingüística de España y México.* México, 633–46.

Gaspar, Christine. 1998. "Situating French Language Teaching and Learning in the Age of the Internet". *The French Review* 72, 69–80.

Gaudin, François. 1994. "L'insécurité linguistique des scientifiques. À propos d'une enquête socioterminologique". *Cahiers de lexicologie* 65, 47–58.

– 1995. "Les mots du droit et le droit aux mots". *L'actualité terminologique* 28, 19–25.

– 1996. "Droit aux mots, droit au savoir. Approche glottopolitique de la loi Toubon". *Cahiers de lexicologie* 69, 43–61.

Gaudin, François; Louis Guespin. 1997. "Étude d'implantation des arrêtés de terminologie. Domaine: génie génétique". In: Loïc Depecker; Gina Mamavi (Hgg.). *La mesure des mots. Cinq études d'implantation terminologique.* Rouen, 1–46.

– 2000. *Initiation à la lexicologie française. De la néologie aux dictionnaires.* Brüssel.

Gauger, Hans-Martin. 1971. *Durchsichtige Wörter. Zur Theorie der Wortbildung.* Heidelberg.

Gebhardt, Karl. 1974. *Das okzitanische Lehngut im Französischen.* Frankfurt a.M.

– 1981. "Sprachlenkung und Sprachpflege im heutigen Frankreich: Zum Problem des ‚franglais'". *Die neueren Sprachen* 80, 18–34.

Geckeler, Horst. 1971. "Lexikalische Strukturen im Vergleich. Kontrastive Skizze zur Strukturierung des Wortfeldes »alt – jung – neu« im heutigen Italienisch, Spanisch und Französisch". In: Karl-Richard Bausch; Hans-Martin Gauger (Hgg.). *Interlinguistica. Sprachvergleich und Übersetzung. Festschrift zum 60. Geburtstag von Mario Wandruszka.* Tübingen, 123–137.

– 1974. "Le problème des lacunes linguistiques". *Cahiers de lexicologie* 25, 31–45.

– (Hg.). 1978. *Strukturelle Bedeutungslehre.* Darmstadt.

– 1993. "Wortschatzstrukturen des Französischen und des Spanischen in kontrastiver Sicht". In: Giovanni Rovere; Gerd Wotjak (Hgg.). *Studien zum romanisch-deutschen Sprachvergleich.* Tübingen, 155–65.

– 1995. "'Lesarten' und 'Bedeutungspositionen' im Licht der strukturellen Semantik". In: Götz Hindelang; Eckard Rolf; Werner Zillig (Hgg.). *Der Gebrauch der Sprache. Festschrift für Franz Hundsnurscher zum 60. Geburtstag.* Münster, 108–20.

– 1998. "Les emprunts aller-retour français-anglais-français". *Travaux de linguistique et de philologie* 36, 211–21.

Geckeler, Horst; Wolf Dietrich. 1997. *Einführung in die französische Sprachwissenschaft. Ein Lehr- und Arbeitsbuch.* Berlin.

Genevoix, Maurice. 1973. "L'Académie française et les commissions de terminologie". *La banque des mots* 5, 3–8.

Gil, Alberto. 1992. "Terminologienormung in Spanien und Lateinamerika". In: Jörn Albrecht; Richard Baum (Hgg.). *Fachsprache und Terminologie in Geschichte und Gegenwart.* Tübingen, 263–73.

Glauch, Sonja. 1993. "Zum Lehnwortersatz Notkers des Deutschen". *Münchner Studien zur Sprachwissenschaft* 54, 123–45.

Globensky, Robert; Azim Mandjee. 1997. "Publions les bans!". *La Presse* vom 12.3.1997. [http://olf.gouv.qc.ca/technologies/chroniques/bans.htm]. Zugriff am 10.3.2001.

Glowka, Wayne; Brenda K. Lester; Anders Butler; Suzanne Johnson. 1998. "Among the new words". *American Speech* 73, 84–102.

Glück, Helmut (Hg.). 2000. *Metzler-Lexikon Sprache.* Stuttgart/Weimar.

Gneuss, Helmut. 1955. *Lehnbildungen und Lehnbedeutungen im Altenglischen.* Berlin/Bielefeld/München.

Goddard, K.A. 1969. "Loan words and lexical borrowing in Romance". *Revue de linguistique romane* 33, 337–48.

– 1977. "Some linguistic considerations affecting loan-words and lexical borrowing in Romance". *Semasia* 4, 101–14.

– 1980. "Loan-words in Spanish. A Reappraisal". *Bulletin of Hispanic Studies* 57, 1–16.

Goffin, Roger. 1983. "La créativité et les créations lexicales du français et des langues germaniques dans les disciplines scientifiques". *La revue du traducteur* 22, 5–14.

Goldis, A. 1976. "« Calque linguistique » dans le cadre du contact entre deux langues apparentées: le français et le roumain". *Cahiers de lexicologie* 28, 99–119.

Gómez Cápuz, Juan. 1992. "Anglicismos en las noticias sobre la guerra del golfo pérsico. Visión actual del problema e intento de clasificación". *Lingüística española actual* 14, 301–20.

– 2000. *Anglicismos léxicos en el español coloquial: análisis semántico de los anglicismos y sus equivalentes españoles en un corpus de lengua hablada*. Cádiz.

Görlach, Manfred. 2000. "Englisch als neuer Typ von Weltsprache und europäische Nationalsprachen". In: Werner Besch; Annette Betten; Oskar Reichmann (Hgg.). *Sprachgeschichte. Ein Handbuch der deutschen Sprache und ihrer Erforschung*. Bd. 2. Berlin/New York, 1117–1123.

Gossen, Carl Theodor. 1980. "Wie gefährlich ist das 'franglais'?". In: Gerhard Schmidt; Manfred Tietz (Hgg.). *Stimmen der Romania. Festschrift für W. Theodor Elwert zum 70. Geburtstag*. Wiesbaden, 561–70.

– 1981. "Tendenzen der Wortschöpfung im heutigen Französisch". In: Wolfgang Pöckl (Hg.). *Europäische Mehrsprachigkeit. Festschrift für M. Wandruszka*. Tübingen, 29–41.

Gotti, Maurizio. 1990. "Main features of the lexis of Computer Science". *Studi italiani di linguistica teorica e applicata* 19, 46–60.

Gouadec, Daniel. 1994. "Implantation des termes officiels de l'informatique. Attestations, francisation, normalisation, assimilation". *Terminologies nouvelles* 12, 141–47.

– 1997. "Étude d'implantation des arrêtés de terminologie. Domaine: informatique". In: Loïc Depecker; Gina Mamavi (Hgg.). *La mesure des mots. Cinq études d'implantation terminologique*. Rouen, 235–493.

Goudaillier, Jean-Pierre. 1987. "De la nécessité des enquêtes linguistiques pour le travail des commissions de terminologie". *Meta* 32, 361–65.

Gozzi, Raymond. 1994. "The Cyberspace Metaphor". *ETC: A Review of General Semantics* 51, 218–23.

– 1997/98. "Metaphors converging on the Internet". *ETC: A Review of General Semantics* 54, 479–86.

– 1999/2000. "The Power of Metaphor in the Age of Electronic Media". *ETC: A Review of General Semantics* 56, 380–404.

Grätz, Ronald. 2000. "Internet – Sprache / Sprache – Internet". [http://www.goethe.de/oe/mos/seminar1/deart2.htm]. Zugriff am 19.3.2000.

Gray, Eugene F. 1985. "French Computer Terminology". *The French Review* 58, 805–10.

Große, Ernst Ulrich. 1998. "Zwischen Linguistik und Landeskunde: die *faux amis culturels*". *Französisch heute* 4, 359–78.

Grote, Andrea. 2002. *Entlehnung – Übersetzung – Vernetzung. Entlehnung als übersetzungsbezogenes Phänomen am Beispiel der internetspezifischen Computerfachsprache*. Frankfurt a.M.

Gsell, Otto. 2000. "Was bedeutet 'Familienähnlichkeit'? Zu einem Schlüsselbegriff der Prototypensemantik". In: Martine Guille; Reinhard Kiesler (Hgg.). *Romania una et diversa. Philologische Studien für Theodor Berchem zum 65. Geburtstag*. Bd. 1: *Sprachwissenschaft*. Tübingen, 127–42.

Guilbert, Louis. 1959. "Anglomanie et vocabulaire technique". *Le français moderne* 27, 272–95.

– 1971. "La néologie scientifique et technique". *La banque des mots* 1, 45–53.

– 1975. *La créativité lexicale*. Paris.

– 1976. "Fondements lexicologiques du dictionnaire. De la formation des unités lexicales". In: Louis Guilbert; René Lagane; Georges Niobey (Hgg.). *Grand Larousse de la langue française en six volumes*. Paris, IX-LXXXI.

Gusmani, Roberto. 1973. *Aspetti del prestito linguistico*. Neapel.

– 1974. "Per una tipologia del calco linguistico. Parte I". *Incontri linguistici* 1, 21–30.

– 1976/77. "Per una tipologia del calco linguistico. Parte II". *Incontri linguistici* 3, 7–18.

– 1979a. "Entlehnung und Scheinentlehnung". *Sprachwissenschaft* 4, 361–69.

– 1979b. "Struttura lessicale e prestito". In: Bela Borgayanyi (Hg.). *Studies in diachronic, synchronic and typological linguistics. Festschrift for O. Szemereny on the occasion of his 65th birthday*. Bd. 1. Amsterdam, 303–16.

– 1981. ""Rekomponierte" Lehnbildungen". In: Yoël Arbeitmann; Allan R. Bomhard (Hgg.). *Bono homini donum. Essays in Historical Linguistics in Memory of J. Alexander Kerns*. Amsterdam, 837–43.

– 1982/83. "Prestiti ripetuti". *Incontri linguistici* 8, 95–102.

– 1985. "Zwischen Lehnbildung und Lehnbedeutung: Die altkirchen-slawische Terminologie der Beichte". *Münchner Studien zur Sprachwissenschaft* 45, 69–80.

– 1986a. "Aspetti semantici dell'interferenza". In: Roberto Gusmani. *Saggi sull'interferenza linguistica*. Florenz, 179–96. [Erstmalig erschienen in: R. Ajello (Hg.). 1977. *Interferenza linguistica. Atti del Convegno della Società Italiana di Glottologia*. Pisa, 11–25.]

– 1986b. "Considerazioni sul «prestito» di morfemi". In: Roberto Gusmani. *Saggi sull'interferenza linguistica*. Florenz 137–54. [Erstmalig erschienen 1976 in: *Lingua e stile* 11, 393–407.]

– 1986c. "Tipi particolari di calco". In: Roberto Gusmani. *Saggi sull'interferenza linguistica*. Florenz, 273–84. [Erstmals erschienen 1979 unter dem Titel "Calchi slavi", *Incontri linguistici* 5, 147–56.]

– 1986d. "Aspetti e limiti dell'influsso interlinguistico". In: Roberto Gusmani. *Saggi sull'interferenza linguistica*. Florenz, 285–89 [Erstmalig erschienen 1981 unter dem Titel "La lingua e la cultura ungherese como fenomeno areale". *Quaderni dell'Istituto di iranistica, uralo-altaistica e caucasilogia dell'Università degli Studi di Venezia* 14, 1–6.]

– 1986e. "Sull'induzione di morfemi". In: Roberto Gusmani. *Saggi sull'interferenza linguistica*. Florenz, 155–64. [Erstmals erschienen in: Ernst Gerhard (Hg.). 1979. *Sprache und Mensch in der Romania. H. Kuen zum 80. Geburtstag*. Wiesbaden, 110–16.]

– 1986f. "Integrazione morfologica e lessicale dei prestiti". In: Roberto Gusmani. *Saggi sull'interferenza linguistica*. Florenz, 45–88.

– 1986g. "Natura e mecanismo del prestito". In: Roberto Gusmani. *Saggi sull'interferenza linguistica*. Florenz, 9–30.

– 1986h. "Prestiti camufatti". In: Roberto Gusmani. *Saggi sull'interferenza linguistica*. Florenz, 117–128.

– 1992. "Typologie des «Ersatzwortes» im Deutschen". *Incontri linguistici* 15, 99–106.

Gutiérrez Ordóñez, Salvador. 1981. "Pluralismo y monismo semánticos". In: Wolf Dietrich; Horst Geckeler (Hgg.). *Logos Semantikos: Studia in honorem Eugenio Coseriu*. Bd. 3: *Semantik*. Berlin/New York/Madrid, 81–91.

Haas, R. 1991. *Französische Sprachgesetzgebung und europäische Integration*. Berlin.

Haase, Martin; Michael Huber; Alexander Krumeich; Georg Rehm. 1997. "Internetkommunikation und Sprachwandel". In: Rüdiger Weingarten (Hg.). *Sprachwandel durch Computer*. Opladen, 51–85.

Haensch, Günther. 1969. "Einflüsse des Englischen auf den Wortschatz der spanischen Gegenwartssprache". *Neusprachliche Mitteilungen aus Wissenschaft und Praxis* 22, 25–32.

– 1981. "El vocabulario económico español, un problema de lenguas en contacto". In: Wolfgang Pöckl (Hg.). *Europäische Mehrsprachigkeit. Festschrift für M. Wandruszka*. Tübingen, 135–47.

– 1995. "Anglicismos y galicismos en el español de Colombia". In: Klaus Zimmermann (Hg.). *Lenguas en contacto en Hispanoamérica. Nuevos enfoques*. Frankfurt a.M., 217–53.

Harasim, Linda M. (Hg.). 1993. *Global Networks: Computers and International Communication*. Cambridge/London.

Haugen, Einar. 1950. "The analysis of linguistic borrowing". *Language* 26, 210–31.

– 1952. "Review: E. Öhmann, *Die mittelhochdeutsche Lehnprägung nach alfranzösischem Vorbild*". *Language* 28, 397–401.

– 1953. *The Norwegian Language in America*. Philadelphia.

– 1956. "Review: H. Gneuss, *Lehnbildungen und Lehnbedeutungen im Altenglischen*". *Language* 32, 761–66.

– 1973. "Review: U. Weinreich: Languages en Contact". In: Evelyn Scherabon Firchow; Kaaren Grimstad; Nils Hasselmo; Wayne O'Neil (Hgg.). *Studies by Einar Haugen. Presented on the occasion of his 65th birthday – April 19, 1971*. Den Haag/Paris, 241–50. [Erstmalig erschienen 1954 in *Language* 30, 380–88].

Helfrich, Uta. 1993. *Neologismen auf dem Prüfstand. Ein Modell zur Ermittlung der Akzeptanz französischer Neologismen*. Wilhelmsfeld.

Hengst, K. 1971. "Zum Einfluß des Russischen auf die deutsche Gegenwartssprache. Erscheinungen der Interferenz und Integration". *Zeitschrift für Slawistik* 16, 3–13.

Henne, Helmut. 1996. "Das Eigene im Fremden. Vom semantischen Stellenwert der Wörter". In: Horst Haider Munske; Alan Kirkness (Hgg.). *Eurolatein: das griechische und lateinische Erbe in den europäischen Sprachen*. Tübingen, 275–83.

Hennet, Heidi; Alberto Gil. 1992. "Kreative und konventionelle Metaphern in der spanischen Wirtschaftssprache der Tagespresse". *Lebende Sprachen* 1, 30–32.

Hentschel, Elke; Dragan Milić. 1998. "Das Internet. Eine kurze Einführung". *Mitteilungen des deutschen Germanistenverbandes* 45, 199–212.

Herbermann, Clemens-Peter. 1995. "Gebrauchsvielfalt, Mehrdeutigkeit und Bedeutungszusammenhang bei lexikalischen Einheiten". In: Götz Hindelang; Eckard Rolf; Werner Zillig (Hgg.). *Der Gebrauch der Sprache. Festschrift für Franz Hundsnurscher zum 60. Geburtstag*. Münster, 147–75.

Hernández, Alberto. 1980. "Consideraciones acerca de la clasificación del préstamo léxico de W. Betz". *Lexis* 4, 91–101.

Hilty, Gerold. 2001. "Semantik/Sémantique: a) Wortsemantik/Sémantique du mot". In: Günter Holtus; Michael Metzeltin; Christian Schmitt (Hgg.). *Lexikon der romanistischen Linguistik*. Bd. I, 1: *Geschichte des Faches Romanistik. Methodologie (Das Sprachsystem)/Histoire de la philologie romane. Méthodologie (langue et système)*. Tübingen, 904–18.

Hinze, F. 1967. "Die Typen der Lehnprägungen nach deutschen Vorbildern im Pomoranischen". *Zeitschrift für Slawistik* 12, 639–49.

Höfler, Manfred. 1970. "Beiträge zu den Anglizismen im Französischen". *Zeitschrift für romanische Philologie* 86, 324–39.

– 1971. "Das Problem der sprachlichen Entlehnung". *Jahrbuch der Universität Düsseldorf 1969/70*, 59–67.

– 1981. "Für eine Ausgliederung der Kategorie <Lehnschöpfung> aus dem Bereich sprachlicher Entlehnungen". In: Wolfgang Pöckl (Hg.). *Europäische Mehrsprachigkeit. Festschrift für M. Wandruszka*. Tübingen, 149–53.
– 1988. "Le traitement des emprunts par substitution lexématique dans la lexicographie historique française". *Travaux de linguistique et de philologie* 26, 115–25.
Hofman, Gerlinde. 1983. "Die deutsche Terminologie der Rechentechnik". *Fachsprache* 3, 120–28.
Holtus, Günter. 1989. "Natura e funzione dei prestiti lessicali nella storia dell' italiano". In: Fabio Foresti; Elena Rizzi; Paola Benedini (Hgg.). *L'italiano tra le lingue romanze. Atti del XX Congresso internazionale di studi [della Società di linguistica italiana] (Bologna, 25–27 settembre 1986)*. Rom, 279–304.
Honnef-Becker, Irmgard. 1993. "Statement oder Anweisung? Englischsprachige Fachtermini in der Fachsprache der Informatik". In: Wolfgang Börner; Klaus Vogel (Hgg.). *Wortschatz und Fremdsprachenerwerb*. Bochum, 213–34.
Hope, Thomas E. 1960. "The analysis of semantic borrowing". In: E.T. Dubois (Hg.). *Essays presented to C. M. Girdlestone*. Newcastle, 125–41.
– 1962. "Loan-words as cultural and lexical symbols". *Archivum linguisticum* 14, 111–21.
– 1964. "The process of neologism reconsidered with reference to lexical borrowing in Romance". *Transactions of the Philological Society* (ohne Bandnummer), 46–84.
Huber, Herbert; Mireille Cheval. 1998. "Internet: Comment s'y retrouver? Quelques aspects d'une terminologie en constante évolution: Français-allemand". *Lebende Sprachen* 43, 169–72.
Humbley, John. 1974. "Vers une typologie de l'emprunt linguistique". *Cahiers de lexicologie* 25, 46–70.
– 1987a. "L'emprunt sémantique dans la terminologie de l'informatique". *Meta* 32, 321–25.
– 1987b. "La pénétration de l'anglais dans le français et l'allemand de l'informatique". *Contrastes* 14–15, 263–77.
– 1987c. "La traduction dans la terminologie de l'informatique de vulgarisation en français et en allemand". In: *Groupe d'Études sur le Plurilinguisme Européen* (Hg.). *Langue française – langue anglaise. Contacts et conflits. Actes du Deuxième Colloque du G.E.P.E. 23–24 mai 1986, Strasbourg*. Straßburg, 6–14.
– 1988. "Comment le français et l'allemand aménagent la terminologie de l'informatique." *La banque des mots*, numéro spécial, 85–148.
Hummel, Martin. 1994. "Regard critique sur la sémantique du prototype". *Cahiers de lexicologie* 65, 159–82.
Ivir, Vladimir. 1991. "Contrastive methods in contact linguistics". In: Vladimir Ivir; Damir Kalogjera (Hgg.). *Languages in contact and contrast. Essays in contact linguistics*. Berlin/New York, 237–45.

Jaillet, Alain. 1998. "Quelques balises pour naviguer sur le weblexique". *Cahiers pédagogiques* 362, 64–66.

Jakob, Karlheinz. 1991. *Maschine, Mentales Modell, Metapher. Studien zur Semantik und Geschichte der Techniksprache*. Tübingen.

Jansen, Silke. 2002. "Metaphern im Sprachkontakt – anhand von Beispielen aus dem französischen und spanischen Internetwortschatz". *Metaphorik.de* 3, 45–75. [http://www.metaphorik.de/03/jansen.htm]. Zugriff am 19.12.2002.

Jastrab de Saint-Robert, Marie-Josée. 1987. "Les syntagmes nominaux complexes en anglais et en français: éléments de réflexion". *Meta* 32, 260–66.

Jiménez Ríos, Enrique. 1999. "El uso de *computador* y *ordenador* en el diccionario de la Academia". *Español Actual* 72, 59–64.

Jimeno Barrera, Pilar. 1992. "Apuntes sobre la traducción de los neologismos franceses: la importancia de saber inglés". *Terminologie & Traduction* 2, 261–67.

Jobst, Franz. 1958. "Von der Lehnübersetzung". *Muttersprache* 68, 292–98.

Judge, Anne. 2000. "France: ‚One state, one nation, one language?'". In: Stephen Barbour; Cathie Carmichael (Hgg.). *Language and Nationalism in Europe*. Oxford, 44–82.

Juhász, János. 1970. *Probleme der Interferenz*. München.

– 1977. "Überlegungen zum Stellenwert der sprachlichen Interferenz". In: Herbert Kolb; Hartmut Lauffer (Hgg.). *Sprachliche Interferenz. Festschrift für Werner Betz zum 65. Geburtstag*. Tübingen, 1–13.

– 1980. "Interferenzlinguistik". In: Hans Peter Althaus; Helmut Henne; Herbert Ernst Wiegand (Hgg.). *Lexikon der germanistischen Linguistik*. Tübingen, 464–652.

Kabatek, Johannes. 1996. *Die Sprecher als Linguisten. Interferenz- und Sprachwandelphänomene dargestellt am Galicischen der Gegenwart*. Tübingen.

– 2000. "Einheitlichkeit der Bedeutung, Designat und Integrale Linguistik". In: Bruno Staib (Hg.). *Linguistica romanica et indiana. Festschrift für Wolf Dietrich zum 60. Geburtstag*. Tübingen, 187–205.

Kaeppel, Eleonore. 1999. "Les 'grenouilles câblées' dans le 'réseau des réseaux'. Das Internet als Herausforderung für das französische Selbstverständnis". In: Mechthild Biermann; Barbara von Gemmingen (Hgg.). *Kulturelle und sprachliche Entlehnung: die Assimilierung des Fremden. Akten der gleichnamigen Sektion des XXV. deutschen Romanistentages im Rahmen von Romania I in Jena vom 28.9.–2.10.1997*. Bonn, 73–92.

Käge, Otmar. 1980. *Motivation: Probleme des persuasiven Sprachgebrauchs, der Metapher und des Wortspiels*. Darmstadt.

Kalisz, Roman. 1997. "On the distinction between semantic and encyclopaedic information". In: Raymond Hickey; Stanisław Puppel (Hgg.). *Language History and Linguistic Modelling. A Festschrift for Jacek Fisiak on his 60th Birthday*. Bd. 2: *Linguistic Modelling*. Berlin/New York, 1633–39.

Kaltz, Barbara. 1988. "EDV-Sprache. Zu einigen Wortbildungstendenzen im Deutschen und Französischen". *Muttersprache* 98, 38–49.

Kempa, Corinne; Noëlle Guilloton. 1997. "Web". *La Presse* im Juni 1997. [http://olf.gouv.qc.ca/technologies/chroniques/web.htm]. Zugriff am 10.3.2001.

– 1999. "Drôles de binettes". *La Presse* vom 15.1.1999. [http://olf.gouv.qc.ca/technologies/chroniques/binettes.htm]. Zugriff am 10.3.2001.

Kiesler, Reinhard. 1993. "La tipología de los préstamos lingüísticos: no sólo un problema de terminología". *Zeitschrift für romanische Philologie* 109, 505–25.

Klajn, Ivan. 1972. *Influssi inglesi nella lingua italiana*. Florenz.

Klein, Franz-Josef. 1986. "Semantische Varianten. Das Problem der lexikalischen Mehrdeutigkeit und die Unterscheidung von *langue* und *parole*". *Vox Romanica* 45, 1–12.

Klein, Jean-René. 1997. "L'anglicisme et la presse. Enquête et analyse à travers quatre quotidiens français et belges". *Revue de linguistique romane* 61, 337–49.

Klöden, Hildegard. 1996. "Einflüsse des Französischen auf das heutige Spanisch". In: Christian Schmitt; Wolfgang Schweickard (Hgg.). *Kulturen im Dialog. Die iberoromanischen Sprachen aus interkultureller Sicht. Akten der gleichnamigen Sektion des Bonner Hispanistentages (2.-4.3.1995)*. Bonn, 194–207.

Koch, Peter. 1981. "Gedanken zur Metapher – und zu ihrer Alltäglichkeit". In: Annette Sabban; Christian Schmitt (Hgg.). *Sprachlicher Alltag. Linguistik – Rhetorik – Literaturwissenschaft. Festschrift für Wolf-Dieter Stempel*. Tübingen, 201–55.

Koch, Peter; Wolf Oesterreicher. 1996. "Sprachwandel und expressive Mündlichkeit". *Zeitschrift für Linguistik und Literatur* 102, 64–96.

Kocourek, Rostislav. 1982. *La langue française de la technique et de la science*. Wiesbaden.

Koechlin, J.B. 1988. "Le français, l'anglais, l'ordinateur ... et les gens". In: Maurice Pergnier (Hg.). *Le français en contact avec l'anglais. En hommage à Jean Darbelnet*. Paris, 159–71.

Kolde, Gottfried. 1995. "Lexikalische und terminologische Dreiecksverhältnisse. Am Beispiel von *schwer, schwierig, leicht* und *Kommutation, Substitution, Permutation*". In: Götz Hindelang; Eckard Rolf; Werner Zillig (Hgg.). *Der Gebrauch der Sprache. Festschrift für Franz Hundsnurscher zum 60. Geburtstag*. Münster, 210–222.

Koller, Werner. 1978. "Äquivalenz in kontrastiver Linguistik und Übersetzungswissenschaft". In: Lillebill Grähs; Gustav Korlén; Bertil Malmberg (Hgg.). *Theory and Practice of Translation*. Bern/Frankfurt a.M./Las Vegas, 69–85.

Königer, Paul. 1997. "Dynamik technisch geprägter Sprache". In: Rüdiger Weingarten (Hg.). *Sprachwandel durch Computer*. Opladen, 159–84.

Kowallik, Sabine. 1993. "Zur Typologie französischer Lehnübersetzungen im Deutschen". In: Wolfgang Dahmen; Günter Holtus; Johannes Kramer;

Michael Metzeltin; Otto Winkelmann (Hgg.). *Das Französische in den deutschsprachigen Ländern. Romanistisches Kolloquium VII.* Tübingen, 18–24.

Kramarae, Cheris. 1999. "The language and nature of the internet: the meaning of global". *New media & society* 1, 47–54.

Krämer, Sybille. 1997. "Vom Mythos »Künstliche Intelligenz« zum Mythos »Künstliche Kommunikation« oder: Ist eine nicht-anthropomorphe Beschreibung von Internet-Aktion möglich?". In: Stefan Münker; Alexander Roesler (Hgg.). *Mythos Internet.* Frankfurt a.M., 83–107.

Kreisel, Uwe; Pamela Ann Tabbert. 1996. *Net Jargon. Englisch fürs Internet.* Hamburg.

– 1997. *E-mail English. Fit in Kommunikation und Technik.* Hamburg.

Kreutz, Frank. 2000. *Le Vocabulaire Internet.* Paris.

Krier, Fernande. 1990. "Typologie der Sprachkontaktphänomene". In: Werner Bahner; Joachim Schildt; Dieter Viehweger (Hgg.). *Proceedings of the Fourteenth International Congress of Linguists. Berlin/GDR, August 10 – August 15, 1987.* Berlin, 1726–29.

Krumm, Pascale. 1998. "Les meilleurs serveurs du Web francophone". *Französisch heute* 27, 64–74.

Kubczak, H. 1982. "Ambiguität und Interferenz". *Cahiers de l'Institut de Linguistique de Louvain* 8, 29–48.

Kyjak, Taras; Rulan Ivanitskiy. 1996. "Distinguishing between international words and lexical borrowings". *International Network for Terminology* 52/53, 23–26.

Lagueux, Paul. 1988. "La part des emprunts à l'anglais dans la création néologique en France et au Québec". In: Maurice Pergnier (Hg.). *Le français en contact avec l'anglais. En hommage à Jean Darbelnet.* Paris, 91–111.

Lakoff, George; Mark Johnson. 1980. *Metaphors we live by.* Chicago/London.

Lambert-Drache, Marilyn. 1995. "Remarques sur la francisation de l'informatique en France: le cas des sigles et acronymes anglais". *Studi italiani di linguistica teorica e applicata* 24, 77–91.

Lamiroy, Béatrice. 1987. "Les verbes de mouvement – emplois figurés et extensions métaphoriques". *Langue Française* 76, 41–58

Langacker, R.W. 1980. *Foundations of cognitive grammar.* Stanford.

Lara, Luis Fernando. 1994. "La complejidad léxica del español contemporáneo, desde el punto de vista internacional". In: Pierre Martel; Jacques Maurais (Hgg.). *Langues et sociétés en contact: Mélanges offerts à Jean-Claude Corbeil.* Tübingen, 291–301.

– 2000. "El espanglish". *Boletín editorial del Colegio de México* 85, 23–27.

Lauffer, Hartmut. 1976. *Der Lehnwortschatz der althochdeutschen und altsächsischen Prudentiusglossen.* München.

Le Guilly-Wallis, Anne. 1985. "Le franglais: nature et causes. Étude de cas: le franglais dans l'informatique". In: *Groupe d'Études sur le Plurilinguisme Euro-*

péen (Hg.). *L'anglais: langue étrangère ou langue seconde? Actes du Premier Colloque du G.E.P.E. 18–19 mai 1984, Strasbourg*. Straßburg, 137–51.

– 1986. "L'informaticien face au franglais: adoption, indifférence ou rejet". *L'avenir de la langue française, La documentation française*, 49–65.

– 1991. "Étude de cas: l'impact des arrêtés de terminologie sur l'informaticien français". *Terminologie et Traduction* 1, 117–42.

Lebsanft, Franz. 1998. "Spanische Sprachkultur: Monozentrisch oder plurizentrisch?". In: Albrecht Greule; Franz Lebsanft (Hgg.). *Europäische Sprachkultur und Sprachpflege. Akten des Regensburger Kolloquiums 1996*. Tübingen, 255–76.

– 2000. "Internet und Hispanophonie: Kommunikationsmedium, Kommunikationsform und Sprachwahl". In: Gerd Fritz; Andreas H. Jucker (Hgg.). *Kommunikationsformen im Wandel der Zeit. Vom mittelalterlichen Heldenepos zum elektronischen Hypertext*. Tübingen, 29–49.

– 2001. "Sprachverlust und Sprachausbau im Spanischen". In: Konrad Ehlich; Jakob Ossner; Harro Stammerjohann (Hgg.). *Hochsprachen in Europa. Entstehung, Geltung, Zukunft. Akten zweier Tagungen in München, 2./3. Dezember 1998, und Bad Homburg v.d.H., 18.-20. November 1999*. Freiburg, 73–88.

Leclercq, H. 1982. "Les terminologies: un pont entre les langues?". In: Jean Caudmont (Hg.). *Sprachen in Kontakt/Langues en contact*. Tübingen, 161–79.

Lehrer, Adrienne. 1970. "Notes on Lexical Gaps". *Journal of Linguistics* 6, 257–61.

Leisi, Hans Jörg. 1973. *Praxis der englischen Semantik*. Heidelberg.

Lenoble-Pinson, Michèle. 1991. *Anglicismes et substituts français*. Paris.

Lerat, Pierre. 1980. "Anglo-américanisation et francisation". *Le français dans le monde* 156, 75–77.

– 1990. "Französisch: Sprachbewertung". In: Günter Holtus; Michael Metzeltin; Christian Schmitt (Hgg.). *Lexikon der romanistischen Linguistik*. Bd. 5,1: *Französisch/Le français*. Tübingen, 392–401.

Lerchner, Gotthard. 1996. "Computerkultur in stilgeschichtlicher Perspektive". In: Ulla Fix; Gotthard Lerchner (Hgg.). *Stil und Stilwandel. Bernhard Sowinski zum 65. Geburtstag gewidmet*. Frankfurt a.M./Berlin/New York/Paris/Wien, 285–300.

L'Homme, Marie-Claude. 1998. "Le statut du verbe en langue de spécialité et sa description lexicographique". *Cahiers de lexicologie* 73, 61–84.

Lilienkamp, Marc. 2001. *Anglo-Amerikanismus und Popkultur. Untersuchungen zur Sprache in französischen, deutschen und spanischen Musikmagazinen*. Frankfurt a.M.

Lodares, Juan R. 1993. "Penúltimos anglicismos semánticos en español". *Hispanic journal* 14, 101–111.

Lope Blanch, Juan M. 1983. "La influencia del sustrato en la fonética del español de México". In: Juan M. Lope Blanch. *Estudios sobre el español de México*. México, 97–112.

López Facal, Javier. 1982. "Los procedimientos neológicos del español: tipología y propuestas de jerarquización". In: José R. Rodríguez Richart; Gisela Thome; Wolfram Wilss (Hgg.). *Fachsprachenforschung und -lehre. Schwerpunkt Spanisch.* Tübingen, 45–52.

Lorenzo, Emilio. 1996. *Anglicismos hispánicos.* Madrid.

Low, Cecile. 1985. "Categories of foreign loanwords in modern French". *Geolinguistics* 11, 105–18.

Lüdtke, Jens. 1995. "Zur Geschichte des spanischen Wortschatzes in Amerika". In: Ulrich Hoinkes (Hg.). *Panorama der lexikalischen Semantik. Thematische Festschrift aus Anlaß des 60. Geburtstages von Horst Geckeler.* Tübingen, 449–59.

Lüllwitz, Brigitte. 1970. "Versuch zu einer Systematik lingualer Kontaktphänomene". *Germanistische Linguistik* 6, 641–95.

– 1972. "Interferenz und Transferenz: Aspekte zu einer Theorie lingualen Kontaktes". *Germanistische Linguistik* 3, 157–291.

Luque Durán, Juan de Dios; Francisco José Manjón Pozas. 1998. "Tipología léxica y tipología fraseológica: universales y particulares". In: Juan de Dios Luque Durán; A. Pamies Bertrán (Hgg.). *Léxico y fraseología.* Granada, 139–154.

Lustig, Wolf; Paul Tiedemann. 2000. *Internet für Romanisten. Eine praxisorientierte Einführung.* Darmstadt.

Machová, Svatava. 1993. "On spoken, written and standardized computer science terminology". *Slovo a Slovesnost* 54, 194–97.

Magner, Thomas F. 1991. "American English Computer Terminology: A lexical Gift that cannot be refused". *Geolinguistics* 17, 66–76.

Mańczak, Witold. 1991. "Terminologie internationale et purisme terminologique". *Neoterm* 13, 17–19.

Marcellesi, Christiane. 1973. "Le langage des techniciens de l'informatique: quelques aspects de leur vocabulaire écrit et oral". *Langue française* 17, 59–71.

Marques Pereira, José Antonio. O.J. "A simbiose lingüística português/inglês: Perspectivas de professores de inglês". [http://www.jose-antonio.pro.br/simbio.htm]. Zugriff am 11.11.2001.

Martinet, André. 1969. *Le français sans fard.* Paris.

– 1975. *Grammaire fonctionnelle du français.* Paris.

Martins, Eva. 1970. *Studien zur Frage der linguistischen Interferenz. Lehnprägungen in der Sprache von Franz Kazinczy.* Stockholm.

Marxgut, Werner. 1991. "Au sujet des lacunes dans les champs lexicaux". *Revue de linguistique romane* 55, 301–17.

Mathiot, Madeleine; Dorothy Rissel. 1996. "Lexicon and word formation". In: Hans Goebl; Peter H. Nelde; Zdeněk Starý (Hgg.). *Kontaktlinguistik. Ein internationales Handbuch zeitgenössischer Forschung.* Bd. 1. Berlin/New York, 124–30.

Meyer, Ingrid; Viktoria Zalinski; Kirsten Mackintosh. 1997. "Metaphorical Internet Terms: A Conceptual and Structural Analysis". *Terminology* 4, 1–33.

Meney, Lionel. 1994. "Pour une typologie des anglicismes en français du Canada". *The French Review* 67, 930–43.

Miannay, Denis. 1972. "Les auditeurs de l'ORTF et la création lexicale". *La banque des mots* 3, 3–16.

Millán José, Antonio. 1998a. "Web site, page". [http://jamillan.com/v_website.htm]. Zugriff am 29.7.2002.

– 1998b. "La Internet admite visitas". [http://jamillan.com/v_visita.htm]. Zugriff am 29.7.2002.

– 1998c. "La internet es un espacio". [http://jamillan.com/v_espaci.htm]. Zugriff am 29.7.2002.

– 1998d. "Bug". [http://www.jamillan.com/v_bug.htm]. Zugriff am 29.7.2002.

– 1999. "El ratón". [http://jamillán.com/v_raton.htm]. Zugriff am 29.7.2002.

– 1999–2000a. "En sociedad (1)". [http://jamillán.com/v_sociedad1.htm]. Zugriff am 29.7.2002.

– 1999–2000b. "Cookie". [http://jamillán.com/v_cookie.htm]. Zugriff am 29.7.2002.

– 2000a. "Hacker". [http://jamillan.com/v_spam.htm]. Zugriff am 29.7.2002.

– 2000b. "Spam". [http://jamillan.com/v_spam.htm]. Zugriff am 29.7.2002.

– 2000c. "Hacker". [http://jamillan.com/v_hacker.htm]. Zugriff am 29.7.2002.

– 2001. "Recíber". [http://jamillan.com/v_reciber.htm]. Zugriff am 29.7.2002.

Moeller-Schina, Ute. 1969. *Deutsche Lehnprägungen aus dem Englischen von der althochdeutschen Zeit bis 1700*. Tübingen.

Molnár, Nándor. 1985. *The calques of Greek origin in the most ancient Old Slavic gospel texts. A theoretical examination of calque phenomena in the texts of the archaic Old Slavic gospel codices*. Köln/Wien.

Mopoho, Raymond. 1996. "Emprunt et créativité lexicale dans le discours de l'Internet français". *Alfa* 9, 123–32.

Mortureux, Marie-Françoise. 1987. "Les résistances à la néologie terminologique. Système lexical et facteurs socio-culturels". *Meta* 32, 250–54.

Mühlhäusler, Peter. 1985. "Towards an Explanatory Theory of Metaphor". In: Wolf Paprotté; René Dirven (Hgg.). *The ubiquity of metaphor. Metaphor in language and thought*. Amsterdam, 57–83.

Muir, Star A. 1994. "The Web and the Spaceship: Metaphors of the Environment". *ETC: A Review of General Semantics* 51, 145–52.

Munske, Horst Haider. 2000. "Fremdwörter in deutscher Sprachgeschichte: Integration oder Stigmatisierung?". Vortrag am IDS 14. März 2000. [http://univie.ac.at/Germanistik/schrodt/vorlesungsmaterialien/Munske.htm]. Zugriff am 11.1.2001.

Murphy, John W. 1996/97. "There is nothing virtual about virtual reality". *ETC: A Review of General Semantics* 53, 458–63.

Muysken, Pieter. 1998. "Three Processes of Borrowing: Borrowability revisited". In: G. Extra; Ludo Verhoeven (Hgg.). *Bilingualism and migration*. Berlin/New York, 229–45.

Nadashi, Terry. 1991. "Divergence sémantique des anglicismes au Québec". *Revue québécoise de linguistique théorique et appliquée* 10, 173–87.

Nagel, Rainer. 1994. "Das Wortbildungsmorphem *CYBER*". *Zeitschrift für Anglistik und Amerikanistik* 42, 163–70.

Nau, Nicole. 1995. *Möglichkeiten und Mechanismen kontaktbedingten Sprachwandels unter besonderer Berücksichtigung des Finnischen*. Unterschleißheim.

Nichols, Michael. 1995. "Computer Terms. Vocabulary Made Technical". *Technical Communication* 42, 316.

Nicolas, Christian. 1995. "« Je suis omnibulé par ma rénumération ». Quelques notes sur le phénomène de remotivation lexicale par attraction paronymique". *Cahiers de lexicologie* 66, 39–53.

– 1994. "Le procédé du calque sémantique". *Cahiers de lexicologie* 65, 75–101.

Noailly-Le Bihan, Michèle. 1982. "De nouveaux adjectifs". *Le français moderne* 50, 129–39.

Noreiko, Stephen. 1993. "New words for new technologies". In: Carol Sanders (Hg.). *French Today – language in its social context*. Cambridge, 171–84.

Nöth, Winfried. 1985. "Semiotic Aspects of Metaphor". In: Wolf Paprotté; René Dirven (Hgg.). *The ubiquity of metaphor. Metaphor in language and thought*. Amsterdam, 1–16.

– 2000. *Handbuch der Semiotik*. Stuttgart/Weimar.

Nowak, Nikolaus. 2001. "Madrid wirbt mit Datenbank für spanische Sprache". *Welt am Sonntag* vom 7.09.2001. Ohne Paginierung.

Nübold, Peter. 1993. "Falsche Freunde im fachsprachlichen Lexikon". In: Wolfgang Börner; Klaus Vogel (Hgg.). *Wortschatz und Fremdsprachenerwerb*. Bochum, 200–212.

Nyomarkay, Istvan. 1993. "Le cas du calque est plus complexe". *Studia Slavica Academiae Scientiarum Hungaricae* 38, 113–24.

Odgen, Charles K.; Ivor A. Richard. 1923. *The meaning of meaning*. London.

Oksaar, Els 1984. "Terminologie und Gegenstand der Sprachkontaktforschung". In: Werner Besch (Hg.). *Sprachgeschichte: ein Handbuch zur Geschichte der deutschen Sprache und ihrer Erforschung*. Bd. 1. Berlin, 845–54.

– 1995. "Zur Verteidigung einer Sprache gegen das Fremde. Sozio- und psycholinguistische Überlegungen". In: Jürgen Trabant (Hg.). *Die Herausforderung durch die fremde Sprache: das Beispiel der Verteidigung des Französischen*. Berlin, 19–34.

Orioles, Vicenzo. 1982. "Il ruolo del significante nelle ‚Lehnschöpfungen'". *Incontri linguistici* 7, 149–53.

– 1982/83. "Su alcuni casi di prestito camuffato". *Incontri linguistici* 8, 137–45.

– 1992. "Precisazioni sul plurilinguismo". *Incontri linguistici* 15, 145–51.

Osthus, Dietmar. 2000. *Metaphern im Sprachvergleich. Eine konstrastive Studie zur Nahrungsmittelmetaphorik im Französischen und Deutschen*. Bonn.

Otheguy, Ricardo. 1993. "A reconsideration of the notion of loan translation in the analysis of U.S. Spanish". In: Ana Roca; John M. Lipski (Hgg.). *Spanish in the United States. Linguistic Contact and Diversity*. Berlin/New York, 25–45.

Otheguy, Ricardo; Ofelia García. 1993. "Convergent conceptualizations as predictors of degree of contact in U.S. Spanish". In: Ana Roca; John M. Lipski (Hgg.). *Spanisch in the United States. Linguistic Contact and Diversity*. Berlin/New York, 135–54.

Otman, Gabriel. 1998. *Les mots de la cyberculture*. Paris.

– 1999. *Englisch im Internet*. Mainz. [Französisches Original: Gabriel Otman. 1997. *L'anglais de l'Internet*. Paris.]

Overbecke, Maurits van. 1976. *Mécanismes de l'interférence linguistique*. Madrid.

Pamart, P. 1967. "Peut-on contrôler les acquisitions du vocabulaire français?". *Vie et langage* 184, 362–71.

Pandolfi, Ana María; Soraya Patelli; Bettina Tapia; Gisela Zwanzger. 1990. "El préstamo lingüístico". *Taller de letras* 18, 93–102.

Panzer, Baldur. 2000. "Gemeinsamkeiten und Unterschiede im Wortschatz europäischer Sprachen". In: Werner Besch; Annette Betten; Oskar Reichmann (Hgg.). *Sprachgeschichte. Ein Handbuch der deutschen Sprache und ihrer Erforschung*. Bd. 2. Berlin/New York, 1123–1136.

Payrató, Lluís. 1985. *La interferència lingüística. Comentaris i exemples català-castellà*. Barcelona.

Pérez Sala, Paulino. 1973. *Interferencia lingüística del inglés en el español hablado de Puerto Rico*. Hato Rey.

Pergnier, Maurice. 1988. "A propos des emprunts du français à l'anglais". In: Maurice Pergnier (Hg.). *Le français en contact avec l'anglais. En hommage à Jean Darbelnet*. Paris, 113–17.

– 1989. *Les anglicismes. Danger ou enrichissement de la langue française?* Paris.

Pershall, Judy (Hg.). 1998. *The new Oxford Dictionary of English*. Oxford.

Petit, Gérard. 1999. "Internet et terminologie". In: Jacques Anis (Hg.). *Internet communication et langue française*. Paris, 157–80.

Plümer, Nicole. 2000. *Anglizismus – Purismus – sprachliche Identität. Eine Untersuchung zu den Anglizismen in der deutschen und französischen Mediensprache*. Frankfurt.

Pöckl, Wolfgang. 1990. "Französisch: Fachsprachen". In: Günter Holtus; Michael Metzeltin; Christian Schmitt (Hgg.). *Lexikon der romanistischen Linguistik*. Bd. 5,1: *Französisch/Le français*. Tübingen, 267–82.

– 1999. "Die französischen Fachsprachen im 20. Jahrhundert und ihre Erforschung: eine Übersicht". In: Lothar Hoffmann; Hartwig Kalverkämper; Herbert Ernst Wiegand (Hgg.). *Fachsprachen. Ein internationales Handbuch zur*

Fachsprachenforschung und Terminologiewissenschaft. Bd. 2. Berlin/New York, 1491–1503.

Polenz, Peter von. 1967. "Fremdwort und Lehnwort sprachwissenschaftlich betrachtet". *Muttersprache* 77, 65–80.

Pöll, Bernhard. 2002. *Spanische Lexikologie. Eine Einführung*. Tübingen.

Polzin, Claudia. 1998. "Metaphernfreundliche Textproduzenten, metaphernfeindliche Lexikographen? Zur Problematik metaphorisch gebrauchter Wortgebildetheiten, untersucht am Sprachenpaar Spanisch-Deutsch". In: Alberto Gil; Christian Schmitt (Hgg.). *Kognitive und kommunikative Dimensionen der Metaphorik in den romanischen Sprachen*. Bonn, 233–59.

– 1999. "Metaphern im Sprachvergleich. Eine kontrastive Studie an französischen und deutschen Texten". In: Sylvia Reinart; Michael Schreiber (Hgg.). *Sprachvergleich und Übersetzen: Französisch und Deutsch. Akten der gleichnamigen Sektion des ersten Kongresses des Franko-Romanistenverbandes (Mainz, 24.–26. September 1998)*. Bonn, 209–35.

Poplack, Shana; David Sankoff. 1984. "Borrowing: The Synchrony of Integration". *Linguistics* 22, 99–135.

Pottier Navarro, Huguette. 1991. *La polisemia léxica en español. Teoría y resolución*. Madrid.

Pottier, Bernard. 1967. "Galicismos". In: M. Alvar; R. Balbín; L.F. Lindley Cintra (Hgg.). *Enciclopedia lingüística hispánica*. Bd. 2: *Elementos constitutivos y fuentes*. Madrid, 127–151.

Pratt, Chris. 1970/71. "El arraigo del anglicismo en el español de hoy". *Filología moderna* 40/41, 67–92.

– 1980. *El anglicismo en el español peninsular contemporáneo*. Madrid.

Prince, Violaine. 1987. "La pidginisation du français par le jargon américain de l'informatique". In: *Groupe d'Études sur le Plurilinguisme Européen* (Hg.). *Langue française – langue anglaise. Contacts et conflits. Actes du Deuxième Colloque du G.E.P.E. 23–24 mai 1986, Strasbourg*. Straßburg, 15–37.

Radkovsky, Pavel. 1996. "English, the lingua franca of the Internet". [http://geocities.com/Athens/4206/essay1.html]. Zugriff am 25.3.2001.

Raible, Wolfgang. 1981. "Sem-Probleme oder: Gibt es semantische Merkmale?" *Romanistisches Jahrbuch* 32, 27–40.

– 1983. "Zur Einleitung". In: Helmut Stimm; Wolfgang Raible (Hgg.). *Zur Semantik des Französischen. Beiträge zum Regensburger Romanistentag 1981*. Wiesbaden, 1–25.

Rainer, Franz. 2002. "Neologismos Monstruarios". In: Bernhard Pöll; Franz Rainer (Hgg.). *Vocabula et vocabularia: Etudes de lexicographie et de (méta-) lexicographie romanes en l'honneur du 60e anniversaire de Dieter Messner*. Frankfurt a.M./Berlin/Bern/Brüssel/New York/Oxford/Wien, 283–302.

Rammelmeyer, Matthias. 1975. *Die deutschen Lehnübersetzungen im Serbokroatischen. Beiträge zur Lexikologie und Wortbildung*. Wiesbaden.

Reich, Sabine. 1999. "Cyberphobia, Cyberspace and Cyberfootprints – the Status and Meaning of the Morpheme *cyber*". *Zeitschrift für Anglistik und Amerikanistik* 47, 1–11.

Reinart, Sylvia. 1991. *Terminologie und Einzelsprache. Vergleichende Untersuchung zu einzelsprachlichen Besonderheiten der fachsprachlichen Lexik mit Schwerpunkt auf dem Sprachenpaar Deutsch-Französisch*. Frankfurt a.M./Berlin/Bern/Paris/Wien.

Reinton, Jens Evang. 1978. "The Relationship between English Loanwords and Their Synonyms in Russian Sport Terminology". *Scando-Slavica* 24, 217–37.

Rey, Alain. 1976. "Néologisme, un pseudo-concept?". *Cahiers de lexicologie* 28, 3–17.

Rey-Debove, Josette. 1987. "Effet des anglicismes lexicaux sur le système du français". *Cahiers de lexicologie* 51, 257–65.

Ricken, Ulrich. 1983. *Französische Lexikologie. Eine Einführung*. Leipzig.

Robert, Paul (Hg.). 1995. *Le nouveau Petit Robert. Dictionnaire alphabétique et analogique de la langue française. Texte remanié et amplifié sous la direction de Josette Rey-Debove et Alain Rey*. Paris.

Rodríguez González, Félix. 1994. "Remarques sur les glissements de sens dans l'argot de la drogue. Les anglicismes en espagnol". *Cahiers de lexicologie* 64, 147–54.

– 1996. "Functions of anglicisms in contemporary Spanish". *Cahiers de lexicologie* 68, 107–128.

Rohrer, Tim. 1995. "Metaphors we compute by: bringing magic into interface design". [http://philosophy.uoregon.edu/metaphor/gui4web.htm]. Zugriff am 17.3.2001.

– 1997. "Conceptual Blending on the Information Highway: How Metaphorical Inferences Work". [http://www.philosophy.uoregon.edu/metaphor/iclacnf4.htm]. Zugriff am 02.04.2002.

Röntgen, Karl-Heinz. 1992. *Untersuchungen zu frühen Lehnprägungen romanischer Tierbezeichnungen*. Bonn.

Rousseau, Louis-Jean. O.J. "Terminologie et aménagement linguistique". [http://www.iula.upf.es/cpt/jorp/jp3.htm]. Zugriff am 3.12.2000.

Rudigoz, Claude. 1985. "Regard du linguiste sur les emprunts du français à l'anglais". In: *Groupe d'Études sur le Plurilinguisme Européen* (Hg.). *L'anglais: langue étrangère ou langue seconde? Actes du Premier Colloque du G.E.P.E. 18–19 mai 1984, Strasbourg*. Straßburg, 168–80.

Runkehl, Jens; Peter Schlobinski; Torsten Siever (Hgg.). 1998. *Sprache und Kommunikation im Internet. Überblick und Analysen*. Opladen/Wiesbaden.

Sachs, F. 1998. *La défense de la Francophonie et de la langue française sur Internet. Mémoire de DEA de Didactologie des Langues et des Cultures. Université Paris III*. [http://perso.club-internet.fr/fsachs/memoire.html]. Zugriff am 26.3.2001.

Sala, Marius. 1986. *El problema de las lenguas en contacto*. Mexiko-Stadt.
– 1995. "Sprachkontakte und die Umgestaltung semantischer Strukturen". In: Ulrich Hoinkes (Hg.). *Panorama der lexikalischen Semantik. Thematische Festschrift aus Anlaß des 60. Geburtstages von Horst Geckeler*. Tübingen, 575–78.
Saltarelli, Mario. 2000. "Lenguas románicas y gramática universal: nuevos préstamos en español y en italiano". In: Annick Englebert; Michael Pierrard; Laurence Rosier; Dan Van Raemdonck (Hgg.). *Actes du 22e Congrès de Linguistique et de Philologie Romanes*. Bd. IX: *Contacts interlinguistiques*. Tübingen, 269–74.
Sampedro Losada, Pedro José. 1998. "Anglicismos en el lenguaje informático". *Hispanorama* 79, 111–18.
– 2000a. "Anglicismos, barbarismos, neologismos y «falsos amigos» en el lenguaje informático". [http://www.ati.es/gt/lengu-informatica/externos/sampedr1.html]. Zugriff am 2.9.2001.
– 2000b. "Glosario de anglicismos, barbarismos, neologismos y falsos amigos en el lenguaje informático". [http://www.ati.es/gt/lengu-informatica/externos/sampedr3.html]. Zugriff am 2.9.2001.
Sánchez Macarro, Antonia. 1993. "La invasión del anglicismo en el español contemporáneo". In: Jesús Jiménez Martínez; Ricard Morant Marco (Hgg.). *Actas del simposio sobre el español de España y el español de América. University of Virginia*, 1991. Valencia, 19–34.
Santos Borbujo, Arturo. 1998. "La tipología de los anglicismos". In: Teresa García-Sabell Tormo; Dolores Olivares Vaquero; Annick Boilève-Guerlet; Manuel García Martínez (Hgg.). *Les chemins du texte. VI Coloquio da APFFUE (Santiago, 19, 20 e 21 de febrero de 1997)*. Bd. 2: *Lingüística, traducción y didáctica. Historia*. Santiago de Compostela, 173–79.
Sarcher, Walburga. 2001. *Das deutsche Lehngut im Französischen als Zeugnis für den Wissenstransfer im 20. Jahrhundert*. Hamburg.
Saunders, Gladys E. 2000. "La traduction et le changement linguistique". In: Annick Englebert; Michael Pierrard; Laurence Rosier; Dan Van Raemdonck (Hgg.). *Actes du 22e Congrès de Linguistique et de Philologie Romanes*. Bd. IX: *Contacts interlinguistiques*. Tübingen, 297–304.
Saussure, Ferdinand de. 1995. *Cours de linguistique générale. Publié par Charles Bailly et Albert Séchehaye avec la collaboration de Albert Riedlinger*. Paris.
Sauvageot, Aurélien. 1971. "Valeur des néologismes". *La banque des mots* 1, 29–36.
Schade, Walter. 1989. "Lexikalische Interferenz in politischer Publizistik". In: Heide Schmidt (Hg.). *Interferenz in der Translation*. Leipzig, 93–102.
Scheler, Manfred. 1973. "Zur Struktur und Terminologie des sprachlichen Lehngutes". *Die neueren Sprachen* 72, 19–26.
– 1996. "Zur Rolle des griechischen und lateinischen Elements im englischen Wortschatz". In: Horst Haider Munske; Alan Kirkness (Hgg.). *Eurolatein:*

das griechische und lateinische Erbe in den europäischen Sprachen. Tübingen, 152–70.

Scherner, Maximilian. 1974. "Die Begriffe zur Gliederung des sprachlichen Lehnguts". *Archiv für Begriffsgeschichte* 18, 262–82.

Schmidt, Arnd. 1984. *Die Gallizismen im spanischen Wortschatz.* Unveröffentlichte Staatsexamensarbeit an der Universität Münster.

Schmidt, Günter Dietrich. 1982. "Kann ein "elementares Sprachzeichen" polysem sein?". *Linguistische Berichte* 79, 1–11.

– 1986. "Die Lehnbedeutung und ihre Stellung im System der Lehnprägungen. Zur Abhängigkeit der Gliederung und Bestimmung der Lehnphänomene vom Sprachzeichenmodell". *Muttersprache* 96, 82–97.

Schmidt-Radefeldt, Jürgen. 1995. "Adaptationsphänomene der Anglizismen – zur Konvergenz und Divergenz in romanischen Sprachen". In: Wolfgang Dahmen; Günter Holtus; Johannes Kramer; Michael Metzeltin; Wolfang Schweickard; Otto Winkelmann (Hgg.). *Das Französische in den deutschsprachigen Ländern. Romanistisches Kolloquium VII.* Tübingen, 191–203.

Schmitt, Christian. 1990. "Französisch: Sprache und Gesetzgebung". In: Günter Holtus; Michael Metzeltin; Christian Schmitt (Hgg.). *Lexikon der romanistischen Linguistik.* Bd. 5,1: *Französisch/Le français.* Tübingen, 354–79.

– 1992. "Spanisch: Fachsprachen/Tecnolectos". In: Günter Holtus; Michael Metzeltin; Christian Schmitt (Hgg.). *Lexikon der romanistischen Linguistik.* Bd. 6,1: *Aragonesisch/Navarresisch, Spanisch, Asturianisch/Leonesisch.* Tübingen, 295–327.

– 1993a. "Der Personalcomputer und sein Einfluß auf die Entwicklung des Wortschatzes der spanischen Gegenwartssprache. Ein Beitrag zur lexikalischen Wortbildungslehre". In: Johannes Kramer; Guntram A. Plangg (Hgg.). *Verbum Romanicum. Festschrift für Maria Iliescu.* Hamburg, 317–25.

– 1993b. "Sprachliche Evolution als gelenkte Symbiose. Zur Europäisierung der modernen und zeitgenössischen spanischen Wortbildung". *Archiv für das Studium der neueren Sprachen und Literaturen* 145, 78–98.

– 1995a. "Das Spanische in einer technisierten Welt. Zu Formen und Funktionen der Metaphorik in der Fachsprache der elektronischen Datenverarbeitung". In: Antoni M. Badia i Margarit (Hg.). *Estudis de lingüística i filologia oferts a Antoni M. Badia i Margarit II.* Bd. 2. Barcelona, 311–24.

– 1995b. "Das Fremde als Staatsaffäre: die Radiosendung *La langue française, joyau de notre patrimoine*". In: Jürgen Trabant (Hg.). *Die Herausforderung durch die fremde Sprache: das Beispiel der Verteidigung des Französischen.* Berlin, 91–116.

– 1996. "Sprachpflege und Sprachreinigung". In: Hans Goebl; Peter H. Nelde; Zdeněk Starý (Hgg.). *Kontaktlinguistik. Ein internationales Handbuch zeitgenössischer Forschung.* Bd. 1. Berlin/New York, 871–80.

– 1998a. "Zum Recycling abgenutzter Metaphern. Sprachliches Altmaterial für neue kommunikative Zwecke". In: Alberto Gil; Christian Schmitt (Hgg.).

Kognitive und kommunikative Dimensionen der Metaphorik in den romanischen Sprachen. Bonn, 448–66.
– 1998b. "Sprachkultur und Sprachpflege in Frankreich". In: Albrecht Greule; Franz Lebsanft (Hgg.). *Europäische Sprachkultur und Sprachpflege. Akten des Regensburger Kolloquiums 1996*. Tübingen, 215–43.
Schmitt, Hans Joachim. 1982. "Die semantische Motivation lexikalischer Entlehnung: Untersuchungen an den Anglizismen im Französischen". In: Jean Caudmont (Hg.). *Sprachen in Kontakt/Langues en contact*. Tübingen, 71–95.
Schmitt, Peter A. 1985. *Anglizismen in den Fachsprachen. Eine pragmatische Studie am Beispiel der Kerntechnik*. Heidelberg.
Schmitz, Ulrich. 1988. "Maschinelle Operationen als menschliche Handlungen. Vom Sprechen über Computer und mit ihnen". In: Rüdiger Weingarten; Reinhard Fiehler (Hgg.). *Technisierte Kommunikation*. Opladen, 159–78.
– 2000. "Auswirkungen elektronischer Medien und neuerer Kommunikationstechniken auf das Sprachverhalten von Individuum und Gesellschaft". In: Werner Besch; Annette Betten; Oskar Reichmann (Hgg.). *Sprachgeschichte. Ein Handbuch der deutschen Sprache und ihrer Erforschung*. Bd. 2. Berlin/New York, 2168–75.
Schmoldt, Benno. 1963. "Das Bedeutungslehnwort". *Der Deutschunterricht* 15, 44–50.
Schottmann, Hans. 1986. "Die Beschreibung der Interferenz". In: Herbert Kolb; Hartmut Lauffer (Hgg.). *Sprachliche Interferenz. Festschrift für Werner Betz zum 65. Geburtstag*. Tübingen, 13–35.
Schröder, Konrad. 2001. "Englisch als Nachbarsprache, Englisch als internationale Sprache". In: Konrad Ehlich; Jakob Ossner; Harro Stammerjohann (Hgg.). *Hochsprachen in Europa. Entstehung, Geltung, Zukunft. Akten zweier Tagungen in München, 2./3. Dezember 1998, und Bad Homburg v.d.H., 18.–20. November 1999*. Freiburg, 301-07.
Schumann, Kurt. 1958. *Die Griechischen Lehnbildungen und Lehnbedeutungen im Altbulgarischen*. Wiesbaden.
– 1965. "Zur Typologie und Gliederung der Lehnprägungen". *Zeitschrift für slawische Philologie* 32, 61–90.
Schwarz, Monika; Jeanette Chur. 1996. *Semantik. Ein Arbeitsbuch*. Tübingen.
Schwarze, Christoph. 1983. "Une typologie des contrastes lexicaux". In: Manfred Faust; Roland Harweg; Werner Lehnfeldt; Götz Wienold (Hgg.). *Allgemeine Sprachwissenschaft, Sprachtypologie und Textlinguistik. Festschrift für Peter Hartmann*. Tübingen, 199–210.
– 1995. "Polysemie im Sprachvergleich". In: Wolfgang Dahmen; Günter Holtus; Johannes Kramer (Hgg.). *Konvergenz und Divergenz in den romanischen Sprachen. Romanistisches Kolloquium VIII*. Tübingen, 204–19.
– 2001. *Introduction à la sémantique lexicale*. Tübingen.

Schweickard, Wolfgang. 1990. "Englisch und Romanisch". In: Günter Holtus; Michael Metzeltin; Christian Schmitt (Hgg.). *Lexikon der romanistischen Linguistik*. Bd. 5,1: *Französisch/Le français*. Tübingen, 291–309.

– 1991. "Anglizismen im Spanischen". *Terminologie & Traduction* 1, 75–86.

Seewald, Uta. 1998. "Gebrauch der Metaphorik in der Sprache des Internet. Untersuchungen am Beispiel des Französischen, Italienischen und Spanischen". In: Alberto Gil; Christian Schmitt (Hgg.). *Kognitive und kommunikative Dimensionen der Metaphorik in den romanischen Sprachen*. Bonn, 360–78.

Sewell, Penelope M. 2001. "The Occurence of Calque in Translation Scripts". *Meta* 46, 607–14.

Siebert, Eberhard. 1971. *Zum Verhältnis von Erbgut und Lehngut im Wortschatz Otfrids von Weissenburg*. München.

Simon, Hans Joachim. 1971. "Übersetzungsfehler im labilen Adstrat. Zum deutschen Lehngut im Bündnerromanischen (>calques<)". In: Karl-Richard Bausch; Hans-Martin Gauger (Hgg.). *Interlinguistica. Sprachvergleich und Übersetzung. Festschrift zum 60. Geburtstag von Mario Wandruszka*. Tübingen, 518–32.

Singleton, David. 1997. "Crosslinguistic aspects of the mental lexicon". In: Raymond Hickey; Stanisław Puppel (Hgg.). *Language History and Linguistic Modelling. A Festschrift for Jacek Fisiak on his 60th Birthday*. Bd. 2: *Linguistic Modelling*. Berlin/New York, 1641–52.

Sinner, Carsten. 2001. "Zur Terminologie in der Sprachkontaktforschung: Bilinguismus und Diglossie, Interferenz und Integration sowie tertiärer Dialekt". In: Gerda Haßler (Hg.). *Sprachkontakt und Sprachvergleich*. Münster, 125–152.

Sokol, Monika. 2001. *Französische Sprachwissenschaft. Eine Einführung mit thematischem Reader*. Tübingen.

Sornig, Karl. 1999. "Rezension: Hermann Fink: *Von Kuh-Look bis Fit For Fun: Anglizismen in der heutigen deutschen Allgemein- und Werbesprache*. Lang, Frankfurt a.M./Berlin/Bern/NY/Paris/Wien 1997". *Grazer Linguistische Studien* 52, 165–67.

Spence, Nicol. 1989. "Qu'est-ce qu'un anglicisme?". *Revue de linguistique romane* 53, 323–34.

Spillner, Bernd. 1986. "Universalien des Sprachkontaktes? Untersuchungen auf der Grundlage sprachlicher Interferenz". In: J.-D. Gendron; Peter H. Nelde (Hgg.). *Plurilinguisme en Europe et au Canada. Perspectives de Recherche/Mehrsprachigkeit in Europa und Kanada. Perspektiven der Forschung*. Bonn, 149–69.

Stanforth, Anthony. 1996. *Deutsche Einflüsse auf den englischen Wortschatz in Geschichte und Gegenwart. Mit einem Beitrag zum Amerikanischen Englisch von Jürgen Eichhoff*. Tübingen.

Stavans, Ilán. 2001. "Webeando". *Cuadernos Cervantes* 33, 10–11.

Stein, Gabriele. 1977. "English combining forms". *Linguistica* 9, 140–47.

Steinhäusl, Ulrike. 1984. *Kürzungstendenzen im heutigen Spanisch: Wortkürzungen und Sigelbildungen*. Würzburg.

Stimm, Helmut. 1968. "Fränkische Lehnprägungen im französischen Wortschatz". In: Hans Stimm; Julius Wilhelm (Hgg.). *Verba et Vocabula. Ernst Gamillscheg zum 80. Geburtstag*. München, 593–618.

Stolze, Radegundis. 1999. *Die Fachübersetzung. Eine Einführung*. Tübingen.

Szulmajster-Celnikier, Anne. 1996. "La politique de la langue en France". *La linguistique* 32, 35–63.

Taylor, John R. 1999. "Cognitive semantics and structural semantics". In: Andreas Blank; Peter Koch (Hgg.). *Historical Semantics and Cognition*. Berlin/New York, 17–48.

Tesch, Gerd. 1978. *Linguale Interferenz. Theoretische, terminologische und methodische Grundfragen zu ihrer Erforschung*. Tübingen.

Thomas, George. 1975. "The Calque – An International Trend in the Lexical Development of the Literary Languages of Eighteenth-Century Europe". *Germano-Slavica* 6, 21–42.

Thomason, Sarah G. 2001. *Language Contact. An Introduction*. Edinburgh.

Thomason, Sarah G.; Terence Kaufman. 1988. *Language Contact, Creolization, and Genetic Linguistics*. Berkeley.

Tietze, Godhard O. A. 1974. *Einführung in die Wortbildung des heutigen Englisch. Typen und Prozesse*. Tübingen.

Tournier, Jean. 1998. *Les mots anglais du français*. Paris.

Trabant, Jürgen. 1995a. "Zur Einführung: Fremde Sprachen in Babel und Paris". In: Jürgen Trabant (Hg.). *Die Herausforderung durch die fremde Sprache: das Beispiel der Verteidigung des Französischen*. Berlin, 7–18.

– 1995b. "Die Sprache der Freiheit und ihre Freunde". In: Jürgen Trabant (Hg.). *Die Herausforderung durch die fremde Sprache: das Beispiel der Verteidigung des Französischen*. Berlin, 175–91.

Traoré, Salifou. 2000. *Interlinguale Interferenzerscheinungen. In ausgewählten Bereichen von Morphosyntax und Text bei afrikanischen frankophonen Germanistikstudierenden mit didaktischen Schlussfolgerungen*. Frankfurt a.M./Berlin/Bern/Brüssel/New York/Oxford/Wien.

Truchot, Claude. 1992. "L'anglais et les langues européennes". *Terminologie & Traduction* 2, 93–115.

Trujillo, Ramón. 1997. "La variación del léxico". In: Ulrich Hoinkes; Wolf Dietrich (Hgg.). *Kaleidoskop der lexikalischen Semantik*. Tübingen, 249–58.

Tucat, Céline; Loïc Depecker. 1996. "Recherches néologiques sur Internet". *Contributions* 20, 4–11.

Ullman, Stephen. 1957. "Anglicismes patents et anglicismes masqués". *Vie et Langage* 65, 172–77.

– 1972. *Grundzüge der Semantik. Die Bedeutung in sprachwissenschaftlicher Sicht. Deutsche Fassung von Susanne Koopmann*. Berlin/New York. [Englisches

Original: *The Principles of Semantics. A linguistic approach to meaning*. Oxford. 1957].

– 1973. *Semantik. Eine Einführung in die Bedeutungslehre. Deutsche Fassung von Susanne Koopmann*. Reutlingen. [Englisches Original: *Semantics: An Introduction to the Science of Meaning*. Oxford 1962].

Vaimberg, S. 1975a. "About the definition of linguistic calque". *Revue roumaine de linguistique* 20, 63–69.

– 1975b. "Calque and borrowing". *Revue roumaine de linguistique* 20, 435–37.

Vasilev, Chr. 1975. "Lehnprägungen im Polnischen und Slovenischen". In: H.-B. Harder (Hg.). *Festschrift für Alfred Rammelmeyer*. München, 405–38.

Viereck, Wolfgang (Hg.). 1980. "Zur Thematik und Problematik von Anglizismen im Deutschen". In: Wolfang Viereck; Wolfdietrich Bald (Hgg.). *Studien zum Einfluß der englischen Sprache auf das Deutsche/Studies on the Influence of the English language on German*. Tübingen, 9–21.

– 1998. "Die Rolle von Fachsprachen im Kontakt von Einzelsprachen I: Englisch – Deutsch im 20. Jahrhundert". In: Lothar Hoffmann; Hartwig Kalverkämper; Herbert Ernst Wiegand (Hgg.). *Fachsprachen. Ein internationales Handbuch zur Fachsprachenforschung und Terminologiewissenschaft*. Bd. 1. Berlin/New York, 764–71.

Vinet, Marie-Thérèse. 1996. "Lexique, emprunts et invariants: une analyse théorique des anglicismes en français du Québec". *Revue québécoise de linguistique* 24, 165–181.

Voets, Stephan; Reinhard Hamel; Renate Husman. 1997. *Das Online Vokabelheft. Smilies, Slang und Sprachgebrauch im Cyberspace*. Düsseldorf/München.

Wade, T.L.B. 1980. "Indirect Loans in German and Russian". *The Incorporated Linguist* 19, 43–48.

Wagner, Claudio. 1990. "El enfoque lingüístico de la normativa: El caso de los préstamos". *Estudios filológicos* 25, 55–65.

Wagner, Richard; Markus Kommenda. 1985. "Glossar zur Terminologie der Informatik (F-D)". *Lebende Sprachen* 2, 82–93.

Walczak, Bogdan. 1987. "Néologisme indigène ou emprunt dans la terminologie?". *Neoterm* 5, 48–55.

Walter, Henriette. 1983. "La nasale vélaire /ŋ/, un phonème du français?". *Langue française* 60, 14–29.

– 1995. "Nouveaux mots et nouvelles tournures en français: encore des anglicismes clandestins, incontournables et enfants prodigues". *Praxis des neusprachlichen Unterrichts* 42, 81–83.

– 1997. "Le lexique de l'informatique et l'emprise de l'anglais." *La linguistique* 33, 45–59.

Walther, Wolfgang. 1986. "Neue Aspekte der Übersetzung von Metaphern (E-D) in journalistischen Texten". *Fremdsprachen* 30, 162–66.

Wandruszka, Mario. 1970. *Sprachen. Vergleichbar und unvergleichlich.* München.
– 1977. "Interferenz und Übersetzung". Herbert Kolb; Hartmut Lauffer (Hgg.). *Sprachliche Interferenz. Festschrift für Werner Betz zum 65. Geburtstag.* Tübingen, 101–118.
Warren, Beatrice. 1990. "The importance of combining forms". In: Wolfgang U. Dressler; Hans C. Luschützky; Oskar E. Pfeiffer; John R. Rennison (Hgg.). *Contemporary Morphology.* Berlin/New York, 111–33.
Warschauer, Mark. 2000. "Language, Identity and the Internet". In: Beth E. Kolko; Lisa Nakamura; Gilbert B. Rodman (Hgg.). *Race in Cyberspace.* New York, 151–70.
Weinreich, Uriel. 1976. *Sprachen im Kontakt: Ergebnisse und Probleme der Zweisprachigkeitsforschung. Mit einem Vorwort von André Martinet. Herausgegeben und mit einem Nachwort zur deutschen Ausgabe versehen von A. de Vicenz.* München. [Englisches Original: Uriel Weinreich. 1953. *Languages in Contact.* New York.]
Weinrich, Harald. 1976a. "Semantik der kühnen Metapher". In: Harald Weinrich. *Sprache in Texten.* Stuttgart, 295–315.
– 1976b. "Allgemeine Semantik der Metapher". In: Harald Weinrich. *Sprache in Texten.* Stuttgart, 317–27.
– 1976c. "Streit um Metaphern". In: Harald Weinrich. *Sprache in Texten.* Stuttgart, 328–41.
Wichter, Sigurd. 1997. "Zur Position der Fachsprachensemantik". In: Ulrich Hoinkes; Wolf Dietrich (Hgg.). *Kaleidoskop der lexikalischen Semantik.* Tübingen, 365–57.
Wilss, Wolfram. 1989. "Interferenzerscheinungen beim Übersetzen Fremdsprache – Grundsprache. Vorschläge zu einer prozeduralen Analyse". In: Heide Schmidt (Hg.). *Interferenz in der Translation.* Leipzig, 7–18.
Winkelmann, Otto. 1990. "Französisch: Sprachnormierung und Standardsprache". In: Günter Holtus; Michael Metzeltin; Christian Schmitt (Hgg.), 334–53.
Wölck, Wolfgang. 1984. "Komplementierung und Fusion: Prozesse natürlicher Zweisprachigkeit". In: Els Oksaar (Hg.). *Spracherwerb – Sprachkontakt – Sprachkonflikt.* Berlin/New York, 107–28.
Wolf, Stefan. 1994. *Mensch – Maschine – Metapher: Zur Exemplifikation des menschlichen Geistes durch den Computer. Eine wissenschaftsphilosophische Rekonstruktion der Kognitionswissenschaft als Technologie.* Bamberg.
Woltjer, Johanna. 1984. "Computer Terminology and Its Influence on Language". *Geolinguistics* 7, 127–32.
Yong, Liang. 1987. "Mensch/Maschine-Konversion und Terminusbildung". *Muttersprache* 97, 226–33.
Zanola, Maria Teresa. 1991. *L'emprunt lexical anglais dans le français contemporain: analyse d'un corpus de presse (1982–1989).* Brescia.

Zeidler, Heidemarie. 1993. "30 Jahre Kampf gegen das *franglais* – linguistisch betrachtet". *Französisch heute* 2, 123–31.

Zierer, Ernesto. 1982. "Algunas consideraciones acerca de una TECNOLOGIA COMPARADA – desde el punto de vista del idioma español". In: José R. Rodríguez Richart; Gisela Thome; Wolfram Wilss (Hgg.). *Fachsprachenforschung und -lehre. Schwerpunkt Spanisch*. Tübingen, 89–107.

Zimmer, Dieter E. 1997a. "Hundert Computerbegriffe in zehn Sprachen". In: Dieter E. Zimmer. *Deutsch und anders – die Sprache im Modernisierungsfieber*. Reinbek, 86–104.

– 1997b. "Schone Gruse aus dem Netz. Über die rechte Schreibung in der E-mail". In: Dieter E. Zimmer. *Deutsch und anders – die Sprache im Modernisierungsfieber*. Reinbek, 272–92.

– 1997c. "Neuanglodeutsch – über die Pidginisierung der Sprache". In: Dieter E. Zimmer. *Deutsch und anders – die Sprache im Modernisierungsfieber*. Reinbek, 7–85.

Zindler, Horst. 1959. *Anglizismen in der deutschen Pressesprache nach 1945*. Kiel.

ANHANG II.

Die untersuchten *arrêtés de terminologie*

Im Folgenden sind die im empirischen Teil untersuchten offiziellen Wortlisten abgedruckt. Der Text wurde unverändert von der Website der *Délégation à la langue française* übernommen.

1. *Termes relatifs au courrier électronique* vom 2.12.1997

Liste des termes, expressions et définitions adoptés et publiés au Journal officiel de la République française

(en application du décret n° 96–602 du 3 juillet 1996 relatif à l'enrichissement de la langue française)

Journal Officiel du 2 décembre 1997

Termes relatifs au courrier électronique

TERMES ET DÉFINITIONS

- **ADRESSE DE COURRIER ÉLECTRONIQUE ou ellipt. ADRESSE ÉLECTRONIQUE**
  - □ *Domaine*: Télécommunications – Informatique
  - □ *Définition*: Désignation conventionnelle permettant l'identification d'un utilisateur du courrier électronique et l'acheminement des messages qui lui sont destinés.
  - □ *Note*: 1. L'adresse de courrier électronique peut être constituée des éléments suivants. Dans l'ordre: le nom de l'utilisateur; le symbole séparateur @, dit "a commercial"; la désignation de l'ordinateur hôte; le domaine et, éventuellement, un ou plusieurs sous-domaines (domaines et sous-domaines correspondent soit au pays, soit au type d'organisme).
  - □ 2. Le symbole: Mél., pour "messagerie électronique", peut figurer devant l'adresse électronique sur un document (papier à lettres ou carte de visite, par exemple), tout comme Tél. devant le numéro de téléphone. "Mél." ne doit pas être employé comme substantif.
  - □ *Équivalent Étranger*: *E-mail address, E-mail*

- COURRIER ÉLECTRONIQUE
  - *Domaine*: Télécommunications – Informatique
  - *Définition*: Service permettant aux utilisateurs habilités la saisie, la consultation différée et la transmission, sur des ordinateurs connectés en réseau, de documents informatisés, ou messages électroniques.
  - *Synonyme*: messagerie électronique
  - *Équivalent Étranger*: *electronic mail, E-mail*

- MESSAGE ÉLECTRONIQUE
  - *Domaine*: Télécommunications – Informatique
  - *Définition*: Document saisi, consulté ou transmis au moyen du courrier électronique.
  - *Note*: Le message électronique peut être constitué par un texte ou une suite de sons ou d'images.
  - *Équivalent Étranger*: *electronic mail, E-mail*

- MESSAGERIE ÉLECTRONIQUE
  - *Symbole*: Mél.
  - *Domaine*: Télécommunications – Informatique
  - *Symbole*: courrier électronique

TABLE D'ÉQUIVALENCE

Terme étranger (anglais)	Domaine(s) Sous-domaine(s)	Équivalent français	Symbole
E-mail address, E-mail	Télécommunications – Informatique	adresse de courrier électronique ou ellipt. adresse électronique	Mél.
electronic mail, E-mail	idem	courrier électronique ou messagerie électronique	Mél.
E-mail	idem	message électronique	

2. *Vocabulaire de l'informatique et de l'internet* vom 16.3.1999

Journal officiel du 16 mars 1999
Vocabulaire de l'informatique et de l'internet

1. Termes et définitions

□ **administrateur de site, de serveur**
Domaine: Informatique/Internet.
Définition: Personne chargée de la maintenance et du suivi d'un site ou d'un serveur sur la toile d'araignée mondiale.
Voir aussi: toile d'araignée mondiale.
Équivalent étranger: webmaster.

□ **adresse réticulaire**
Domaine: Télécommunications/Internet.
Voir: adresse universelle.
adresse universelle
Domaine: Télécommunications/Internet.
Synonyme: adresse réticulaire.
Définition: Dénomination unique à caractère universel qui permet de localiser une ressource ou un document sur l'internet, et qui indique la méthode pour y accéder, le nom du serveur et le chemin à l'intérieur du serveur.
Note: Par exemple, l'adresse universelle de la page d'accueil de la Délégation générale à la langue française est "http://www.culture.gouv.fr/culture/dglf/accueil.htm". Elle comprend trois parties: "http" indique la méthode d'accès; "www.culture.gouv.fr" est le nom du serveur du ministère de la culture et de la communication en France sur la toile d'araignée mondiale; "culture/dglf/accueil.htm" est le chemin d'accès au document.
Voir aussi: domaine, internet, page d'accueil, système d'adressage par domaines.
Équivalent étranger: uniform resource locator, universal resource locator, URL.

□ **annuaire des domaines**
Domaine: Télécommunications/Internet.
Voir: système d'adressage par domaines.
appliquette n. f.
Domaine: Informatique/Internet.

Définition: Petite application indépendante du matériel et du logiciel utilisés, qui est téléchargée depuis un serveur de la toile mondiale et qui est exécutée localement au sein d'un logiciel de navigation.
Note: Les appliquettes sont surtout employées dans le langage de programmation Java.
Voir aussi: logiciel de navigation, toile d'araignée mondiale.
Équivalent étranger: applet.

□ **article de forum**
Domaine: Informatique/Internet.
Synonyme: contribution n. f.
Définition: Document similaire à un message électronique, destiné à alimenter un ou plusieurs forums.
Voir aussi: forum.
Équivalent étranger: news item, news posting, news article.

□ **autoroutes de l'information**
Domaine: Télécommunications/Réseaux-Internet.
Définition: Structure constituée par des moyens de télécommunication et d'informatique interconnectés, qui permet d'offrir à un très grand nombre d'usagers de multiples services, en général à débit élevé, y compris des services audiovisuels.
Note: On rencontre aussi le terme "inforoute", qui n'est pas recommandé.
Équivalent étranger: information highway (ang.), information superhighway (ang.), Infobahn n. f. (all.).

□ **barrière de sécurité**
Domaine: Télécommunications/Réseaux-Internet.
Définition: Dispositif informatique qui filtre les flux d'informations entre un réseau interne à un organisme et un réseau externe en vue de neutraliser les tentatives de pénétration en provenance de l'extérieur et de maîtriser les accès vers l'extérieur.
Note: Dans cette acception, on dit aussi "pare-feu" (n.m.).
Équivalent étranger: firewall.

□ **cadre** n. m.
Domaine: Informatique/Internet.
Définition: Sous-fenêtre de la fenêtre principale d'un logiciel de navigation, qui peut afficher un document différent de ceux affichés dans les autres sous-fenêtres.
Voir aussi: fenêtre, logiciel de navigation.
Équivalent étranger: frame.

□ **causette** n. f. *fam.*
Domaine: Informatique/Internet
Définition: Communication informelle entre plusieurs personnes sur l'internet, par échange de messages affichés sur leurs écrans.
Voir aussi: internet.
Équivalent étranger: chat.

□ **concentrateur** n. m.
Domaine: Télécommunications/Réseaux-Internet.
Définition: Dispositif informatique placé au noeud d'un réseau en étoile, qui concentre et distribue les communications de données.
Note: Un concentrateur n'assure ni routage, ni commutation.
Équivalent étranger: hub.

□ **contribution** n. f.
Domaine: Informatique/Internet.
Voir: article de forum.

□ **diffusion réticulaire systématique** ou, ellipt., **diffusion réticulaire**
Domaine: Télécommunications/Internet.
Voir: diffusion systématique sur la toile.

□ **diffusion sélective**
Domaine: Télécommunications/Internet
Voir: distribution sélective.

□ **diffusion systématique sur la toile** ou, ellipt., **diffusion sur la toile**
Domaine: Télécommunications/Internet.
Synonyme: diffusion réticulaire systématique.
Définition: Envoi systématique de données ou de documents à des utilisateurs de la toile mondiale.
Voir aussi: distribution sélective.
Équivalent étranger: webcasting, netcasting.

□ **disque numérique polyvalent**
Domaine: Informatique.
Définition: Disque numérique optique de grande capacité, à usages divers (audio, vidéo, multimédia, mémoire vive, mémoire morte).
Note: La capacité des disques numériques polyvalents est supérieure à celle des cédéroms et nécessite des lecteurs appropriés.
Équivalent étranger: Digital Versatile Disk (DVD).

□ **distribution personnalisée**
Domaine: Télécommunications/Internet
Voir: distribution sélective.

□ **distribution sélective**
Domaine: Télécommunications/Internet.
Synonyme: distribution personnalisée, diffusion sélective.
Définition: Technique utilisée pour faire bénéficier automatiquement un utilisateur de la toile mondiale, à sa demande, d'un envoi de données d'un type choisi.
Note: La distribution sélective se distingue de la recherche individuelle.
Équivalent étranger: push technology.

□ **domaine** n. m.
Domaine: Télécommunications/Internet.
Définition: Ensemble d'adresses faisant l'objet d'une gestion commune.
Voir aussi: système d'adressage par domaines.
Équivalent étranger: domain.

□ **dorsale** n. f.
Domaine: Télécommunications/Réseaux-Internet.
Définition: Partie principale d'un réseau de télécommunication ou de téléinformatique, caractérisée par un débit élevé, qui concentre et transporte les flux de données entre des réseaux affluents.
Équivalent étranger: backbone.

□ **extranet** n. m.
Domaine: Télécommunications/Réseaux-Internet.
Définition: Réseau de télécommunication et de téléinformatique constitué d'un intranet étendu pour permettre la communication avec certains organismes extérieurs, par exemple des clients ou des fournisseurs.
Voir aussi: intranet.
Équivalent étranger: extranet.

□ **FAQ**
Domaine: Télécommunications/Internet.
Voir: foire aux questions.

□ **fenêtre** n. f.
Domaine: Informatique.
Définition: Partie rectangulaire de l'écran d'un ordinateur à l'intérieur de laquelle sont affichées les informations relatives à une activité déterminée.

Note: Plusieurs fenêtres peuvent êtres ouvertes simultanément; elle peuvent être juxtaposées ou se recouvrir totalement ou partiellement.
Équivalent étranger: window.

□ **fichier des questions courantes**
Domaine: Télécommunications/Internet.
Voir: foire aux questions.

□ **fil (de la discussion)**
Domaine: Informatique/Internet.
Définition: Dans les échanges au sein d'un forum ou entre utilisateurs du courrier électronique, enchaînement des commentaires à un article donné.
Voir aussi: article de forum, forum.
Équivalent étranger: thread.

□ **foire aux questions**
Domaine: Télécommunications/Internet.
Abréviation: FAQ.
Synonymes: fichier des questions courantes, questions courantes.
Définition: Rubrique présentant par sujets les questions les plus fréquemment posées par les utilisateurs, accompagnées des réponses correspondantes.
Note: La foire aux questions a, en particulier, pour but de faciliter l'intégration des internautes novices dans un groupe de discussion et de diminuer le nombre des messages diffusés dans le réseau.
Équivalent étranger: frequently asked questions (file), FAQ.

□ **forum** n. m.
Domaine: Informatique/Internet.
Définition: Service permettant l'échange et la discussion sur un thème donné: chaque utilisateur peut lire à tout moment les interventions de tous les autres et apporter sa propre contribution sous forme d'articles.
Voir aussi: article de forum.
Équivalent étranger: newsgroup.

□ **fouineur** n. m.
Domaine: Informatique/Internet.
Définition: Personne passionnée d'informatique qui, par jeu, curiosité, défi personnel ou par souci de notoriété, sonde, au hasard plutôt qu'à l'aide de manuels techniques, les possibilités matérielles et logicielles des systèmes informatiques afin de pouvoir éventuellement s'y immiscer.

(Source: Office de la langue française du Québec)
Voir aussi: pirate.
Équivalent étranger: hacker.

□ **fournisseur d'accès**
Domaine: Télécommunications/Internet.
Définition: Organisme offrant à des clients d'accéder à l'internet, ou, plus généralement, à tout réseau de communication.
Note: Le fournisseur d'accès peut aussi offrir des services en ligne.
Équivalent étranger: access provider.

□ **frimousse** n. f. *fam.*
Domaine: Informatique/Internet.
Définition: Dans un message, association facétieuse de quelques caractères typographiques qui évoquent un visage expressif.
Note: 1. Les deux frimousses les plus connues sont: –) pour la bonne humeur et: – (pour le dépit, où les deux points représentent les yeux, le trait représente le nez et les parenthèses la bouche.
2. Le terme "binette" est recommandé au Québec. "Frimousse" doit être préféré à "binette".
Équivalent étranger: emoticon, smiley.

□ **glisser-déposer** n. m.
Domaine: Informatique/Internet.
Définition: Action par laquelle l'utilisateur sélectionne un objet à l'écran, le déplace jusqu'à une autre position, puis le lâche pour déclencher une action sur cet objet.
Équivalent étranger: drag and drop.

□ **hypertexte** n. m.
Domaine: Informatique/Internet.
Définition: Système de renvois permettant de passer directement d'une partie d'un document à une autre, ou d'un document à d'autres documents choisis comme pertinents par l'auteur.
Équivalent étranger: hypertext.

□ **hypertextuel** adj.
Domaine: Informatique/Internet.
Définition: Relatif à l'hypertexte.
Équivalent étranger: hypertext.

□ **internaute** n.
Domaine: Télécommunications/Réseaux-Internet.
Définition: Utilisateur de l'internet.
Note: On rencontre aussi le terme "cybernaute".
Équivalent étranger: cybernaut.

□ **internet** n. m. sg.
Domaine: Télécommunications/Réseaux-Internet.
Définition: Réseau mondial associant des ressources de télécommunication et des ordinateurs serveurs et clients, destiné à l'échange de messages électroniques, d'informations multimédias et de fichiers. Il fonctionne en utilisant un protocole commun qui permet l'acheminement de proche en proche de messages découpés en paquets indépendants.
Note: L'acheminement est fondé sur le protocole IP *(Internet Protocol)*, spécifié par l'*Internet Society* (ISOC). L'accès au réseau est ouvert à tout utilisateur ayant obtenu une adresse auprès d'un organisme accrédité. La gestion est décentralisée en réseaux interconnectés.
Équivalent étranger: Internet network, Internet, Net.

□ **intranet** n. m.
Domaine: Télécommunications/Réseaux-Internet.
Définition: Réseau de télécommunication et de téléinformatique destiné à l'usage exclusif d'un organisme et utilisant les mêmes protocoles et techniques que l'internet.
Équivalent étranger: intranet.

□ **liaison numérique à débit asymétrique**
Domaine: Télécommunications/Réseaux-Internet.
Voir: raccordement numérique asymétrique.

□ **logiciel de navigation**
Domaine: Informatique/Internet.
Synonyme: navigateur n. m.
Définition: Dans un environnement de type internet, logiciel qui permet à l'utilisateur de rechercher et de consulter des documents, et d'exploiter les liens hypertextuels qu'ils comportent.
Voir aussi: hypertextuel.
Équivalent étranger: browser.

- **logiciel médiateur**
  Domaine: Informatique.
  Définition: Logiciel qui permet le fonctionnement de plusieurs ordinateurs en coordination, en attribuant à chacun une tâche spécifique, comme les échanges avec les utilisateurs, l'accès aux bases de données ou aux réseaux.
  Note: Le terme "logiciel médiateur" désigne aussi un logiciel qui permet de coordonner le fonctionnement de plusieurs logiciels au sein d'un même ordinateur.
  Équivalent étranger: middleware.

- **mandataire** n. m.
  Domaine: Télécommunications/Réseaux-Internet.
  Voir: serveur mandataire.

- **module d'extension** n. m.
  Abréviation: extension n. f.
  Domaine: Informatique/Internet.
  Définition: Élément logiciel que l'on adjoint à une application pour en étendre les fonctions.
  Équivalent étranger: plug-in.

- **mouchard** n.m.
  Domaine: Informatique/Internet.
  Voir: témoin (de connexion)

- **navigateur** n. m.
  Domaine: Informatique/Internet.
  Voir: logiciel de navigation.

- **page d'accueil**
  Domaine: Informatique/Internet.
  Définition: 1. Page de présentation d'un site sur la toile mondiale. 2. Page de tête affichée par un logiciel de navigation.
  Voir aussi: logiciel de navigation.
  Équivalent étranger: home page.

- **page sur la toile**
  Domaine: Informatique/Internet.
  Équivalent étranger: webpage, web page.

- **pare-feu** n. m.
  Domaine: Télécommunications/Réseaux-Internet.
  Voir: barrière de sécurité.

- **passerelle** n. f.
  Domaine: Télécommunications/Internet.
  Définition: Dispositif destiné à connecter des réseaux de télécommunication ayant des architectures différentes ou des protocoles différents, ou offrant des services différents.
  Note: Une passerelle peut par exemple connecter un réseau local d'entreprise avec un autre réseau local ou un réseau public de données.
  Équivalent étranger: gateway.

- **pirate** n. m.
  Domaine: Informatique/Internet.
  Définition: Personne qui contourne ou détruit les protections d'un logiciel, d'un ordinateur ou d'un réseau informatique.
  Équivalent étranger: cracker.

- **questions courantes**
  Domaine: Télécommunications/Internet,
  Voir: foire aux questions.

- **raccordement numérique asymétrique**
  Abréviation: RNA.
  Domaine: Télécommunications/Réseaux-Internet.
  Synonyme: liaison numérique à débit asymétrique.
  Définition: Technique de transmission numérique offrant deux canaux de données à haut débit sur une ligne téléphonique ordinaire en paire symétrique, le débit dans le sens du réseau vers l'utilisateur étant très supérieur au débit dans l'autre sens.
  Note 1: Dans le sens du réseau vers l'utilisateur, le débit est suffisant pour permettre la distribution de programmes de télévision ou de documents multimédias, notamment en provenance de l'internet. Il est de l'ordre de 600 à 800 kbit/s dans l'autre sens. En outre, le canal téléphonique est conservé.
  2: L'expression "ligne numérique à paire asymétrique" ne doit pas être utilisée car il s'agit d'une transmission asymétrique sur paire symétrique.
  Équivalent étranger: asymetric [*sic*!] (bit rate) digital subscriber line, ADSL.

□ **recherche individuelle**
Domaine: Télécommunications/Internet.
Définition: Technique utilisée sur la toile mondiale lorsque l'internaute recherche des données par une démarche active au moyen de son logiciel de navigation, qui lui présentera ensuite le résultat de cette recherche.
Note: La recherche individuelle se distingue de la distribution sélective.
Équivalent étranger: pull technology.

□ **serveur** n. m.
Domaine: Informatique.
Définition: Système informatique destiné à fournir des services à des utilisateurs connectés et, par extension, organisme qui exploite un tel système.
Note: Un serveur peut par exemple permettre la consultation et l'exploitation directe de banques de données.
Équivalent étranger: server, on-line data service.

□ **serveur mandataire**
Abréviation: mandataire.
Domaine: Télécommunications/Réseaux-Internet.
Définition: Dispositif informatique associé à un serveur et réalisant, pour des applications autorisées, des fonctions de médiation, telle que le stockage des documents les plus fréquemment demandés ou l'établissement de passerelles.
Voir aussi: passerelle, serveur.
Équivalent étranger: proxy server, proxy.

□ **signet** n. m.
Domaine: Informatique/Internet.
Définition: Moyen d'accéder rapidement à une adresse universelle préalablement stockée en mémoire par l'utilisateur.
Voir aussi: adresse universelle.
Équivalent étranger: bookmark.

□ **site (de la toile, sur la toile)**
Domaine: Informatique/Internet.
Équivalent étranger: website, web site.

□ **système d'adressage par domaines**
Abréviation: adressage par domaines.
Domaine: Télécommunications/Internet.
Synonyme: annuaire des domaines.

Définition: Système de bases de données et de serveurs assurant la correspondance entre les noms de domaine ou de site utilisés par les internautes et les adresses numériques utilisables par les ordinateurs.
Note: Ce système permet aux internautes d'utiliser, dans la rédaction des adresses, des noms faciles à retenir au lieu de la suite de chiffres du protocole IP.
Exemple: le nom du serveur sur la toile mondiale du ministère de la culture et de la communication est "www.culture.gouv.fr".
Voir aussi: adresse universelle, domaine, internaute.
Équivalent étranger: domain name system, DNS.

□ **témoin (de connexion)**
Domaine: Informatique/Internet.
Définition: 1. Appliquette envoyée par un serveur de la toile mondiale à un utilisateur, parfois à l'insu de celui-ci, au cours d'une connexion, afin de caractériser cet utilisateur. 2. Par extension, information que l'appliquette peut enregistrer sur le disque de l'utilisateur et à laquelle le serveur peut accéder ultérieurement.
Note: Dans cette acception, on dit aussi "mouchard" (n.m.).
Voir aussi: appliquette, toile d'araignée mondiale.
Équivalent étranger: cookie.

□ **toile d'araignée mondiale** ou, ellipt., **toile mondiale, toile** n. f. sg.
Abréviation: T.A.M.
Domaine: Informatique/Internet.
Définition: Dans l'internet, système, réparti géographiquement et structurellement, de publication et de consultation de documents faisant appel aux techniques de l'hypertexte.
Voir aussi: hypertexte, internet.
Équivalent étranger: World Wide Web.

□ **visionneur** n. m.
Domaine: Informatique/Internet.
Définition: Logiciel permettant d'afficher un document sans disposer du logiciel qui a servi à le produire.
Équivalent étranger: viewer.

3. Tables d'équivalence

A. Terme étranger

Terme étranger (1)	Domaine/(Sous-domaine)	Equivalent français (2)
access provider	Télécommunications/Internet	**fournisseur d'accès**
applet	Informatique/Internet	**appliquette** n. f.
asymetric [*sic*!] (bit rate) digital subscriber line (ADSL)	Télécommunications/ Réseaux-Internet	**raccordement numérique asymétrique, RNA, liaison numérique à débit asymétrique**
backbone	Télécommunications/ Réseaux-Internet	**dorsale** n. f.
bookmark	Informatique/Internet	**signet** n. m.
browser	Informatique/Internet	**logiciel de navigation, navigateur** n. m.
chat	Informatique/Internet	**causette** n. f., *fam.*
cookie	Informatique/Internet	**témoin (de connexion), mouchard** n. m.
cracker	Informatique/Internet	**pirate** n. m.
cybernaut	Télécommunications/ Réseaux-Internet	**internaute** n.
Digital Versatile Disk (DVD)	Informatique	**disque numérique polyvalent**
domain	Télécommunications/Internet	**domaine** n. m.
domain name system (DNS)	Télécommunications/Internet	**système d'adressage par domaines, annuaire des domaines**
drag and drop	Informatique/Internet	**glisser-déposer** n. m.
emoticon	Informatique/Internet	**frimousse** n. f. *fam.*
Extranet	Télécommunications/ Réseaux-Internet	**extranet** n. f.
firewall	Télécommunications/ Réseaux-Internet	**barrière de sécurité, pare-feu** n. m.

Terme étranger (1)	Domaine/(Sous-domaine)	Equivalent français (2)
frame	Informatique/Internet	**cadre** n. m.
frequently asked questions (file) (FAQ)	Télécommunications/Internet	**foire aux questions, FAQ, fichier des questions courantes, questions courantes**
gateway	Télécommunications/Internet	**passerelle** n. f.
hacker	Informatique/Internet	**fouineur** n. m.
hotlist	Informatique/Internet	**liste de signets**
homepage	Informatique/Internet	**page d'accueil**
hub	Télécommunications/ Réseaux-Internet	**concentrateur** n. m.
hypertext	Informatique/Internet	**hypertexte** n. m., **hypertextuel** adj.
Infobahn (all.)	Télécommunications/ Réseaux-Internet	**autoroutes de l'information**
information highway	Télécommunications/ Réseaux-Internet	**autoroutes de l'information**
information superhighway	Télécommunications/ Réseaux-Internet	**autoroutes de l'information**
Internet Network, Internet	Télécommunications/ Réseaux-Internet	**internet** n. m. sg.
intranet	Télécommunications/ Réseaux-Internet	**intranet** n. m.
middleware	Informatique	**logiciel médiateur**
Net	Télécommunications/ Réseaux-Internet	**internet** n. m. sg.
netcasting	Télécommunications/Internet	**diffusion systématique sur la toile, diffusion réticulaire systématique, diffusion sur la toile, diffusion réticulaire**
newsgroup	Informatique/Internet	**forum** n. m.
news article	Télécommunications/Internet	**article de forum, contribution** n. f.

Terme étranger (1)	Domaine/(Sous-domaine)	Equivalent français (2)
news item	Télécommunications/Internet	**article de forum, contribution** n. f.
news posting	Télécommunications/Internet	**article de forum, contribution** n. f.
on-line data service	Informatique	**serveur** n. m.
plug-in	Informatique/Internet	**module d'extension, extension** n. f.
proxy server, proxy	Télécommunications/ Réseaux-Internet	**serveur mandataire, mandataire** n. m.
pull technology	Télécommunications/Internet	**recherche individuelle**
push technology	Télécommunication/Internet	**distribution sélective, diffusion sélective, distribution personnalisée**
server	Informatique	**serveur** n. m.
smiley	Informatique/Internet	**frimousse** n. f. *fam.*
Thread	Informatique/Internet	**fil (de la discussion)**
uniform resource locator (URL)	Télécommunications/Internet	**adresse universelle, adresse réticulaire**
universal resource locator (URL)	Télécommunications/Internet	**adresse universelle, adresse réticulaire**
viewer	Informatique/Internet	**visionneur** n. m.
webcasting	Télécommunications/Internet	**diffusion systématique sur la toile, diffusion réticulaire systématique, diffusion sur la toile, diffusion réticulaire**
webmaster	Informatique/Internet	**administrateur de site, de serveur**
webpage, web page	Informatique/Internet	**page sur la toile**
website, web site	Télécommunications/Internet	**site (de la toile, sur la toile)**
window	Informatique	**fenêtre** n. f.

Terme étranger (1)	Domaine/(Sous-domaine)	Equivalent français (2)
World Wide Web	Informatique/Internet	**toile d'araignée mondiale, toile mondiale, toile** n. f. sg., **T.A.M.**

(1) Il s'agit d'équivalents anglais sauf mention contraire.
(2) Les termes qui sont définis dans la liste principale figurent en caractères gras.

Tables d'équivalence

B. Terme français

Terme français (1)	Domaine/(Sous-domaine)	Équivalent étranger (2)
administrateur de site, de serveur	Informatique/Internet	webmaster
adressage par domaines	Télécommunications/Internet	domain name system, DNS
adresse réticulaire	Télécommunications/Internet	uniform resource locator, universal resource locator, URL
adresse universelle	Télécommunications/Internet	uniform resource locator, universal resource locator, URL
annuaire des domaines	Télécommunications/Internet	domain name system, DNS
appliquette n. f.	Informatique/Internet	applet
article de forum	Informatique/Internet	news item, news posting, news article
autoroutes de l'information	Télécommunication/ Réseaux-Internet	information highway (ang.), information super-highway(ang.), Infobahn (all.)
barrière de sécurité	Télécommunication/ Réseaux-Internet	firewall
cadre n. m.	Informatique/Internet	frame
causette n. f. *fam*	Informatique/Internet	chat

Terme français (1)	Domaine/(Sous-domaine)	Équivalent étranger (2)
concentrateur n. m.	Télécommunication/ Réseaux-Internet	hub
contribution n. f.	Informatique/Internet	news item, news posting, news article
diffusion réticulaire	Télécommunication/Internet	webcasting, netcasting
diffusion réticulaire systématique	Télécommunication/Internet	webcasting, netcasting
diffusion sélective	Télécommunication/Internet	push technology
diffusion sur la toile	Télécommunication/Internet	webcasting, netcasting
diffusion systématique sur la toile	Télécommunication/Internet	webcasting, netcasting
disque numérique polyvalent	Informatique	Digital Versatile Disk, DVD
distribution personnalisée	Télécommunication/Internet	push technology
distribution sélective	Télécommunication/Internet	push technology
domaine n. m.	Télécommunication/Internet	domain
dorsale n. f.	Télécommunication/ Réseaux-Internet	backbone
extension n. f.	Informatique/Internet	plug-in
extranet n. f.	Télécommunication/ Réseaux-Internet	extranet
FAQ	Télécommunication/Internet	frequently asked questions (file), FAQ
fenêtre n. f.	Informatique	window
fichier des questions courantes	Télécommunication/Internet	frequently asked questions (file), FAQ
fil (de la discussion)	Informatique/Internet	thread
foire aux questions	Télécommunication/Internet	frequently asked questions (file), FAQ
forum n. m.	Informatique/Internet	newsgroup
fouineur n. m.	Informatique/Internet	hacker
fournisseur d'accès	Télécommunication/Internet	access provider

Terme français (1)	Domaine/(Sous-domaine)	Équivalent étranger (2)
frimousse n. f. *fam.*	Informatique/Internet	emoticon, smiley
glisser-déposer n. m.	Informatique/Internet	drag and drop
hypertexte n. m.	Informatique/Internet	hypertext
hypertextuel adj.	Informatique/Internet	hypertext
internaute n.	Télécommunication/ Réseaux-Internet	cybernaut
internet n. m. sg.	Télécommunication/ Réseaux-Internet	Internet network, Internet, Net
intranet n. m.	Télécommunication/ Réseaux-Internet	intranet
liaison numérique à débit asymétrique	Télécommunication/ Réseaux-Internet	asymetric [*sic*!] bit rate) digital subscriber line, ADSL
liste de signets	Informatique/Internet	hotlist
logiciel de navigation	Informatique/Internet	browser
logiciel médiateur	Informatique	middleware
mandataire n. m.	Télécommunication/ Réseaux-Internet	proxy server, proxy
module d'extension	Informatique/Internet	plug-in
mouchard n. m.	Informatique/Internet	cookie
navigateur n. m.	Informatique/Internet	browser
page d'accueil	Informatique/Internet	home page
page sur la toile	Informatique/Internet	webpage, web page
pare-feu n. m.	Télécommunication/ Réseaux-Internet	firewall
passerelle n. f.	Télécommunications/Internet	gateway
pirate n. m.	Informatique/Internet	cracker
questions courantes	Télécommunications/Internet	frequently asked questions (file), FAQ
raccordement numérique asymétrique, RNA	Télécommunication/ Réseaux-Internet	asymetric [*sic*!] (bit rate) digital subscriber line, ADSL

Terme français (1)	Domaine/(Sous-domaine)	Équivalent étranger (2)
recherche individuelle	Télécommunications/Internet	pull technology
serveur n. m.	Informatique	server, on-line data service
serveur mandataire	Télécommunication/ Réseaux-Internet	proxy server, proxy
signet n. m.	Informatique/Internet	bookmark
site (de la toile, sur la toile)	Télécommunications/Internet	website, web site
système d'adressage par domaines	Télécommunications/Internet	domain name system, DNS
témoin (de connexion)	Informatique/Internet	cookie
toile n. f. sg.	Informatique/Internet	World Wide Web
toile d'araignée mondiale (T.A.M.)	Informatique/Internet	World Wide Web
toile mondiale	Informatique/Internet	World Wide Web
visionneur n. m.	Informatique/Internet	viewer

(1) Les termes qui sont définis dans la liste principale figurent en caractères gras.
Il s'agit d'équivalents anglais sauf mention contraire.

4. *Vocabulaire de l'informatique et de l'internet* vom 1.9.2000

Vocabulaire de l'internet

(En application du décret n° 96–602 du 3 juillet 1996 relatif à l'enrichissement de la langue française) Journal Officiel du 1 septembre 2000

I. – TERMES ET DÉFINITIONS

□ **accès** n. m.
Domaine: Informatique/Internet.
Définition: Le fait d'engager la consultation d'un document sur un serveur.
Note: 1. Le nombre d'accès est une mesure de l'audience d'un site ou de la fréquence de consultation d'un document.
2. En anglais, le terme « hit » a un autre sens dans le domaine des moteurs de recherche.
Voir aussi: visite.
Équivalent étranger: hit.

□ **agent** n. m.
Domaine: Informatique/Internet.
Définition: Logiciel envoyé sur un réseau pour effectuer une tâche à la place de l'utilisateur et sans son intervention.
Note: 1. On utilise, par exemple, les agents pour le filtrage d'informations et la recherche sur l'internet.
2. Un agent est dit intelligent lorsqu'il utilise les techniques de l'intelligence artificielle.
Équivalent étranger: agent.

□ **arrosage** n. m.
Domaine: Informatique/Internet.
Définition: Envoi d'un même message électronique à un très grand nombre de destinataires au risque de les importuner.
Note: Un exemple est l'envoi de messages publicitaires.
Équivalent étranger: spamming.

□ **balise** n. f.
Domaine: Informatique/Internet.
Définition: Dans un langage de description de documents, marque destinée à l'identification, la description ou la mise en forme d'un élément de document.
Équivalent étranger: tag.

□ **bombardement** n. m.
Domaine: Informatique/Internet.
Définition: Envoi d'une grande quantité de messages à un destinataire unique dans une intention malveillante.
Équivalent étranger: bombing.

□ **code à octets**
Domaine: Informatique/Internet.
Définition: Ensemble d'instructions indépendant de tout processeur, destiné à être interprété par un logiciel spécialisé.
Note: 1. Ce terme désigne, par extension, un programme informatique écrit à l'aide d'un tel ensemble d'instructions.
2. Sur l'internet, les appliquettes distribuées sont fréquemment écrites à l'aide d'un code à octets.
Équivalent étranger: bytecode.

□ **connecteur logiciel**
Domaine: Informatique/Internet.
Définition: Mécanisme logiciel de communication entre processus informatiques, souvent utilisé entre une application et un réseau.
Équivalent étranger: socket.

□ **forum** n. m.
Domaine: Informatique/Internet.
Définition: Service permettant discussions et échanges sur un thème donné: chaque utilisateur peut lire à tout moment les interventions de tous les autres et apporter sa propre contribution sous forme d'articles.
Note: Par extension, on désigne également par ce terme les systèmes de discussion télématiques, qui offrent généralement un service de téléchargement (connus en anglais sous le nom de B.B.S., Bulletin Board System).
Voir aussi: article de forum (*J.O.* du 16 mars 1999).
Équivalent étranger: newsgroup.

- **moteur de recherche**
  Domaine: Informatique/Internet.
  Définition: Système d'exploitation de banque de données, et, par extension, serveur spécialisé permettant d'accéder sur la toile à des ressources (pages, sites, etc.) à partir de mots clés.
  Équivalent étranger: search engine.

- **pièce jointe**
  Domaine: Informatique/Internet.
  Définition: Document ou fichier annexé au corps d'un message électronique.
  Note: On trouve aussi « fichier joint ».
  Équivalent étranger: attachment, attachment file.

- **téléchargement** n. m.
  Domaine: Télécommunications/Internet.
  Définition: Transfert de programmes ou de données d'un ordinateur vers un autre.
  Note: Pour un internaute, le téléchargement est le plus souvent un transfert vers son propre ordinateur à partir d'un serveur, mais il peut avoir lieu dans l'autre sens.
  Équivalent étranger: downloading (téléchargement à partir d'un autre ordinateur), uploading (téléchargement vers un autre ordinateur).

- **visite** n. f.
  Domaine: Informatique/Internet.
  Définition: Succession d'accès à des documents liés entre eux à l'intérieur d'un site.
  Voir aussi: accès.
  Équivalent étranger: visit, tour.

II. – TABLES D'ÉQUIVALENCE

A.
Terme étranger

Terme étranger	Domaine/ sous-domaine	Équivalent français
agent	Informatique/Internet	**agent** n. m.
attachment, attachment file	Informatique/Internet	**pièce jointe**
bombing	Informatique/Internet	**bombardement** n. m.
bytecode	Informatique/Internet	**code à octets**
downloading (téléchargement à partir d'un autre ordinateur), uploading (téléchargement vers un autre ordinateur)	Télécommunications/ Internet	**téléchargement** n. m.
hit	Informatique/Internet	**accès** n. m.
newsgroup	Informatique/Internet	**forum** n. m.
search engine	Informatique/Internet	**moteur de recherche**
socket	Informatique/Internet	**connecteur logiciel**
spamming	Informatique/Internet	**arrosage** n. m.
tag	Informatique/Internet	**balise** n. f.
visit, tour	Informatique/Internet	**visite** n. f.

B.
Terme français

Terme français	Domaine/ sous-domaine	Équivalent étranger
accès n. m.	Informatique/Internet	hit
agent n. m.	Informatique/Internet	agent
arrosage n. m.	Informatique/Internet	spamming
balise n. f.	Informatique/Internet	tag
bombardement n. m.	Informatique/Internet	bombing

code à octets	Informatique/Internet	bytecode
connecteur logiciel	Informatique/Internet	socket
forum n. m.	Informatique/Internet	newsgroup
moteur de recherche	Informatique/Internet	search engine
pièce jointe	Informatique/Internet	attachment, attachment file
téléchargement n. m.	Télécommunications/ Internet	downloading (téléchargement à partir d'un autre ordinateur), uploading (téléchargement vers un autre ordinateur)
visite n. f.	Informatique/Internet	visit, tour

ANHANG III

Glossar der untersuchten Termini Englisch – Französisch – Spanisch

In der folgenden Liste sind, ausgehend von den in den französischen Terminologieerlassen monierten Anglizismen, sämtliche untersuchten französischen, spanischen und mexikanischen Internettermini aufgeführt. Die jeweils am häufigsten verwendeten Bezeichnungen sind dabei durch Fettdruck kenntlich gemacht.

Monierter Anglizismus	Französisch	Europäisches Spanisch	Mexikanisches Spanisch
access provider	FAI fournisseur fournisseur d'accès à Internet **fournisseur d'accès** fournisseur d'accès à l'internet fournisseur d'accès Internet fournisseur de service opérateur	proveedor **proveedor de acceso** proveedor de acceso a Internet proveedor de Internet proveedor de servicio proveedor de servicios de Internet proveedor de servicios online	internet service provider **ISP** online service operador operador de la red operador de red proveedor proveedor de acceso proveedor de acceso de Internet proveedor de Internet proveedor de servicio proveedor de servicios proveedor de servicios de Internet proveedor del servicio de Internet PSI servicio proveedor de Internet

Monierter Anglizismus	Französisch	Europäisches Spanisch	Mexikanisches Spanisch
agent	**agent**	**agente**	---
applet	appliquette **applet**	---	---
asymmetric (bit rate) digital subscriber line (ADSL)	**ADSL**	**ADSL** asymmetric digital subscriber line	**ADSL**
attachment, attachment file	attachment **fichier attaché** fichier joint **pièce jointe**	adjunto archivo anexo **documento adjunto** fichero adjunto	archivo adjunto **archivo anexo** **attachment**
backbone	---	---	---
bombing	**mail-bombing**	**bombardeo**	---
bookmark	bookmark signet **favori**	**favorito**	bookmark favorite **favorito**
browser	aspirateur aspirateur de site browser logiciel de navigation **navigateur** navigateur internet navigateur web	browser explorador explorador de Internet explorador de web **navegador** navegador de Internet navegador Internet navegador web software de navegación	browser browser de Internet explorador **navegador** navegador de Internet navegador de redes navegador web visualizador visualizador web web browser
bytecode	---	---	---

Monierter Anglizismus	Französisch	Europäisches Spanisch	Mexikanisches Spanisch
chat	causette **chat** cyberdialogue dialogue dialogue en direct dialogue en ligne discussion discussion en direct discussion en ligne ICR internet relay chat	charla **chat** ICR	charla **chat** ICR internet relay chat
cookie	**cookie** mouchard	**cookie** espía	**cookie** espía
cracker	**pirate**	cracker **intruso**	---
cybernaut	accro du web citoyen du Net cliqueur cliqueuse **internaute** netsurfer surfeur surfeuse	**internauta** navegante	cibernauta cybernauta **internauta** navegante
Digital Versatile Disk (DVD)	**DVD**	**DVD**	Digital Versatile Disk **DVD**
domain	**domaine** désinence extension suffixe	**dominio** extensión	**dominio** **extensión** **sufijo**

Monierter Anglizismus	Französisch	Europäisches Spanisch	Mexikanisches Spanisch
domain name system (DNS)	**DNS** domaine name server serveur de nom de domaine	**DNS** domain name system servicio DNS servidor de nombres sistema de nombres de dominio	**DNS** domain name system name server
downloading uploading	download upload uploader **téléchargement**	bajar cargar **descargar** download subir	**bajar** cargar descargar download subir upload
drag and drop	drag and drop faire glisser glisser glisser et déposer **glisser-déposer**	**arrastrar** arrastrar y pegar arrastrar y soltar	arrastrar y soltar **arrastrar**
electronic mail, E-mail	courriel courrier courrier électronique electronic mail **e-mail** mail mél messagerie messagerie électronique messagerie e-mail messagerie Internet	**correo** correo electrónico e-mail mail mensajería electrónica	correo **correo electrónico** correspondencia electrónica e-mail mail mensajería servicio de correo electrónico

Monierter Anglizismus	Französisch	Europäisches Spanisch	Mexikanisches Spanisch
E-mail	courrier courrier électronique **e-mail** mail mémo électronique message message électronique message e-mail	correo correo electrónico e-mail emilio mail **mensaje** mensaje de correo mensaje de correo electrónico mensaje electrónico	correo **correo electrónico** electronic mail e-mail mail mensaje mensaje de correo mensaje de correo electrónico mensaje de e-mail mensaje del correo electrónico mensaje electrónico
E-mail address, E-mail	adresse adresse de courrier électronique adresse de messagerie adresse électronique adresse e-mail adresse mail courrier **e-mail** e-mail address mail	correo electrónico **dirección** dirección de correo dirección de correo electrónico dirección de correo email dirección de correo-e dirección de e-mail dirección electrónica dirección mail e-mail mail	address correo correo electrónico **dirección** dirección de correo dirección de correo electrónico dirección de e-mail dirección electrónica dirección numérica e-mail mail
emoticon	emoticon **smiley**	**emoticón** **smiley**	**emoticon** **emoción** **sonrisa**
Extranet	---	---	---
firewall	**firewall** logiciel pare-feu pare-feu	**firewall** cortafuegos	**firewall** muro de fuego

Monierter Anglizismus	Französisch	Europäisches Spanisch	Mexikanisches Spanisch
frame	cadre **frame**	**cuadro** frame	**frame**
frequently asked questions (file) (FAQ)	FAQ **foire aux questions** frequently asked questions (file) questions courantes questions les plus souvent posées	**FAQ** preguntas más frecuentes	**FAQ** **lista de preguntas más frecuentes**
gateway	**passerelle**	access point gateway pasarela port **punto de acceso**	**gateway** puerta de enlace
hacker	cyberintrus fouineur **hacker**	**hacker**	**hacker**
hit	---	---	**hit**
homepage	homepage page d'accueil page de démarrage page de présentation **page perso** page personnelle portail	página de inicio página oficial página personal **página principal** portal portal de Internet	homepage página de inicio página de referencia página personal **página principal portal**
hotlist	liste liste de bookmarks **liste de favoris** liste de signets	---	grupo de favoritos lista **lista de favoritos** lista de sitios lista sitios
hub	**hub** concentrateur	**hub** concentrador	---
hypertext	**hypertexte**	---	**hipertexto**

Monierter Anglizismus	Französisch	Europäisches Spanisch	Mexikanisches Spanisch
Infobahn (all.) information highway information superhighway	**autoroutes de l'information** autoroute autoroute de communication	**autopista de la información** **aeropistas de la información**	**autopista de la información** carreteras de la red
Internet Network, Internet Net	**internet** net réseau réseau mondial réseau des réseaux	**internet** la Red la Red de redes	**internet** la Red la Red de redes red de internet
Intranet	**intranet**	intranet **red interna**	**intranet**
middleware	---	---	---
netcasting webcasting	**webcast**	---	---
news article news item news posting	article article de news contribution **message**	---	**colaboración**

Monierter Anglizismus	Französisch	Europäisches Spanisch	Mexikanisches Spanisch
newsgroup	espace de discussion **forum** forum de discussion forum de discussion en ligne forum internet groupe de discussion liste de discussion news newsgroup nouvelles	**foro** foro de comunicación foro de debate foro de discusión foro de internet foro de noticias foro virtual foro web grupo grupo de debate grupo de discusión grupo de noticias lista lista de correo lista de debate lista de distribución news newsgroup noticias	area de discusión foro foro de discusión grupo **grupo de discusión** grupo de noticias lista newsgroup tablero de discusión
on-line data service	**serveur** serveur Internet serveur web	server **servidor** servidor de Internet servidor web	server **servidor** servidor de Internet servidor web
plug-in	**plug-in**	**plug-in**	**plug-in**
proxy server, proxy	**mandataire** proxy serveur mandataire **serveur proxy**	**proxy**	---
push technology pull technology	---	---	---

Monierter Anglizismus	Französisch	Europäisches Spanisch	Mexikanisches Spanisch
search engine	butineur chercheur fureteur module de recherche moteur **moteur de recherche** outil de recherche site de recherche utilitaire de recherche	**buscador**	**buscador** dispositivo de búsqueda máquina de búsqueda mecanismo de búsqueda motor motor buscador programa de búsqueda search engine servicio de búsqueda
socket	---	**socket**	---
spamming	spamming **spam**	**spam** correo basura	correo electrónico no solicitado correo basura correo chatarra correo electrónico basura correo electrónico masivo spam
tag	---	**tag**	---
thread	**fil de la discussion**	---	---
uniform resource locator (URL) universal resource locator (URL)	**adresse** adresse Internet adresse IP adresse réticulaire adresse universelle adresse URL adresse web URL	**dirección** dirección de Internet dirección de página web dirección online dirección web URL	address **dirección** dirección de Internet dirección de la web dirección de URL dirección web uniform resource locator URL
viewer	**visionneur**	---	**viewer**

Monierter Anglizismus	Französisch	Europäisches Spanisch	Mexikanisches Spanisch
visit, tour	**visite**	**visita**	**visita**
webmaster	webmaster **webmestre**	**administrador** administrador de la Red administrador de redes supervisor de la red **webmaster**	administrador administrador de redes administrador web maestro de web **webmaster**
webpage, web page	document document Internet document web **page** page du web page HTML page Internet page web	**página** página de Internet página en Internet página web página web de Internet	espacio web **página** página de Internet página electrónica página en Internet página web
website, web site	**site** site du web site Internet site web	site sitio sitio de red sitio web **web** website, web site	site site de la Red **sitio** sitio de internet sitio web website, web site
window	**fenêtre**	**ventana**	**ventana**
World Wide Web	toile toile mondiale **web** World Wide Web www	**web** www	telaraña telaraña mundial **web** World Wide Web www